Karl Martell – Retter des Abendlandes

THOMAS R.P. MIELKE

Karl Martell

Retter des Abendlandes

Roman

Weltbild

Besuchen Sie uns im Internet:
www.weltbild.de

Genehmigte Lizenzausgabe für Verlagsgruppe
Weltbild GmbH, Steinerne Furt, 86167 Augsburg

Umschlaggestaltung: Studio Höpfner-Thoma, München
Umschlagmotive: corbis, germany/AKG, Berlin
Gesamtherstellung: Oldenbourg Taschenbuch GmbH,
Hürderstraße 4, 85551 Kirchheim

ISBN 3-8289-7673-5

2007 2006 2005 2004
Die letzte Jahreszahl gibt die aktuelle Lizenzausgabe an.

INHALT

1.

Von Kerker zu Kerker

»Karl! Hörst du mich? Ich bin's, Graf Rotbert.«

Seit Monaten blickte der Gefangene nur noch finster und grimmig. Nun zog er die Brauen zusammen, schob seine vollen Lippen vor und spuckte auf den feucht glänzenden Steinboden unter der winzigen Flamme des Kienspans an der Mauer.

»Nein!«, knurrte er und schüttelte so wild den Kopf, dass seine blonde Mähne nach allen Seiten flog. Wie die meisten Franken trug er Bart und Haare ebenso lang wie die Merowingerkönige.

So leicht ließ er sich nicht mehr in eine Falle locken! Nicht von Plektrud, diesem verhassten Weib, das nicht nur seine Stiefmutter, sondern jetzt auch noch die alleinige Regentin über das östliche Frankenreich zwischen Main und Maas war. Nicht von ihren schleimenden Vasallen, die ihn gleich nach dem Tod seines Vaters vor nun schon fast neun Monaten brutal ergriffen, verschleppt und in diese Kerkerräume gesperrt hatten. Und erst recht nicht von jenen, mit denen er Seite an Seite und Schulter an Schulter gekämpft hatte: gegen Friesen und Sachsen, Baiern und Alamannen und gegen ihre verfeindeten Stammesbrüder im westlichen Teil der Francia.

»Verschwinde!«, stieß er wütend hervor. Er ballte die Hände

zu Fäusten, als ob er von innen gegen die Bohlentür schlagen wollte. Denn auch das hatte er in den ersten Wochen und Monaten getan. Er hatte getobt und geschrien, seinen gesamten Besitz und sein Erbteil für seine Freiheit geboten. Er hatte die Wärter bedroht, alles zertrümmert, was er erreichen konnte, und auch jene verflucht, die sich mit Kreuz und Bibel bis zu ihm vorgewagt hatten. Inzwischen getrauten sie sich kaum mehr, die kleine Luke in der alten Tür zu öffnen. Brot und Wasser erhielt er nur noch durch einen schmalen Schacht in der Decke, der nicht einmal groß genug war, um den Gestank abziehen zu lassen – auch dann nicht, wenn sie ihm in unregelmäßigen Abständen einen Schwall Schwefelwasser von oben schickten, um den Kerker durchzuspülen.

Wieder schlug der andere von außen gegen die schwere, mit rostigen Eisen beschlagene Tür.

Bisher war niemand jemals ohne Grund in den stinkenden Kerkern von Aquis grana festgehalten worden. Nur er selbst hatte in all den Monaten keine Anklage gehört und keinen Richter gesehen!

Beides war überflüssig, denn alle wussten, warum er nach dem Tod seines Vaters so schnell verschwunden war. Offiziell war seine Mutter der Grund – die Frau, die der fränkische Majordomus Pippin von Heristal mehr geliebt hatte als seine Hauptfrau Plektrud. In Wahrheit aber fürchtete die Witwe des einst mächtigsten Mannes der Franken ihren Stiefsohn, der vor fünfundzwanzig Jahren vom Bischof von Reims auf den Namen »Karl« getauft worden war. Sie fürchtete ihn mehr als alle inneren und äußeren Feinde des Reiches zusammen.

Karl wusste nicht, warum er ausgerechnet jetzt an seine Taufe dachte. Inzwischen hatte er selbst geheiratet und drei eigene Kinder: den neunjährigen Karlmann, die sechsjährige Hiltrud und einen mittlerweile elf Monate alten Knaben, von dem er nicht einmal wusste, ob er schon getauft war und einen Namen erhalten hatte. Vielleicht war ihm deshalb seine eigene Taufe eingefallen …

Rotbert, der in den letzten Jahren so oft neben ihm geritten war, schlug erneut gegen die Kerkertür. Ganz langsam, mit einem krächzenden Geräusch öffnete sich die winzige Klappe in der Tür. Karl konnte das Licht einer Fackel auf der anderen Seite erkennen, aber nicht einmal den Schatten des früheren Freundes.

»Was willst du, Rotbert?«, fragte Karl erneut. »Hol mich hier raus oder lass mich in Ruhe!«

»Sei still und komm näher! Ich habe eine Nachricht für dich.«

Karl blieb mitten in seiner winzigen Zelle stehen. Rotbert war immer ein guter und zuverlässiger Freund gewesen – so lange jedenfalls, bis sich fast alle, die im Gefolge des verstorbenen Majordomus geritten waren, auf Plektruds Seite geschlagen hatten.

Die mächtige Matrone in Köln mit ihrer reichen, bis hin zur Mosel begüterten Verwandtschaft hatte sämtliche Trümpfe in ihrer Hand. Einer davon war ihr unmündiger Enkel Theudoald, den sie sogar als Majordomus über das östliche Franken, von Friesland bis Metz und von Reims bis zum Main, erhoben hatte.

Karl näherte sich vorsichtig der schweren Bohlentür. »Was willst du?«, fragte er noch einmal. »Und warum meldet sich einer von euch erst nach so vielen Monaten?«

»Es ging nicht anders«, antwortete der langjährige Getreue. Rotbert besaß einträgliche Ländereien, Amt und Würden im Gebiet um Maastricht und im Haspengau. Dagegen konnte Karl von seinem geerbten Pflichtteil in der Nähe von Echternach und ein paar Rechten in verstreuten Walddörfern kein Gefolge, geschweige denn bewaffnete Reiter unterhalten.

»Du musst mir jetzt gut zuhören, Karl«, sagte Graf Rotbert. »Und nur wenn du mitspielst, siehst du die Freiheit wieder.«

»Was soll das? Was habt ihr vor?«

»Ich sage dir«, antwortete der Graf, »du hast einen Gönner gewonnen, der ebenso mächtig ist wie deine Stiefmutter …«

»Wer soll das sein?«, fragte Karl. »Etwa mein Taufpate, Bischof Rigobert von Reims?«

»Nein, der keinesfalls! Rigobert hält eher zu Paris und zu den Neustriern. Doch frag nicht weiter. Dein Beschützer riskiert nicht nur Geld und Leben, sondern viel mehr, als du ahnst.«

Karl schnaubte nur. Monatelang hatte sich niemand um ihn gekümmert, und nun kam Rotbert mit seltsamen, geheimnisvoll klingenden Andeutungen.

»Was verlangst du von mir?«

»Du wirst morgen früh von Aquis grana nach Köln gebracht. Plektrud befürchtet, dass entweder die Neustrier oder die Männer, die immer noch mehr zu deinem Vater halten als zu ihr, auf den Gedanken kommen könnten, dich zu einem der Ihren zu machen.«

»Auf den Gedanken hätten sie bereits vor neun Monaten kommen können«, schnaubte Karl zornig.

»Weißt du denn nicht, was inzwischen passiert ist?«

»Ich weiß nur, dass ich praktisch enterbt worden bin.«

»Hör jetzt genau zu, Karl! Du sollst dich morgen ohne Fluchtversuch nach Köln geleiten lassen, denn es ist wichtig, dass du nicht hier, sondern in Plektruds Residenz gefangen bist …«

»Und wozu das alles?«, fragte Karl. »Kerker sind überall gleich.«

»Der Trupp, der dich nach Köln überführt, wird vom Edlen Alberich angeführt. Du kennst ihn ja, den Erstgeborenen von Adela, der Schwester deiner Stiefmutter.«

»Und ob ich Alberich kenne!«, knurrte Karl. »Ich dachte jahrelang, dass wir Gefährten sind.«

»Vergiss nicht, wie stark in diesen Zeiten der Druck aus den Familien ist«, antwortete Rotbert. »Wir können Alberich wieder für uns gewinnen. Aber nur dann, wenn du ihm keine Schwierigkeiten machst. Wir wollen daher, dass du für eine Weile deinen Zorn und deine Wut bezwingst.«

»Was steckt dahinter? Was habt ihr mit mir vor?«

»Zunächst ein Schauspiel«, antwortete der Graf. »Das ist schon mehr, als ich dir sagen dürfte. Ich muss verschwinden, die Wärter kommen ... aber kein Wort zu ihnen!«

Der klare Augusttag hatte schon schwül begonnen. Karl ritt, an Händen und Füßen gefesselt, inmitten einer kleinen Gruppe von Männern, die laut und mutig taten, ihn aber dennoch zu fürchten schienen. Selbst auf den engeren Wegstellen, an den nördlichen Ausläufern der Ardennen entlang, hielten sie Abstand zu ihm.

Sie hatten ihn ohne große Erklärung in Aquis grana abgeholt und waren durch die steilen Täler zwischen den dicht bewaldeten Hügeln nach Osten geritten. Karl wusste nicht, ob es ein gutes oder schlechtes Zeichen war, dass nur ein halbes Dutzend Reiter ausreichen sollten, ihn nach Köln zu bringen. Sie waren jung, gut bewaffnet und ritten auf Kaltblütern, die leichter aussahen als die Tiere im Maasgebiet und jenseits des Rheines bei den weit verstreut lebenden Stämmen der Sachsen.

Sie kamen nur langsam voran, mieden die Reste der weiter nördlich gelegenen Römerstraßen und blieben im Halbdunkel unter dem Dach der hohen Wipfel von Buchen und Eichen. Gegen Mittag erreichten sie Wasserläufe, aus denen bereits die Römer frisches Wasser für ihre Grenzsiedlungen am Rhein gewonnen hatten – auch dann noch, als sie bereits die große Frischwasserleitung vom Nordrand der Ardennen bis nach Köln gebaut hatten.

Der Augusttag war so heiß, dass ihn Karl nach den langen Monaten in seinem stinkenden, kalten Kerker schnell als unerträglich empfand. Er spürte, wie ihm trotz des schützenden Blätterdaches der Schweiß über den Körper rann. Sie hatten ihn am Morgen kurz in einen Wasserbottich eintauchen lassen und ihm dann ein paar neue Kleidungsstücke gegeben: ein ärmelloses, mit Kastaniensaft gefärbtes Hemd, lange Leinenhosen, einen Ledergürtel mit leeren Schlaufen an den Nieten, grünliche Wadenbinden und flache Lederschuhe. Seine eigenen Kleidungsstücke, die er bei seiner Festnahme getragen hatte, waren und blieben verschwunden ...

Plektruds Häscher waren ohne Vorwarnung am Abend nach Weihnachten im Landgut Heristal an der Maas aufgetaucht – drei Wochen nach dem Tod seines Vaters. Seine Kinder hatten bereits geschlafen, als er friedlich mit seiner Frau Chrotrud zusammensaß. Er hatte sich eine Damaszenerklinge mit ihrem eigenartigen Muster im Eisen aus dem Süden des Frankenreiches angesehen. Chrotrud war gerade dabei gewesen, aus Mistelzweigen einen Strauß für den heiligsten Tag des Mondjahres zu binden.

Sie hatten hart die Tür aufgestoßen, Chrotrud zur Seite geschoben und ihn selbst ohne ein einziges Wort fortgeschleppt. Beiden war sofort klar gewesen, wer den brutalen Überfall befohlen hatte ...

Plektrud war gleich nach den Trauerfeierlichkeiten nach Köln weitergezogen. Dort, in der Hauptstadt des östlichen Frankenreiches, wollte sie weiter regieren, obwohl kein Gesetz – weder ein merowingisches, noch eines der salischen oder ripuarischen Franken, der Witwe eines verstorbenen Majordomus das Recht dazu gab. Nach wie vor gehörte die Krone den Königen aus der Familie der Merowinger.

Karl hatte in den vergangenen Monaten viel Zeit gehabt, über all diese Dinge nachzudenken. Sicherlich hatte er an ungezählten Abenden in den fünfundzwanzig Jahren seines bisherigen Lebens wieder und wieder die gleichen Geschichten gehört, von

Griechen und Römern, Hunnen und Vandalen, Goten und Langobarden, Baiern und Alamannen, Friesen und Sachsen. Er kannte die Herkunft der Burgunden ebenso wie die Geschichten darüber, wie die Angeln und Sachsen die britische Insel erobert hatten.

Bereits damals hatten sich die Stämme der Franken in zwei große Gruppen gespalten, die sich auf den Katalaunischen Feldern an der Marne im Kampf der Römer gegen die Hunnen feindlich gegenübergestanden hatten. Die einen, vom Rhein stammenden Franken hatten zusammen mit Attila gekämpft und dabei ihr Anrecht auf den fränkischen Thron verloren. Der andere aber, der auf der Seite des untergehenden Römischen Reiches gestritten hatte, war zum Stammvater und Ahnherrn der Merowinger geworden …

Und doch hatte sich das Blatt schon bald erneut gewendet. Als die Merowinger sich selbst zerfleischten und Hilfe bei neuen Anführern suchten, waren es mutige Männer aus der Familie der Pippine gewesen, die zunächst als Erzieher der Königskinder und Hausverwalter der Königinnen und dann als die eigentlichen Herrscher die Macht übernommen hatten.

Pippin der Ältere hatte zusammen mit Bischof Arnulf von Metz und zehn anderen Schiedsmännern des Adels Chlothar II. in das Königreich Austrien geholt. Bereits sein Sohn Grimoald machte den großen Fehler, zu früh nach der ganzen Macht in der Francia zu greifen. Er ließ seinen Sohn von einem Merowinger adoptieren und unter dem Namen Childebert ein Jahr lang König sein. Der Versuch, der einem Staatsstreich gegen die herrschende Dynastie gleichkam, war furchtbar ausgegangen. Und nur dadurch, dass Grimoalds Schwester Begga wenig später Ansegisel, den Sohn von Bischof Arnulf von Metz heiratete, konnte ihr Sohn als Pippin der Mittlere erneut Majordomus werden.

Doch auch der zweite Anlauf endete anders als vorgesehen.

Karls Vater hatte die mächtigste und reichste aller Frauen geheiratet. Alles schien bestens geregelt. Doch dann starb sein erster Sohn Drogo als Herzog der Champagne. Sein zweiter Sohn Grimoald war noch Majordomus geworden, aber er starb wenige Monate vor seinem Vater. Übrig blieben nur zwei Männer, die den Makel trugen, keine Nachkommen der reichen und stolzen Plektrud zu sein: Hildebrand war von Pippin mit einer Konkubine gezeugt worden, und Karl entstammte einer Zweitehe, die nach fränkischem Recht offiziell anerkannt wurde, in den Augen von Plektrud aber nichts galt.

Sie ritten aus dem Wald hinaus und erreichten das weite, flache Land zwischen Jülich und Köln. Während des ganzes Weges blieben sie so weit von der Römerstraße entfernt, dass sie zunächst die zur Maas führende Rur mit ihren Nebenläufen und eine Weile später auch noch die Erft überqueren konnten. Sie sahen die Türme der Stadt schon von weitem. Karl konnte nicht mehr zählen, wie oft er die germanischste aller römischen Kolonien schon betreten hatte. Sie lag am Westufer des Rheins, an einem hochwasserfreien Naturweg, der von Bonn bis nach Neuss, weiter nach Xanten und von dort aus in das Gebiet der Friesen führte.

Auf den abgeernteten Feldern inmitten kleiner Waldlichtungen waren nur gelegentlich ein paar Hörige mit ihren ganzen Familien zu sehen. Sie klaubten die Reste der Ähren auf, die bei der ersten Mahd zu Boden gefallen waren.

Karl beobachtete, wie Alberich zunehmend unruhiger wurde. Die Reiter wagten sich jetzt wieder dichter an ihn heran – ganz so, als fürchteten sie, dass sie beobachtet würden oder dass Karl kurz vor der Stadt noch einen Fluchtversuch wagen könnte.

Die Mittagsstunde war bereits vergangen, als Alberich dicht neben Karl aufschloss und ihm einen unterwegs gefüllten Wasserbeutel reichte. Karl trank und bedankte sich.

»Ich weiß nicht, ob du dich wohl bei dem fühlst, was du hier mit mir machst«, sagte er eher sachlich als vorwurfsvoll. »Ich weiß, dass es nicht genug Gold oder Silber gibt, um damit den Stolz und die Ehre eines Mannes zu kaufen, wie du einer bist. Doch gerade deshalb möchte ich wissen, warum du dich hast zum Schergen deiner Tante machen lassen.«

»Ich habe die ganze Zeit befürchtet, dass du das fragen würdest«, antwortete Alberich und legte seine Hand auf den Griff seines Kurzschwertes. Er war ebenso schwer bewaffnet wie die schweigsamen Männer in seiner Begleitung. »Aber ich kann und will dir nicht darauf antworten!«

Karl wunderte sich, wie leer und verlassen die Gegend auch noch kurz vor den Stadtmauern Kölns wirkte. Die einstmals mächtige, von vielen tausend Einwohnern besiedelte Stadt hatte fast alle Hinweise auf ihre frühere Größe verloren. Aber noch immer zeigte die Stadtmauer mit ihren mächtigen Türmen, wie großartig der Plan gewesen war, mit dem die Römer nach der Eroberung ihrer späteren Provinzen Germanien, Belgien und Gallien die Stadt am Rhein entworfen hatten.

Karl dachte daran, dass die Franken eigentlich nur späte Gäste in der ehemaligen Colonia Claudia Ara Agrippinensium waren. Ebenso wie in der früheren Kaiserstadt Trier lebten in Köln bestenfalls noch einige tausend Menschen. Dennoch nutzten auch die Franken die alten Regierungs- und Verwaltungsgebäude.

Die Pferde der kleinen Gruppe mit dem Gefangenen in ihrer Mitte folgten für eine Weile der alten Römerstraße, die in einem großen Stadttor in den Decumanus Maximus überging. Köln war nicht anders gebaut als Dutzende von ähnlichen Städten überall im früheren Imperium Romanum. Die frühere Kolonie der Vornehmen Roms wurde an der Ostseite vom doppelten Rheinarm begrenzt und an den drei übrigen Seiten der fast quadratischen Siedlung von hohen Mauern und Tortürmen.

Wie alle Franken empfand Karl auch jetzt noch eine heimliche Scheu vor dem künstlichen Gebirge aus behauenen Steinen. Mit klappernden Hufen ritten sie durch die breite Oststraße, die von Hausfront zu Hausfront gut zweiunddreißig Schritt maß und selbst zwischen den davorliegenden Arkadengängen noch immer zwanzig Schritt breit war. Die leere Straße wirkte verfallen und verlassen. Überall waren Mauern eingestürzt und Steinquader herausgebrochen worden. Dort, wo einst Klammern aus Eisen und Kupfer, Stein und Gebälk zusammengehalten hatten, waren jetzt nur noch dunkle Löcher zu sehen, aus denen schwarze Spuren jahrhundertealter Verwitterung nach unten sickerten.

Karl blickte sich nach allen Seiten um. Es war, als würde er zum ersten Mal bewusst wahrnehmen, dass die Stadt nichts anderes war als ein gigantisches Ruinenfeld und ein Friedhof vergangener Größe. Nur wer unbedingt musste, lebte und wohnte innerhalb der Stadt. Die meisten Flächen waren von Buschwerk und Birken, dem Unkraut des Waldes, überwuchert. Schon seit Jahrhunderten gab es niemanden mehr, der sich um die Pflege der Straßenplatten, der Dächer und der Kanalisation kümmerte.

Sie ritten direkt nach Osten zum Rhein hin und konnten am ehemaligen Forum bereits die Gebäude auf der lang gestreckten Rheininsel sehen. Die beiden großen Hauptstraßen des Decumanus Maximus und des Cardo Maximus teilten die Stadt in vier fast gleich große Viertel und Häuserblocks, die von den Römern *Insulae* genannt worden waren.

Sie ließen die Ruinen der früheren Thermen an der Südseite des Platzes hinter sich und ritten auf das Praetorium zu, das von den meisten nur »der Palast« oder »die Regia« genannt wurde. Das zweistöckige Gebäude mit dem immer wieder nur notdürftig geflickten Ziegeldach erinnerte an ein flaches Kirchenschiff ohne Turm. Es maß an seiner Rheinseite über neunzig Schritt und wurde an den Seiten von Hofräumen und Gemächern flankiert, die teilweise noch vom Frankenkönig Sigibert ausgebaut worden waren. Das große Oktagon in der Mitte des Gebäudes war sein Empfangssaal und gleichzeitig Ausstellungsraum für den Königsschatz gewesen. Obwohl Karl fast alle Räume des Praetoriums kannte, in ihnen bereits als Kind gespielt und als junger Mann herumgetobt hatte, empfand er plötzlich, wie hart und abweisend es in seiner römischen Symmetrie und Ebenmäßigkeit wirklich war.

Zum ersten Mal nach langem Schweigen wandte sich Alberich wieder an Karl: »Wir melden uns hier nur zurück, ehe wir dich in deinen neuen Kerker bringen.«

»Warum das?«, fragte Karl spöttisch. »Hat sie hier nicht ebenfalls Räume mit festen Türen und dazu überall Bewaffnete?«

»Plektrud zieht ein Dutzend guter Männer den vielen vor, die nur saufen und herumlungern.«

In diesem Augenblick erkannte Karl, was Alberich meinte. Wie auf ein geheimes Kommando hin tauchten von überall her Männer in Waffen auf. Es war, als hätten sie sich nur deshalb hinter Mauern und Fensteröffnungen, Torbögen und Arkadenpfeiler zurückgezogen, um die kleine Gruppe mit dem ältesten noch lebenden Sohn Pippins passieren zu lassen.

Handwerker, Flussschiffer und Händler drängten sich vor, um den Einzug des lange verschollenen Gefangenen zu sehen. Einige wandten sich sofort wieder ab, als wollten sie vermeiden, dass irgendjemand ihr Interesse bemerkte. Andere winkten ihm verstohlen zu, ehe sie wieder im Schatten der Häuser verschwanden. Die meisten aber starrten ihn nur an und verfolgten mit ihren Blicken die bewaffnete Eskorte, die Karl bis vor den Haupteingang des Praetoriums geleitete.

Zehn, zwanzig Adlige aus dem Gefolge Plektruds kamen zwischen den Säulen des dreifachen Haupteingangs hervor und stellten sich an den Seiten auf. Karl richtete sich so hoch auf, wie es seine an den Sattel gefesselten Hände zuließen. Er nahm die

Schultern zurück, bewegte seinen Kopf schnell hin und her, um seine blonden Haare fliegen zu lassen, und zeigte seine Zähne. Nach all der Kälte und Dunkelheit im Verlies von Aquis grana brannte seine Haut, und er war sicher, dass er nicht krank und blass, sondern so heiß und hitzig aussah, wie es sein Stolz und sein Ruf erforderten.

»He, Plektrud!«, rief er vollkommen unerwartet und so laut er konnte. »Hier kommt Karl – hier kommt Pippins Sohn, vor dem du mehr Angst hast als vor dem Leibhaftigen!«

Nur wenige Stunden später, als die letzten Sonnenstrahlen die östliche Rheinseite in warmes Rot tauchten, begriff Karl, dass er umdenken musste.

Sie saßen auf dem zum Rhein hin abfallenden, noch immer mit einer breiten Freitreppe verzierten ehemaligen Kapitolshügel. Hier, im Südosten der Stadt, dicht vor der Stelle, wo die südliche Stadtmauer in die Flussbollwerke überging, hatten bereits die früheren Herrscher der ripuarischen Franken ihren Wohnsitz genommen und den Tempel der Trias aus den Göttern Jupiter, Juno und Minerva zu ihrer Pfalz umgebaut.

Karl blickte über den Rhein hinweg und erkannte die Reste der Brücke, die Kaiser Konstantin, der Schöpfer Konstantinopels, vor vierhundert Jahren hier persönlich eingeweiht hatte. Er lauschte dem Gluckern des Weines, der ihm erneut in einen kostbaren, noch aus der Römerzeit stammenden gläsernen Kelch gegossen wurde. Er blickte auf die am Ufer vertäuten Schiffe friesischer Händler und auf das breite Band des Flusses. Mit allem hatte er gerechnet – aber nicht damit, dass die verhasste Stiefmutter ihn zusammen mit ihren engsten Beratern zu einem Abendessen auf die Terrasse des Kapitols laden würde …

Noch vor zwei Stunden hätte er schwören können, dass es kein Argument der Welt gab, das seinen Zorn auf Plektrud bändigen konnte. Doch dann, noch vor den Säulen des Praetoriums, war seine Frau Chrotrud vor ihm erschienen, den neunjährigen Karlmann und die sechsjährige Hiltrud an ihrer Seite. In ihren Armen hatte sie den jüngsten Sohn getragen. Sie waren bis an sein Pferd herangekommen, dann hatte Chrotrud den Kleinen hochgehalten und gesagt: »Er heißt Pippin III., nach deinem Vater. Erzbischof Willibrord von Utrecht hat ihn zu Ostern auf diesen Namen getauft.«

Karl schloss für einen Moment die Augen. Er spürte das Glühen des ungewohnten Weines und die Hitze des langsam vergehenden Augusttages in allen Fasern seines Leibes. Seine Haut brannte noch immer, und sein Bauch war voll von schwerem Braten und gebackenen Krammetsvögeln. Er hörte die Gespräche um sich herum, erkannte die helleren Stimmen seiner eigenen Kinder, die seiner Stiefmutter, seiner vier Stiefneffen und den weithin dröhnenden Bass von Rigobert, dem Bischof von Reims.

»Ich sage euch noch einmal: Ihr müsst den Neustriern ein Angebot machen«, forderte Rigobert. »Sie wollen einfach nicht akzeptieren, dass hier im Ostteil des Reiches eine Frau im Namen eines siebenjährigen Majordomus regiert.«

Im ersten Augenblick glaubte Karl, nicht richtig gehört zu haben. Sie hatte es getan! Sie hatte es tatsächlich getan! Schon während der schweren Krankheit seines Vaters hatte Karl davon gehört, dass nicht die Söhne seines kurz zuvor verstorbenen Stiefbruders Grimoald die Nachfolge antreten sollten, sondern ein Bastard – der uneheliche Grimoaldsohn Theudoald. Derartige Gerüchte waren ihm noch vor Monaten so absurd vorgekommen, dass er nicht weiter darüber nachgedacht hatte. Wenn Plektrud schon glaubte, dass weder der einundzwanzigjährige Arnulf, noch der neunzehnjährige Hugo, der achtzehnjährige Arnold oder der sechzehnjährige Drogo als ihre eigenen Enkel fähig genug für das Amt des Hausmeiers im östlichen Teil des Reiches waren – wie konnte sie dann einen siebenjährigen Bastard zum Majordomus ernennen?

Im selben Augenblick begriff Karl, was hier in Köln gespielt wurde. Nicht umsonst saß sein eigener Taufpate, der Bischof von Reims, mit am Tisch. Reims war die westlichste Stadt des austrischen Reichsteils. Karl wusste nicht, was in seiner Abwesenheit geschehen war. Doch er erkannte, dass nichts mehr so war wie beim Tod seines Vaters. Ganz offensichtlich hatte sich keiner der Großen, die jahrelang an der Seite seines Vaters gekämpft hatten, gegen die Machtübernahme der Witwe gewehrt.

Er öffnete die Augen und blinzelte zu Chrotrud hinüber. Sie sahen sich nur ganz kurz an und wussten auch ohne Worte, dass sie sich aufeinander verlassen konnten. Chrotrud war eine einfache, aber sehr schöne junge Frau aus einer kleinen Siedlung zwischen Lüttich und Maastricht. Sie hatte schweres, weizenblondes Haar und den kräftigen Körperbau, den es im Grenzland von Toxandrien, zwischen den Friesen und Franken, häufiger gab. Ihre Familie war mit der seiner eigenen Mutter Alphaid seit Generationen befreundet. Sie waren erdverbundene, zuverlässige Nachbarn und eher bäuerlich als kriegerisch. Ihr Jüngster und die sechsjährige Hiltrud nahmen nicht am Abendessen teil. Nur Karlmann mit seinen neun Jahren hatte dabei sein dürfen – ebenso wie Theudoald.

Mit seinen halblangen rotblonden Wuschelhaaren sah Karlmann bereits aufmerksam und verständig aus. Er verfolgte die Gespräche der Erwachsenen mit seinen hellen, blauen Augen, die er von seinem Vater geerbt hatte. Theudoald hingegen, dessen ebenfalls blonde Haare so lang und glatt wie möglich bis zu den Schultern gekämmt waren, rekelte sich gelangweilt in seinem Prunksessel hin und her. Er schien nicht einmal zu ahnen, welche Bedeutung die ihm übertragenen Ämter und Titel besaßen. Trotzdem bewachte ihn die Witwe seines Großvaters wie einen lebenden Kronschatz. Sie stand bereits in der Mitte der Sechziger, doch ihrer herben Strenge entging kein Wort und keine Bewegung des Jungen.

Sie spürte genau, dass Karl sie beobachtete, während die anderen Männer immer heftiger miteinander stritten. Neben den Enkeln und dem Bischof nahmen noch gut ein Dutzend Männer und Frauen an dem Nachtmahl auf der Kapitolsanhöhe teil. Ihr Gefolge vergnügte sich derweil auf der anderen Seite der Tempelruinen.

Karl überlegte, ob er Plektrud eher mit Juno oder Minerva vergleichen sollte. Ihr Gesicht wirkte so unnahbar, als sei es ebenfalls aus Stein gehauen. In ihren Augen war er niemals der Sohn ihres Mannes, sondern stets nur eine Gefahr für den Besitzstand ihrer eigenen Familie gewesen. Ja, Karl verstand jetzt, warum sie Theudoald zum Majordomus gemacht hatte. Er war ebenfalls ihr Enkel wie die vier anderen, aber er hatte noch einen weiteren, unvergleichlichen Vorzug: Er war zu jung, um zu verstehen, wie sie ihn für sich benutzte. Ein Werkzeug, ein Spielball, nur ein Instrument in ihren Händen.

Karlmann stand auf und kam auf Karl zu. Chrotrud wollte ihn zurückhalten, doch Karlmann duckte sich und entschlüpfte ihrem Griff. Karl sah, wie Plektrud sich unwillkürlich aufrichtete. Wachsam wie das Weibchen des Adlers ließ sie ihren Blick von einem zum anderen zucken, während ihr Mund schmaler wurde und ihre Nasenflügel ganz leicht bebten. Obwohl Karl spürte, wie ihm die zunehmende Müdigkeit Körper und Geist lähmte, ordneten sich die Ereignisse ganz langsam in seinem Kopf. Aber noch immer blieb alles schwer verständlich und undurchsichtig. Ihm fehlten einfach die Monate, die er, von jeder Nachricht abgeschnitten, im stinkenden Kerker von Aquis grana verbracht hatte. Nur eins war ihm klar: Er durfte auf keinen Fall gegen den Rat von Graf Rotbert verstoßen, aufspringen und alles zerschlagen …

Schon dadurch, dass Plektrud seine Frau und seine Kinder nach Köln geholt hatte, war er viel besser und geschickter gefesselt als durch Eisen und Ketten. Er musste sich einfach beherrschen. Auch wenn das Blut ihm wieder und wieder bis in den Kopf schoss und in den Schläfen hämmerte. Er atmete tief durch und hörte, wie auf der anderen Seite des Tempels Musikinstrumente angespielt und Spießbraten mit klirrenden Messern verteilt wurden. Plektrud schien sehr gut zu wissen, wie sie Anhänger und Vasallen, Krieger und Knechte bei Laune halten konnte.

Trotzdem war Karl zutiefst davon überzeugt, dass es noch immer gute Männer geben musste, die insgeheim zu den Pippiniden standen. Immerhin hatte sein Vater während der jahrzehntelangen Bruderkriege dafür gesorgt, dass zuverlässige und getreue Gefolgsleute neue Ländereien erhielten und ihre Familien so untereinander verbanden, dass alle davon profitierten.

Vielleicht war diese Bequemlichkeit verantwortlich dafür, dachte Karl, dass keiner der Anhänger Pippins den Aufstand geprobt hatte, als seine Witwe das Regiment übernahm.

Nur auf der anderen Seite, westlich der Maas, musste ein wütender Aufschrei durch die Reihen der Großen und Mächtigen gegangen sein. Die Neustrier akzeptierten kein Kind in einem Amt, das nur der beste aller Männer erlangen konnte. Sie waren so erregt über die doppelte Vormundschaft der Witwe, dass sie seit Monaten an vielen Stellen gleichzeitig in die Gebiete der Rheinfranken einfielen und sie mit Mord und Brand verwüsteten.

Wie alle anderen kannte auch Karl die Ursache für die nur mühsam unterdrückte Eifersucht und die Rivalität zwischen den beiden Reichsteilen: Damals, als er selbst gerade geboren wurde, hatte sein Vater erbittert gegen die Neustrier unter ihrem Hausmeier Ebroin gekämpft. Ebroin war im Jahr 680 auf nie geklärte Weise ermordet worden. Ihm war Berchar nachgefolgt und hatte sich mit den Burgunden verbündet. Erst 687 war es Pippin bei Tertry in der Nähe von Sankt Quentin gelungen, die Neustrier vernichtend zu schlagen. Der Merowingerkönig Theuderich II. war mitsamt seinem Königsschatz in Pippins Gewalt geraten. Damit konnte Pippin seinen ausschließlichen Führungsanspruch beim Adel des gesamten Reiches durchsetzen.

Karl hatte stets bewundert, wie klug sein Vater die Witwe des getöteten Hausmeiers Berchar, Adaltrud, seinem Sohn Drogo zur Frau gab. Auf diese Weise waren einmal mehr zwei der wichtigsten fränkischen Familien miteinander verbunden worden.

Karl wusste nicht genau, was in den vergangenen Monaten tatsächlich geschehen war. Er hatte nur gehört, dass es vor knapp einem Monat in den bewaldeten Hügeln südöstlich von Compiegne zu erbitterten Kämpfen gekommen war. Nur unter großen Verlusten und mit sehr viel Mühe war es den Kölnern gelungen, ihren kindlichen Anführer Theudoald in Sicherheit zu bringen. In ihrem Siegesrausch hatten sich die Adligen des Westens sofort den Domesticus Raganfrid zum neuen Hausmeier von Neustrien gewählt.

Karl wunderte sich nicht darüber, dass der Merowingerkönig Dagobert III. angeblich keinen Versuch unternommen hatte, gegen die Wahl von Raganfrid zu protestieren. Der Fünfzehnjährige hätte ohnehin nichts gegen die Ernennung des Neustriers unternehmen können. Trotzdem behielten die Neustrier ihn bei sich, denn wer den König hatte, besaß den Kronschatz und hatte das Recht auf seiner Seite …

Plektrud hatte sich eine ganze Weile die streitenden Männer angehört. Einige wollten die Friesen zu Hilfe holen, andere die Sachsen. Sie hob die linke Hand. Sofort verstummten alle Gespräche. Die Männer blickten sie an.

»Ich bin nicht bereit, auf kindische oder lächerliche Vorschläge zu antworten«, sagte sie mit klarer und harter Stimme. Sie sprach nicht besonders laut, doch ihre Augen wurden klein, und die Falten ihres Gesichtes strafften sich, während sie redete: »Es ist völliger Unsinn, Alamannen oder Baiern, Sachsen oder Friesen zur Verstärkung heranzuholen. Ebenso könnten wir die

Herrscher der sieben britischen Königreiche, die Dänen oder die Langobarden um Hilfe bitten.«

Sie zog die Mundwinkel herab und blickte unverwandt auf Karl. Er fühlte sich immer unwohler und wusste nicht, was sie beabsichtigte. »Warum siehst du mich so an?«, schnaubte er. »Ich bin der Einzige, der sich an eurer Niederlage nicht beteiligt hat.«

Sie lachte kurz. »Du bist der Mann, der zwischen mir und diesem Raganfrid von Neustrien das Zünglein an der Waage spielen kann.«

»Ich war noch nie ein Freund der Neustrier.«

»Du warst auch mir kein Freund …«

»Ich bitte dich, Plektrud«, unterbrach Bischof Rigobert von Reims. »So kommen wir nicht weiter. Die Sachsen sind inzwischen in Hatuaria eingefallen. Die ersten Neustrier wurden bereits an der Römerstraße zwischen Maastricht und Jülich gesichtet. Und am Niederrhein ruft Fürst Radbod seine Friesen zu den Waffen.«

»Ja, auch Fürst Radbod ist dabei«, zürnte die Witwe Pippins. »Er hatte nur eine unfruchtbare Tochter für Grimoald, meinen Sohn. Wenn auch von ihm hier Enkel sitzen würden, wäre er ein Verbündeter von uns und kein Kumpan der Neustrier …«

Karl hatte Mühe, sich nach dem langen Tag, der nun zur Nacht geworden war, noch länger wach zu halten. In seinen Armen, seinen Beinen, seinem Kopf war nur noch Schwäche und ein Anflug von Fieber. Der Ritt durch die Augustsonne war ihm viel schlechter bekommen, als er sich zunächst eingestanden hatte. Er fühlte sich so krank und müde wie schon lange nicht mehr; nur durch seinen eisernen, unbändigen Willen hielt er sich weiter aufrecht. Er wusste nicht, ob all das zu irgendeinem Plan der Witwe seines Vaters zählte. Wie gern wäre er jetzt mit einem satten Seufzen an Chrotruds Brust gesunken, hätte sie in den Arm genommen und wäre wie ein Kind neben ihr eingeschlafen. Er haderte mit sich über die eigene Schwäche, gegen die er einfach machtlos war. Der lange Tag, die Sommerhitze, das gleißend helle Licht der Sonne, der Lärm um ihn herum, das gute Essen und der schwere Wein waren zu viel für ihn. Er ahnte nicht, dass er in diesem Augenblick genau den Eindruck machte, den seine Stiefmutter sorgfältig vorgeplant und eingefädelt hatte.

Er griff mit beiden Händen nach dem Rand des Bohlentisches, spürte erneut den Blick von Plektrud, sah ihre leicht herabgezogenen Mundwinkel und den Triumph in ihren Augen. Genau das hatte sie erreichen wollen. Karl hatte einfach keine Kraft mehr. Und wie so viele andere beim Gelage rutschte er völlig betrunken unter den Tisch – zum ersten Mal in seinem Leben.

2.

Flucht aus dem Kapitol

Tote und Lebende kämpften miteinander, Männer und Frauen, Kinder und Greise. Dazwischen Bischöfe und Skelette rasender Wolkenschiffe und die Erdwichtel, die sich nach dem Abzug der Römer in jeder der unterirdischen Heizungsanlagen versteckt hielten und von dort aus ihren Schabernack und ihr Unwesen bis an die Häuser und Hütten der Menschen heran trieben.

Karl hatte das Gefühl, als würde sein Schädel in all dem Lärmen und Getöse, im Schlachtengetümmel der Geister und Dämonen wieder und wieder in tausend Stücke zerspringen. Mühsam versuchte er sich aufzurichten, rutschte an einer glatten Steinwand hoch und befühlte mit seinen Händen den schmerzenden Schädel. Gleichzeitig erkannte er, dass die große Schlacht nicht um ihn herum, sondern in seinem Kopf stattgefunden hatte. Es fiel ihm schwer, aufzuwachen und herauszufinden, wo er sich befand. Seine Gedanken rasten wild durcheinander, doch irgendetwas fehlte ihm. Er merkte, dass er nicht mehr dort war, wo er seit Monaten Tage und Nächte fast ohne Unterschied verbracht hatte. Er blieb eine Weile mit dem Rücken gegen die Wand gelehnt stehen, schnaufte vor sich hin und versuchte die Hitzewellen zu vertreiben, die wieder und wieder über seine Haut und durch seine Muskeln rannen.

Sie hatten ihn eingesperrt – sie hatten ihn wieder eingesperrt! Nur dass es in diesem Kerkergewölbe nicht so entsetzlich stank wie im Verlies von Aquis grana. Trotzdem spürte er die Nähe des Wassers. Es roch nach Fisch, aber auch nach Wein, Weihrauch und Holzkohlenfeuer.

Was war geschehen?

Schneller als gedacht kam seine Erinnerung zurück. Mehr noch: Er sah auf einmal ziemlich klar, was in den letzten ein, zwei Tagen geschehen war. Wenn ihn nicht alles täuschte, war er im Augenblick nicht mehr als ein Spielstein, der von verschiedenen Gruppierungen innerhalb der Francia hin und her geschoben wurde. Es hatte schon begonnen, als er noch ein Kind gewesen war – damals, als sein Halbbruder Drogo ebenfalls Hausmeier geworden war.

Er hatte zu der Zeit geheiratet, als Drogo starb. Nach dem Tod des Älteren hatte nichts dagegen gesprochen, dass das Erbe Pippins auf den zweiten Sohn übergehen sollte. Erst nach dessen Tod vor nunmehr einem Jahr war alles ganz anders geworden. Von seinem Alter her wäre Karl derjenige gewesen, dem es zugestanden hätte, die Nachfolge seiner beiden Stiefbrüder anzutreten. Er war der älteste legitime Sohn des Majordomus gewesen. Sein Makel bestand einzig und allein darin, dass er kein Blutsverwandter von Plektrud und ihrer Familie war.

Vielleicht war er zu naiv gewesen, zu gutgläubig und zu wenig darauf bedacht, seine Machtübernahme in Austrien und in der Francia zu sichern. Vielleicht waren die bisherigen Machtübergänge von einem Pippinsohn auf den anderen zu glatt und zu reibungslos verlaufen. Er hatte nicht ein einziges Mal mitbekommen, dass irgendetwas davon in Frage gestellt worden wäre. Erst nach dem Tod von Plektruds zweitem und letztem Sohn Grimoald hatte sich auch sein Vater von ihm abgewandt. Er war zu diesem Zeitpunkt schon zu alt und zu schwach gewesen, um sich gegen die Ansprüche und Forderungen Plektruds und ihrer Familie zur Wehr zu setzen.

Aber was nun? Welches Unterpfand und welche Geisel konnte er für sie sein? Er glaubte nicht daran, dass sie wirklich befürchtet hatte, er könnte von den Neustriern befreit werden und anschließend mit ihnen gemeinsame Sache machen. Dazu kannte auch sie ihn viel zu gut! Also musste es andere Gründe geben, ihn aus dem Kerker der abgelegenen und bedeutungslosen Pfalz von Aquis grana zu holen und nach Köln zu überführen. Karl spürte, dass ihm das Denken immer noch Schwierigkeiten bereitete. Er kam einfach nicht dahinter, warum er innerhalb weniger Stunden aus seinem Gefängnis geholt, am Tisch der Noblen betrunken gemacht und anschließend wieder in ein Verlies geworfen worden war. Gleichzeitig fragte er sich, womit sie ihn und andere mehr verwirrt hatte – damit, dass sie ihn und seine Familie gesund und wie geschätzte Verwandte den Noblen in ihrem Hofstaat präsentiert hatte, oder damit, dass sie sie erneut getrennt hatte …

Sie hatte das nahe Liegende nicht getan. Je klarer ihm wurde, dass er Plektrud immer noch nicht durchschaute, umso besorgter wurde er. Er richtete sich ächzend auf und begann ein paar Schritte hin und her zu gehen. Sein neues Verlies war nicht vollkommen dunkel. Schemenhaft erkannte er mehrere Säulen inmitten eines tonnenförmigen Gewölbes. An der Schmalseite drang etwas Licht durch einen Schacht. Plötzlich wusste er wieder, wo er sich befand. Er erinnerte sich an die Zeit, ehe er nach fränkischem Recht mit fünfzehn Jahren volljährig geworden war. Damals waren er, Rotbert und ein paar andere Jungen oft tagelang durch die verlassenen Ruinen Kölns gestreift, während ihre Vater zu Beratungen im Praetorium zusammensaßen oder ihre Männer auf dem Forum versammelten. Karl hatte miterlebt, wie seine Stiefmutter innerhalb der Mauern des früheren Kapitols ein Stift errichtet hatte, in dem nur Mädchen unterkamen. Er musste grinsen, als er daran dachte, wie sie sich immer wieder abends versteckt hatten, um zu beobachten, wie die Mädchen nach ihrem Nachtgebet zu Bett gingen.

Er lehnte sich mit dem Rücken an die Wand unter dem Lichtschacht und versuchte sich vorzustellen, wie der tonnenförmige Raum damals ausgesehen hatte, als er eines der vielen Verstecke und Höhlenlager der Jungen gewesen war. Irgendwo in der Mitte hatte ein halb verbogener, zusammenlegbarer römischer Reiseofen gestanden. Karl erinnerte sich noch gut an den geflochtenen Korb aus Eisenbändern, der so über einem Dreibein angebracht war, dass er mit einem einzigen Handgriff flach zusammengelegt werden konnte. Der Reiseofen war ihre Wärmequelle und ihr Feuerschein für die vielen Stunden gewesen, in denen sie hier unten zusammengehockt und von den großen Taten geschwärmt hatten, die jeder von ihnen einmal vollbringen wollte.

An diesem Punkt seiner Erinnerungen hielt Karl unwillkürlich die Luft an. War es wirklich ein Zufall, dass er jetzt ausgerechnet in diesem Raum gefangen gehalten wurde? Jetzt fiel ihm wieder ein, woran er viele Jahre lang nicht mehr gedacht hatte. Es gab ein Geheimnis, das nur er, Rotbert und drei, vier andere kannten. Sie hatten sich damals geschworen, dass keiner darüber sprechen würde – es sei denn, wenn einer von ihnen in Lebensgefahr schwebte.

Karl atmete ganz langsam ein und aus. Er spürte, wie er zunehmend ruhiger und kühler wurde, wie sein Kopf und sein Verstand sich langsam klärten. Ja, das konnte es sein! Warum hatte Rotbert gesagt, er solle sich nicht dagegen wehren, nach Köln überführt zu werden? Warum war er von all den Möglichkeiten, die es in Köln gab, ausgerechnet in diesen Kellerraum gebracht worden?

Karl stieß sich von der Mauer ab. Er stürzte an den ersten zwei Säulen vorbei bis in eine Ecke, in der auch nach so langer Zeit noch staubige Steintrümmer lagen. Im Halbdunkel des Kellergewölbes sahen sie ganz so aus, als wären sie seit Jahrhunderten nicht mehr bewegt worden. Doch Karl wusste es besser. Hier – genau hier lag der Schlüssel für das Geheimnis, das sie vor gut zehn Jahren gemeinsam entdeckt hatten …

Vorsichtig hob Karl einen der schweren Steinquader an. Es fiel ihm nicht leicht, den Felsblock auch nur einige Fingerbreit zu bewegen. Er schnaubte und mühte sich mehrmals vergeblich. Bis ihm wieder einfiel, wie sie es damals gemacht hatten. Sie waren mehrere gewesen, doch diesmal musste er es allein schaffen! Er überlegte einen Moment. Dann stellte er sich breitbeinig über den Steinblock, nahm einen faustgroßen Steinbrocken und klemmte ihn unter sein Kinn. Er neigte sich vor, bückte sich und griff mit beiden Händen unter das große Trümmerstück. Mit einem Ruck hob er es an. Gleichzeitig hob er etwas den Kopf und ließ den Steinbrocken unter seinem Kinn nach unten fallen, so dass er den Spalt traf und verschwand. Karl ließ los. Der große Steinbrocken lag jetzt nicht mehr ganz auf dem Boden. Karl klaubte weitere Steine zusammen und schob sie in die entstandene Höhlung – so lange, bis der leicht schräg liegende Stein fest verkeilt war. Er spürte, wie Funken vor seinen Augen tanzten und sein Atem mühsam und schwer ging. Die Monate im Kerker von Aquis grana hatten ihn doch mehr geschwächt, als er sich selbst eingestehen wollte.

Stunde um Stunde verging. Die Pausen zwischen den einzelnen Versuchen wurden immer länger. Und doch schaffte es Karl mit unendlicher Mühe und Geduld, den großen Steinquader aufzurichten. Er wollte gerade darangehen, den stützenden Trümmerberg aus kleineren Steinen wegzuräumen, als er ein Geräusch an der Tür hörte. So schnell wie möglich wankte er zu dem steinernen Bogen, der den Ausgang des Kellergewölbes bildete.

»Mach keinen Unsinn, Karl!«, rief eine Stimme von draußen.

»Vier Männer stehen hier mit erhobenem Schwert, und weitere vier werden dich mit ihren Lanzen aufspießen, falls du versuchen solltest, die Tür aufzustoßen und mich zu überrennen.«

»Ihr wisst, dass ich das nicht tun würde«, antwortete Karl erschöpft. »Oder glaubt ihr etwa, dass ich mutwillig Leben und Wohl meiner Familie aufs Spiel setze?«

»Wir bringen dir etwas zu essen und zu trinken«, antwortete Alberich. »Außerdem soll ich dir im Auftrag von Plektrud sagen, dass du dir keine Hoffnung auf eine Flucht mehr zu machen brauchst. Graf Rotbert, dein engster Freund, ist im Morgengrauen zusammen mit seinen Spießgesellen an der Südmauer gefangen und geschlagen worden.«

»Graf Rotbert geschlagen?«, wiederholte Karl erschrocken. Ein Schlüssel wurde von außen in das Schloss der Bohlentür gesteckt. Mit mehrfach klackendem Geräusch drückte er die Sperrriegel im Inneren auf. Die Tür öffnete sich, und der Lichtschein von Fackeln ließ Karl blinzeln. Er brauchte einige Augenblicke, bis er Alberich und die Männer hinter ihm deutlich erkennen konnte.

»Graf Rotbert lebt«, sagte Alberich und schnippte mit den Fingern. Einer der Männer aus seinem Gefolge reichte Karl einen Krug mit Wasser. Ein anderer gab ihm einen Beutel, wie er üblicherweise an Pferdesätteln hing. Karl war nicht so dumm, beides abzulehnen.

»Was ist geschehen?«, fragte er und hob den Wasserkrug. Er nahm einen tiefen Schluck und stellte erfreut fest, dass dieses Wasser nicht nach Schwefel schmeckte.

»Wir nehmen an, Rotbert wollte versuchen, dich hier herauszuholen«, antwortete Alberich sachlich. »Das war dumm von ihm, denn jedermann hier wusste, dass er es versuchen würde. So aber hat er nur einige seiner Männer verloren und Plektrud veranlasst, deine Frau und deine Kinder noch besser zu verstecken. Ich hoffe, du weißt, was das heißt!«

Karl presste die Lippen zusammen, dann nickte er. »Dieses verdammte Weib!«, stieß er dann hervor. »Sie ist sich nicht zu schade, eine Frau und ihre unschuldigen Kinder als Geiseln zu nehmen. Es muss ihr sehr schlecht gehen, wenn sie schon solche Niedertracht nötig hat.«

»Ich fürchte, du begreifst noch immer nicht, was wirklich los ist«, antwortete Alberich nachsichtig. »Plektrud hat nur noch Köln und ein paar Güter hier zwischen Rhein und Maas. Sie weiß genau, dass sie im Augenblick schwächer ist als die Neustrier. Sie kann sich nicht auf die Edlen Austriens verlassen, und sie muss zudem noch fürchten, dass du es bist, der ihr am gefährlichsten werden kann.«

»Na und?«, fragte Karl. »Was will sie tun? Mich langsam verhungern lassen – meine Familie zur Landarbeit auf die Felder schicken oder sie in den Wäldern Bucheckern suchen lassen? Was kann sie gewinnen, wenn sie uns umbringt?«

»Vielleicht musst du andersherum fragen«, sagte Alberich. »Was kann sie gewinnen, wenn sie es nicht tut? Vielleicht solltest du darüber einmal nachdenken …«

Er hob die Schultern, sah Karl mit einem eigenartigen Blick an und gab das Zeichen an seine Männer, die Tür des Gewölbes wieder zu schließen. Karl blieb allein zurück, während die Riegel des Schlosses in ihre Sperrstellungen zurücksprangen.

Noch in derselben Nacht, als Fledermäuse durch die Ruinen der alten Stadt strichen und in den Wäldern südlich der Stadtmauern Käuzchen und Nachtgetier Laut gaben, löste sich ganz langsam ein kleiner Nachen vom Ufer des Rheinarms, der seit Jahrhunderten den schützenden Hafen von Köln bildete. Das Boot fuhr einige hundert Schritt flussaufwärts, ehe es den schneller fließenden Hauptstrom erreichte. Aber es bog nicht nach Osten ab, nicht hinüber zur ripuarischen Seite mit ihrem längst verfallenen Kastell Divitia. Es blieb vielmehr dicht am

Uferschilf und wurde mit starken, doch absolut lautlosen Bewegungen der umwickelten Ruder stromaufwärts geführt.

Der Schein des zunehmenden Halbmondes wanderte an den Rändern der Nachtwolken entlang. Sie bedeckten ihn fast vollständig, und nur gelegentlich ließ ein Loch in den Wolken den Fluss und die Ufer ein wenig heller werden. In diesen Momenten bewegte sich nichts mehr in dem kleinen Nachen, der dann ein Stück der gerade geruderten Strecke wieder zurücktrieb. An einer bestimmten Stelle bog der Kahn in einen Bach ein, der von Westen her in den Rhein mündete. Hier war das Ufergebüsch so dicht, dass die Schatten im Boot keine Entdeckung mehr fürchten mussten. Die Ruderschläge wurden schneller, und dann legte das Wassergefährt am südlichen Ufer des Baches an.

Für eine Weile blieb alles still. Dann teilten sich die Zweige. Kräftige Hände halfen einer größeren Gestalt ans Ufer, und dann zwei kleineren. Weitere Schatten kletterten vorsichtig in das kleine Boot. Der Ruderer stieß es vom Ufer ab und ließ es mit der leise glucksenden Strömung des Baches bis in das große Wasser zurückgleiten. Kaum eine Viertelstunde später war alles am Hafen von Köln wieder so still wie zuvor. Und niemand hatte bemerkt, dass sich mit dem kurzen Austausch von Menschen die Lage erneut geändert hatte.

Noch nie zuvor hatte Karl so ungeduldig auf einen Tagesanbruch gewartet. Die Nacht war grauenhaft gewesen. Er hatte kaum ein Auge zugetan. Zu viel kreiste immer noch in seinem Kopf. Doch so viel war ihm klar: Die Herrschaft seines Vaters war nicht reibungslos auf Plektrud übergegangen. Auch nach mehr als einem Vierteljahrhundert war die Stellung der Arnulfinger nicht stark genug. Die Neustrier hatten den Enkel des Verstorbenen nicht anerkannt. Sie ließen sich nicht täuschen und rebellierten dagegen, dass eine Großmutter die Zügel straffziehen wollte.

Karl stand auf, reckte sich und ging mit schmerzenden Gliedern näher zum Licht. Er wusste ganz genau, wie sein Vater, damals in der Nähe von Sankt Quentin, über die Neustrier gesiegt hatte. Wieder und wieder war an den abendlichen Feuern erzählt worden, wie Theuderich II. samt seinem Königsschatz in die Gewalt des Hausmeiers geraten war.

Die Tochter des Besiegten war Pippins Schwiegertochter geworden. Aber auch er selbst gönnte sich eine besondere Belohnung, indem er Alphaid heiratete und zu seiner zweiten Frau machte. Und um auch gleich an anderer Stelle klar zu machen, wer jetzt das Schwert der Franken führte, griff Pippin Fürst Theodo in Baiern an. Ein Jahr später war Karl geboren worden. In diesen Jahren vergab Pippin Bistümer und Abteien an seine Gefolgsleute. Er konnte ihnen mehr bieten als die Merowingerkönige, die kaum noch Ländereien und nur noch wenige Fiskalgüter in ihrem Kronschatz hatten.

Als Dreizehnjähriger hatte Karl miterlebt, wie sein Vater in der Blüte seiner Macht die Ländereien unter seinen drei legitimen Söhnen aufteilen wollte. Zu diesem Zeitpunkt war Plektruds schon lange schwelender Hass endgültig öffentlich geworden. Sie ließ verbreiten, dass Karls Mutter sich bei Pippin eingeschlichen hatte, als sie selbst mit ihren Schwestern Gertrud, Bertrada und Adela zu einem Treffen der Familie auf ihrer Stammburg in der Nähe von Prüm gereist war. Ihre Intrigen gegen Karl und seine Mutter wurden so heftig, dass schließlich auch Bischof Lambert von Maastricht ihre Partei ergriff und sich gegen Alphaid wandte.

Karl war zu jung gewesen, um sich mit Bischof Lambert anzulegen. Er sah nur Tag für Tag, wie seine Mutter immer mehr verkümmerte, wie sie abmagerte, in sich ging und schließlich nichts und niemanden mehr sehen wollte. Die ständigen Beleidigungen des Bischofs regten auch die Familie seiner Mutter auf, prägten sie und führten schließlich mehrfach zu Streitgesprächen in der Kirche. Schließlich kam der Bischof ebenso mit bewaffnetem Gefolge zum Gottesdienst wie Dodo und verschiedene andere aus den Waldsiedlungen rechts und links der Maas. Dann, als Lambert erneut anfing, die Familienehre von Karls Mutter anzugreifen, kam es zum Eklat. Lamberts Neffen Petrus und Autlaecus erschlugen Dodos Gehilfen Gallus und Rivaldus. Dodo musste fliehen, aber er kehrte schon am nächsten Sonntag wieder zurück. Diesmal war er der Stärkere. Er selbst hob den Speer, als der Bischof in vollem Ornat vom Altar zur Kanzel ging. Lambert kam nicht mehr dazu, erneut gegen Karls Mutter zu predigen. Er brach in seinem Blut direkt neben dem steinernen Taufbecken zusammen.

Im selben Jahr war Karl volljährig geworden. Er konnte seine Gespielin Chrotrud in der Familienpfalz Jupille zwischen der Maas und den Bergen der Ardennen heiraten. Kurz darauf, im Mai des Jahres 706, wurde Karls erster Sohn Karlmann geboren. Zu dieser Zeit lebte Karls Mutter Alphaid bereits nicht mehr, und ihre Familie war offiziell geächtet. Die meisten wussten, dass hinter all dem eine ganz andere Frau stand: Plektrud, die starke und mächtige Schwester der Adela von Pfalzel. Und wie um Frieden über die vielen Gerüchte und Geschichten zu legen, verschenkten Pippin und Plektrud am 20. Mai des Jahres 706 sämtliche in ihrem Besitz befindlichen Anteile am Kloster Echternach an Willibrord, den sie als Abt eingesetzt hatten. Jedermann wusste, dass diese Schenkung eine Art Buße für die zweite Ehe war.

In den folgenden Jahren war Karl viermal mit seinem Vater, den Großen Austriens und einigen tausend fränkischen Kriegern zu Fuß gegen die Alamannen gezogen. Bereits beim ersten Zug war der Alamannenherzog Gotefrid durch das Schwert umgekommen. Doch Pippin wollte nicht, dass der starke, tödliche Schlag seinem Sohn Karl zugerechnet wurde. Er verbot allen, die es gesehen hatten, darüber zu reden.

Dieser Befehl gelang ihm noch, aber in anderen Bereichen war er nicht mehr stark genug gewesen, um dem Verfall seines Einigungswerkes zu wehren. Noch einmal setzte er überall neue Bischöfe ein, gründete Klöster und verschenkte Land an die Kirche. Zu Beginn des vergangenen Jahres war Grimoald gekommen, um seinen schwer kranken Vater zu besuchen. Karl war bei ihm gewesen, als der fromme Grimoald zur neuen Lambertbasilika nach Lüttich ritt, um dort für den Vater zu beten. Doch dann war etwas geschehen, womit niemand gerechnet hatte. Sie wollten sehen, wie die Kirche ausgestattet war, in die der Körper des Märtyrers Lambert einmal überführt werden sollte. Doch während der Besichtigung, an einem ganz normalen Wochentag, kam plötzlich ein Mann auf Grimoald zu, riss sein kurzes zweischneidiges Schwert hervor und stach Grimoald so direkt in die Brust, dass die Schwertspitze fast ohne Widerstand gleich wieder aus dem Rücken austrat. Der Mann hieß Randgar und gehörte zu den Friesen Radbods, die mit den Neustriern verbündet waren …

Nur wenige Tage später schenkten Pippin und Plektrud in ihrer Trauer dem Kloster Echternach weitere Ländereien. Da Pippin zu krank war, beauftragte er Plektrud, die Schenkungsurkunde ohne ihn zu firmieren. Pippins Krankheit, der Übergang seiner Macht auf Plektrud und der Verlust ihrer beiden Söhne, all dies verstärkte ihren Hass gegen Karl noch mehr. Sie warf ihm vor, dass er selbst nicht schnell genug den Friesen überwältigt hatte. In ihrem Zorn streute sie sogar das Gerücht aus, es könnten erneut Angehörige von Karls Familie mütterlicherseits gewesen sein, die im Zusammenspiel mit Neustriern und Friesen ihren zweiten Sohn aus dem Weg geräumt hatten. Ihr hasserfülltes Herz ließ sich auch dadurch nicht beruhigen, dass Grimoald mit einer Tochter des Friesenfürsten Radbod verheiratet gewesen war. Aus dieser Ehe gab es keine Kinder. So hatten weder Radbod noch Plektrud irgendeine Veranlassung, auf eine Fortführung des einst mit großen Hoffnungen geschlossenen Bündnisses zu setzen…

Karl schüttelte unwillkürlich den Kopf, als er daran dachte, welche weiteren, noch wilderen Gerüchte vor einem Jahr aufgetaucht waren. Möglicherweise war sie damals davon überzeugt gewesen, dass die vier legitimen Söhne ihres Erstgeborenen nicht die Fähigkeiten besaßen, die sie von einem Anführer der Franken erwartete. Schon zu diesem Zeitpunkt hatte sie sich auffällig für ihren Enkel, den Drogo mit irgendeinem namenlosen Mädchen gezeugt hatte, eingesetzt. Es waren seltsame Gedanken, die Karl in diesem Augenblick durch den Kopf gingen.

Er hatte niemals an derartige Gerüchte glauben wollen. Sie erinnerten zu stark an die mörderischen Intrigen der Merowinger. Es waren einfach zu viele Gedanken, die ihn in seiner dunklen Abgeschiedenheit durchströmten. Nach all den Monaten im Kerker von Aquis grana kam er sich hier in Köln seltsam erregt und aufgeputscht vor. Es war nicht nur der Ritt in der Hitze und Sonnenglut gewesen, auch nicht der schwere Braten oder der nach vielen Monaten ungewohnte Wein. Karl spürte instinktiv, dass etwas ganz anderes in der Luft lag. Kamen nicht Friesen, Sachsen und Neustrier von drei Seiten zugleich auf Köln zu?

Karl spürte, wie ein Ruck durch seinen Körper ging. Es war, als würde er aus einer langen, unheimlichen Benommenheit erwachen. War es das Schwefelwasser, das ihn über Monate gelähmt hatte? Konnte der Hass der Stiefmutter ihm Kraft und Mut geraubt haben? Er schüttelte und reckte sich, bis die Gelenke knackten.

»Schluss jetzt!«, stieß er hervor, und seine Stimme war so klar wie schon seit Monaten nicht mehr.

Er schwankte nur noch leicht, als er mehrmals mit kurzen Schritten durch seinen Kerker stampfte. Dann bückte er sich vor dem Stein, den er so mühsam aufgerichtet hatte. Er räumte alles fort, was das Versteck verdeckte, das er vor rund zehn Jahren mit

Rotbert, einem Friesen namens Wusing und ein paar anderen Jungen angelegt hatte. Und wie damals hielt er die Luft an, als seine Finger wieder in die Römermünzen griffen, die schon seit Jahrhunderten im Fundament des Kapitolstempels versteckt waren.

Die wild aussehenden Flussschiffer lehnten sich gelangweilt an die fast mannshohen hölzernen Fässer auf dem Frachtkahn. Sie sahen ihren Sklaven zu, von denen sie nicht einmal wussten, woher sie alle stammten. Es waren zwielichtige Sachsen unter ihnen, magere Männer aus dem Osten, mehrere aufsässige Dänen und ein paar Franken, die aus der Hörigkeit entflohen waren, weil sie durch ständige Verheerung den Zins für ihre kleinen Ackerstücke nicht mehr bezahlen konnten.

Der Frachtkahn kam aus Dorestad und hatte an der Südspitze der Kölner Hafeninsel kurz angelegt, um frisches Brot aufzunehmen. Obwohl fast überall mit neuem Kriegsgeschrei gerechnet wurde, hatten die Rheinhändler ebenso wenig Schwierigkeiten wie die Piraten, die auch nicht anders aussahen als die wilden Männer an den Fässern, die an die Mosel zurückgebracht wurden.

Nur wer genau hinsah, hätte noch eine dritte Gruppe auf dem Frachtkahn ausmachen können. Sie waren keine Friesen und sahen auch nicht aus wie Hörige. Einige benahmen sich die ganze Zeit sehr misstrauisch, andere sahen wie Edle aus, die auch zu Pferd zu kämpfen wussten.

Der Anführer der Flussschiffer blieb ebenfalls misstrauisch. Nur die Tatsache, dass einer der Franken ihm den Namen Wusing genannt hatte, beruhigte ihn so weit, dass er das Risiko eines Handels auf sich nahm, der ihm das Zehnfache von dem einbrachte, was er mit Moselwein verdienen konnte.

Die Männer von der Kölner Hafeninsel wurden im Voraus mit Gold- und Silbermünzen bezahlt. Voller Bewunderung tuschelten die friesischen Händler noch immer darüber, dass die schweigsamen Männer goldene Solidi mit den Bildnissen römischer Kaiser in ihren Lederbeuteln hatten. Jeder der weit gereisten Männer aus Friesland dachte dasselbe. Ihre Gedanken kreisten einzig und allein um die Frage, wie hoch der Preis dafür sein würde, sämtliche zehn Passagiere umzubringen oder über Bord zu werfen, um dadurch so viel zu gewinnen, dass keiner mehr mit Wein handeln oder sich an den Rudern quälen musste.

Der Frachtkahn fuhr den ganzen Tag flussaufwärts. Er passierte das Römerkastell Bonn und das im östlichen Frankenland liegende Siebengebirge. Gegen Abend näherten sie sich den römischen Ruinen von Remagen. Kurz darauf erreichten sie die Mündung der Ahr in den Rhein. Der Wasserstand war nicht besonders hoch; dennoch gelang es den friesischen Flussleuten, den Frachtkahn bis in die unzugängliche Felswildnis rudern zu lassen.

Dort, wo die Berge wie himmelhoch ragende Mauern begannen, steuerten sie ihr Schiff bis dicht ans Ufer, ankerten kurz und ließen Holzbohlen bis auf die Steine am Ufer fallen. Die Franken hatten kaum einen Augenblick die Griffe ihrer Schwerter und Messer losgelassen. Der Einzige von ihnen, der nicht einmal ein Schwert trug, öffnete den großen und schweren Lederbeutel an seinem Gürtel und zahlte die Friesen aus. Das Gold blitzte in der untergehenden Sonne, und nur die Silbermünzen sahen grau und schmutzig aus. Dennoch wussten die friesischen Händler, dass sie noch immer mehr wert waren als die rund tausend unterschiedlichen Prägungen, die es in zweihundert Jahren Merowingerherrschaft bisher gegeben hatte.

Der große, wild und ungewöhnlich sehnig aussehende Franke sprang als Erster an Land. Für alle sichtbar taumelte er ein wenig, ehe er sich wieder fing. Erst danach verließen auch die bewaffneten Männer das Schiff der Friesen. Sie achteten ganz genau darauf, dass nirgendwo Pfeil und Bogen auftauchten oder verborgene Wurfspeere auf sie gerichtet wurden. Misstrauisch und vorsichtig zogen sie sich rückwärts gehend zurück. Der Flusskahn legte vom Ufer ab und wurde von den Sklaven erneut zum Rhein hinunter gerudert. Und dann rief der Anführer der friesischen Händler noch etwas zum Ufer hinüber:

»Du bist Karl, nicht wahr? Ja, du bist Karl, der Sohn von Pippin. Wir haben dir zur Flucht verholfen, und wir werden dich und dein Gold in guter Erinnerung behalten. Wenn du uns brauchst …«

Er brach ab und lachte. Die zehn Männer am Ufer sahen auf den Fluss hinaus. Sie waren schon zu weit entfernt, um sie zu erreichen.

»Und einer von denen wird Plektrud verraten, wo sie uns abgesetzt haben«, knurrte einer der Männer am Ufer.

»Das ist jetzt unwichtig«, antwortete Karl. »Ich hoffe nur, dass wir uns auf die Mönche verlassen können.«

»Sie müssten eigentlich bald hier sein«, antwortete Rotbert. »Aber der Weg von Echternach hierher zum Rhein ist weit mühsamer als an der alten Römerstraße entlang von Trier nach Köln.«

»Schon gut!«, antwortete Karl. »Ich weiß auch, dass der Weg über den Rhein sicherer war als der durch die Berge.«

»Wir Franken sind nun mal keine Friesen und keine Bootsleute«, lachte Rotbert. Er streckte den Arm aus und deutete auf eine Gruppe von Männern in grauen Kapuzenkutten. Sie kamen zu Fuß den Bergpfad herab und zogen widerspenstige Esel hinter sich her.

3.
Die Mönche von Echternach

Die rohe Natur und die oft finsteren Nebel um die Bergkuppen in dieser Gegend halten die Menschen fern«, sagte Willibrord ein paar Stunden später, nachdem sie gegessen und getrunken hatten. Sie lagerten am Ufer eines der vielen kleinen Bäche, die zur Sommerzeit nur noch wie Rinnsale aus den Bergen zur Ahr flossen.

»Im Winter und Frühling ist hier kein Durchkommen«, erzählte Willibrord, der Erzbischof von Utrecht, der kurz vor Pippins Tod endgültig nach Echternach umgezogen war. Die frommen Männer hatten Zelte, Proviant und Töpfe mitgebracht. Noch immer erstaunt beobachteten die Franken aus Köln, dass die irischen Mönche nicht nur beten und predigen konnten. Sie bewegten sich so geschickt, als wären sie nicht in Abteien und Klosterzellen, sondern in den Wäldern aufgewachsen.

Willibrords Männer verteilten kalten Braten und kleine Näpfe mit Grütze. Dann stellten sie Schutzplanen auf und entfachten ein kleines Feuer. Anschließend brachen sie das mitgebrachte Brot und schenkten mit Wasser verdünnten Moselwein aus. Der Erzbischof von Utrecht stand auf und wartete, bis die anderen verstummt waren. Dann neigte er den Kopf und sprach ein Gebet. Er dankte Gott dafür, dass seine Pläne bisher so gut gelungen waren. Anschließend aßen sie und berichteten sich gegenseitig, was bisher geschehen war.

Die Männer aus der Wachmannschaft des Kapitols, die Karl und Rotbert mit ihren römischen Münzen bestochen hatten, zogen sich an den Rand des Lagers zurück. Sie fühlten sich nicht wohl im Kreis der irischen Mönche. Dennoch hatte jeder von ihnen bereits geschworen, in Zukunft treu zu Karl zu stehen. Es störte den Sohn des großen Pippin nicht, dass er die ersten Männer, die an seiner Seite auf Leben und Tod kämpfen würden, mit römischem Gold und Silber bezahlte. Jeder Franke, der in ein Aufgebot fiel oder am Heribann teilnehmen musste, wurde auf die eine oder andere Weise bezahlt. Es war ein Geflecht aus Geben und Nehmen, ohne das alles, wie ein römisches Fußbodenmosaik in irgendeiner der Ruinenstädte, zerbrochen und auseinander gefallen wäre.

Karl wusste inzwischen, dass Willibrord der große Unbekannte war, der aus dem fernen Echternach die Fäden gezogen hatte. Er hatte auch dafür gesorgt, dass Plektrud nichts von seinen Plänen ahnte.

»Natürlich hättest du auch allein fliehen können«, sagte der Erzbischof von Utrecht. »Aber was hätte dir das genützt? Wo hättest du Mitstreiter gefunden? Was hättest du ihnen bieten können?«

»Ich weiß«, antwortete Karl. »Aber ich weiß auch, dass es viele Männer in Austrien gibt, die mit meinem Vater zusammen gekämpft haben und nichts von Plektrud halten.«

»Du bist noch nicht so weit, Karl«, gab Willibrord zurück. »Weder du noch irgendein anderer Austrier ist im Augenblick in der Lage, in alle Himmelsrichtungen gleichzeitig zu gehen. Wenn du deine Stiefmutter und alle anderen Gegner bezwingen willst, darfst du nicht wild um dich schlagen, sondern musst Schritt für Schritt und sorgfältig geplant vorgehen. Du musst die Stärken und Schwächen deiner Gegner erkunden, wieder zu

Kräften kommen und alte Anhänger deines Vaters für dich gewinnen. Du brauchst den gesamten Herbst und auch den Winter, bis du stark genug bist, dass du gegen die Friesen, die Neustrier oder gar Köln ziehen kannst. Gewiss, du hast Gold, um einige Männer zu bezahlen, aber vergiss nicht, was Pferde und Schwerter, Helme und Rüstungen kosten. So viel hast du einfach nicht in deinem Beutel! und auch nicht in deinem Erbteil …«

Sie sprachen noch eine Weile über verschiedene Möglichkeiten, dann teilten sie die Wachzeiten gerecht zwischen den irischen Mönchen und den Franken auf. Zum ersten Mal sah Karl, was er bisher nur gehört hatte: Die Männer in ihren Kutten nahmen aus ihrem Gepäck sorgfältig eingewickelte Schwerter. Einige hatten sogar Pfeile und Bogen aus Eibenholz mitgebracht.

»Seltsam«, wunderte sich Karl. »Ich dachte immer, das Evangelium ist eure Waffe.«

»Damit hast du auch Recht«, antwortete Willibrord und lachte. »Aber es ziemt sich nun mal nicht, mit dem Evangelium oder gar mit dem Kreuz zuzuschlagen, wenn wir angegriffen werden. Wer missionieren will, weiß, dass er sich in Gefahr begibt. Und wer sich davor fürchtet, der muss in Klosterzellen bleiben, hinter der Abtei die Gräber der Verstorbenen pflegen oder das Unkraut aus Gemüsebeeten zupfen …«

»Es sind schon viele fromme Männer umgekommen«, sagte Karl. Er überlegte einen Augenblick, bevor er Willibrord sagte, was ihm in diesem Augenblick wieder durch den Kopf ging. »Woher nehmt ihr eigentlich das Recht, übers Meer zu segeln und die Standbilder zu zerschlagen, die einmal unser aller Götter waren? Ich bin auch getauft, aber ich denke manchmal, dass ihr den Menschen ihre alten Götter stehlt.«

Willibrord hob die Hände. Dann nickte er zustimmend. »Wir geben ihnen dafür den Trost und die Erlösung durch Jesus Christus, unseren Herrn«, antwortete er dann. Er wirkte eher sanft als eifernd und zeigte, dass auch er gelernt hatte, den milden Weg der Überzeugung und Bekehrung einzuschlagen.

»Ja«, sagte er dann, lehnte sich mit dem Rücken gegen einen alten umgestürzten Baumstamm und streckte seine Beine aus.

»Jetzt, wo du mich daran erinnerst, fällt mir wieder ein, wie peinlich ich damit gescheitert bin, den Friesenfürsten Radbod zu bekehren.«

Er lachte leise vor sich hin und schüttelte den Kopf. Karl hob die Brauen. Einer der Mönche reichte ihm eine Schale heiße Brühe. Obwohl der Tag sehr warm gewesen war und auch die Nacht nicht kühler wurde, dankte ihm Karl mit einem Kopfnicken. Er schlürfte ein paar Schlucke, dann wandte er sich wieder dem Bischof in der schlichten Mönchsgewandung zu.

»Ich habe schon davon gehört«, sagte er dann. »Stimmt es denn, dass du Radbod bereits splitternackt in einem Fluss zur Taufe stehen hattest?«

»Ja, richtig«, antwortete Willibrord. »Es war der Flie, in dem ich es versuchte.« Sie sahen, dass auch andere näher kamen. Die Mönche schienen die Geschichte schon zu kennen, aber Graf Rotbert und der Friese Wusing wollten aus berufenem Munde erfahren, was sich da, vor vielen Jahren, wirklich zugetragen hatte.

»So hört denn, was geschehen ist«, sagte Willibrord nach einem Augenblick des Zögerns. »Ich gebe zu, dass mir die ganze Sache noch immer unbehaglich ist. Doch offensichtlich habe ich damals versagt, weil ich zu jung war. Ich war so überzeugt von meinem Auftrag, dass ich nicht mitempfinden konnte, was andere in ihrem Kopf und Herz bewegten ...«

Karl wunderte sich über die Offenheit, mit der der große Bischof seinen Fehler eingestand. Er kannte ihn seit vielen Jahren und hatte ihn sehr oft mit seinem Vater im Gespräch gesehen. Aber erst jetzt, in dieser Sommernacht irgendwo in der Felsenwildnis, lernte er den Iren wirklich kennen.

»Ich wusste selbstverständlich, warum dein Vater, Karl, mir seinen Schutz versprochen hatte, als ich ihn darum bat, mich bei den Friesen zu empfehlen. Ich wusste, dass mein Vorgänger Kilian an euren eigenen Bischöfen gescheitert ist. Sie schätzen es nun mal nicht, dass wir für den Primat des Papstes eintreten, und wollen lieber ihre eigenen Fürsten in den Diözesen bleiben. Deshalb habe ich von Anfang an gesagt, dass ich mich nicht für Austrien oder Neustrien interessiere. Ich habe vielmehr angeboten, die Friesen zu bekehren. Radbods Tochter war bereits getauft und mit deinem Stiefbruder Grimoald verheiratet. Was also lag da näher, als seinen Schwiegervater zu bekehren und öffentlich zu taufen …«

»Meinst du damit, dass es dir und meinem Vater nicht nur um die Bekehrung Frieslands ging?«

Willibrord kicherte ein wenig in sich hinein, dann seufzte er und sagte: »Du musst noch sehr viel lernen, Karl. Du weißt vielleicht das Schwert zu führen und Alamannenherzöge vom Pferd zu holen, aber ganz oben werden Pläne viel feiner noch gesponnen als feinste Seide in Mädchenhänden.«

Karl knurrte nur und akzeptierte ohne Zorn die Rüge. Er wusste nicht, warum der immer wieder reich beschenkte Bischof Plektrud urplötzlich aufgegeben und statt dessen auf ihn gesetzt hatte.

»Also gut«, sagte Willibrord dann. »Ich habe jahrelang gebraucht, um diesen Friesenfürsten doch zu überzeugen. Als es dann endlich so weit war, kamen wir überein, die Taufe groß und würdig zu begehen, mit allen Edlen seines Hofes und so viel Volk, wie überall am flachen Ufer stehen konnte. Natürlich hoffte Radbod, dass ihm Pippin einen Teil des verlorenen Landes zurückgab, wenn er sich taufen ließe. Und ich selbst hoffte, dass überall davon geredet würde –, so wie über jene legendäre Taufe von Zülpich, mit der das Frankenreich der Merowingerkönige christlich wurde.«

»Aber du hast ihn nicht getauft«, stellte Karl fest.

»Nein, Karl. Das ist mir nicht gelungen«, gab der Bischof zu. »Er hatte seinen Fuß bereits im Taufwasser, aber wir sahen alle, dass er im Grunde seines Herzens noch nicht überzeugt war. Auch ich spürte natürlich die Anspannung und Unruhe. Ich biss die Zähne zusammen und wusste plötzlich, dass es um Minuten ging. Mit festem Griff zog ich den Friesenfürsten weiter. Doch dann unterlief mir der größte Fehler meines Lebens...

›Nur eine Frage noch‹, rief Radbod, als würde er sich fürchten. Er klang ganz heiser und begann zu zittern wie ein Lamm, das vor der Schlachtbank bereits seinen Tod erahnt.«

Willibrord schien nicht zu merken, dass inzwischen alle Mönche und auch die Frankenkrieger immer näher gekommen waren. Er hob seine linke Hand. »Hiermit habe ich seinen Arm gepackt und mit Gewalt versucht, ihn fest zu halten. Er wandte sich zu mir, und seine hellen Augen blitzten. Ich, der ich taufen wollte, musste mit dem Heiden kämpfen. Doch plötzlich sah ich, was ich tat, und ließ ihn los.

›Nun gut, dann frag‹, sagte ich zu ihm.

›Sag, was geschieht‹, stieß Radbod hervor. ›Was geschieht mit meinen Ahnen, wenn ich mich von dir taufen lasse? Gehe ich zu ihnen, wenn mich der Tod besiegt?‹

›Nur Jesus Christus, Gottes Sohn hat je den Tod besiegt‹, antwortete ich heftig und viel zu unbedacht. Ich wollte nicht mehr mit ihm streiten, wollte ihn taufen und zwar schnell. Und dann sagte ich, was ich nie hätte sagen dürfen: ›Und deine Ahnen, Friesenfürst – all diese ungetauften Heiden schmoren selbstverständlich in der Hölle.‹

Im selben Augenblick riss er sich mit voller Kraft aus meinem Griff. Er stieß mich von sich und schrie so laut, dass es alle hören konnten: ›Ha! Du verdammter Hexer! Soll ich für dich und deinen Christengott all meine Vorfahren verraten? Willst du mich deshalb taufen, um mit einem Hieb das Band zu meinen Ahnen zu zerreißen? Nein Willibrord, irischer Mönch, verschwinde mir aus den Augen, ehe ich dich und deinesgleichen mit der bloßen Faust erschlage. Und kehrt niemals zurück – keiner von euch in euren Leinenkutten!‹«

Für eine Weile war nur das leise Knacken im letzten Feuerschein zu hören. Keiner der Männer sprach. Mindestens die Hälfte von ihnen konnte verstehen, warum der Friese sich entschieden hatte, lieber doch nicht ins Paradies zu kommen.

Am nächsten Morgen badeten die Männer kurz im kalten Flusswasser. Einige schnauften, balgten im Wasser und planschten wie Kinder, während die Mönche beteten. Dann kamen alle wieder ins Trockene. Sie aßen gemeinsam, beteten nochmals und zogen weiter flussaufwärts.

Sie passierten einen Vulkankegel, der mit scharfer Stirn zum Fluss hin so hoch aufstieg, wie die Lerchen über den Feldern fliegen konnten. Gegen Mittag machten sie Rast, aßen etwas, beteten, und dann trug einer der Mönche eine Stelle aus dem Lukasevangelium vor. Karl wunderte sich darüber, wie gut der Ire fränkisch sprach. Willibrord sah sein Erstaunen und lächelte ihm zu. Erst jetzt erkannte Karl, dass sich die Augen des irischen Mönches kaum bewegten. Er las nicht vor, sondern hatte alles auswendig gelernt.

Auch der neue Tag wurde sommerlich und heiß. Obwohl die anderen Männer weder müde noch erschöpft aussahen, nutzten einige von ihnen die Pause für ein Viertelstündchen Schlaf. Trotzdem hatte Karl plötzlich das Gefühl, dass die Rast eher ihm zuliebe über das gewohnte Maß ausgedehnt wurde. Gleichzeitig fiel ihm auf, dass er den ganzen Vormittag nicht an seine Familie gedacht hatte. In all den langen Kerkermonaten hatte er sich unablässig vorgestellt, wie es wohl wäre, wenn er mit seinem Ältesten den Wald erforschte und ihm aus einem Haselzweig eine Flöte schnitzte, für Hiltrud Puppenwagen bauen und seinen Jüngsten in den Armen wiegen würde. Doch bereits jetzt – eineinhalb Tage nachdem er wieder in der Sonne war – dachte er kaum noch an seine Familie. Er wusste nur, dass sie schon in der vorvergangenen Nacht über den Rhein und den südlich von Köln liegenden Duffesbach in Sicherheit gebracht worden waren. Graf Rotbert hatte sie in einem winzigen Gehöft versteckt, das zu seinen Ländereien gehörte.

Willibrord warf einen Blick auf Karl, nickte ihm zu und gab dann das Zeichen zum Aufbruch. Ein paarmal wichen sie Plätzen aus, die immer noch besiedelt waren. Am späten Nachmittag traten die Berghänge so weit zurück, dass ein paar größere Bäche in die Ahr einmünden konnten. Als sie an diesem Abend Rast machten, befanden sie sich genau zwischen dem Rhein und der alten Römerstraße, die von Köln quer durch die östlichen Ardennen nach Trier und weiter bis nach Metz führte.

»Bisher war alles einfach«, sagte Willibrord, nachdem sie gebetet, gegessen und getrunken hatten. Sie saßen unter dichten Buchen auf umgekippten Baumstämmen. Ein paar der Mönche waren losgezogen, um noch im letzten Abendlicht nach Pilzen zu suchen. Sie kamen bereits kurz darauf mit prall gefüllten Leinenbeuteln zurück.

»Es wäre Sünde, nichts von dem Reichtum mitzunehmen, den Gott der Herr hier überall verstreut hat«, sagte der Mönch Martin mit sanfter Stimme. Willibrord nickte ihm zu und schickte ihn damit wieder fort.

»Warum trägst du eigentlich nicht den Namen, den dir der Papst verliehen hat?«, fragte Karl. »Ganz einfach«, antwortete der Erzbischof von Utrecht lachend. »Mir gefällt mein Name Willibrord nun mal besser als Clemens. Was soll ich in dieser wilden Gegend mit einem Namen, der nur der Milde oder Gnädige bedeutet?«

»Bist du es etwa nicht?«, fragte Karl zurück und lachte ebenfalls.

»Lass mich so antworten: Wenn ich mein Leben lang so nachsichtig und freundlich gewesen wäre, wie du mich jetzt siehst, hätte ich gleich in Irland bleiben können.«

»Aber ihr verkündet doch Güte und Mildtätigkeit.«

»Das ist richtig«, antwortete Willibrord. »Wir ziehen herum und verkünden das Evangelium von Jesus Christus, der am Kreuz gestorben und in ein neues Leben auferstanden ist. Durch den Glauben, den wir euch predigen, sollen die Menschen wieder erkennen, dass sie alle Brüder und Kinder eines Gottes sind.«

»Zu schön, um wahr zu sein«, lachte Karl trocken. »Aber wer weiß? Vielleicht gelingt es dir ja noch, auch Plektrud und die Neustrier von deinem Gott zu überzeugen. Schließlich sind sie allesamt getauft...«

Sie unterhielten sich noch eine Weile. Dann bat Karl den langjährigen Schützling seines Vaters, ihm zu erzählen, wie er zum Mönch geworden und zweimal bis nach Rom gekommen war.

Wahrend die anderen langsam einschliefen, berichtete der Ältere mit leiser Stimme, was ihn zu dem gemacht hatte, was er inzwischen war.

»Ich bin nun sechsundfünfzig Jahre alt und habe mir bei Gott den letzten stillen Platz hinter meiner Abtei oder auch in der Kirche selbst verdient. Du weißt, dass ich Angelsachse bin und aus Northumbrien stamme. Man könnte denken, dass mein Glaube bis auf die Römerzeit zurückgeht. Aber das ist nicht so. Die Römer haben den südlichen Teil der Britischen Inseln bereits vor langer Zeit christianisiert. Aber sie mussten ihre Provinz bereits im Jahre 407 wieder verlassen. In den Kriegswirren, die dann folgten, flohen viele Kelten nach Westen. Sie löschten auch die Spuren der römischen Verwaltung Britanniens, ehe die Angeln und die Sachsen mit ihren kleinen Schiffen landeten.

Aber was das Schwert der Legionäre nicht geschafft hatte, gelang viele Jahre später Mönchen aus Rom. Unter der Leitung von Augustin von Canterbury kamen sie erneut nach Britannien, um die Angeln und Sachsen für Christus zu gewinnen. Aber die Mönche aus Rom verkündigten nicht nur das Wort Gottes, sie leisteten auch Pionierarbeit und errichteten Schulen. Sie sprachen mit den Königen der Stämme, ermutigten das Volk und bauten langsam eine Kirche auf. Sie gründeten Pfarreien, Klöster und Bischofssitze und kämpften schließlich auch dafür, dass die junge angelsächsische Kirche unter römischer Beobachtung allmählich gedeihen konnte.«

»Dann habt ihr eigentlich nichts anderes getan als die römischen Kolonisatoren.«

»Mit einem Unterschied«, sagte Willibrord zustimmend. »Wir haben nicht versklavt und unterjocht, sondern waren der Sauerteig für Menschen ohne große Hoffnung. Und eben diese Hoffnung war es, die meinen Vater dazu veranlasste, mich Willibrord, das heißt: der Speer des starken Willens, zu nennen.«

Endlich verstand auch Karl, warum der Bischof nicht Clemens heißen wollte.

»Meine Mutter starb, als ich noch ein Kind war. Nach ihrem Tod brachte mein Vater mich zu den Benediktinern im Kloster Rippon. Er bat Abt Wilfried, einen guten, kräftigen Streiter Gottes aus mir zu machen.«

»Ist es denn richtig, dass dieser Bischof von damals in Streit mit anderen Äbten lag?«

»Ja, das ist richtig«, antwortete Willibrord. »Im Gegensatz zu anderen irischen und schottischen Abtbischöfen trat Wilfried leidenschaftlich für die Sache Roms ein. Aber Wilfrieds Meinung unterlag. Schließlich wurde er sogar gezwungen, Rippon zu verlassen. Ich selbst ging fort aus Britannien und schiffte mich nach Irland ein. Dort traf ich dann auf meine späteren Getreuen.«

»Du hast also die ganze Zeit in Irland und nicht in Britannien gelebt?«

»Zusammen mit meinen Freunden«, nickte Willibrord. »Im Alter von dreißig Jahren habe ich dann mein Primizopfer gefeiert.«

»Davon verstehe ich nichts«, sagte Karl. Willibrord lachte.

»Das ist ganz einfach die erste Messe, die ein Priester halten darf. Aber schon vorher hatten meine Freunde und ich nur ein einziges ganz großes Ziel – wir wollten ausziehen, um auch den Friesen das Evangelium zu verkünden.«

»Ich hörte schon davon, dass es am Anfang sehr große Schwierigkeiten gab.«

»Ja, Egbert musste seinen Plan aufgeben. Und der Missionsversuch von Wigbert endete mit einem Misserfolg. Erst zwei Jahre später konnte ich selbst mit elf Gefährten ein kleines Boot besteigen. Wir luden Lebensmittel und Wasser für die Fahrt ein, aber auch Bücher und Reliquien, Messgewänder und sogar einen Tragaltar. Das alles wurde fest geschnürt, weil schon zuvor mehrere kleine Schiffe zwischen Britannien und Friesland in plötzlichen Stürmen gekentert und gesunken waren. Auch wir legten bei gutem Wetter ab und beteten für günstigen Wind auf der langen Überfahrt von Irland bis zur Rheinmündung…«

Der alte Mönch schwieg, seufzte und starrte lange vor sich hin.

Karl wusste bereits, was Willibrord und seinen Männern auf der Überfahrt zugestoßen war. Er hatte früher schon gehört, was Willibrord Pippin und ein paar anderen davon erzählt hatte.

»Konnte denn irgendeiner von euch schwimmen?«, fragte er. Willibrord schüttelte den Kopf. »Das haben wir erst hier gelernt. Und viele Jahre später. Aber du weißt ja, dass uns Gott der Herr aus einem plötzlich auftauchenden furchtbaren Gewittersturm doch noch gerettet hat…«

»…um euer Schiff so hart an Land zu werfen, dass ihr von den

Strandläufern der Friesen, fast noch im Wasser liegend, beinahe ausgeraubt und erschlagen worden wäret.«

»Es war das Kreuz, das uns gerettet hat«, antwortete Willibrord. »Das Kreuz auf unserem tragbaren Altarkasten. Sie hatten dieses Zeichen schon gesehen und glaubten deshalb, dass es das Zauberzeichen eines Gottes war, den sie bisher nicht kannten.«

»Wart ihr bewaffnet?«, fragte Karl.

Willibrord schüttelte den Kopf. »Wir trugen die Kapuzenmäntel, wie wir sie jetzt ebenfalls zur Nacht angelegt haben. Dazu an nackten Füßen die Sandalen mit hochgezogenen Lederkappen, wie wir sie jetzt anhaben. Am meisten muss die Friesen wohl gewundert haben, dass wir keinen Schmuck und auch keine Wehrgehänge trugen, sondern nur den Strick, mit dem wir unseren Leib umgürten.«

»Hattet ihr damals schon Tonsuren?«

»Ja«, antwortete Willibrord. »Wir trugen unser Haar kurz und gerade bis zum Nacken. Aber du musst nicht denken, dass das Scheren des Haupthaares eine Erfindung der Christen ist. Ursprünglich war es einmal die Absage an alle Eitelkeiten dieser Welt. Später haben sich verschiedene Arten von Tonsuren entwickelt, die nach den Aposteln benannt wurden. Erst Papst Gregor I. hat vor gut hundert Jahren die kahl geschorene Stelle auf dem Hinterkopf zum Zeichen für die Aufnahme in den geistlichen Stand erklärt.«

Inzwischen schliefen alle Mönche und Franken, bis auf die beiden Männer, die als erste Nachtwachen eingeteilt worden waren. Nur Karl und Willibrord sprachen noch immer über die ersten Jahre der irischen Mission in Friesland und in Franken.

»Wir wurden mehr oder weniger in Haft genommen«, berichtete der Erzbischof von Utrecht weiter. »Natürlich wurden wir bis zu Fürst Radbod geführt, der kurz zuvor deinem Vater unterlegen war. Er wies uns barsch und voller Wut an, ihm jetzt nicht noch die Männer wegzunehmen, nachdem er bereits so viel Land verloren hatte. Wir sahen damals keine Möglichkeit, ihn friedlicher zu stimmen. Deshalb gingen wir weiter und trugen deinem Vater vor, was wir in Friesland planten. Pippin erkannte sofort, dass es nicht schlecht war, wenn die Friesen ebenfalls Christen würden.«

Karl grinste still vor sich hin und fing ganz allmählich an, die Pläne seines Vaters zu verstehen.

»Aber zunächst wollte ich noch Rom sehen«, erzählte Willibrord. Das war mir wichtiger als alles andere ...«

Willibrord unterbrach sich, als er sah, dass sein nicht einmal halb so alter Zuhörer die Augen geschlossen hatte und ganz gleichmäßig atmete. Mehr konnte man jetzt nicht erkennen, denn auch die Bäume warfen keine Schatten mehr, und weiße Nebel krochen aus dem Tal des Flusses in die Dunkelheit der Nacht.

Nach dem morgendlichen Bad begann der nächste Teil im Plan des gewieften Missionars. Sämtliche Franken mussten ihre Kleidungsstücke, Waffen und was sie sonst noch bei sich trugen, ablegen. Für jeden Mann wurde sein Eigentum in Sackleinen gehüllt und fest verschnürt. Anstelle ihrer eigenen Bekleidung erhielten Karl, Graf Rotbert und die Franken aus der Kölner Kerkerwache Mönchskutten und Sandalen. Sie protestierten laut, als sich die Mönche daranmachten, ihnen auch noch die Haare abzuschneiden und kahle Stellen auf den Hinterkopf zu schaben.

Es dauerte nicht lange, und Blut vermischte sich mit abgeschorenem Haar, denn nicht bei allen war die Schur so glatt gelungen wie bei Karl selbst und bei Graf Rotbert. Die anderen fluchten so wüst vor sich hin, dass sich selbst Heidenpriester noch bekreuzigt hätten. Erst als die Schnitte und die Schabestellen mit Kräutersud betupft und anschließend mit Hirschtalg eingefettet waren, beruhigten sich die Franken wieder.

»Wenn sie sich nicht so sehr vor dieser wilden Gegend und vor der Rache Plektruds fürchten würden, hätten sie niemals zugestimmt«, grinste Graf Rotbert, als sie gemeinsam ihr großes Werk betrachteten. Frisch eingekleidet sahen selbst die Franken wie ordentliche Irenmönche aus.

»Hoffentlich kommt keiner, der einen Segen oder das Evangelium von diesen Mimen hören will«, seufzte der Bischof.

Graf Rotbert war inzwischen von einem Mann zum anderen gegangen. Er prüfte jeden Einzelnen und fragte ihn nach seinem Namen. Sie hatten alle neue Namen angenommen, wie es bei Mönchen üblich war. Dennoch blieb der Graf skeptisch. Er fragte sich nicht zum ersten Mal, ob die Verkleidung wirklich sinnvoll war. Doch dann, als Willibrord jeweils fünf Mönche und fünf Franken zueinander stellte und sich daraus zwei neue Gruppen bildeten, hätte niemand erkennen können, wer Mönch und wer ein Frankenkrieger war.

»Siehst du? Es geht!«, stellte der Bischof und Abt von Echternach befriedigt fest. »Man muss nur wollen, dass aus Plänen Taten werden, dann gelingen sie auch.«

»Du bist nur dort wirklich unsichtbar, wo dich jedermann sehen kann«, sagte Willibrord, als sie nach einer Stunde aufbrachen. Sie kamen zügig voran, obwohl die Uferwege immer schlechter wurden, je weiter sie flussaufwärts gingen. Sowohl die Berge als auch der Wald veränderten sich langsam. Sie hatten einen Esel bei sich, und während Willibrord führte, erzählte er Karl weiter, wie er nach Rom gekommen war und Papst Sergius getroffen hatte.

»Ich hatte schon so viel von der ewigen Stadt gehört, dass ich es kaum erwarten konnte, sie endlich einmal mit eigenen Augen zu sehen. Du kannst dir gar nicht vorstellen, wie überwältigt und wie dankbar ich damals unter Pinien über die Via Appia gegangen bin. Überall ragten Zypressen von den sanften Hügeln, und mir kam alles fast schon wie das Paradies vor. Papst Sergius hat mich damals mit großer Freude aufgenommen und mich darin bestärkt, als erster Missionar in seinem Auftrag nördlich der Alpen zu wirken und die frohe Botschaft zu verkünden.«

»Wusste Sergius, dass du bereits von meinem Vater unterstützt wurdest?«

»Natürlich wusste er das. Aber du darfst nicht denken, dass er einen Majordomus im Reich der Franken für einen Barbaren hielt. Er konnte sehr gut einschätzen, was dein Vater wirklich war. Er wusste auch, dass sich die Merowingerkönige längst selbst um ihren Machtanspruch gebracht hatten.«

»Ich nehme an, dass auch mein Vater wissen wollte, wie Rom ihn und unsere Familie beurteilte.«

»Richtig«, antwortete Willibrord zustimmend. »Aber es gab natürlich auch sehr viele, die sich damals entschieden gegen mich gewandt haben. Vor allem fränkische Priester. Und die Bischöfe mochten uns nicht, wenn wir herumzogen und dabei etwas taten, was sie sich selber vorbehalten hatten.«

»Aber wart ihr nicht in Friesland?«, fragte Karl. »Was kümmerte es Frankenbischöfe, wenn ihr bei Heiden eure Predigt hieltet?«

»Vergiss nicht, dass wir auch durch rechtsrheinische Gebiete eures Königreiches und bis nach Sachsen wanderten. Zwei unserer besten Männer, die Gebrüder Ewald, kamen bis zur Weser. Sie wurden als Zauberer erschlagen. Ein anderer namens Suidbert arbeitete erfolgreich im Brukterergau. Wir lernten schnell, ebenso zu denken wie Friesen, Sachsen oder wie ihr Franken. Es war uns nicht verboten, das Gastrecht der Germanen auszunutzen. Jedes Mal, wenn wir zu kostspielig für eine der Familien wurden, empfahl sie uns an eine andere. So kamen wir weit herum, ohne uns aufzudrängen.« Er trat an einen morschen Ast und stolperte.

»Das mit den Ewalden war eigentlich ein Unfall. Solange sie

vernünftig sprachen, waren sie wohlgelitten. Dann aber machten sie den Fehler, die Psalmen in Latein zu singen. Mit dieser Sprache konnten wohl die Franken und vielleicht die Friesen etwas anfangen, nicht aber die Sachsen. Für sie war das Latein eine Sprache fremdartiger Dämonen. Und was so rhythmisch an den Psalmen war, empfanden sie ganz einfach als Beschwörungsformel …«

Karl lächelte kaum merklich. Er wusste längst, dass Willibrord bereits damit begonnen hatte, ihm das zu übermitteln, was er für wichtig hielt und was ihm selbst von Nutzen sein konnte.

»Nachdem ich sechs oder fast sieben Jahre bei den Friesen gelebt hatte, ging ich erneut nach Rom, um mir weitere Vollmachten zu holen«, setzte Willibrord seinen Bericht fort. »Papst Sergius I. erteilte mir am 22. November des Jahres 696 in der Kirche der heiligen Caecilie die Weihe zum Erzbischof. Damals erhielt ich auch den Vornamen Clemens, den ich, wie du weißt, niemals benutzt habe. Dein Vater hat mich bei der Rückkehr großartig unterstützt. Ich erhielt die Wiltaburg, das frühere Trajectum ad Rhenum, das wir seither Utrecht nennen.«

»Ja, daran erinnere ich mich noch«, sagte Karl. »Einige Tage später sind wir zum Vergnügen auf das Wasser … ich meine … auf das Meer hinausgefahren …«

»Das mag für dich bereits das Meer gewesen sein«, sagte Willibrord schmunzelnd. »Aber was du gesehen hast, war nur ein Meerbusen – geschützt von langen Dünen vor der echten wilden Nordsee …«

»Trotzdem war mir ziemlich übel«, sagte Karl und zog die Schultern hoch.

»O ja, auch ich habe den Fischen oft geopfert«, meinte der Abt und lachte jetzt. »Aber lass mich weiter berichten: Ich errichtete also die Metropolkirche. Anschließend konnte ich mit Hilfe deines Vaters mehrere Klöster und Bistümer in Friesland gründen. Es war, wie du jetzt siehst, eine sehr gute Allianz zwischen mir, dem Papst und deinem Vater. Viele von meinen ersten Gefährten wurden Bischöfe. Einige sind bereits so alt, dass sie es vorgezogen haben, mit mir gemeinsam in Echternach zu leben und zu beten. Das, Karl, ist alles, was du wissen musst, um zu verstehen, warum ich mich nach langem Überlegen von der Witwe deines Vaters abwenden musste, obwohl sie stets sehr großzügig und freigebig gewesen ist. Sie hat nicht mehr die Kraft, die Veränderungen auszuführen oder auch nur durchzustehen, die sich durch deines Vaters Tod ergeben. Wenn nicht alles umsonst gewesen sein soll, dann braucht das Land der Franken wieder eine starke Hand. Und nur du kannst der Hammer sein, der die Götzenbilder hart zerschlägt und Fundamente für das neue Reich der Franken setzt.«

»Gibst du das Kreuz in meine Hand, den Hammer oder gar das Schwert?«, fragte Karl.

»Alles zu seiner Zeit«, antwortete Willibrord. »Zunächst einmal müssen wir Echternach erreichen und dort den Winter überstehen. Sobald uns das gelungen ist, sehen wir weiter. Das gilt für mich genauso wie für dich. Und letztlich auch für alle anderen, die uns auf diesem Weg begleiten! Denn er wird lang und steinig sein…«

4.
Klosterleben

Wenige Tage später hatte Karl fast alle Räume des Klosters erkundet. Er kannte Willibrords Gefährten, die inzwischen von ihm geweihten Priester und die Laienmönche. Obwohl ein großer Teil des Klosters erst durch die irischen Mönche erbaut worden war, erinnerte die Anlage noch immer an eine römische Villa.

Zum ersten Mal in seinem Leben erfuhr er, was die Mönche taten, wenn sie nicht mit ihren Eseln herumzogen oder sich bei Kranken und Verwundeten nützlich machten. Er hatte inzwischen gesehen, wie sie selbst ihre Kühe molken, hinter Ochsenpflügen mit seltsam geformten Eisenschaufeln hergingen, Weintrauben sammelten, sie mit den Füßen zerstampften und nur wenig später ebenso angestrengt mit bloßen Händen bröckelige Käsestücke aus flachen Reifetrögen fischten.

Trotz all der schweren Arbeit fanden Willibrords Mönche immer noch Zeit, in ihr Scriptorium zu gehen, in dem sie nicht nur selbst die aus Irland mitgebrachten Bücher abschrieben, sondern auch anderen zeigten, wie Buchstabe um Buchstabe und Ziffer um Ziffer hintereinander gefügt werden mussten, um das festzuhalten, was ihnen wichtig erschien und was sie weitergeben wollten. Voller Bewunderung beobachtete Karl, der nie schreiben und lesen gelernt hatte, wie die Mönche mit schwieligen Händen und von der Arbeit schmerzenden Rücken an ihren einfachen Schreibpulten hockten, um Gänsefedern anzuspitzen, ganz feine Tintenlinien zu ziehen oder auch kleine Bilder in bunten Farben an die Anfänge der Seiten zu malen.

Der Mönch Laurentius Vergilius, der schon fast ebenso alt wie Willibrord war, brachte Karl nach und nach den Unterschied zwischen germanischen Runen und lateinischen Buchstaben bei. Er zeigte ihm, dass die Bücher, die sie aus Irland mitgebracht hatten, ganz unterschiedliche Bedeutungen besaßen. Karl lernte, dass es nicht nur Evangeliare gab, sondern auch Kalendarien und Totenregister, Bücher mit den Lebensgeschichten von Heiligen und Penkopenbücher, aus denen einzelne Abschnitte im Gottesdienst vorgelesen wurden.

Er hatte sich nie besonders für derartige Dinge interessiert. Natürlich wusste er, dass jeder Gottesdienst und jede kirchliche Handlung einen ganz bestimmten, festgelegten Ablauf hatte. Doch erst jetzt, in den angestrengt stillen, geheimnisvoll wispernden Schreibräumen mit ihren manchmal quietschenden Federn und dem schabenden Geräusch gelegentlich über den Steinboden rutschender Schreibpulte, dem Knistern von Pergament und den leisen Seufzern der Mönche – erst jetzt begann er zu verstehen, wie viel Mühe und Arbeit, wie viel Kraft und Geduld, aber auch wie viel Schmerz und Pein das von Willibrord und seinen Mönchen gewählte Leben tatsächlich bedeutete.

Dennoch fehlte ihm bei allem Respekt und aller Bewunderung noch immer das letzte Verständnis für das, was die Kuttenmänner taten. Auch er trug Sandalen und einen Strick um den Leib. Aber er wusste, dass er sich so lange nackt und wehrlos fühlen würde, wie ihm Willibrord davon abriet, sich mit einem Wehrgehänge zu gürten. Ihm fehlte ganz einfach der schwere Gürtel mit den Futteralen für Messer und Kurzschwert, der Schlaufe für die Wurfaxt und einer verzierten Scheide für das große Schwert, ohne den kein Edler im Frankenreich Haus und Hof verließ.

Ende September, sieben Wochen nach Karls Flucht aus Köln, blieben sie eines Abends noch zusammen, nachdem sie gebetet, gegessen und getrunken hatten. Die meisten saßen mit ausgestreckten Beinen und an die Wand gelehnten Rücken an der südöstlichen Seite der äußeren Klostermauer. Von hier aus konnten sie sehen, wie zuerst das Westufer des Flusses und dann die alte Römerbrücke in den Schatten des Abends eintauchte. Ein paar der Frankenkrieger spielten mit einem Ball zwischen dem Fluss und den mehrere hundert Schritt langen Mauerresten des alten römischen Landgutes.

Als sich die Nacht langsam in das Tal senkte und nur noch das hellere Band des Flusses zu sehen war, kamen die Ballspieler zurück. Die anderen nahmen ihre Bänke und Schemel auf und gingen ohne viel zu reden in den Innenhof zurück. Es war Zeit für die None, die noch gebetet wurde, ehe sie sich alle in die gemeinsamen Schlafräume zurückzogen. Nur Willibrord als Erzbischof von Utrecht und Abt des Klosters verfügte über eine eigene Zelle. Wie selbstverständlich hatten auch Karl und Graf Rotbert nach ihrer Ankunft einen der kleineren Räume zugewiesen bekommen. Graf Rotberts Kammer lag direkt neben dem Ziegenstall, und Karl hatte einen Raum erhalten, der zuvor der Durchgang von der Küche zum Refektorium gewesen war.

Inzwischen hatte sich Karl an den friedlichen, aber anstrengenden Tagesablauf im Kloster gewöhnt. Wenn die kleine Glocke am Refektorium erklang, konnten auch die Mönche nicht verhehlen, wie müde und erschöpft sie noch waren. Jeder von ihnen sprach ein kurzes Gebet, bekreuzigte sich, nahm ein Handtuch und ging dann aus dem Innenhof zum alten Landgut hinüber. Zwischen dem Kloster, den Römermauern und dem Fluss befand sich ein gemauerter Brunnen, der immer noch benutzt wurde. Sie hätten ebenso gut bis zum Fluss gehen können, doch den meisten war der wenige hundert Schritt lange Weg zu mühsam. Sie drängten sich lieber an den Waschtrögen und balgten sich um den hölzernen Brunneneimer.

An diesem Morgen, nach Frühstück und erster Messe, nickte Willibrord Karl und Graf Rotbert zu und bat sie zur Seite.

»Wir wollen ein Stück gehen«, sagte er. »Ich muss mit euch über einiges reden.«

Die beiden Freunde nickten, dann folgten sie dem Abt nach draußen. Sie verließen das Kloster und wanderten nebeneinander einen der Wege zu den bewaldeten Bergen im Westen hinauf.

Sowohl Karl als auch Rotbert hatten in der vergangenen Nacht mitbekommen, dass Stimmen an der Mauer laut geworden und in Kutten gehüllte Gestalten durch das Dunkel des Innenhofes, in das kein Mondschein reichte, gehuscht waren. Weder Willibrord noch irgendeiner der anderen Mönche hatte nach dem Frühgebet oder der Morgenmahlzeit davon gesprochen. Ganz so, als wäre nichts geschehen, waren sie wieder an ihre Arbeit gegangen. Trotzdem spürte Karl instinktiv, dass etwas Wichtiges geschehen sein musste. Willibrord hatte ihn mehrmals nachdenklich von der Seite her angesehen und sofort seinen Blick abgewandt, wenn er sah, dass Karl es bemerkte.

Sie erreichten das Ende des Pfades und stiegen ein Stück durch buschiges Unterholz, das sich bereits in herbstliche Farben kleidete. Nach einer halben Stunde erreichten sie einen neuen Pfad, der an einem kleinen, etwa zwanzig Schritt großen Teich endete. Die drei Männer stiegen über die glitschigen Uferfelsen bis zu einer kleinen, wie mit einem römischen Bogen gebauten Brücke, deren Geländer aus notdürftig zusammengebundenen Stangen und Ästen bestand.

»Das war die erste Brücke, die wir in dieser Gegend gebaut haben«, verkündete Willibrord. Er entfernte ein paar morsch gewordene Stangen und warf sie ins Wasser. Vorsichtig gingen die drei Männer über die alte Brücke und stiegen noch weiter den Berghang hinauf. Als das Rauschen des Wasserfalls nicht mehr zu hören war und die Stille des Waldes sie erneut umfing, öffnete sich direkt vor ihnen eine kleine Lichtung, die den Blick zwischen hohen Bäumen auf das flache Tal an der Biegung des Flusses freigab. Inmitten der Lichtung lag quer zur Aussicht ein Baumstamm. Er war so bearbeitet, dass er eine bequeme Sitzbank mit massiver Lehne bildete. Willibrord lud die beiden anderen zum Platznehmen ein, setzte sich in die Mitte und streckte seine Beine aus.

»Könnt ihr jetzt verstehen, warum es mir hier angenehmer ist als in der rauen Stadt Utrecht?«

»Das hier sieht fast genauso aus wie die Gegend zwischen Maastricht und Lüttich, aus der wir beide stammen«, antwortete Graf Rotbert. »Mit dem kleinen Unterschied, dass euch die Berge rundum und nach allen Seiten fünfzig Meilen weit schützen, während wir ab Maastricht nur noch flaches, ungeschütztes Land bis hinauf zum Friesenmeer haben.«

»Trotzdem habe ich nie verstanden, warum du als Erzbischof hier in dieser Einsamkeit ein Kloster aufgebaut hast«, sagte Karl. Willibrord überlegte eine Weile. Anders als sonst ging in diesem Augenblick eine starke Ruhe von ihm aus.

»Hast du einmal überlegt, warum das große Rom die Provinzstadt Trier zur Hauptstadt über Gallien, Hispanien und Britannien gemacht hat?«

Karl hob die Schultern und schüttelte den Kopf.

»Es sind die Flüsse«, antwortete Willibrord, »die Brücken und die Furten, an denen sich die Straßen, die Macht, der Reichtum und die Märkte treffen.«

»Trier wurde sogar Hauptstadt des Imperium Romanum.«

»... und ein Gefangenenlager!«, warf Graf Rotbert ein. »Der große Konstantin, dessen Namen gerade Bischöfe mit Ehrfurcht aussprechen, hat uns Franken überhaupt nicht gut getan. Ließ er nicht Tausende von Kriegern und Gefangenen im Triumph nach Trier bringen, um sie im dortigen Amphitheater abzuschlachten?«

»Ja, davon spricht man«, sagte Willibrord zustimmend. »Sie nannten es *die Frankenspiele.*«

Sie saßen eine Weile schweigend nebeneinander und genossen den Frieden der Natur.

»Es wird langsam Herbst«, sagte Willibrord schließlich, als gäbe es nichts anderes von Wichtigkeit in der Welt. Doch Karl spürte sofort einen neuen Ton in der Stimme des Erzbischofs und Abtes.

»Willst du etwa dein Haus bereits bestellen?«, fragte Graf Rotbert. »Welcher von deinen Mönchen ist es denn, den du dir als Nachfolger ausersehen hast?«

»Der Mann, der mich beerben wird, muss erst noch kommen«, antwortete Willibrord. »Ich weiß, dass alle meine Männer fromm und gottesfürchtig sind. Aber in diesen Zeiten braucht das Kreuz auch Kämpfer gegen Odin, Freyja und den Hammer Thors.«

»Was ist geschehen?«, fragte Karl direkt. »Hat das etwas mit den Schatten zu tun, die heute Nacht ins Kloster kamen?«

»Hast du jemanden gesehen?«, fragte Willibrord.

Karl nickte. »Ich dachte schon, du wolltest nicht mit uns darüber reden.«

»Nun gut«, antwortete Willibrord. »Ihr wisst, dass Raganfrid und seine Neustrier den Jungen ziemlich hart geschlagen haben, den noch dein Vater, Karl, zum Majordomus über Neustrien bestimmt hat.«

»Wir waren leider nicht dabei«, antwortete Graf Rotbert an Karls Stelle.

»Ihr hättet diese Niederlage bei Compiegne auch nicht verhindern können«, sagte der Erzbischof von Utrecht. »Die

Neustrier hatten viel mehr Zeit, ihren Zorn und ihren Ärger über Pippins letzte Anweisung zu bündeln. Sie wussten doch schon lange, dass dein Vater krank ist, Karl. Sie wussten ebenfalls, dass seine Witwe mit Gewalt den Anspruch ihres Blutes durchsetzen würde. Hätte sie dich sonst eingekerkert? Hätte sie sonst versucht, sofort und ohne gute Vorbereitung ihren Enkel Theudoald nach Neustrien zu jagen – dorthin, wo sie bei Paris den eben erst volljährigen Merowingerkönig Dagobert III. vermutete?«

»Als Majordomus brauchst du nun mal einen König«, lachte Karl trocken.

»Ganz richtig«, sagte Willibrord bedächtig. »Aber was tut zum Beispiel ein gerade erst von allen Großen Neustriens ausgewählter Majordomus, wenn ihm der König unerwartet stirbt?«

Karl zuckte unwillkürlich zusammen. Er drehte sich ruckartig zur Seite und starrte den Erzbischof von Utrecht ungläubig an.

»Du meinst …«

»Ich meine, dass wir Mönche hier schon seit ein paar Wochen wissen, dass Raganfrid Probleme hat. Dagoberts Tod ist eine ganze Weile geheim gehalten worden. Denn offiziell ist Raganfrid nur Princeps eines Königs, erster Verwalter. Wenn du so willst: Herzog der Herzöge, Kämmerer der Könige …«

»Du musst mir nicht erklären, was alles zu den Ämtern eines Majordomus zählt«, antwortete Karl. »Meine Familie gehört seit hundert Jahren zu den Illustren im Reich der Merowingerkönige.«

»Ja, und genau damit hatte Raganfrid wochenlang Schwierigkeiten. Er fand einfach keinen Merowinger mehr, den er als offiziellen Herrscher nachweisen konnte.«

»Keinen Merowinger mehr?«, lachte Graf Rotbert. »Sollten sie einander tatsächlich und letzten Endes doch noch alle umgebracht haben?«

»Nicht alle«, antwortete Willibrord. »Schließlich hat er doch noch einen gefunden, und ihr werdet es nicht glauben, aber es ist ein Mönch ...«

»Ein Mönch?«, fragten Karl und Rotbert gleichzeitig. Willibrord nickte, und Karl sprang auf. Mit langen, ausgreifenden Schritten stampfte er vor dem zur Sitzbank umgearbeiteten Baumstamm hin und her. Schließlich blieb er ruckartig vor Willibrord stehen.

»Und das soll Zufall sein?«, fragte er ironisch. »Nach langer Suche ausgerechnet ein Mönch? Wahrscheinlich irgendeiner, der schon als Kind ins Kloster gesteckt wurde.«

»Genau so ist es«, antwortete der Erzbischof von Utrecht. »Der Mönch namens Daniel ist vermutlich sogar ein Sohn des im Jahre 675 ermordeten Merowingerkönigs Childerich II. Seit dessen Tod hat man nichts von ihm gehört.«

»Wie alt ist er denn?«, fragte Graf Rotbert.

»Er dürfte jetzt etwa fünfzig Jahre zählen – also tatsächlich, wie Karl vermutet, mit zehn, zwölf Jahren unter die Obhut anderer Mönche gekommen sein.«

»Und dieser Mönch Daniel ist jetzt ein neuer Childerich?«

»Nicht Childerich«, korrigierte Willibrord. »Er selbst soll sich Chilperich II. nennen, nach dem Chilperich, der 561 bis 564 König von Soissons, später Mitkönig von Paris und König von Tournai gewesen ist.«

Karl starrte eine Weile vor sich hin. Dann presste er die Lippen zusammen, nickte und sagte: »Das hört sich ganz nach einer Art Regierungserklärung und einer Kampfansage gegen meine Stiefmutter und gegen Austrien an.«

»Ich fürchte, dass du Recht hast«, nickte Willibrord.

Während überall im Frankenreich die letzten Ernten auf den Domänen und den kleinen Bauernhöfen eingefahren wurden, entwickelte sich aus dem Scriptorium der Mönche von Echternach über Nacht eine Art Kanzlei.

Vergilius Laurentius hatte bis auf weiteres die Schreibarbeiten an den heiligen Büchern unterbrechen lassen, und Priester und Laienmönche beschäftigten sich seither mit den Kopien uralter römischer und merowingischer Provinzpläne mit Straßenkarten und Aufzeichnungen über Königsgüter und Bischofsstädte, zwischen dem großen Ozean im Westen über die Ardennen hinweg, bis in die Gebiete der Mainfranken, Thüringer, Baiern und Alamannen. Sie schrieben heraus, welche Bischöfe und Grafen, Herzöge und Äbte in Burgund und der Provence, in Neustrien oder gar bei den Friesen für Karls großen Kampf gewonnen werden könnten. Er wollte sich und allen Edlen Austriens das ganze Reich zurückholen, das durch den Sieg in Tertry gewonnen und durch den Zug von Plektruds Enkel Theudoald und ihren unfähigen Vasallen im Wald von Compiegne wieder verloren gegangen war.

Beinahe täglich kamen als Jäger, Bauern oder als friesische Händler verkleidete Abgesandte aus vielen Teilen der östlichen Francia nach Echternach. Auf Anraten von Willibrord zeigte sich Karl keinem Einzigen der vielen Männer, die für ein, zwei Nächte im Kloster blieben, ehe sie wieder in die herbstlichen Wälder zurückkehrten. Erst wenn kein Fremder mehr im Kloster war, setzten sich Karl, Willibrord, Graf Rotbert, Vergilius und ein paar andere zusammen.

»Lass dir berichten«, sagte Willibrord immer wieder. »Lass dir so oft berichten, bis du selbst meinst, dass du es nicht mehr hören kannst. Achte auf jeden Unterschied, selbst wenn er dir noch so klein und geringfügig erscheint. Aber glaube nichts, wenn du es nur ein einziges Mal hörst. Erst die Bestätigung durch einen anderen macht ein Gerücht zur interessanten Nachricht. Selbst wenn du keine Zweifel hast, solltest du auch dann noch einen Dritten ausschicken, der an der ganzen Sache nicht beteiligt ist. Nur so kannst du vermeiden, dass man dich hintergeht.«

Ganz langsam begann Karl zu verstehen, wie es der kleinen Gruppe von Kuttenmännern aus Britannien und Irland in den vergangenen Jahrzehnten gelungen war, ein Netz von Klöstern und Abteien aufzubauen, in denen das Geschriebene viel mehr galt als die ausgeschmücktesten Erzählungen von Reisenden und Boten.

»Mag sein, dass früher irgendwann einmal gesprochene Worte einen Wert hatten, auf den man sich verlassen konnte. Aber du weißt selbst genauso gut wie ich, dass wir in Zeiten leben, in denen du die Wahrheit lange suchen musst. Der eine kommt und weint dir vor, wie übel er von irgendeinem anderen behandelt wurde. Der andere dagegen schleppt Zeugen vor Gericht, die noch das Gold für ihre Lügen in der Hand halten. Du siehst es, weißt genau, dass sie falsch aussagen. Aber du kannst nichts tun, weil das Gesetz dir auferlegt, dem Zeugenschwur stets mehr zu glauben als den Tränenströmen eines Mannes, der dir nichts beweisen kann.«

Karl überlegte eine Weile. Dann sagte er: »Ich würde Recht so sprechen, wie ich es selbst als richtig und gerecht empfinde.«

»Genau das darfst du nicht tun«, warnte Willibrord. »Denn dein Empfinden wird oft nichts mit dem zu tun haben, was andere von dir erwarten. Niemand kann längere Zeit gegen die Meinung und den Ratschluss der Großen und der Edlen eines Landes herrschen und regieren. Es sei denn, dass du ihnen alles nimmst und das Reich neu verteilst.«

Als die Herbststürme die Blätter von den Bäumen fegten und auch das Gras nicht mehr so hoch stand, begann Graf Rotbert damit, die Kölner Kerkerwächter zu Kriegern auszubilden, die auch auf schweren Ackergäulen schneller waren als die zumeist zu Fuß kämpfenden Gefolgsleute der Lehnsherren.

»Meint ihr wirklich, dass sich dieser Aufwand lohnt?«, fragte der Erzbischof von Utrecht eines Abends, als sie zum Mahl zusammensaßen. »Die Pferde hier sind Kaltblüter. Sie können Wagen, Pflüge oder Baumstämme aus den Wäldern ziehen, aber sie eignen sich nun mal nicht für Attacken, wie sie von den Arabern und ihren Einfällen in Aquitanien berichtet werden.«

»Wir brauchen spätestens im nächsten Frühjahr eine kleine Reiterei, um Erfolg zu haben. Ich weiß, es werden nicht einmal hundert sein. Doch ohne sie wird uns jeder für eine wilde Räuberbande aus den Bergen halten und nicht für eine Truppe, die antritt, Raganfrid und seine Neustrier zu verjagen.«

»Ihr solltet eure Pläne nicht zu hoch stecken«, mahnte Willibrord. »Und welchen Weg ihr gehen müsst, könnt ihr ohnehin erst dann entscheiden, wenn ihr im Frühjahr wisst, wie viele Anhänger deines Vaters sich dann auf deine Seite schlagen, Karl.«

»Plektrud ist reich!«, stieß Karl hervor. »So reich, dass sie sich jede Menge Günstlinge kaufen kann!«

»Wohl wahr, wohl wahr«, sagte Willibrord mit einem tiefen Seufzer. »Dann muss ich euch jetzt wohl gestehen, dass sie sogar mich in Versuchung gebracht hat…«

»Plektrud?«, stieß Karl ungläubig hervor. »Hast du mit ihr Verbindung aufgenommen?«

»Nein, es war Arnulf, dein Stiefneffe. Er hat dem Kloster Echternach ein Geschenk gemacht, über das ich mich bei allen Vorbehalten von ganzem Herzen freue.«

Karl zog die Brauen zusammen. Auf seiner Stirn bildete sich eine steile Falte. Für einen Moment war er versucht zu glauben, dass jetzt sogar der alte Freund und Vertraute seines Vaters in die Fänge von Plektruds Nachkommen geraten war.

»Das Kloster Echternach ist hocherfreut darüber, dass es jetzt auch noch Wald, Felder, einen Teil des Flusses und altgermanische Thingstätten auf den Berghöhen besitzt, die allesamt nicht einmal zehn Meilen von hier entfernt sind…«

»Bollendorf!«

»Ganz recht, Karl«, antwortete Willibrord. »Arnulf hat mir

seinen Anteil an Bollendorf geschenkt. Damit sind wir Mönche und du selbst zu gleichen Teilen Eigentümer der wunderschönen Germanenfeste nur ein Stück stromauf.«

Die drei in braune Kapuzenkutten gekleideten und mit weißen Stricken gegürteten Männer gingen hintereinander am schmalen Ufersaum des Flusses entlang, der gemächlich am Fuß der Berge in Richtung Mosel floss. Von Zeit zu Zeit wurden mächtige nackte Felsbänke mit eigenartigen Ausbuchtungen und Höhlen in halber Höhe der Bergflanken sichtbar.

Obwohl keiner der drei Männer darüber sprach, wussten sie alle, was sie in diesen Augenblicken dachten: Genau so musste es ausgesehen haben, wenn die alten Götter der Germanen in ihren Himmelsburgen in Streit gerieten. Die Felsen waren herabgefallen, teilweise in den Wald und in das Flussbett eingeschlagen und jetzt blank gespült.

Sie erreichten eine Biegung des Flusses, der hier von Westen her einem gewaltigen Plateau auswich. Die natürliche Festung stürzte an drei Seiten durch steile Täler bis zu den Flüssen Sauer und Prüm hinab. Und an der vierten Seite sollte der Berg durch große germanische Wälle befestigt sein. Überall entdeckten sie Reste der römischen Besiedlung.

»Mehr als fünfhundert Jahre alt«, sagte Willibrord, als sie an einem halb zerstörten Standbild der Göttin Diana vorbeigingen.

Karl und Rotbert sahen nur noch den unteren Teil eines großen Reliefs mit Tier- und Menschenfüßen zwischen römischen Säulen. In Großbuchstaben war in den Stein gehauen, dass ein Quintus Postumus das Denkmal für die Göttin der Jagd gestiftet hatte.

»Mit diesen Fäusten«, lachte Willibrord und hob beide Hände, »mit diesen Fäusten habe ich Hammer und Meißel gehalten, um eigenhändig das Götzenbild zu zerstören.«

»Warum das?«, fragte Graf Rotbert kopfschüttelnd.

»Warum das, fragst du mich?«, stieß Willibrord hervor. »Glaubst du im Ernst, wir würden irgendein heidnisches Götzenbild in einer Gegend stehen lassen, die wir durch die Taufe Christus dem Herrn zugeführt haben?«

Rotbert schüttelte den Kopf. »Ich sehe keinen Sinn darin, Sternbilder zu zerschlagen. Sie schaden doch niemandem mehr.«

»Ihr wisst zu wenig von den vielfältigen Versuchungen und Anfechtungen, die unser Glaube bestehen muss. Nicht genug damit, dass wir für die Vernichtung heidnischer Symbole zu kämpfen haben – in manchen Gebieten südlich der Alpen macht sich sogar eine ganz neue Art von Reliquienverehrung breit. Und ich bin mir nicht sicher, ob es gut ist, wenn zu viele Dinge vom eigentlichen Glauben ablenken.«

»Du meinst den Streit um die Bilder der Heiligen, den es bereits in Byzanz geben soll?«

»Ja«, antwortete Willibrord. »Dort macht man den Fehler, die Ikonen selbst als heilig anzusehen. Aber Ikonen sind nun mal keine Reliquien, sondern von Menschen gemachte Abbilder, die bestenfalls einen symbolischen Wert haben.«

»Gott sei Dank ist das nicht auch noch unser Problem«, lachte Karl und strich mit einer Hand über die halb zerstörte Säule. Sie gingen ein Stück zurück und wanderten auf der anderen Seite des Weilerbachs bis zu einer Felsschlucht von etwa dreihundert Schritt Länge mit einem sehr schmalen Ein- und Ausgang.

»Seht ihr? Auch hier«, sagte Willibrord und deutete auf zwei eingemeißelte Worte an den Wänden. »Artioni Biber«, las er vor.

»Was heißt das?«, fragte Karl.

»Artio war die keltische Bärengöttin, eine Jagdgöttin wie Diana«, erklärte Wilhibrord. »Ihr Kult lebte zur Zeit der Römer bei den Treverern in Trier fort. Und irgendein Galloromane namens Biber hat an diesem geheimen Ort die beschwörende Inschrift in die Wand geschlagen.«

»Zu welchem Zweck?«, fragte Graf Rotbert.

»Zu dem gleichen wahrscheinlich, zu dem es hier überall noch Verbrennungsplätze, Urnengräber und Menhire mit Druidensteinen gibt.«

Sie gingen eine Weile nebeneinander her auf dem Weg zurück bis zum Steilabfall der Hochfläche zur Bollendorfer Seite. Erst jetzt sahen sie, dass dort alle paar Schritte riesige Felstürme aus den senkrechten Wänden hervorsprangen. Sie sahen aus, als würden sie wie zyklopische Bastionen den einst umlaufenden Ringwall flankieren. Und plötzlich ahnte Karl, warum sich Willibrord vor vielen Jahren so entschieden für Echternach als seinen zweiten Stützpunkt eingesetzt hatte: Echternach lag am Südrand des großen Felsplateaus – jener gewaltigen und nur schwer zugänglichen Hochburg von ungezählten vorgeschichtlichen, römischen und germanischen Gottheiten. Zwölf mal zwölf Mönche und zwölf mal zwölf Jahre würden nicht ausreichen, um alle Spuren des alten Glaubens so auszulöschen, wie es die Missionare für ihre Aufgabe hielten.

»Wir warten hier«, sagte Willibrord und setzte sich auf einen Felsstein. Er schnürte ein Leinentuch auf, in dem er ein wenig Proviant getragen hatte, bot den anderen an und blickte sehr zufrieden ins stille Tal des Sauerflusses hinab.

Sie hatten gerade den ersten Brocken Brot gebrochen, als aus dem Unterholz zur Plateauseite hin einer von Willibrords Mönchen hervorkam. Er schüttelte sich und streifte Dornen und Spinnweben von seiner Kutte. »Sie kommen«, sagte er erhitzt und mit schweißnassem Gesicht. Er musste sehr schnell durch den Wald gelaufen und über Felsbrocken gestiegen sein.

»Ist Milo auch dabei?«, fragte der Erzbischof von Utrecht. Der Mönch nickte. »Sie haben alle ihre Pferde unten vor der Bärenklamm zurückgelassen. Aber sie sind nicht so gekleidet und gerüstet, wie du gesagt hast.«

»Da muss endlich Ordnung rein!«, sagte Willibrord zu Karl. »Seit dein Vater nicht mehr da ist, fällt alles auseinander. Erst neulich hat Savaricus, der Bischof von Auxerre, versucht, die Gunst der Stunde für sich auszunutzen. Als er erfuhr, dass sich die Austrier und Neustrier bei Compiegne gegenseitig die Köpfe einschlugen, hat er doch kurz entschlossen ein eigenes Heer aufgeboten!« Willibrord wurde immer ärgerlicher. »Und dann eroberte er ohne jeden Skrupel den Gau von Orleans, südlich davon Nivers, nach Osten hin die Diözese Langres und nach Norden hin den Gau von Troyes ...«

Karl pfiff durch die Zähne. »Dann war dieser Bischof ja wesentlich erfolgreicher als alle nördlicheren Herzöge und Hausmeier.«

»Ach was!« schnaubte Willibrord erregt. »Bischof Savaricus hat es nur verstanden, den richtigen Zeitpunkt abzuwarten. Das und die Beschränkung auf das Mögliche – genau das ist es, was ich auch dir empfehle.«

»Ich weiß«, antwortete Karl. »Aber warum sagst du das jetzt wieder? Ist dieser Bischof denn besiegt worden?«

»Ja und nein«, knurrte Willibrord. »Er zog mit seinem großen, siegreichen Heer schon gegen Lyon, als die Vermessenheit endlich beendet wurde. Es war Gott selbst, der diesen Größenwahnsinnigen mit einem Blitz erschlug ...«

Karl und Rotbert starrten Willibrord regungslos an. Dann räusperte sich Karl und leckte sich über die Lippen.

»Ist das jetzt ein Gerücht oder eine Legende und ein Gleichnis, wie du sie sonst für deine Zuhörer bereithältst?«

»Es ist die Wahrheit, Karl. Bischof Savaricus von Auxerre ist tot. Sein Nachfolger ist ein in der Gegend reich begüterter Adliger. Er heißt Hainmar und ist, soviel ich weiß, weder ordiniert noch geweiht.«

»Wenn ich nicht wüsste, dass dies alles unter die kirchliche Ordnung fällt und bestenfalls vom Papst in Rom geregelt werden muss, dann wäre ich versucht, auch dort mit harter Hand die Dinge an den rechten Platz zu rücken.«

»Ich hoffe, dass du eines Tages genau das tun wirst«, sagte Willibrord und seufzte. »Aber dann musst du gut beraten sein und mehr über die Männer wissen, die du bestrafen oder rügen willst. Vielleicht weißt du es nicht, denn du warst damals noch sehr jung, als die Familie deines Vaters mit dem vom Blitz erschlagenen Bischof Savaricus aneinander geriet. Damals, vor rund zwölf Jahren, ist Savaricus nämlich als Zeuge in einem Verfahren gegen deinen Stiefbruder Drogo aufgetreten. Er war damals noch nicht Bischof, aber er konnte nachweisen, dass Drogo sich das Landgut Noisy an der Oise unrechtmäßig angeeignet hatte. Die Angelegenheit hat damals sehr viel Staub aufgewirbelt und war überhaupt nicht gut für deinen Vater.«

»Du verwirrst mich immer wieder, Willibrord«, stellte Karl fest. »Soll ich nun *für* den vom Blitz erschlagenen Bischof und seinen ungeweihten Nachfolger als Heerführer sein oder gegen die beiden?«

»Das ist nicht wichtig«, antwortete Willibrord. »Wichtig ist vielmehr, ob solche Männer auf deine Seite übergehen oder ob du sie bekämpfen musst. Ich sage dir das, weil es in dieser Welt viel mehr Entscheidungsmöglichkeiten als zwischen Gut und Böse gibt.«

»Ich akzeptiere«, sagte Karl nach kurzer Überlegung. »Aber hör auf, mich zu behandeln, als wäre ich noch immer krank und hilflos. Das ist vorbei, Abt und Bischof! Und nun lass deine Freunde kommen, die du mit mir verbünden willst!«

5.

In der Germanenfeste

Der große, schwarzhaarige Mann brach wie ein Bär durch das Unterholz. Karl wusste sofort, dass es Abt Milo sein musste, der Sohn des alt gewordenen Bischofs von Trier. Er hatte viel von ihm gehört, ihn aber noch nie zuvor gesehen. Milo kam direkt auf ihn zu und streckte seine Hände aus. Er trug eine äußerst seltsame Gewandung: die braune Kapuzenkutte der irischen Wandermönche, aber anstelle des weißen geknoteten Stricks ein fränkisches Wehrgehänge aus starken Lederriemen mit Halterungen für Messer, Dolch und Kurzschwert und der Schlaufe für die Wurfaxt. Er war nicht bewaffnet, sah aber ganz so aus, als könne er sich mit ein, zwei Handgriffen von einem Mönch in einen starken und geübten Waffengänger verwandeln.

»Sei gegrüßt, Karl«, rief der Abt bereits, als er noch zehn, zwanzig Schritte entfernt war. »Geht es jetzt endlich los mit dir?«

Er stürmte auf Karl zu, umschlang ihn mit seinen bärenstarken Armen und drückte ihn an seine Brust. »Ich bin so froh«, schnaufte er begeistert, und seine dunklen Augen blitzten. »Endlich kein Kind mehr und kein jämmerlicher Pfalzgraf, den wir mit Gottes Hilfe zum Majordomus von Austrien machen können. Und dann, wenn wir das böse alte Weib gezwungen haben, zu ihren Betschwestern ins Kapitol zu ziehen, auch noch zum Majordomus in Neustrien und Burgund.«

»Du darfst ihn nicht gleich mit dem Allerschlimmsten überfallen«, warf Willibrord ein und schmunzelte. »Lass ihm wenigstens die Zeit, sich an dein ungestümes Wesen zu gewöhnen.«

Nacheinander kamen immer mehr Männer aus dem Dickicht auf den freien Platz unter den Bäumen an der Felsbastion. Den nächsten kannte Karl bereits. Es war Hedan der Jüngere, Herzog über die Thüringer.

»Ich freue mich, dich hier zu sehen«, sagte der bereits ein wenig gebeugt gehende Edle von der Unstrut. »Du weißt, dass ich ein treuer Diener deines Vaters war und manches Mal an seiner Seite ritt.«

»O ja, das weiß ich«, antwortete Karl. Er war erfreut und überrascht zugleich, dass er mit Hedan die besten Männer Thüringens auf seiner Seite wusste. Das war viel mehr wert als alles andere, was jetzt noch kommen konnte.

»Erlaube, dass ich dir meinen Sohn Thuring vorstelle«, sagte Hedan. Er deutete auf einen schlanken blonden Mann, der nach Karls Einschätzung gerade erst volljährig geworden sein konnte. Für einen Augenblick versetzte ihm die Jugend von Hedans Sohn einen Stich. Er wollte eigentlich nur mit erfahrenen und kampfgeübten Männern gegen die Friesen und Neustrier ziehen. Sie waren noch zu wenige, um auch nur einen dadurch zu verlieren, dass ihn das Feuer seiner Jugend über die eigenen Fähigkeiten täuschte.

»Schön, dass du mitgekommen bist«, sagte Karl dennoch und ergriff Thurings Hand. Sie fühlte sich sehr hart und fest an.

»Täusch dich nicht in mir, Karl«, sagte der junge Thüringer. »Mir wächst vielleicht erst in ein paar Jahren ein Rauschebart wie manchem anderen hier. Aber ich übertreibe nicht, wenn ich dir sage, dass es nur wenige zwischen der Unstrut und der Seine geben dürfte, die schneller und geschickter auf einem guten Pferd sind als ich.«

»Da übertreibt der junge Recke keineswegs«, sagte Abt Milo.

»Ich habe ihn gesehen, wie er in harten und verdammt brutalen Zweikämpfen einen nach dem anderen aus dem Sattel schlug.«

»Unsere Männer sind bereits eingewiesen«, sagte in diesem Augenblick Thurings Vater. »Wie viele hast du mitgebracht?«

»Zunächst nur fünfzig«, antwortete Thuring. »Die Hälfte Freie, die ihre eigenen Waffen tragen, die andere Hälfte Hörige, denen ich ein paar Hufen zusätzliches Land versprochen habe.«

»Wer kommt sonst noch?«, fragte Karl.

»Die meisten wollen abwarten, wie sich das alles hier entwickelt«, antwortete der schwarze Abt. »Hier rund um Trier, Pfalzel und Echternach kann ich im Frühjahr noch ein paar starke Arme zu euch bringen. Nach Süden hin sieht es viel schlechter aus. Aus Metz können wir zur Zeit nichts erwarten, ebenso wenig aus Verdun und Reims.« Er sah zu Karl und zog die Mundwinkel herab. »Dort herrscht bekanntlich Bischof Rigobert, den ich schon fast als einen Anhänger von Raganfrid bezeichnen muss. Je weiter wir nach Westen blicken, umso geringer ist auch die Bereitschaft, mit dir, Karl, gegen Plektrud vorzugehen.«

»Wie steht es mit Mainz, den Königspfalzen östlich von hier am Rhein?«

»Nichts zu machen«, sagte der Herzog der Thüringer und schüttelte den Kopf. »Natürlich hätte ich in meinem Amt gewisse Möglichkeiten, aber das wäre für uns alle im Augenblick viel zu gefährlich. Wir brauchen Männer, auf die wir uns verlassen können, und keine Mitläufer, die nur das Fähnchen nach dem Wind hängen.«

»Gut, dann seht zu, dass ihr euch häuslich einrichtet«, sagte der Erzbischof von Utrecht. Er wandte sich an Karl und legte ihm die Hände auf die Schultern. »Ich kann von diesem Augenblick an nicht mehr viel für dich tun«, sagte er. »Ich gehe in den nächsten Wochen nach Trier und vielleicht auch nach Metz. Ich möchte, dass ich überall gesehen werde – und zwar ohne dich.«

»Wir werden schon über den Winter kommen«, warf Graf Rotbert ein.

»Nur das allein wäre mir zu wenig«, gab Willibrord zurück. Er lächelte und legte seine Hand auch auf den Oberarm des Franken von der Maas.

Die nächsten Tage und Wochen vergingen so spartanisch und gleichzeitig geschäftig wie in allen Winterlagern. Weder den Legionären Roms, noch den in den Jahrhunderten der großen Wanderungen kreuz und quer herumziehenden Völkern und Stämmen war es anders gegangen als den Männern, die jetzt, in den kältesten Monaten des Jahres, an ihren Feuern auf einem Hochplateau nördlich der Mosel zwischen den Flüssen Sauer und Prüm hockten. Zum Weihnachtsfest war Willibrord mit seinen Mönchen in die Einsamkeit gekommen. Er hatte köstliches Gebäck mitgebracht, dazu lange und gut gereiften Käse, Unmengen von Speckseiten, Trockenobst und sogar Fässchen voller Wein.

Irgendwann waren auch Mädchen und Frauen aus der Umgebung in Karls erstem Winterlager aufgetaucht. Nach langen Diskussionen hatte er zugelassen, dass einige von ihnen bleiben durften. Er selbst erfuhr von Willibrord, dass es Frau und Kindern gut ging. Sie waren im Doppelkloster von Stavlot-Malmedy untergekommen und wurden dort versteckt – wenn nicht sogar bewacht. Für Karl war diese Nachricht nicht besonders angenehm.

»Ich hätte es sehr viel lieber gesehen, wenn Chrotrud und die Kinder bei der Familie meiner Mutter wären«, sagte er.

»Du meinst, weil Bischof Hugbert von Maastricht früher einmal Abt von Stavlot-Malmedy gewesen ist?« hatte Willibrord gefragt, um gleich darauf zu sagen: »Du kannst beruhigt sein. Bischöfe halten nichts von Blutrache. Die Angelegenheit mit Lambert, der im Streit mit dem Bruder deiner Mutter umkam, ist zwar nicht vergessen, aber du selbst als Sohn von Alphaid, und Hugbert als der Nachfolger von Bischof Lambert – ihr habt nichts damit zu tun. Außerdem war es dein Vorfahr Grimoald, der Stavlot-Malmedy gestiftet hat…«

Die Nächte in den Bergen blieben kalt, aber die Tage für die Waffenübungen wurden immer länger. Noch ehe sich auch nur das erste Schneeglöckchen am Rand des Felsenlagers zeigte, klirrten die Waffen freudiger als in den trüben Wochen, die alles nur gelähmt und furchtsam gemacht hatten. Keiner der Männer konnte sich über die Verpflegung, mangelnde Bewegung oder Langeweile an den Lagerfeuern beklagen. Sie alle hatten satt zu essen und so viel zu tun, dass sie stöhnend auf die Felle sanken, sobald Karl den Übungstag beendete.

An einem dieser Abende setzte sich Herzog Hedan wieder einmal zu Karl. »Du wirst erst dann einen größeren Zustrom von Anhängern deines Vaters bekommen, wenn diese Edlen sehen, dass du nicht nur ein Rebell, sondern der neue Anführer für alle sein kannst«, sagte er. »Schon deshalb brauchst du bald einen Kampf, um Zutrauen in deine Kraft und Stärke zu verbreiten.«

»Ich will ja nicht unken«, antwortete Karl, noch immer schnaufend von den Anstrengungen der letzten Stunden, »aber so, wie es im Moment aussieht, könnten wir noch nicht einmal die Ruinen Kölns erobern. Wir haben augenblicklich knapp zweihundert Männer unter Waffen. Mich, Rotbert und sogar Abt Milo eingeschlossen. Nehmen wir an, es kämen im Frühling noch einmal fünfhundert oder tausend Männer dazu. Meinst du, damit könnte ich die Neustrier aufhalten? Mit ihrem öffentlich gewählten Hausmeier und einem anerkannten Merowingerkönig?«

»Natürlich nicht«, antwortete Herzog Hedan. »Du brauchst schon ein paar tausend Mann, wenn du nicht mit der gleichen Schande untergehen willst wie Theudoald bei Compiegne.«

»Ein paar tausend Mann«, wiederholte Karl und biss die Zähne zusammen. Eben das war es! Er zweifelte nicht einen Augenblick daran, dass sie sich finden und gegen Neustrien, die Friesen und Plektrud führen ließen. Aber er hatte nichts, was er ihnen für die Gefolgschaft und einen Zug auf Leben oder Tod als Gegenleistung bieten konnte.

Am ersten warmen Frühlingstag kam Willibrord erneut in das Berglager zu Karl und seinen Männern.

»Bei uns liegt kaum noch Schnee«, sagte er. »Die ersten Krokusse kommen hervor, Schneeglöckchen ebenfalls.«

»Die haben wir hier auch«, antwortete Karl lächelnd und zeigte auf die vielen kleinen Sträußchen, die ihm von den Mädchen im Lager geschenkt worden waren.

»Es sieht so aus, als ob Raganfrid schon wieder kokelt«, berichtete der Abt von Echternach. Sie gingen zu einem kleinen Feuer vor einer der hohen Holzhütten, die entlang einer Felswand errichtet worden waren, und setzten sich auf rohe Holzstühle. Hier hatten sie auch in den dunkelsten Monaten die Flammen entzünden können, ohne dass sie weithin leuchtend in den Wipfeln der Bäume gesehen worden wären.

Sie tranken heißen Met und aßen dazu knuspriges, in der Holzkohlenglut gebackenes Brot. Willibrord langte mehrmals zu.

»Eigentlich wäre nach dem Tod von Dagobert III. ja sein Sohn Theuderich erbberechtigt gewesen«, sagte Willibrord. »Wir haben uns schon längere Zeit gefragt, was sie mit ihm anstellen würden, nachdem der Mönch Dagobert zum neuen Merowingerkönig erhoben worden ist.«

»Und? Haben sie ihn umgebracht?«

»Nein«, lachte Willibrord mit bitterem Unterton. »Das hätten selbst Raganfrid und seine Anhänger nicht gewagt. Er war ja erst ein halbes Jahr alt. Nein, umgebracht haben sie ihn nicht. Er ist ins Kloster Calla an der Marne, zweieinhalb Meilen westlich von Paris, gebracht worden.«

»Ein Mönch wird König, und ein rechtmäßiger Thronfolger wird Mönch!«, lachte Graf Rotbert. »Was ist das nur für eine Welt!«

»Das Wetter bessert sich«, sagte Willibrord lächelnd. »Wie sehen deine Pläne aus?«

»Eine Möglichkeit wäre, den Neustriern über Metz, Verdun und Reims entgegenzuziehen. Aber diese Marschrichtung hebe ich mir für später auf. Im Augenblick wird es günstiger sein, wenn ich ganz einfach nur den Wurfspeer hebe und ihn dorthin schleudere, wo ich meinen ersten Kampf bestehen will.«

»Und wo wäre das?«, fragte Willibrord. »Etwa doch vor den Toren Kölns?«

»Nein«, antwortete Karl. »Ich werde nicht warten, bis sich die Neustrier mit den Friesen zusammenschließen, sondern schon vorher einen Keil zwischen sie treiben. Ich denke daher, dass ich quer durch die Teufelsschlucht dort drüben an der Prüm entlang in den Bedagau eindringe und dann vorsichtig nach Norden marschiere.«

»Und wie dann weiter?«, fragte Willibrord.

»Von Bitburg aus an der Kyll entlang bis nach Mürlenbach.«

»Bist du von Sinnen?«, stieß Herzog Hedan von Thüringen hervor. »Die Burg Mürlenbach ist der Stammsitz von Bertrada, Tochter von Irmina und Schwester deiner Stiefmutter.«

»Du musst mir nicht erzählen, welche Verwandtschaft Plektrud hat«, antwortete Karl. »Aber wir werden ab Mürlenbach nicht weiter die Kyll flussauf bis Gerolstein gehen, sondern nach Westen abbiegen. Ich kenne einen Weg dort durch die Täler bis nach Prüm und weiter in die Ardennen hinein, den ich mit meinem Vater einmal geritten bin.«

»Warum nehmen wir nicht einen einfacheren Weg?«, fragte Graf Rotbert. »Wir können ja die alten Römerstraßen meiden und uns immer ein wenig westlich davon halten.«

Karl sah ihn an und lachte. »Willst du mir etwa verübeln, wenn ich nach den vielen Monaten in unserem Winterlager meine Frau und meine Kinder wiedersehen möchte?«

»Natürlich nicht«, antwortete Graf Rotbert. »Aber du könntest auch allein kurz hinreiten, während wir weiter über das Hohe Venn nach Norden vorrücken.«

»Das sollt ihr auch«, antwortete Karl. »Wir trennen uns spätestens in Malmedy. Während ihr weiterzieht, reite ich an der Ambleve entlang bis Stavlot. Das kann ich leicht in einer halben Stunde schaffen.«

»Und du willst tatsächlich allein nach Stavlot?«, fragte Abt Milo. »Ich könnte dir behilflich sein und würde gern wieder einmal mit dem Abt dort einen Humpen heben.«

»Damit sich Rotbert mit den anderen zum Schluss im Wald verläuft?«, gab Karl lachend zurück. »Nein, nein, Milo. Ich möchte, dass ihr beiden zusammenbleibt und euch die Gegend zwischen Stavlot und Malmedy etwas genauer anseht. Möglicherweise können wir in dieser Gegend unser Sommerversteck einrichten.«

»Und du sagst, du kennst die Gegend tatsächlich?«, fragte Abt Milo nochmals.

»Wir haben uns nach unseren Zügen gegen die Alamannen einige Wochen dort aufgehalten und gejagt. Damals fiel mir auf, dass es einige seltsame Verbindungen zwischen meinem Vater, meiner Stiefmutter und Bischof Hugbert von Maastricht gibt.

Ich habe sie bis heute nicht so recht verstanden. Aber das ist eine andere Sache. Jetzt ist es wichtiger, dass wir nach Norden vorstoßen und unterwegs alle die mitnehmen, von denen wir inzwischen über deine Mönche, Willibrord, gehört haben, dass sie sich uns anschließen.«

»Wenn alles gut geht, müsstet ihr bis zum Nordrand der Ardennen auf etwa vierhundert Mann kommen«, sagte Willibrord.

Sie saßen noch sehr lange um das nächtliche Feuer. Erst als im Osten die Morgenröte hinter dunklen Bäumen auftauchte, verabschiedete sich Willibrord. »Ich werde zusehen, dass ich dir so oft wie möglich Nachrichten aus den Gegenden zukommen lasse, in denen du noch keine Freunde oder Verbündete hast.«

»Ich danke dir«, sagte Karl, »und ich werde nicht vergessen, was du für mich getan hast.«

Bereits am nächsten Tag lösten sie das Lager auf und verstauten alles, was sie mitnehmen wollten, auf Eseln und Pferden. Sie beschlossen, vom Ort Prüm an in mehreren Gruppen bis zu den Höhen von Bitburg vorzustoßen. Karl übernahm den ersten Trupp mit zwei Dutzend Reitern. Graf Rotbert führte die Hauptgruppe der kleinen Streitmacht, und Abt Milo übernahm den Tross mit Zimmerleuten, Schmieden, Frauen und allen anderen, die bisher noch nicht eingeteilt worden waren. Erst bei dieser Gelegenheit stellten sie fest, dass sie insgesamt doch fast zweihundertfünfzig Personen gewesen waren, die sich zum Schluss im Winterlager aufgehalten hatten.

Karl, Herzog Hedan mit seinem Sohn und ihre fünfundzwanzig Berittenen brachen bereits im allerersten Morgenlicht auf. Sie kamen zügig voran, ritten in den Bedagau, in dem vor einigen Jahrhunderten überall starke Römerkastelle gebaut und sogar die kaiserlichen Domänen mit endlosen Mauern zum Schutz vor den Germanen umgeben worden waren. In den drei langen Jahrhunderten seit dem Abzug der Römer hatte sich das fruchtbare Bitburger Land mit seinen steilen Flusstälern fast wieder zu einem Urwald zurückentwickelt.

Die berittenen Krieger verließen die Reste der alten Römerstraße und ritten in weitem Bogen um den Sitz von Graf Arnold, der sich in den Ruinen des alten Römerkastells eingerichtet hatte und von hier aus die ehemalige römische Kornkammer für Trier verwaltete.

Das Wetter blieb gut, und Karl entschied sich, an der römischen Villa Otrang nach Nordwesten in Richtung Prüm abzubiegen. Sie übernachteten in einem steil ansteigenden Waldstück südlich von Prüm und erreichten zwei Tage später den Zusammenfluss der beiden Bäche Warche und Ambleve zwischen Stavlot und Malmedy. Obwohl die Warche um ein vielfaches breiter war als der kleine Ambleve-Bach, trug der neue, schnell fließende Fluss den Namen des kleinen Gewässers. Hohe, dicht bewaldete Berge trennten die beiden drei Meilen auseinander liegenden Orte des Doppelklosters.

»Reitet ihr durch das Warchetal nach Malmedy«, sagte Karl deshalb zu Herzog Hedan. »Ich selbst reite nach Stavlot und bleibe dort, bis Graf Rotbert und Abt Milo mit dem Tross eingetroffen sind.«

»Das kann aber gut eine Woche dauern«, gab Herzog Hedan zu bedenken.

»Ich habe nichts dagegen«, antwortete Karl und lachte. »Vergiss nicht, dass ich mein Weib und meine Kinder monatelang nicht gesehen habe.«

Sie wussten bereits, dass er kam, und erwarteten ihn am Nordufer der Ambleve. Hier, am nördlichsten Punkt des Flusses, zwischen hohen, dicht bewaldeten Bergen wirkte das kleine Kloster Stavlot wie eine nach allen Seiten geschützte Königspfalz.

Karl ritt in leichtem Trab auf seine Familie zu, die ihn am Zaun zwischen den Klostergebäuden, den säuberlich gepflegten Gräbern der Kirchenmänner und den Gemüsebeeten am Flussufer erwartete. Er dachte daran, dass sein Vorfahr Grimoald nicht nur dieses Kloster gegründet, sondern als Sohn und Nachfolger des ersten Majordomus mit dem Namen Pippin auch die schlimmste Bedrohung ihrer Familie verschuldet hatte.

Er war derjenige gewesen, der als Erster in der Familie offen die Königswürde angestrebt hatte. Aber die Macht seiner Familie, sein Landbesitz und der Kreis seiner Anhänger war nicht groß genug gewesen, um das Ungeheuerliche durchzusetzen. Andere einflussreiche Familien aus dem Gebiet zwischen Rhein und Maas hatten sich zusammengeschlossen und durchgesetzt, dass Majordomus Grimoald im Jahr 662 gefangen, eingekerkert und getötet wurde. Sein Sohn, Childerich, der Adoptierte, verschwand ebenfalls über Nacht. Damit war die männliche Nachkommenschaft von Pippin dem Älteren ausgestorben.

Geretrud, eine Schwester von ihm, war bereits drei Jahre zuvor als Äbtissin des Klosters von Nivelles gestorben. Begga, seine zweite Schwester, heiratete Ansegisel, den Sohn des Bischofs von Metz. Sie waren die Eltern von Karls Vater, Pippin dem Mittleren, gewesen. Karl hatte sich oft mit seiner Frau darüber amüsiert, dass sein Vater nicht nach dem männlichen Vorfahren, sondern nach dem Vater seiner Mutter benannt worden war. Genau dies war auch der Grund gewesen, warum Chrotrud ihren zweiten Sohn während Karls Kerkerhaft ebenfalls auf den Namen Pippin hatte taufen lassen.

Sie hielt den dritten Namensträger in ihren Armen, während Karlmann und Hiltrud ihm entgegenliefen.

Karl beugte sich zur Seite und griff zuerst seine Tochter auf. Sie hüpfte zu ihm hoch, und er hatte Mühe, sich unter ihren Umarmungen sicher im Sattel zu halten. Dann hob er auch noch

Karlmann hoch und ließ ihn hinter sich reiten. Die beiden Kinder schmiegten sich an ihn und jauchzten vor Freude darüber, dass sie ihn nach so langer Zeit wieder umarmen konnten. Chrotrud stand hochaufgerichtet am Gartenzaun und blickte ihm freudestrahlend entgegen.

»Sie lassen mich nicht aus dem Sattel«, rief Karl vergnügt. »Wie geht es dir? Und was macht unser dritter Pippin?«

»Ihm geht es gut. Ebenso mir und den beiden anderen«, antwortete Chrotrud. Sie reichte ihm den Kleinen und legte dann die Hände auf sein linkes Knie.

»So könnten wir zum Denkmal werden«, lachte Karl. »Heimkehr des Kriegers, noch ehe irgendetwas in den Gemüsebeeten blüht.«

»Aber du kehrst nicht heim«, sagte sie und konnte nur mit Mühe den Kummer in ihrer Stimme unterdrücken.

»Zunächst einmal bleibe ich ein paar Tage bei euch. Ich habe sehr viel Zeit für jeden von euch mitgebracht.«

Die beiden Kinder kreischten und kletterten an ihm herum. Karlmann riss an seinem Schwertgriff, während Hiltrud mit ihren kleinen, zarten Fingern den blonden Bart durchkämmte, der ihm während der Wintermonate in Bollendorf gewachsen war.

Karl hielt mit der Rechten die Zügel seines Pferdes und nahm mit der Linken die ausgestreckte Hand von Chrotrud. Sie hielt Pippin III. im anderen Arm, so dass sie dicht nebeneinander auf das aus Stein gemauerte Kloster zugehen konnten. Ein paar der Mönche richteten sich von ihrer Hofarbeit auf. Andere blickten ihnen aus den Fenstern im ersten Stock entgegen. Stavlot war ein gutes, aus massivem Felsstein erbautes Kloster mit einer Kirche und diversen einzelnen Gebäuden. Anders als Echternach hatte es in seiner Anlage kein römisches Landgut zum Vorbild. Auch die Bauweise war ganz anders als in der Nähe der Mosel. Hier drückte sich in jeder Mauer, jeder Fensteröffnung und selbst am Schieferdach ganz deutlich aus, mit welchen Wettern und langen Wintern die Mönche rechnen mussten.

Entgegen seinem Versprechen hatte Karl an diesem Tag doch nur wenig Zeit für seine Familie. Bereits am ersten Abend bat ihn der Abt zu einem kurzen, wichtigen Gespräch. Dabei erfuhr Karl, dass die Neustrier unter Majordomus Raganfrid schon viel weiter durch den Kohlenwald nach Osten vorgedrungen waren, als in Echternach bisher angenommen worden war.

»Sie sind zu stark für euch, Karl«, sagte der Abt von Stavlot. »Mach nicht den gleichen Fehler wie dein Vorfahr Grimoald. Du bist noch nicht so weit, dass du nach dem Amt des Majordomus greifen kannst. Warte noch drei, vier Jahre bis sich die Dinge überall geklärt haben und deine Stiefmutter ebenfalls vor Gott den Herrn getreten ist.«

»Wir haben diese Dinge oft genug in Echternach besprochen«, antwortete Karl. »Wenn auch nur ein Jahr mehr vergeht, haben die Austrier sich an sie gewöhnt oder an die Friesen, die sich dann von Raganfrid Köln als Beute geben lassen.«

»Das glaube ich auf keinen Fall«, sagte der Abt. »Raganfrid wird ihnen niemals Köln überlassen. Dafür hängt viel zu viel Geschichte, Erinnerung und Tradition zwischen den Mauern der Stadt. Er wird ihnen das Land zurückgeben, das ihnen von deinem Vater weggenommen wurde. Mehr aber nicht!«

Sie sprachen noch eine Weile miteinander, dann erfuhr Karl, wie viele Männer aus den Gebieten zwischen Lüttich, Maastricht, Aquis grana und Zülpich möglicherweise zu ihm stoßen würden. Es waren viel weniger, als er erwartet hatte. Zum ersten Mal, seit er mit der Planung der Rückeroberung von Austrien begonnen hatte, kamen ihm Zweifel an seinem Vorhaben.

In dieser Nacht genoss er einfach die Wärme seiner Frau dicht neben sich. Sie hielten sich eng umschlungen, streichelten sich und wurden immer wieder eins. Sie spürten beide, dass sich viel verändert hatte …

In den nächsten Tagen nahm Karl oft Hiltrud mit in den Sattel, während Karlmann auf einem eigenen Pferd neben ihm reiten durfte. Manchmal begleiteten ihn ein paar kräftige Mönche bis hinüber zum anderen Teil des Klosters in Malmedy. Karl jagte oben auf den Bergen, ritt in halber Höhe auf beiden Seiten des Tales hin und her, besuchte auch den Weg, den vor ihm schon oft andere Franken hinüber zu den westlichen Ardennen und zu der dort von steilen Felsen eingerahmten Maas genommen hatten. Obwohl die Wege unbequem und nur vom Frühjahr bis zum Herbst begehbar waren, bildeten sie eine Abkürzung gegenüber der nördlichen Strecke über Maastricht nach Reims und der südlichen nach Metz und Verdun.

Zwei- oder dreimal sah er auch andere Angehörige seiner kleinen Streitmacht. Er vermied es, mit diesen Männern zusammenzutreffen, denn offiziell wollte er die Zeit, die er sich selbst zugebilligt hatte, ausschließlich zum Kräftesammeln bei seiner Frau und seinen Kindern nutzen.

Als die Zeit des Abschieds kam, wussten alle, dass Karl jetzt einen schweren Weg vor sich hatte. Aber weder Chrotrud noch die Kinder weinten. Es war Karl selbst, der schlucken musste, als er eine Woche nach seinem Eintreffen erneut sein Pferd bestieg. Er blickte seine Frau und die Kinder lange an. Dann nickte er, räusperte sich und rief seinem Pferd ein heiseres »Ho! Ho!« zu, ehe er die Hacken in die Flanken des Tieres schlug.

Die Büsche, Bäume und Felder nördlich der Ardennen wirkten auch in der zweiten Märzhälfte des Jahres 716 noch wesentlich kahler als in den Flusstälern nahe der Mosel. Dennoch waren die Männer um Karl froh, dass sie die unwirtlichen Berge und die windigen Hochmoore des Hohen Venns hinter sich gelassen hatten.

Vier Meilen vor der alten Römerstraße von Köln über Herlen und Maastricht nach Reims ließ Karl anhalten. Sie fanden eine flache Böschung am Ufer der Erft. Hier konnten sich Pferde und Männer so lange verbergen, bis Karl mit Graf Rotbert und Thuring die Lage erkundet hatte. Die drei Männer ritten im Galopp so lange nach Osten, bis sie mehrere kleine Waldstücke passiert hatten und die Mauern von Köln erkennen konnten.

»Dichter dürfen wir auf keinen Fall an Plektruds Festung heran«, rief Karl den beiden anderen zu.

»Soll ich es allein versuchen?«, bot Thuring an.

»Was willst du sagen, wenn du angehalten oder aufgegriffen wirst?«, fragte Karl.

»Ganz einfach, die Wahrheit«, antwortete der junge Thüringer. »Dass ich Thuring, der Sohn von Herzog Hedan II. bin.«

»Du kannst reiten«, antwortete Karl. »Aber ich warne dich! Solltest du keinen Erfolg haben, würde es selbst deinem Vater mit seinen Männern schwer fallen, dich aus Köln wieder herauszuholen. Ich gebe dir also zwei Tage Zeit, dann musst du zurück sein.«

»Ich werde es schaffen«, sagte Thuring. »Falls aber dennoch etwas dazwischen kommt, werde ich Mittel finden, euch zu benachrichtigen ...«

Bis zum Nachmittag des übernächsten Tages war weder Thuring noch eine Nachricht von ihm eingetroffen. Die Luft war warm, und als sich die ersten Abendschatten über Wälder und Felder legten, kam Herzog Hedan mit einer kleinen Kundschaftergruppe aus Richtung Westen zurück. Sie hatten vereinbart, dass der Thüringer bis zu einem hohen Aussichtspunkt westlich von Aquis grana reiten sollte. Von dort aus konnten sie viele Meilen weit über Wälder und Täler nach Westen, Norden und Osten blicken.

»Wir sahen sehr viel Rauch aufsteigen«, berichtete Hedan. »Es ist unglaublich, was die Neustrier überall anrichten.«

»Haben sie die Maas schon überschritten?«

»Ja«, antwortete Hedan. »Ich fürchte, dass wir morgen schon die ersten Kundschafter von ihnen sehen. Raganfrid, sein Merowingerkönig und ihre Hauptmacht werden spätestens bis zum Sonntag in Jülich oder sogar hier an der Erft sein.«

»Dann wollen sie Köln direkt angreifen.«

»... oder sich irgendwo in dieser Gegend mit den Friesen treffen«, antwortete Hedan.

Den ganzen Tag über waren vereinzelte Bauern und wie Pilger aussehende Mönche an ihrem Lager vorbeigestrichen. Einige hatten auch mit Abt Milo gesprochen. Er bestätigte Karl, dass die Neustrier mit ihrem Merowingerkönig längst durch den Kohlenwald vorgedrungen waren und die Maas überquert hatten.

Es gab keinen Ausweg mehr. Der mächtige, fast unüberwindliche Rheinstrom wurde längst von den Friesen beherrscht. Auch am östlichen Ufer gab es nicht die geringste Zuflucht. Hier warteten die Sachsen nur darauf, dass Franken flüchteten und ehemalige Anhänger Pippins, mit Gold und Schätzen beladen, ihr Leben zu retten versuchten. Plektrud selbst würde sich eine Weile in Köln halten können. Sie hatte genügend Wasser, Vorräte und Bewaffnete.

Karl wusste ebenso wie Plektrud, dass fränkische Krieger nicht in der Lage waren, wie römische Legionäre Belagerungstürme zu konstruieren, Katapulte zu bauen oder im Takt von Pfeifen und Pauken Baumstämme so gleichmäßig gegen massive Stadttore zu rammen, dass sie zerbrachen und nicht nur erzitterten.

»Es sieht so aus, als hätten nicht nur wir gute Kundschafter«, sagte Herzog Hedan, nachdem er lange still und nachdenklich gewesen war. Karl sah, dass Hedan nur mühsam ein tiefes Seufzen unterdrückte. Er ging auf ihn zu und legte eine Hand auf den Oberarm des Thüringers. »Du kannst dich nicht dein ganzes

Leben mit Schwert und Schild vor deinen Sohn stellen«, sagte er. »Thuring ist volljährig und muss selbst wissen, was er riskiert.«

»Hast du mich irgendein Wort sagen hören?«, fragte Hedan. Doch seine Mundwinkel zuckten kaum merklich.

6.

Die Friesenfalle

Gegen Mittag des 22. März im Jahr 716 kam ein junger, rotgesichtiger Mann quer über ein abgeholztes Stück Allmendewald westlich von Köln.

Der junge Mann hielt sich hinter den noch immer ziemlich hoch aus dem Boden ragenden Baumstümpfen und zögerte bei jedem Schritt, mit dem er sich dem wilden, ungeordneten Haufen von Fußkriegern und Reitern näherte. Nur wenige Augenblicke später schnitten ihm bewaffnete Männer den Weg ab.

»Wer bist du? Und welcher Teufel reitet dich, dass du dich in unsere Nähe wagst?«, fragte Graf Rotbert.

»Du … du musst mich doch kennen«, keuchte der stämmige, etwa siebzehnjährige junge Mann. »Ich bin Tankred, Sohn von Widram und Gerolinde. Wir haben unseren Hof an den Urft von dir selbst als Lehen erhalten.«

»Dann seid ihr die Leute aus dem grünen Pütz – Nachfahren der Ubier, die von den Römern damals in Köln angesiedelt wurden. Und was treibt dich jetzt hierher?«

»Mein Vater schickt mich«, antwortete Tankred. »Er sagt: ›So wie ich mit frohem Herzen Fische für Graf Rotbert, meinen Lehnsherrn, gefangen habe, so will ich ihm auch diesmal zeigen, dass ich ihm für das Lehen dankbar bin.‹«

»Ich sehe keinen Korb mit Fischen«, lachte Graf Rotbert. »Oder hast du etwas anderes mitgebracht?«

»Ja«, antwortete Tankred. »Ich kann es selbst nicht lesen, aber ich soll dir das hier geben.«

Er nestelte einen kleinen ledernen Brustbeutel unter seinem Kittel hervor, knüpfte ihn mit dicken Fingern auf und zog eine kleine Rolle aus weißem Ziegenleder hervor. Graf Rotbert streckte die Hand aus. Tankred gab ihm das kleine Lederstück. Es wurde bereits dunkel. Rotbert ging mit Karl und Milo zu einem der ersten Feuer. »Kann einer von euch das lesen?«, fragte er, als sie die Zeichen auf dem Ziegenleder sahen. Karl stieß einen leisen Pfiff aus.

»Ich kann nichts erkennen«, schnaubte Abt Milo.

»Runen«, sagte Karl. »Das sind ganz eindeutig Runen.«

»Und was bedeuten sie?«, fragte der Abt.

»Tankreds Vater teilt uns mit, dass die Friesen sich geteilt haben«, entzifferte Rotbert die Zeichen. »Die eine Hälfte stößt von Norden her auf das zehnte Tor von Köln zu. Die andere soll während der Nacht dort in die Stadt eindringen, wo die Römer sich früher einmal über große Leitungen frisches Wasser aus den Bergen in ihre Colonia geholt haben.«

»Nicht schlecht«, gab Karl zu. »Die Friesen sind doch pfiffiger, als ich vermutet habe. Das bedeutet aber auch, dass sie nicht allzu schwer bewaffnet sein können.«

»Genau das steht hier auch«, meinte Graf Rotbert. Karl sah zu den kleinen Feuern seiner Männer, die Zweige mit den ersten grünen Blättern abgeschlagen und auf der nassen Erde ausgebreitet hatten. Sie hockten auf den darüber gelegten Schaffellen, Kuhhäuten und Waffensäcken. Die meisten kochten irgendetwas in Kesseln, die an Stangen über dem Feuer hingen, oder brieten sich das eine oder andere Stück Wild, von dem nach und nach die gar gewordenen Fleischschichten abgeschnitten und, in dünne Brotfladen gehüllt, gegessen wurden.

»Auf wie viel Männer unter Waffen schätzt ihr die Besatzung Kölns ein?«, fragte Rotbert.

»Das ist sehr schwer zu sagen«, antwortete Tankred. »Es können zweitausend sein, aber auch doppelt so viele.«

»Und was spricht man von den Neustriern?«, wollte Karl wissen. »Von Raganfrid und König Chilperich II.?«

»Es heißt, dass sie mit fast zweitausend Reitern und ungefähr dreitausend Fußkriegern heranrücken.«

»Das kann stimmen«, meinte Rotbert. »Und die Friesen?«

»Es sollen ebenfalls zweitausend sein«, antwortete Tankred. »Ich habe sie gesehen, aber ich kann nicht so weit zählen ...«

Zum ersten Mal stellte auch Herzog Hedan eine Frage: »Hast du etwas von meinem Sohn Thuring gehört?«

»Ja, und es geht ihm gut«, antwortete Tankred. »Wir wissen immer, was am Hof von Plektrud, in den Kasernen und in den Ställen geschieht. Wir kennen viele Händler und haben gute Verbindungen zu den Handwerkern und sogar zu den Priestern der verschiedenen Kirchen Kölns.«

Karl strich sich mit den Fingern durch den noch recht kurzen Bart. »Wie viele Schwerter?«, fragte er direkt. »Wie viele Schwerter könnt ihr mir zur Verfügung stellen?«

»Wir selbst leider nur zwanzig«, antwortete Tankred bedauernd, doch seine Augen leuchteten. »Aber zusammen mit anderen aus den verschiedenen Lehen, Höfen und Dörfern könnten wir drei- bis vierhundert werden.«

Karl starrte den jungen rotgesichtigen Mann ungläubig an.

»Drei- bis vierhundert, sagst du? Und das erfahre ich erst jetzt? Mann Gottes, warum hast du das nicht gleich gesagt?«

»Es ist klar, dass wir nicht alle schlagen können«, sagte Karl, als er wieder am Feuer saß. »Aber es reicht mir, wenn wir dem Teil des Heeres, der Köln von Süden her erobern will, so begegnen, dass wir von da an mehr gefürchtet werden als

Plektrud mit all ihren Vasallen und den Versagern von Compiegne.«

»Das ist vollkommen richtig«, sagte der Herzog von Thüringen. »Vielleicht solltest du tatsächlich noch zwei, drei Jahre warten, bis die Friesen abzogen sind und sich die Neustrier in dieser Gegend so unbeliebt gemacht haben, dass du von innen heraus einen Aufstand wagen kannst.«

»Du hast mich nicht verstanden!«, gab Karl zurück. »Wie soll ich neue Anhänger gewinnen, wenn jeder Widerstand bereits im Keim erstickt wird? Je härter Raganfrid und die neustrischen Grafen die Knute schwingen, umso geringer wird die Bereitschaft der östlichen Franken, den Aufstand zu proben und dabei in Ungnade zu fallen.«

»Ich glaube, die Antwort ist viel einfacher«, warf Graf Rotbert ein. »Wenn Raganfrid seine Herrschaft erst einmal bis zum Rhein ausgedehnt hat, wird er auch hier das Gleiche tun, was er bereits in den westlichen Reichsteilen praktiziert hat. Er wird sämtliche Grafen austauschen und mit dem Segen seines Königs jedem ehemaligen Vasall von Pippin oder Plektrud das Lehen entziehen.«

»Genau das ist es«, sagte Karl zustimmend. »Und deshalb müssen wir uns unter allen Umständen gegen die Friesen Luft verschaffen, ehe wir uns nach Westen wenden.«

Die Feuer am Ufer der Erft wurden langsam kleiner. Während die meisten sich schlafen gelegt hatten und mit ihren Schafpelzen zudeckten, sprachen ihre Anführer noch lange über die Friesen.

»Wer die Friesen bezwingen will, muss sich voll und ganz auf sie einstellen«, sagte Karl. »Mein Vater hat es einmal geschafft, ihren königlichen Fürst Radbod zu besiegen. Er hat sie so weit zurückgetrieben, dass sie ihre Wut anschließend an den irischen Mönchen ausließen. Natürlich sehen sie jetzt bei den Neustriern die Chance, ihr verlorenes Land im Gebiet von Toxandrien wiederzubekommen. Das war vorher nicht möglich. Denn ihr dürft nicht vergessen, dass mein Stiefbruder Grimoald, der zweite Sohn von Plektrud, immerhin mit der Tochter des Friesenfürsten Radbod verheiratet war. Hätten sie Kinder bekommen, sähe die Welt um uns herum sicherlich anders aus. Aber das alles zählt jetzt nicht mehr.« Karl machte eine Pause und starrte in die Flammen des Feuers. »Meine Stiefbrüder Drogo und Grimoald sind tot. Doch nicht einmal Drogos Söhne haben es geschafft, Gnade vor den Augen ihrer Großmutter zu finden. Sie musste sich einen anderen, einen unehelich geborenen Enkel beschaffen, um mich mit ihm zu beleidigen.«

Er schwieg eine Weile, dann holte er tief Luft und fuhr fort: »Die Friesen gehören zu den wenigen Völkern und Stämmen der Germanen, die ihre ursprünglichen Siedlungsgebiete niemals aufgegeben haben.«

»Der Grund dafür ist einfach«, sagte Graf Rotbert. »Dort an der stürmischen See zwischen Ems, Rhein und Maas gab es nie diese dichten und undurchdringlichen Urwälder wie im restlichen Germanien. Keine tückischen Sümpfe, keine wilden Tiere, die überall lauerten, sondern nur die Vögel des Himmels und die Fische, von denen sie sich ernähren konnten, wenn in anderen Regionen ganze Sippen und Stämme durch magere Äcker und schlechte Ernten verhungerten oder zum Aufbruch nach Süden gezwungen waren.«

»Die Friesen haben natürlich auch Rinder gezüchtet«, ergänzte Karl. »Aber sie waren außerdem Fischer und Händler – eigentlich die ersten germanischen Kaufleute, die mit den Angelsachsen im Norden und anderen Völkern rund um die Nordsee Handel getrieben haben. Sie haben nicht nur überlebt, sondern sind dabei auch noch reich geworden.«

»Viel zu reich«, schnaubte Abt Milo. »Inzwischen sind ihre silbernen Sceattas schon mehr wert als manches Goldstück der Merowinger.«

»Das nützt ihnen alles nichts, solange sie kein richtiges Königreich wie wir Franken haben«, sagte Karl. »Friesische Herrscher hatten nie ein großes Gefolge. Nur deshalb hat Radbod im Jahre 689 bei Dorestad gegen meinen Vater diese furchtbare Niederlage erlitten.«

»Er hat sich all die Jahre seither loyal und ruhig verhalten«, sagte Herzog Hedan von Thüringen.

»Nein«, widersprach Karl und schüttelte den Kopf. »Er hat sich niemals loyal verhalten, sondern nur abwartend. Ein Mann wie dieser Friese, der vielleicht auch Däne ist, kennt die Gezeiten und weiß, dass nach jeder Ebbe auch wieder eine Flut kommt. So jedenfalls hat es mein Vater einmal gesagt.«

Am nächsten Morgen rückte Karls kleine Streitmacht mit größter Vorsicht gegen Köln vor. Jeder von ihnen achtete darauf, dass nie mehr als zwei oder drei Mann zusammen gesehen wurden, wenn sie zwischen den Waldrändern und den noch nicht bestellten Ackerflächen entlanggingen. Einige hielten sich an die Senken von kleinen Bächen. Andere blieben gleich im Wald und folgten den Wegen, die sich seit vielen Jahrhunderten als schmale Pfade durch Gebüsch und Unterholz gebildet hatten.

»Ich schwöre euch, dass wir in Zukunft kämpfen werden, wie unsere Väter es getan haben«, hatte Karl den Leuten versprochen, als sie an diesem Morgen alles zusammengepackt hatten. Er wusste längst, wie wichtig es war, vor den Männern Stärke zu zeigen, auch wenn er selbst noch Zweifel hatte. Jeder, der einen Haufen Bewaffneter zu führen hatte, musste mit lauter Stimme den Sieg beschwören, die Kraft und die Geschicklichkeit von jedem Einzelnen in höchsten Tönen loben und sie dazu bringen, dass auch sie gemeinsam die Hilfe Gottes und der Helden in Walhall beschworen.

Am Spätnachmittag des 25. März war Karl mit seinem Gefolge nahezu ungesehen so dicht an Köln herangekommen, dass ihre Pfeile fast über die Mauerzinnen fliegen konnten. Einige waren nicht einmal mehr hundert Schritt von den südlichen und westlichen Stadttoren entfernt. Die eigentliche Stadt mit ihrem ursprünglich tausend mal tausend Schritt großen Geviert am Westufer des Rheins war weder von den sanften Bodenwellen, noch von den Rücken der Pferde aus zu erkennen. Karl befahl, dass einige der jüngeren Männer in die Bäume steigen sollten, um von dort aus zu beobachten, wie sich die Friesen auf die Eroberung der Stadt von Süden her vorbereiteten. Einige andere, die als Mönche verkleidet waren und aus dem Gefolge von Abt Milo stammten, hielten die Verbindung zur Hauptstreitmacht des Friesenfürsten. Auf diese Weise erfuhr Karl, dass Radbod sich mit einigen tausend wild und laut auftrumpfenden Bewaffneten nördlich der Stadt in einer Gegend aufhielt, die regelmäßig vom Frühlingshochwasser überschwemmt wurde.

Auch diesmal gab es dort noch Bereiche, in denen flache Kähne vom Rhein aus weit um die Erhebung herumfahren konnten, auf der die Römer einst ihre wichtigste Stadt im Norden errichtet hatten. Gleichzeitig bildeten die Hochwasserreste eine natürliche Sperre gegen eine zu schnelle Vereinigung der Friesen mit den Neustriern. Es war Graf Rotbert, der sie darauf hinwies. Doch Karl sah, dass sie selbst das gleiche Problem hatten. Südlich der alten Ubier-Stadt und der zweiten Umwallung von Köln waren auch die Zuflüsse zum Duffesbach noch immer viel breiter und tiefer, als sie bisher angenommen hatten.

»Wir sind nicht darauf vorbereitet, Stege anzulegen oder gar Brücken zu bauen«, sagte Karl. »Jeder Axthieb und jeder Hammerschlag wäre bis in die Stadt zu hören.«

»Was dann?«, fragte Herzog Hedan. Karl sah ihn zum ersten Mal unsicher. Seit der Thüringer wusste, dass sich sein Sohn innerhalb der Mauern aufhielt, hatte er viel von seiner sonstigen Überlegenheit und Sicherheit verloren. Dafür zeigte nun der schwarze Abt, dass er nicht nur mit dem Kreuz und dem Schwert umgehen konnte. Seine Männer erkundeten auf den überall verstreut liegenden Gräberfeldern und jahrhundertealten Friedhöfen, wo sich Gebetshäuser, Kapellen oder gar kleine Kirchen befanden.

Der Tag neigte sich bereits dem Ende entgegen, als Abt Milo zu Karl kam und ihm vortrug, wie sie ohne großen Lärm doch noch zu Brücken kommen konnten.

»Manchmal haben die alten Gesetze mehr Gutes, als man meint«, sagte er grinsend. »Weder die Römer, noch später die Franken wollten, dass ihre Gräberfelder sich innerhalb der Stadtmauern befanden. Also, was war die Folge? Die Kirchen und Kapellen mussten den Särgen nach draußen folgen. Meine Brüder haben einige dieser Kirchen aufgesucht und festgestellt, dass sie bereits ziemlich verfallen sind.«

»Was erzählst du von Kirchen?«, knurrte Karl. »Lass dir lieber etwas einfallen, wie wir bei Dunkelheit über die tiefen und an den Ufern verschlammten Bäche kommen können. Wir brauchen Dutzende von Übergängen, wenn wir nicht alles auf eine Karte setzen wollen.«

»Genau das wollte ich dir eben vorschlagen«, sagte Abt Milo, noch immer grinsend. »Meine Männer haben das Material entdeckt, aus dem wir Brücken bauen können, ohne einen einzigen Baum zu fällen.«

»Und wie willst du das machen?«

»Die Kirchen und Kapellen!«, antwortete der schwarze Abt. »Einige der Balken sind vielleicht morsch. Aber die meisten eignen sich mit Sicherheit zur Uferbefestigung und für kleine Brückenkonstruktionen.«

»Du willst die Kirchen einreißen?«, fragte Karl entsetzt.

»Nicht einreißen, Karl. Wir wollen nur ein wenig aufräumen,

nachdem die meisten Gräber ohnehin längst geplündert und ausgeraubt worden sind.«

»Ja, ja, ich weiß«, gab Karl zurück. »Es ist eine Schande, was da geschehen ist. Wir Franken sind wohl das einzige Volk Europas, das nicht nur die Gräber der ehemaligen römischen Besatzer, sondern auch noch die der eigenen Ahnen ausgeraubt hat.«

»Warum soll in der Erde bei den Toten verkommen, was für die Lebenden noch nützlich und brauchbar ist?«, fragte der schwarze Abt und hob die Schultern. »Du weißt so gut wie ich, wie selten Eisen und Bronze, Kupfer und Messing geworden sind. Kaum jemand versteht sich noch auf die Herstellung von Glas. Und all das gab es nun mal in Hülle und Fülle in den Gräbern …«

»Trotzdem«, sagte Karl. »Mir hat nie gefallen, dass auf Friedhöfen gegraben wurde wie in Bergwerken.«

Dunkle Gestalten huschten durch die Märznacht. Obwohl es raschelte und planschte, schluckte ein schneller, kühler Frühlingswind nahezu alle Geräusche. Er trug sie nicht in die Stadt hinein, sondern wehte sie nach Südosten über den Rhein hinweg. Dünne, nur in der Nähe des Mondes weiß gefaserte Wolken folgten ihnen und brachten neue Dunkelheit. Unten an den kalten Bächen gelang nicht jedem ein sicherer Übergang. Niemand konnte verhindern, dass es gelegentlich platschte und abgehackte Rufe laut wurden. Dennoch näherten sich Karls Männer unablässig der äußeren südlichen Umwallung von Köln. Zwei Stunden vor Mitternacht gaben die Ersten von ihnen durch eine Serie von Käuzchenrufen bekannt, dass sie ihr Ziel erreicht hatten.

In dieser windigen, schon fast stürmischen Frühlingsnacht schienen besonders viele Tiere zum Duffesbach zu kommen. Es waren die Männer, die in den Winterwochen auf dem Hochplateau von Bollendorf immer wieder geübt hatten, sich auf diese Weise zu verständigen. Und dann, kurz vor Mitternacht, trafen zwei Gruppen aufeinander, von denen die eine die Sprache der Tiere nicht beherrschte. Die andere versuchte es mehrmals. Kein Käuzchen antwortete auf Käuzchen, kein Fuchs auf die Füchse.

Die Gruppe um Karl hatte sich am weitesten bis zu den Mauerdurchbrüchen vorgewagt. Noch einmal versuchten sie, eine Antwort von den anderen Schatten zu erhalten. Erst als einer der Mönche die anderen auf Friesisch anrief, wurden Flüche in derselben Sprache laut.

»Sie sind es!«, stieß Karl halblaut hervor. Wie vereinbart stürzten die Männer in der nur vom Halbmond erhellten Nacht auf die Feinde zu. Die ersten Speere flogen, die Getroffenen schrien auf. Gleichzeitig rissen sie ihre eigenen Waffen hervor. Karls beste Leute schleuderten die Wurfäxte mit schnellen Drehungen gegen die anderen. Schilde zerbrachen, Helme flogen von den Köpfen.

Die Franken hatten keine Langschwerter mitgenommen. Im Kampf Mann gegen Mann im schwierigen, schräg ansteigenden Gelände waren Dolch, Spieß und Kurzschwert die besseren Waffen.

Obwohl kaum jemals zuvor schlechtere Bedingungen für einen Kampf auf Leben und Tod geherrscht hatten, begriffen die Friesen schnell, dass mit Karls Männern ein neuer, bislang unbekannter Feind aufgetaucht war. Sie wussten nicht, woher die Franken kamen.

»Es ist Karl!«, gellte es plötzlich durch die Nacht. Irgendeiner musste die richtige Vermutung ausgesprochen haben. »Es ist Karl – Pippins Sohn!«

Als hätten die bisher versteckten Friesen nur noch auf diese Bestätigung gewartet, brachen sie plötzlich aus allen Schatten hervor, um sich mit lautem Geschrei auf Karls Männer zu stürzen. Es schien, als würde der Mond mit jedem Schwertschlag und jedem Aufschrei heller und gleichzeitig kälter. Die Sterne funkelten so gnadenlos herab, als wären sie die Augen der Ahnen, die mit ihren Blicken das ganze Unternehmen durch die Verachtung von so viel Hochmut und Selbstüberschätzung straften.

Karl erkannte als Erster, wie sehr sie sich getäuscht hatten, als sie von einem schnellen Sieg über die Friesen geträumt hatten. Noch hatten sie es nicht einmal mit der Hauptstreitmacht von Radbod zu tun, doch schon jetzt sah es ganz so aus, als würden die Friesen sie Mann für Mann in den Duffesbach werfen.

»Weiter!«, brüllte Karl. Er sah, wie die Arme der Männer schwerer wurden, und hörte, wie der Klang der Schwerter schon nach wenigen Minuten nicht mehr die Kraft besaß, die für einen Sieg nötig war.

Niemand konnte später sagen, was eigentlich den Ausschlag für das Desaster gegeben hatte, das sich nun vor den entsetzten Augen von Karl, Herzog Hedan, Abt Milo und Graf Rotbert vollzog. Für einen kurzen Augenblick keimte Hoffnung auf: Aus den Mauerdurchbrüchen am alten Aquädukt kam Thuring mit einem Trupp Bewaffneter, die er sich irgendwo in der Stadt beschafft haben musste. Viel war nicht zu erkennen, aber auch bei Tageslicht hätte dieser Entsatzversuch den wilden Kampfesmut der Friesen nicht abkühlen können. Die Männer von der Küste waren den Franken eindeutig überlegen. Sie schlugen härter zu, nahmen weniger Rücksicht und zögerten nicht, wenn es darum ging, den Gegner zu töten, statt ihn zu verwunden. Hier galt die alte Regel der Germanen nicht mehr, dass ein Verwundeter schon ein Besiegter war …

Das wilde Drauflosschlagen war alles andere als die Schlachten, die Karl in vielen Jahren an der Seite seines Vaters miterlebt hatte. Hier war niemand aufgestellt worden, um sich von berittenen Edlen noch einmal aufmuntern und für den Kampf anfeuern zu lassen. Hier hatten sich die Gegner nicht vorher sehen und gegenseitig abschätzen können. Hier gab es keinen Kampf

Mann gegen Mann, sondern vielmehr ein unberechenbares, unwirkliches Gefecht zwischen keuchenden Schatten.

Die Männer schlugen auf Büsche ein, hieben gegen Baumstämme, rammten den Speer in Erdhaufen, in denen sie bereits gefallene Feinde vermuteten, und wurden dabei viel zu oft selbst getroffen und erschlagen. Sie wichen zurück und mussten feststellen, dass ihre gerade erst benutzten Bohlenübergänge über den Duffesbach und die anderen Bäche nicht mehr vorhanden waren. Karl sah, wie Thuring seinem Vater zu Hilfe eilte. Er konnte nicht erkennen, was genau geschah, aber er spürte, dass Herzog Hedan in Bedrängnis geriet.

»Los, mitkommen!«, befahl er den Männern, die ihn die ganze Zeit begleitet hatten. Sie stürmten auf die Stelle zu, an der Thuring und sein Vater sich gegen eine Übermacht von Friesen nur mühsam behaupteten. Mindestens vierzig oder fünfzig kaum unterscheidbare Männer schlugen wild aufeinander ein. Hier erst kam den Franken das unwegsame Gelände zu Hilfe. So hatten sie es auch auf dem Felsplateau im Nordosten von Bollendorf angetroffen. Die Friesen dagegen waren eher an flaches, weiträumiges Land gewöhnt. Es hieß, ihre höchsten Hügel seien die Sandwerder, die sie als Deiche an den Flüssen entlang aufgeschüttet hatten.

»Karl! Hierher!«

Thurings Stimme war so weit zu hören, dass Karl unwillkürlich die Zähne zusammenbiss. Musste der Bursche denn seinen Namen so laut rufen, dass man ihn bis in die Stadt hinein hören konnte? Er rechnete nicht damit, dass sich die Männer, die sich in der Stadt verschanzt hatten, in diesen Nachtstunden herauswagen würden, um ihnen zu Hilfe zu kommen.

Plektrud musste längst gehört haben, dass er unterwegs war. Für sie konnte nichts Besseres passieren als eine so gründliche Niederlage Karls, dass er auch für sie nicht mehr gefährlich war. Jeder musste ihm diese Niederlage wünschen, dachte Karl im selben Moment, seine Stiefmutter ebenso wie die Friesen oder die Neustrier mit Raganfrid und seinem Merowingerkönig.

Karl stürzte sich in das Getümmel um die beiden Thüringer. Vater und Sohn standen Rücken an Rücken und schwangen ihre Schwerter, als hätten sie die Kraft sämtlicher Geister und Dämonen in ihren Armen. In einem Ring um sie kämpften die besten der Männer, die sie aus Thüringen mitgebracht hatten. Es waren nicht mehr sehr viele. Karl preschte vor. Er bildete den dritten im Bund zwischen Vater und Sohn. Jetzt hatte jeder von ihnen nur noch ein Drittel des Kreises zu bedienen, aus dem die Angreifer pausenlos hervorbrachen. Und dann kam auch noch der schwarze Abt dazu. Karl und Thuring ließen ihn schnell zwischen sich. Die Rücken der vier Männer bildeten jetzt ein Quadrat, das wie zufällig nach den vier Himmelsrichtungen ausgerichtet war.

Nach Osten zum Rhein hin kämpfte der Herzog der Thüringer, nach Westen sein Sohn Thuring. Abt Milo focht gegen die von Süden, vom Duffesbach herankommenden Friesen, und Karl hatten die Gegner vor den aufragenden Mauern von Köln direkt vor sich. Genauso, wie sie es immer wieder geübt hatten, blieben die vier Männer so eng wie möglich zusammen. Sie wussten, dass sie nur dann Erfolg haben konnten, wenn jeder dem anderen tatsächlich den Rücken freihielt. Ein einziger schlecht abgewehrter Schlag, ein zu spät oder zu früh gehobener Schild konnte die Trutzburg aus Männerkörpern von hinten her zum Einsturz bringen.

So leicht es sich anhörte, so schwer war die Kunst der doppelten Verteidigung umzusetzen. Denn jeder der vier musste nicht nur an seinen eigenen Kopf denken, wenn ein Pfeil angeschwirrt kam, sondern auch an die der drei anderen. Sie mussten ein Körper werden, ein Leib mit vierfachem Schwertarm und vierfachem Schutzschild. Gleichzeitig durften sie keinen Augenblick an einer Stelle stehen bleiben. Sie mussten sich so bewegen wie die kleinste Schildkrötenformation römischer Legionäre: vier Arme mit dem Schwert, vier weitere mit dem Schild.

Sie kamen bis an den Durchbruch des Aquäduktes in die Stadt Köln hinein. Doch genau dort, wo sie mit den Männern zusammentreffen wollten, die Thuring in Köln für ihre gemeinsame Sache gewonnen hatte, war plötzlich alles zu Ende.

Diejenigen, die als Verteidiger der Stadt nicht nur die Friesen abwehren, sondern dann auch zu Karl überlaufen wollten, zogen sich fluchtartig und wie auf ein geheimes Kommando hin zurück. Sie verschwanden einfach zwischen den Mauerdurchbrüchen und entwischten so den nachsetzenden Friesen. Diese – jetzt ohne Gegner – kehrten um und verstärkten die Haufen, die Karl und seine Anhänger bedrängten.

Und dann hörten sie alle, warum die Männer Plektruds zurück in die Stadt geflohen waren. Mit einem gewaltigen Lärm preschten Reiter durch die Nacht. Sie kamen über einen der schmalen Wege direkt unterhalb der äußeren Stadtumwallung. Hier konnten nicht mehr als zwei Pferde nebeneinander gehen. Doch das reichte bereits aus, um den zu Fuß kämpfenden Friesen endlich die Verstärkung zu bringen, der Karl und seine Anhänger nichts mehr entgegenzusetzen hatten.

Sie sahen alle, dass auch die Reiter im fahlen Mondlicht und im schrägen Gelände zwischen der Stadtmauer und dem Duffesbach nicht viel ausrichten konnten. Büsche und Bäume behinderten sie ebenso wie am Boden liegende Verwundete und bereits erschlagene Franken und Friesen. Trotzdem schickten die Angreifer aus dem Norden einen vielstimmigen Jubelschrei durch die Nacht. Jetztwaren sie vollends davon überzeugt, dass sie nicht nur über Karl und seine Anhänger siegen konnten: Sie jubelten und schrien so laut, als hätten sie bereits Köln eingenommen, die Großen Austriens im Praetorium gefangen genommen und Plektrud aus ihrem Stammsitz im Kapitol vertrieben.

Noch ehe Karl auf die neue Lage reagieren konnte, brach hinter ihm Herzog Hedan mit einem Aufschrei zusammen. Das Quadrat der kämpfenden Körper wankte. Thuring wandte sich zur Seite, wollte seinen Vater auffangen und stürzte ebenfalls.

Vollkommen unerwartet kam in diesem Augenblick der junge, nur durch ein Lederwams geschützte Tankred mit einem Sauspieß auf sie zu. Es war, als wolle er den Platz der beiden gestürzten Thüringer einnehmen. Er war keine zwei Schritt mehr von Karl und Milo entfernt, als ein Speer von einem der Reiter auf sie zuflog. Sie konnten ihn kaum sehen, sondern nur erahnen.

Noch ehe Karl oder Milo dazu kamen, ihre Schilde hochzureißen, war Tankred bereits vor ihnen. Er schleuderte seinen Sauspieß wie einen Speer gegen den Reiter im Schatten. Sein Aufschrei und der Todesschrei von Tankred vermischten sich mit dem Gebrüll der Franken, die in diesem Augenblick erkannten, dass jetzt auch noch die Hauptstreitmacht von Fürst Radbod herangekommen war. Sie kamen mit Pferden, Pfeilen und Bogen und großen Fackeln.

»Zurück!«, schrie Karl. Und dann nochmals: »Zurück! Alles zurück!«

Aber sie saßen in der Falle. Nach Osten hin versperrte der Rhein die Flucht, nach Norden die Stadtmauer, nach Süden der Duffesbach und nach Westen hin die dichte Front der Friesen. In diesen grauenhaften Augenblicken erkannte Karl, dass nicht ein Einziger von ihnen überleben würde, wenn Gott kein Einsehen hatte und nicht doch noch ein Wunder möglich machte …

7.

Der erste Sieg

Obwohl in Karls Kopf noch immer ohnmächtiger Zorn und eine wilde Wut miteinander kämpften, wurde ihm ganz langsam klar, dass sie trotz allem verdammtes Glück gehabt hatten. Die schreckliche Niederlage vor den Toren von Köln wäre noch grausamer gewesen, wenn nicht die Friesen, sondern Sachsen oder andere Germanenvölker über sie triumphiert hätten.

So aber kam den Geschlagenen die eigentliche Schwäche der Männer von der Küste zugute: Die Friesen fürchteten sich vor den tiefen unheimlichen Wäldern des Binnenlandes. Auf ihren Eroberungszügen achteten sie stets darauf, in der Nähe von Flussläufen zu bleiben, die für sie die gleiche Bedeutung hatten wie die gepflasterten Straßen für die Römer. Finstere Wälder mit ihren wilden Tieren, raunenden Dämonen, Hohlwegen, Schluchten und Fallgruben waren für sie noch schrecklicher als sämtliche Höllenqualen, mit denen irische Mönche wieder und wieder drohten.

Die Männer um Karl mussten nicht in wilder Jagd fliehen. Sie konnten so langsam durch die Ardennen ziehen, dass sogar Schwerverwundete auf Ochsenkarren mitgeführt wurden. Obwohl kaum einer der Männer unblutig davongekommen war, klagten sie nicht.

Herzog Hedan war so schwer verletzt, dass er besinnungslos auf einem der strohgepolsterten Karren lag. Sein Sohn blieb die ganze Zeit neben dem Ochsengespann. Sogar Abt Milo hatte sein Pferd zur Verfügung gestellt und lief zu Fuß voran.

Bis zu den Thermen von Zülpich waren sie in der Nähe der alten Römerstraße geblieben, dann bogen sie nach Westen zu den Quellhöhlen der Urft ab. Der Weg vom Ort der Niederlage bei Köln über die Berge und durch die Wälder bis zum schützenden Doppelkloster von Stavlot-Malmedy dauerte normalerweise nur zwei bis drei Tage. Jetzt aber war Karl mit seinen Rebellen fast eine Woche lang unterwegs, bis auch der Letzte in die Obhut der Mönche gelangte.

Für viele bedeutete die Ankunft im engen Tal von Stavlot die letzte Rettung. Für Karl hingegen war es wie eine Heimkehr.

Karl, seine Familie und seine Anhänger verbrachten Ostern in Stavlot. Bereits am Ostersamstag kamen von den grünen Bergen und von allen Gehöften und Siedlungen entlang der Bergbäche und Flüsse ganze Familien zum Kloster. Sie lagerten im Gras und warteten darauf, dass sie dem Kloster ihre mitgebrachten Geschenke übergeben konnten. Als Gegenleistung erhielten sie Suppe aus großen Kesseln und den ersten Segen der Mönche.

Karl ging mit seinem Sohn Karlmann an den verschiedenen Gruppen entlang und erklärte ihm, dass kein Mensch so war wie der andere. Auch wenn sie so aussahen, als wären sie Geschwister, konnte der eine ein Freier mit einem Stück Land, der andere ein Sklave und der Dritte sogar ein Freigelassener sein, der nur herumzog und noch ärmlicher lebte als die anderen.

»Du hast es wahrscheinlich noch nie gesehen«, sagte Karl zu seinem Ältesten. »Aber besonders nach schlechten Ernten, Seuchen und Hungersnöten ziehen manchmal große Gruppen von Sklaven von einem Ende des Reiches zum anderen. Sie werden an jeden verkauft, der sie haben will und auch bezahlen kann.«

»Sind Bauern nicht auch eine Art Sklaven?«, fragte Karlmann. Karl lachte.

»Gewiss sind sie das. Jedenfalls einige von ihnen. Es gibt Bauern, die arbeiten für einen Tageslohn. Andere haben irgendwann einmal ein kleines Stück Land geschenkt bekommen, sich ein Stück Wald gerodet oder ein halb verfallenes, längst verlassenes Haus mit einem kleinen Acker entdeckt und für sich in Besitz genommen.«

»Mutter hat gesagt, dass ein freier Bauer mit seiner Familie ungefähr zwölf bis sechzehn Hektar Land benötigt.«

»Das ist richtig«, sagte Karl und nickte. »Und er kann über den Ertrag seiner Arbeit selbst verfügen. Aber du darfst nicht vergessen, dass es niemals im Leben Rechte ohne gleichzeitige Pflichten gibt. Ein freier Bauer, der seine Behausung schützen und erhalten will, muss für dieses Recht bezahlen.«

Sie gingen am Ufer der Ambleve entlang, blieben hin und wieder stehen und beobachteten, wie die Gäste des Klosters an den ihnen zugewiesenen Stellen Reusen auslegten oder mit Angeln versuchten, noch ein paar Fische für die Abendmahlzeit zu fangen. An anderen Stellen wurde geschlachtet und das Festmahl für den kommenden Tag vorbereitet.

Karl und sein Sohn wurden überall mit Respekt und sogar mit Bewunderung begrüßt. Vater und Sohn setzten sich auf einen weiß gewaschenen Felsen am Ufer des Flusses und ließen kleine flache Steine möglichst oft über das Wasser springen.

»Ich wollte dir noch etwas zu den Bauern sagen«, meinte Karl.

»Elf, zwölf, dreizehn«, antwortete Karlmann. »Hast du gesehen? Mein Stein ist dreizehn Mal über das Wasser gehüpft.«

»Sehr gut«, lachte Karl. »Aber hör zu, denn das kann irgendwann einmal wichtig für dich sein: Wenn ein Bauer zur Heeresfolge aufgerufen wird, muss er persönlich kommen, wenn er mehr als vier Mansen besitzt.«

»Und wenn er weniger hat?«

»Wenn er weniger hat, muss er sich mit anderen zusammenschließen, die ebenso gering begütert sind. Sie müssen dann gemeinsam einen oder mehrere Krieger stellen und mit Waffen und Verpflegung für die Sommermonate ausrüsten. Das ist nicht einfach – auch für die reicheren Grundherren nicht. Deshalb kommen niemals so viele Männer zu einem Heribann, wie das Gesetz es eigentlich befiehlt.«

Karlmann seufzte tief auf: »Ich glaube, ich werde nie verstehen, warum alles im Leben so kompliziert und schwierig sein muss.«

Vater und Sohn sahen sich lange in die Augen. »Du bist mein Erstgeborener, Karlmann«, sagte Karl schließlich. »Ich bin sehr stolz auf dich und deiner Mutter dankbar dafür, dass sie dich und deine Geschwister geboren hat. Aber auch Vater und Sohn müssen nicht gleich sein. Ich habe immer gedacht, dass ich meinen Vater Pippin liebe und dass er mein größtes Vorbild ist. Als er starb, war ich sechsundzwanzig Jahre alt und kannte bis zu diesem Tag nicht den geringsten Zweifel daran, wie er lebte und was er tat. Er war für mich der wahre König, der Erste unter den Gleichen und der Nobelste aller Edlen…«

»Ist er… ist er das nicht mehr?«, fragte Karlmann zögernd. Karl presste die Lippen zusammen.

»Nein«, sagte er dann. »Er ist es nicht mehr. Und auch du wirst dich irgendwann einmal von dem lösen, was ich getan habe oder noch tun werde. Denn jeder Mann muss seinen eigenen Weg finden und bis zu Ende gehen.«

Er warf seinen letzten flachen Stein ins Wasser der Ambleve. Aber er achtete nicht mehr darauf, ob er weiter sprang oder gleich versank.

Der Ostersonntag des Jahres 716 begann um Mitternacht damit, dass vor der Kirche ein großes Feuer angezündet wurde. Nach der langen Zeit des angestrengten Kampfes gegen Sünde, Welt und Fleisch mit Vorbereitung und Fastenzeit kam nun der Höhepunkt des Jahres für die Mönche. Sie weihten das Feuer, besprengten es laut singend mit Weihwasser und legten kleine Stücke Weihrauch in ein Räucherfass. Der Abt segnete alles, nahm das Räucherfass und schwenkte es dann über dem Feuer. Anschließend brachte einer der Mönche eine große Osterkerze aus Bienenwachs heran.

»Christus heri et hodi«, rief der Abt mit lautem Singsang. »Christus gestern und heute.«

Er ritzte einen Strich auf die Kerze. Karl stand in der Nähe und verfolgte ebenso gebannt wie die anderen Zuschauer das eigenartige Ritual. Es war noch faszinierender als alle Hexenbeschwörungen und magischen Zusammenkünfte, von denen er gehört hatte.

»Anfang und Ende«, rief der Abt. Jetzt folgte der Querstrich, der mit dem ersten ein Kreuz bildete.

»Alpha«, rief der Abt und zeichnete den griechischen Buchstaben ans obere Ende des Kreuzes. Anschließend rief er: »Omega«, und ritzte diesen Buchstaben unten in die Kerze.

»Sein sind die Zeiten«, rief er und malte einen Kreis in das linke obere Feld des Kreuzes.

»Sein die Jahrhunderte …« Die Zahl sieben kam in das rechte obere Feld. Sie zählten die Jahre nach Christi Geburt genauso, wie es aus Echternach vorgeschlagen worden war.

»Sein ist die Herrlichkeit und das Reich …« Er ritzte die Zahl eins in das linke untere Feld.

»Durch alle Äonen der Ewigkeit. Amen.«

Ein Aufseufzen ging durch die Menge. Fast alle murmelten erleichtert ein paar Worte, manch einer wunderte sich, dass die irischen Priester die Räucherkessel hin und her tragen durften, während schon andere Männer verurteilt worden waren, weil sie angeblich Räucherkessel dorthin getragen hatten, wo kundige Frauen unter Dianas Befehl als Hexen und Magierinnen wirkten. Manch einer murmelte auch, dass sich selbst Mönche an Seher, Wahrsager und Traumdeuter wandten. Dass sie sich magische Quadrate in ihren Scriptorien malten, in die sie dann den Buchstaben eines Namens und das Datum eintrugen, an dem ein Hilfesuchender krank geworden war.

Der Lärm wurde schließlich so laut, dass der Abt mitten in seiner Liturgie ein Machtwort sprechen musste. Danach gingen die Festlichkeiten einigermaßen geordnet weiter. Sie zogen sich über den gesamten Vormittag hin, nur von gelegentlichen, gemeinsam eingenommenen Mahlzeiten unterbrochen. Gegen Mittag waren alle derart erschöpft und benommen von zu viel Wein, dass Ruhe an allen Lagerstellen einkehrte …

Kurz vor Pfingsten waren die meisten der äußerlichen Verletzungen bei Karls Männern so weit abgeheilt, dass nur noch erträgliche Schmerzen zurückblieben. Auch die gebrochenen und zerschlagenen Knochen heilten dank der guten Hilfe schnell. Nur Herzog Hedan wollte nicht wieder genesen. Er hatte innere Verletzungen, von denen niemand wusste, wie sie geheilt werden konnten. Thuring kümmerte sich rührend um seinen Vater, aber auch er war machtlos, wenn der Herzog von Thüringen erneut ins Delirium fiel und wirr von den Heldentaten seiner Vorfahren schwärmte.

Karls Männer blieben nach wie vor vorsichtig in ihrem Versteck. Sie mussten damit rechnen, dass neugierige Augen und Ohren dennoch erfahren und weiterverbreitet hatten, wo sie sich befanden.

»Vielleicht sind wir einfach nicht mehr wichtig«, meinte Graf Rotbert eines Morgens. »Die Friesen werden mit Sicherheit nicht zugeben, dass auch nur einer von uns entweichen konnte.

Wenn sie behauptet haben, dass wir allesamt erschlagen wurden, dann wird auch niemand nach uns suchen.«

Sie wollten sich bereits abwenden, um den Erkundungsritt für den nächsten Tag vorzubereiten, als sie plötzlich eine kleine Gruppe von Männern die Ambleve herabkommen sahen. Einer von ihnen ging so eigentümlich und wiegend, dass Karl und Rotbert ihn bereits erkannten, als er noch fast eine Meile entfernt war.

»Siehst du, was ich sehe?«, fragte Rotbert. Karl nickte erfreut.

»Das muss Willibrord sein.«

»Dann lass uns warten, was er zu berichten hat. Vielleicht hilft uns das weiter.«

Es war Willibrord. Später, nachdem sich alle begrüßt und die wichtigsten Neuigkeiten ausgetauscht hatten, nahm Karl neben Rotbert auch noch Thuring und Abt Milo hinzu, um zusammen mit Willibrord unter den Säulengängen des Klosters hin und her zu gehen. Er wollte Einzelheiten besprechen, die nicht für alle Ohren bestimmt waren.

»Radbod ist tatsächlich bei Köln geblieben, um das Hauptheer der Neustrier zu erwarten«, bestätigte der Abt von Echternach.

»Ist Köln noch immer nicht erobert?«, fragte Karl verwundert.

»Ihr habt zwar bei Köln verloren«, antwortete Willibrord. »Aber diese furchtbare Niederlage und der Verlust vieler guter Männer war zum Schluss doch noch ein Erfolg.«

»Ein Erfolg?« Karl war ehrlich erstaunt. »Wie das?«

»Fürst Radbod war nie an einer sinnlosen Belagerung ohne geeignete Waffen und schweres Gerät interessiert. Sein Traum war vielmehr, das Land zurückzugewinnen, das ihm dein Vater, Karl, nach dem verlustreichen Kampf bei Dorestad genommen hat. Jetzt – nach deines Vaters Tod – hoffte er vergeblich auf eine

Einigung mit deiner Stiefmutter. Doch Plektrud war niemals bereit, mit dem Friesenfürst zu reden. Nur deshalb hat er sofort zugestimmt, als ihm die Neustrier das Waffenbündnis angeboten haben.«

»Also nicht gegen Köln«, wiederholte Karl. »Er wollte überhaupt nicht gegen Köln.«

»Genau so ist es«, stellte Willibrord fest. »Deshalb gilt eure Niederlage viel mehr, als du ahnst. Denn jeder Blutstropfen, der vor Köln vergossen wurde, ist ein Beweis dafür, dass du, Karl, die Führung in Austrien beanspruchst.«

»Wie ist das möglich?«, fragte Graf Rotbert. »Wir haben doch noch kläglicher verloren als ihr Enkel Theudoald bei Compiegne.«

»Versteht ihr mich denn immer noch nicht?«, schnaubte Willibrord. »Theudoalds und Plektruds Niederlage war der Beweis ihrer Selbstüberschätzung und Überheblichkeit. Eure Niederlage war ebenso vorhersehbar! Ihr wusstet, dass die Friesen in der Gegend waren und dass ihr niemals gewinnen konntet!«

»So?«, presste Karl zwischen Zähnen hervor. »Wussten wir das?«

»Gib es auf, mit mir zu streiten!« zischte auch Willibrord scharf. »Und hör genau zu, was ich jetzt sage! Ich *wusste* es, verstanden? Und *dennoch* habt ihr gewagt, sie bei Köln zu stellen. Das, Karl – genau das ist der entscheidende Unterschied!«

Er hielt inne und gab Karl Gelegenheit, zu begreifen.

»Ich bin lange genug Mönch, Abt und Bischof!«, sagte er dann so leise, dass nur Karl ihn hören konnte. »Und du sollst verdammt sein, wenn du nicht endlich lernst, dass du mit Schwert und Faust weniger Ruhm erwirbst als mit den kleinen Wundern und ganz einfachen Legenden!«

»Ich weiß ja, dass Mönche und Äbte sehr gern in Gleichnissen reden«, meinte Karl. »Aber vielleicht könntest du mir irgendwann einmal mitteilen, was wirklich geschehen ist.«

»Habe ich das noch nicht?«, fragte Willibrord lächelnd. »Nun gut, dann sage ich es jetzt: Die Neustrier haben ihre Belagerung abgebrochen, nachdem Plektrud ihnen versichert hatte, dass sie sich fortan nicht mehr in Politik und die Dinge einmischen würde, die eigentlich Männersache sind. Sie will sich in ihr Stift auf dem Kapitol zurückziehen.«

»Und das reichte Raganfrid bereits?«, fragte Karl verwundert.

»Natürlich nicht«, antwortete der Abt von Echternach. »Denn eine Kleinigkeit musste sie in den Verhandlungen mit den Belagerern doch noch zugeben.«

»Und die wäre?«

»Sie musste Chilperich II. als König aller Franken anerkennen.«

»Ja!«, sagte Karl. »Das hätte ich an Stelle Raganfrids ebenfalls gefordert.«

»Mit allen Folgen?«, fragte Willibrord, und seine Augen blitzten.

»Was soll das schon für Folgen haben?«, meinte Graf Rotbert.

»Ganz einfach«, sagte Willibrord. »Mehrere Wagen voller Gold, Geschmeide, kostbarer Kelche und Reliquien, mit Tuchen, Gobelins und Teppichen, mit Edelsteinen und Gewürzen und rundum allem, was nun einmal zu einem anständigen Königsschatz zählt.«

Die Männer im Säulengang des Klosters Stavlot-Malmedy starrten den Iren fassungslos an. Karl war der Erste, der sich räusperte.

»Meinst du … meinst du etwa, dass sie alles, was meinem Vater und dem letzten Merowingerkönig Austriens gehörte, einfach herausgegeben hat?«

Er lächelte, hob die Hände und legte einen Arm um Karl.

Zwei Tage nachdem Willibrord abgereist war, kam der schwarze Abt gegen Mittag zu Karl. Die beiden Männer gingen zum Fluss hinab. Erst dort, an den weiß gewaschenen Ufersteinen berichtete Milo von einem Vorgang, der – wenn er zutraf- so unglaublich war, dass auch Karl ihn zuerst bezweifelte.

»Und doch muss etwas dran sein«, sagte der schwarze Abt. »Die Männer haben den König und seine Begleiter so genau beschrieben, dass ich einfach nicht an ein Gerücht glauben kann.«

»Aber das würde bedeuten, dass wir hier völlig ahnungslos unsere Wunden gepflegt haben, während ein Teil der neustrischen Streitmacht nur ein paar Meilen weiter östlich an uns vorbeigezogen ist.«

»Genau das behaupten diejenigen, die auch gesagt haben, dass Chilperich II. erst kurz vor Köln mit dem Hauptheer unter Raganfrid zusammengetroffen ist.«

»Aber wie ist er geritten?«, fragte Karl. »Von Paris über Reims, Verdun und Metz sind auch schon früher die langhaarigen Könige mit Ochsenwagen von Pfalz zu Pfalz gebracht worden. Aber einen Merowinger an der Spitze eines Heeres – das hat es schon lange nicht mehr gegeben.«

»Noch dazu eines Heeres, von dem niemand hier in der Gegend irgendetwas gesehen hat.«

»Ich verstehe einfach nicht, was da vorgefallen ist«, stöhnte Karl. »Ja, wenn wir Sommer oder auch Herbst hätten, würde ich verstehen, dass sich einige tausend Berittene und Krieger zu Fuß ungesehen durch die Wälder bewegen können. Aber doch nicht durch einen kahlen, noch fast blattlosen Wald. Sie müssen essen, kochen, Feuer entzünden. Kühe und Schafe, Hunde und alle anderen mitgeführten Tiere machen einen höllischen Lärm. Ein Heer wie das der Neustrier bewegt sich nun einmal nicht so leise und schleichend voran, wie wir es getan haben.«

Sie sprachen noch eine Weile über das Wunder, das sie in ihrem Versteck von Stavlot vollkommen unbehelligt gelassen hatte. Doch dann ging Karl plötzlich auf, was der Bericht des Abtes auch jetzt noch bedeuten konnte.

»Was hat Willibrord gesagt?«, meinte er sinnend. »Wem hat Plektrud den Königsschatz ausgehändigt?«

»Natürlich Raganfrid, dem Majordomus«, antwortete der schwarze Abt. »Er muss ihn schließlich verwalten.«

Aus Richtung Malmedy kam ungewohnt schnell Graf Rotbert auf sie zu. Er schlug auf sein Pferd ein, obwohl der Kaltblüter eher zum Ziehen von Planwagen geeignet war. Karl und Milo mussten zur Seite springen, um nicht umgeritten zu werden.

»Du glaubst es nicht, Karl«, stieß Rotbert erhitzt hervor, »du glaubst es nicht, was ich gesehen habe …«

»Hey, hey, hey!«, rief Karl Rotbert zu. »Bist du etwa dem König der Neustrier über den Weg geritten? Oder er dir?«

»Woher … woher weißt du …?«

»Wo sind sie?«, fragte Karl sofort. Rotbert schluckte, hustete zwei-, dreimal, bis er seine Stimme wiederfand; dann sagte er: »Sie müssten in ein, zwei Stunden drüben im anderen Kloster sein. Die Ersten hätten mich um ein Haar erkannt.«

»Wie viele sind es?«, fragte Karl.

»Ich konnte nicht alle zählen. Aber ich schätze, dass hinter Chilperich II. mit einem Trupp von etwa dreihundert Berittenen bestimmt noch tausend oder zweitausend Krieger zu Fuß und ein Tross folgen können.«

»Viel zu viele für ein Nachtlager im engen Tal von Malmedy«, sagte der schwarze Abt. »Die Warche fließt von Malmedy so breit heran, wie hier in Stavlot die Ambleve. Eigentlich mündet die Ambleve als kleiner Wiesenbach in die Warche. Aber das kleinere Wasser hat dem größeren seinen Namen aufgezwungen. Die Berge zwischen Stavlot und Malmedy rücken am Zusammenfluss so dicht zusammen, dass die Reiter nur hintereinander vorankommen können und einen von den beiden Flussübergängen benutzen müssen.«

»Das bedeutet mehrfachen Seitenwechsel von einem Ufer aufs andere«, nickte Rotbert. »Mit den Wagen und Zugtieren würde Chilperich auf diese Weise sehr viel Zeit verlieren.«

»Was glaubst du?«, fragte Karl. »Was werden sie tun?«

»Ganz einfach«, antwortete Rotbert. »Der König muss daran interessiert sein, möglichst schnell nach Soissons, Sankt Denis oder Paris zurückzukommen.«

»Das heißt also, Chilperich II. reitet mit seinen Besten voraus und lässt das eigentliche Heer allmählich nachkommen.«

»Damit hätten sich die Sieger in drei einzelne Gruppen geteilt«, stellte Karl fest. »Und wenn das so ist, bekommen wir dadurch eine einmalige Möglichkeit, die sich in den nächsten Jahren nicht so schnell wiederholen dürfte.«

»Was hast du vor?«, fragte Rotbert entsetzt. »Willst du schon wieder zuschlagen? Mit den paar Männern, die wir hier haben? Wir könnten es nicht einmal mit den dreihundert Berittenen um den König aufnehmen.«

»Das habe ich auch nicht vor«, antwortete Karl. »Wir lassen den König über die schmale Ambleve südwärts ziehen. Uns kann es nur recht sein, wenn Chilperich mit seinen Adligen ungeschoren durch die Ardennen kommt.«

Bis in die späten Abendstunden fand rund um das Kloster von Stavlot eine Versammlung statt. Jeder einzelne Angehörige von Karls kleiner Streitmacht musste vor ihn, Milo, Rotbert und Thuring treten und wie ein Gladiator im antiken Rom Arme und Beine so bewegen, wie er es vermochte. Karl hatte den Befehl erteilt, dass nur diejenigen Verwundeten an dem kommenden Waffengang teilnehmen durften, die ihre Gliedmaßen schon wieder ausreichend bewegen konnten. Viele der Männer trugen noch immer Verbände, einige humpelten, andere hatten einen Arm in der Schlinge.

Zusammen mit freien Bauern aus der Umgebung und einigen anderen, die durch gemeinsame Anstrengungen mit leichten Waffen ausgerüstet worden waren, kamen sie auf achtzig Berittene und knapp zweihundertfünfzig Krieger zu Fuß. Selbst wenn sie die Männer mitzählten, die lautstark darum baten, dabei sein zu dürfen, obwohl sie nicht einmal schnell genug waren, um vor einem Verfolger davonzuhumpeln, blieb die Rechnung nach wie vor unter dem halben Tausend.

»Es gibt da eine Geschichte im Buch der Bücher, an die wir uns jetzt erinnern sollten«, meinte der schwarze Abt. »Sie handelt von einem Knaben namens David und einem Riesen, der laut und dröhnend lachte, als ihm der Hirtenjunge ohne Schwert und Rüstung und nur mit einer Steinschleuder bewaffnet entgegentrat.«

»Ja«, antwortete Rotbert. »Ich kenne diese Geschichte. Deswegen bitte ich darum, dass ich dieser David sein darf.«

»Ich habe dich nie mit einer Steinschleuder gesehen«, sagte Karl verwundert.

»Was heißt hier Steinschleuder?«, grinste Rotbert. »Ich selbst werde es sein, der sich wie ein Stein zwischen die anderen wirft. Und ihr braucht dann nichts weiter zu tun, als die Verwirrung für euch zu nutzen.«

Thuring und sein Vater sammelten alle während der Nacht eintreffenden Nachrichten und Beobachtungen. Sie wurden mehrfach überprüft und dann von den Schreibern des Klosters auf einer Karte eingetragen. Herzog Hedan litt noch immer an seinen schweren Verletzungen, aber sein Kopf war wieder klar. Niemand wusste, ob er jemals wieder ein Pferd würde besteigen können. Er lag, fast wie ein Merowingerkönig, in einem kleinen, extra für ihn angefertigten Wagen, der von einem Pferd gezogen werden konnte. Für Kämpfe war das Gefährt nicht geeignet…

Bereits vor Sonnenaufgang brachen Karl und seine engsten Getreuen auf, um sich mit aller Vorsicht den Neustriern zu nähern.

Als sich der Himmel über den steilen Bergen östlich der beiden Flüsschen Warche und Ambleve langsam rot färbte, erwachte auch das Heer der Neustrier. Die Berittenen um den Merowingerkönig hatten sich einige hundert Schritt südlich des Zusammenflusses der beiden Gewässer einen Lagerplatz für ihre bunten Zelte ausgesucht.

Während im Lager der Fußkrieger die ersten Weckrufe ertönten, blieb bei den Zelten des Königs einstweilen alles ruhig.

Noch ehe der Tag ganz erwacht war, rückten Karls Männer bis zur vorletzten Biegung vor dem Zusammenfluss von Warche und Ambleve vor. Fast pausenlos trafen Mönche mit ihren Beobachtungen ein.

»Sie kochen noch immer«, berichtete einer.

»Die Ersten packen bereits Töpfe und Gerätschaften ein«, meldete ein anderer.

»Und wie sieht es im Lager des Königs aus?«

»Dort hat man es eiliger«, sagte einer der Mönche. »Die Zelte sind bereits abgebaut und auf den Packpferden verstaut.«

Im selben Augenblick kam Thuring mit der letzten von den Mönchen gezeichneten Karte heran. Er rollte sie auf und zeigte Karl die Stelle, an der sie ihre eigenen Männer postiert hatten. Das Heer der Neustrier war so weit auseinander gezogen, dass die Nachhut bis fast nach Malmedy im Norden reichte.

»Es wäre vollkommener Unsinn, gegen einen so weit verteilten Heereszug auf beiden Seiten eines Flusses zwischen engen Bergen vorzugehen«, sagte Karl. »Ich hatte gehofft, dass sie sich alle an der Flussmündung versammeln. Dann nämlich hätten wir um sie herumjagen können wie die Schäferhunde um eine Herde.«

Die Männer aus Karls engstem Gefolge standen unsicher um ihn herum. »Was willst du tun?«, fragte der schwarze Abt schließlich. Karl schob beinahe trotzig die Unterlippe vor.

»Und du?«, fragte er. »Was sagst du als Mann Gottes?«

»Ich bin hier als Mann des Schwertes und erst dann als einer des Kreuzes«, antwortete Milo. »Ich meine, es ist nicht wichtig, ob wir hier an der Ambleve die Neustrier vernichtend schlagen oder ob wir einfach zwischen sie fahren und ihnen den Heiligen Geist bringen.«

»Mönchlein, Mönchlein, du versündigst dich«, spottete Karl.

»Ich bleibe bei meinem Angebot«, warf Graf Rotbert ein. »Lass mich unter sie fahren wie David gegen Goliath. Oder meinetwegen auch wie die Furien des Fegefeuers.«

Karl überlegte einen Moment, dann lächelte er und nickte. »Gut, Rotbert«, sagte er. »Ich sehe, ich kann dich nicht daran hindern, dir Prügel abzuholen. Aber wenn es dich so sehr juckt, dann sei lieber Thors Hammer als dieser Hirtenjunge aus dem Buch der Bücher.«

»Ich fliege!«, rief Graf Rotbert begeistert.

Rotbert blieb eine ganze Weile im Schatten der Bäume. Als sie ihn kaum noch sehen konnten, winkte er noch einmal zurück, dann verschwand er im Gebüsch. Karl, der schwarze Abt und ein paar andere ritten bis zu einem Felsvorsprung an der Biegung des Flusses. Von hier aus konnten sie das feindliche Lager sehen und beobachteten, dass die meisten der Männer ihre Waffen abgelegt hatten, um die Gerätschaften des Frühmahls und das Zubehör für das Nachtlager auf Ochsenkarren und Packpferden zu verstauen. Sie hörten ganz deutlich die Rufe, das Schreien der Kinder und sogar Gesang von Frauen.

»Jetzt müsste Rotbert gleich über die kleine Brücke kommen«, sagte Abt Milo angespannt. Kaum ausgesprochen, geschah es auch schon. Wie ein Wahnsinniger stürzte sich Graf

Rotbert mitten in das Lager der aufbrechenden Feinde. Er zog sein Langschwert und schlug in rasendem Ritt jeden nieder, der nicht rechtzeitig zur Seite sprang. Schilde flogen in die Luft, dann auch Schwerter und Speere, Köcher mit Pfeilen und Bogen. Rotbert wirbelte so wild herum, dass viele Männern augenblicklich in Panik gerieten. Sie merkten nicht einmal, dass er ganz allein kam, denn er schrie: »Gleich ist Karl unter euch Feiglingen! Ja, flieht nur! Flieht! Gleich kommt Karl, der Sohn von Pippin!«

Sein lautes Schreien verbreitete Entsetzen. Eisen- und Schwerterklang und das Geschrei von Rotbert hallten laut durch die Morgenstille am Ufer des Bergflusses.

»Los jetzt!«, schrie Karl und schlug seinem Pferd die Fersen die Seite. Er duckte sich, und allen anderen voranstürmend jagte er den Felspfad hinab auf den Fluss und das Lager der Neustrier zu. Rotbert kam im gestreckten Galopp auf ihn zu, riss sein Pferd herum, als er auf gleicher Höhe mit Karl war, und dann preschten die beiden Seite an Seite erneut gegen die Neustrier.

Allein durch den Schrecken und die Verwirrung, durch das Siegesgeschrei und die ungeordnet überall aus dem Wald hervorquellenden Bewaffneten gaben viele der Neustrier von vornherein auf. Der König war nicht mehr zu sehen, die berittenen Edlen in seinem Gefolge ebenso wenig. Niemand war da, um die Fußkrieger des Heeres hoch zu Roß und mit lauten Befehlen gegen die Angreifer zu schicken. Kein Hornsignal sagte ihnen, was sie tun sollten.

Das Heer wurde in der Mitte zerschnitten. Der Teil, der sich nach Norden wenden konnte, floh an beiden Ufern der Warche zurück in Richtung Malmedy. Der andere Teil, in dem die besten Kämpfer gleich hinter den Berittenen versammelt waren, saß in der Falle. Der Ring um die Eingeschlossenen wurde immer enger. Reiter und Fußkrieger drängten die Neustrier gegen eine Biegung des Flusses, an der es keinen Übergang mehr zur anderen Seite gab. Karl nickte Abt Milo zu, der noch immer eine Kutte unter seinem Wehrgehänge trug.

»Zeig ihnen dein Kreuz, Milo!«, rief Karl ihm zu. Der schwarze Abt lachte wild. Er rammte sein Schwert in die Scheide zurück, stellte sich in die Steigbügel und richtete sich hoch in seinem Sattel auf. In seiner Rechten reckte er das Kreuz nach oben, das er unter der Kutte an einem ledernen Flechtband auf der nackten Brust getragen hatte.

»Männer und Christen!« brüllte er. »Werft die Waffen weg! Ihr seid besiegt und behaltet die Ehre! Das verspricht euch Karl, Pippins Sohn!«

Er ritt noch dichter an den Haufen der Neustrier heran. Während im Inneren des Kessels, wo sie noch immer um sich schlugen, wildes, furchtsames Gedränge herrschte, zögerten die Kämpfer an seinem Rand und starrten mit weit aufgerissenen Augen auf Abt Milo.

Zehn, fünfzehn machten den Anfang und warfen ihre Schwerter weg. Sicherheitshalber behielten sie ihre Schilde.

»Bringt alle Waffen dort hinten in die Kapelle!«, rief Karl und deutete auf ein steinernes Gebäude, das irgendwann durch die Mönche von Stavlot an dieser Stelle errichtet worden war, um damit den Grundstein für ein weiteres Dorf zu legen. Sie hatten den Platz ebenfalls Ambleve genannt, aber es war nur ein Ort geblieben, an dem sie einen trockenen Platz fanden, wenn sie bei widrigem Wetter nicht mehr bis Stavlot oder Malmedy wandern wollten.

»Eine wunderbare Beute!«, jubelte Rotbert, und seine Augen leuchteten.

»Wir könnten tausend Männer damit ausstatten«, stimmte auch Thuring zu.

»Tausend Mann?«, rief Karl. »Kannst du mir tausend Mann beschaffen, Thüringer?«

»Trotzdem!«, warf auch Abt Milo ein. »Mit tausend Schwertern kannst du ein Heer mit tausend Waffenarmen aufstellen.«

»Mit tausend Schwertern und Schilden kannst du aber auch etwas ganz anderes und noch viel besseres tun«, stieß Karl lachend hervor. Die anderen blickten ihn an und verstanden nicht, was er meinte.

Abt Milo ließ misstrauisch die Nasenflügel beben. »Dürfen wir als deine allerengsten Gefährten wissen, wie die List aussieht, die wieder einmal in deinen Heldenaugen blitzt?«

Karl starrte ihn an und begann plötzlich zu lachen. Er lachte und lachte, schlug sich auf die Schenkel und richtete sich erneut hoch auf. »Was ich vorhabe?«, wiederholte er. »Nun gut, dann sage ich es euch: Wir machen gar nichts. Wir lassen sie ganz einfach gehen! All diese Männer sollen zurückkehren und überall berichten, wie wir sie beschämt haben!«

»Beschämt?«, fragte Thuring verständnislos.

»Ja, junger Recke!«, gab Karl gut gelaunt zurück. Wir schlagen sie nicht weiter, strafen sie nicht und lassen ihnen sogar alles, was sie bei sich haben.«

»Aber das kannst du nicht machen, Karl!«, protestierte nun Abt Milo. »Was ist mit Beute? Und was mit den Geschenken und den Gegengaben, die der Abt von Stavlot dafür bekommen muss, dass wir ihm alles weggefressen haben?«

»Jeder wird das bekommen, was er verdient«, antwortete Karl unwirsch. »Aber alles zu seiner Zeit. Das soll sich jeder merken, der weiterhin auf meiner Seite stehen will.«

Sie spürten plötzlich, dass Karl sich verändert hatte. Es schien, als wäre die Last der Niederlage von Köln schlagartig von ihm abgefallen. Als er jetzt auch noch den Helm abnahm, um sich den Schweiß von Stirn und Nacken zu wischen, sahen sie, dass sein blondes, lockiges Haar wieder halb so lang wie das der Merowingerkönige geworden war. Nichts mehr erinnerte an die Tonsur, nichts mehr an die Bescheidenheit des Flüchtlings und ausgebrochenen Gefangenen. An diesem Tag kehrte seine Wildheit und sein Ungestüm für alle sichtbar wieder. Karl hatte so gesiegt wie selten jemand vor ihm.

»Ich werde diese Riesenmenge von Beutewaffen bis nach Paris begleiten«, erklärte er voller Begeisterung. »Und ihr könnt gern an diesem Zug teilnehmen, der uns viel mehr Bewunderung einbringen wird als der geraubte Königsschatz!«

8.

Auf nach Verdun

Obwohl Karl sehr zur Eile drängte, dauerte es noch fast drei Wochen, bis sie so weit waren, dass sie als eine kleine Streitmacht mit lederbespannten Gepäckwagen, Packpferden und Ochsenkarren zwischen den Flüssen Maas und Mosel durchziehen konnten.

Thuring hatte die Aufgabe erhalten, seinen Vater, Karls Familie und einige andere, die sich in der Gegend von Stavlot-Malmedy zu unsicher fühlten, nach Echternach zu bringen. Er war bereits drei Tage nach der eigenartigen Schlacht an der Ambleve aufgebrochen. Die anderen, die an Karls Seite bleiben wollten, hatten die Waffenladungen so verstaut, dass jeder Wagen etwa gleich schwer und nicht zu hoch beladen war.

Sie waren knapp fünfhundert, die schließlich die Täler der Warche und der Ambleve verlassen hatten. Vor Diedenhofen erhielten sie die Mitteilung, dass Sigibald, der im Dezember zum Bischof ernannt werden sollte, Karl und seinen engsten Gefährten ein Festmahl geben wollte.

Es war fast hundert Jahre her, seit Arnulf von Metz von einem Mann aus der Familie Gregors von Tours für den königlichen Dienst angeworben worden war. Er war es gewesen, der zusammen mit dem ersten Pippin als Hausmeier die Führung des Reiches übernommen hatte. Ohne sie wäre das Geschlecht der

Merowinger schon damals in der Bedeutungslosigkeit versunken. Arnulfs Sohn Ansegisel hatte Pippins Tochter Begga geheiratet – ein eher glücklicher Umstand, durch den nach dem Staatsstreich von Pippins Sohn Grimoald das Erbe der beiden Männer verbunden und auf Karls Vater Pippin den Mittleren übergegangen war.

Karl ließ seine Truppe ein paar Meilen westlich von Metz ihr drittes Lager aufschlagen, seitdem sie die steilen Berge und engen Flusstäler hinter sich gelassen hatten. Der Weg war immer noch schwierig, aber er führte jetzt durch eher hügeliges Gelände, in dem die Pfade breiter und weite Strecken fast schon eben waren. Sie hatten beschlossen, einen Ruhetag einzulegen, um die trotz aller Vorsicht doch wundgeriebenen Stellen bei einigen der Zugtiere mit Ringelblumensalbe und Druckverbänden aus gepressten Kräutern zu behandeln.

Auch bei den Männern gab es einige, die sich in der Hitze wundgeritten hatten. Obwohl sie größtenteils ohne schwere Rüstung und Bewaffnung mit den Waffenwagen immer weiter in Richtung Metz gezogen waren, blieb es auch bei erfahrenen Kämpfern nicht aus, dass sich Scharniere an den Harnischen verklemmten, Schnallen zu tief in die Haut einschnitten oder sich gelegentlich Ungeziefer in der Kleidung einnistete. Selbst mit besten Hausmitteln kam es immer wieder zu Entzündungen nach Insektenstichen, Dornenkratzern oder kleineren Verletzungen bei der Waffenpflege und beim Zubereiten der Mahlzeiten.

Niemand wusste besser als der Sohn des großen Pippin, wie gefährlich lange Züge waren, wenn sie nicht von kleinen Kämpfen und den anschließenden Waschungen unterbrochen wurden. Die meisten der Männer führten nur wenige Kleidungsstücke mit, so dass sie nichts zum Wechseln bei sich hatten. Nur wenige hatten auf den Gepäckwagen Wettermäntel, Schafpelze und Überröcke, andere vielleicht auch noch ein paar Ersatzhosen, Sandalen, Schuhe oder Wadenbinden, aber die meisten wussten, dass sie sich jedes zusätzliche Kleidungsstück mit Schweiß erkaufen mussten.

Zum Erstaunen von Karl und seinen Gefährten schickte der noch nicht gewählte Bischof von Metz eine Abordnung in Karls Lager. Sie wurden angeführt von einem halben Dutzend Priestern. Hinter ihnen karrten Einwohner von Metz große Mengen Lebensmittel und Weinfässer heran. Andere trieben kleine Herden von fetten Hammeln, Schafen, Ziegen und faltigen Schweinen mit tief hängenden Bäuchen vor sich her.

»Das alles soll ein wenig unseren Dank ausdrücken, dass du die Stadt so mit Respekt behandelt hast«, sagte der Sprecher der Priester. Karl nickte und bedeutete Rotbert mit einer Handbewegung, sich um die Geschenke der Stadt zu kümmern.

»Sigibald und die Edlen von Metz möchten natürlich wissen, wann du in die Stadt kommen willst«, sagte der Priester so vorsichtig, als könne er nicht ganz glauben, dass Karl tatsächlich ohne einen Besuch an Metz vorbeiziehen würde.

»So?«, fragte Karl kühl. »Was erwartet ihr von mir? Dass ich die Grablege meines Stiefbruders Drogo besuche? Dafür müsste ich nicht einmal in die Stadt, denn Sankt Arnulf liegt bekanntlich außerhalb der Stadtmauern.«

»Nein!«, antwortete der Priester. »Daran dachten wir nicht. Aber wir meinten, dass du vielleicht mit einigen wichtigen Leuten aus der Stadt und dem Gau sprechen müsstest. Sie sind aus der ganzen Grafschaft zusammengeströmt, nachdem sie hörten, dass du kommst.«

»Ach!«, sagte Karl und lächelte kaum sichtbar. Er warf Abt Milo einen verstohlenen Blick zu. »Da warten also in dieser altehrwürdigen Stadt Männer von Rang und Einfluss, Grafen und Edle und sogar der Bischof darauf, dass ich an die Tore der Stadt klopfe und um Einlass bitte.«

»Nein, nein!«, wehrte der Diakon sofort ab. »Ganz und gar

nicht, Karl. Wir freuen uns doch, dass du kommst. Wir haben von dir gehört und wissen, was wir dir schuldig sind, nachdem wir dich so lange nur zögerlich beobachtet haben.«

»Nur zögerlich beobachtet?«, fauchte Karl. »Und du wagst es, mir das hier und heute einzugestehen? Ihr habt mich verraten! Allesamt! Ihr habt nicht geglaubt, dass ich jemals wieder aus dem Kerker rauskomme. Und selbst als ich bei Willibrord in Echternach war, habt ihr gezögert und nicht ein einziges Schwert, nicht einen halben Beutel Gold zu mir geschickt. Und ihr alle wollt Freunde meiner Familie und meines Vaters gewesen sein. Wenn das alles ist, dann bleibt doch auf euren Pfeffersäcken hocken und küsst den Merowingerkönig, den Majordomus Raganfrid und meinetwegen auch Plektrud, die nicht nur die Königsschätze von Austrien, sondern den ganzen Osten des Reiches durch ihren Hass und ihre Hartherzigkeit verschenkt hat!«

Er drehte sich um und ließ die Priester einfach stehen. Sein Zornesausbruch erschreckte sie so sehr, dass sie nicht mehr wussten, was sie antworten sollten.

»Es ist besser, ihr kehrt ganz schnell um«, mahnte der schwarze Abt. »Karl wird nichts gegen Metz unternehmen, aber schon Verdun als die nächste Stadt zwischen euch und Paris dürfte es nicht leicht haben …«

Verdun, das kleine römische Virodunum, war eine ebenso alte Bischofsstadt wie Metz oder Trier, Köln oder Maastricht. Obwohl die Stadt am Rande der Champagne noch zum austrischen Reichsteil gehörte, kam sie Karl viel feindlicher vor als Paris oder irgendeine andere Stadt der Neustrier. Denn hier herrschte eine Familie, die schon immer mit seiner eigenen verfeindet gewesen war. Sie führte sich auf Wulfoald zurück, der unter dem Merowingerkönig Dagobert II. Majordomus gewesen war.

Am Abend des dritten Tages hatte Karls Rebellenheer die

vierzig Meilen zwischen Metz und Verdun trotz der schweren Waffenkarren hinter sich gebracht. Sie lagerten in Sichtweite der Stadt am Ufer der Maas. Nachdem sie gegessen und sich für die Nacht vorbereitet hatten, besprachen die Männer um Karl, wie sie am nächsten Tag vorgehen sollten.

Karl streckte die Beine aus, nachdem er sich ein Stück Fleisch vom Drehspieß heruntergeschnitten hatte. Die Sonne ging langsam unter, und ein glühendes Sommerrot beschloss den Tag vor der dritten Schlacht, die Karl anführen wollte.

»Was hältst du von Sigibald?«, fragte er Milo nach einer Weile. »Meinst du, er sollte tatsächlich Bischof von Metz werden?«

»Von mir aus gern«, antwortete der schwarze Abt. »Ich kenne eigentlich niemanden, der etwas gegen ihn hat. Er ist fromm und hat sich stets zurückgehalten. Solange er in Metz zu sagen hat, kannst du dich auf diese Stadt verlassen.«

»Und was ist mit Verdun?«, fragte Karl. »Hier fehlt ebenfalls ein Bischof.«

»Nimm einen guten Mann aus dem Umfeld von Willibrord«, empfahl Milo.

»Was? Noch einen Iren?«, meinte Karl und schob die Lippen vor. »Ich dachte eher daran, dass ich Willibrord Utrecht zurückgebe, sobald es uns gelungen ist, Radbod über den Grenzfluss zurückzuwerfen.«

»Ich weiß nicht, ob Willibrord so lange Geduld haben wird«, meinte der schwarze Abt. »Immerhin hat er eine Menge in dich investiert. Und du bist ihm schon jetzt sehr viel schuldig.«

»Das Gleiche könnte auch für dich zutreffen«, meinte Karl. Milo lachte.

»Was glaubst du, warum ich so geduldig mit dir ziehe und deine Launen klaglos ertrage?«

»Wir bekommen hohen Besuch«, warf Graf Rotbert ein, der die letzten Worte zwischen Karl und Abt Milo mitbekommen hatte. Er deutete zur alten Römerstraße, die im Abendrot deutlich zu erkennen war. In losen Gruppen von jeweils fünfzehn oder gar zwanzig Reitern und Männern zu Fuß näherte sich langsam ein langer Zug buntgekleideter Gestalten.

»Was ist das?«, fragte Karl. »Wo wollen diese Männer hin?«

»Na, wohin wohl?«, fragte Graf Rotbert lachend. »Das sind die Männer aus Metz, die du so abfällig behandelt hast.«

»Du weißt genau, dass du die Unterstützung von vielen Adligen und Grundbesitzern brauchst«, sagte jetzt auch der schwarze Abt. »Ohne die Grafen, die Äbte und die freien Bauern und ohne all die Männer, die deinen Vater unterstützt haben, kommst du nicht gegen König Chilperich und seine Neustrier an.«

Sie spürten alle den Widerwillen, mit dem Karl den Männern entgegenblickte, die sich länger als ein Jahr von ihm zurückgezogen hatten. Und dann erkannte er den Mann, der Pippins Beichtvater gewesen war. Der Priester namens Peppo war etwa fünfzig Jahre alt, und ebenso wie Milo trug er ein Wehrgehänge über seiner Kutte. Er war einer von jenen Männern, die das Kreuz nie ablegten, es aber jedes Mal unter der Kleidung verbargen, wenn sie sich gezwungen sahen, zu Schwert und Schild zu greifen.

Karls bisherige Begleiter wussten nicht, wie sie sich verhalten sollten. Erst als er nickte, traten sie Schritt für Schritt zurück und bildeten eine breite Gasse am Maasufer. Reiter um Reiter kam in den Kreis, der sich vor Karl gebildet hatte. Es waren weit über hundert Männer mit guten Rüstungen und Helmen, frisch beschlagenen, geschmückten Schilden, goldverzierten Schwertern, starken, ebenfalls mit Zierspangen geschmückten Pferden und guten Waffenknechten. Sie ließen keinen Zweifel daran, dass sie gewohnt und willens waren, gegen jedermann zu kämpfen, der sich ihnen in den Weg stellte.

Es dauerte fast eine halbe Stunde, bis sich die Reiter und die

Fußkrieger aus dem Lager in der Innenstadt von Metz so weit aufgestellt hatten, dass Peppo als der Ärmste, aber der von allen akzeptierte Wortführer Karl gegenübertreten konnte.

»Dir Karl«, rief er, »einziger Sohn von Majordomus Pippin und seiner zweiten Ehefrau Alphaid … dir Karl, dem dein Vater unter dem Einfluss eines bösen Weibes das Erbe vorenthalten hat … dir wollen wir folgen, dem Ersten über Austrien und, so Gott will, eines Tages auch über Neustrien und das gesamte Reich der Franken.«

Karl spürte, dass ihm unwillkürlich die Röte ins Gesicht stieg. Aber für alle anderen konnte der Feuerschein auf seiner Haut auch von den letzten Strahlen der blutrot untergehenden Sonne stammen. In dieser stillen Abendstunde fühlten sehr viele, dass etwas Neues eingetreten war: Karl stand nicht mehr allein mit einem Haufen Thüringern und ein paar Männern von irgendwelchen Landgütern, sondern er besaß jetzt die Anerkennung und Unterstützung der wirklich Mächtigen im Ostreich.

Irgendwo klang Musik auf. Wie aus dem Nichts wurden Wagen mit Weinfässern herangerollt, und ehe Karl noch seinen ersten Befehl geben konnte, begann ein lautes, lärmendes Fest, das bereits Siege feierte, ehe Verdun eingekesselt, belagert oder erobert war.

Die Eroberung von Verdun am nächsten Tag kostete dennoch einige Dutzend Tote und Verwundete unter Karls jetzt bereits ernst zu nehmendem Heer. Er hatte bis zum frühen Nachmittag gewartet, bis die Mittagshitze so weit abgeklungen war, dass aus den vielen schwankenden Gestalten wieder Männer wurden, die das Schwert zu führen wussten. Als die ersten Pfeile von den Mauern Verduns auf sie niederprasselten, begriffen auch diejenigen, die noch immer nicht ganz aufgewacht waren, wie höchst gefährlich es war, Karl als einen Mann zu sehen, dem sich über Nacht alle unterwarfen.

Sie mussten kämpfen, und sie hätten diesmal wiederum verloren, wenn die Krieger der Wulfoaldfamilie nicht so leichtsinnig gewesen wären, ihren Kampfesmut für wichtiger zu halten als den Zustand der alten, an vielen Stellen eingebrochenen und verwahrlosten Stadtmauern …

Der Sieg über die Wulfoalde und die mit ihnen verbündeten Familien änderte Karls ursprüngliche Pläne. In einer kurzen Besprechung mit seinen engsten Gefährten und den neu hinzugekommenen Grafen verkündete er, dass er in diesem Jahr nicht mehr bis nach Paris ziehen würde.

»Es hat keinen Zweck, wenn wir das, was uns hier in Verdun gelungen ist, in Paris wiederholen wollen«, sagte er. »Deshalb habe ich beschlossen, dass wir die Waffen, die wir an der Amblève erbeutet haben, nur mit kleiner Begleitung zu König Chilperich nach Paris schicken werden. Die Demütigung wird noch größer für ihn sein, als wenn ich selbst mitreiten würde.«

Die anderen merkten, dass er über diesen Punkt nicht weiter diskutieren wollte. Viele bedauerten den Verlust des zweiten Königsschatzes, der für die meisten noch wichtiger gewesen wäre als das Gold und Geschmeide, das Pippins Witwe Plektrud in Köln an Raganfrid ausgehändigt hatte.

»Weißt du eigentlich, was ein gutes Schwert heutzutage kostet?«, fragte Graf Rotbert in einem letzten Versuch, Karl doch noch umzustimmen.

»Ich habe mir ganz genau angesehen, was wir dem Merowingerkönig zurückgeben«, antwortete Karl und lachte. »Manch eine zweihändige Spatha für Hieb und Stoß ist sieben Schillinge und mehr wert. Manch eine Lanze und manch ein Schild mindestens zwei Schillinge. Lederhelme für sechs Schillinge und mit Eisenschuppen gepanzerte Lederhemden auch für das Doppelte.«

»Und?«, fragte Graf Rotbert. »Hast du mal überschlagen, wie viel die gesamte Ladung wert ist?«

»Ja«, antwortete Karl und grinste. »Exakt so viel, um tausend Krieger eines Merowingerkönigs auszurüsten.«

Abt Milo lachte im Hintergrund.

»Du wirst ja richtig gut, Karl.«

»Ich bin gut!«, gab Karl zurück und grinste ebenfalls. »Aber das musste ja nicht jeder wissen, solange mir die Hände noch gebunden waren. Jetzt sieht das alles etwas anders aus. Denn jetzt kann ich denjenigen, die zu mir hielten, auch einmal ein Geschenk machen.«

»Nicht schlecht«, antwortete Abt Milo. »Hast du schon irgendeine Vorstellung von derartigen Geschenken?«

Karl ging ganz langsam auf den schwarzen Abt zu. Dann stieß er ihm mit dem Zeigefinger seiner linken Hand genau dort auf die Brust, wo Milo sein Kruzifix verborgen hatte.

»Du kennst Benedikts Ordensregeln«, sagte er. »Und da heißt es wohl, dass ihr in Armut leben und nicht zu gierig sein sollt. Oder irre ich mich da?«

»War ja auch nur eine Idee«, meinte Milo. »Aber du hast Recht. Ich bin auch dafür, dass wir zuallererst unseren Freund Peppo belohnen sollten. Er hat uns schließlich die Männer zugeführt, die du dringend brauchst.«

»Eben deshalb meine ich, dass Peppo Bischof von Verdun werden sollte. Wir brauchen hier neben Metz eine Diözese, auf die wir uns verlassen können. Auf diese Weise stärken wir die Südflanke von Austrien, bilden einen Schutz gegen Burgund und belohnen auch noch diejenigen, die sich frühzeitig für uns entscheiden.«

An den darauf folgenden Tagen schwärmten die Schreibkundigen aus dem neuen Gefolge von Karl zusammen mit Grafen aus den anderen Gauen und bewaffneten Trupps nach allen Seiten aus. Sie sollten feststellen, wer ein Parteigänger der Wulfoalde war und wer für den legitimen Nachfolger des verstorbenen Majordomus Pippin gewonnen werden konnte.

Die südliche Begrenzung für die Erkundungsritte bildete die alte, fast schnurgerade Römerstraße von Basel nach Reims. Sie kreuzte genau dort den Weg von Metz nach Paris, wo vor einem Vierteljahrtausend die große Schlacht auf dem Campus Mauriacus stattgefunden hatte. Karl hätte sich liebend gern die legendären Katalaunischen Felder und den riesigen Ringwall angesehen, in den sich Attila, der Hunnenkönig, mit seinen Verbündeten zurückgezogen hatte, als das furchtbare Gemetzel unentschieden endete. Aber für derartige Wünsche blieb ihm im Augenblick zu wenig Zeit. Der Sommer hatte seinen Höhepunkt bereits überschritten. Langsam musste er daran denken, wo er den Herbst und den Winter verbringen wollte.

»So schwer es mir auch fällt«, sagte Karl Ende September, »aber ich muss die meisten Männer jetzt nach Hause schicken. Natürlich wissen wir nicht, wie viele von ihnen im nächsten Frühjahr einem Ruf zum Märzfeld folgen werden. Ich bin kein König und kein Majordomus und habe nicht das Recht, die Edlen Austriens und ihre Männer an irgendeinen Platz zu rufen.«

»Sie werden kommen«, antwortete Graf Rotbert. »Ich bin ganz sicher, dass sie kommen werden. Wahrscheinlich sogar mehr, als wir heute ahnen...«

Nach und nach wurde das erste Gebiet unter Karls Herrschaft so neu geordnet und aufgeteilt, dass es eine gute Pfründe für den Bischof und eine sichere Versorgungsstation für zukünftige Vorhaben bildete. Einige der Familien aus dem Umkreis der Wulfoalde behielten Land bis in die brettebene Champagne hinein und nach Norden bis zu den Ardennen.

Karl selbst interessierte sich nur für die Maas. Als einziger der Wasserläufe dieser Gegend und aus dem angrenzenden Burgund floss er nicht wie Aube, Marne, Aisne und Oise nach Westen hin zur Seine, sondern durch die Berge immer weiter nordwärts, bis ihm der Rhein kurz vor seiner Mündung in die Nordsee seinen Lauf streitig machte und ebenfalls nach Westen abdrängte.

In diesen Wochen, die Karl später oft zu den unbeschwertesten in seinem Leben zählte, erreichten ihn noch Nachrichten von den entfernten Grenzen des Reiches, das sein Vater jahrzehntelang verwaltet hatte.

Wandernde Mönche berichteten aus Friesland, dass dort eine neue Gruppe von Mönchen aus England eingetroffen war. Sie hatten nur gehört, dass Willibrord das Bistum Utrecht aufgegeben hatte. Nicht wissend, welchen Erfolg sich Radbod gerade erst in Köln errungen hatte, war Wynfrith als ihr Anführer vor den Friesenfürst getreten. Ganz so, als hätte es niemals einen Willibrord gegeben, hatte er versucht, Radbod vom Heil des Christentums zu überzeugen. Er war unter Hohngelächter hinausgeworfen worden.

»Im Augenblick interessieren mich weder rüpelhafte Mönche bei den Friesen«, sagte Karl, als er davon hörte, »noch Propheten bei den Sarazenen oder Bischöfe in Baiern. Hier in der Francia zwischen Paris und Köln muss sich entscheiden, ob Neustrien oder Austrien, Raganfrid oder ich selbst die Nachfolge von Pippin antrete. Und ich bin wild entschlossen, nicht zu teilen.«

»Ja. Dieser Übermut macht mich allmählich zornig«, schnappte Graf Rotbert. »Du besitzt kaum mehr, als du an deinem Wehrgehänge mit dir herumträgst. Aber du fährst dem Feind die eigenen Waffen hochmütig hinterher ... willst sie ihm sogar vor die Füße werfen, damit er sie nur aufzuheben braucht.«

»Du hast vollkommen Recht«, stieß Karl mit einem starken, überlegen wirkenden Lachen aus. »Das, Rotbert und ihr alle, das ist der Preis, der Trumpf und auch der Einsatz, mit dem ich dieses Würfelspiel beginne. Waffen für tausend Mann, aber doppelt so viele und noch viel mehr werde ich von den Edlen

Austriens dafür zurückbekommen. Es ist der Speck, mit dem man Mäuse fängt. Habt ihr das schon vergessen?«

Als der Herbst nahte, löste sich Karls kleines Heer allmählich auf. Er schickte alle Grafen und die Männer zurück, die in den Dörfern oder auf den Höfen jetzt gebraucht wurden. Das Land war arm geworden in den letzten Jahren. Überall fehlten Hände für die letzten Ernten und die Weinlese. Holz musste für den Winter geschlagen und mühsam an den Häusern aufgestapelt werden. Zusätzlich brauchten viele Dächer eine neue Eindeckung, Lehmwände mussten vor dem Winter ausgebessert werden, und auch die Ställe brauchten manchen neuen Balken gegen die Novemberstürme und die Schneelast, die lange vor Weihnachten erwartet wurde.

Karl zog auf vielen Umwegen an der Maas entlang nach Norden. Überall dort, wo er Verbündete und ehemalige Anhänger seines Vaters vermutete, machte er einen Abstecher und besuchte diejenigen, die sich bisher noch nicht für oder gegen ihn entschieden hatten.

Seine Familie erwartete ihn am Martinstag nur ein paar Meilen flussabwärts von Lüttich an der Ostseite des Flusses, in Jupille, auf einem der alten ererbten Gehöfte. Hier ebenso wie auf der anderen Seite der Maas war nichts von alten römischen Ruinen oder Landgütern zu sehen, wie es sie sonst überall am Rhein und weiter südlich in der Francia gab.

Karl genoss es, wieder bei seiner Familie zu sein. Bis auf einen harten Kern von gut hundertfünfzig Männern waren alle anderen dorthin zurückgegangen, wo sie selbst ihre Familien hatten. Auch die Thüringer mit dem kranken Herzog Hedan und seinem Sohn Thuring waren in ihre heimatlichen Bergwälder an der Unstrut zurückgekehrt. Trotzdem blieb Karl auch in seinem Winterquartier nicht von den Ereignissen abgeschnitten, die draußen in der Welt passierten. Jeder Händler, jeder Pilger, der vorbeizog, und jeder Wandermönch hatte etwas zu erzählen. Für einen Napf mit Fleischsuppe, ein trockenes Nachtlager und einen Beutel Verzehr für den weiteren Weg war jeder Besucher gern bereit, die neuesten Neuigkeiten weiterzugeben.

Karl wusste ebenso wie alle anderen, dass Gastfreundschaft, wie sie seit jeher bei den Germanen üblich und Gesetz war, von den Mönchen ausgenutzt wurde. Mehr noch als die Mönche aus Britannien rechneten die Iren fest damit, dass sie ihr Bekehrungswerk umso wirksamer durchführen konnten, je mehr sie auf Bescheidenheit verzichteten. In einigen Gegenden hieß es bereits, dass die Missionsgebiete nur deshalb immer größer wurden, weil die Mönche so verfressen und versoffen waren.

Viele der Familien im Frankenreich, aber auch in Sachsen, Thüringen und Baiern empfanden Mönche aus den sieben Königreichen in Britannien und von der Insel Irland nicht als Bedrohung für den alten Glauben. Sie waren vielmehr überzeugt, dass die Mönche mit dem Kreuz gegen Thor und Odin oder Loki immer unterliegen würden, dass sie machtlos waren gegen das gewaltig stürmende Himmelsheer der Ahnen und dass im Himmel der Christen nur noch Langeweile herrschte. Dennoch zeigten sie den Mönchen immer neue Wege zu Höfen, Gütern oder Siedlungen, zu Freunden oder auch Feinden. Manch einer gab den Mönchen sogar ein Geldstück und bat sie, doch möglichst bald zu anderen zu gehen, um sie für Jesus Christus zu gewinnen und zu taufen …

Kurz vor Weihnachten erfuhr Karl, dass die beiden neuen Bischöfe von Verdun und Metz feierlich in ihre Ämter eingeführt worden waren. Damit stand die erste Linie seiner Verbündeten.

»Mir ist noch unklar, wie Rigobert als Erzbischof von Reims zu uns und unseren Freunden steht«, sagte Karl, als er abends mit den Grafen Rotbert, Folker, Abt Milo und einem Dutzend anderer Männer am Bohlentisch des größten Raumes in Jupille saß. Der kleine Saal mit Fachwerkwänden und einem gut gezimmerten, ineinander verstrebten Dachgiebel wirkte geräumiger als manche Steinkirche der Bischöfe und Klöster.

Sie saßen nicht auf Stühlen oder Sesseln, sondern auf einfachen Holzbänken ohne jedes Lehnenbrett. Die meisten hatten ihre Wehrgehänge abgenommen und hinter sich über Holzpflöcke gelegt, die in Gürtelhöhe aus dem Wandbalken ragten. Zwischen den Tischen, den Bänken und den Fachwerkwänden war immer noch genügend Platz für Knechte und Bedienstete, die ihnen nachschenken oder neue Speisen auftragen konnten. Der Raum besaß eine leicht erhöhte Feuerstelle aus vermauerten Feldsteinen und einen trichterförmigen, mit Blech beschlagenen Kaminabzug. Seit dem Nachmittag drehten zwei Hörige aus den Gesindehäusern von Jupille abwechselnd den Spieß mit zwei kleinen Ferkeln über dem Feuer. Obwohl sie eigentlich bedient werden konnten, standen die Adligen und Freien aus Karls Gefolge in unregelmäßigen Abständen selbst auf, gingen zum Kamin und schnitten sich mit ihren Messern ein daumenbreites Stück vom Frischgebratenen herunter. Sie nahmen es bis zu den Bohlentischen mit und tunkten die Enden in verschiedene Näpfe mit scharfem Flammenpfeffer, Wacholdersoße oder Meerrettichsenf. Wenn sie ihr Fleisch gegessen hatten, zerbröckelten sie etwas Brot und tupften sich damit die Finger und die Lippen ab, ehe sie es ebenfalls aufaßen.

Anders als in den Klöstern existierten hier keine Vorschriften dafür, zu welcher Tageszeit und zu welcher Stunde gebetet und geredet, gegessen und geschwiegen werden musste.

Karl fühlte sich zufrieden, aber müde. Er hatte einen Becher Wein vor sich stehen und hielt in einer Hand das Messer, mit dem er sich ebenfalls ein Stück vom Schweinebraten über dem Feuer geholt hatte. Während das Gemurmel der Gespräche rund um ihn sich mit dem Knistern und Knacken der Feuer vermischte, wanderten seine Gedanken zu dem allerersten aus dem Haus der Merowinger, der als der erste echte Frankenkönig galt. Sein Vater Childerich I. war noch römischer General gewesen. Er kämpfte gegen die Alamannen, heiratete die Tochter des Thüringerkönigs und wurde nach seinem Tod in Tournai an der Schelde ins Grab gelegt.

Erst sein Sohn Chlodwig hatte den Ruhm errungen, der erste König aller Franken zu sein. Karl dachte daran, dass Chlodwig I. gerade sechzehn Jahre alt gewesen war, als er die Krone nahm. In den ersten fünf Jahren seiner Herrschaft hatte er sich ruhig verhalten und erst dann alle Rivalen in den Familien beseitigt, die ihm gefährlich werden konnten. 486 hatte er bei Sousance im Tal der Aisne Herzog Syagrius besiegt, den letzten römischen Vasallen.

Im Jahr 500 hatte er bei Zülpich an der alten Römerstraße von Köln nach Trier die Alamannen und die Burgunden geschlagen. Mit Hilfe der Unterworfenen vertrieb Chlodwig sieben Jahre später auch noch das Volk der Westgoten aus Gallien. Sie mussten ihre Hauptstadt Toulouse und das nach der Eroberung von Rom im Jahre 410 gegründete erste germanische Königreich in Gallien aufgeben und nach Spanien fliehen. Damit hatte Chlodwig I. ein neues großes Reich geschaffen.

Karl dachte daran, dass Chlodwig I. den gleichen Fehler gemacht hatte wie viele andere Herrscher vor und nach ihm: Er hatte nicht bestimmt, dass einer seiner Söhne das ganze Reich erbte, sondern zugelassen, dass nach dem alten saalfränkischen Gesetz verfahren wurde.

Sein gerade erst geschaffenes Reich wurde erneut zerstückelt. Als Folge davon hatte jeder in der Familie der Merowinger gegen jeden gekämpft, Brüder hatten ihre Brüder umgebracht, Mütter ihre eigenen Kinder, Enkel oder Neffen. Kaum einer in der Königsfamilie war je eines natürlichen Todes gestorben.

Wie allen Franken lief Karl noch immer ein Schauder über

den Rücken, wenn er an Brunhild dachte, die Schlimmste von allen. Sie hatte Mönche gedungen und bezahlt, die Nebenbuhler mit Messermorden aus dem Wege räumten. 613 war sie gefangen genommen und für ihre Schandtaten zwischen vier Pferden zerrissen worden.

Schon dabei, als sie bereits zu schwach geworden waren, um allein zu herrschen, hatten ihre Hausmeier mitgespielt und dann die Nachfolge angetreten. Es war ein allzu oft ebenfalls tödliches Erbe geworden …

Der schwere Wein, der viele Braten und die Gespräche ließen Karl für einen Augenblick einnicken. Doch dann lachte irgendjemand, und er schreckte wieder hoch. Nur mühsam wurde ihm klar, dass sie sich auf einem Bauernhof und nicht in einer Königspfalz befanden.

Genau genommen hatte er nicht einmal Wohnrecht in den Häusern von Jupille und Heristal. Sie gehörten Plektrud und den vier Söhnen seines Halbbruders Drogo. Aber er wusste auch, dass Plektrud nicht mehr in der Lage war, ihn noch in diesem Winter aus seiner Zuflucht zu vertreiben. Ihre Enkel mochten wüten oder wilde Reden führen – keiner von ihnen war Manns genug, um mit Berittenen anzurücken und ihn und seine Männer zu verjagen.

9.
Heristal

Zu Anfang des neuen Jahres kamen jüdische Händler von Norden her über die vereiste Maas. Karl ging ihnen bis zum Flussufer entgegen. Dutzende von Männern, Frauen und Kindern beobachteten, in Decken, Tücher und Felle eingehüllt, wie die fünf Händler über die Schräge kletterten und dabei einen großen, voll bepackten Schlitten hinter sich herzogen. Karl trat ihnen entgegen und wartete, bis sie ihn ansprachen.

»Wir grüßen dich, Karl«, sagte der Älteste in allerbestem Fränkisch. Es klang sogar ein wenig nach Burgund.

»Und wundere dich nicht, dass wir von Norden kommen«, fuhr ein Jüngerer fort, der den Augen nach der Sohn des Alten sein konnte.

»Gestatte zunächst, dass wir uns vorstellen«, unterbrach der Ältere. »Ich bin Isaak, Fernhändler aus Lyon. Hier zur Linken siehst du meinen Ältesten, Elias, der leider Christ geworden ist, um eine Schöne aus Toulouse zu heiraten, von der es heißt, dass sie die Enkelin einer Gotenprinzessin ist.«

Karl presste die Lippen zusammen und bemühte sich, nicht zu belustigt auszusehen.

»Der faule Mensch hier rechts von mir ist Omar vom Stamm der nordafrikanischen Berber. Sein Vater hatte ihm befohlen, ein großer Krieger im Sarazenenheer zu werden. Aber Omar wollte sich nun einmal nicht mit Aquitaniern oder Franken schlagen. Er fährt viel lieber mit uns über die Meere.«

»Ihr seht nicht gerade aus wie Seefahrer«, meinte Karl. Er bat die Männer in das größte der Häuser von Jupille. Sie legten ihre Pelze ab, behielten aber ihre Mützen auf. Isaak streifte mit den Fingern kleine Eisklumpen aus seinem zotteligen zweigeteilten Bart. Omar, der bartlose Afrikaner, eilte ohne zu zögern in die Nähe der Feuerstelle und rieb sich die Hände über den Flammen. Nur Elias schien zu wissen, dass sie warten mussten, bis sie aufgefordert wurden, Karls Gäste zu sein.

»Setzt euch«, sagte Karl zu den drei Anführern und ihren beiden stilleren Begleitern. Er sah sie fragend an. Dann merkte er, dass sie das Fränkische nicht verstanden.

»Woher kommen die beiden?«, fragte Karl den alten Juden.

»Oh, sieht man das nicht?«, schmunzelte Isaak. »Sie sind viel bessere Juden als ich selbst. Der eine stammt aus Tyros unweit von Jerusalem. Der andere kam erst vor einem Monat von Marseille die Rhone herauf. Er hat mir eine kleine Schiffsladung Gewürze von meinem Schwager mitgebracht.«

»Gewürze aus Arabien?«, fragte Karl interessiert. »Bringt ihr auch Weihrauch und Myrrhe für unsere Klöster? Oder dürft ihr das nicht?«

Der Händler lachte, dann nickte er. »Natürlich haben wir neben vielem anderen auch solche Kostbarkeiten in unserem Gepäck. Schließlich war Isa, den ihr Jesus nennt, ja ebenfalls Jude, als er damit beschenkt wurde...«

Karl beugte sich zur Seite und gab einem der Bediensteten die Anweisung, Gemüse ohne Fleisch für die Fernhändler zu kochen. Vorab ließ er schon Brot und Wein bringen.

»Keinen Speck bitte«, sagte Isaak besorgt. »Ich weiß ja, dass ihr Franken Dutzende von Sorten kennt, die allesamt sehr köstlich sein sollen. Aber bei Speck und Schmalz müssen wir leider ebenso enthaltsam sein wie eure Priester bei ein paar anderen Genüssen.«

Karl lachte und schüttelte vergnügt den Kopf. »Wenn sie es denn wären…«, sagte er. »Aber du weißt selbst, dass einige der Priester den Zölibat nicht einmal buchstabieren, geschweige denn befolgen können. Manche von ihnen haben sogar mehr Ehefrauen als die Sarazenen.«

»Das zu beurteilen steht mir nicht zu«, antwortete Isaak. Nach und nach kamen auch andere Männer in den großen Raum, setzten sich zu ihnen und warteten darauf, dass die Händler von ihren Reisen und von Geschehnissen berichteten, die interessanter waren als die zugefrorene Maas.

»Es ist nicht leicht für uns«, meinte Isaak nach vielen Stunden, in denen sie über Friesenmissionare, Alamannen, Thüringer und Sachsen, Baiern und die Merowingerkönige geredet hatten. »Im letzten Sommer beispielsweise, da gerieten wir in eine Falle, von der wir überhaupt nichts ahnten.«

»Berichtet uns«, sagte Karl und zog mit seinen Fingern an den Enden seines dichten blonden Schnauzbartes.

»Nun, wie schon oft kam ich mit Spezereien und Gewürzen bis zur Zollstelle bei Marseille. Ich war bereit, für meine Waren die Abgaben zu zahlen, wie sie in allen Häfen oder Städten üblich sind. Aber ich wurde von den Zöllnern so übel ausgenommen, dass mir meine Fahrt über das Meer im Süden keinen Gewinn mehr einbrachte.«

»Warum hast du dich nicht beschwert?«, fragte Karl. »Auch Zöllner dürfen nicht zu Räubern werden.«

»Sie waren keine Räuber, sondern haben nur getan, wozu sie den Befehl erhalten hatten.«

»Den Befehl, jüdische Händler auszurauben?«

»Nein«, antwortete Isaak. »Aber am neunundzwanzigsten April vergangenen Jahres – und das war gleich nach Ostern – hat

König Chilperich II. dem Kloster Corbie ein Diplom für sämtliche Einkünfte aus dem Zoll von Marseille ausgestellt.«

Karl beugte sich ruckartig vor. »Kurz nach Ostern?«, wiederholte er und legte die Stirn in Falten. »Was hatte er zu dieser Zeit mit Marseille im Sinn? Oder mit dem Kloster Corbie?«

Er blickte sich fragend nach allen Seiten um. Aber auch Abt Milo und die Grafen, die den Winter über in Jupille geblieben waren, hoben nur die Brauen und die Schultern.

»Wofür?«, fragte Karl deshalb direkt.

»Nun, mit der angeblichen Schenkung haben der Majordomus Raganfrid und König Chilperich verfügt, dass die Begleiter von Transporten, seien sie Mönche oder nicht, mit Ersatzpferden und Lebensmitteln, mit Kümmel, Pfeffer und sogar der ekelhaften römischen Garumfischsoße bedacht werden.«

»Ich kann darin weder etwas Illegales noch eine neue Strategie erkennen«, meinte Karl beinahe erleichtert. »Mein Vater hat während seiner Amtszeit Hunderte von Geschenken ausgeteilt.«

»Du meinst, dass Chilperich mit dem Zoll etwas viel Wertvolleres gekauft hat?«

»Genau so ist es«, nickte Karl. »Kümmel für wache Augen, Pfeffer zur Schärfung des Gehörs und Fischsoße als Luxus. Ich nehme an, dass diese Schenkung offiziell an die Bedingungen geknüpft ist, die Mönche sollten jederzeit für Chilperich und seine Seele beten. Aber in Wirklichkeit hat er sich damit ein neues Netz von Kundschaftern gekauft.«

Am nächsten Morgen hinderte ein heftiges Schneetreiben die Fernhändler daran, weiterzuziehen. Karl nutzte die Gelegenheit, fragte Isaak und seinen Sohn nach Städten der Provence und Aquitaniens, nach Sarazenen, Langobarden und der legendären Stadt Konstantinopel.

»O ja, Konstantinopel«, sagte der alte Jude mit einem tiefen

Seufzer. Er schloss die Augen und lehnte sich ein Stück zurück. »Konstantinopel ist die einzige Stadt der Welt, die mir noch vor Rom, Pavia und Ravenna, Trier oder Köln das heilige Jerusalem ersetzen könnte. Ich liebe diese Hauptstadt, die Kaiser Konstantin aus dem griechischen Byzanz erblühen ließ. Sie hat keine sieben Hügel wie das alte Rom. Aber als neues Rom war sie von Anfang an die wahre Perle des Imperium Romanum.«

»Aber wir hörten, dass auch dort die Anhänger des Propheten Mohammed bedrohlich und gefährlich werden.«

»Wie wahr, wie wahr!«, antwortete Isaak und öffnete die Augen. »Im vergangenen Jahr kamen die Araber mit einer Flotte und großen Heerscharen zugleich. Sie lagerten am Goldenen Horn und schlossen Kaiser Leo, den Isaurier, wochenlang ein. Dem Herrn sei Dank, dass er die Mauern hatte, die Kaiser Theodosius II. errichten ließ, als diese Stadt vor nunmehr drei Jahrhunderten den Angriffen von Attila mit seinen Hunnen und den verbündeten Germanenstämmen standhalten musste.«

»Waren die Mauern Konstantinopels damals nicht bei einem Erdbeben eingestürzt?«, fragte Abt Milo.

»Ja, das ist wahr«, antwortete der Jude. »Aber der damalige Kaiser, der sich den Frieden stets damit erkaufte, jedes Jahr viele hundert Pfund Gold als Tribut zu zahlen, ließ die rot und weiß gestreiften Mauern höher und stärker wieder aufbauen als je zuvor.«

»Und?«, fragte Karl. »Wird Konstantinopel auch weiterhin gegen die Muselmanen standhalten?«

»Ich gebe zu, dass auch wir Juden mitgebetet haben, als es darum ging, den Schutz des Himmels auf die Stadt herabzuflehen. Ihr könnt euch gar nicht vorstellen, wie schrecklich diese Sarazenen schreien, wenn sie wieder und wieder auf ihren schnellen, edlen Pferden vor den Mauern hin und her preschen.«

»Nicht auszudenken, was geschehen würde, wenn sie Konstantinopel tatsächlich erobern«, stöhnte der schwarze Abt. »Der Fall der Kaiserstadt im Osten würde das Tor auch bis zu uns aufstoßen.«

»Ja, du hast Recht«, stimmte der alte Jude zu. »Wer weiß schon, wo sich diese Flut gebrochen hätte? Sie wären weiter vorgestürmt. Stellt euch nur vor, wie die Zange aussehen würde, wenn diese Krummschwerter von Südosten und Südwesten gleichermaßen nach Europa einfallen. Die einen an der Donau entlang bis zu den Grenzen eures Frankenreiches, die anderen von Spanien aus nach Aquitanien und in die Provence.«

»Haben die Oströmer denn nun gesiegt?«, fragte der junge Graf Folker.

»Du musst dir keine Sorgen machen«, beruhigte ihn Isaak. »Konstantinopel fällt nicht – auch wenn die Sarazenen sehr schnelle, mutige und wilde Kämpfer sind. Manch einer hat sie bereits mit dem Hunnensturm verglichen.«

»Sind sie so anders?«, fragte Karl.

»Die Hunnen wollten Beute und sonst nichts. Für sie war es unwichtig, ob sie für Westrom, Ostrom oder an der Seite von Franken oder Goten ritten. Den Anhängern von Mohammed dagegen bedeuten Gold und Beute nur eine Zugabe, die sie zum Überleben brauchen. Für sie zählt nur, dass sie den Anspruch des Propheten Mohammed in aller Welt verbreiten.«

»Das unterscheidet sie nicht sehr von unseren Bischöfen und Mönchen«, sagte Karl lachend.

»Es ist ein riesengroßer Unterschied, ob Irenmönche nur alte Götterbilder zerschlagen oder ob die Muselmanen gnadenlos jeden niedermachen, der sich nicht dem Willen ihres Gottes unterwirft. Sie fordern die totale Unterwerfung unter ihren Gott mit Namen Allah, der viel härter ist als euer Christengott und unser Gott des alten Bundes.«

In diesem kalten Winter hatten sich kaum Eisschollen auf dem zugefrorenen Fluss gebildet. Viele der jüngeren aus dem Gesinde der beiden Gutshöfe und aus dem Gefolge Karls schafften Schlitten und Bohlen, alte, nicht mehr brauchbare Schilde, angebrochene Pflugscharen und allerlei anderes Gerümpel zum Fluss.

Überall johlten, kreischten und lachten die Menschen, während sie sich auf dem Eis vergnügten. Viele der Frauen und Mädchen genossen die Abwechslung und die klare Luft als Ausgleich für die vielen Stunden, die sie Tag für Tag in Ställen, Spinnstuben oder Küchen verbrachten.

Karl ließ sie alle gewähren. Er hielt nichts davon, in den beiden Gehöften seines Vaters eine Strenge einzuführen, wie er sie aus den Klöstern von Stavlot und Echternach kannte. Menschen, die im Winter sehr leicht erfrieren und verhungern konnten und im Frühjahr damit rechnen mussten, dass sie zum Heribann gerufen wurden, um wie jedes Jahr in den Krieg zu ziehen – diese Menschen sollten sich freuen und lachen, sooft und solange sie konnten.

»Wie viele kriegen wir hier zusammen?«, fragte Karl Ende Januar. Rotbert und Folker hatten bereits mit dieser Frage gerechnet.

»Hier ungefähr sechzig Männer«, antwortete Rotbert für Jupille.

»Auf der anderen Seite des Flusses leben im Umkreis von dreißig Meilen ungefähr fünfhundert waffenfähige Männer«, ergänzte Folker. »Mehr als ein Drittel von ihnen kannst du nicht zum Heribann rufen, wenn du bedenkst, dass weiterhin Tiere aufgezogen, Äcker bestellt und Bäume geschlagen werden müssen.«

»Ein Drittel; das sind kaum mehr, als wir in Köln und an der Ambleve hatten«, stellte Karl grimmig fest.

»Ich glaube nicht, dass Plektrud noch sehr viel Unterstützung bekommen wird«, meinte der schwarze Abt.

Wie zur Bestätigung kam wenige Tage später ein erstes, unerwartet großes Aufgebot aus Richtung Köln über den vereisten Fluss. Sie wurden mit großem Hallo und noch mehr Aufregung und Durcheinander begrüßt. Karl brauchte eine Weile, bis ihm klar wurde, dass mit diesen Männern tatsächlich das erste Kontingent von ehemaligen Parteigängern Plektruds zu ihnen gestoßen war.

»Ich fasse es nicht!«, stieß er immer wieder kopfschüttelnd hervor, während ihm Alberich berichtete, was an Rhein und Mosel in der Zwischenzeit geschehen war. Alberichs Bewaffnete kümmerten sich darum, dass ihre Pferdeknechte und Waffenträger die Tiere richtig versorgten und alle Metallteile an Waffen und Ausrüstung mit Leinöl und Bibergeil eingerieben wurden. Plektruds Neffe selbst ging mit Karl allein bis zum Fluss. Er erzählte zunächst, dass sein eigener Ältester Gregor sich nun auch entschlossen hatte, zu den irischen Mönchen zu gehen.

»Nach Stavlot-Malmedy oder nach Echternach?«, fragte Karl. Alberich schüttelte den Kopf. »Nein«, sagte er. »Ich weiß auch nicht, was in den Jungen gefahren ist, aber er hat sich entschlossen, die ersten Jahre in der Gegend von Kitzingen zu verbringen.«

»Kitzingen, Kitzingen?«, fragte Karl. »Gehören die Besitzungen bei Würzburg nicht zu Herzog Hedan?«

»Das ist richtig«, antwortete Alberich. »Sie gehören ihm. Aber er hat vor, einen Teil davon an Echternach und Willibrord zu verschenken.«

»Hm …«, machte Karl nur. Er wusste nicht, ob er sich darüber freuen oder verärgert sein sollte. »Weißt du etwas Neues von den Thüringern?«

»Es geht Herzog Hedan II. nicht gut«, berichtete Alberich. »Er wird sich von seinen Verletzungen wohl nie mehr ganz erholen.«

Karl presste die Lippen zusammen und nickte. Sie gingen ein

paar Schritte schweigend weiter und blickten vom flachen Uferhang auf ein paar Männer, die sich große Löcher ins Eis gehackt hatten, um zu fischen. Sie benutzten geflochtene Weidenreusen dazu.

»Die Thüringer sind im Moment wohl die Einzigen, die sich friedlich und abwartend verhalten«, meinte Alberich. »Aber selbst Herzog Theodo von Baiern befürchtet inzwischen, dass der Einfluss der Mönche aus Britannien und Irland auch bis zu ihm vordringt.«

»Was hat er vor?«

»Er will noch in diesem Jahr mit großem Gefolge zu Papst Gregor nach Rom pilgern.«

»Dann muss er schon einen sehr guten Plan haben«, meinte Karl.

»Im Grunde ist sein Gedanke ganz einfach«, sagte Alberich. »Er wird dem Papst die Gründung von eigenen Bistümern in Salzburg, Freising und Passau vorschlagen – Bistümer, die durch eine ständige römische Gesandtschaft in Baiern gestärkt werden sollen.«

Karl blieb ruckartig stehen. »Weißt du, was das bedeutet?«

»Ja«, sagte Alberich, ebenfalls besorgt. »Es ist ein Konkordat – ein unlösbarer Vertrag zwischen den Baiern und dem Papst in Rom …«

Obwohl der Winter nach wie vor kalt war, blieb das Wetter klar und trocken. Nach und nach kamen aus allen Himmelsrichtungen kleinere Botengruppen, um Karl mitzuteilen, dass immer mehr der Leudes, die zu Pippins Kampfgefährten gezählt hatten, nunmehr auf seine Seite übertreten wollten.

»Dass meine Stiefmutter und ihre weit verzweigte Verwandtschaft gegen mich sind, überrascht mich nicht«, sagte Karl Anfang Februar. »Aber ich wundere mich doch, dass mich Bischof Rigobert, der immerhin mein Taufpate gewesen ist, so vollkommen hängen lässt. Mit manchen Bischöfen ist es eben nicht einfach.«

»Du hast sehr viel gelernt, seit ich dich zum letzten Mal gesehen habe«, meinte Alberich respektvoll. »Und ich muss sagen, dass dir das letzte Jahr mit deinen beiden kleinen Schlachten gegen die Friesen und das zweite Heer des Königs überall Anerkennung eingebracht hat.«

»Meinst du im Ernst, dass irgendjemand zu mir kommt, obwohl ich nicht einmal ein Herzog, geschweige denn der Majordomus bin?«

»Ich schwöre dir, sie werden kommen, sobald sie hören, dass du sie bereits in Frühling gegen Neustrien führen wirst«, antwortete Alberich.

»Also, dann los!«, sagte Karl entschlossen. »Formuliert das Aufgebot genau so, wie mein Vater es getan hätte. Aber fügt hinzu, dass wir nach dem Waffengang nach Köln ziehen, um auch dort endlich auszumisten.«

Einer der Ersten, die Karls Aufruf folgten, war der Friese Wusing. Er, der vor vielen Jahren vor der Willkür Radbods zu Karls Halbbruder Grimoald geflohen war, war inzwischen Christ und hatte sich geweigert, jemals wieder nach Friesland zurückzukehren, solange Radbod und die Seinen dort wie die Wilden herrschten. Wusing war noch immer der ernste Mann, der nie verwunden hatte, dass sein jüngster Sohn Thiatgrim sich von ihm losgesagt hatte, um in Radbods Dienst zu treten.

Wusing brachte mehr Männer mit, als in diesem Winter in den beiden Gehöften des verstorbenen Majordomus gelebt hatten. Schlagartig vergrößerte die kleine Streitmacht aus Toxandrien Karls gerade erst entstehendes Heer. Karl war derartig erfreut über den unerwarteten Zuspruch, dass er befahl, alle Weiden und Wiesen rund um Heristal bis hin zu den steiler ansteigenden Hügeln im Westen für die Neuankömmlinge zu räumen. Mehrere Tage lang schlugen Äxte und Beile die Balken von alten, halb eingefallenen Stallungen und Futterstellen zur Seite. Sie rissen Zäune ein und ebneten den Platz für Zelte mit Lattenrosten über Reisigböden.

Während in den ersten Wochen des Jahres oft Kinderlachen und fröhlicher Gesang von Frauen und Mädchen durch das weite Tal der Maas geweht war, dominierten jetzt raue Männerstimmen, kräftige Gesänge und grölende Anfeuerungsrufe, wenn sich Streitende prügelten oder im Ringkampf über den Boden rollten.

Dass sich jetzt langsam die Tage eines neuen Märzfeldes bei Jupille und Heristal näherten, zeigte sich auch daran, wie viele Händler, Gaukler und Tagediebe sich nach und nach einfanden.

Den ganzen Winter über hatte es kaum etwas ausgemacht, dass draußen Schnee lag und auch die Kleidung feucht war, wenn sie in die wärmeren Räume getragen wurde. Jetzt aber dampften die Hosen, Kittel und Kleider, die Umhänge, Mäntel und Pelze, als wollten sie nie wieder trocken werden. In jedem Raum, jedem Zelt, in dem sich mehr als zwei, drei Menschen befanden, roch es nach warmer Nässe und ihren Ausdünstungen. Jedermann hasste und verfluchte die schlechten Bedingungen vor einem Märzfeld. Einige meinten, die alljährlichen Treffen an der Grenze zwischen Winter und Frühjahr wären nur eine späte Rache der Römer. Für sie, die aus angenehmeren, wärmeren Gegenden kamen, waren die Iden des März ein eher fröhliches und beschwingtes Datum gewesen. Außerdem hatte ihre Heeresversammlung zuerst mit dem Gott Mars und dann erst mit dem Monat März zu tun.

Aber die jährlichen Treffen waren viel mehr als eine Heerschau. Für die Könige und ihre obersten Verwalter waren sie gleichzeitig Gerichtstage, Anlass für Schenkungen und für die Verkündung von neuen, großen Zielen.

Karl hatte nichts zu verschenken. Er wusste auch, dass im

Grunde niemand verpflichtet war, seinen Kopf für ihn hinzuhalten.

»Wir haben nur einen Monat, wenn wir sofort nach dem Märzfeld gegen die Neustrier ziehen«, sagte er nachdenklich, als sie Ende Februar zum letzten Mal zusammensaßen, um alles zu besprechen. »Ostern ist in diesem Jahr sehr früh. Deshalb müssen wir in vier Wochen so weit sein, dass wir das Heer des Königs möglichst dicht vor Paris angreifen und schlagen.«

»Warum so weit im Westen?«, fragte Alberich. »Hier ist doch unsere Gegend! Wir könnten die Neustrier erwarten und sie dann irgendwo zwischen Maas und Rhein zum Kampf stellen.«

»Falsch!«, sagte Karl. »Wenn wir warten, bis sie hier sind, sind wir die in die Enge geratenen Verteidiger und sie die Eroberer. Das ist nicht meine Vorstellung von einer entscheidenden Schlacht. Ich will gewinnen. Deswegen ziehe ich gegen sie, dringe in ihr Gebiet ein und schlage sie auf ihrem Boden.«

Zwei Tage vor dem Beginn des offiziellen Märzfeldes kam ein einzelner Mönch mit einer Hand voll halbwüchsiger Jungen in viel zu kurzen Kutten und sommerlichen Beingewändern aus Richtung Lüttich an der Maas herab. Der Mönch war nicht besonders groß. Zwischen den rauen Gestalten hier an der Maas wirkte er geradezu zierlich. Er wartete bescheiden am Rand des Lagers von Jupille, bis er sich Schritt für Schritt näher an die Häuser des eigentlichen Gehöftes wagte.

Irgendwann im Laufe des Tages gelang es ihm durch hartnäckige Bescheidenheit, bis an den Eingang jenes Hauses vorzudringen, in dem Karl und die wichtigsten Gefolgsleute bei seinem ersten großen Aufgebot versammelt waren. Der Mönch wartete mit seinen jugendlichen Begleitern Stunde um Stunde, bis er plötzlich sah, dass Karl selbst mit großen, schweren Schritten ins Freie kam, sich reckte und zur Seite spuckte.

»Entschuldige mich, Karl«, rief er ihm zu. »Ich will nicht stören, aber ich bin Beningus, der Abt des Klosters Sankt Wandrille bei Fontenelle.«

»Ja, ich erkenne dich!«, rief Karl erstaunt aus. »Das Kloster liegt doch weit in neustrischem Gebiet. Wie kommst du gerade jetzt hierher?«

»Ich fliehe zu dir, Karl. Ich fliehe zu dir, weil ich fürchterlich behandelt wurde. Sie haben mir alles genommen, wofür ich jahrelang gebetet und gelebt habe.«

»Wenn ich nicht irre, gehörten dir mehr als ein Dutzend Landgüter«, stellte Karl ungerührt fest. Gleichzeitig wurde ihm wieder bewusst, wie unvermögend er selbst immer noch war.

»Es waren beinahe schon zwei Dutzend Landgüter«, gab Abt Beningus zu. »Sie waren mir persönlich übergeben – nicht nur als Lehen oder ein Beneficium, das ich zu Lebzeiten nutzen durfte, sondern größtenteils besiegelt und als volles Eigentum.«

»Nicht schlecht für einen Abt, der eigentlich mit frommen Werken genug zu tun haben sollte«, meinte Karl mit einem Seitenblick zu Milo.

»Alles ist weg«, klagte Beningus, und seine Stimme erstickte fast vor Tränen. »Ich habe nichts mehr. Nicht einmal eine Mühle, einen Fischteich oder einen Gemüsegarten.«

»Du wirst schon nicht verhungern«, sagte Karl gönnerhaft. »Wenn du bei mir bleibst, wirst du jedenfalls satt zu essen haben. Das gilt natürlich auch für deine Jungen, die ganz so aussehen, als könnten sie Söhne von dir sein.«

»Sie sind auch meine Söhne«, sagte der Abt und reckte sich ein wenig. Die anderen begannen laut zu lachen und klopften sich gegenseitig auf die Schultern. Sie merkten jetzt erst, dass Karl den Abt von Sankt Wandrille die ganze Zeit auf den Arm genommen hatte.

Sie mussten sich zusammenschließen, wie es zu allen Zeiten Völker, Sippen oder Stämme getan hatten, die allein zu schwach waren. Die Familien Austriens mochten verfeindet und Rivalen sein, aber sie hatten sich auch ohne große Rituale auf einen Mann geeinigt, dem sie jetzt zutrauten, gegen die anderen zu ziehen, die gerade erst den unmündigen Enkel Plektruds, Theudoald, und den halbwüchsigen Merowingerkönig Dagobert III. im Wald von Compiegne derartig geschlagen hatten, dass kaum noch etwas übrig war von Pippins großem Erbe.

Alberich, der Sohn von Plektruds Schwester Adela, übernahm das Amt des Zeremonienmeisters. Wie sonst ein Pfalzgraf ließ er die Ziegenglocken und die kleine Glocke der Hofkapelle läuten. Dann fiel auch noch das Glöckchen der neuen Lambertskirche auf der anderen Seite der Maas ein. Das Eis war nicht mehr stark genug, deshalb hatten sich alle an beiden Ufern der Maas versammelt, die hier so breit war, dass schon ein guter Bogen nötig war, um mit dem Pfeil von einer Seite aus die andere zu erreichen.

Trotzdem gelang es Alberich mit lauter Stimme, Ruhe einzufordern. Obwohl jedermann wusste, worum es ging, stellte er die eine wichtige Frage:

»Männer von Austrien! Edle und Krieger! Freie und Lehnsleute!«, rief er so laut er konnte. »Wollt ihr, dass Karl, der letzte Sohn von Majordomus Pippin, euch gegen Neustrien führt?«

Er wollte weiterreden, noch genauer fragen und die Entscheidung dieses Märzfelds unter den Segen Gottes stellen, aber da dröhnte bereits aus Hunderten und Tausenden von Kehlen ein vielfältiges und mehrfach wiederholtes »Jaaaa!« von beiden Ufern über den Fluss.

Zwei Pferdeknechte brachten ein säuberlich gestriegeltes, aufwendig geschmücktes Schlachtross an die Uferböschung. Es trug goldene Riemen, Laschen, Schmuckverzierungen und ein echtes Zaumzeug aus dem Besitz des Hausmeiers Pippin. Zwei andere griffen nach dem Sattel und stellten sich mit dem Rücken zu Karl. Er fasste an sein Langschwert, hielt es fest am Körper und stieg mit dem linken Fuß in den linken Steigbügel. Nach langer Zeit trug er wieder einen ledernen Brustpanzer mit aufgenähten Eisenplättchen, dazu den glänzend runden Eisenhelm mit kreuzförmig über den Kopf laufenden vergoldeten, fein gravierten Eisenbändern. Zu beiden Seiten hingen die beiden Bleche des Wangenschutzes herab, während der Nackenschutz aus kleinen Kettengliedern sich kalt auf seine Haut legte.

Karl rückte sich in seinem Sattel zurecht, ließ das Langschwert los und öffnete die Schlaufe für die Halterung der Wurfaxt. Alberich reichte ihm den großen, bunt bemalten Schild aus Holz, wie ihn die Reiter der Merowingerkönige zu tragen pflegten. Karl hatte noch kein Wappen ausgewählt, aber er wusste, dass es auch für ihn nur der schwarze Adler auf weißem Grund sein konnte.

Anders als andere Anführer hob er nicht das Schwert hoch, als er sein neues Pferd aus der Zucht von Jupille mit sicherer Hand an den Männern vorbeiführte. Karl zog die älteste der guten Waffen aller Franken aus der Schlaufe und hielt sie hoch über seinen Helm. Es war die Franziska, mit der die Franken seit Jahrhunderten ihre Feinde schreckten. Denn diese Axt mit ihrer scharfen runden Schneide folgte nicht einer einfachen gebogenen Flugbahn wie Speere oder Pfeile. Sie wurde so geschleudert, dass sie wie ein schnell gedrehtes Rad durch die Luft flog. Gute Werfer wussten ganz genau, wie oft sich die Axt zu drehen hatte, damit die Schneide noch aus voller Drehung exakt auf den Gegner traf.

Als die Männer sahen, dass sich Karl nicht mit dem Schwert der Könige, sondern mit der Franziska zeigte, stieg ein ungeheurer Jubel über alle Köpfe hoch. Karl ritt einmal am Ostufer der Maas entlang. Er wendete erst, als ihn auch die Letzten auf dem anderen Flussufer deutlich gesehen und mit ihren Jubelrufen als Anführer anerkannt hatten.

Er ritt denselben Weg zurück, an den vielen Männern, Frauen und Kindern vor den Fachwerkhäusern von Jupille vorbei und ein Stück in Richtung Lüttich. Erst beim dritten Mal blieb er nicht am Ufer, sondern nahm den Weg, der zum Haupthaus des Gehöfts führte. Bis in den späten Abend sollte überall gefeiert, gegessen und getrunken, gesungen und geliebt werden. Karl hatte keinerlei Beschränkungen erlassen.

Aber sie irrten sich. Sie irrten sich alle, die davon überzeugt gewesen waren, dass die östlichen und westlichen Franken zwischen Reims und Paris aufeinander stoßen würden. Auch Karl hatte fest damit gerechnet, dass die entscheidende Schlacht irgendwo zwischen der Marne und der Aisne stattfinden würde. Aber als dann die zuletzt ausgeschickten Kundschafter zurückkehrten, hörten die Männer um Karl, dass sich auf den Hügeln und Bergen oder in den Flusstälern kein Heer der Neustrier befand.

Nach einer kurzen Besprechung mit seinen Getreuen ließ Karl das Heer zwischen den Marne-Bergen und Reims zurück. Er ritt mit wenigen Begleitern drei Meilen auf Reims zu. Obwohl die Stadt zu den größeren des Reiches zählte und drei- oder viertausend Bewohner hatte, zeigte sich keine Menschenseele vor den Mauern. Nicht einmal die üblicherweise vor den Toren der Stadt herumlungernden Gestalten waren zu sehen.

Karl und seine Begleiter ritten an den mächtigen, halb zerfallenen Stadtmauern von Reims entlang. Sie stammten wie die meisten anderen steinernen Bauten und Ruinen im Frankenreich noch aus der Zeit der Römer und waren an vielen Stellen von Handwerkern ausgebessert worden, die nichts mehr von der alten Baukunst verstanden. Dennoch reichten die massiven Schutzwälle vollkommen aus, um die Stadt zu einer nahezu uneinnehmbaren Festung zu machen.

»Dein Taufpate hat sich eingeigelt«, rief Graf Rotbert Karl

zu. »Einfach in seine Stadt zurückgezogen und dann von innen die Tore verriegelt!«

»Vielleicht hat er auch nur Angst davor, dass wir ihm alles wegfressen«, rief Graf Alberich lachend. Doch Karl schüttelte den Kopf.

Sie ritten eine halbe Meile um die Stadt herum, passierten das große, baumhoch aufragende Westtor und blieben einen Steinwurf von den Turmfenstern entfernt stehen. Kaum hatten sie angehalten, als auch schon ein paar jüngere Priester die Köpfe aus den Luken steckten. Sie fühlten sich stark und sicher und wagten sogar, Karl und seine Männer zu verhöhnen.

Mit unbewegtem Gesicht blieb Karl auf seinem Pferd sitzen. Er bedeutete den anderen, sich nicht vom Fleck zu bewegen. Minute um Minute verrann, ohne dass irgendetwas an den Mauern oder innerhalb der Fensteröffnung geschah.

Doch dann, ganz unvermittelt, tauchte plötzlich der Erzbischof von Reims in vollem Ornat an einer der größeren, hochliegenden Maueröffnungen auf.

»Was willst du, Karl?«, rief er mit seiner hohen, heiseren Stimme. Sie klang hell, aber furchtlos und zornig.

»Ich will, dass du die Stadttore aufmachst oder uns deinen Schlüssel herunterwirfst.«

»Wozu sollte ich das tun?«

»Damit ich einziehen und bei der Heiligen Maria beten kann.«

Der Erzbischof von Reims stieß ein meckerndes Gelächter aus. »Nein Karl, ich werde dir meine Stadt nicht öffnen – so lange nicht, bis ich weiß, ob du als Sieger oder als Verlierer von deinem Zug gegen die Neustrier zurückkehrst…«

»Heißt das, der Erzbischof von Reims ist zu feige, um zu seinem Patenkind zu stehen?«, rief Karl zu den Kirchenmännern in den Mauern des Westtores hinauf.

»Nein, Karl«, gab der Erzbischof von Reims ebenso laut mit

seiner hohen Stimme zurück. »Du musst noch lernen, dass Feigheit und Klugheit zwei unterschiedliche Paar Schuhe sind. Bis du das weißt, bleiben die Tore von Reims für dich geschlossen.«

Während der Erzbischof seine Worte wie von einer Kanzel zu den Berittenen herabschleuderte, ritt der schwarze Abt direkt neben Karl. Es war, als ahne er, dass Karl sich nur noch mühsam beherrschen konnte.

»Lass ihn reden«, zischte er warnend.

»Selbst wenn du die ganze Welt eroberst, wirst du eines doch nicht erlangen«, rief Rigobert immer erregter. »Du bist und bleibst ein Bastard – auch wenn du mich für diese Wahrheit tötest, wie es der Bruder deiner Mutter mit Bischof Lambert getan hat.«

Karl blieb einen Augenblick wie erstarrt auf seinem Pferd sitzen, dann schlug er mit der flachen Hand auf die Schwertscheide an seiner Seite.

»Dann bleib in deinen Mauern, alter Mann, und bete weiter!«, rief er schließlich rau und wütend. »Aber ich schwöre dir, dass du nicht unbestraft bleiben wirst, wenn ich als Sieger wiederkomme. Nicht, weil du mir die Schlüssel deiner Stadt verweigert hast, sondern für das, was du eben gesagt hast …«

10.

Feindliche Heere

Mitte März hatten die Frühlingswinde den Boden so weit abgetrocknet, dass Karls Streitmacht ohne große Schwierigkeiten nach Nordwesten vorstoßen konnte. Sie folgten den uralten Pfaden und Wegen und machten sich nicht die Mühe, eigene Übergänge an den Wasserläufen der Flüsse und an den sumpfigen Ufern aufzubauen. Trotzdem hatten es die wenigen Berittenen auf dem ganzen Marsch schwerer als die Krieger zu Fuß. Die Männer konnten an den Flussufern leichter trockene Stellen finden als die schweren Tiere.

Sie blieben im flachen Land und passierten die Grafschaft Laon, ohne ihre Pfalz direkt zu berühren. Der Graf von Laon ließ keine Vermutungen zu, ob er sich auf die eine oder die andere Seite schlagen würde, aber er stellte immerhin unaufgefordert genügend Mehl, Speck und Honig, Käse und Schlachttiere für Karls Heer zur Verfügung.

Obwohl Karl weiterhin ungewöhnlich wortkarg blieb, begann er doch, die Männer zu einer schnelleren Gangart zu drängen. »Was ist?«, fragte er mehrmals. »Wollt ihr etwa erst bei Köln auf die Neustrier treffen?«

Sie passierten Sankt Quentin und stießen in Richtung Tournai vor – jener Stadt am rechten Ufer der Schelde, in der sich das Grab von Childerich I. befand. Karl ritt an der Spitze des lang gestreckten Zuges. Es wäre für ihn und die Berittenen hinter ihm ein leichtes gewesen, die alte Königsstadt in weniger als einem Tag zu erreichen, aber er musste auf die Langsamsten in seinem Heer Rücksicht nehmen. Und das waren nun einmal die Wagen und Ochsenkarren, die auch in ebenem Gelände nicht mehr als zehn oder zwölf Meilen pro Tag schafften.

»Hat einer von euch das Grab Childerichs schon einmal gesehen?«, fragte er. Die Männer in ihren Sätteln, einer nach dem anderen, schüttelten den Kopf. »Ich weiß nur, dass Childerich in einem Hügelgrab bestattet ist, das einen Durchmesser von fast dreißig Schritt haben soll«, sagte Alberich. »Bei uns in Pfalzel und in Trier haben meine Eltern und Bischof Liutwin mehrmals darüber gestritten, ob die Pferde in den umliegenden Gräbern heidnisch oder christlich geopfert wurden.«

»Was heißt hier geopfert?«, rief der schwarze Abt, der eine halbe Pferdelänge hinter Alberich ritt. »Ich weiß genau, was mein Vater gesagt hat, denn auch wir haben über diese Frage gestritten.«

»Und zu welchem Ergebnis seid ihr gekommen?« Zum ersten Mal seit den beleidigenden Vorwürfen des Erzbischofs von Reims zeigte Karl wieder ein Lächeln.

»Die Antwort ist nicht besonders schwierig«, gab Abt Milo zurück. »Childerich war Franke und Römer zugleich. Er selbst soll christlich begraben worden sein, aber sein Grabmal ist und bleibt eine Art Tumulus – ein Grabhügel, wie er bereits für keltische Fürsten aufgeschüttet wurde.«

»Und seine Pferde?«, fragte Karl. »Was ist mit seinen Pferden?«

»Es heißt, dass dreizehn Wallache, fünf Hengste und drei Fohlen in nordsüdlicher Richtung begraben worden sind. Childerich selbst dagegen soll mit allen Insignien seiner Größe und mit seinen Waffen in ostwestlicher Richtung gelegt worden sein.«

»Ja, das beweist natürlich den Unterschied«, gab Karl zu. »Aber die Tiere waren schließlich nicht getauft. Schon um das klar zu stellen, mussten sie anders gelegt werden als der verstorbene König.«

Die Männer in seinem Gefolge nickten zustimmend. Was manch einem in anderen germanischen Völkern und Stämmen eher unbedeutend erschienen wäre, galt unter den Franken als klares Zeichen. In dieser Hinsicht unterschieden sich die Adligen nicht im Geringsten vom einfachen Volk.

Am 18. März überquerte Karls Heer die Sambre. Es war ein schöner Frühlingstag, und bis zum Sonnenuntergang hatte auch der Tross den flachen Aufstieg vom Flussufer bis zu einem lang gezogenen Hügelbogen geschafft, von dem aus der Blick nach Westen und Nordwesten frei war.

»Jetzt liegt nur noch die Somme zwischen ihnen und uns«, stellte Karl zufrieden fest. »Wir lagern hier, und morgen früh reite ich mit kleiner Begleitung zum Heer der Neustrier.«

»Bist du wahnsinnig?«, stieß der schwarze Abt hervor. »Willst du dich freiwillig und ohne Not zu ihrem Gefangenen machen?«

»Sie werden mich nicht gefangen nehmen«, antwortete Karl. Er richtete sich hoch in seinem Sattel auf und nahm die Zügel fester. Für eine Weile starrten Pferd und Reiter bewegungslos nach Nordwesten.

»Ich muss es versuchen«, stieß Karl schließlich hervor. »Ich muss versuchen, mit ihnen zu reden und ihnen wenigstens zu sagen, was ich von ihnen will und welchen Anspruch ich auf die Rechte und Titel meines Vaters anmelde.«

»Es ehrt dich, dass du so denkst«, sagte der schwarze Abt. »Aber du vergisst dabei, dass du in ihren Augen einfach nicht ebenbürtig bist.«

»Genau das will ich wissen«, stieß Karl entschlossen hervor. »Ich will wissen, ob alle so denken wie mein Taufpate Rigobert oder ob es wenigstens in Neustrien Männer der Kirche und des Adels gibt, die meine Rechte bestätigen.«

»Und wenn es so wäre?«, mischte sich jetzt auch Graf Rotbert ein. »Was hättest du davon, wenn sie sagen ›Ja, dieser Karl ist ein Sohn von Pippin. Rechtmäßig gezeugt mit der Jungfrau Alphaid, die keine Konkubine sondern seine Uxor, das heißt seine Ehefrau war …«

»Ich will es hören«, erwiderte Karl. »Sobald ich das gehört habe, werde ich öffentlich erklären, dass ich Chilperich II. nicht nur als Merowingerkönig von Neustrien, sondern auch für den austrischen Teil des Frankenreiches anerkenne.«

Die Männer um Karl herum schwiegen. Sie wussten ganz genau, was er dachte und meinte. Aber sie wussten auch, dass mit einer Anerkennung Karls als rechtmäßiger Sohn Pippins noch lange nichts erreicht war.

»Noch gibt es Plektrud in Köln«, sagte Alberich in die Stille hinein. »Und meine Tante wird niemals vor dir aufgeben.«

»Dann seid ihr also der Meinung, dass ich die Neustrier einfach weiterziehen lassen soll? Dass ich dulden soll, wie sie unsere Grafschaften verwüsten, Gehöfte in Schutt und Asche legen, das Vieh von den Weiden treiben, Frauen und Mädchen vergewaltigen und so lange Jahr für Jahr wiederkommen, bis es bei uns keinen Widerstand mehr gibt und sie die Grenzpfähle der neustrischen Macht an den Ufern des Rheins einschlagen können?«

»Niemand von uns hat derartiges gedacht oder ausgesprochen«, antwortete Alberich deutlich verärgert. »All diese Männer, die dir jetzt folgen, haben Familien und stammen aus den Gebieten, die seit deines Vaters Tod nur noch offene, ungeschützte Grenzen haben. Sie unterstützen dich, Karl, weil du ihre Hoffnung bist. Doch genau deshalb darfst du jetzt nicht aus Stolz und verletzter Ehre wie ein lebensmüder Held vor deine Gegner treten. Selbst wenn dein Plan von hoher Gesinnung zeugt, musst du die Dinge so sehen, wie sie sind.«

»Ja, Karl«, stimmte auch der schwarze Abt zu. »Du bist in ihren Augen nicht mehr als der Anführer einer Räuberbande, die dem neustrischen Heer sowie dem König der Franken und dem rechtmäßig von allen Adeligen Neustriens gewählten Majordomus Raganfrid in die Quere kommt.«

»Zur Hölle, was redet ihr da?« brüllte Karl unvermittelt. »Hat denn dieser Erzbischof von Reims euer Denken vollkommen vergiftet? Warum ziehen wir über die Äcker und durch die Wälder? Warum plagen wir uns überhaupt? Doch nicht nur, weil ich den Groll über die Ungerechtigkeit meines Vaters im Herzen trage. Nein, Männer! Wir sind hier, um die Freiheit des Landes zu verteidigen, das immer unser Land zwischen Maas und Rhein, zwischen Friesen und Alamannen, Sachsen und salischen Franken gewesen ist.«

Er schlug seinem Pferd die Hacken in die Flanken und ritt einmal um die versammelten Reiter in seinem Gefolge herum.

»Ich weiß selbst, dass wir zu wenige sind, dass wir zu wenig Pferde haben, zu wenig Übung im Kampf, und dass die anderen einen gewählten Majordomus besitzen. Aber ich sage euch nochmals: Sie werden nach Köln vorstoßen und dann die Klammer nach Norden bis zum Herzog der Friesen schließen. Wenn das geschehen ist, gibt es euch alle nicht mehr. Eure Höfe nicht, eure Grafschaften und eure Familien. Dann könnt ihr froh sein, wenn ihr als Gefolgsleute eines Rebellen irgendwohin umgesiedelt werdet oder zuvor noch flüchten könnt!«

»Wir werden kämpfen!«, sagte Alberich laut und vernehmlich. Wie zur Bestätigung tauchte plötzlich ein Schwarm von Reitern am östlichen Ufer der Sambre auf. Obwohl es bereits dunkel wurde, erkannten die Männer um Karl sehr bald, dass es die Thüringer waren, die wieder zu ihnen stießen. Nahezu hundert Berittene und mindestens fünfhundert Krieger zu Fuß drängten sich über die zerstampften Stellen, an denen kurz zuvor die Franken den Fluss überschritten hatten.

»Die Thüringer!«, stieß Alberich erfreut hervor. »Jetzt haben wir noch ein Argument mehr, nicht zu verhandeln.«

»Im Gegenteil«, sagte Karl. »Ich habe Thuring kennen gelernt, und ich weiß, dass dieser junge Mann auf meiner Seite sein wird. Ich werde ihn mitnehmen und morgen früh allein mit ihm hinüber zu den Neustriern reiten.«

Karl und Thuring legten von Anfang an das schärfste Tempo vor, das ihnen ihre schweren Pferde ermöglichten. Sie wussten beide, dass sie mindestens zwanzig Meilen zurücklegen mussten, um auf die Neustrier zu treffen. Sie rechneten damit, dass sich Raganfrid, König Chilperich und die Adligen aus den Gauen rund um Paris nicht über freies Feld, sondern entlang der nördlichen Römerstraßen bewegten. Wenn zutraf, was Karls Kundschafter berichtet hatten, dann befand sich das feindliche Heer noch irgendwo in der Gegend der unscheinbaren Somme-Quelle in der Nähe von Cambrai.

Karl kannte die gesamte Gegend aus der Zeit seiner Kindheit. Damals hatten sie den Sommer oft auf dem Familiengut von Nivelles verbracht. Pippin der Ältere, genannt »von Landen«, war von hier aus zum Majordomus der Merowingerkönige berufen worden. Karl erinnerte sich noch mit Freuden an die Herbsttage, wenn sie in den Tälern des Kohlenwaldes einige Dutzend Meilen weiter östlich gejagt hatten. Hier, in den niemals genau festgelegten Grenzgebieten in Wäldern und Auen zwischen dem neustrischen und austrischen Teil des Frankenlandes, hatten in den vergangenen Jahrzehnten und Jahrhunderten derartig viele Wechsel von Besitz und Herrschaft stattgefunden, dass jeder Recht bekommen musste, der auch nur ein einziges irgendwie brauchbares Dokument oder eine ausgebleichte Schenkungsurkunde vorweisen konnte.

Karl und Thuring ritten die meiste Zeit über unbestellte Äcker, dunkelerdige Brachen und vollkommen leeres Weideland. Eigentlich wäre die Zeit jetzt kurz vor Ostern reif gewesen, erneut Schweine und Rinder, Ziegen und Schafe in das frische Grün zu lassen. An vielen Stellen bedeckte es bereits mit grünen Schatten die Erde. Aber das Land wirkte leer und verlassen.

Es war noch nicht Mittag, als sie die Somme verließen. Sie ritten ein Stück nach Norden auf Cambrai und die Römerstraße zu. An kleinen Weihern standen bereits grüne Birken und Weiden mit lang herabhängenden Kätzchen. Die Gegend sah so frisch und lieblich aus, als würde sie sich das ganze Jahr in helles Lindgrün und Gelb hüllen wollen.

»Da sind sie!«, stieß Thuring plötzlich hervor und zügelte sein Pferd. Karl hatte sie ebenfalls bereits gesehen. In einem langen, bunten Zug leuchteten frische Farben hinter schwarzweißen Birkenstämmen. Die Berittenen und die Krieger zu Fuß waren nicht schneller als die langsamsten Ochsenkarren.

»Steigen die Merowingerkönige immer noch nicht auf Pferde?«, fragte der junge Thuring und lachte.

»Der jetzige schon«, antwortete Karl. »Aber du hast Recht. Die Könige der Franken sind schon lange so dekadent, dass sie eigentlich nur noch wie lebende Reliquien herumgefahren und dem Volk gezeigt werden.«

»Es sieht nicht gut aus, oder?«, fragte Thuring vorsichtig.

»Hast du deinen Mut noch?«, fragte Karl. Der junge Thüringer antwortete nicht leichtfertig, wie es vielleicht andere getan hätten. Er nahm sich die Zeit zum Überlegen, sah zum Himmel hinauf, strich mit der linken Handfläche über den Hals seines Pferdes und holte tief Luft.

»Weißt du, was mir mein Vater stets gesagt hat?«, fragte er dann. Karl blickte zur Seite und hob die Brauen.

»Wer herrschen will, darf keine Freude am johlenden Kampf und am Gemetzel haben, sondern muss seinen Blick darüber hinweg auf ein einziges Ziel lenken. Und dieses Ziel ist die sehr große Stille und das Ergebnis nach einer Schlacht…«

»Ein kluger Mann, dein Vater«, sagte Karl und nickte. Er sah den jungen Thüringer mit großem Wohlwollen an. In diesem Moment wünschte er sich, seine eigenen Söhne würden auch einmal so werden wie dieser junge Mann.

»Bist du bereit?«, fragte er. Thuring nickte.

»Dann komm!«, stieß Karl hervor. Er räusperte sich, spuckte zur Seite und beugte sich nach vorne. Mit einem lauten »Johojo« schlug er Hacken und Steigbügel in die Flanken seines Wallachs.

Die beiden Reiter waren weder unbemerkt noch unerkannt geblieben. Noch ehe sie heran waren, gellte mehrere laute Rufe über die Köpfe der Marschierenden hinweg. Nur ganz allmählich geriet der lange Zug ins Stocken. An einigen Stellen hielt er bereits an, an anderen stauten sich Menschen, Tiere und Wagen.

Karl und Thuring kannten das seltsame Bild, das immer dann entstand, wenn irgendetwas Unerwartetes den einmal begonnenen Tagesmarsch störte. Dann lösten sich die ersten Berittenen, die den Zug der Fußgänger rechts und links wie Schäferhunde begleitet hatten, und folgten ihnen auf gleicher Höhe. Karl nickte Thuring aufmunternd zu.

»Noch kannst du zurück«, rief er. Thuring lachte tapfer.

»Damit dann in den Annalen steht, die Thüringer sind Hasenfüße? Nein, Karl, *den* Triumph gönnen wir euch Franken nicht!«

Karl lachte. Es tat ihm gut, diesen jungen Krieger neben sich zu wissen. Er war in diesem Augenblick mehr wert als alle austrischen Grafen. Er beobachtete noch einmal, wie die Neustrier voranrückten. Die Gruppe mit dem König war deutlich zu erkennen. Dann stockte sie vor einem kleinen Wäldchen aus Rotbuchen. Hier verstopfte sich die Straße mit Reitern, Fußkriegern und Wagen. Auch Karl und Thuring kamen nicht weiter. Sie mussten einen Bogen um eine etwa zweihundert Schritt große Buschgruppe machen. Dann, als sie von Westen her wieder zur Straße zurückkehrten, sahen sie, dass schon die wenigen Minuten für Majordomus Raganfrid und seine Männer ausgereicht hatten, einen Platz vorzubereiten, auf dem sie so empfangen werden konnten, wie es die Anführer des Heeres für richtig oder nötig hielten. Noch während sie näher ritten, beendeten zwei Dutzend Waffenknechte den schnellen Aufbau von fünf übermannshohen Zelten.

Nahezu hundert Männer auf reich geschmückten Pferden mit vielfach blitzenden Harnischen und Rüstungen, Helmen und Schwertgehängen bilden einen großen Kreis um das Geviert der Zelte. Buchstäblich in letzter Minute stieg auch der Merowingerkönig aus seinem strohgepolsterten Ochsenkarren über eine Art Trittleiter herab. Karl registrierte ganz genau, mit welchem Aufwand und welchem königlichen Protokoll die Neustrier seine Ankunft vorbereiteten.

»Was meinst du?«, fragte er Thuring. »Sieht das gut oder schlecht für mich aus?«

»Eher schlecht«, antwortete der Sohn von Herzog Hedan. Obwohl es noch hundert Schritte bis zum König und seinem Majordomus waren, spürte Karl, wie sein Hals trocken wurde. Er ärgerte sich darüber, aber er konnte nichts dagegen tun. Er durfte jetzt nicht zögern und nicht die kleinste Spur von Schwäche zeigen.

Karl zügelte seinen Wallach. Er ließ ihn nur noch mit sehr kleinen Schritten auf den Reisethron des Merowingerkönigs und den neben ihm stehenden Majordomus zugehen. Einige der Pferde schnaubten, ein paar Männer schnäuzten sich.

Ihm war so heiß wie nie zuvor. Mehrere Atemzüge lang überlegte er krampfhaft, ob er es war, der zuerst reden musste, oder die Neustrier mit ihrem Merowingerkönig. Der ehemalige Mönch sah angestrengt und müde aus. Raganfrid dagegen war ein dunkelhaariger, nicht besonders großer, aber hart und zäh wirkender Mann, unter dessen Vorfahren neben fränkischen

Germanen auch Kelten, Hunnen oder römische Senatoren gewesen sein konnten.

»Es ehrt dich, dass du zu uns kommst, Sohn Pippins von Heristal«, rief der Majordomus der neustrischen Franken mit seiner scharfen, klaren Stimme. »Aber die Frühlingssonne scheint dich sehr zu blenden.«

Karl wusste nicht, was er von diesem Vorwurf halten sollte.

»Mich blendet gar nichts. Nicht einmal euer Waffenglanz.«

»Du musst geblendet sein«, rief Raganfrid jetzt schon fast drohend. »Sonst würdest du nicht wagen, bis vor des Königs Thron zu reiten, ohne den Kopf zu senken.«

Das war es! Das war der Punkt, an dem er sie herausfordern und zum Verhandeln zwingen konnte.

»Ich bin ein freier austrischer Franke«, rief er mit lauter, weithin schallender Stimme. »Und ich sehe keinen König, vor dem ich mich verbeugen müsste.«

»Du weißt genau, dass Chilperich II. Merowingerblut in seinen Adern hat und deshalb König aller Franken ist.«

»Ja, das behauptest du«, gab Karl furchtlos zurück. »Aber Austrien hat keinen Merowingerkönig mehr, seit Dagobert III. tot ist. Und dass ihr einem Mönch die Königskrone aufgesetzt habt, interessiert mich weniger als ein Nonnenfurz.«

Für einen Augenblick blieb alles still. Dann kicherten und gluckten einige der Männer hinter dem Majordomus und dem König.

»Du sagst, du bist ein freier Franke. Ist das so?«

»Ja, Raganfrid, das ist so.«

»Und du hast bei Köln gegen die Friesen gekämpft, trifft das auch zu?«

»Es trifft zu – auch wenn ich mich nicht gern daran erinnere.«

»Niemand will wissen, was es nach deiner Ansicht war, Karl«, unterbrach ihn der Majordomus der Neustrier. »Vergessen wir doch einfach dein klägliches Versagen. Was uns hier vielmehr interessiert, ist die Frage, ob du bei Stavlot-Malmedy gesehen hast, wie Männer aus dem Zug von König Chilperich mit Männern aus deiner eigenen Umgebung gestritten und gekämpft haben.«

»Was soll das, Raganfrid?«, stieß Karl unwillig hervor. »Natürlich habe ich das gesehen.«

»Dann höre, was die edlen Neustrier auf dem Märzfeld vor knapp drei Wochen für dich und deine Anhänger beschlossen haben.«

»Was wollt ihr schon beschließen?«, protestierte Karl. »Was geht es euch an, wenn wir uns in einer Grafschaft Austriens gegen marodierende Bewaffnete zur Wehr setzen?«

»Wir folgen nur den uralten Gesetzen, die für jeden Franken gelten, gleichgültig ob er der *Lex Ripuaria* oder der *Lex Salica* unterworfen ist.«

Karl merkte, dass die anderen längst etwas gegen ihn vorbereitet hatten. Er hatte es geahnt. Ganz tief in seinem Herzen hatte er stets befürchtet, nicht durch das Schwert, sondern durch die Saat besiegt zu werden, die Mönche und Notare auf den jungfräulichen Äckern ihrer Urkunden und Bücherseiten ausstreuten, um die geheime Ernte dann *Neues Gesetz und Recht* zu nennen.

»Ehe ihr irgendetwas gegen mich vorbringt, müsst ihr zunächst anerkennen, dass ich der Einzige noch lebende und damit rechtmäßige Sohn von Majordomus Pippin bin.«

»Das hat noch nie jemand von uns bestritten«, sagte in diesem Moment der König. Er sah sehr ernsthaft aus und schien zu wissen, dass ihm die Merowingerkrone nicht das Recht gab, mehr zu sagen als sein oberster Verwalter.

»Dann wisst ihr auch, dass mich die Edlen Austriens zum Nachfolger Pippins wählen können.«

»Sie können dich gern wählen«, meinte Raganfrid unbeeindruckt. »Aber du vergisst dabei, dass du erstens noch eine Stiefmutter in Köln hast und zweitens nicht über jene Legitimation verfügst, die dir nur ein Merowingerkönig verschaffen könnte. Solange diese beiden Punkte nicht geklärt sind, kannst du kein Majordomus Austriens sein – selbst wenn dir sämtliche Herzöge und Grafen Austriens folgen würden …«

Karl spürte eine seltsame und fast belustigte Unruhe unter den Männern. Er sah zu Thuring, aber der Sohn von Herzog Hedan hob nur leicht die Schulter.

»Nun gut, ich spanne dich nicht länger auf die Folter«, rief Raganfrid. »Wir haben dich verurteilt, Karl. Dich und jeden anderen Freien, der bei Stavlot-Malmedy einen Königsmann erschlagen hat.«

Er machte eine Pause, um seine Worte wirken zu lassen.

»Nach der *Lex Ripuaria* muss ein freier Franke, der einen anderen freien Franken willkürlich erschlägt, sechshundert Solidi an die Familie des Erschlagenen zahlen. Sechshundert Solidi, Karl, oder sechzig Reitpferde. Gemessen an der Zahl der Männer, die an der Ambleve starben, gehören daher alle Pferde Austriens nicht mehr euch, sondern unseren Familien.«

Karl schnappte nach Luft. Er war so überrascht von dieser Wendung, dass er nicht wusste, was er entgegnen sollte. Aber dann sah er hinter Raganfrid die grinsenden Gesichter irischer Mönche. Die Kuttenmänner rieben sich ebenso die Hände wie die Notare aus dem Hofstaat ihres Merowingerkönigs. Erst jetzt erkannte Karl, dass er auf diesem Weg nur gegen Mauern rennen würde. Mit ihren Federkielen, Pergamenten und Gesetzbüchern waren sie stärker als jedes Frankenheer.

»Also keinerlei Verhandlungen«, presste er schließlich hervor. Raganfrid schmunzelte überlegen und schüttelte ganz langsam den Kopf.

»Du hast verloren, Karl. Doch wir gewähren dir noch eine Gunst. Die Strafe kann all denjenigen erlassen werden, die mich und König Chilperich offiziell anerkennen. Das erspart uns Waffengänge sowie das Blut guter Männer.«

Karl starrte finster den Majordomus der Neustrier und seinen König an. Er holte mehrmals tief Luft, dann sagte er nur noch ein Wort:

»Nein!«

Es war die erste milde Frühlingsnacht. Nach ihrer Rückkehr kurz vor Sonnenuntergang hatten Karl und Thuring den Edlen in ihrem Gefolge Wort für Wort berichtet, was Raganfrid und Karl gesagt hatten. Dennoch kamen sie nicht weiter. Gemeinsam nahmen sie sich Satz für Satz vor und besprachen ihn. Aber es blieb dabei, die Neustrier hatten Recht.

»Aber ich denke nicht daran, einfach aufzugeben!«, wütete Karl noch lange nach Mitternacht. »Sie mögen hundertmal behaupten, dass ich kein Majordomus werden kann, weil wir keinen Merowingerkönig haben. Ich gebe zu, dass nur ein Haus verwaltet werden kann, das auch vorhanden ist. Aber wie verhält es sich denn mit meiner Stiefmutter? Hat sie denn etwa zurückgesteckt und ihre Ämter abgegeben, die sie nach meines Vaters Tod so selbstverständlich übernahm?«

»Das ist etwas ganz anderes«, wandte Alberich ein. »Du bist stets das, was deine Eltern waren, und kannst dir niemals aussuchen, ob du ein Edler, Bauer oder Sklave wirst! Es sind dein Blut und deine Herkunft, die dein Recht bestimmen! Das weißt du ebenso gut wie wir!«

»Vielleicht gibt es doch noch eine Möglichkeit«, meinte der schwarze Abt bedächtig. Im Gegensatz zu seinem sonst üblichen wilden Auftreten war er den ganzen Abend über schweigsam und nachdenklich geblieben. Er hatte sich mit anderen besprochen, die ebenfalls die Kutte trugen, und war zwei Stunden lang von einem Lagerfeuer zum anderen gegangen. Als er zurückkehrte, hatte er sich schweigend an Karls Feuer gehockt, einen Krug Met genommen und schweigend in die Flammen gestarrt.

»Was hast du ausgebrütet?«, fragte Karl drängend. »Wir können hier nicht länger lagern, sonst laufen uns schon morgen scharenweise die Leute weg und suchen sich auf eigene Faust etwas zu trinken und zu essen.«

»Sie wollen nicht«, sagte der schwarze Abt.

»Was wollen sie nicht?«, fragte Karl.

»Sie wollen nicht, dass du das Heer hier morgen früh auflöst und jeden wieder auf die Äcker seiner heimatlichen Dörfer oder Güter ziehen lässt.«

»Wir brauchen einen Tag, um sie zu stellen«, sagte Karl. »Wenn sie erst einmal an Cambrai vorbei sind, wird das Gelände so schlecht, dass wir ihnen keine Schlacht mehr liefern können.«

»Was hast du vor?«, fragte Alberich.

»Wir müssen sie bei Cambrai festhalten. Ich habe mir die Gegend dort noch einmal sehr gut angesehen. Sie ist ideal, wenn wir sie etwas weiter von der Straße weg bis zu der Siedlung Vincy ziehen können. Ich kenne diese Gegend besser als Raganfrid. Es gibt dort ein paar kleine Flüsse und Waldstücke mit Bäumen, die so dicht wie eine Mauer stehen. Das ist genau der Platz, an dem wir meines Vaters Sieg von Tertry wiederholen und Plektruds Niederlage von Compiegne auslöschen können. Es gibt daher nur eine einzige günstige Gelegenheit für uns…«

Die vielen anderen Feuer waren zum größten Teil erloschen. Nur direkt um das Hauptfeuer von Karl loderten noch ein paar andere, an denen sich jene Männer aufhielten, die eigene Kontingente mitgebracht hatten.

»Einen Tag für die Vorbereitungen«, sagte Karl nur, »und übermorgen ist Sonntag.«

Die anderen begriffen zunächst nicht, was er damit meinte. Doch dann ging es einem nach dem anderen auf, dass in zwei Tagen immer noch ein Fastensonntag war. Und an den Fastensonntagen sollte nach den kirchlichen Vorschriften und Regeln kein Blut in Streit und Kampf vergossen werden.

»Willst du das tatsächlich wagen?«, fragte der schwarze Abt. Karl starrte grimmig in die Flammen.

»Siehst du eine andere Möglichkeit?«, fragte er dann. Die Männer schwiegen. Dann fragte Milo vorsichtig: »Denkst du vielleicht an einen Waffengang am Nachmittag?«

Karl schüttelte den Kopf.

»Ich ahnte es«, sagte Milo mit einem tiefen Seufzer. »Aber sag mir jetzt nicht, dass du sie genau dann treffen willst, wenn sie zum Gottesdienst versammelt sind.«

Karl hob den Kopf und seine Augen blickten hart. Sein linker Mundwinkel zog sich etwas herab und seine vollen Lippen bewegten sich mehrmals hin und her.

»Ihr Gott ist genauso gut unser Gott«, sagte er dann. »Und diesem Gott kann nicht gefallen, dass sie mit ihrem Heer zum Rhein ziehen und dabei rauben, plündern und jeden erschlagen, der sich ihnen in den Weg stellt. Denkt an die Frauen, Männer! Denkt an die Kinder! Denkt an die Äcker, die keine Ernten bringen, wenn sie in diesem Frühjahr nicht bestellt werden! Sie werden Gräber säen und kein Getreide, von dem wir leben können…«

11.

Die Schlacht von Cambrai

Am 21. März, dem Sonntag zwei Wochen vor Ostern des Jahres 717, fanden im Gau von Cambrai gleich zwei Gottesdienste auf freiem Feld statt. Der eine, der von Anfang an wesentlich feierlicher und geordneter wirkte, wurde vom Bischof von Paris und einem halben Dutzend weiterer kirchlicher Würdenträger zelebriert. Sie folgten den alten, schon vor den ersten Merowingerkönigen eingeführten Ritualen. Überall wurden bunte Fahnen und dann der Holzkasten mit der Capa, dem Mantel des heiligen Martin herumgetragen. Andere Priester gingen mit ihren Glöckchen und Weihrauchfässern am Gebüsch und an den Waldrändern rechts und links der alten Römerstraße entlang. Sie riefen auch jene zusammen, die sich bisher verspätet hatten.

Als der Klang von Fanfaren und Hörnern endlich über den Sammelplatz südöstlich von Cambrai schallte, begann eine Meile weiter der andere Heeresgottesdienst. Er war nicht so feierlich angelegt und glich eher einer Versammlung von Bauern, Fußkriegern und Mönchen. Keiner der Bischöfe aus dem nördlichen Teil Austriens hatte sich bereit gefunden, Karl zu unterstützen. Genau genommen waren es nur drei Kirchenfürsten, von denen alle wussten, dass sie zu ihm hielten: der Bischof von Metz, der Bischof von Verdun und der schwarze

Abt, von dem es inzwischen hieß, dass er nur zu Karl gegangen war, weil er Trier nicht hatte übernehmen wollen, als sein Vater gestorben war. Wenn er es doch getan hätte, wäre er jetzt der einzige Bischof in Karls Heereszug gewesen…

Es waren andere Geistliche, die für Karls Heer die Messe zelebrierten. Sie war so kurz wie irgend möglich und endete bereits, als das Kreuz und die Bilder auf dem tragbaren Altar zum Zeichen der Passion mit dunklen Tüchern verhängt wurden. Bereits seit den Morgenstunden war alles für einen schnellen Aufbruch vorbereitet. Nach dem Ende des Gottesdienstes dauerte es nur wenige Minuten, bis diejenigen, die sich vor ihren Pferden versammelt hatten, mit Hilfe ihrer Pferdeknechte wieder aufsaßen.

Als alle so weit waren, zog Karl sein Langschwert aus der Scheide, reckte sich und hielt es hoch in den hellblau strahlenden Himmel. Noch einmal verstummten alle, und der sonst übliche Lärm erlosch. Selbst die Pferde schienen die Anspannung und die nur mühsam unterdrückte Erregung der Männer in dieser Stunde vor der großen, alles entscheidenden Schlacht zu spüren. Sie schnaubten unruhig, und einige von ihnen bewegten sich tänzelnd mit kleinen Schritten hin und her. Andere schlugen hart mit den Hufen auf und ließen sich nur mühsam an den Zügeln halten.

»Hört zu, ihr Franken, Thüringer und alle jetzt mit mir Verbündeten!«, rief Karl mit lauter, weithin tragender Stimme in die sonntägliche Morgenstille hinein. »Ihr wisst wie ich, dass in zwei Wochen Ostern ist. Die christlichen Gebote sagen, dass wir bis dahin kein Blut vergießen sollen… Aber ich sage euch, dass noch mehr Blut vergossen wird, wenn wir die Neustrier jetzt nicht stellen.«

Er hielt inne und wartete, bis seine Worte sich gesetzt hatten. Er hatte inzwischen gelernt, dass er nicht zu viel auf einmal in die Schädel dieser Männer bekam. Wenn er verstanden werden wollte, musste er laut, langsam und mit guten Pausen sprechen. Er sah in ihre Gesichter. Denjenigen, die ganz weit hinten standen und nicht genau zugehört hatten, wiederholten andere, was Karl gesagt hatte.

»Also hört zu! Ich sage euch, dass es ein harter, schwerer Kampf sein wird. Ich sage ebenfalls, dass wir am Abend über viele Tote und Verwundete klagen werden. Aber vor allem sage ich – und jetzt hört zu, Männer!«

Er wartete besonders lange, dann rief er laut und bis zum letzten Krieger hörbar: »Wir werden siegen, Männer! Habt ihr verstanden? Ich rufe noch einmal: Wir werden Siegen – hooooh!«

Er blickte über die Köpfe der vielen tausend Fußkrieger hinweg, die ihn mit angespannten und bereits glühenden Gesichtern ansahen. Er hielt das Schwert noch immer unbeweglich senkrecht über seinem Kopf. Er drehte es nur etwas hin und her, damit das Blitzen seiner blanken Klinge von jedermann gesehen werden konnte. Dann holte er noch einmal ganz tief Luft. Er stieß den Kriegsschrei aus, der so laut durch den Morgen schallte, dass selbst das Heer der Neustrier in seiner Weihrauchwolke über der Römerstraße ihn hören musste.

Sämtliche Männer in seinem Gefolge antworteten mit dem uralten Schlachtgebrüll der Germanen. Ihr Baritus, der von den hölzernen Schilden vielfach verstärkt wurde, hatte bereits die Römer in Angst und Schrecken versetzt und ihre Hilfsvölker allein durch seinen unheimlichen, grausigen Klang in die Flucht getrieben. Karl dankte seinen Männern, indem er sich in seinen Steigbügeln hoch aufstellte. Er drehte sich in alle Himmelsrichtungen. Die Klinge seines Langschwerts blitzte weithin sichtbar über den Menschenmassen auf, dann ließ er sich zurückfallen und rammte sein Langschwert in die hölzerne Scheide zurück. Mit einem kräftigen »hoho« ließ er sein Pferd den ersten Schritt nach vorn tun.

Männer und Pferde um ihn herum hatten nur darauf gewartet. Ohne jeden weiteren Befehl bewegte sich das Heer auf das Waldstück an der Römerstraße zu. Es war, als hätte sich eine große Gewitterwolke so weit zum Boden gesenkt, dass sie jetzt viele tausend Füße brauchte, um zu dem Punkt zu kommen, an dem sie sich mit Blitz und Donner entladen konnte.

Das große Treffen der beiden fränkischen Heere wurde nicht durch gegenseitigen Schimpf, laute Drohungen von einer Seite zur anderen oder Schwärme von Pfeilen eingeleitet. Es gab auch keine Anführer, die sich aus ihren Heeren herauslösten, um zwischen ihren wartenden Kriegern zusammenzutreffen. Sämtliche Vorspiele einer Schlacht, die sonst üblich waren, entfielen einfach an diesem Sonntagmorgen. Was gesagt werden musste, war bereits gesagt. Niemand musste mehr reizen oder drohen.

Die Neustrier merkten viel zu spät, was Karl beabsichtigte. Niemand von ihnen hätte für möglich gehalten, dass Männer, die getauft waren, sie an einem Sonntagvormittag angreifen würden.

Vom ersten Schwerthieb an begann der Kampf als blutiges Gemetzel. Pfeilwolken flogen über die Männer hinweg, prasselten auf Helme und Rüstungen, blieben in ungeschützten Körperteilen stecken. Eisen schlug klirrend gegen Eisen, gegen hölzerne Schilde und in schreiendes Fleisch. Blut spritzte überall, während die Knochen brachen, Pferde sich wiehernd aufbäumten und ihre Hufe die bereits Gefallenen zerstampften. Es war, als würden zwei Rudel wütender Wölfe übereinander herfallen.

Sie kämpften hart, grausam und verbissen, umklammerten sich und schlugen mit aller Kraft zu. Jeder der Männer wusste, dass schon der nächste Schlag sein letzter sein konnte. Zu viele Arme, zu viele Schwerter, zu viele Pfeile und zu viele Spieße kamen von hinten, von vorn und von allen Seiten. Hier ging es längst nicht mehr um den Kampf Mann gegen Mann oder um einen Feind, der besiegt werden konnte, sondern nur darum, weniger Schläge zu erhalten, als zum Sterben erforderlich waren, und mehr auszuteilen, um andere sterben zu lassen. Kein Berg aus Gold auf der anderen Seite der Römerstraße hätte Karls Männer verbissener und mit mehr Geschrei kämpfen lassen als der verzweifelte Gedanke, die Neustrier ein für allemal aufzuhalten und so zu schlagen, dass sie sich nie wieder erhoben.

Stunde um Stunde verging. Überall erlahmten die Kräfte. Aber selbst dort, wo die Kämpfenden bereits zu Boden gesunken waren, hoben sie noch immer ihre Schwerter und Beile, um mit langsamen, mühsamen Bewegungen auf diejenigen einzuschlagen, die bereits ebenfalls blutend am Boden lagen. Als die Sonne in ein rötliches Nachmittagsglühen überging, schien auch der Himmel im blutigen Dunst zu versinken. Überall lagen Schatten am Boden, die sich nicht mehr bewegten. Einzelne Pferde ohne Reiter liefen verwirrt über das Schlachtfeld, so als suchten sie nach jenen, die sie zuvor in diesen schrecklichen Lärm getragen hatten.

Karl und seine engsten Getreuen waren die Letzten, die sich noch immer in einem erbitterten Waffengang mit den besten der Neustriern befanden. Jeder von ihnen war tapfer und mutig, stark und zum Sieg entschlossen. Neben Karl taten sich besonders der schwarze Abt und der noch nicht einmal voll erwachsene Sohn des Thüringer Herzogs hervor. Zusammen mit den Grafen Alberich, Rotbert und Folker sowie Wusing, dem unermüdlich kämpfenden Friesen, erreichten sie schließlich das bereits verwüstete Lager des Merowingerkönigs und seines Majordomus. Sie rechneten nicht mehr damit, dass ihnen hier irgendein Widerstand entgegengesetzt werden könnte. Trotzdem schrie Thuring plötzlich auf: »Pass auf Karl – eine Falle!«

Karl riss sein Pferd herum und sah, wie eine Gruppe von dreißig oder vierzig Berittenen aus der Deckung des Waldes hervorbrach und sofort einen Halbkreis um seine viel kleinere

Gruppe bildete. »Weg hier!«, schrie Alberich sofort. »Das ist Raganfrid!«

»Sie sind zu viele!«, rief auch der schwarze Abt.

»Halt!«

Es war Thuring, dem dieser Befehl Karls gegolten hatte. Aber der junge Thüringer gehorchte ihm nicht. Er riss sein Schwert hoch, stieß seinem Pferd die Hacken in die Flanken und stürmte ganz allein auf die besten der Neustrier zu.

»Hier kommt die Rache für Thüringens Unterwerfung durch die Franken!«, schrie er, so laut er konnte. Raganfrid und seine neustrischen Herzöge und Grafen waren derartig verwirrt, dass sie nicht wussten, was sie von der plötzlichen Attacke des über und über blutbespritzten Jünglings halten sollten. Es waren die Pferde, die ihnen die Entscheidung abnahmen. Zu viel Waffenlärm, zu viel hin und her, zu harte Zügelbewegungen über Stunden hinweg hatten ihre Mäuler zu blutenden Wunden gemacht. Sie reagierten heftiger, als ihren Reitern lieb sein konnte. In diesem Augenblick erkannte Karl, dass Thuring ihm unabsichtlich den entscheidenden Hinweis gegeben hatte. Er konnte sie schlagen – er konnte sie ganz leicht schlagen, wenn er jetzt die Schwäche ihrer eigenen Pferde ausnutzte …

Auch Thuring musste das erkannt haben, denn er zögerte keinen Augenblick, auf Raganfrid und den harten Kern des neustrischen Heeres zuzureiten.

»Los! Auf sie!«, brüllte Karl laut und schon heiser von seinen vielen anfeuernden Schreien. Es war, als würde neues Feuer in seine Krieger fahren. Jeder, der konnte, raffte sich noch einmal auf, um den verhassten Feind mitten ins Herz zu treffen. Thuring erreichte als Erster die aufbrechende Umklammerung um Raganfrid. Er war es, der Wurfäxte, Speere und Pfeile auf sich zog, damit Karl und die anderen durchbrechen konnten. Er stürzte, ein dutzendmal zu Tode getroffen, von seinem Pferd. Doch Karl sah sein letztes glückliches Lachen, als er an ihm vorbeipreschte. Nicht nur die Neustrier, sondern auch ihre Pferde gerieten in wilde Panik. Von Angst, Schmerz und Instinkt getrieben, floh alles in Richtung Süden an der alten Römerstraße entlang. Karl fletschte die Zähne und erkannte gleichzeitig, dass er gewonnen hatte.

Ohne zu zögern, setzte er den Fliehenden nach. Mit jeder Pferdelänge, die er Raganfrid und seine Adligen weiter von seinem Heer entfernte, wurde die Gewissheit des Sieges größer. Sie ritten so lange, wie es die Dämmerung erlaubte. Erst als die eigenen Pferde unsicher wurden und immer wieder strauchelten, ließ Karl ein lautes »Brrr!« ertönen und brach die jagende Verfolgung ab. Schwer atmend sammelten sich die Männer, die ihn durch Blut und Schweiß, Schmerz und Tränen und Tod begleitet hatten.

»Man sollte …«, keuchte der schwarze Abt, »… man sollte tatsächlich zu Boden sinken und Gott im Himmel für seine große Güte danken.«

»Und du wirst noch mal in der Hölle schmoren für deinen Spott und Hohn«, keuchte Karl vollkommen erschöpft. Er glitt wie alle anderen nur schwer und mühsam von seinem Pferd. Jeder der Männer musste sich am Sattel fest halten, so ausgelaugt waren sie nach diesem langen Tag.

»Macht, was ihr wollt«, keuchte Alberich. »Aber ich falle auf der Stelle um und schlafe ein, noch ehe ich ganz unten bin.«

»Das wirst du nicht tun«, keuchte Karl ebenfalls. »Wenn wir hier abbrechen, verschenken wir den vollen Sieg!«

Er wischte sich mit aufgeschrammten, blutenden Händen den Schweiß aus dem Gesicht, nahm kurz den Helm ab und schüttelte die Nässe aus seinen langen Haarsträhnen.

»Noch einmal mache ich das nicht mit!«, schnappte jetzt auch Graf Rotbert nach Luft.

»Was wollt ihr eigentlich?«, lachte Karl heiser. »Begreift doch endlich, dass wir die Neustrier besiegt haben!«

Der Tag danach war fast noch härter. Obwohl alle jubeln und sich über den Sieg freuen sollten, lag die bleierne Schwere des Todes über dem Schlachtfeld. Es war ein harter Kampf gewesen und sehr viel grausamer, als es sich irgendeiner von ihnen hatte vorstellen können.

Es dauerte lange, bis das Entsetzen aus ihren Gesichtern wich. Und dann – lange nachdem Karl und die beiden anderen erwacht waren – tauchten hinter den Bodenwellen die ersten Männer und Frauen auf, die nicht mitgekämpft hatten, sondern nur in Karls eher zufällig entstandenem Heer mitgezogen waren. Einige von ihnen begannen sofort damit, herumliegende Waffen, Gürtel und Ausrüstungsgegenstände aufzusammeln. Sie näherten sich ganz langsam den zumeist blutverschmierten Stücken, blickten verstohlen von einer Seite zur anderen, bückten sich schnell, griffen zu und liefen geduckt wieder weg.

Karl schob sich ein wenig näher an die Stangen über der Feuerstelle heran, holte noch einmal tief Luft und griff dann an das stützende Holz. Er wusste, dass er auch jetzt keine Schwäche zeigen durfte, wenn über den Sieg kein weiterer bitterer Schatten fallen sollte. Viel schwerer als alles andere fiel es ihm, die bedrückenden Gedanken an die vielen, vielen Toten aus seinem Kopf und seinem Herzen zu verbannen. Aber es war vorbei!

Er war der Sieger – Sieger über den gewählten Majordomus Raganfrid und über den König aller Franken aus dem heiligen Geschlecht der Merowinger!

Er, Karl, der letzte lebende Sohn des Majordomus Pippin von Heristal, hatte das starke Heer der Neustrier samt ihren Adligen, Herzögen und Grafen, Bischöfen und Priestern auf seinem Eroberungszug zu Maas und Rhein geschlagen!

Bereits einen Tag später zeigte sich, wie hart im Nehmen die Franken aus dem Nordosten des Reiches waren. Obwohl viele humpelten, Verbände trugen oder wegen der Schmerzen in ihren Gliedern die schweren Teile ihrer Rüstungen auf den Wagen im Tross abgelegt hatten, stampften sie Schritt um Schritt rechts und links der Römerstraße nach Süden. Vor ihnen lag das weite Land in der Frühlingssonne, das erst bei Compiegne wieder in Hügel und Berge übergehen sollte.

Das, was von seinem Heer übrig war, würde mindestens vier Tage bis Compiegne brauchen. Karl entschloss sich daher, mit ein paar guten und nur geringfügig verletzten Reitern nach beiden Seiten von der Straße abzuweichen, um die Gegend zu erkunden. Die Jahreszeit war günstig. Die Wälder waren noch nicht dicht mit Blättern zugewachsen, und auf den Wiesen stand das Gras noch nicht zu hoch.

Am ersten Tag kamen sie bis kurz vor Amiens.

»Ich würde gern in diese Stadt reiten, in der der heilige Martin Christ wurde«, sagte Karl, als sie anhielten.

»Wegen des Mantels?«, fragte Graf Alberich. Die Männer hatten sich angewöhnt, abwechselnd an seinen Seiten zu reiten. Jedes Mal, wenn einer von ihnen den Eindruck hatte, dass Karl eine Weile lang nichts mehr mit ihm bereden wollte, fiel er ein wenig zurück und machte einem anderen Platz. Denn Karl war schweigsamer geworden nach seinem großen Sieg – schweigsamer, barscher und ungeduldiger.

»Mich interessiert viel mehr, wo er getauft wurde«, sagte Karl und verzog nachdenklich sein Gesicht. Alberich wollte weiterfragen, geduldete sich aber.

»Mich ärgert nämlich, dass Raganfrid mit dem Mantelstück des heiligen Martin entkommen konnte«, fuhr Karl fort. »Wenn wir schon keinen König und keinen Königsschatz haben, wäre die große Reliquie der Franken noch wichtiger für uns als alle Kreuze!«

»Und die willst du in Amiens finden?«

»Unsinn!«, schnaubte Karl unwillig. »In Amiens könnten wir

herausfinden, ob es wirklich nur den einen Schrein für die Reliquie gibt oder ob sich die verschiedenen Merowingerkönige vielleicht mehrere anfertigen ließen.«

»Du meinst tatsächlich …«

»Ich meine gar nichts! Aber ich frage mich, welchem der vielen Teilkönige der Mantel Martins zustand – dem König von Paris oder dem jeweils mächtigsten und stärksten …«

Er wendete sein Pferd und ritt schweigend zurück. Für einen Augenblick blieben seine Getreuen unschlüssig. Sie wussten nicht, was plötzlich in ihn gefahren war. Nur Milo wagte es, hinter ihm herzurufen: »Heh, Karl! Was willst du jetzt?«

»Den Mantel von Sankt Martin!«, gab Karl laut zurück.

»Den darf doch immer nur ein Merowingerkönig mitführen, und das weißt du ebenso gut wie ich!«

»Dann beschafft mir einen!«, brüllte Karl und ritt immer weiter. »Ich will den Mantel – und wenn es denn sein muss, auch einen eigenen von diesen Königen!«

Das angeschlagene Heer erreichte Compiegne nach vier Tagen. Unterwegs wichen auch die Fußkrieger immer wieder einige Meilen von der Straße ab. Sie plünderten Gehöfte und kleine Klöster, steckten sie in Brand, sobald sie noch verstecktes Vieh, verstörte Weiber und irgendwelche Bauern oder geflohene Männer aus dem Heer der Neustrier aufgespürt und ins Freie getrieben hatten. Karls Heer brauchte jeden Mann, der als Pferdebursche, Handwerker, Wagenknecht oder Waffenträger geeignet war …

Am dritten Tag bog Karl mit der Hälfte der Berittenen von der Römerstraße nach Osten ab. Sie ritten über sanfte Höhen und durch weite, lieblich wirkende Senken in Richtung Sankt Quentin und Laon. Sie mussten schnell feststellen, dass die Gegend nur dünn besiedelt und für Beutezüge nicht geeignet war. Deshalb hatten sie schon nach ein paar Meilen die

Richtung gewechselt und waren ins flache Oisetal hinabgeritten.

»Hier hätte ich gern eine Pfalz«, sagte Graf Rotbert. Sie näherten sich einem kleinen Landgut und beschlossen, von hier aus zur Römerstraße im Westen zurückzukehren.

»Sieht aus, als hätten auch die Römer schon Gefallen an dem Flüsschen hier gefunden«, meinte Karl. Zum ersten Mal seit der Schlacht von Vincy schmunzelte er wieder.

»Wenn mich nicht alles täuscht, nannten sie den Platz hier Careciaco«, meinte einer der Reiter aus Verdun. »Wir sagen Quierzy.«

Karl blickte zu den Weiden am Flussufer, zu den sanft ansteigenden Hügeln an beiden Seiten der Oise. »Ich denke, dass dies tatsächlich ein guter Platz zum Wohnen und Überwintern ist – besser als alle Städte wie Trier, Paris, Köln oder Reims …«

»Na ja«, sagte der schwarze Abt. »Trier ist so übel nicht, wenn dieser Willibrord mit seinem Echternach und Pfalzel mit der Sippe Alberichs nicht so dicht vor den Toren wären. Sogar an Reims könnte ich mich durchaus gewöhnen, aber auch da sitzt einer, den ich gar nicht mag …

»Karl sah ihm mit einem langen, forschenden Blick in die Augen.

Dann schob er die Unterlippe vor und nickte.

Als Karl endlich mit dem noch kampffähigen Teil seines Heeres auf Paris zuzog, erfüllte ihn mehr als nur tiefe Genugtuung. Alle Berittenen an der Spitze des Zuges blickten unverwandt nach links ins Tal von Compiegne hinab. Die helle Frühlingssonne zeigte nichts mehr von dem, was im vergangenen Jahr geschehen war. Aber die Männer konnten sich sehr gut vorstellen, wie die schlecht vorbereiteten und von Plektrud aufgehetzten Adligen des Kölner Raums hier ihre blutige Lektion erhalten hatten. Nach fast einer Generation war es das erste Mal gewesen, dass

Männer aus dem Gefolge des großen Majordomus Pippin II. geschlagen worden waren.

Für einen Augenblick dachte Karl darüber nach, ob es vielleicht besser gewesen wäre, wenn seine Schlacht gegen die Neustrier an ebendieser Stelle stattgefunden hätte. Doch dann sagte er sich, dass weder Tertry, der Siegesort seines Vaters, noch Compiegne, das flache Tal der Niederlage von Plektrud, geeignet gewesen wären, den Franken jetzt seinen eigenen Namen einzuhämmern …

»Eigentlich ist es ein Jammer, dass wir hier einfach so vorbeireiten«, rief der schwarze Abt, als das Tal schon fast hinter ihnen lag. Karl drehte sich halb im Sattel um. »Wieso?«, rief er Milo zu. »Habe ich irgendetwas übersehen?«

»Du vielleicht, aber die anderen nicht«, gab der schwarze Abt zurück. »Sie haben nicht vergessen, was du ihnen noch an Beute schuldest …«

Karl lachte trocken.

»Es sind nur noch zwanzig Meilen bis Sankt Denis«, sagte er nach einigen Stunden. Sein stark reduzierter Heereszug würde die Märtyrerkirche des heiligen Dionysius an diesem Tag nicht mehr erreichen. Aber mit zwei, drei Dutzend noch rüstigen Pferden konnten sie es schaffen, vor Sonnenuntergang beim Kloster zu sein.

»Ich brauche Freiwillige!«, rief Karl deshalb. »Der Rest kann alles plündern, was bis Sankt Denis am Weg liegt. Hauptsache ist, dass sich bis morgen Abend alle, die weiter mit mir ziehen wollen, am Kloster von Sankt Denis einfinden.«

Rotbert, Folker, der schwarze Abt, Wusing, Alberich und all die anderen, die inzwischen zu Karls engsten Gefährten gehörten, gaben mit lautem Rufen seine Anweisungen weiter. Bis zu den entferntesten Nachzüglern, die gut eine Meile hinter ihnen waren, hörten alle, dass Karl ohne großes Heer und nur mit ein paar berittenen Getreuen in Richtung Seine vorstoßen wollte. Halb aus Erleichterung und halb aus Dankbarkeit für die Verschnaufpause und die Freigabe zur Plünderung ertönte überall so fröhliches Geschrei, als wären die furchtbaren Stunden von Cambrai bereits vergessen.

Karl zögerte nicht lange und trieb sein Pferd an. Einige, die anfänglich noch mithalten konnten, mussten aufgeben und zurückbleiben. Andere, die Karl wie üblich zu Erkundungsritten nach vorn und zu den Seiten hin vorausgeschickt hatte, schlossen wieder dicht auf und verstärkten die Haupttruppe. Als sich die Sonne dem Horizont näherte, ließ Karl im Ritt abzählen. Jeder der Männer rief eine Zahl, und irgendein anderer die darauf folgende. Auf diese Weise musste jeder nur aufpassen, dass er selbst einmal drankam, wobei es gleichgültig war, ob die nächste Zahl von einem Reiter weit vorn, in der Mitte oder am Schluss des Trupps gerufen wurde. Die letzte Zahl, die Karl hörte, war die achtundneunzig.

»Mich selbst eingeschlossen, sind wir immerhin neunundneunzig«, rief er dann den anderen zu. »Und wenn Thuring noch bei uns wäre, dieser tapfere Thüringer, dann hätten wir tatsächlich eine Hundertschaft zu bieten, wie sie bei den Germanen noch Brauch war.«

Aus dem flachen Land erhoben sich bereits die Hügel der großen Seineschleife. Karl hörte die Geräusche der Gefährten, der Rösser und der Waffen nur wie durch einen Nebel. Er dachte daran, wie Chlodwig, der erste der großen Merowingerkönige, Paris zum Sitz seines Königreiches bestimmt hatte. Es musste ein seltsames Ereignis gewesen sein, das kurz nach dem Triumph stattgefunden hatte, den dieser König im Jahr 507 bei Poitiers über die Westgoten errungen hatte.

Jeder Franke kannte die Geschichte von Chlodwig, wie er, mit der Clamis und dem Purpurmantel bekleidet und einem Diadem auf dem Kopf, von der Basilika des heiligen Martin in Tours bis zur Kathedrale geritten war. Wie er Gold- und Silbermünzen an die Menge verteilt hatte und sie ihn zum Dank dafür hochleben ließ und ihn Konsul und Augustus nannte, wie einen römischen Anführer. Trotz dieser Jubelfeiern war es den Edlen und dem Volk von Tours nicht gelungen, ihre Stadt zum Hauptsitz des Merowingerkönigs zu machen. Noch im selben Jahr war Chlodwigs Wahl schließlich auf Paris gefallen.

Während sie weiterritten und Paris immer näher rückte, hing Karl seinen Gedanken nach, in denen er sich fragte, warum frühere Könige so viel Wert auf Hauptstädte gelegt hatten, während seit mehr als hundert Jahren für die Franken eigentlich keine richtige Metropole mehr existierte. Fast jeder König und Kaiser war mit dem Namen irgendeiner Stadt verbunden – die Konstantine mit dem neuen Rom am Bosporus, die Ostgoten mit Ravenna, die Westgoten mit Toulouse und anschließend Toledo, die Burgunden mit Worms und Lyon und die ersten Merowinger mit Paris.

Natürlich hatte die Wahl Chlodwigs auch mit der heiligen Genoveva zu tun gehabt. Nach der Legende war sie es gewesen, die ihre Stadt im Jahre 451 vor Attila, dem König der Hunnen, und seinem gewaltigen Heer aus verbündeten Germanenstämmen beschützt hatte.

Trotzdem hatte Karl nie verstanden, warum der erste große König der Franken Paris und nicht Tours zur Hauptstadt seines Reiches gemacht hatte. Schließlich war das Grab des heiligen Martin viel wichtiger als das von Genoveva.

Nach Chlodwigs Tod war sein Königreich zwischen seinen Söhnen Theuderich, Chlodomer, Childebert und Chlothar aufgeteilt worden. Sie waren Könige von Reims und Orleans, Paris und Soissons geworden. Bereits dadurch hatte Paris seinen gerade erst erworbenen Rang wieder verloren. Wieder und wieder hatten in folgenden Jahrzehnten und Jahrhunderten Söhne und Enkel aus der Merowingerdynastie versucht, Paris zur einzigen, unbestreitbaren Hauptstadt zu machen. Aber sie war niemals die wahrhaftige Metropole geworden, sondern meist nur die erste unter gleichen.

Es wurde bereits dunkel, als sich die Reiter der Basilika von Sankt Denis näherten. Das große Tor des Klosters war halb geöffnet. Rechts und links entdeckten sie mehrere Kuttenmänner, die bereits brennende Fackeln hochhielten, um ihren Weg um den Toreingang zu beleuchten.

»Das sieht ja wesentlich freundlicher aus als bei meinem Taufpaten in Reims«, meinte Karl wohlwollend. Dann wandte er sich zu den Mönchen.

»He! Kennt ihr uns?«, fragte er ohne Begrüßung.

»Ja, Karl«, antwortete der offensichtlich Jüngste der Mönche. Er war nicht älter als Karl und konnte deshalb die letzten Weihen noch nicht erhalten haben. »Wir kennen dich und auch einige deiner Gefährten. Und wir haben sehr viel von dem gehört, was geschehen ist, seit dich die Witwe deines Vaters in den Kerker werfen ließ.«

»Wollt ihr uns nicht hereinbitten?«

»Wir unterstehen keinem eurer Bischöfe, keinem der Grafen in eurem Gefolge und wüssten nicht, warum wir dich als Herzog eines Frankenheeres aus Austrien anerkennen sollten.«

»Ho!«, sagte Karl verblüfft. »Du bist sehr mutig, Kuttenmann. Bist du der Abt von Sankt Denis?«

»Nein«, antwortete der andere und lachte ohne Furcht. »Ich bin nur ein unbedeutendes Mönchlein namens Sigbert. Wir mussten unseren Abt und einige andere zusammen mit dem Majordomus Raganfrid und König Chilperich fliehen lassen. Wir wurden nur zurückgelassen, um dir zu sagen, dass Neustrien deinen Sieg von Cambrai anerkennt und dass du dennoch nicht bis nach Paris gelangen wirst.«

»Und wer ist es, der mich daran hindern will?«

»Der große Fluss dort unten«, antwortete der junge Mönch.

»Er umschließt die Inselfestung besser als die Mauern einst Jericho. Aber du kannst gern hier bleiben. Wir bieten dir ein schmackhaftes Mahl und auch ein Lager für die Nacht, und dazu die besten Kräutersalben und Wein, soviel ihr wollt. Doch morgen ist Palmarum, der letzte Sonntag vor dem Osterfest. Wir bitten euch daher, Paris nicht zu verheeren und wenigstens in der Karwoche kein weiteres Gemetzel anzurichten.«

12.

Verteilung der Beute

Am nächsten Morgen war das kleine Kirchlein von Sankt Denis zur großen Sonntagsmesse so überfüllt, dass nicht einmal alle einen Stehplatz fanden, die hineindrängten. Trotzdem feierten die Mönche ohne Hast und mit großem Ernst die Messe. Karl ließ sie gewähren. Zum ersten Mal seit langer Zeit empfand er eine Art Zufriedenheit während eines Gottesdienstes. Er hatte nie etwas gegen Gott, Jesus Christus oder die Predigten der Mönche gehabt. Aber erst durch Willibrord war ihm aufgegangen, dass auch die Kirche mehrere Gesichter hatte. Irische und fränkische Priester dienten derselben Sache, aber sie waren so unterschiedlich wie die Franken, die als Neustrier und Austrier gegeneinander um ihren Herrschaftsanspruch kämpften.

Nach dem Segen warteten alle darauf, dass Karl als Erster die Basilika verlassen würde. Die Grafen und Edlen seines Gefolges blickten ihn fragend an. Doch Karl blieb stehen, schüttelte den Kopf und winkte sie an sich vorbei, bis nur noch Folker, Rotbert, Milo und der junge Mönch Sigbert von Sankt Denis in der Basilika zurückblieben.

»Ich will die Gräber sehen«, sagte Karl.

»Du meinst die Sarkophage der Merowingerkönige?«, fragte der junge Mönch.

»Ja, aber auch die Nekropole mit den Gräbern aus der Römerzeit. Ich möchte wissen, ob es den heiligen Dionysius wirklich gegeben hat.«

Er sah, wie Sigbert merklich zusammenzuckte. Der Mönch schloss kurz die Augen, dann nickte er und streckte seine rechte Hand aus.

»Ihr steht hier in der Basilika des heiligen Dionysius«, sagte er, und seine Stimme klang, als würde er erst jetzt die eigentliche Messe zelebrieren. »Das älteste Gebäude hier bestand nur aus zwei Räumen. Einem tiefer gelegenen mit einer halbrunden Apsis im Osten und einem zweiten, der drei Fuß höher lag, mit einem anschließenden rechteckigen Altar im Westen. In dieser ersten Kirche wurden schon zur Zeit der Römerkaiser Menschen in der Erde oder in Sarkophagen bestattet.«

Sie gingen bis zur Apsis. Karl blickte auf die halb ausgegrabenen Sarkophage, die eng zusammengedrängt den ganzen großen Raum einnahmen.

»Welcher davon gehört nun Dionysius und welcher einem Merowingerkönig?«, fragte Karl.

»Das ist gar nicht so einfach«, antwortete der Mönch. »Was du hier siehst, sind zumeist Frauengräber, nur im Ostteil des Kirchenschiffs wurden reiche Männer beerdigt. Dort drüben an der Südwand ist das Grab des Heiligen. Zu seiner rechten Seite wurde der große König Dagobert beigesetzt, der zu Lebzeiten von seiner Pfalz Clichy aus, zwischen Sankt Denis und Paris, immer wieder unser Kloster und die Kirche förderte. Er sorgte auch für ihre reiche Ausstattung. Sein eigener Schatzmeister und Goldschmied hat das Sanktuarium durch die goldene Einrahmung der Heiligtümer verschönert.«

»Dagobert muss ein ungewöhnlich freigebiger Mann gewesen sein«, meinte Karl spöttisch.

»Das konnte er sich auch leisten«, bestätigte der Mönch. »Und zwar schon deshalb, weil er einen neuen Markt für Sankt

Denis einrichten ließ. Die Abgaben der Händler waren so groß, dass alle etwas davon hatten.«

Karl stieß einen leisen Pfiff aus. »So also macht man das«, sagte er dann. »Zuerst ein Heiligengrab, dann hohe Spenden für Verschönerungen, schließlich ein Markt, zu dem die Leute kommen, und daraus wieder neue Einnahmen, damit der Kreis sich schließt.«

Sigbert nickte eifrig. »Genau so ist es«, sagte er. »Natürlich wurden die beiden großen Kirchentüren aus purem Gold und Silber, sowie zwei weitere aus Elfenbein und Silber, nicht allein von König Dagobert bezahlt. Dennoch kannst du hier an den Portalen einen Teil von seinem Silberschatz wiederfinden. Außerdem war er es, der für die hohen Festtage des Jahres das gesamte Öl gestiftet hat. Und damit du verstehst, was das bedeutet: Es sind eintausendzweihundertundfünfzig Lampen, die an jedem Festtag dreimal angezündet werden. Und man braucht acht Maß Öl, um alle Lampen einmal aufzufüllen…«

»Schon gut, schon gut!«, unterbrach Karl, eher belustigt als verstimmt, »aber ich habe nichts Vergleichbares, was ich dir spenden könnte. Das wenige, was mir gehört, steht einem anderen Kloster zu…«

»Ich selbst brauche auch nichts«, antwortete der Mönch, »denn ich genieße hier das Vorrecht der kargen Einsiedlerzelle gleich am Tor…«

Der Weg war kurz, und auch die älteren Mönche konnten Karl und seinen Reitern mühelos auf ihren Eseln folgen. Karl ließ die Merowingerpfalz von Clichy rechts liegen und ritt direkt auf den Hügel, der seit Jahrhunderten der wichtigste Totenberg von Paris war. Von hier aus konnten sie weit über den alten Lauf der Seine bis zu den Inseln im neuen Flusslauf und der alten Römerstadt auf der gegenüberliegenden Seite blicken. An einigen Stellen waren sogar die Kirchendächer von Friedhöfen im schräg abfallenden Waldhang zu erkennen.

»Ich will dir alles erklären«, sagte Sigbert von seinem Esel herab. »Aber verrate deinen Männern nicht, dass dort unten auf der Mittelinsel auch das Kloster Sankt Martial steht, in dem inzwischen dreihundert Nonnen leben.«

Karl blickte den blonden Mönch mit großen Augen an. Dann pfiff er leise durch die Zähne und grinste amüsiert.

»Dreihundert Nonnen, sagst du?«, wiederholte er. »Das sollten wir tatsächlich nicht zu laut verkünden!«

»Auch das gehört nun einmal zu Paris«, meinte der Mönch. »Denn schon die heilige Genoveva hatte den Weibern dieser Stadt geraten, wie sie die vor Attilas Heeren mutlos gewordenen Männer wieder anfeuern konnten.«

»Du meinst die Sache mit den Ärschen?«, fragte Karl und lachte vergnügt.

»Genau die meine ich«, bestätigte der Mönch. »›Kocht für sie, so gut ihr könnt aus den Resten unserer Vorräte‹, hatte sie geraten, ›und dann zeigt ihnen die nackten Ärsche, die sie aber erst dann anpacken dürfen, wenn sie zum Kampf und zur Verteidigung der Stadtinsel bereit sind.‹«

»Die Dame gefällt mir mehr und mehr«, sagte Karl und grinste. »Endlich mal eine Heilige, die nicht bereits zu Lebzeiten ein himmlisch reiner Engel war.«

Sigbert hob die Augen zum Himmel und seufzte leise, dann wandte er sich wieder den Gebäuden zu, die im Seinetal unter ihnen lagen.

»Siehst du dort?«, fragte er und zeigte auf das östliche Ende der großen Flussinsel. »Dort ist der so genannte Bischofsbezirk.«

»Das sind gleich mehrere Kirchen«, meinte Karl.

»Ganz richtig«, sagte Sigbert und nickte. »Das ist so üblich hier nach unseren liturgischen Gebräuchen. Wenn du genau hinsiehst, kannst du die Kathedralen Sankt Etienne und Notre Dame erkennen, dazu das Baptisterium und zwei Frauenklöster.«

»Zwei?«, fragte Karl erstaunt. »Warten im zweiten etwa auch dreihundert Nonnen auf uns?«

»Nein«, lachte Sigbert. »In Sankt Christophe leben weniger als dreihundert.«

»Und irgendwo da unten auf der Insel verbergen sich jetzt Raganfrid und sein Merowingerkönig«, knurrte Karl, nachdem er eine Weile das weite Panorama in sich aufgenommen hatte. »Irgendwie erinnert mich das alles doch an Köln und Trier«, sagte er. »Aber Köln wirkt viel ummauerter als diese Stadt hier an der Seine. Und bei Trier stehen mir die Berge viel zu dicht am Fluss. So gesehen wird schon verständlich, warum die Merowingerkönige ihre Kirchen, Klöster und Friedhöfe vorzugsweise hier anlegten.«

Für eine lange Zeit blieb er bewegungslos auf seinem schweren Kaltblüter sitzen. Kein Muskel zuckte in seinem harten Gesicht. Sein Blick ging in die Weite, ins Tal hinab, über die Insel und den Fluss hinweg, bis hin zur fernen, aber deutlich sichtbaren Arena, in der vor einigen Jahrhunderten die Römer ihre Spiele und Menschenquälereien jubelnd gefeiert hatten.

»Nein«, sagte er dann. »Wir sind nicht stark genug, um Paris einzunehmen. Aber wir werden verhindern, dass sich die Neustrier mit ihrem Merowingerkönig und Majordomus Raganfrid in Sicherheit und Frieden wähnen.«

Er drehte sich halb um und winkte Folker und Rotbert näher.

»Wir teilen jetzt das Heer«, sagte er ihnen. »Ihr beiden bleibt mit den Verwundeten und dem größten Teil der Fußkrieger zurück. Ich selbst nehme die Reiterei und alle Männer, die noch gut zu Fuß sind. Seht zu, dass ihr den Neustriern hier schnell deutlich macht, dass sie noch immer die Verlierer sind. Ich sorge unterdessen am Rhein für klare Verhältnisse.«

»Willst du etwa Plektrud angreifen und die Mauern Kölns mit ein paar hundert Reitern niederreißen?«, fragte Alberich erstaunt.

»Nein«, antwortete Karl. »Ich werde andere Wege finden, um deine hochverehrte Tante dorthin zu schicken, wo sie hingehört.«

Er lachte trocken, aber niemand wagte in diesem Augenblick genauer nachzufragen. Seit seinem Sieg von Vincy hatte sich Karl verändert. Es war, als wäre in ihm – nach all den stillen und duldsamen Jahren an der Seite seines Vaters – plötzlich jene Stärke erwacht, die seine Stiefmutter Plektrud seit Jahren schon gefürchtet hatte.

Auf dem Weg der folgenden Tage spürten die Gefährten um Karl und ihre Gefolgsleute eine ganz eigenartige Trauer und Zurückhaltung bei allen Menschen, denen sie unterwegs begegneten. Es waren nicht viele, die den Mut hatten, sich in die Nähe des Siegers von Vincy zu wagen. Dennoch schienen alle, selbst in den entlegensten Dörfern, zu wissen, was im Gau von Cambrai geschehen war. Immer wieder säumten Händler, wandernde Bauern und Karren, von denen niemand wusste, woher sie kamen und wohin sie fuhren, die Straßen zwischen Paris und Reims.

Karl und seine Berittenen waren eine Weile der Marne von ihrer Mündung in die Seine flussaufwärts gefolgt. Erst als ihre Biegungen zu weit nach Norden führten, kürzten sie den Weg ab und folgten schmaleren Pfaden über die Hügel. Am 1. April des Jahres 717, vier Tage vor Ostern, ließen sie die Hügel von Reims hinter sich und näherten sich erneut dem Westtor. Diesmal tauchten keine Priester und Mönche und auch kein Bischof in den Fensteröffnungen auf, um Karl spöttisch zu betrachten oder gar abzuweisen. Im Gegenteil: Rigobert selbst kam ihnen höchstpersönlich und zu Fuß zum alten römischen Marstor entgegen.

Obwohl die Kirche für den Tag vor der Kreuzigung des Erlösers Bitterkeit, Buße, Jammern und Greinen vorgesehen hatte, deutete nichts in Reims auf einen Greindonnerstag hin. Überall standen dicht an dicht die Bewohner der Stadt. Sie warfen Kappen und Mützen in die Luft und jubelten Karl samt seinen Reitern zu. Verwirrt und unschlüssig folgten die Männer Karl in die Stadt hinein. Sie blickten sich misstrauisch nach allen Seiten um, und manch einer löste die Schlingen und Schlaufen um Schwertgriff und Wurfaxt. Jeder von ihnen fasste die Zügel fester und nahm, nach einem langen aber eher leichten Ritt, die Schenkel wieder enger an die Flanken seines Reittieres.

Karl ritt an der Spitze seines Zuges. Er ließ sein Pferd immer kleinere Schritte machen, je näher er dem Bischof und seinen festlich gewandeten Begleitern kam. Zum Schluss bewegte er sich Schritt um Schritt kaum noch um Handbreiten weiter. So langsam und so gemessen ritt er auf seinen Taufpaten zu, dass auch der Letzte der Zuschauer begriff, wie viel dem Sohn von Pippin II. dieser Einzug in Reims bedeutete. Endlich brachte Karl sein Pferd mit leichtem Zügelzug zum Stehen. Dann wurde es so still, wie sonst nur in den Stunden nach Mitternacht. Irgendwo in den schmalen Gassen begann ein Kind zu weinen. An einer anderen Stelle bellte ein Hund. Beide Geräusche verstummten so schnell wieder, als seien sie sofort in großer Angst erstickt worden.

Noch während Karl angestrengt überlegte, wie er sich jetzt verhalten sollte, zog der Bischof die Hände aus seinem seidig glänzenden roten Ornat. Karl sah sofort, dass Rigobert als der Geübtere von beiden das Ritual dieser Begrüßung bestimmen wollte. Karl ahnte instinktiv, was als Nächstes kommen würde. Rigobert würde ihn und die siegreichen Kämpfer von Vincy in Gottes Namen segnen und sie dadurch zwingen, vor ihm die Helme abzunehmen und den Kopf zu senken.

Karl schnaubte nur, als er begriff, was der Bischof plante. Er musste schneller sein, um einen winzig kleinen, entscheidenden Lidschlag schneller.

»Raus hier!«, brüllte er deshalb, so laut er konnte. »Verschwinde aus der Stadt, bevor ich dich auspeitschen und dann in Ketten legen lasse!«

Die unheimliche Stille hing auch noch den ganzen Karfreitag über zwischen den eng zusammenstehenden Fachwerkhäusern von Reims. Nie zuvor war ein ganzer Tag so quälend langsam und fast ohne jede Bewegung innerhalb der Stadtmauern vergangen. Die Menschen wagten sich nicht aus den Häusern, und in den Kirchen versagte selbst den gläubigsten der Priester die Sprache. Sie konnten nicht mehr singen, nicht mehr laut beten. Es war, als wäre die Kreuzigung des Herrn nicht vor sieben Jahrhunderten, sondern gerade erst geschehen …

Für viele Menschen in der Stadt, selbst für die Adligen und Händler hatte Karls hartes Strafgericht ohne jede Gerichtssitzung, ohne Synode und ohne ordentliche Verhandlung endgültig klargestellt, dass die alten Privilegien und Rechte kaum noch etwas galten. Wer bisher auf die Tradition und seine Treue zu den Bischöfen und zu den Königen der Franken hatte bauen können, der musste sich auf einmal vorsehen. Denn etwas Ungeheures, ja Gotteslästerliches war geschehen: Karl hatte Rigobert, den Erzbischof von Reims, der außerdem sein Taufpate gewesen war, mit harter Hand davongejagt!

Er hatte ihm nur bis zum Morgen am größten Trauertag der Christen Zeit gelassen. Fünf Wagen, hoch beladen mit bischöflichen Schätzen, Vorräten und Hausrat, waren noch in der Morgendämmerung durch Reims gerumpelt. Rigobert hatte fast hundert Angehörige seiner Familie, dazu Priester, Frauen und Kinder, Knechte, Mägde, Diener und Knappen, Pferde und Rinder, Schafe, Ziegen, Hunde und sogar seine Singvögel in goldenen Käfigen mitgenommen …

Am Abend, ehe die lange Nacht zum Ostersonntag in den Kirchen begann, rief Karl den schwarzen Abt zu sich. Er wartete nicht einmal, bis alle, die mit ihm kamen, ebenfalls im Prunksaal des bischöflichen Palais versammelt waren.

»Mach du das hier«, sagte Karl und legte seine rechte Hand auf das mit schwarzen Tüchern verhängte Kreuz jener Monstranz, die für die großen Prozessionen vorgesehen war und die Rigobert auf Karls Befehl hin zurückgelassen hatte.

»*Was* soll ich machen?«, fragte der schwarze Abt. Er hob die Brauen und blickte Karl verwundert an.

»Stell dich nicht dümmer, als du bist«, schnaubte Karl. Er hatte keine Lust zu langem Wortgeplänkel. »Kümmere dich darum, dass wir um Mitternacht nicht nur die Auferstehung Christi, sondern auch deine Investitur mit einem ordentlichen Saufgelage feiern können.«

»Aber du kannst nicht…«

»Was kann ich nicht?«, fragte Karl grollend. »Meinst du, ich könnte dich nicht zum Nachfolger des Bischofs erheben, der das Katheder hier im Stich gelassen hat und mit Sack und Pack über die Marne in Richtung Orleans geflohen ist?«

»Aber du bist kein Majordomus!«, wiederholte der schwarze Abt, »kein Merowingerkönig, keine Bischofsversammlung und auch nicht der Papst…«

»Nein?«, fragte Karl ironisch. »Bin ich das alles nicht?«

Er nahm die Schultern zurück und richtete sich zu seiner vollen Größe auf. Mit einem harten, stolzen Lächeln blickte er sich in der Runde um. Er sah in jedes einzelne Gesicht, suchte die Augen jedes Mannes. Dann nickte er und sagte: »Milo hat Recht! Ich bin nur Karl, der dritte Sohn Pippins von Heristal… Enkel von Ansegisel, dem Sohn von Bischof Arnulf von Metz. Aber auch Enkel seiner Ehefrau Begga, die wiederum eine Tochter von Pippin dem Älteren war. Und falls ihr es vergessen haben solltet: Bischof Arnulf von Metz und Pippin von Landen waren die ersten Franken, die ihren Merowingerkönigen vorschreiben konnten, was sie zu tun oder zu lassen hatten. Und genau das, ihr Männer, ist das Erbe, das mir weder mein Vater noch irgendjemand sonst verweigern kann!«

Der schwarze Abt begriff schneller als die anderen. Noch während Karl mit ihnen sprach, hatte er sich bereits entschieden.

»Ich nehme an«, rief er, ohne darauf zu warten, dass Karl ihn noch einmal fragte.

»Aber das geht nicht!«, murmelte einer der Priester in der Nähe. »Er kann doch nicht Bischof in zwei Diözesen sein.«

Karl lächelte kaum wahrnehmbar, ging aber nicht weiter auf den zaghaften Einwand ein.

»Jeder, der sich bisher gut und tapfer für mich geschlagen hat, wird zu diesem Osterfest belohnt werden«, sagte er dann. »Aber ich werde euch nichts geben, was ihr eigentlich nicht haben wollt. Deshalb soll jeder zwei Wünsche nach kleinen Dörfern, etwas Land, Wald, Klöstern oder Gold und Silber äußern.«

Er blickte schräg zur Seite und sah in Milos fragendes Gesicht. »Das ist nun mal der Preis, Erzbischof, den du für deinen neuen Titel zahlen musst.«

Der schwarze Abt stieß die Luft laut und lange aus seinen Lungen. »Du hast gewonnen«, sagte er dann. »Ich gebe notgedrungen ein wenig von dem Fell ab, das du mir gerade erst so angenehm und warm um meine Schultern gelegt hast.«

»Dafür darfst du mir einen ganz besonderen und edlen Dienst erweisen«, sagte Karl. »Ich brauche einen König. Und du musst ihn beschaffen, noch während ich nach Köln zu Plektrud unterwegs bin.«

»Du meinst, du willst auch …«

»Ja, edler Bischof von Reims und Trier. Du warst doch lange genug Abt. Du kennst die Klöster und weißt, wo wir noch einen Merowinger finden können. Soll Raganfrid Chilperich II. doch behalten. Ich brauche einen eigenen, damit die Edlen Austriens mich zu seinem obersten Verwalter, Schatzkämmerer, Herzog und Richter wählen können.«

»Zum Majordomus also«, sagte der schwarze Abt. »Nun gut, wenn du dich wenigstens in diesem Punkt an die Gesetze und die Traditionen halten willst. Wir werden sehen, wen wir finden können.«

»Schickt ihn mir hinterher«, sagte Karl, wieder gut gelaunt. »Er soll nach Köln gebracht werden, damit ich ihn mit einem Freudenfest am Rhein empfangen kann.«

Sie kamen gut voran und besuchten mehrere kleinere Abteien, Dörfer und Landgüter zwischen Reims und der Maas. Sie gehörten alle zum austrischen Teil des Frankenreiches, lagen aber abseits der üblichen Verbindungswege. Durch sein überraschendes Auftauchen zeigte Karl auch bei jenen Familien, die hier seit Generationen Einfluss und Macht gewonnen hatten, dass er es war, auf den sie fortan achten mussten.

Die Männer, die Karl seinem Zug vorausgeschickt hatte, beschafften Nahrung und Vorräte so rechtzeitig, dass bereits der Duft von Gebratenem und Gesottenem aufstieg, noch ehe Karls Reitertruppe am nächsten Lagerplatz eintraf. Am Zufluss der Sambre bog die Maas scharf nach Osten ab. Sie ritten noch einige Meilen weiter, bis sie zur alten Bergfestung von Huy kamen. Die steile Felswand ragte wie ein Schiffsbug bis fast an das südliche Flussufer heran. Bereits zu Zeiten der Römer war oben auf dem Felsen ein kleines Kastell erbaut worden, von dem aus der Fluss und die Uferstraße in Richtung Lüttich und Maastricht leicht überwacht werden konnten. Ebenso wie andere langsam verfallene Bergfestungen an der Maas und ihren Nebenflüssen gehörte Huy zu den Plätzen, an denen bestenfalls noch eine kleine Kirche am Flussufer zu einer Rast einlud.

Da er zügig geritten und gut vorangekommen war, beschloss

Karl, nicht in Huy zu lagern, sondern in Richtung Lüttich, Jupille und Heristal weiterzureiten.

»Ich hoffe nur, dass der neue Bischof von Reims inzwischen fündig geworden ist«, sagte er, »sonst könnte Hugbert als Bischof von Lüttich und Maastricht mich in die Zange nehmen und mir einen König nach seinem Geschmack und nach dem von Plektruds Familie anbieten…«

Kaum einer der dicht bei ihm reitenden Edlen verstand, was er meinte. Nur Alberich wandte den Kopf zu Karl und blickte ihn nachdenklich an.

»Willst du das tatsächlich wagen?«, fragte er schließlich. Karl lachte nur.

»Sähe es besser aus, wenn ich ohne König vor den Mauern von Köln auftauche?«

»Mit oder ohne König«, gab Alberich sichtlich besorgt zurück, »meine Tante Plektrud und ihre Paladine werden dich niemals anerkennen.«

Karl lachte kurz. »Für dich mag sie Tante sein«, sagte er dann. »Für mich war sie immer die Stiefmutter, die so böse und hartherzig nicht einmal in unseren Sagen und Märchen beschrieben wird. Aber du hast natürlich Recht, Alberich. Sie weiß mit Sicherheit, was inzwischen geschehen ist…«

Der Fluss machte eine erneute Biegung. Während auf der gegenüberliegenden nördlichen Uferseite breite Felsbänder wie eine natürliche Mauer aufragten, wichen die Berge auf der alten Handelsstraße langsam zurück. Schon kurz darauf wurden die Flussinseln bei Lüttich und die neu erbaute Kirche für die Gebeine des gewaltsam gestorbenen Bischofs Lambert von Maastricht sichtbar.

»Kennst du eigentlich den Ziegenfels?«, wandte sich Karl plötzlich an Alberich. Der Graf von der Mosel schüttelte den Kopf. »Ich habe nur davon gehört«, sagte er dann. »Das ist doch dieses kleine Kastell, ein paar Meilen weiter östlich an diesem Fluss hier, das sich dein Vater als Fluchtburg ausgebaut hat.«

»Nicht erst mein Vater«, sagte Karl und lachte. »Die Zuflucht stammt bereits von meinen Vorfahren Ansegisel und Begga. Im Augenblick wohnen dort oben nur ein Dutzend Priester und Mönche, die sich als eine Gemeinschaft von Einsiedlern sehen.«

»Du kennst die Kirchenmänner?«, fragte Alberich vorsichtig. Karl merkte sofort, welche Andeutung in dieser Frage verborgen war.

»Sie sind Iren«, sagte er deshalb.

»Alle?«, fragte Alberich sofort.

»Soweit ich weiß, sind es nicht mehr als fünf oder zehn. Zusammen mit ihren Gehilfen dürften also kaum zwanzig Menschen da oben leben. Aber ich will das prüfen, denn der Gedanke an diesen verschwiegenen Ort hoch über dem Fluss gefällt mir…«

Die Berittenen erreichten noch vor Sonnenuntergang jene Biegung des Flusses, die den Bereich von Lüttich von den Landgütern Heristal und Jupille trennte. Sie hatten den Engpass am Ufer noch nicht ganz überwunden, als Karl plötzlich die Hand hob.

»Hört ihr das?«, fragte er, indem er sich halb zu den anderen umdrehte. Es dauerte einige Sekunden, bis auch die nachfolgenden Pferde standen. Obwohl seit Ostern drei Wochen vergangen waren, klang aus Richtung Jupille oder von Heristal auf der anderen Seite des Flusses der Chor von Männern, die in lateinischer Sprache geistliche Lieder sangen.

»Was, bei allen Heiligen und Teufeln, ist das nun schon wieder?«, schnaubte Karl. Er lauschte einen Augenblick, strich sich über Bart und Mund, dann schlug er hart die Hacken in die Flanken seines Pferdes. »Los, Männer! Weiter!«

Nach Jupille war es nicht einmal mehr eine Meile. Trotzdem

wunderte er sich, dass sie bereits auf so große Entfernung hin den Gesang gehört hatten. Im Grunde genommen gab es dafür nur eine einzige Erklärung: Die singenden Männer konnten sich weder in Jupille, noch in dem weiter entfernten Heristal befinden. Um derartig laut und deutlich hörbar zu sein, mussten sie sich auf einer der Inseln im Fluss aufhalten …

Karl ritt schneller. Er achtete nicht mehr darauf, ob die anderen ihm folgten. Er wollte wissen, was hier, im Kernland seiner eigenen Familie, vorgefallen war, während er die vorrückenden Neustrier und ihre Verbündeten so siegreich und blutig geschlagen hatte. Erst jetzt wurde Karl bewusst, dass er über zwei Monate fort gewesen war. In dieser Zeit waren mehrfach Nachrichten aus allen Teilen Austriens, aus Baiern und Friesland und sogar von den angriffslustigen Sachsen an der Weser bis zu ihm gedrungen.

Aber was suchte er wirklich? Wie sah es in Utrecht, Köln oder Mainz aus? Welche Pläne hatten Theodo von Baiern, die Söhne des Alamannenherzogs Gotefrid oder gar Herzog Eudo von Aquitanien? Karl begriff plötzlich, dass er nicht nur gesiegt und die Neustrier aufgehalten, sondern auch in ein Wespennest gestochen hatte. Während er auf die ersten Häuser zwischen den Bergrücken im Osten und dem Fluss zuritt, dachte er daran, wie leichtfertig er das alles vollkommen ohne Schutz zurückgelassen hatte.

Ein eigenartiges Gefühl aus Schuld und Sorge kam in ihm auf. Natürlich hatte er in den vergangenen Wochen immer wieder an seine Frau und seine Kinder gedacht. Aber waren sie ihm wirklich wichtig gewesen? Oder hatte sein ganzes Denken und Trachten sich nur darauf gerichtet, den neustrischen Majordomus und seinen Merowingerkönig zu schlagen? Kein Priester, kein Herr und kein König fragte ihn danach. Er war niemandem Rechenschaft schuldig, außer sich selbst. Und doch empfand er in diesem Augenblick eine Reue, wie er sie nie zuvor gekannt hatte. Weder die Toten auf dem Schlachtfeld von Vincy, noch die brennenden Häuser oder die jammernden Bauern in den verwüsteten neustrischen Dörfern hatten ihn weich werden lassen. Im Gegenteil: Je mehr Blut geflossen war und je lauter die Schreie der Opfer sie begleitet hatten, desto mehr hatte er triumphiert. Und jetzt – unmittelbar vor den Wiesen am Flussufer, vor den grünen Berghängen und vor den friedlich bis in den hohen Himmel aufsteigenden Rauchfäden aus den Kaminen der Häuser im Dorf, kam er sich wie ein Halbwüchsiger vor, der in einer Königsdomäne gewildert hatte …

Und dann sah er sie! Lange vor allen anderen erkannte er die Mönche und die überall aufgestellten Fahnen und Wimpel. Noch ehe er jede einzelne Zugehörigkeit benennen konnte, wurde ihm klar, was das bedeutete.

Sie hatten ihn gefunden! Sie hatten tatsächlich einen Mann gefunden, der zum neuen König aus der Familie der Merowinger für Austrien, für die Franken zwischen Maas und Rhein und für Karl auf den Schild gehoben werden konnte.

Das und nichts anderes musste der Grund dafür sein, dass sich bereits so viele eingefunden hatten, um das Ereignis so zu feiern und zu bejubeln, wie es seit über zweihundert Jahren Brauch war.

13.

Ein König für Karl

Er hieß Chlothar und hatte sich in den letzten Monaten bei den Kirchenmännern auf dem Ziegenfels versteckt gehalten. Anders als der Mönch Daniel, der inzwischen als Chilperich II. mit seinem Majordomus Raganfrid über die Loire geflohen war, hatte Chlothar nie eine Priesterweihe empfangen. Karl lernte ihn noch am selben Abend kennen. Er wusste nicht, wer für die große Zusammenkunft in Heristal, Jupille und auf den Maasinseln verantwortlich war. Erst als ihm Willibrord freudestrahlend und mit ausgebreiteten Armen entgegenkam, begann er zu ahnen, dass Milo nach seinem Auszug aus Reims schnell und vorausschauend gehandelt haben musste.

»Wie kommst du hierher?«, fragte er, während er Willibrord umarmte. Die beiden ungleichen und doch wieder ähnlichen Männer verbargen nicht, wie sehr sie sich freuten, einander wiederzusehen. Karl wusste, dass Willibrord nie ein Mann gewesen war, der auf besondere Ehrungen in seinem Rang als Erzbischof Wert legte. Zu oft hatte er statt Kreuz und Schreibfeder auch Hammer und Meißel, Säge und Axt in den Händen gehalten.

»Du sollst nicht fragen, *wie* ich hierher komme, sondern *warum*«, korrigierte der Erzbischof von Utrecht und Abt des Klosters von Echternach die Frage.

Sie ließen einander los und gingen zu einem der einfachen

Zeltlager, die sich die verschiedenen Gruppen von Mönchen und Kirchenmännern auf der größten der Inseln in der Maas eingerichtet hatten. Die schlichten Zelte unter den hohen Bäumen trugen als einzigen Schmuck bunte Bänder von einer Elle Breite und drei oder vier Ellen Länge, die teilweise mit großen Kreuzen, dem Symbol des Opferlamms und dem Christusmonogramm bestickt und bemalt waren.

»Was ist das alles?«, fragte Karl verwundert. »Wollt ihr hier eine Synode abhalten – eine Versammlung von Bischöfen, irischen Mönchen und fränkischen Äbten?«

»Das ist gar nicht mal so falsch«, antwortete Willibrord und lächelte. »Komm, ich zeige dir, warum wir alle hierher gekommen sind.« Er drehte sich um und ging voraus zur westlichen Seite der Insel. Auf einer großen Lichtung standen mehrere große, farbenprächtige Zelte, die, wie es schien, eigens für diesen Anlass angefertigt worden waren.

»Du siehst mich wirklich überrascht«, sagte Karl und schnaubte leise. »Warum wusste ich von all dem nichts? Und wer hat das alles geplant?«

»Nimm es als kleinen Dank deines Freundes und Kampfgefährten Milo. Du hast ihn zum Bischof von Reims ernannt, aber er ist und bleibt nun einmal der schwarze Abt. Er war schon immer besser geeignet, ein Heerlager oder eine Königskrönung zu organisieren, als eine einfache Morgenmesse.«

»Ich wusste es«, sagte Karl vergnügt. »Ich wusste von Anfang an, dass er es schaffen würde.«

Im selben Augenblick öffneten sich die Stoffbahnen am Eingang des größten und prächtigsten der bunten Zelte. Ein Mann, nicht älter als Karl, trat heraus. Er war wie der Graf irgendeines Gaus gekleidet, trug aber weder ein Wehrgehänge noch irgendwelche Rüstung oder Waffen. Seine Hosen, Gamaschen und Schuhe waren im gleichen braungrünen Farbton gehalten. Er hatte einen ärmellosen Kittel und ein kurzes Hemd ohne Kragen an. Das Auffälligste an ihm waren seine langen, bis fast zu den Schulterblättern reichenden goldblonden Haare. Karl starrte ihn an, als würde er zum ersten Mal in seinem Leben einen der legendären und schon fast heiligen Männer aus der königlichen Dynastie der Merowinger sehen.

»Das ist der Mann, den die hier zusammengekommenen Adligen Austriens schon morgen Mittag als König Chlothar IV. auf den Schild heben werden. Er hat sich bisher nach rheinischer Art nicht Chlothar, sondern Lothar genannt. Vielleicht lag es daran, dass bisher kaum jemand an diesen Sohn von König Theuderich III. gedacht hat.«

»Ja, jetzt erinnere ich mich«, sagte Karl. »Und eigentlich wussten wir doch alle, dass es noch einen Chlothar gab. Warum sind die Neustrier nicht auf ihn gekommen?«

»Weil ich nicht wollte, dass sie mich finden«, sagte der Mann mit dem goldblonden Haar. Er hatte eine sanfte, doch gleichzeitig leer und abwesend klingende Stimme.

»Wie eine Puppe«, dachte Karl. »Wie eine große, sehr schöne und vollkommen unbeteiligte Puppe.« Ihm fiel wieder ein, wie sie als Kinder aus Spinnwirteln und manchmal auch aus Scheiten von Lindenholz kleine Menschen gesteckt hatten. Jungen und Mädchen hatten sich gleichermaßen daran beteiligt, wenn die Winterabende sehr lang gewesen waren. Wenn Geschichten erzählt wurden und die Dachbalken knackten, als ob Elfen und Kobolde dort Schabernack trieben, und vom Nachthimmel die Ahnen herabschauten.

Karl spürte, dass etwas ganz Eigenartiges und Besonderes von diesem jungen Mann aus dem Geschlecht der Merowinger ausging. Er war ein geborener König, und doch wieder nicht, denn dazu fehlte ihm mehr als Krone und Schwert.

Karl holte tief Luft und stieß sie hörbar wieder aus. Nein! Dieser Mann konnte niemals ein echter König werden. Bestenfalls eine Königspuppe …

»Gut«, sagte Karl. »Sehr gut sogar. So muss ein König aussehen.

Das ist genau der Mann, den wir dem anderen guten Gewissens entgegenstellen können.«

»Ein echter Merowingerkönig eben«, bestätigte auch Willibrord. »Ein absoluter Herrscher, der einen legitimen Anspruch auf einen großen, starken Majordomus hat.«

Karl nickte mehrmals. Vor seinem inneren Auge zogen alle vorbei, die sich ihm gegenüber bisher ablehnend, abfällig oder gar feindlich gezeigt hatten.

»Dann lass uns keine Zeit verlieren«, sagte er ungeduldig. »Macht ihr so weiter, wie ihr es so vorzüglich angefangen habt. Doch mich müsst ihr entschuldigen – zumindest für die Nacht, auf die mein Weib jetzt Anspruch hat. Und morgen früh will ich bei meinen Kindern sein.«

»Dagegen ist nichts einzuwenden«, lächelte Willibrord. »Allerdings meine ich, dass du zur Krönung kommen solltest – falls du die Zeit hast neben deinen dringenden familiären und ehelichen Verpflichtungen …«

Die Krönung des Merowingers begann wie ein Schauspielstück, das in einem römischen Amphitheater aufgeführt wurde und von dem man nicht wusste, ob es echt oder falsch war. In ihrem Ablauf und in der Feierlichkeit schien alles zu stimmen. Selbst die versammelten Bischöfe und Edlen Austriens verrieten mit keiner Geste und nicht mit dem leisesten Zucken in ihren Gesichtern, ob sie die lauten und feierlichen Zeremonien am Ostufer der Maas ernst nahmen oder nicht. Insgesamt waren über tausend Große aus allen Teilen des Landes zusammengekommen, um Chlothar an jenem Platz auf den Schild zu heben, der eigentlich keinerlei öffentliche Bedeutung besaß und nur das heimatliche Landgut des letzten Majordomus gewesen war.

Niemand sprach jetzt noch von Metz oder gar Köln. Jupille und Heristal waren eher durch Zufall die ersten Heerlager Karls geworden – die Orte am Fluss, von denen er zu seinem großen Sieg bei Vincy aufgebrochen war. Ebenso wie Trier längst seine einstige Vormachtstellung an Köln verloren hatte, begannen Jupille und Heristal nun damit, das neu entstehende Machtgefüge zu festigen.

Karl hatte sich den Abläufen doch nicht so lange entziehen können, wie er, Chrotrud und die Kinder sich das wünschten. Er war früh aufgestanden und zur Badestelle am Fluss gelaufen. Anschließend hatte er sich zur Feier des Tages Haare und Bart schneiden lassen. Nach der ersten der kleinen Morgenmessen, die an verschiedenen Stellen auf beiden Seiten des Flusses und auf der großen Mittelinsel gefeiert wurden, war er noch einmal in das Haus zurückgekehrt, in dem Chrotrud wohnte, seitdem sie das Kloster von Stavlot verlassen hatte.

»Bist du ganz sicher, dass es nicht Willibrord und seine Mönche von Echternach waren, die hier alles vorbereitet haben?«

»Wie oft willst du mich das noch fragen?« lächelte Chrotrud. Sie kam auf ihn zu, schmiegte sich an ihn und strich über seinen frisch gestutzten Bart. Karl lächelte ebenfalls. Aber er war bereits wieder ungeduldig. »Erstaunlich, erstaunlich«, murmelte er. »Ich hätte nie gedacht, dass sich die reichen und mächtigen Bischöfe unserer Städte doch noch mit diesen einfachen und hartnäckigen Gesellen aus England und Irland versöhnen würden.«

»Vielleicht war es die frohe Botschaft, die sie zusammengeführt hat«, meinte Chrotrud.

»Fragt sich nur, welche«, lachte Karl. »Denn den gemeinsamen Gott und Erlöser haben beide Parteien schon seit vielen Jahren. Nein, Chrotrud. Ich glaube viel eher, dass es die Nachricht von meinem Sieg über die Neustrier war, die manch einen hier bekehrt und gefügig gemacht hat. Ich bin selbst überrascht, wie schnell sogar jene die Fahne gewechselt haben, die mich im vorigen Jahr noch verfolgt und missachtet haben.«

»Du bist auch nicht mehr der, der mich zum Abschied am Kloster von Stavlot noch einmal sanft und voller Hoffnungen geküsst hat.«

»Meinst du, ich hätte mich wirklich so sehr verändert?«, fragte Karl mit einer Mischung aus Stolz und Verwunderung. Chrotrud antwortete ihm nicht, sondern schmiegte sich schweigend gegen die Härte und Kälte seines Waffenkleides, das zwar gereinigt und geputzt war, aber noch immer die Spuren unzähliger Schläge und Pfeilspitzen aus den vergangenen Monaten trug.

Sie blieben eng umschlungen stehen, und die liebevolle Geborgenheit dieser Umarmung schien eine Ewigkeit zu dauern. Irgendwann hob sie wieder ihren Kopf, und ihre Tränen verrieten ihm viel mehr als alles andere.

»Ich muss jetzt gehen«, sagte er mit zärtlicher Stimme. »Sie warten darauf, einen neuen Majordomus auszurufen, damit nicht noch weiter auseinander fällt, was auch mein Vater schließlich nicht mehr zusammenhalten konnte.«

»Ich weiß«, antwortete Chrotrud. »Geht nur und findet einen Merowinger, der nichts dagegen tun kann. Aber vergesst bei allem nicht, dass es auch noch uns Frauen gibt, die Kinder und all jene, die nur noch weinen oder hungern können, wenn ihr Kerle euch nicht einig seid.«

»War es denn jemals anders?«, fragte Karl. »Wo ist der Schutz, den heute noch ein Lehnsherr für seine Leute, seine Dörfer bieten kann? Wo wird noch das Gesetz befolgt, und wo sind die Gerichte, die außerhalb der Kirchen Recht sprechen können?«

»Dann geh und nimm das Erbe deines Vaters auf. Krönt einen König und sorgt dafür, dass hier in Austrien in den Dörfern und Städten und überall in Francien Friede einkehrt – und mehr Gerechtigkeit.«

Sie wussten beide, dass er ein Paradies wie dieses niemals erkämpfen konnte. Aber sie wussten auch, dass schon viel weniger ein großer Segen wäre …

»Ich muss hinaus«, sagte Karl, als Hörner, Pauken und Luren zur Versammlung riefen. Gemeinsam traten sie ins helle Sonnenlicht. Das Haus von Chrotrud lag auf einer kleinen Bodenwelle, von der aus alles gut zu überblicken war.

Noch nie zuvor hatte Karl eine derart große gerüstete und feierlich gewandete Menschenmenge gesehen. Er fragte sich noch immer, wie es möglich gewesen war, so viele Männer in allen Teilen Austriens in Bewegung zu setzen. Überall standen die Aussaaten und die Frühlingsarbeiten auf den Feldern an. Aber dann wurde Karl wieder bewusst, dass kein Einziger von jenen, die sich jetzt am Fluss versammelten, zu seinem Märzfeld gekommen war. Genau genommen war keiner der vielen prächtig gekleideten Männer, der Priester oder Adligen auch nur einen Deut besser als Rigobert von Reims. Sie hatten abgewartet, ihn verspottet und nicht ernst genommen. Wenn er das alles im Licht der Sonne sah, dann war die Bestätigung Chlothars zum neuen Merowingerkönig Austriens auch der Beweis dafür, dass sie ihn nunmehr anerkannten!

»Komm«, sagte er zu seiner Frau. »Die hohen Herren und das Volk erwarten uns.«

Alle Bewaffneten schlugen mit ihren kurzen Schwertern gegen die Schilde, als Karl mit Chrotrud durch die Gasse ging, die sich vor ihnen bildete. Zum ersten Mal, seit Merowingerkönige über das Reich der Franken herrschten, wurde ein Mann, der noch nicht einmal zum Majordomus gewählt worden war, früher und heftiger begrüßt als der stille Angehörige der Königsfamilie, der an diesem Tag gekrönt, gesalbt und wie in früheren Jahrhunderten auf den Schild gehoben werden sollte.

Er dachte daran, dass die ganze Zeremonie eigentlich überflüssig war. Merowinger mussten schon lange nicht mehr gesalbt oder gekrönt werden. Sie waren von Geburt an königlich, weil das heilige Blut in ihren Adern floss! Merowinger blieben Merowinger – auch wenn sie nur als Mönche lebten oder nur zum Märzfeld ihrem Volk gezeigt wurden …

Karl blieb sehr ernst, als er an den Männern vorbeischritt, die er zum größten Teil noch an den Tischen seines Vaters erlebt hatte. Einige von ihnen hatten noch gesehen, wie er als Gefangener aus den Aachener Kerkern bis zu Plektrud nach Köln gebracht worden war. Genau diese Männer waren es, die jetzt trotz aller Pracht, mit der sie sich gekleidet hatten, die Blicke vor ihm senkten. Sie wussten alle, dass Karl nichts vergessen hatte …

Er dachte nicht daran, sie freundlich und mit Nachsicht anzusehen. Sein Blick blieb kalt, und nicht einmal ein Lächeln des Triumphes huschte über sein Gesicht. Was Männer aus der königlichen Familie konnten, das sollte ihm erst recht gelingen, dachte Karl. Gleichzeitig fühlte er das eigenartige Gefühl des Rausches, wie es die Priester und Kirchenmänner überkommen musste, wenn sie in Weihrauchschwaden jede einzelne Bewegung genau so durchführten, wie sie seit Jahrhunderten festgelegt und überliefert war.

Er spürte, wie sich seine Beine ganz von selbst bewegten, wie er sich einordnete und genau den Platz einnahm, der ihm neben den Bischöfen und Äbten zwischen den anderen Adligen zukam. Der große, weite Platz war fast zu eng für die Messe unter freiem Himmel, mit der die Erhebung Chlothars zelebriert wurde. Doch dann bemerkte Karl, dass alles längst begonnen hatte. Jetzt gab es nichts mehr, was er selbst befehlen, anordnen oder noch regeln musste. Das Einzige, was ihm noch auffiel, war die Tatsache, dass nicht der Bischof von Lüttich oder Maastricht die Krönungsmesse zelebrierte, sondern der eher friedfertige Bischof von Köln.

Karl kannte Faramundus als guten Oberhirten, der ganz zum

Schluss auch noch Beichtvater seines Vaters gewesen war. Faramundus war klein, ein wenig rundlich und wirkte mit seinen geröteten Wangen eher wie der Wirt in einer Weinschänke der Römer. Trotzdem machte er seine Sache ausgezeichnet. Ohne irgendwelche Hast und voller Inbrunst las er die Messe, hielt die vorgeschriebenen Gebete und die Pausen ein und setzte schließlich Chlothar eine der Merowingerkronen auf, die Plektrud nicht an Raganfrid und die Neustrier ausgehändigt hatte.

Nachdem die große Krönungsmesse, die sich fast zwei Stunden hinzog, endlich abgeschlossen war, brachen die Versammelten in lauten Jubel aus. Sie griffen sich den gerade erst Gekrönten, hoben ihn hoch über ihre Schultern und schoben dann zwei oder drei Holzschilde unter seine Füße. Der neue König schwankte und blieb nur mit sehr viel Glück und Mühe im Gleichgewicht.

Dann ließen sie ihn wieder auf den Boden zurück und übergaben ihn denjenigen, die ihn auch hergebracht und eingekleidet hatten. Sie stürzten mit Bärenhunger zu den Feuern, über denen große Kessel mit Fleisch und Suppe hingen, und zu den anderen, über denen sich die Braten drehten.

Für alle Großen und die Edlen Austriens, die sich so eilfertig zu dieser schnellen Königskrönung eingefunden hatten, waren am Flussufer mehrere Reihen Holzböcke aufgestellt, auf die Bohlen gelegt worden waren. Über die Bohlen waren ungefärbte, aber gebleichte Stoffbahnen gehängt, die fast bis auf die Erde reichten.

Der neue König wurde zu dem aus Köln herangeschafften Thronsessel an der Nordseite der größten Speisetafel geführt. Jeder der Bischöfe bekam ein anderes Kopfende von weiteren Tischreihen zugewiesen. Nur Karl und Chrotrud durften neben dem neuen König sitzen. Ihnen gegenüber nahmen Willibrord und der Bischof von Köln Platz.

Karl wusste, dass sich Willibrord und Faramundus nicht

besonders mochten. Jetzt aber ließen sie nichts von ihrer alten Missgunst erkennen. Es schien, als hätten sie sich zu einem neuen Zweckbündnis zusammengetan, das ihnen beiden nur nutzen konnte. Karl lächelte kaum merklich. Vielleicht war er ja selbst die Triebfeder für die unerwartete Versöhnung dieser beiden Kirchenmänner gewesen, als er Milo zum Bischof von Reims gemacht hatte …

Es wurden mehrere hundert Männer und Frauen, die schließlich an der Festtafel Platz nahmen und bedient wurden. Gegen jede Regel hatten die irischen Mönche durchgesetzt, dass nicht gleich Wein ausgeschenkt wurde, sondern zunächst zu Brot und süßem Kuchen leicht vergorener, verdünnter und im Fluss gekühlter Birkensaft. Karl kannte das Getränk der Engländer und Iren, das auch bei den Sachsen sehr beliebt war. Er hielt es, ebenso wie einige der anderen englischen Rezepte, für einen ersten Vorboten der Höllenqualen. Trotzdem ließ er sich nichts anmerken und trank wie alle anderen den ersten Schluck, ehe er den Rest in seinem Holzbecher unauffällig zwischen seine Füße kippte.

Sogar der Kuchen war nicht süß genug, um den Geschmack des Birkensafts zu überdecken. Krüge mit Wein wurden herumgereicht und irgendjemand hatte sogar Pokale und Becher aufgetrieben, wie sie sehr oft in alten Römergräbern gefunden worden waren.

Die Bediensteten und das Gesinde um die königliche Tafel hatten nie geübt, was sie jetzt schaffen sollten. Schon bald gab es ein heilloses Durcheinander in der Speisenfolge und bei den Gerichten, die aufgetragen oder wieder fortgenommen wurden. Niemand störte sich daran. Schließlich wussten alle, dass Jupille und Heristal keine Palastküchen besaßen und nicht einmal ordentliche Königspfalzen waren.

Männer und Frauen griffen nach Würsten, Schinken, Speck und Brot, nach Schweinebraten mit Nüssen, Backpflaumen und

Äpfeln. Jeder ließ sich schmecken, was er gerade greifen konnte, häufte Köstlichkeiten vor sich auf, tauschte mit seinen Nachbarn und ließ sich zwischendurch auch etwas von dem schmecken, was nur weitergereicht werden sollte.

Es gab Fische aus der Maas, gedünstet und gebraten. Doch schon beim Geflügel fehlten den Kirchenmännern einige Gewürze, die sonst in den Städten und in Bischofsküchen gern verwendet wurden. Sie mussten die Hühnerstücke, das Gänseklein, das Schmalz mit Entenfleisch und das in Essig eingelegte Gemüse ohne Pfeffer, Kümmel oder Kardamom essen.

Nach und nach lichteten sich die Reihen an den Tischen. Während die Frauen sich zurückzogen, breiteten sich die Männer immer mehr aus. Die Stoffbahnen wurden unter dem Gejohle der ersten stark Bezechten weggezogen und mitsamt den Knochenresten, Gebäck, Brot und leeren Speiseplatten bündelweise weggeschleppt. Jeder, der sein Glas oder seinen Becher aufgehoben hatte, stellte ihn jetzt auf die nackten Bohlen zurück. Manche rammten satt und zufrieden ihren Dolch in das Holz. Andere verschwanden im Gebüsch, um ihren Bauch für weitere Getränke frei zu machen.

Der neu bestimmte König aller Franken östlich von Paris und bis hin nach Thüringen und Baiern fügte sich schnell in die Rolle ein, die ihm von Männern zugedacht war, die er weder kannte noch beachtete. Er saß schweigend und fast ohne jede Bewegung in seinem Sessel. Nur hin und wieder griff er nach seinem stets nachgefüllten Weinpokal, führte ihn an die Lippen und benetzte sie mit einem kleinen Schluck. Dann stellte er mit der gleichen mechanischen Bewegung seinen Kelch zurück. Während all der Stunden sagte König Chlothar IV. nur gelegentlich einmal: »Amen – ja, so soll es sein!«

Währenddessen stritten die Männer um Karl über die Angelegenheiten, die sie für wichtig hielten, und jeder hatte eine andere Meinung.

»Was hast du als Nächstes vor?«, fragte Willibrord schließlich. Der Erzbischof von Utrecht hatte dem Wein nicht schlechter zugesprochen als die Männer ringsum. Allerdings gehörte er, ebenso wie sein Amtsbruder aus Köln, zu jenen, die ziemlich viel vertragen konnten.

»Ich warte noch, bis alles hier vorbei ist«, sagte Karl. »Dann sehe ich, wie stark die Unterstützung ist, die mir für einen Ritt gegen Köln gegeben wird.«

»Was willst du tun?«, fragte Bischof Faramundus zum wiederholten Male. »Willst du Köln belagern oder aushungern?«

Karl lachte nur. Dann hob er beinahe unschlüssig die Schultern, streckte die Arme nach beiden Seiten aus und reckte sich. »Ich weiß noch nicht«, sagte er. »Aber ich fürchte, dass meine Stiefmutter die Stadt und alles andere nicht freiwillig herausgibt.«

»Da magst du Recht haben«, seufzte Bischof Faramundus. »Ich kenne sie nun viele Jahre. Und sie ist hart geworden seit deines Vaters Tod.«

»Das war sie auch schon früher«, warf Willibrord ironisch ein. »Hartherzig, kalt und zu jeder Zeit berechnend. Schließlich hat sie Pippin von Heristal nur geheiratet, weil er derjenige gewesen ist, an dessen Seite sie die erste aller Frauen im Königreich der Franken werden konnte. Erst ihr Geld und ihre riesigen Besitzungen haben Pippin II. zum bedeutendsten Mann im Staat gemacht. Mit diesen kleinen Dörfern hier und euren anderen Besitzungen wäre dein Vater niemals zum Majordomus und Frankenfürst gewählt worden.«

Karl zuckte zusammen. Willibrord sagte die Wahrheit. Aber sie gefiel ihm nicht.

»Ich werde sie vertreiben«, schnaubte er schließlich. »Ganz egal wie und ganz egal mit wem. Wenn sie die Tore ihrer Stadt verschließt, werde ich Tag für Tag davor stehen. Aber ich schwöre euch, dass ich in Köln einreiten werde und ihren Platz einnehme.«

Die nächsten Tage vergingen weniger festlich, dafür noch geschäftiger. Ein Teil des einfachen Volkes rückte ab, andere Gruppen formten sich um und bestimmten, wer noch an der Maas bleiben sollte und wer auf die Felder zurückkehren musste. Karl saß vom ersten Morgenmahl bis tief in die Nacht mit den austrischen Großen zusammen. Zum ersten Mal musste er sich intensiv mit Fragen und Problemen beschäftigen, die ihn zeit seines Lebens nur am Rande interessiert hatten. Jetzt rächte sich auch, dass er nie richtig schreiben und lesen gelernt hatte. Das wenige, das ihm die Mönche von Echternach beigebracht hatten, reichte nicht aus, um die vielen lateinischen Worte und Begriffe zu verstehen, in denen die Urkunden und Protokolle, die Diplome und Dokumente des Königreichs abgefasst waren.

»Du musst noch sehr viel lernen, Karl«, seufzte Willibrord eines Abends. Den ganzen Tag über hatten mehrere Gruppen gemeinsam versucht, wenigstens ungefähr zu bestimmen, welche der königlichen Domänen im Norden und Osten Austriens in den vergangenen beiden Jahren von Plektrud verwaltet worden waren und welche sie nicht beachtet hatte.

»Ohne die Dokumente in Köln können wir nicht richtig entscheiden«, sagte Alberich schließlich und lehnte sich erschöpft zurück. Er hatte inzwischen die Funktion eines Pfalzgrafen an Karls Seite übernommen. Obwohl Ränge und Titel noch nicht neu festgelegt worden waren, bildeten sich langsam einzelne Zuständigkeiten heraus.

Der Friese Wusing erwies sich als wertvoller und zuverlässiger Ratgeber bei allen Fragen, die die nördlichen Bereiche Austriens sowie Toxandrien und Friesland betrafen. Alberich wich kaum von Karls Seite, doch ohne Willibrord und seine schreib- und lesegeübten Mönche hätten Karl und seine Männer in diesen Tagen nicht einmal eine ordentliche Aufstellung über die vorhandenen Vorräte, das Viehfutter und die Zahl der Menschen zustande gebracht, die auf den Höfen und in den Dörfern der näheren Umgebung lebten. Für die Städte und die Bischofssitze sah es etwas besser aus. Aber nicht einmal Bischof Faramundus konnte sagen, wie viele Adlige, Freie oder Bewaffnete sich zur Zeit in Köln aufhielten.

»Ich habe keine Ahnung, welche Schätze Plektrud noch besitzt«, sagte er bedauernd. »Ich weiß nicht, wie viel Wein in ihren Kellern lagert, wie viel Speck und Pökelfleisch, Trockenfisch und Dörrobst in den Speichern auf der Rheininsel gehortet wird und wie es in den Waffenkammern der Matrone aussieht.«

»Auf jeden Fall wird sie sich verschanzen, solange noch ein Tropfen Galle in ihr ist«, behauptete der Sohn ihrer Schwester Adela.

»Es wird auch dann nicht leicht sein, Ordnung in die verworrenen Verhältnisse zu bringen, wenn du endlich in Köln bist«, sagte der Abt von Echternach. »Du musst damit rechnen, dass weder Plektrud noch Raganfrid in Neustrien oder sein Merowingerkönig Chilperich bereits aufgegeben haben.«

»Also gut«, sagte Karl. »Wenden uns wieder den Tätigkeiten zu, von denen wir mehr verstehen.«

»Auch das Schwert löst nicht alle Probleme, Karl«, sagte Willibrord mahnend.

»Aber es ist und bleibt eines der stärksten Argumente überhaupt«, lachte Karl. »Und eins verspreche ich euch an dieser Stelle: Sobald ich Majordomus bin, lasse ich einen Sturm durch diese ganze verkalkte und dekadente Ordnung des Merowingerreiches fahren. Ich will, dass wieder das Wort eines Mannes gilt. Und nicht nur das, was Bischöfe, Äbte und Schreiberlinge irgendwo aufgeschrieben haben.«

»Das klingt sehr edel, Karl, und ist bestimmt echt und aufrichtig von dir gemeint«, sagte Willibrord warnend. »Aber vergiss nicht, dass dieses Frankenreich aus unzähligen einzelnen

Landflecken, Rechten und Ansprüchen zusammengesetzt ist. Und wenn das Reich der Franken je wieder zu seiner einstigen Größe zurückfinden soll, dann gibt es nur einen einzigen Weg.«

Karl ahnte bereits, was jetzt kommen würde. Er irrte sich nicht, und Willibrord sprach weiter.

»Du hast die große und einmalige Möglichkeit, Karl, Frieden und Ordnung von Spanien bis zu den Friesen wiederherzustellen. Nimm dein Amt an und stell es ebenso unter das Zeichen des Kreuzes, wie es bereits dein Vater und deine Vorfahren getan haben. Lass nicht zu, dass einzelne Bischöfe zu Fürsten und Herzögen werden. Verweigere allen deine Gunst, die noch dem heidnischen Glauben anhängen. Verbiete die Hexerei und den Aberglauben. Bestrafe Magier und die Verehrung von Kobolden, Naturgeistern, Elfen und Wassernymphen. Zerstöre alle Römertempel und die heidnischen Thingstätten der Sachsen und Friesen.«

Karl und die anderen Edlen, die mit ihm zusammensaßen, blickten den Abt von Echternach mit großen Augen an. Sie hatten schon lange nicht mehr miterlebt, dass dieser Mann nicht nur klug und freundlich, sondern auch hart und kämpferisch sein konnte, wenn es darum ging, im Zeichen des Kreuzes zuzuschlagen.

»Bist du auch seiner Meinung?«, fragte Karl den Bischof von Köln.

»Nein, ganz und gar nicht«, antwortete Faramundus. »Ich bin dafür, das Wort Gottes mit Liebe und Sanftmut zu verkünden. Wir sollen beten und predigen, aber nicht das Schwert nehmen, wie es Petrus im Garten Gethsemane getan hat.«

»Nimm es mir nicht übel, ehrwürdiger Faramundus«, meinte Willibrord. »Ja – auch wir wollten zuerst nur mit dem Kreuz und dem Evangelium siegen. Aber hinter unserem Rücken haben selbst Getaufte den alten Göttern weiterhin Opfer dargebracht. Die Menschen greifen nach jedem Strohhalm, der ihnen Linderung bei Not und Schmerzen und ein wenig Hoffnung schenkt. Aber sie werden nur sehr schwer wirkliche Christen.«

»Könnten wir eure kleine Synode hiermit abschließen?«, meinte Karl. »Ich möchte jetzt die Angelegenheit von Köln besprechen.«

Die beiden Bischöfe hoben die Brauen und wollten bereits gegen die Respektlosigkeit des weitaus Jüngeren protestieren, dann aber sahen sie sich kurz an, fügten sich und ließen sich die Pläne der Stadt Köln bringen.

»Also gut!«, sagte Bischof Faramundus geschäftig. »Sehen wir uns einmal an, wie du die Stadt bekommen kannst, ohne alles zu zerschlagen!«

14.

Der Aufstand von Köln

Karl wäre am liebsten noch im Mai nach Köln gezogen. Aber er musste warten. Er brauchte für seinen Vorstoß Zustimmung aus den umliegenden Gauen. Zeit seines Lebens hatte er sich nie sonderlich darum gekümmert, wie sich herumziehende Heere versorgten. Es geschah einfach, und er hatte gar nicht erst wissen wollen, was alles dafür erforderlich war. Doch jetzt erkannte er immer deutlicher, wie belastend und lähmend es sein konnte, selbst die Verantwortung für jede Kleinigkeit zu tragen.

Trotz aller Vorräte, die zur Krönung von Chlothar IV. nach Jupille und Heristal geschafft worden waren, hatten die kleinen Landgüter nicht genügend Korn und Mehl, Fleisch und Speck, Käse und Wein und all die anderen Dinge, die gebraucht wurden, um ein Heer hungriger Männer und Pferde wochenlang zu ernähren. Schon durch das Winterlager waren die Reserven der beiden kleinen Siedlungen an der Maas aufgebraucht. Was jetzt noch von den Vorräten der Krönungsfeierlichkeiten übrig war, reichte nicht aus, um Köln zu belagern.

Gerade die Grafen aus den kleineren Gauen hatten Karl schließlich überzeugt. Sie waren es, die ihm vorgerechnet hatten, dass sie zunächst zu ihren heimatlichen Dörfern und Gehöften zurückkehren mussten, um dort nach dem Rechten zu sehen. Das konnte Wochen dauern. Karl blieb nichts anderes übrig, als in Jupille abzuwarten. Dennoch war er nicht untätig. Er wohnte mit Chrotrud und den Kindern in einem kleinen riedgedeckten Haus am Flussufer von Heristal. Hierher war er schon früher mehrfach ausgewichen, wenn sich in Jupille zu viele Männer um seinen Vater gedrängt hatten.

Nur einmal ließ er sie für einige Tage bei Verwandten seiner Mutter zurück. Er sagte Chrotrud, dass sie sich keine Sorgen machen solle, dann ritt er sehr früh durch den Wald in Richtung Lüttich. Er hatte keine Rüstung und kein großes Wehrgehänge angelegt, sondern sich wie einer der vielen freien Bauern in der Gegend mit Hosen, Bundschuhen und Beinbinden, halblangem Kittel und Schultermantel sowie einem ledernen Gürtel mit Schlaufen für Messer und Kurzschwert bekleidet. Auch sein Pferd war gegen einen einfachen, nicht besonders schnellen Gaul ausgetauscht worden. Während er ritt, ließ er absichtlich die Schultern hängen und saß auch nicht besonders gerade in dem einfachen Bauernsattel, wie er bei den Lehnsleuten der Gegend üblich war.

Die kleine, aus groben Steinen errichtete Kirche, die Hugbert für die Gebeine von Bischof Lambert erbaut hatte, lag auf einer Anhöhe inmitten morastiger Flussniederungen. Er schlüpfte in den Kirchenraum und ging mit schnellen Schritten zum Sarkophag von Bischof Lambert. Es dauerte eine ganze Weile, bis er die richtige Stelle fand, an der in Stein gehauen der Vorwurf angebracht war, den der Bischof mit seinem Leben bezahlen musste. Er las seinen eigenen Namen, den seines Vaters und seiner Mutter Alphaid. Den genauen Zusammenhang konnte er nicht entziffern …

Er überquerte die Maas und ritt über steile Wege bis zu der Klosteranlage auf dem Ziegenfels hinauf. Das schmale Felsband, das von Norden her bis zum Felskuppe führte, hinter deren Mauern der Berg nach allen Seiten schräg und fast unbezwingbar abfiel, wurde auch an diesem Tag durch ein halbes Dutzend misstrauischer Bergziegen bewacht. Sie meckerten bereits, als er noch hundert Schritt entfernt war. Dennoch hinderte ihn niemand daran, in den Innenhof der kleinen Festung einzureiten.

Die Bewohner der Bergkuppe kannten ihn seit vielen Jahren. Sie begrüßten ihn, als wäre er einer der Ihren. Er aß Brot und Käse mit ihnen, trank Ziegenmilch, und dann sprachen sie davon, dass die Zeiten dunkel und gefährlich waren.

»Könnt ihr den König aufnehmen, der hier gewohnt hat, als er noch keine Krone trug?«, fragte er zum Abschied. Die Kirchenmänner nickten.

»Wir ahnten bereits, dass du kommen würdest, um uns das zu fragen«, sagte der Älteste von ihnen.

»Ich möchte nicht, dass Chlothar in Gefahr gerät«, erklärte Karl. »Er ist zu wichtig, wenn ihr wisst, was ich meine.«

»Geh nur«, sagte der Sprecher der Einsiedler. »Für uns wird Chlothar wie ein Bruder sein …«

»Um Gottes willen – nur das nicht! So einen König haben die Neustrier! Ich will keinen gekrönten Mönch!«

Sie gaben ihm noch etwas Ziegenkäse mit. Dann ritt er wieder über steile Wege den Berg zum Fluss hinunter. Er überquerte an der Kirche Lamberts die Maas und ihre Zuflüsse, dann nahm das Halbdunkel zwischen den Bäumen ihn wie ein Tier auf, das zum Wald gehörte.

In Jupille arbeitete Alberich inzwischen zusammen mit Willibrord und seinen Schreibern beinahe täglich neue Pläne aus. Sie sollten herausfinden, wie Köln belagert und eingenommen werden könnte, ohne dass Unschuldige und gute Männer, die noch immer im Dienst Plektruds standen, dabei zu Schaden kamen.

Obwohl sie sich alle sehr beherrschten und ihre Tage mit Waffenübungen, Ausritten und Bädern im Fluss verbrachten, wurden die Männer immer unruhiger. Besonders diejenigen, die von

Anfang an mit ihm geritten waren und vor Urzeiten sogar einmal seine Kerkerwächter gewesen waren, drängten Karl immer wieder, endlich nach Köln aufzubrechen.

Seit Karl in Jupille war, hatte er sich freundlich und leutselig verhalten. Ein paarmal war er sogar allein zu Chlothar IV. geritten, um mit ihm fast wie mit seinesgleichen zu reden. Der frischgekrönte Merowingerkönig erwies sich als eigenartiger, sehr sanfter Mann. Er sprach nicht viel, beschwerte sich nicht und nahm alles, was mit ihm geschah, wie gottgegeben hin.

Als Karl nach dem letzten Königsbesuch zurückkehrte und über den Fluss setzte, hatte er genug nachgedacht. Er war entschlossen, nicht länger zu warten. Und dann sah er, wie seine Männer von allen Seiten auf die Stelle zukamen, an der sein Nachen anlegen würde. Sie mussten ihm nichts sagen.

»Wie weit seid ihr?«, rief Karl ihnen zu.

»Wir warten nur noch auf Folker und Rotbert«, antwortete Alberich.

»Wir brauchen hier jeden Mann und jedes Schwert, das wir bekommen können«, sagte Willibrord. »Folker und Rotbert zählen nun einmal zu den besten und zuverlässigsten Gefährten. Außerdem sind sie in Paris entbehrlich, seit von Chilperich II. keine Gefahr mehr droht.«

»War er jemals eine Gefahr?«, gab Karl sofort spöttisch zurück.

»Du weißt doch selbst, welchen Wert die Merowinger haben«, sagte Willibrord. »Sie müssen nichts tun, sondern einfach nur da sein. Schon das genügt für den königlichen Glanz, der alle um sie herum erleuchtet.«

»Und wo ist er jetzt?«, fragte Karl.

»Chilperich II. hat sich über Orleans und die Loire in Richtung Süden abgesetzt. Es heißt, dass er bei Herzog Eudo von Aquitanien Schutz und Hilfe suchen will.«

»Dann soll er weiterwandern«, sagte Karl. »Weiß man bereits, was die Großen in Neustrien über unsere Wahl von Chlothar IV. sagen?«

»Bisher haben wir noch nichts gehört«, antwortete Willibrord. »Aber ich glaube nicht, dass es irgendwelche Einwände gibt. Sie haben ihren Merowinger, und du hast deinen.«

»Jetzt braucht eigentlich nur noch Tante Plektrud einen«, lästerte Alberich. Die Umstehenden lachten. Dann schüttelte Karl belustigt den Kopf. »Das könnte euch so passen.«

»Vergiss die Langobarden nicht«, meinte Willibrord. »Auch dort sitzen die Königskronen nicht besonders fest.«

»Ich werde mich drum kümmern«, sagte Karl. »Aber immer eins nach dem anderen. Und jetzt, Männer, lasst uns sehen, wie wir Köln einnehmen können. In spätestens einer Woche will ich die Edlen der Stadt vor mir sehen. Und zwar nicht auf freiem Feld vor den Mauern der Stadt, sondern im großen Festsaal des Praetoriums am Rhein, genauer gesagt: vor dem Stuhl, auf dem schon mein Vater saß.«

»Und Tante Plektrud?«, fragte Alberich. »Wirst du dich rächen und die Matrone in den Kerker werfen?«

Karl schüttelte den Kopf. »Nein, ihr Herren! Wenn ich in Köln einziehe, wird mein erster Befehl lauten, dass meine Stiefmutter in meiner Nähe zu bleiben hat. Sie soll Tag und Nacht wissen, dass ich sie überwache und dass ich ganz genau verfolge, was sie nach ihrem Morgengebet und nach ihrer letzten Abendmahlzeit macht. Sie wollte mich niemals haben, hat mich verleugnet, verachtet und fortgestoßen. Ich aber binde sie an mich, indem ich ihr erlaube, Tag und Nacht Gutes zu tun. Sie soll das Stift ausbauen, das klösterliche Stift, das sie bereits mit meinem Vater gründete. Und zwar genau dort, wo sie mich betrunken gemacht hat.«

Die Belagerung von Köln begann in den ersten Junitagen. Karl kam nicht mit einem großen, zusammenhängenden Heer, sondern ließ die einzelnen Trupps und Kontingente der Gaugrafen ohne Umweg über Heristal und Jupille, Maastricht oder Zülpich, nördlich und westlich der Kölner Stadtmauern anrücken. Ohne dass er irgendwelche besonderen Befehle dafür erteilt hatte, sammelten sich die Edlen Austriens mit ihrem Gefolge an den Friedhofskirchen außerhalb der Stadt. Ihre Glocken, die sonst aus anderen Gründen riefen, ersetzten in diesen Tagen den Lärm der Pauken und Kriegshörner.

Sankt Gereon und Sankt Kunibert wurden auf diese Weise zu den wichtigsten Sammelpunkten für Karls Heer.

Sankt Gereon war nach dem römischen Zenturio Gereon und seinen thebäischen Legionären benannt, die Anfang des vierten Jahrhunderts zum Christentum übergetreten waren. Sie starben in einem Massaker während der Christenverfolgung und wurden dadurch zu Märtyrern.

Die Kirche Sankt Kunibert war wesentlich jünger als Sankt Gereon, besaß aber für die Bewohner Kölns ebenfalls eine besondere Bedeutung. Hier hatte Kunibert, der Nachfolger von Arnulf am Königshof, das Stift Sankt Clemens gegründet. Als erster Bischof von Köln war er auch in der von ihm errichteten Kirche beigesetzt worden.

Wichtiger für Karl und seine Berater war aber die Tatsache, dass von hier aus über die nördlichen Stadtmauern von Köln hinweg der kleine, geduckt wirkende Turm der Bischofskirche zu sehen war. Sankt Peter und Paul befand sich ebenso nah am Rheinufer wie Sankt Kunibert. Hier sollte der Rauch aufsteigen, den Bischof Faramundus zuerst rot und dann weiß einfärben lassen wollte, wenn er genügend Männer in der Stadt gefunden hatte, die bereit für einen Aufstand gegen Plektrud waren …

Karl wartete drei Tage, bis der größte Teil der zugesagten Berittenen und Fußkrieger vor Köln eingetroffen war. Er ritt täglich zweimal an der Mauer entlang, die das quadratische, nach jeder Seite gut tausend Schritt weit reichende Stadtgebiet schützte. Zusammen mit dem Friesen Wusing besichtigte er auch einige abgetakelte Flusskähne, die nicht im geschützten Hafenarm des Rheins am Ufer lagen.

»Kann man damit noch etwas anfangen?«, fragte er. Wusing stieg in die voll Wasser gelaufenen Boote. Er bückte sich, klopfte gegen das Holz und stocherte in den Ritzen der Planken herum.

»Rausziehen, nicht zu trocken werden lassen und mit Holzkohlenteer und Hanf abdichten«, sagte er dann. Karl nickte. »Lass dir von Rotbert Männer und Material beschaffen!«

Am siebten Tag der Belagerung Kölns umfasste Karls Heer mehr als viertausend Bewaffnete. Hinzu kam eine große Anzahl von Unfreien, Knechten, Sklaven und Mitläufern aller Art. Wenn er auch noch Frauen und Kinder mitzählte, war sein Heer inzwischen auf mehr Menschen angewachsen, als in Köln, Trier, Metz oder Reims lebten.

Nachdem er sich in der ersten Woche stets beherrscht hatte, wurde Karl von Tag zu Tag unwilliger.

»Wo bleibt der Rauch?«, schnauzte er Alberich an, der inzwischen zu seinem engsten und zuverlässigsten Begleiter geworden war. Der Neffe der Matrone Plektrud nahm Karl alle Arbeiten ab, die ihm zu lästig erschienen. Inzwischen reichte es schon, wenn Karl eine Hand oder die Brauen hob, um eine Antwort von Alberich zu bekommen. Nicht selten schien Alberich bereits im Voraus zu wissen, was Karl ihm sagen wollte.

»Was denkt sich dieser Kirchenmann?«, schnaubte Karl am neunten Tag der Belagerung. »Wie lange sollen wir hier ausharren – wie lange können unsere Vorräte noch reichen?«

»Du musst Geduld haben, Karl«, gab Alberich zurück. »Das ist das Einzige, was uns jetzt helfen kann: Geduld und immer wieder nur Geduld.«

Als auch nach Tagen nichts auf ein Ende der fruchtlosen Belagerung hindeutete, nahmen die Händel und Raufereien überall zu.

Fast keine Stunde verging, in der nicht irgendwo zwischen den Zelten und Feuerplätzen geschimpft, geflucht und gestritten wurde. Immer häufiger arteten die sonst harmlosen Rangeleien in wildes Geprügel und gefährliche Kämpfe untereinander aus. Nur die Tatsache, dass es bereits sehr warm war und keine Notwendigkeit für das Tragen von schweren Wehrgehängen bestand, verhinderte, dass auch Schwerter und Wurfäxte benutzt wurden. Trotzdem sah sich Karl gezwungen, energisch einzugreifen.

Zum ersten Mal, seit er ein großes Heer anführte, musste er über Männer, die mit Schwert und Leben für ihn kämpfen wollten, zu Gericht sitzen und Strafen verhängen.

Die ersten zwanzig wurden entwaffnet und einfach fortgejagt. Die nächsten fünf kamen weniger glimpflich davon. Sie stammten aus den Familien freier Bauern im Bedagau und hatten sich Karl angeschlossen, obwohl sie eigentlich einem der Enkel von Plektrud als ihrem Gaugrafen verpflichtet waren. Jeder der Männer wusste, dass Karl sie jederzeit hinrichten oder mit großen Bußzahlungen nach der *Lex Ripuaria* bestrafen konnte. Doch Karl entschied vollkommen anders.

»Ihr sollt ungestraft davonkommen, wenn ihr den Auftrag erfüllt, den ich euch hiermit erteile: Ihr geht zu Plektrud und fordert sie zur Übergabe der Stadt auf. Innerhalb von vierundzwanzig Stunden sollt ihr zurück sein. Falls dies nicht der Fall ist und ihr noch immer frei herumlauft, wenn ich die Stadt einnehme, sollt ihr mit Steinsäcken um den Hals im Rhein ersäuft werden.«

Die Männer wurden so nah an die Mauern der Stadt herangebracht, dass sie am nordwestlichen Römerturm nur noch wenige Schritte bis zum nächsten Tor hatten. Alle fünf waren unbewaffnet und trugen weder Rüstungen noch Helme. Stattdessen hielten sie Wurfspeere hoch, an denen die eisernen Spitzen entfernt worden waren. An jeder der fünf Stangen hing ein langes, fast weiß gebleichtes Leinentuch.

»Meinst du, dass sie die richtigen Kuriere für deine Botschaft sind? Sie sehen reichlich jämmerlich aus, wie sie da am Rand des alten Wassergrabens vor der Mauer stehen.«

»Sollte ich lieber dich als Unterhändler schicken?«, fragte Karl.

»Ich wäre gegangen«, sagte Alberich. »Aber ich dachte, dass es keinen Zweck hätte, dich zu fragen.«

»Da hast du gut gedacht«, gab Karl zurück und lächelte. »Ich schicke doch nicht meine rechte Hand zu dieser um sich hackenden Adlerhenne. Nein Alberich, dafür bist du mir doch zu wertvoll ...

Er legte seine Hand auf die Schulter des Mannes, der ihn nun schon so lange begleitete.

»Trotzdem habe ich eine Bitte«, meinte Alberich. Karl nickte ihm aufmunternd zu.

»Wenn das hier vorbei ist und du Majordomus bist, möchte ich meinen ältesten Sohn Gregor zu uns holen, damit er neben dem Kriegshandwerk auch noch lernt, wie eine Pfalz verwaltet wird.«

»Und du meinst, das kann er bei mir lernen?«, fragte Karl und lachte. »Niemand ist ungeeigneter als ich, einen jungen Mann in die Geheimnisse einer Pfalzverwaltung einzuführen. Das könnte jeder halbwegs geschickte Mönch viel besser ...«

»Du verstehst mich nicht, Karl«, sagte Alberich vollkommen ernsthaft. »Sobald wir in Köln sind, werden sehr viele zu dir kommen und für ihre Söhne bitten. Ich möchte nur, dass Gregor einer der Ersten auf der langen Bittstellerliste wird.«

»Nun gut«, sagte Karl. »Wenn du so großen Wert darauf legst Wie alt ist dein Sohn übrigens?«

»Er wird jetzt zwölf«, antwortete Alberich. Karl blieb stehen und drehte sich ruckartig um.

»Er wird zwölf, sagst du? Aber dann kann er mir doch bestenfalls als Knappe dienen.«

»Genau das wollte ich«, lächelte der Neffe Plektruds. »Ich möchte ganz einfach, dass er von Anfang an dabei ist und miterlebt, wie ein großer Mann ein großes Reich vor dem Untergang rettet.«

»Das hast du sehr schön gesagt«, meinte der Friese Wusing, der zusammen mit den Grafen Rotbert und Folker zu ihnen getreten war. Diesmal lachten sie alle.

Die Wachmannschaften auf den Mauern am nordwestlichen Römerturm schickten keine Pfeilwolken zu den fünf Unglücklichen mit ihren schlaffen weißen Fahnen herab. Sie kippten keinen heißen Teer und nicht einmal den Unrat aus den Ställen über ihre Köpfe. Nein – irgendjemand in der Stadt, der sich auf die Taktik von Belagerung und Verteidigung verstand, hatte den Befehl gegeben, die fünf Herolde von Karl in weißem Wein zu baden…

Mit lauten Rufen wuchteten die Wachmannschaften ein großes Fass bis zu einem Mauervorsprung. Dann stießen sie es so nach unten, dass es mit einem dumpfen Schlag auf den Boden krachte, auseinander platzte und die Männer mit einem Schwall Wein durchnässte.

»Um Himmels willen, seht euch das an«, seufzte Wusing, der Friese. »Sie haben noch so große Weinvorräte, dass sie uns damit sogar überschütten können…«

»Ja, das ist es, was wir denken sollen«, lachte Karl abfällig. »Aber die Täuschung ist schon so angejahrt wie Plektrud selbst.«

»Könnten wir nicht wenigstens darüber verhandeln, dass sie den Wein langsam an Seilen über die Mauer lassen?«, fragte Wusing schon fast bittend. Karl schüttelte den Kopf.

»Von mir aus können sie den alten Römergraben vor der Stadtmauer mit ihrem Moselwein auffüllen! Selbst wenn sie ihre ganzen Ochsen an großen Spießen braten und Stück für Stück zu uns herüberwerfen, kann mich das nicht beeindrucken. Wir warten hier, bis der Bischof von Köln uns endlich das Zeichen gibt, das wir vereinbart haben.«

Die Grafen Alberich, Rotbert und Folker reckten plötzlich ihre Hälse. Sie hielten ihre Nasen hoch und schnupperten zur Stadt hinüber.

»Was ist das?«, fragte Rotbert. »Entweder Ochsenbraten oder...«

»Oder alte Lumpen«, unterbrach Karl humorlos. Aber dann streckte er seine linke Hand aus und deutete zum Turm der Kirche von Sankt Petrus. »Da ist das Zeichen!«, sagte er und stieß zischend die Luft durch seine Zähne. »Das hätte, bei Gott, keine Stunde länger dauern dürfen...«

Jetzt sahen es auch die Männer rund um Karl. Vom Turm der Bischofskirche dicht an der nördlichen Stadtmauer stiegen in unregelmäßigen Abständen weißlich und rötlich eingefärbte Rauchwolken empor. An drei, vier und dann an fünf weiteren Stellen quoll ebenfalls Rauch in den diesigen Sommerhimmel hinauf. Doch dieser Rauch war schwarz und wallend, wie von brennenden Häusern. Der Lärm aus der Stadt nahm zu. Aus einzelnen Schreien wurde schnell ein Gebrüll aus vielen hundert Kehlen. Die Schreie mischten sich mit harten Schlägen von Metall gegen Metall, dumpfen Axthieben auf Holz, gurgelnden Schmerzenslauten und dann wieder mit hin und her wogendem Gebrüll.

»Los!«, befahl Karl. »Das ist der Aufstand, auf den wir gewartet haben. Alle Rammböcke und Belagerungsmaschinen sofort zum Römertor dort vorn!«

»Die Schiffe!«, rief der Friese Wusing dazwischen. »Die Schiffe sollen ablegen und in den Hafenarm des Rheins eindringen!«

»Ja, übernimm du das!«, befahl Karl schnell. Obwohl sie tagelang gewartet hatten, kam der Aufruhr jetzt doch viel zu plötzlich. Karls Heer, das zum größten Teil westlich und nördlich der Stadtmauern von Köln lagerte, veränderte sich wie durch einen Donnerschlag. Überall sprangen Männer auf ihre Pferde, lederne Planen wurden von den Waffenkarren gerissen, Pauken und Blashörner für den Kriegslärm ausgepackt. Überall jagten die Jüngsten unter den Kriegern auf ungestümen dreijährigen Wallachen von einem Lagerplatz zum anderen.

»Los Männer! Los!«, riefen sie mit hellen Stimmen. »Seht ihr die Rauchzeichen über Sankt Petrus... sie öffnen uns die Tore. Die Aufrührer in Plektruds Stadt schnappen sich alle Beute, wenn ihr nicht schneller seid...«

Und dann ging alles sehr viel schneller, als es sich irgendjemand vorgestellt hatte. Zuerst läutete die alte eiserne Glocke von Sankt Kunibert, die überall nur Schweinsglocke genannt wurde. Dann fielen die anderen Glocken der Friedhofskirchen rund um die Stadt ein. Es dauerte nur wenige Minuten, bis endlich alle Glocken der Gotteshäuser von Köln buchstäblich das Ende der Regentin Plektrud einläuteten.

Karl selbst musste nicht einen einzigen Schwertschlag führen. Er ritt mit gut hundert Mann, mit Grafen und den anderen Großen seines Gefolges wie ein Triumphator die alte Römerstraße am Rheinufer entlang auf Köln zu. Es war ganz anders als in Verdun und Reims oder bei Paris. Das waren fremde Städte für sie gewesen. Hier aber kehrten die Franken in ihre eigene Königsstadt zurück. Die Stadt der beiden Dagoberts, die Stadt von Sigibert und die Stadt, in der es selbst ein vom Land stammender Adliger wie Karls Vater gut ausgehalten hatte.

Als sie in Höhe der lang gestreckten Bischofskirche dicht am Rheinufer waren, die schon vor einem halben Jahrtausend vom ersten Kölner Bischof Maternus errichtet worden war, gab Karl das Zeichen für den großen Siegeslärm.

»Los Männer!«, rief er den anderen zu. »Lasst Hörner blasen und die großen Pauken schlagen. Wir nehmen diese Stadt nicht als Eroberer, sondern als rechtmäßige Besitzer ein.«

Ein ungeheurer Jubel stieg in den Sommerhimmel hinauf. Die meisten hatten nicht mitbekommen, was Karl berichtet worden war. Aber auf irgendeine Weise flogen die guten Nachrichten von Mund zu Mund. An allen Toren drängten sich Berittene, Fußkrieger, Mönche und dann die ersten Händler, von denen niemand wusste, ob sie nun in die Stadt hinein- oder aus ihr herauswollten.

Der Aufstand gegen Plektrud hatte weit weniger Schäden angerichtet, als Karl vermutet hatte. Vielfach brannten an den Straßenecken nur Haufen alter Lumpen. Einige rochen nach Bienenwachs und Öl, wie es für die Kerzen und Lampen in den Kirchen verwendet wurde. Von anderen stieg sogar der Geruch von Weihrauch auf.

Karl und seine besten Anführer ritten dicht nebeneinander über die breite Nordsüdstraße, die in gerader Linie durch die Stadt lief. Sie ritten bis zum Praetorium, dem vielfach umgebauten römischen Verwaltungspalast, der auch für seinen Vater und Plektrud das Zentrum der Macht gewesen war.

Karl zügelte sein Pferd, richtete sich hoch auf und blickte sich nach allen Seiten um. Dann griff er nach dem Langschwert an seiner Seite, zog es aus der Scheide und hielt es hoch über seinen Kopf in den Himmel, damit es alle sehen konnten.

Es dauerte mehrere Minuten, bis sich der Lärm um ihn herum legte.

»Männer!«, rief Karl, so laut er konnte. »Austrier und Ripuarier!« Er wartete, bis es ruhiger wurde.

»Männer aus Köln und aus dem ganzen Frankenland, aber auch Thüringer, Baiern und Friesen, die uns verbunden sind …«

Wieder wartete er, bis seine Worte verstanden worden waren. »Männer!«, rief er erneut, diesmal so laut und mächtig, wie er nur konnte. Zum ersten Mal, seit er ein Heer anführte, klang seine Stimme nicht nur stark und kräftig, sondern auch von innen her bewegt: »Das ist der Sieg! Wir sind am Ziel!«

Die Jubelschreie, Pfiffe und Schwertschläge gegen Hunderte und Tausende von Schilden überall in den Straßen und auf den Plätzen Kölns waren die schönste Festmusik, die sich ein Heerführer nur wünschen konnte. Ohne dass er noch irgendetwas dazu tat, kam jetzt das Wort aus vielen Kehlen, die ihn für das entschädigten, was ihm von seinem Vater und seiner Stiefmutter verweigert worden war.

»Ma-jor do-mus!«, riefen sie. Und dann wieder und wieder: »Major do-mus Karl … Ma-jor do-mus Karl …«

15.

Plektruds Bestrafung

Karl konnte sein immer wieder scheuendes Pferd nur mühsam durch die jubelnde, dicht an dicht gedrängte Menge bewegen. Er hielt die Zügel mit der linken Hand straff, während er mit der Rechten den Männern zuwinkte, von denen nicht mehr zu sagen war, ob sie zu den Belagerern oder den Belagerten gehörten. Allen stand die Freude darüber im Gesicht, dass durch Gottes gnädige Fügung alles gut gegangen und kein Blut über die Straßen Kölns geflossen war.

Und dann enttäuschte Karl die Bewohner von Köln doch noch. Viele von ihnen hatten ihn auf dem quadratischen Forum inmitten der Stadt erwartet. Er aber bog bereits nördlich davon zur Rheinfront hin ab. Er konnte nicht abwarten, so schnell wie möglich vor seiner Stiefmutter zu stehen. Erst in den großen Innenhöfen kam er schneller voran. Und dann zügelte er sein Pferd vor den drei Eingangsportalen des Kaisersaals, stieg mit kraftvollem Schwung aus dem Sattel und sprang auf die Steinplatten des Vorplatzes. Er sah sich kurz nach allen Seiten um, dann nickte er, holte tief durch die Nase Luft und ging mit weiten, schweren Schritten auf das Praetorium zu.

Diener und ängstliche Vasallen, kostbar gekleidete Pfalzbedienstete und sogar Mönche und Priester wichen vor ihm zurück, neigten die Köpfe oder fielen sogar ganz vor ihm auf den Boden. Karl strafte sie alle mit Verachtung.

Je näher er dem hohen, achteckigen Mittelsaal des Palastes an der Rheinseite der Stadt kam, umso mehr nahm er die Schultern zurück und genoss für alle sichtbar seinen Triumph. Es waren diese Minuten, die ihn für ein Vierteljahrhundert der Demütigung durch seine Stiefmutter Plektrud entschädigten. Minuten, in denen er an die Kälte, die Dunkelheit und den Gestank der Kerkerräume von Aquis grana und unter dem Kapitolstempel von Köln zurückdachte. Dutzende von Beleidigungen fielen ihm wieder ein, die er und seine Mutter erduldet hatten …

Im selben Augenblick sprangen drei junge Adlige mit gezogenen Schwertern hinter einer Säule hervor. Karl war überrascht, doch er zog sein Schwert sehr schnell. Er wollte bereits zuschlagen, da erkannte er im allerletzten Augenblick, wer sich ihm hier entgegenstellte.

Er stieß einen kurzen, knurrenden und sehr ärgerlichen Ruf aus. Es waren drei von Plektruds Enkeln: der zwanzigjährige Arnold, der dreiundzwanzigjährige Arnulf und Drogo, der Jüngste von allen. Sie wollten sich auf ihn stürzen, doch Karl schüttelte nur den Kopf.

»Lasst das, Kinder!«, sagte er streng, und was niemand für möglich gehalten hätte, geschah: Sie, die ihre eigene Großmutter mit Schwert und Leben verteidigen wollten, wichen vor Karl zurück. Sie sahen ihn mit großen, ungläubigen Augen an, als wüssten sie nicht, wie sie auf die schon fast freundschaftliche Ermahnung reagieren sollten. Nur Drogo versuchte noch einmal eine Drohgebärde. Er hob sein Schwert bis in Kopfhöhe. Dann ließ er es mit einem Aufstöhnen wieder sinken. Karl kümmerte sich nicht weiter um die drei jungen Männer.

Gleich darauf stand er vor ihr. Sie empfing ihn wie eine römische Kaiserin mit der ganzen Abscheu und Verachtung, derer sie fähig war. Ihr hageres, scharf und spitz gewordenes Gesicht mit den dicht zusammenstehenden, tief liegenden Augen war grell geschminkt und verblasste dennoch gegen den Glanz ihrer Kleider und das Funkeln der kostbaren Ketten und großen goldenen Fibeln an ihren Schultern. Sie hatte sogar gewagt, sich mit vielen der kleinen bienenförmigen Broschen zu schmücken, wie sie bereits Childerich I. von Tournai mit ins Grab gelegt worden waren.

Er schüttelte ganz leicht und nur für sie sichtbar den Kopf. »Nein, Plektrud«, hieß das, »es ist dir nicht gelungen, das Königtum von der Familie der Merowinger auf dich und deine eigenen Nachkommen zu übertragen! Und jetzt bin ich, den du von Anfang an nur als den Bastard angesehen und verachtet hast, der Mann, der dir verwehrt, weiterhin Regentin in Köln zu sein!«

Karl stellte sich breitbeinig vor sie hin. Sie war fast zwei Köpfe kleiner als er. Er blickte über sie hinweg durch die halbrunden Fenster, durch die er den Rhein, die römischen Speicher auf der Insel im Fluss und das Kastell Divida auf der anderen Seite sehen konnte.

So oft er sich auch vorgestellt hatte, wie es sein würde, wenn er so vor ihr stand, jetzt verflog sein Hass sehr schnell. Sie war nichts mehr, hatte ihre gesamte Macht verloren und wurde nur noch durch festliche Kleider und ihren Stolz gehalten. Obwohl von draußen her noch immer Jubelrufe zu hören waren, herrschte im alten Kaisersaal der Römer eine fast unwirkliche Stille. Es war, als würden Säulen und Mauern, die alten Mosaiken und Wandgemälde, nur darauf warten, dass wieder ein Wechsel verkündet würde. Auch Karls Begleiter warteten mit angehaltenem Atem darauf, was er jetzt tun würde. Doch Karl spürte, das es keinen Sinn mehr machte, gegen diese alte, geschwächte Frau zu kämpfen. Er hatte gesiegt!

»Es ist vorbei!«, sagte er nur. Er wunderte sich selbst, wie ruhig und bestimmt seine Stimme klang. Und dann nannte er seine Forderungen: »Ich verlange die Herausgabe aller Schätze, die meinem Vater gehört haben. Du hast keinen Anspruch auf sie, denn sie gehören mir als seinem Sohn.«

Er holte tief Luft und schloss für einen Moment die Augen. Dann sagte er: »Du selbst sollst behalten, was du in die Ehe mit meinem Vater eingebracht hast. Alles andere soll in eine Schenkung übergehen, mit der das Stift auf dem Kapitol, das du zusammen mit meinem Vater gegründet hast, ab sofort zu einem großen frommen Werk erweitert wird. Und du selbst bleibst auch in der Stadt. Du wirst im Stift der Mädchen so lange beten, bis du von uns gehst.«

Plektrud bewegte sich nicht. Sie stand wie eine Statue inmitten des hohen Raumes und schien bereits zu Stein geworden zu sein. Karl sah sie lange an.

In diesem Augenblick löste sich der Bischof von Köln aus den Reihen der Versammelten. Auch er war kostbar gekleidet, jedoch nicht wie für eine Messe. Er ging auf Plektrud zu, hob den rechten Arm und bot ihr Halt an. Es war, als hätten beide die kleine theatralische Geste schon vorher vereinbart. Die bis zu diesem Augenblick vollkommen bewegungslose Principessa von Austrien und Herrscherin über die ripuarischen Franken legte ihre linke, mit vielen Ringen geschmückte Hand in die Armbeuge des Bischofs. Er nickte ihr kaum merklich zu. Dann gingen sie beide mit kleinen Schritten in den Südflügel des Praetoriums.

Sie hatten bereits den ersten Saal halb durchschritten, als einer der Edlen, die bis zuletzt an ihrer Seite gestanden hatten, seinen Fuß nach vorn setzte. Zwei, drei andere folgten, und dann verließen nach und nach sämtliche Angehörige des alten Hofstaates den großen Rundsaal. Die bis zu diesem Tag mächtigen und einflussreichen Berater der Matrone sahen ein, dass ihre Zeit um war. Sie fügten sich ins Unvermeidliche und traten ab.

Karl sah ihnen nach, bis auch der Letzte verschwunden war. Dann wandte er sich an seine eigenen Gefolgsleute.

»Damit ist klar, dass wir alles von Anfang an neu aufbauen müssen«, sagte er. »Der königliche Hofstaat, der über meinen Vater bis zu Plektrud Bestand gehabt hat, existiert nicht mehr. Ich werde einige von ihnen zurückholen. Aber ihr müsst euch darauf gefasst machen, dass jetzt sehr viel Arbeit vor uns liegt.«

Er lachte plötzlich. Dann wandte er sich an Alberich: »Und nun zeig, dass wir nicht nur siegen und erobern, sondern auch feiern können. Ich will, dass die ganze kommende Woche ein einziges großes Fest für alle hier in der Stadt ist. Und wer von den Gütern und Höfen in die Stadt kommen und mitfeiern will, soll ebenfalls willkommen sein.«

Die folgenden Wochen gehörten zu den anstrengendsten seines Lebens. Karl konnte sich schwer an die endlos langen Beratungen mit Männern gewöhnen, die aus einer anderen Welt zu kommen schienen. Sie verstanden nur wenig von den Eigenheiten der Pferde, von den Schmerzen in allen Gliedern nach einem langen Ritt oder Gefecht, in dem schließlich selbst die Stärksten den Schwertarm nicht mehr heben konnten.

Er kannte sie und hatte viele von ihnen in den vergangenen Jahren in der Nähe seines Vaters gesehen. Aber es waren diejenigen, die immer geheimnisvoll taten, stets alles besser wussten und mit gezierten Bewegungen ein paar Schritt zurücktraten, wenn Männer wie Karl oder andere Bewaffnete mit klirrenden Schwertgehängen durch Säle und Hallen der alten Römerbauten stampften.

Sie nannten sich Referendare, Notare und Advokaten. Kaum einer, der nicht zu stottern begann, wenn er danach gefragt wurde, was seine lateinische Amtsbezeichnung in schlichtem Fränkisch bedeutete.

Als es Herbst wurde und die Ernten eingebracht waren, kam

es Karl vor, als hätte er bereits Jahre im lang gestreckten Verwaltungspalast der Römer, der austrischen Merowingerkönige und ihrer Hausmeier verbracht. Nüchtern betrachtet, hätte Karl zufrieden sein können. Bisher war keine Woche vergangen ohne neue Nachrichten von Grafen und Äbten, in denen es hieß, dass sie schon immer gegen Plektrud gewesen waren und nun Gott im Himmel dankten, dass endlich wieder ein starker Mann für das Wohl des krank und schwach gewordenen fränkischen Reiches sorgen wolle.

Einige Monate nach der Absetzung von Plektrud lehnten sich Karls Stiefneffen Arnulf, Arnold und Drogo II. erneut gegen ihn auf. Sie bestritten nicht einmal, dass sie Mädchen in der Küche bestechen wollten, seinen Wein mit Schierlingsgift und sehr viel Honig anzurühren. Es war Alberich, der die mit ihm verwandten Enkel Plektruds dabei überraschte. Karl verzichtete auf seine Bitten hin auf ein großes Gerichtsverfahren. Die ganze Angelegenheit kam ihm allzu tölpelhaft und kindisch vor.

Ohne große Diskussionen ließ er die Enkel Plektruds unter Arrest stellen. Jetzt waren sie es, die einmal schmecken konnten, wie bitter selbst der beste Wein aufstieß, wenn er von strengen Wächtern eingeschenkt wurde …

Plektruds vierter Enkel Hugo war von all dem nicht betroffen. Der zweite Sohn von Herzog Drogo hatte sich frühzeitig für einen Lebensweg als Geistlicher entschieden. Er war der Einzige außer Alberich aus der Familie Plektruds, der eher auf seiner Seite gestanden hatte …

Karl und Chrotrud hatten gedacht, dass sie in Köln endlich mehr Zeit füreinander haben würden. Doch wenn er spät am Abend in die Räume zurückkam, die sie gemeinsam mit den Kindern bewohnten, war er oft nicht mehr in der Lage, mehr als ein paar freundliche Worte mit ihr zu wechseln. Und der Tag begann in der Stadt Köln zwar viel später als bei den Bauern, die das Vieh versorgen mussten, er aber wollte in den stillen Morgenstunden überlegen, was er jetzt während des Tages nach allen Seiten antworten und entscheiden musste.

Nach der Frühmesse besprach er sich kurz mit Bischof Faramundus, dem er noch immer für seine Hilfe bei der Einnahme Kölns dankbar war. Er fragte ihn mehrmals, welche Gegenleistung er dafür verlange, dass sich die Bürger von Köln gegen Plektrud erhoben hatten. Doch Faramundus gab sich mit einigen Fässern gutem Moselwein zufrieden und meinte, dass er nichts dagegen hätte, bei Gelegenheit die Insel ein paar Meilen flussabwärts als Geschenk zu bekommen, die Plektrud im Jahre 695 dem Bischof Suidbert geschenkt hatte, nachdem dieser von den Sachsen vertrieben worden war.

»Aber die Insel auf dem Werth hat doch nie allein diesem verdienstvollen Missionar gehört«, wandte Karl ein. »Ich erinnere mich noch genau an den Tag, an dem Bischof Suidbert mit seinen überlebenden Mönchen total verschmutzt und blutbeschmiert bei meinem Vater auftauchte. Es war hier in Köln, und ich muss damals ungefähr sechs Jahre alt gewesen sein.«

»Ja, das ist richtig«, sagte Faramundus und strahlte über sein rundes Gesicht. »Suidbert war Anfang der Neunzigerjahre von Wilfried persönlich zum Bischof geweiht worden. Er kam dann den Rhein herauf und ging in das Gebiet der Brukterer südlich des Flusses Lippe. Aber die Sachsen duldeten die Männer aus Irland und England nicht lange. Obwohl ihre Sprachen ähnlich sind, fürchteten sich die Sachsen vor den lateinischen Gesängen der Mönche. Sie hielten die Messen, wie wir sie seit Jahrhunderten feiern, für Hexerei und gefährliche Beschwörungen …«

Karl dachte an das, was Willibrord ihm erzählt hatte. Er stellte sich vor, was er selbst wohl gedacht hätte, wenn plötzlich eigenartig gekleidete Männer mit einem kreisrund geschorenen Fleck auf dem Hinterkopf, grauen und braunen Kutten und einem Strick anstelle des Waffengürtels um den Leib vor ihm aufgetaucht wären – Männer, die ohne lange zu fragen schwere Hämmer nahmen und seine Heiligtümer zerstörten. Männer, die ohne Unterlass von Liebe sprachen und doch jedes Zusammensein mit einem Weib ablehnten und die darüber hinaus Tag und Nacht alles schlecht machten, was ihm selbst und seinen Vorfahren seit Urzeiten heilig war.

»Ja, es war seltsam damals«, sagte Karl nachdenklich. »Wenn mich nicht alles täuscht, war mein Vater sogar dagegen, noch einen irischen Bischof zu beschenken. Ich weiß inzwischen, dass er viel mehr von Willibrord gehalten hat. Doch schließlich muss ihn Plektrud überredet haben, Suidbert und seinen Mönchen die Rheininsel zu schenken.«

»Suidbert ist bereits vor vier Jahren gestorben«, sagte der Bischof von Köln. »Seither ist dieses Kloster immer wieder von den Sachsen heimgesucht worden. Sie haben es noch nicht zerstört, aber ich denke, dass du dich darum kümmern solltest.«

»Du meinst, *du* willst dich darum kümmern«, lächelte Karl.

»Ich bin kein kämpferischer Mönch und auch kein Ire«, seufzte Faramundus. »Aber du solltest gerade jetzt nichts aufgeben, was zu Austrien gehört. Selbst wenn es nur eine kleine, unbedeutende Insel im Grenzfluss ist.«

»Meinst du, die Friesen würden kommen und mich auf die Probe stellen?«

»Ich denke eher, dass die Sachsen zur Gefahr werden. Es sind sehr wilde Stämme, und nach allem, was man hört, drängen sie nach Westen. Dagegen wird sich Radbod eher rüsten, um zu verteidigen, was er in den letzten Jahren eingenommen hat.«

»Du meinst, sie warten nur darauf, dass ich mich nochmals gegen Neustrien wende?«

»Genau das denke ich«, sagte der Bischof. »Du hast sehr schwere Jahre vor dir, Karl, denn du musst überall zugleich sein. Und ohne Unterstützung zerrinnt das Reich dir zwischen deinen Fingern …«

»Ich brauche also zuverlässige Verbündete«, sagte Karl und lächelte kaum merklich. Sie wussten beide, was er meinte.

»Ja«, sagte Faramundus, »aber vergiss nicht, dass die Mönche unter Bischof Willibrord viel stärker an den Papst in Rom gebunden sind als wir. Es wird der Tag kommen, an dem du dich für uns hier oder für jene zu entscheiden hast. Ich wünsche dir das nicht, aber du solltest immer daran denken.«

Einige Tage nach dem Martinsfest erfuhr Karl wieder einmal etwas mehr über die Geheimnisse der Verwaltung. Er war auf dem Weg von Chrotrud zu seiner ersten Morgenbesprechung im großen Saal. Dabei kam er an den Räumen vorbei, in denen Mönche aus Echternach einige der Jugendlichen und Kinder unterrichteten. In einem der kleineren Zimmer entdeckte Karl im Vorbeigehen Karlmann und Gregor zusammen mit Martin.

Der irische Mönch aus Echternach war hin und wieder auch sein eigener Beichtvater, und die beiden Jungen hatten sich miteinander angefreundet, seit Karl mit seinen engsten Getreuen und deren Familien im Praetorium wohnte. Karl hatte nichts dagegen, denn seit einiger Zeit kränkelte Alberich. Keiner der Ärzte wusste, was ihm eigentlich fehlte. Er selbst war der Meinung, dass es irgendetwas mit dem Rauch zu tun haben musste, den er bei der Eroberung Kölns eingeatmet hatte, doch Karl wurde den Verdacht nicht los, dass Alberichs Leiden eher mit schlechtem Essen zu tun hatte.

Wie zu allen Zeiten wurden den kräuterkundigen Frauen aus bestimmten Straßen in der Stadt Hexenkünste nachgesagt. Es hieß, dass die Hexenweiber Kölns ganz besonders tüchtig waren.

Karl setzte sich über derlei Aberglauben und Gerüchte ebenso hinweg wie über die Warnungen der Priester. Er forderte, dass so oft wie möglich an Alberichs Bett gebetet wurde, ließ aber auch zu, dass eigenartige Quacksalber und Kräuterweiber nach dem Getreuen sehen durften. Nur ihre Einreibungen und jeden einzelnen Kräutersud mussten sie zuvor vor ihm, Chrotrud und den Mönchen ganz genau erklären.

Keines der Kräuterweiber hatte Alberich bisher helfen können. Alberich spuckte Blut, hustete immer mehr und nahm ab, obwohl Karl Seher, Wahrsager und Traumdeuter hatte kommen lassen und schließlich sogar die Mönche gefragt hatte, wie sie mit magischen Quadraten den Verlauf von Alberichs Krankheit ins Bessere richten könnten, indem sie die Buchstaben seines Namens mit dem Datum der Erkrankung kombinierten. Weil aber Alberich nicht sagen wollte, wann er zum ersten Mal die Pein in seinem Leib gespürt hatte, blieben alle Bemühungen ohne Erfolg.

Karl schüttelte sich, als er daran dachte, wie viel Gebein von Toten, Asche und Kohle, Heilkräuter und Talismane vollkommen nutzlos für Alberich aufgewendet worden waren. Eine der kundigen Frauen hatte angeboten, Alberichs Arme und Beine abzumessen, um daraus hölzerne Gliedmaßen herstellen zu lassen, die an Bäumen und Wegkreuzungen in den Ardennen aufgehängt werden sollten. Andere hatten vorgeschlagen, ihn mitsamt seinem Bett am Turm von Sankt Petrus hochzuziehen, damit er dort für eine Nacht im Schein des Vollmonds hängen sollte. Sogar der Bischof und die Priester der anderen Kirchen waren inzwischen der Meinung, dass kein Mittel unversucht gelassen werden durfte, solange sie selbst genügend für Alberich beten konnten …

Karl ertappte sich dabei, dass er wie abwesend an seinen treuesten Gefährten gedacht hatte, während er beobachtete, wie ihre beiden ältesten Söhne in das verzwickte System amtlicher Urkunden und Diplome eingeweiht wurden. Und plötzlich erkannte er, dass auch in diesen Regeln eine geheime Magie verborgen war – ein Ritual, mit dem Geschriebenes zu einem festeren Gesetz wurde als jedes Männerwort und jeder Handschlag.

Es waren die Urkunden, die nicht nur die Macht der Kirche, sondern auch die der Herrschenden begründeten. Sie waren wichtiger als Türme und Mauern und vielleicht sogar noch wirksamer als das Schwert…

»Also Karlmann«, sagte Martin, »kannst du noch einmal wiederholen, warum Urkunden so wichtig sind?«

»Ja!«, antwortete der Junge eifrig. »Urkunden sind schriftliche Erklärungen, für die ebenso strenge Regeln gelten wie für die uralten Gesetze selbst.«

»Richtig«, nickte der Mönch. »Und nun zum Aufbau jeder Urkunde. Das Protokoll beginnt mit der Anrufung des göttlichen Namens. Das kann mit Worten, aber auch mit Zeichen geschehen. Was kommt danach, Karlmann?«

»Die Intitulation mit dem Namen und den wichtigsten Titeln des Ausstellers.«

»Sehr gut. Und was gehört bei anständigen Urkunden ebenfalls dazu?«

»Natürlich die Unterwerfungsformel«, antwortete Gregor. »In ihr wird gesagt, dass der Aussteller seinen Rang nur der Gnade Gottes verdankt.«

»Und schließlich muss natürlich der Empfänger oder derjenige genannt werden, an den sich die Urkunde richtet«, fuhr Martin fort.

»Salutatio«, warfen Karlmann und Gregor gleichzeitig ein.

»Falsch!«, sagte der Mönch. »Die Salutatio – also die Grußformel – kommt erst nach der Inscriptio.«

Karl schnaubte vor sich hin. Ihm war, als würde er niemals begreifen, warum das alles so kompliziert sein musste. Er hatte den Verdacht, dass die Mönche und Schreiber absichtlich die vielen Einzelteile eingeführt hatten, damit nur sie selbst und niemand sonst beurteilen konnte, ob eine Urkunde echt war oder nicht.

»Aber dann kommt das Eigentliche«, meinte Karlmann.

»Wo denkst du hin?«, rief der Mönch. »Nein, das Eigentliche kommt erst später. So einfach ist das alles nicht…«

»Puh, ist das umständlich«, stöhnte Karlmann. »Würde es denn nicht reichen, wenn ich sage: ›Ich, Karlmann, schenke dir, Gregor, meine Schreibtafel aus Wachs mit allem, was dazugehört‹? Dann unterschreiben drei oder vier Männer mit ihrem Namen oder ihren Zeichen und setzen dann das Datum darunter.«

»Du hast vollkommen Recht, Karlmann«, antwortete Martin. »Denn alles, was zu einem solchen Rechtsgeschäft gehört, ist in seinem Kern nur eine sehr genaue Aufzählung von Immobilien, Gütern und Waren. Doch meistens gehören auch noch Menschen dazu, die von einem Besitz in einen anderen übergehen. Schon deshalb sollte alles sehr genau formuliert sein. Stellt euch nur einmal vor, wie ärgerlich es wäre, wenn ein paar Handwerker und Sklaven von einem Gutsherren an einen anderen übergehen, ihre Frauen aber einfach nicht erwähnt würden.«

»Ich denke, die Frauen gehen immer mit, wenn ein Mann den Besitzer wechselt?«

»Das muss nicht sein«, antwortete der Mönch. »Denn zum Schluss gilt immer nur das, was aufgeschrieben ist. Doch etwas ganz Wichtiges fehlt noch, ehe unsere Urkunde fertig ist.«

»Was denn noch?«, fragte Karlmann. »… wenn doch schon so viel gesagt ist.«

»Die Sanktio, Karlmann – die Strafe«, mahnte der Mönch. »Saubere Urkunden müssen Strafen und ewige Verdammnis für alle androhen, die sich nicht an die Abmachungen halten oder sie verfälschen wollen. Das alles erfolgt vor der Aufzählung der Beglaubigungsmittel.«

»Ich lerne es nie!«, stöhnte Gregor.

»Ich auch nicht«, murmelte Karl hinter der halb geöffneten Tür.

»So, und zum Schluss, und noch wichtiger als die sorgfältige

Nennung aller Einzelheiten, kommt der dritte und letzte Teil«, sagte der Mönch unbeirrt. »Das Eschatokoll enthält alle Unterschriften der Zeugen – entweder eigenhändig, durch den Schreiber oder den so genannten Vollzugsstrich. Und was sollte dabei bedacht werden?«

»Je mehr Namen, desto besser«, rief Karlmann.

Der Mönch nickte. »Sehr gut. Und zum Schluss folgt jetzt eurem Wunsch entsprechend das Datum. Aber auch ein Schlussgebet um die Verwirklichung des Willens.«

»Amen«, sagten Gregor und Karlmann gleichzeitig.

»Ja, Amen. Denn das heißt ja, dass geschehen soll, was vorher gesagt oder geschrieben wurde.«

Karl seufzte leise, dann hob er die Brauen, schüttelte den Kopf und ging nachdenklich weiter. Vielleicht wäre es doch besser, wenn er auch in der Pfalz von Köln wieder eine Art Kanzlei einrichtete, wie es sie bis zur Vertreibung Plektruds gegeben hatte. Er nahm sich vor, dieses Problem mit Rotbert und Folker zu besprechen. Am liebsten hätte er auch Alberichs Rat gehört, aber so, wie es inzwischen aussah, würde der Freund das Jahr nicht überleben.

Sie verbrachten das Weihnachtsfest in der Kölner Pfalz. Obwohl es kalt war, gab es in diesem Jahr nicht sehr viel Schnee. Die kleineren Flüsse froren zu, aber der Rhein blieb nach wie vor schiffbar. Auch in den Tagen zwischen Weihnachten und Neujahr legten Boote und Frachtkähne aus beiden Richtungen im geschützten Stromarm an, den schon die Römer zum Hafen ausgebaut hatten.

Alberich erholte sich nicht mehr. Er starb am letzten Tag des Jahres, und Karl war bei ihm, als es mit ihm zu Ende ging. Nur der Tod des jungen Thuring hatte Karl ähnlich hart getroffen wie der Verlust jenes Mannes, der als Plektruds Neffe eigentlich zu seinen Gegnern gezählt hatte. Während der Bischof von

Köln mit leisen Worten betete, schloss Karl seinem treuesten Gefolgsmann und Freund für immer die Augen.

»Ich werde ihn an die Mosel zurückbringen«, sagte er dann zu den schweigend Versammelten. Keiner von ihnen widersprach.

Gleich nach Epiphanias wollte Karl zur Überführung von Alberichs Leichnam an die Mosel aufbrechen. Doch dann wurde ihm gemeldet, dass wieder Juden aus Friesland gekommen waren – unter ihnen auch Isaak, der Händler aus Lyon mit einigen Begleitern. Karl überlegte kurz. Dann entschied er, die Abfahrt mit Alberichs Leichnam um einen Tag zu verschieben. Er wollte hören, was Isaak von der Rheinmündung und aus Ostfriesland zu berichten hatte.

»Radbod ist inzwischen auch sechzig Jahre alt«, sagte Isaak noch am selben Abend. Karl hatte ihn und seine Begleiter eingeladen, mit ihm zu Abend zu essen.

»Gibt es schon einen Nachfolger für Radbod?«, wollte Karl wissen. Sie hatten Gemüsesuppe gegessen, das Brot gebrochen und beschäftigten sich jetzt mit dem Zerteilen von Schweinebraten und frisch geräucherten Würsten. Für die Juden an den großen Tischen im Praetorium waren Hühner und eine Ziege geschlachtet worden. Fast alle Speisen waren wenig gesalzen und dafür umso stärker gepfeffert. Karl wusste genau, warum er gerade diese Anordnung gegeben hatte: Der sündhaft teure Pfeffer brachte nicht nur den Eigengeschmack der Speisen besonders zur Geltung, sondern war auch ein Zeichen dafür, dass er begonnen hatte, wie ein Majordomus Hof zu halten …

»Noch ist es nicht so weit«, sagte der alte Isaak. Er ließ keines der aufgetragenen Gerichte aus, hielt sich aber bei Wein und anderen alkoholischen Getränken deutlich zurück. Die Gespräche wurden immer lauter. Bereits nach einer Stunde herrschte ein so großer Lärm innerhalb der hohen Hallen, dass Karl mehrmals die Hand heben musste, um noch zu verstehen, was Isaak ihm berichtete.

»Radbod will das, was dein Vater ihm vor vielen Jahren weggenommen hat und was er sich während der Regentschaft von Plektrud zurückholte, nicht noch einmal verlieren.«

»Rechnet er denn damit, dass ich gegen ihn vorgehe?«

»Jedermann zwischen dem Rhein und der See rechnet damit, dass du nicht lange wartest, um mit dem Schwert die Grenzlinie zwischen dem Reich der Franken und den friesischen Gebieten neu zu ziehen.«

»Sind sie darauf vorbereitet?«, fragte Karl ganz direkt.

»Ja, sie sind vorbereitet«, antwortete Isaak. »Sehr gut sogar. Und sie sind bereit, bis zum letzten Atemzug zu kämpfen.«

Sie blieben noch lange zusammen, aßen und tranken und naschten süßes Gebäck, als die Platten mit Fleisch und Gemüse, mit Brot und Trockenobst fortgetragen worden waren. Obwohl Karl nur ungern daran zurückdachte, kam es ihm plötzlich wieder genauso vor wie damals, als er zum ersten Mal nach langer Kerkerhaft an Plektruds Tisch gesessen hatte. Auch jetzt waren die ersten der Männer bereits betrunken von ihren Bänken unter die Tische gerutscht. Sie lagen im Vollrausch zwischen halb abgenagten Knochen, Brotresten und großen Weinlachen. Karl hatte sich vorgenommen, vieles anders zu machen, aber erst jetzt fiel ihm auf, dass auch die Hunde wieder da waren. Er hatte nichts gegen die Jagd und die Meute, doch es erschreckte ihn, wie schnell sich sein eigenes Leben verändert hatte, seit er in einem Palast wohnte…

16.

Schatten der Vergangenheit

Karl entschied, dass Alberich nicht durch die verschneiten Ardennen gefahren werden sollte. Sie wählten stattdessen einen der großen Frachtkähne, auf denen im Spätherbst der Moselwein nach Köln und weiter nach Dorestad am unteren Rhein gebracht worden war. Viele der Flussschiffer hatten auf der Rückfahrt die Weihnachtszeit und den Beginn des neuen Jahres in Köln verbracht. Sie wollten warten, bis sich das Wetter besserte, um dann erneut stromaufwärts zu rudern. Da Karl drei Bootsbesatzungen einen ordentlichen Lohn zugesichert hatte, waren sie schnell bereit gewesen, ohne die übliche Ladung aus leeren Weinfässern den schützenden Flusshafen zu verlassen.

Die Frachtkähne mit dem in Wachstuch eingenähten Leichnam, einigen ausgewählten Gefährten und Mädchen, die sie wie sonst auch begleiteten, kamen gut voran. Nichts erinnerte mehr an die abenteuerliche Fahrt, die Karl mit jener zwielichtigen Schiffsbesatzung nach seiner Flucht aus Köln erlebt hatte.

Sie blieben auch während der Nachtstunden auf den Kähnen. Nur in den Pfalzen und den verschneiten ehemaligen Römerkastellen von Bonn und Remagen, Andernach und Koblenz gingen sie an Land, um sich aufzuwärmen. Und dann wurde die

Fahrt durch die vielen endlosen Moselwindungen doch noch ermüdend.

Kurz vor ihrem Ziel im alten Novio Magus, das jetzt bereit von einigen Neumagen genannt wurde, ließ Karl einen Ruhetag einlegen. Hier war Plektruds Land – oder zumindest das ihrer alten und mächtigen Familie. Kaum ein Bewohner der Ufersiedlungen zeigte sich. Karl und seine Männer sahen sogar, wie einige von ihnen in den Weinbergen verschwanden. Ganz offensichtlich interessierte die Menschen an der Mosel nicht, dass er der letzte Sohn des großen Majordomus Pippin war. Für sie galt noch immer, dass Irmina von Pfalzel das heilige Blut der Merowinger in ihren Adern hatte. Darüber hinaus wussten alle, wie reich Irmina und ihre Tochter Plektrud das Kloster Echternach und viele andere beschenkt hatten.

Einem so guten und weit verbreiteten Ruf hatte Karl nichts entgegenzusetzen. Er spürte genau, dass er hier an der Mosel noch immer als Bastard und Emporkömmling galt.

Doch dann kam ihm kurz vor der Einmündung der Ruwer in die Mosel ein kleiner, feierlich aussehender Reiterzug entgegen. Schon von weitem erkannte Karl den Anführer. Obwohl alle Reiter winterlich vermummt waren, sah er, dass es der Bischof von Reims und Trier war, der ihm da entgegenritt.

Die beiden Männer begrüßten sich mit großer Freude.

»Du hast sehr viel gewonnen im vergangenen Jahr«, sagte Milo, nachdem sie sich ein Stück von ihren Begleitern entfernt hatten und nah beim Moselufer standen. »Aber du hast mit Thuring und Alberich auch zwei von deinen Besten in die Ewigkeit eingehen lassen.«

»Wenn ich wüsste, dass sie das Paradies erreichen, wäre mir wesentlich wohler«, gab Karl zurück. Der Bischof von Reims und Trier lächelte. »Ich werde für sie beten«, sagte er dann.

»Das war das erste und letzte Mal, dass ich durch diese verdammten Flusswindungen gefahren bin«, schnaubte Karl.

»Wenn ich das geahnt hätte, wäre ich lieber durch Schnee und Eis über die Ardennen gezogen.«

»Ich bin dir auch nur deshalb entgegengekommen, weil ich dich warnen will«, sagte Milo, nachdem er eine Weile ins Wasser geblickt hatte.

»Was meinst du damit?«, fragte Karl. »Gibt es schon wieder Schwierigkeiten mit Raganfrid und seinem Merowinger?«

»Das auch«, antwortete Milo. »Doch davon später. Viel schlimmer ist der Widerstand, der hier von Pfalzel ausgeht. Es heißt, dass sich Adela nur noch in dem Kloster auf ihrem Hofgut aufhält. Sie betet Gottes Schutz und Segen für sich und gegen dich herab.«

»Dann musst du als Bischof von Trier eben dafür sorgen, dass die Äbtissin von Pfalzel bei allem, was sie tut, von zuverlässigen Männern oder Frauen überwacht wird.«

»Schon längst geschehen«, antwortete Milo. »Du hast Plektrud in Verwahrung, und ich lasse ihre Schwester Adela beobachten. Außerdem gibt es noch Bertrada in der Burg Mürlenbach. Aber sie ist friedlich, weil sie möchte, dass ihr Sohn Heribert Graf in Laon und eines Tages vielleicht Herzog wird.«

»Wäre er ein Nachfolger und ein Ersatz für Alberich?«, fragte Karl. Milo schüttelte den Kopf.

»Er wird sich niemals gegen seine Mutter oder ihre Schwestern stellen«, sagte er dann. »Bertrada ist sehr fromm und plant die Gründung eines eigenen Klosters in der Ortschaft Prüm. Aber viel mehr Sorgen sollte uns die dritte Schwester von Plektrud machen.«

»Was?«, fragte Karl. »Noch ein Kloster?«

»Nein!«, lachte Milo. »Diesmal geht es um ein ganzes Herzogtum. Oder hast du schon vergessen, dass Adelas, Plektruds und Bertradas Schwester Regentrud in zweiter Ehe mit dem Baiernherzog Theodo verbunden ist?«

Karl knurrte nur, dann schüttelte er den Kopf. »Natürlich

habe ich das alles oft genug gehört. Aber es hat mich niemals interessiert, verstehst du?«

»Du musst es aber wissen, Karl«, sagte Milo ernst. »Du kannst nicht länger einfach dein Schwert hochnehmen und dort zuschlagen, wo dir irgendetwas nicht passt. Es gibt Verträge und Familien. Es gibt das Recht und die Gesetze. Das Ganze ist so dicht verwoben und verstrickt, dass du nur überleben kannst, wenn du schnell lernst, an welchen Fäden du zu ziehen hast, damit das Knäuel sich so entwirrt, wie es zu deinem Vorteil ist…«

»Ja, ich verstehe«, sagte Karl. Er blickte noch einen Moment auf den Fluss hinaus. Dann griff er wieder in die Zügel und wendete sein Pferd, um zu den anderen zurück zu reiten. Der Erzbischof von Reims und Trier blieb fünf Schritt neben ihm.

»Gibt es denn irgendetwas Angenehmes, was du mir noch berichten könntest?«, fragte Karl.

»Ich bin nicht hier, um dir zu schmeicheln, sondern um dich zu warnen«, antwortete Milo trocken. »Nur wenn du endlich anfängst, die Dinge so zu sehen, wie sie wirklich sind, wirst du dich über alle anderen erheben. Du kannst mit starken Männern, einem großen Heer und sehr viel Blut vielleicht ein Reich erobern. Aber der größte Sieg bleibt leeres Stroh, wenn es dem Sieger nicht gelingt, die Früchte Stück für Stück einzusammeln und hinter den Schlössern der Gesetze und Verträge sicher zu verschließen…«

»Was jetzt also?«, fragte Karl leicht verärgert, aber einsichtig.

»Ich rate dir, den Leichnam von Adelas Erstgeborenem nicht in ihr Kloster nach Pfalzel zu bringen, sondern in meinen Dom nach Trier.«

»Nach Trier?«, wiederholte Karl verwundert. »Dann gewinnt die ganze Angelegenheit doch noch viel mehr Bedeutung.«

»Genau das soll sie ja auch«, lächelte Milo. »Denn damit zeigst du, dass du ihn schon fast zum Märtyrer erhebst. Ich weiß, ich weiß ... Alberich wurde das Opfer eines Fiebers und nicht von irgendwelchen Heiden oder mordlustigen Barbaren. Aber was heißt das schon? Wenn Adelas Sohn in der Kirche aufgebahrt wird, die der große Kaiser Konstantin gegründet hat, dann ehrt das Alberich und zugleich dich. Dagegen kann nicht einmal die Äbtissin des Klosters Pfalzel etwas einwenden. Außerdem habe ich bereits mit Willibrord vereinbart, dass wir für diesen edlen Toten ganz öffentlich mehrere Messen lesen wollen.«

»Seit wann kannst du denn Messen lesen?«, fragte Karl boshaft.

»Ich musste ebenfalls ein wenig lernen«, sagte Milo. Karl blickte amüsiert zur Seite. Dann sahen sich die beiden Männer mit verschwörerischem Grinsen an.

Karl musste nicht die ganze Zeit in Trier bleiben. Nachdem genügend Leute gesehen hatten, wie hochgeschätzt und wertvoll ihm Alberich gewesen war, wollte er sich in Bitburg um die verwaiste Pfalz von Plektruds Enkel Arnulf kümmern. Seit er ihn und seine Brüder eingekerkert hatte, waren wieder Ländereien frei geworden, über die er bei Gelegenheit verfügen musste.

Willibrord begleitete ihn und seine Männer mit einer Hand voll Mönchen aus Trier und Echternach. Die Männer murrten zwar, weil sie nicht erfreut darüber waren, dass sie jetzt zusammenarbeiten mussten. Aber Karl, Willibrord und Milo ließen keine Ausreden gelten. Bereits am ersten Abend ließ Karl alle Männer aus der Pfalz von Plektruds Enkel Arnulf im großen Hof zusammenrufen. Die halb verfallenen Gebäude und die nur nachlässig instand gehaltenen Mauern, Wehrgänge und Beobachtungstürme boten einen kläglichen Anblick in diesen Februartagen.

»Ihr wisst alle, dass Karl jetzt euer neuer Herr ist«, verkündete der Abt des Klosters Echternach. Viele von ihnen kannten Willibrord und hatten ihn schon oft gesehen. »Und ihr wisst auch, wer ich bin«, fuhr Willibrord mit weit reichender Stimme fort. »Wenn ich euch heute sage, dass ihr Arnulf, Drogo und Arnold nicht so schnell wiedersehen werdet, könnt ihr mir also glauben. Für die erste Zeit wird hier alles so verwaltet, als wäre es ein Lehen für die Kirchen von Echternach und Trier.«

»Aber es ist kein Lehen«, warf Karl knapp ein. So schnell konnte ihn selbst ein Mann wie Willibrord nicht über den Tisch ziehen! Der Abt von Echternach hielt für einen kurzen Augenblick die Luft an.

»Gut, dass du das noch einmal hier betonst«, fuhr er dann unbeirrt fort. »Die Ländereien hier im Bedagau gehören durch den Willen Karls nach wie vor den Enkeln Plektruds – auch wenn diese gegenwärtig hinter Kerkertüren über sich und Gottes Fügungen nachdenken dürfen.«

»Ich will, dass jedermann hier seine Pflicht tut«, sagte Karl streng. »Was die Mönche anordnen, wird sofort und ohne Widerspruch getan. Wenn mir zu Ohren kommt, dass irgendjemand stiehlt, faul ist oder dumme Widerworte gibt, werde ich ihn eigenhändig strafen.«

Er sah über die Köpfe der Pfalzbewohner und der Bauern hinweg. Dann sagte er: »Ich will, dass jeder Mann und jede Frau und jedes Kind genug zu essen und zu trinken hat. Das gilt für alle. Liefert die Überschüsse bis auf weiteres an das Kloster von Pfalzel und die Äbtissin Adela ab. Ich will nicht, dass die frommen Frauen Hunger leiden, nur weil der Bedagau jetzt ohne Grafen ist.«

Willibrord hob die Brauen, aber nur für einen Augenblick. Karl probte bereits, in gleichem Maße zu geben und zu nehmen. Und nichts war wichtiger bei all dem, was ihm noch bevorstand …

Am 23. Februar des Jahres 718 bekam auch Willibrord endlich seine verdiente Belohnung. Obwohl Karl bereits mehrfach Kirchen, Ortschaften, Mühlen und sogar ein ganzes Bistum verschenkt hatte, kam dieser Eigentumsübertragung eine ganz besondere Bedeutung zu. Zum ersten Mal bemühte Karl sich, eine Schenkungsurkunde Wort für Wort zu lesen und selbst zu überprüfen. Sie hielten sich an diesem Tag in Vidiacus auf, einem kleinen Ort im Bedagau. Willibrord war für einige Tage nach Echternach gegangen und dann mit der fertigen Urkunde, Kopien und seinen beiden besten Schreibern zurückgekehrt. In seiner Begleitung befand sich noch ein weiterer Mönch, der aber nicht zum Kloster Echternach gehörte. Karl erkannte ihn sofort und sah ihm mit erstauntem Blick entgegen.

»Du hier, Hugo?«, fragte er verwundert. »Kommst du, um mich zu beschimpfen oder mich um Gnade für deine Brüder zu bitten?«

»Nichts liegt mir ferner, als dich zu beschimpfen, Karl«, antwortete der zweite Sohn von Karls Halbbruder Drogo. Hugo war bereits als Vierzehnjähriger aus freien Stücken zuerst ins Kloster Jumieges und dann nach Sankt Wandrille gegangen. Karl hatte ihn seither nicht mehr gesehen. Nur manchmal hatten sie am Hof des Majordomus davon gehört, dass Hugo sehr viel fähiger als seine Brüder sein sollte. Jeder, der von ihm berichtete, bestätigte, dass der jetzt Zweiundzwanzigjährige fromm und gottesgläubig sei, und sich zudem als hochbegabt bei allem erwies, was die Verwaltung und die Ernteplanung, die Einsparung überflüssiger Ausgaben und die Einteilung des Gesindes in den Klöstern anging.

»Ich bin gekommen, um dir meine Hilfe anzubieten«, sagte der junge, kräftig gewachsene Mönch. Er hatte ein offenes, markantes Gesicht, und seine Augen waren ebenso hell und blau wie die von Karl. Nur sein Haar war dunkler und so hellbraun wie die erste Haut junger Kastanien.

»Ich würde es verstehen, wenn du mit Hass im Herzen zu mir kommst«, sagte Karl. Doch Hugo schüttelte sofort den Kopf.

»Ich bin Christ, vergiss das nicht. Ich lebe davon, dass ich anderen vergebe. Und meine Liebe zu den Menschen sollte auch für dich ausreichen.«

Karl zögerte noch immer. Doch dann sah er, dass der Abt des Klosters Echternach ihm zunickte.

»Ich glaube, dass du diesem jungen Mann vertrauen kannst«, sagte er. »Nach allem, was ich bisher von ihm hörte, ist er nicht so wie seine Brüder. Ich habe ihm schon angeboten, nach Echternach zu kommen. Aber er will weiter in den Klöstern bleiben, die deinem Vater ganz ergeben waren, als Austrien und Neustrien noch von seiner Hand regiert wurden.«

»Und warum kommst du wirklich?«, fragte Karl.

»Ich halte nichts von Majordomus Raganfrid und seinem Merowingerkönig«, antwortete Hugo offen. »Sie streiten und verstecken sich und planen längst den neuen großen Feldzug gegen dich. Und jetzt versuchen sie sogar, auch außerhalb von Neustrien Verbündete zu kaufen. Sie waren unterwegs bis zu den Pyrenäen. Ich weiß, dass sie wilde Vasgonenkrieger angeworben haben. Außerdem sollen sie angeblich mit Herzog Eudo von Aquitanien Bündnisverträge gegen dich schließen.«

»Mit Herzog Eudo?«, lachte Karl. »Dann müssen sie aufpassen, dass sie nicht selbst zu Aquitaniern werden. Denn Eudo ist ein starker Mann, der sich sogar mit den Sarazenen einigt.«

»Das ist schon wahr«, sagte Hugo. »Andererseits braucht aber Eudo auch Rückendeckung und Verstärkung gegen andere Mächtige bei den Muselmanen, die nicht mit ihm verhandeln wollen. Narbonne ist immer noch besetzt, und auch in Carcassonne haben die Araber eine starke Festung mitten in Eudos Land.«

»Werden sie bis zum Sommer stark genug sein, um gegen mich zu ziehen?«, fragte Karl ganz direkt.

»Ich fürchte ja«, antwortete der junge Mönch und sah ihm in die Augen. Und plötzlich merkten beide, dass sie sich mochten und verstanden. Karl streckte beide Arme aus, zögerte einen Moment und legte seine Hände dann auf Hugos Schultern.

»Danke«, sagte er nur. »Ich danke dir, dass du gekommen bist.«

Für einen Augenblick war alles still in dem engen und verräucherten Versammlungsraum des Dörfchens Vidiacus. Dann räusperte sich Willibrord und faltete die erste der neuen Urkunden so weit aus, dass er sie auf einen Tisch legen konnte. Zum ersten Mal in seinem Leben versuchte Karl, die Ordnung und die Regeln der von ihm selbst verfügten Schenkung in Zahl, Schrift und Reihenfolge zu erkennen. Aber er tat nur so, als ob er alles lesen könne. Zwei Mönche hielten Kienspäne mit leise knisternden Flammen über das Dokument. Jedes Mal wenn Karl ein Wort erkannte, sprach er es halblaut aus, um gleich darauf weiter zu grummeln und zu murmeln: »... für die Kirchen Sankt Petrus und Sankt Paulus ... Kloster von Echternach ... mein Erbteil ... Bollendorf ... einige Meilen nördlich am Fluss Sauer ... zum freiesten Gebrauch ...«

Er strich sich mit der flachen Hand über seinen blonden, wieder voll über die Mundwinkel herabhängenden Schnauzbart, nickte ein paarmal und richtete sich auf. »Und nun die Unterschriften«, sagte er dann. Er ließ sich Gänsekiel und Tinte reichen, tauchte sehr sorgfältig ein, streifte ab und zog die Feder zu den Strichen, von denen er annahm, dass sie die Buchstaben des Namens Karl bildeten, über das Pergament.

»So. Und jetzt seid ihr dran – möglichst viele.«

Er passte ganz genau auf, dass jeder seiner Edlen im kleinen Raum unterschrieb oder den Mönchen sagte, dass er ebenfalls Zeuge sei. Wer selbst nicht unterschreiben konnte, wurde von diesen Herren in der Urkunde eingetragen. Karl holte tief Luft. Dann rieb er sich die Hände und ging zur Tür. Er trat in den Wintertag hinaus und ließ den Atemhauch als kleine Wolke in die Kälte wallen. Willibrord folgte ihm hinaus und legte ihm den

Arm um die Schultern. Es gab nur wenige, von denen Karl sich eine solche Geste gefallen ließ.

»Ich werde mich nur schwer daran gewöhnen, dass diese Kalbshäute mehr wert sein sollen als ein Männerwort«, sagte Karl. »Schon deshalb wird es nicht sehr viele Urkunden und ähnliche Diplome von mir geben. Doch wo es wichtig ist, werde ich mich diesen Bräuchen beugen.«

Der Weg zurück nach Köln war kalt, aber erträglich. Sie blieben auf der alten Römerstraße quer durch die verschneiten Ardennen, und weil sie nichts zur Eile antrieb, beschlossen sie, einen Tag länger als vorgesehen in Zülpich zu rasten. Den Zülpichern war es gelungen, eine der alten römischen Thermen so weit zu reparieren, dass Durchreisende in einem Gebäudeflügel ein warmes Bad nehmen konnten. Die Erträge aus diesen Sondereinnahmen waren bisher stets an Graf Folker gegangen.

Auch jetzt sorgte Folker dafür, dass für Karl und seine Begleiter reichlich Warmwasser angeheizt wurde. Nicht nur die Adligen des kleinen Reitertrupps, sondern nach ihnen auch alle anderen ließen sich lärmend und mit Wohlbehagen in die von unten mit heißer Luft beheizten, gemauerten Wasserbecken gleiten. Einige besonders Mutige liefen auch splitternackt in den schneebedeckten Hof hinaus, bewarfen sich mit Schneebällen und rannten anschließend laut johlend in die Wärme zurück.

Viele von ihnen hatten noch nie zuvor das Bad in einer römischen Therme genossen. Bereits nach kurzer Zeit riefen die Männer sich zu, dass sie nun bereit seien, die Schönen von Zülpich kommen zu lassen. Karl hatte nichts dagegen.

Nahezu jeder Adlige im Königreich der Franken hatte für kürzere oder längere Zeiten Mädchen und Weiber in seinem Bett oder auf dem Lager in seinem Zelt. Solange es Sklavinnen, Unfreie oder Bedienstete waren, regte sich niemand darüber auf. Aber je höher und vornehmer die Gefährtinnen der Nacht wurden, umso riskanter und gefährlicher wurden derartige Verbindungen. Und irgendwo gab es eine Grenzlinie, die schärfer gezogen war als alle Verbote der Kirche.

In dieser Nacht ließ Karl es zu, dass sich ein Mädchen an ihn schmiegte, von dem er schon in Bollendorf Sträuße von Schneeglöckchen erhalten hatte. Sie hieß Ruodheid, hatte breite Hüften und war bei allem, was sie tat, sehr fingerfertig und geschickt. Die gerade Sechzehnjährige war Tochter eines Köhlers aus den Wäldern von Echternach. Und wie manch anderes Mädchen in Karls Gefolge war sie keineswegs stumm und duldsam, sondern gern bereit, die gleichen Freuden zu genießen wie die Männer.

Karl hatte mit ihr in den Thermen gebadet und dabei viel gelacht. Nachdem die Wintersonne mit herrlichen roten Streifen am Himmel versunken war, begann ein lautes Gelage, das anders war als die üblichen Zusammenkünfte zum Nachtmahl. Schon vor dem ersten Schluck Wein fühlten sich alle sehr ausgelassen. Sie aßen und tranken und langten zu, als hätten sie seit Tagen nichts mehr gehabt. Nur wenig später begannen sie die alten Lieder zu singen, die von den Heldentaten der Vorväter berichteten.

Sie sangen das Lied von den stolzen Sugambrern, wie Bischof Remigius von Reims König Chlodwig und seine Krieger genannt hatte, nachdem sie bei Zülpich in einer grandiosen Schlacht die vordringenden Alamannen geschlagen hatten. Sie sangen davon, wie Chlodwig nach dem Sieg zum Christentum übertrat und Tausende in Metz getauft wurden …

Wieder und wieder wurden auch die Geschichten gesungen, die Gregor von Tours und Fredegar aufgeschrieben hatten. Sie erzählten von blutrünstigen Königinnen der Merowinger, von mörderischen Schlachten, tödlichen Intrigen und immer neuen Bündnissen.

Irgendwann fiel Karl auf, dass die letzten der Lieder beim großen Sieg seines Vaters in der Schlacht von Tertry endeten. Kein Lied mehr und keine Strophe erinnerten an die Vorfälle und Verstrickungen seiner eigenen Familie. Er hatte nie darüber nachgedacht, aber jetzt wunderte er sich, warum er niemals ein Lied über die Ermordung von Majordomus Ebroin vor fast vierzig Jahren oder über den gewaltsamen Tod von Bischof Lambert vor auch schon fast fünfzehn Jahren gehört hatte. Der dritte Tod, über den so gut wie nie gesprochen und erst recht nicht gesungen wurde, betraf König Dagobert II. Nur manchmal hieß es, dass dieser König, der zuletzt in Metz residiert hatte, Pippin von Heristal allzu sehr im Weg gestanden haben sollte …

17.

Sachsenfehde

Wie vorgesehen, holte Karl König Chlothar zum Märzfeld nach Köln. Ursprünglich hatte die Heerschau wie bei seinem Vater auf freiem Feld zwischen den Friedhöfen und Kirchen außerhalb der Stadtmauern von Köln stattfinden sollen. Zur allgemeinen Verwunderung verzichtete Karl jedoch auf die endlosen Vorführungen von Grafen und Gutsherren, die nacheinander vortreten und zeigen mussten, dass sie die geforderte Anzahl von Berittenen und Fußkriegern mit ihrer vorgeschriebenen Ausrüstung aufgebracht hatten.

Stattdessen ließ Karl dreimal hintereinander eine große Messe inmitten der Stadt abhalten. Der alte quadratische Forumsplatz war zu diesem Zweck zu einem Kirchenraum unter freiem Himmel hergerichtet worden.

Noch vor wenigen Monaten wäre Karl nicht auf den Gedanken gekommen, etwas anderes als üblich zu planen. Doch dann war es Hugo gewesen, der ihm vorrechnete, dass ein entscheidender Kriegszug gegen die Neustrier, wenn er bereits im Frühling durchgeführt werden würde, ein großes Risiko darstellte.

»Du kannst so viel verheeren, wie du willst«, sagte er eindringlich zu Karl, als sie in kleinem Kreis zusammensaßen. »Aber niemand, und das gilt sowohl für die Krieger von Majordomus Raganfrid, als auch für deine eigenen Reiter, wird von geraubtem Gold und Edelsteinen satt. Es ist einfach nichts mehr da in den Vorratskammern der Gutshöfe und Klöster.«

»Du meinst, dass im vergangenen Jahr zu wenig geerntet wurde?«

»Zu wenig geerntet und zu wenig gesät«, bestätigte Hugo. »Wenn es schon in diesem Jahr keine Wintersaat und nicht genügend Brotgetreide gibt, kannst du für das nächste Jahr nur dann eine große Hungersnot vermeiden, wenn du die Bauern und Hörigen jetzt auf den Feldern lässt.«

Karl zupfte an seinen Schnurrbartspitzen und dachte nach. Er wusste sofort, dass Hugo Recht hatte. Er war niemals in seinem Leben Domesticus, Verwalter von Domänen oder Pfalzgraf gewesen. Er verstand fast nichts vom Ackerbau und kannte sich bestenfalls mit der Zucht von Pferden aus.

»Setzt ihr euch zusammen und arbeitet alles so aus, dass es mir vorgelegt werden kann«, sagte er schließlich. »Ich will keine großen Pläne mit Dutzenden von Ausnahmen, sondern alles so handfest und so einfach, dass ich bei jedem Punkt ohne Kopfschmerzen ja oder nein sagen kann.«

»Dazu müsstest du die Welt erst neu erschaffen«, meinte der Bischof, der sich die ganze Zeit ruhig verhalten hatte. »Nirgendwo auf der Welt wird mehr gelogen und betrogen als bei den notwendigen Abgaben.«

»Es liegt vieles im Argen, seit mein Vater tot ist«, stellte Karl fest.

»Nicht erst seit deines Vaters Tod«, seufzte der Bischof. Sie besprachen noch eine Weile die verschiedenen Möglichkeiten für einen weiteren Heereszug gegen die Neustrier. Zum Schluss waren sich alle einig, dass sie damit noch ein Jahr warten wollten.

Während überall auf den Feldern nur eine ungewöhnlich schlechte Ernte eingebracht wurde, besuchte Willibrord mit einigen Mönchen die Stadt, von der aus Karl jetzt Austrien regierte. Er hatte kaum den ersten Schluck Wein zur Erfrischung getrunken und seine schmerzenden Füße in einen schnell herbeigeschafften Holzbottich mit Wasser gestellt, als er auch schon Kritik an Karl übte und Forderungen vorbrachte.

»In Trier und an der Mosel murren die Menschen, weil du so hart mit Plektrud umgegangen bist«, sagte er. »Niemand hat sie geliebt, aber es heißt, dass du sie und ihre Söhne doch allzu unbarmherzig behandelst.«

»Wie das?«, fragte Karl verwundert. Er setzte sich neben den Erzbischof und nahm sich ebenfalls einen Becher Wein. »Sie hat alles, was sie braucht, kann sich die köstlichsten Speisen beschaffen, die ihr Herz begehrt, kann beten, musizieren und mit ihren Mädchen singen.«

»Das mag schon sein«, meinte Willibrord und trank einen kleinen Schluck. Er ächzte leise, während er die nackten Füße immer wieder für einen Moment aus dem Wasser hob, um sie dann wieder einzutauchen. »Die langen Reisen sind nichts für mehr mich«, sagte er dann gepresst. »Ich werde künftig wohl in Echternach bleiben müssen, wenn man mich nicht wie einen Merowingerkönig mit einem Ochsenkarren durch die Lande fährt.«

Karl lachte leise, während er dem verhaltenen Lärm des schwülen Sommertages in der Stadt lauschte. Seit ein paar Tagen war es so heiß, dass sich während der Tagesstunden kaum jemand auf die Straßen wagte. Jetzt zeigte sich, dass es sich in den steinernen Bauten der alten Römer gerade im Sommer angenehm leben ließ.

»Was sollte ich nach deiner Meinung an weiteren Vergünstigungen für die Matrone Plektrud und ihre herrschsüchtigen Enkel zulassen?«, fragte Karl. Willibrord stieg aus dem Wassertrog, schlüpfte in seine eigenartigen Sandalen, wie sie nur von den Mönchen in Echternach hergestellt wurden, und schlurfte zu einem der Fenster im großen Saal des Praetoriums. Die Mönche aus seiner Begleitung hatten sich an einem der Nebentische niedergelassen. Sie aßen langsam und genüsslich Stücke von kaltem Huhn, das sie sich mitgebracht hatten. Karl wusste sehr wohl, dass dies nur eine deutlich zelebrierte Geste war. Irische Mönche neigten dazu, sich selbst als bescheiden und genügsam hinzustellen. Selbst bei den Sachsen auf der anderen Seite des Rheins war es anfänglich gut angekommen, wenn sie nicht als Männer auftraten, die das Gastrecht ausnutzten. Wie verfressen und versoffen die Mönche wirklich sein konnten, zeigten sie erst dann, wenn das Misstrauen verflogen war …

»Es heißt, dass Plektrud und ihre Enkel gern die Gräber ihrer Familie an der Mosel besuchen würden. Sie würden auch gerne Weihnachten in Pfalzel feiern.«

»Und zum Dreikönigstag darin nach Prüm, Ostern nach Bitburg, Pfingsten zur Burg Mürlenbach und dann weiter jeden Sonntag auf ein anderes Gut oder zu den Dörfern, die sie überall besitzen.«

Karl presste die Lippen zusammen und schüttelte den Kopf. »Ich habe die Matrone Plektrud als Witwe meines Vaters und meine Stiefmutter nicht ohne Grund hier in den Mauern Kölns unter Arrest gestellt«, sagte er dann. »Du weißt so gut wie ich, was diese Frau nicht nur mir, sondern auch meinem Vater angetan hat.«

»Sie hat aus Pippin II. immerhin den stärksten Mann gemacht, den es jahrzehntelang in der gesamten Francia gab.«

»Sie hat sich selbst dazu gemacht«, widersprach Karl sofort. »Sie war es, die entschieden und regiert hat. Sie hatte stets die Hand auf dem Besitz, den sie mit in die Ehe brachte. Ich weiß doch, warum sie mich einkerkern ließ.«

»Weil sie genau das verhindern wollte, was jetzt eingetreten ist«, sagte Willibrord. »Sie wollte deines Vaters Rang und Ansehen auf ihre eigenen Söhne übertragen. Und als die zu früh verstarben, sollten es die Enkel sein. Du musst tun, was du für richtig hältst, ich will nur, dass du gelegentlich darüber nachdenkst.«

Sie standen nebeneinander an einem der großen Fenster zum Fluss und blickten auf den Rhein hinaus. Die Speicher auf der Hafeninsel wirkten noch immer wie eine Römerfestung. Nur hin und wieder trieben kleine Lastkähne mit der Strömung flussabwärts. Die Männer an den langen Steuerstangen hatten kaum etwas an. Sie brauchten sich kaum zu bewegen und taten das auch nicht.

Die Schiffe trugen keine Zeichen der Friesen, Briten oder Sachsen. Sie hatten nur ein paar bunte Wimpel von Fernhändlern an die Mastbäume geknüpft.

»Bei dieser Hitze sieht alles immer sehr friedlich aus«, sagte Karl.

»Aber es ist nicht friedlich«, meinte Willibrord besorgt.

»Ehrwürdiger Ire, Abt und Bischof«, lächelte Karl. »Vom wem habe ich denn gelernt, wie man in einem Meer von Blüten den wahren Grund und auch die Wurzeln findet? Jeder andere würde vielleicht meinen, dass du mich jetzt gegen die Friesen drängst. Aber ich denke, dass es viel eher die Sachsen sind, denen du noch nicht vergeben hast.«

»Ja, du hast Recht«, sagte Willibrord. »Und ich bestreite nicht, dass mich die wilden Sachsen seit vielen Jahren ärgern. Die Friesen sagen klipp und klar, dass sie bei ihren alten Göttern bleiben wollen. Aber die Sachsen beugen jedes Mal das Haupt, wenn sie sich taufen lassen. Sie schwören und geloben, dass sie an Jesus Christus glauben werden.«

»Vielleicht tun sie das ja auch«, unterbrach Karl spöttisch.

»Ich bin jetzt nicht zu Scherzen aufgelegt«, sagte der Abt von Echternach. Er schüttelte besorgt den Kopf, seufzte tief und sagte dann: »Sie vertreiben alle Missionare, verprügeln unsere Mönche, pinkeln in die Kirchen oder zünden sie gleich an.«

»Du willst also, dass ich etwas gegen diese wilden Kerle

unternehme. Also gut – einverstanden. Nenn mir drei oder auch fünf Plätze, an denen ich die Sachsen zur Ordnung rufen kann.«

»Genau das ist mein Problem«, seufzte Willibrord. »Sie leben so verstreut in den Wäldern, an den Flüssen und sogar in Mooren, dass sie wie der frische Käse durch die Finger gleiten, wenn du sie ergreifen willst.«

»Aber sie haben Siedlungen und Höfe zwischen Rhein und Weser«, sagte Karl.

»Ja«, sagte Willibrord und nickte, »richtig gefährlich wird es erst an den Quellen der Flüsse Pader, Ems und Lippe bis hin zum Weserbergland. Dort sind die Wälder bis zum Weserdurchbruch finster und die Schluchten tief. Dort haben die Germanenstämme auch die geheimnisvollen Volksburgen, hinter deren Wällen aus Fels und Erde sie unangreifbar sind.«

»Und was ist mit ihren heiligen Plätzen? Wirken dort tatsächlich unsichtbare Kräfte aus dem Inneren der Erde?«

»Es gibt sehr viele Dinge, die auch ein Bischof nicht erklären kann«, sagte Willibrord lächelnd. »Aber du solltest nie die Kräfte unterschätzen, die jeder Glaube wecken kann. Unserer ebenso wie der von Sachsen oder Sarazenen …«

»Wo also soll ich anfangen nach deiner Meinung?«

Willibrord streckte den rechten Arm aus. »Dort drüben, auf der anderen Seite des Flusses, in den Bergischen Wäldern. Dort wurden vor genau fünfundzwanzig Jahren die beiden Missionare erschlagen, die wir den schwarzen und den weißen Ewald nennen und die inzwischen in Sankt Kunibert begraben sind.«

»Gut. Ich werde einen kurzen, schnellen Zug vorbereiten.«

»Das wird nicht ausreichen«, meinte Willibrord. »Du musst die Sachsen über die Lippe hinweg nach Norden hin verfolgen. Und zwar so weit wie möglich, wenn es sein muss, bis zum Meer.«

»Du bist sehr hart in deinen Forderungen.«

»Und du musst dich daran erinnern, wie wenig es gebracht

hat, dass dein Vater immer nur mit schwachen Strafmaßnahmen gegen die Sachsen vorging. Wenn du das Gleiche tust, werden noch deine Söhne und Enkel Jahr für Jahr gegen die Sachsen ziehen, ohne sie wirklich zu besiegen.«

»Also hart zuschlagen und nicht mehr taufen.«

»Ich ziehe jeden Tropfen Taufwasser dem kleinsten Tropfen Blut vor«, sagte Willibrord. »Und das, Karl, meine ich ernst. Entscheide du, was du für richtig hältst. Aber bedenke, was ich dir gesagt habe ...«

Es dauerte doch noch zwei Wochen, bis Karl mit sechshundert Männern zu Fuß und knapp hundert Berittenen aufbrechen konnte.

In der Zwischenzeit waren immer wieder Besucher von den südlichen Grenzen Austriens aus Burgund, Alamannien und sogar Baiern und Thüringen eingetroffen. Keine der Gruppen berichtete von Kriegen, Aufständen oder anderen Erhebungen. Der Sommer hätte sehr friedvoll sein können, wenn aus dem Norden und Osten nicht nach wie vor Gefahr gedroht hätte ...

In den Vormittagsstunden blieb Karl genügend Zeit für Chrotrud und die Kinder. Hin und wieder setzte er sich auch zu Martin, dem Mönch, der Karlmann, Gregor und andere unterrichtete.

»Wenn wir so weitermachen, haben wir hier bald eine bessere Schule als Willibrord in Echternach«, scherzte Karl. Er meinte es nicht ernst, aber auch Chrotrud gefiel es, dass die Jungen für einige Stunden unter Aufsicht waren.

»Ich meine allerdings, dass deine Tochter Hiltrud ebenfalls ein Recht darauf hat, lesen und schreiben zu lernen. Du kannst es nicht, und ich muss mir auch große Mühe geben, wenn ich in der Bibel lesen will. Du solltest nicht vergessen, dass eine andere Frau, die du ganz und gar nicht magst, sehr gut lesen und schreiben kann.«

»Erwähne mir ihren Namen nicht!«, sagte Karl nur.

»Soll ich ihn dir vielleicht aufschreiben?«, scherzte Chrotrud. Er legte einen Arm um sie, drückte sie an sich und gab ihr einen Kuss auf die Schläfe. »Es reicht mir schon, wenn ich mir hier jeden Mist anhören muss, den irgendwelche Grafen und Gutsherren zu beklagen haben.«

Dennoch nahm Karl sich für jeden Zeit. Er machte keinen Unterschied zwischen Händlern und Adligen oder Quacksalbern, die von sich selbst behaupteten, reisende Bischöfe zu sein. Die meisten der wandernden Prediger und Mönche erzählten Geschichten aus der Bibel und wundersame Begebenheiten aus dem Leben von Heiligen.

In diesen Tagen kamen auch zwei Männer nach Köln, die sämtlichen Priestern der Stadt, einschließlich Bischof Faramundus, die Zornesröte ins Gesicht trieben. Karl hörte davon und verhinderte durch einen kurzen Befehl, dass sie sofort von aufgehetzten Gläubigen aus der Stadt gejagt wurden.

»Ich will sie sehen und hören, was sie zu sagen haben«, befahl er. Und so kam es, dass Anfang September zwei wandernde Mönche am Abendgelage über dem Flussufer teilnahmen. Karl hatte angeordnet, dass an den Abenden, die noch sehr warm waren, Tische in das Atrium des Praetoriums gestellt wurden, an denen sich alle Edlen der Stadt und des Kölngaus mindestens einmal pro Woche einzufinden hatten.

Dadurch ergaben sich stets wechselnde Tischgesellschaften, die zur Hälfte aus denen bestanden, die ohnehin mit Karl in der Pfalz lebten. Die andere Hälfte fand sich immer neu zusammen und bot dadurch genügend Gesprächsstoff und Gelegenheit zu anregender Unterhaltung. Wenn Karl und seinen Gefährten danach war, ließen sie Musiker und Gaukler auftreten.

An diesem Septemberabend dauerte es lange, bis die Gäste gesättigt waren und Karl Zeit fand, sich auch mit den beiden seltsamen Priestern zu befassen, die bisher schweigend am unterem Tischrand gesessen hatten.

»Sie sollen zu uns kommen«, befahl er. Faramundus protestierte dagegen, dass die beiden Männer überhaupt gehört werden sollten.

»Jetzt bist auch du einmal still, Bischof von Köln!«, sagte Karl schließlich. Faramundus kroch ein wenig in sich zusammen und starrte missmutig auf seinen kostbaren Glaskelch mit Wein. Er trank immer aus demselben, mit gläsernen Girlanden und Bögen verzierten Römerglas. Wie es hieß, stammte es aus einem Grabraub draußen vor der Stadt.

Die beiden Wanderprediger traten an Karls Tisch.

»Setzt euch«, sagte Karl, »wer von euch heißt Adelbert, und wer ist Clemens?«

»Ich bin Adelbert«, erwiderte ein stämmiger, rotgesichtiger und etwa dreißigjähriger Mann, der Karl von seinem Wesen her an den schwarzen Abt erinnerte.

»Bist du Friese?«, fragte Karl.

»Nein, ich bin Franke und stamme aus Toxandrien – dem Grenzgebiet zu den Friesen an der unteren Maas also.«

»Ich kenne die Gegend«, sagte Karl. »Ich war mit meinem Vater dort. Und du bist Priester?«

»Ich wurde in England und Irland erzogen und habe dort auch meine Weihe erhalten.«

»Aber es heißt, dass du schon einige Zeit durch die Lande ziehst und den Mönchen von Willibrord Konkurrenz machst.«

»Ich habe noch nie jemanden getauft«, sagte Adelbert. »Ich erzähle stets nur von Jesus Christus, vom heiligen Martin und von Eremiten und Heiligen, die sogar auf Säulen sitzen, um dort zum Lobe Gottes zu fasten und zu beten.«

»Kein Wort davon ist wahr!«, fauchte der zweite Prediger. Karl unterdrückte ein Lächeln und wandte sich an den hageren, fast schon verhungert wirkenden Mann, der in seinen wilden, flammend roten Haarschopf sogar eine Tonsur geschoren hatte.

»Mir scheint, dass ihr beide nicht gerade befreundet seid«, meinte Karl lächelnd. »Was habt ihr gegeneinander? Austrien ist doch groß genug für jeden, der beten und Gutes tun will.«

»Er kann überhaupt nicht richtig beten«, krächzte der Rothaarige. Seine Stimme klang wie das Schaben von Nägeln auf verrostetem Blech. »Er lügt schon, wenn er nur behauptet, dass er jemals ein Kloster von innen gesehen hat.«

»Und du bist Heide … nur ein roter Schotte«, knurrte der andere, »kein Ire, kein Engländer, nicht einmal Friese oder Sachse.«

»Ich hasse euch Flachländer«, knarzte der Rothaarige. »Ja, ich bin Schotte. Und das stolzeste Blut der Pikten fließt in meinen Adern. Aber ich kenne die Evangelien viel besser als dieser hier, der mit dem Daumenorakel die Menschen betrügt.«

»Eine ganz furchtbare, gotteslästerliche Verfehlung«, stöhnte Bischof Faramundus. Karl kannte die Unsitte. Quacksalber und betrügerische Mönche benutzten das Daumenorakel, indem sie sich zuerst berichten ließen, welche Sorgen und Wünsche einer der vielen Gutgläubigen hatte, um dann mit dem Daumen auf eine zerfledderte Abschrift von irgendeinem Evangelium zu tippen und aus der Textstelle genau die Antwort herauszulesen, die ihnen selbst den meisten Lohn einbrachte.

»Wir werden heute Abend nicht mehr klären können, wer von euch beiden der bessere Priester oder Mönch ist«, sagte Karl, und seine Augen blitzten schadenfroh. »Aber ich brauche bei meinem nächsten Zug gegen die Sachsen Männer, die sich auf die heiligen Schriften ebenso verstehen wie auf Betrug und Aberglaube.«

»Aber das kannst du nicht machen!«, protestierte Adelbert sofort. »Wir sind friedfertige Leute und waren noch nie im Tross eines Heeres.«

»Und ob du das warst!«, fauchte der Schotte. »Geflüchtet vorm Heribann, desertiert, weggelaufen. Ja, das bist du, Adelbert. Und ich sage ganz offen, dass du eigentlich anders heißt.«

»Dann sage ich, dass du kein Schotte, sondern ein Däne bist und ein Kundschafter der Friesen.«

Karl hob die Hände und versuchte, die beiden Streithähne zu besänftigen.

»Nicht alle Vorwürfe auf einmal!«, sagte er lachend. »Aber es bleibt dabei – ihr begleitet mich bei meinem Zug gegen die Sachsen! Und wehe, einer von euch beiden flieht schon bei Neumond! Dann nämlich werde ich einen Freibrief ausstellen, der es jedermann erlaubt, euch auf der Stelle zu erschlagen …«

»Aber das kannst du nicht!«, protestierte der Schotte kaltblütig. »Du bist kein König und darfst keinen Bann aussprechen! Und keine Strafen für die Verletzung deiner Gebote oder Verbote!«

Für einen Augenblick war nicht nur Karl sprachlos. Der Mann war dreist und unverschämt. Aber er war auch selbstbewusst und mutiger als viele andere. Karl ahnte plötzlich, dass er für ihn noch einmal Verwendung haben würde.

Am nächsten Vormittag tauchten Flüchtlinge aus dem Borukogau auf, die so fürchterlich zugerichtet waren und so sehr jammerten, dass nicht nur Karl die Hände zu Fäusten ballte. Es dauerte lange, bis sie aus den verstörten Menschen herausbekommen hatten, was geschehen war.

»Die Ersten haben das ganze Vieh weggetrieben und abgestochen, was sie nicht mitnehmen konnten«, berichtete einer der Bauern. »Die Nächsten kamen und nahmen uns alles weg, was wir nach der Notschlachtung gerade noch retten konnten. Aber am schlimmsten waren diejenigen, die nur noch uns selbst vorfanden. In ihrem Zorn über die entgangene Beute zündeten sie alles an, erschlugen die Männer und vergewaltigten die Frauen.«

Karl entschied sofort, dass alle, die bereits marschfähig waren, auf der linken Rheinseite nach Norden ziehen sollten. »Du, Folker übernimmst mit deinen Berittenen die Fußtruppen«, sagte er. »Seht zu, dass ihr so schnell wie möglich an der alten Römerstraße entlang bis nach Neuss kommt. Beschafft euch dort die nötigen Boote und wartet, bis ihr von mir hört.«

»Dann willst du doch bereits hier über den Rhein setzen?«, fragte Folker.

»Ja, ich schätze, dass wir hundert Berittene zusammenbekommen. Ich will nichts mitnehmen, was uns aufhält. Was wir an Nachschub und Verpflegung brauchen, kannst du auf Karren und Packpferden über die Römerstraße nach Norden bringen.«

Folker nickte und besprach sich kurz mit Rotbert. Innerhalb weniger Stunden waren die längst begonnenen Vorbereitungen so weit gediehen, dass die ersten Männer und Pferde mit Fährbooten an den Resten der alten konstantinschen Brücke entlang zum anderen Rheinufer übersetzen konnten.

Sie sammelten sich an den noch immer massiven Ruinenmauern des Römerkastells Divitium. Karl wartete nicht, bis alle zusammen waren, sondern ritt sofort in Richtung Wuppermündung. Sie schwärmten so weit aus, dass sie möglichst viele Siedlungen auf den Anhöhen und in den Tälern des Bergischen Landes überprüfen konnten. Bei den ersten entdeckten sie noch nichts, was zu Besorgnis Anlass gab. Die Menschen, denen sie begegneten und die sie noch auf den Feldern antrafen, berichteten freimütig von ihrer Angst. Aber sie sagten auch, dass die letzten Überfälle schon einige Jahre zurücklagen.

Doch dann, als die Ersten mit Karl die Wupper erreichten, sahen sie verlassene Dörfer. So sehr sie auch suchten, konnten sie niemanden finden, der ihnen sagte, was geschehen war.

»Über die Wupper!«, befahl Karl deshalb. Der Fluss war flach und bildete kein Hindernis für die Berittenen.

»Nicht ein einziger Sachse!«, schnaubte Karl, als er auf der anderen Seite war. Wusing und Hildebrand ritten dicht neben ihm. Hier gab es keine Wege mehr, sondern bestenfalls Pfade unter Bäumen und an großen Felsbrocken im Wald vorbei. Sie ritten weiter und hielten sich im etwas flacheren Land zwischen Wupper und Rhein.

Kurz vor Sonnenuntergang erreichten sie die Ruhr. Karl kannte die Gegend von einem früheren Zug mit seinem Vater. Hier überwand der Hellweg, die alte Handelsstraße nach Osten, einen steil zum Fluss hin abfallenden Hang und eine Mulde am Fluss und führte über eine Furt auf der anderen Seite weiter. Schon damals hatte Karl die kleine Festung bewundert, die noch aus alter germanischer Zeit stammte. Sie lag auf einer hügeligen, knapp fünfzig Schritt großen Böschung südlich des Ruhrtals. Er ritt über eine schmale, an den Rändern mit hölzernen Pfosten befestigte Erdbrücke auf das halb geöffnete Palisadentor zu.

Nichts regte sich in der Abendstille. Karl hörte weder das Muhen von Kühen, die auf das Melken warteten, noch Stimmen oder das Klappern von Eimern oder Töpfen. Karl hob den linken Arm und ließ die anderen zurückbleiben. Er dämpfte auch ihre Geräusche, indem er mit der Handfläche wie auf ein unsichtbares Kissen in der Luft schlug. Dann nahm er die Zügel straff und ließ sein Pferd mit sehr kleinen Schritten weitergehen.

Die Burg – fast noch ein Wehrgehöft – stand nicht ohne Grund an der ersten engen Stelle der Ruhr für alle, die vom Rhein her kamen. Hier konnte sowohl der Flusslauf, als auch die Furt des Hellwegs leicht gesperrt werden.

Karls Pferd schnaubte kurz. Unendlich vorsichtig zog er sein Kurzschwert und legte es vor sich über den Sattel. Er schnalzte mit den Lippen und ritt auf das halb geöffnete Holztor zu. Er war bereit. Auch wenn sich hinter den behauenen Baumstämmen und dem Geflecht aus Zweigen, Lehm und Schilf Dutzende von Sachsen versteckt halten sollten, würde er nicht umkehren.

Es war der Augenblick, an dem zusammen mit der Sonne auch

die Vögel und die Tiere des Waldes von einem langen, heißen Tag Abschied nahmen. Noch einmal glühte überall das Licht auf. Liebkosend wie zum Abschied streichelte es mit sanfter roter Wärme über den Uferwald, den kleinen Fluss und die Rindendächer hinter der Palisadenmauer.

Karl konnte sich nicht erinnern, sich jemals zuvor so friedvoll und angespannt zugleich gefühlt zu haben. Er schüttelte kaum merklich den Kopf, zerriss den Frieden und die Schönheit und sagte »Hoh!« zu seinem Pferd und zu sich selbst. Der Tritt des Rosses klang hart und hohl. Aus der einfachen Erdbrücke wurde ein Bohlenweg. Karl griff sein Schwert noch fester und legte seine Beine stramm an den Leib des Pferdes. Er war bereit, wenn sie jetzt mit grölendem Geschrei über ihn herfielen.

Doch dann sah er, dass hier niemand schreien würde, kein Sachse und kein Franke, kein Mann und keine Frau. Nicht einmal die Kinder dort am Boden würden jemals wieder weinen. Karl ritt langsam in den Hof. Er sah nach links, nach rechts und dann erneut zum Haus, aus dem kein Rauch mehr aufstieg. Er blickte auf die nackten Leichen überall am Boden. Die meisten waren grauenhaft verstümmelt. Ihr Blut war noch so frisch und rot, dass sich noch nicht einmal die Fliegen eingefunden hatten.

Sie folgten den Spuren der Mörder bis in die Finsternis der Wälder hinein. Obwohl der Himmel noch lange hell blieb, war unten im Wald und am Fluss schon bald nichts mehr zu sehen.

»Es hat keinen Zweck!«, rief Karl schließlich den anderen zu. »Wir kehren um!«

Noch ehe er losgestürmt war, hatte er befohlen, dass zehn Mann zurückbleiben sollten, um die Toten im völlig verwüsteten Haupthaus der Wehrsiedlung nebeneinander zu betten und mit Tüchern zu bedecken. Und wenn sie nicht genügend Stoff fanden, sollten sie eben ihre Hemden und Kittel zerreißen. Zehn andere Berittene erhielten den Auftrag, noch in der Nacht über den Hellweg zum alten römischen Castrum Novesium am Rhein zu reiten. Dort in der Siedlung Neuss musste inzwischen auch Herzog Folker mit den Fußkriegern angekommen sein.

»Zwölf Männer, sieben Frauen und fünf Kinder«, berichtete Hildebrand, der innerhalb der Wehrsiedlung zurückgeblieben war. Auf dem Platz hinter ihm loderte ein Feuer hoch in den Himmel. »Wir haben uns schon gewundert, warum es nicht mehr sind.«

»Nicht mehr?«, schnaubte Karl und stieg von seinem Pferd. Er übergab es und ging bis zur geöffneten Tür des Hauses. »Sind sie da drin?«

»Ja«, sagte Hildebrand und nickte. »Ich weiß, es ist schrecklich. Aber irgendetwas stimmt an der ganzen Angelegenheit nicht.«

»Wie meinst du das?«

»Es sind die Gesichter«, antwortete Karls Halbbruder. »Viel ist ja nicht mehr zu erkennen, doch wenn du mich fragst, dann ist keiner der hier Erschlagenen ein Franke gewesen …«

»Was soll das heißen?«, fragte Karl. »Dass jetzt die Sachsen bereits ihre eigenen Leute erschlagen?«

»Wir glauben eher, dass es sich bei den Getöteten um Sklaven handelt«, sagte Hildebrand. »Sie sehen aus, als würden sie alle aus den Regionen sehr weit im Osten stammen.«

»Schlimm genug, dass hier ein Massaker stattgefunden hat«, sagte Karl. »Wir werden sie trotzdem begraben, sobald die Fußkrieger und die Priester eingetroffen sind.«

»Das kann bis morgen Abend dauern«, meinte Hildebrand. »Willst du hier so lange warten?«

Karl blieb einen Augenblick bewegungslos stehen.

»Nein«, sagte er dann. »Aber du hast in mir mit deinen Beobachtungen einen furchtbaren Verdacht geweckt: Wo sind dann die Männer und Frauen, die hier gelebt haben? Ich meine die rechtsrheinischen Franken, die Ripuarier …«

Die Flammen des großen Feuers auf dem Uferhügel stiegen hoch in den Himmel hinauf. Funken stoben nach allen Seiten auseinander, und das trockene Holz krachte in der Hitze.

Inzwischen hatten sich auch die anderen um ihn versammelt. »Hört zu!«, rief er. »Bei Jesus Christus, allen Göttern der Germanen und diesem Feuer hier schwöre ich, dass ich sie rächen werde. Ganz gleich, ob sie freie Franken, unfreie Bauern oder Sklaven waren. Jedes Dorf, jede Siedlung, ja, jedes Haus, auf das wir stoßen, soll ebenso brennen wie dieses Feuer hier.«

Die Männer in seinem Gefolge schlugen zustimmend gegen die Schwertscheiden an den Wehrgehängen. Karl wandte sich um, blickte noch einmal auf das zum Totenhaus gewordene Gebäude, dem auch die Palisaden keinen Schutz geboten hatten, und spuckte aus. Er sah, dass Wusing sich neben ihn stellte und schweigend ins Feuer blickte.

»Ist noch was?«, fragte er. Wusing bewegte sich nicht.

»Wenn du sie wirklich treffen willst«, sagte er schließlich so leise, dass nur Karl ihn hören konnte, »wenn du sie wirklich treffen willst, dann kannst du sie nur dort schlagen, wo sie sich zum letzten Vollmond in ihrem Jahreskreis treffen werden.«

»Dazu müsste ich wissen, wo dieser geheime Platz ist«, sagte Karl und lachte trocken. »Aber wie ich die Sachsen kenne, stürzen sie sich eher ins Moor, als einem Fremden zu verraten, wo sich die heiligen Steine und Höhlen befinden.«

»Sie müssen dir diese Plätze nicht verraten«, sagte der Friese, »denn einen davon kenne ich selbst. Und er gehört sogar zu den größten und wichtigsten Heiligtümern der heidnischen Stämme.«

18.

Der Fluch der Externsteine

Sie drangen nicht bis in die südlichen Berge und Wälder vor, sondern ritten fast geradlinig nach Osten. Kaum einer der Franken wusste mehr von der alten Handelsstraße als das, was auf der linken Rheinseite erzählt worden war. Auch Karl kam das gesamte Gebiet viel fremder vor als die steilen Felshänge an den Flüssen der Ardennen.

»Eigentlich müssten wir uns hier viel eher zu Hause fühlen als bei den Neustriern rund um Paris«, sagte er zu Hildebrand und Wusing. Bereits am frühen Mittag erreichten sie das weite Tal der Lippe und folgten jetzt diesem Gewässer flussaufwärts. Der Ritt war leicht, und sie kamen schnell voran. Auch dann, wenn sie auf verlassene Häuser und kleine Gehöfte stießen, hielten sie sich nicht lange auf. Sie raubten und plünderten sie nicht einmal aus, sondern steckten sie sofort in Brand.

Haus um Haus und Hof um Hof ging in Flammen auf. Noch ehe der erste Tag nach dem seltsamen Massaker an der Ruhr zur Neige ging, waren rund zwanzig Rauchsäulen fast senkrecht in den Septemberhimmel aufgestiegen. An keiner Stelle hatten sie Sachsen oder irgendwelche anderen Menschen gesehen. Nicht einmal Händler und Vagabunden, wandernde Gaukler oder das diebische Gesindel, das sich sonst an jeder der großen Straßen im Frankenreich aufhielt und von ihr lebte, waren hier in den Sachsengauen zu sehen.

»Sie kämpfen nicht«, sagte Karl zu Hildebrand und Wusing, »lassen sich nicht sehen und unternehmen nicht einmal den Versuch, uns aufzuhalten. Sind sie nun klug oder nur feige?«

»Ich halte einen ganz anderen Grund für wahrscheinlicher«, sagte Wusing. »Es sind nur noch zwei Nächte bis Vollmond. Ihr Christen im Rheinland gehört seit Jahrhunderten zu den Getauften. Was wisst ihr denn noch von den Initiationsriten, den Opfervorschriften und den Versammlungen der Eingeweihten? Was weißt du, Karl, von Erd- und Moorgeistern, von Nymphen und Feen und von den Kräften des Feuers, das den Kopf und die Herzen reinigt?«

»Meinst du etwa, dass den Menschen hier ihre Zeremonien wichtiger sind als die Häuser?«

»Genau so wird es sein«, meinte Hildebrand. »Ich war ja schon immer der Meinung, dass gute Legenden und ein starker Glaube mehr bewirken können als der Arm, der das Schwert führt.«

»Dann solltest du Mönch bei Willibrord werden«, sagte Karl. »Ich habe nichts gegen die Evangelien oder das Wirken der Missionare, aber solange die Edlen und das Volk Austriens auf mich hören müssen, sollten sich alle daran gewöhnen, dass mir das Sichtbare wichtiger ist als alles Unsichtbare ...«

Sie erreichten den Zufluss der Aase in die Lippe und wollten bereits lagern, als einer der Männer aus dem Gefolge von Karl bis zur Spitzengruppe aufrückte.

»Wenn wir der Aase ein Stück flussauf folgen, können wir unser Lager unweit von Soest bereits an einem heiligen Ort der Sachsen aufschlagen«, meinte er, »an einem Opferplatz mit neun nie versiegenden Quellen ...«

»Das klingt interessant«, sagte Karl. »Weißt du noch mehr?«

»Die Sachsen nennen den Platz Ardey«, meinte der Franke.

»Und die neun nie versiegenden Quellen bilden zusammen einen kleinen Teich, vom dem es heißt, dass er eine Badestelle für die Götter ist. Denn ganz gleich, was auch geschieht – das Wasser dieses Teiches bleibt immer kristallklar.«

»Dann werden wir uns die seltsamen Quellen einmal genauer ansehen«, lächelte Karl. Sie ritten weiter, und es dauerte doch etwas länger als eine halbe Stunde, ehe sie den alten germanischen Opferplatz erreichten. Karl führte sein Pferd bis zum Ende einer kleinen Landzunge, die weit in den Teich hinein reichte. Im letzten Abendlicht erkannte er, wie sich der Himmel im leise wallenden Quellwasser spiegelte. Der Teich der neun nie versiegenden Quellen war tatsächlich so klar, dass er und die Männer bis in Tiefen hinab blicken konnten, die nie zu enden schienen.

»Siehst du die Eichenpfähle dort vorn?«, fragte der Franke, der bereits mit Pippin an derselben Stelle gestanden hatte. Karl nickte.

»Ist das der Opferplatz?«, fragte er.

Wie zur Bestätigung stieg eine gewaltige schillernde Kugel aus den Tiefen des Teiches auf. Sie war größer als ein Weinfass und erinnerte die Männer an glitzernde Schwimmblasen von Fischen. Wie gebannt starrten sie alle auf das eigenartige Gebilde, das dicht unter der Wasseroberfläche kurz innehielt.

»Was ist das?«, keuchte Hildebrand und bekreuzigte sich.

Im selben Augenblick platzte die Luftblase, Teichwasser spritzte nach allen Seiten und ließ die Pferde scheuen. Mehrere der Tiere stiegen auf ihre Hinterhufe. Drei von ihnen warfen die Reiter ab. Ganz so, als hätten unsichtbare feindliche Dämonen endlich den Mut gefunden, gegen die Reiter um Karl zu protestieren, reichte bereits das Blubbern eines Teiches, um Menschen und Tiere zu verwirren.

»Die Sachsen kennen sich hier aus«, bemerkte Wusing. »Vergiss nicht, dass hier der Süntel beginnt, wie die gesamte Bergkette an der Weser bis nach Osnabrück oder auch Asenbrücke hier häufig genannt wird. Andere sagen deshalb auch Osning, weil es schon bei den alten Germanen hieß, dass alle Berge hier den Asen-Göttern gehörten.«

»Ja – und die Kobolde wohnen noch immer in den Heißluftschächten römischer Thermen«, knurrte Karl unwillig.

»Die ganze Gegend bis zur Weser hin ist dicht gespickt mit heiligen Orten«, sagte Wusing. »Und so, wie ich die Sache sehe, dringen wir hier zum denkbar schlechtesten Zeitpunkt ein.«

»Du meinst, wegen der Neujahrsfeste?«, fragte Karl.

»Vergiss nicht, dass hier seit Jahrtausenden Götter und Geister und eine Unzahl von Dämonen hausen«, warnte Wusing erneut.

»Was also schlägst du vor?«, fragte Karl. Er hatte längst begriffen, dass ihn der Friese mit allem Nachdruck warnen wollte. Offensichtlich war Wusing aber nicht bereit, alles zu sagen, was er wusste.

»Es gibt genügend Gehöfte hier und ein wenig weiter im Norden, in denen ihr Beute finden werdet, soviel ihr wollt«, sagte Wusing. Karl sah ihn lange an. Dann ging er auf ihn zu, legte den Arm um seine Schulter und führte ihn einige Schritte von den anderen weg.

»Was willst du wirklich?«, fragte er leise.

»Du weißt nicht, worauf du dich einlässt, Karl«, antwortete der Friese nach langem Zögern. »Ich wollte es dir eigentlich nicht sagen. Aber die Sachsen sind in diesen Tagen und Nächten keine Feinde und Gegner mehr, mit denen du es aufnehmen könntest.«

»Hoho!«, erwiderte Karl und richtete sich auf. »Das sagst du, der du mich doch ganz genau kennst?«

»Ja, das sage ich«, entgegnete Wusing. »In diesen heiligen Vollmondnächten werden die Männer zu Wölfen. Sie berauschen sich derart mit Bier, Met und giftigem Kräutersud, dass sie sämtliche Kräfte der Ahnen in ihren Gliedern spüren. Und wenn sie erst einmal um die heiligen Feuer tanzen, fühlt sich jeder Knabe mit einem Knüppel oder Messer in der Hand stärker als jeder noch so mächtig gepanzerte Frankenreiter.«

Obwohl Karl wusste, dass es eigentlich unnötig war, teilte er am nächsten Tag alle Fußkrieger in Gruppen zwischen achtzig und hundert Mann ein.

»Es hat keinen Zweck, wenn wir uns wie ein Lindwurm durch die engen Täler bis zur Weser quälen«, sagte er.

»Aber genau das war auch der Fehler, den auch die Römer vor siebenhundert Jahren gemacht haben«, warnte Hildebrand. »Varus hätte niemals gegen die Germanen verloren, wenn er seine fast zwanzigtausend Legionäre dicht und stark beieinander gelassen hätte. Sein Fehler war, nach allem, was wir wissen, dass die Legionen mehr als einen Marschtag weit auseinander gezogen zurück in Richtung Köln marschiert sind. Auf diese Weise wurden sie zu leichten Opfern für die Männer des Arminius, die nur an engen Stellen, an Hohlwegen und Pässen hinter Felsen warten mussten, bis wieder eine Gruppe Römer in der Falle steckte ...«

»Möglicherweise hast du Recht«, gab Karl ohne zu zögern zu. »Aber wir machen es jetzt so, wie ich es befohlen habe.«

Einige der Männer aus seinem engeren Gefolge schüttelten kaum merklich den Kopf. Sie hatten längst mitbekommen, wie stark die Differenzen zwischen Karl und Wusing waren. Der Friese hatte Karl mehrmals angesprochen und trotz aller Bitten nur erreicht, dass drei Bereiche zwischen den Paderquellen und dem Weserbogen im Osten ausgeklammert bleiben sollten: zum einen die schon legendären Felsklippen der Externsteine, die wie riesige Drachenzähne kirchturmhoch aus dem Boden ragten, zum anderen die Ringwälle der alten germanischen Grotenburg, von denen aus ein weiter Blick über das gesamte umliegende Bergland möglich war. Und zum dritten jene Erdfälle wenige Meilen vor der Weser, die unter Bäumen und Büschen versteckt wie offene Fallgruben oder riesige Trichter tief in die Erde hineinführten.

»Wir müssen diese Höllenschlünde auf jeden Fall umgehen«, warnte Wusing ein allerletztes Mal. »Wenn wir die Sachsen in den Wäldern angreifen oder sie uns bis zu diesen großen Gruben drängen können, stürzen wir mit Mann und Ross hinab und sind schneller weg als in jedem Moor.«

Karl, der sich eigentlich nicht mehr überreden lassen wollte, hörte sich an, was die anderen Edlen in seiner Begleitung zu sagen hatten. Sie waren alle damit einverstanden, bis zum Westufer der Weser vorzudringen. Aber danach wollten sie nicht mehr zurück zu den Plätzen, die den Sachsen heilig waren.

»Wir bei uns in Schottland fürchten uns vor nichts und niemandem«, behauptete der Prediger, der sich Clemens nannte. »Ich kann auch dann noch mit den Sachsen reden, wenn sie im Vollrausch um die Feuer tanzen.«

»Da seht ihr wieder einmal, wie ahnungslos dieser Quacksalber ist!«, rief augenblicklich Adelbert, der andere betrügerische Prediger, der von Karl geduldet wurde, weil er im Moment keine besseren Kirchenmänner hatte. »Ich habe niemals Sachsen um ein Feuer tanzen sehen.«

»Dann bringen wir ihnen eben bei, wie sie bei Vollmond tanzen müssen«, rief der rothaarige Mönch mit Piktenblut in seinen Adern. »Und so wie die saufen die Männer in den Hochlanden nördlich des Hadrianswalls schon seit Jahrhunderten.«

»Ich schicke euch gebündelt und mit abgeschnittenen Zungen zu den Sachsen, wenn ihr nicht endlich Ruhe gebt«, fuhr Karl dazwischen. »Bis morgen Abend will ich alle an der Weser sehen, auch wenn ihr euch jetzt Blasen an die Füße lauft.«

Zum ersten Mal nach einem langen Sommer war eine Nacht kühl, fast schon kalt gewesen. Karls kleines Heer hatte ohne irgendwelche Verluste den großen Flussbogen erreicht, den sich die Weser vor ihrem Durchbruch ins Tiefland an der Porta Westfalica geschaffen hatte. Auf den letzten Höhenkuppen vor dem meilenweit ausgedehnten Flusstal kamen ihm diejenigen entgegen, die er vorsichtshalber vorausgeschickt hatte.

»Nichts«, berichteten ihm die jungen Adligen, denen die schnellen Ritte großes Vergnügen bereiteten. »Weder unten am Fluss, noch auf den Hügeln in der Mitte der Schleife oder auf der anderen Seite dort drüben, wo die Weser durch die Berge schneidet.«

»Aber sie können doch nicht alle in irgendwelchen Höhlen hocken!«, schnaubte Karl ärgerlich. »Wo sind sie, die wütenden Sachsen, die uns in Köln ständig in Angst und Schrecken versetzt haben? Hat irgendeiner von euch auch nur einen Mann, ein Weib oder ein Kind gesehen?«

Die Männer um ihn herum saßen auf ihren Pferden und schüttelten alle gleichzeitig den Kopf. Sie sahen, wie sich unten am Fluss in den flachen Ausschwemmungen der inneren Biegung nach und nach auch jene Männer zusammenfanden, die als Fußkrieger den anstrengenden Marsch vom Rhein bis zur Weser überstanden hatten. Kurz darauf kam auch Folker den Berghang hinaufgeritten.

»Habt ihr irgendetwas gesehen?«, fragte Karl sofort.

»Nichts«, berichtete Folker. »Absolut nichts. Und ich weiß nicht einmal, wofür und wogegen du mich eigentlich als Herzog hierher mitgenommen hast. Ich hätte ebenso gut im Rhein schwimmen können und dabei wahrscheinlich noch wesentlich mehr Sachsen gesehen als hier.«

»Aber ich schwöre euch, dass sie da sind!«, warf Wusing ein. »Und wenn ich der Einzige bin, der sie hört, fühlt und riecht – sie sind da, hinter den Bäumen, im Gebüsch an den Bergen und an den Ufern der Bäche. Ich weiß es und verpfände meine letzten Silbermünzen darauf.«

»Behalt deine Sceattas«, lachte Karl trocken. Sie saßen für eine Weile ab, lehnten sich mit dem Rücken an Felsbrocken, die wie Findlinge aussahen, und blickten zur mindestens zwei Meilen entfernten, tief unter ihnen liegenden Weser. Herzog Folker sah, wohin Karl blickte.

»Der Bergrücken jenseits der Weser ist der letzte vor dem flachen Land«, sagte er. »Ich weiß, dass die Berge hier schwierig und gefährlich sind. Aber mir graut bei dem Gedanken, dass jemals irgendein Franke in den Wäldern des flachen Landes dahinter kämpfen muss. Das alles soll so endlos sein, dass es sich tagelang nicht ändert – solange nicht, bis du dich endgültig verirrt hast oder an der Küste der Nordsee die Wesermündung erreichst.«

»Macht Beute«, sagte Karl unvermittelt. »Steckt jedes Haus an, verwüstet die Gärten, räumt alle Scheunen aus und treibt das Vieh vor euch her. Vielleicht hat der Allmächtige absichtlich die Sachsen vor uns versteckt. Und vielleicht meint er, dass es bereits genügt, wenn wir die Anwesen verheeren und sie damit für ein oder zwei Jahre gewaltsam zum Frieden zwingen.«

»Und du selbst?«, fragte Folker. »Was hast du vor?«

»Ich«, wiederholte Karl nachdenklich, »ich werde noch eine Weile suchen und denke, dass mir dafür hundert von unseren besten Reitern ausreichen.«

Folker blickte Karl lange und prüfend an. Er kannte ihn gut genug und wusste, dass Karl nicht alles gesagt hatte.

»Lass unseren beiden Mönchen ebenfalls Pferde bringen«, sagte Karl dann. »Sie sollen mit mir reiten.«

»Und wohin willst du?«, fragte Folker. »Oder ist das jetzt wieder ein Geheimnis?«

»Nein«, antwortete Karl und lächelte, »aber ich gebe diejenigen nicht auf, die von den Sachsen verschleppt worden sind.

Denn wenn ich Recht mit dem habe, was mir bereits seit Tagen durch den Kopf geht, dann muss doch noch eine Schlacht geschlagen und ein Sieg errungen werden. Aber ganz anders, als wir es bisher gewohnt sind.«

Herzog Folker schob die Lippen vor. Er kniff die Augen ein wenig zusammen, dann fragte er: »Und du brauchst wirklich keine Hilfe? Jemanden, auf den du dich blind verlassen könntest?«

»Ich nehme Hildebrand und Wusing mit«, sagte Karl. »Und sieh dir die anderen Männer hier an: gibt es irgendwo in der Francia bessere als diese?«

»Mit Sicherheit nicht«, bestätigte Folker. »Aber du solltest bei allem, was du jetzt vorhast, niemals vergessen, dass es Dinge zwischen Himmel und Erde gibt, die niemand von uns verstehen kann.«

»Ich fürchte mich nicht – auch nicht vor heulenden, reißenden Wölfen bei Vollmond.«

»Heute Nacht wird Vollmond sein«, sagte Wusing unvermittelt.

»Ich weiß«, meinte Karl, »und deshalb reiten wir jetzt zurück – zu den Externsteinen…«

Der kleine Trupp von Männern bewegte sich so vorsichtig wie irgend möglich durch die Dunkelheit des Waldes. Die Nacht war kalt und sternenklar. Nur auf den Ardennenhöhen hatte Karl ähnlich kühle Übergänge vom Septembermonat in den Oktober erlebt. Ohne die Pferde kamen sie nur sehr langsam voran. Karl hatte die Tiere und den größten Teil seiner Berittenen in einer kleinen geschützten Talmulde des Baches zurückgelassen, von dem Wusing behauptete, dass er sowohl Wimbeke als auch Lichthäupte genannt wurde.

Obwohl es am Bach einfacher gewesen wäre, hatte Karl befohlen, dass sie sich durch den Wald auf die fünf Externsteine zubewegten. Das Licht des Vollmonds brach nur an wenigen Stellen durch das dichte Blätterdach der Buchen und Eichen. Dann aber hüllte es die Büsche und den Waldboden um sie herum wie mit einem Heiligenschein ein. Karl und die Männer vermieden alle hellen Stellen. Sie blieben weiterhin in der unheimlichen Finsternis, die gerade noch erkennen ließ, wo die Stämme der großen Bäume standen.

Karl und sein Dutzend ausgesuchter Männer waren nur mit Messern, Wurfäxten und Kurzschwertern bewaffnet. Nur zwei von ihnen hatten nicht einmal diese Waffen mitgenommen: Die beiden selbst ernannten Mönche Adelbert und Clemens taumelten eher, als dass sie gingen, zwischen den anderen entlang. Beide verfluchten sie den Tag, an dem sie es gewagt hatten, nach Köln zu wandern.

Karl und sein Gefolge gingen jetzt nicht mehr davon aus, dass die Entführten irgendwo auf einer Volksburg der Westfalen oder Engern versteckt worden waren. Nein – alle Umstände des Überfalls und der zunehmende Mond deuteten darauf hin, dass die Sachsen etwas ganz anderes vorhatten …

Noch ehe sie die Elsterfelsen mitten im Wald sehen konnten, hörten sie plötzlich seltsame melodische Töne. Karl zischte leise durch die Zähne. Für einen kurzen Moment lauschten er und die Männer auf eine Art Sprechgesang, in den sich hin und wieder auch hellere Frauenstimmen mischten. Sie gingen weiter und achteten noch mehr darauf, dass sie nicht in die vom Licht des vollen Mondes erhellten Stellen im Wald gerieten. Und dann veränderten sich allmählich die Kanten an den Baumschatten direkt vor ihnen. Sie wurden gelblich und ganz langsam heller.

»Passt auf, dass ihr nicht in den Feuerschein geratet«, flüsterte Karl noch einmal. Dann drehte er sich um und rief die beiden falschen Mönche zu sich.

»Ich hoffe, ihr habt nicht vergessen, dass ich euch vor ein Bischofsgericht stellen lasse«, sagte er leise. »Ihr kommt nur heil aus dieser Sache, wenn ihr genau das tut, was ich euch befohlen habe.«

»Heil ist gut«, sagte der Schotte rau. »Ich spüre jetzt schon alles gleichzeitig – den Strick um meinen Hals, das Schwert in meinem Nacken und den Giftbecher an meinen Lippen.«

Karl schnalzte kurz mit der Zunge. Der Mann, der sich jetzt Clemens nannte, verstummte. Auch von den anderen sagte niemand mehr ein Wort.

Schritt für Schritt tasteten sie sich weiter vor. Mit ihren Füßen prüften sie den Boden, vermieden Äste oder Eicheln, deren Knacken sie verraten könnte. Keiner der Männer machte sich irgendetwas vor: Die Sachsen an den Externsteinen wussten mit Sicherheit schon lange, dass die Franken das Gebiet der Engern und der heiligen Wälder erreicht hatten. Trotzdem baute Karl voll und ganz darauf, dass sich die Beobachter der Sachsen täuschen ließen.

Herzog Folker hatte den Befehl erhalten, so viel Lärm wie irgend möglich zu veranstalten. Er und seine vielen hundert Fußkrieger waren bereits am frühen Morgen vom Weserbogen aufgebrochen. Sie sollten an den sächsischen Gehöften und den kleineren Dörfern rund um Enger nach Westen ziehen, bis sie wieder am Osning waren. Doch diesmal sollten sie nicht plündern, brandschatzen oder Sachsen jagen, sondern eher wie ein schnelles Geisterheer der Ahnen alle Aufmerksamkeit auf sich lenken.

Karl wusste ebenso wie alle anderen, dass die Sachsen keinen König hatten. Auch ihre Gaue waren keine Grafschaften, und ihre Krieger wählten nur zu großen Zügen Anführer zu Herzögen. Genau auf dieser Schwäche baute Karls Plan auf.

Der Gesang aus vielen Männerstimmen wurde immer lauter. Schon sahen sie die Flammen, die bis zur halben Höhe der fünf eigenartigen Felskuppen mitten im Wald aufloderten. Sie spiegelten sich in einer großen dunklen Wasserfläche, die teilweise bis an die Bäume des Waldes heranreichte.

Auf der anderen Seite des Wassers hatten sich Hunderte von Sachsen versammelt. Karl erkannte schwerbewaffnete Krieger und dazwischen Frauen und junge Mädchen, die ihre schönsten Kleider und ihren gesamten Schmuck angelegt hatten. Einige von ihnen bewegten sich ganz langsam in mehreren Kreisen umeinander.

Ein größerer Kreis von Männern in hellen, ohne Gürtel von den Schultern herabfallenden Gewändern bewegte sich mit seltsam gemessenen, absichtlich langsamen Schritten auf ein großes Feuer in der Mitte zu.

»Siehst du die Gruppe rechts am zweiten Stein?«, flüsterte Karl Wusing zu.

»Ja, Karl, das könnten unsere Franken von der Ruhr sein.«

Urplötzlich verstummte der Gesang. Die Tanzenden hielten inne. Dann traten andere hinter den Felsklippen im Wald hervor. Jeweils zwei von ihnen trugen von allem Fleisch befreite und weiß gekochte Pferdeköpfe. Nacheinander steckten sie die Pferdeköpfe auf Stangen, die bereits zwischen den Felsen aufgestellt worden waren. Es war jetzt so still, dass Karl und seine Männer die lauten Stimmen der anderen durch das Knacken der Feuer hören konnten.

»Ich setze den ersten reinen Pferdekopf auf diese Schimpfstange«, rief der Erste, »und richte ihn gegen die Franken im Westen!«

»Ich setze den zweiten reinen Pferdekopf auf diese Schimpfstange«, rief der Zweite, »und drehe ihn einmal im Kreis, auf alle Feinde, auf dass sie sich in unseren Wäldern verirren und nie mehr in ihre Heimat finden!«

»Und ich setze den dritten reinen Pferdekopf auf diese Schimpfstange«, rief der Dritte, »und richte ihn gegen Karl, den Sohn von Majordomus Pippin!«

Auch er drehte seinen Pferdekopf. Im selben Augenblick lief es den Männern um Karl kalt den Rücken herunter. Der weißgebleichte Schädel zeigte über den kleinen Teich genau auf die Stelle, an der sie sich verborgen hielten.

»Siehst du das?«, flüsterte Wusing. Karl zuckte zusammen. Er nickte wortlos.

»Und jetzt schneiden sie die gleichen Schimpfworte als Runenzeichen in die Schimpfstangen«, flüsterte Wusing. »Das macht den Schimpf zum Fluch!«

Er wirkte so fasziniert, als hätte er bereits vergessen, warum sie hier waren. Es blieb vollkommen still, während die Kundigen auf der anderen Seite der hell erleuchteten Wasserfläche im nächtlichen Wald ihre Schriftzeichen in die Stangen schnitzten.

»Was kommt nun?«, fragte Karl.

»Jetzt müssen die Runenzeichen mit Blut getränkt werden, damit sie zusätzlich als Zauber wirksam werden«, erklärte der Friese, »ganz genau so, wie du es befürchtet hast.«

Und dann sahen sie es: Zehn, fünfzehn, nein zwanzig Männer wurden mit gefesselten Händen und verbundenen Augen in den Lichtschein des großen Feuers an den Felsklippen geführt. Sie waren allesamt barfuß und trugen nur sackartige, ungefärbte Leinengewänder, die wie grobe, ärmellose Hemden aussahen.

»Ja, das müssen sie sein!«, stieß Karl hervor. »Die Unglücklichen von der Ruhr!«

Er hob den linken Arm, sah sich kurz um und gab das vereinbarte Zeichen. Im selben Augenblick stöhnte Wusing auf. »Was hast du?«, fragte Karl schnell.

»Mein Sohn!«, presste der alte Friese mühsam hervor. »Mein jüngster Sohn Thiatgrim!«

»Unter den Opfern und Gefangenen?«

»Nein«, stöhnte Wusing, »bei den Sachsen.«

Damit hatte niemand gerechnet! Karl stand für einen Moment wie vom Donner gerührt am Rand des heiligen Hains. Nichts, aber auch gar nichts hätte in diesem Augenblick schlimmer sein können als Wusings Eröffnung, dass sein eigener Sohn allem Anschein nach an dem heimtückischen Überfall der Sachsen beteiligt gewesen war.

»Bist du sicher?«, stieß Karl schließlich hervor. »Wirklich ganz sicher?«

»Und wenn ich mich hier vor deinen Augen in mein Schwert stürze, würde auch das nichts davon wieder gutmachen«, antwortete Wusing tonlos. Plötzlich hatte Karl Mitleid mit dem Älteren. Er ging zwei, drei Schritte auf ihn zu und legte seinen Arm um Wusings Schultern.

»Du bleibst zurück!«, sagte er. Seine Stimme klang rau. »Ich verlange nicht von dir, dass du an meiner Seite das Schwert gegen dein eigen Fleisch und Blut erhebst…«

Karl drehte sich abrupt um und schritt ohne große Vorsicht zu den beiden falschen Priestern.

»So, meine Herren«, sagte er hart und bestimmt zu ihnen. »Jetzt beweist, dass ihr mehr könnt als betteln oder stehlen. Gott der Herr wird euch sämtliche Lügen und alle Betrügereien vergeben, wenn ihr jetzt das Spiel eures Lebens spielt.«

Während der Mann aus Toxandrien zappelig von einem Bein auf das andere trat, stand der rothaarige Schotte ein wenig schräg nach vorn geneigt bewegungslos neben einem Baum. Er hatte das Gesicht verzogen, als würde er grinsen, doch seine zu schmalen Schlitzen zusammengezogenen Augen ließen auch im schwach über den Teich leuchtenden Feuerschein erkennen, wie angestrengt er sich konzentrierte.

»Ich hasse die Flachländer«, stieß er schließlich hervor. »Ich hasse sie so sehr, dass ich jetzt weiß, wie ich sie überrumpeln kann…«

Clemens, der Schotte setzte sich wie eine lebende Vogelscheuche mit langen staksigen Schritten in Bewegung. Ohne zu zögern, ging er zum Uferrand der Wasserfläche. Sie spiegelte das große Feuer, die farbigen Schatten der Versammelten und die hohen, sehr schmalen und an den Seiten ausgezackten Felsklippen wider. Eine unwirkliche und schon fast übernatürliche Kraft ging von dem Scharlatan aus, der von der britischen Insel gekommen war, um fränkischen Bischöfen und Äbten und den aufrechten irischen Mönchen durch Lug und Trug ihre Anhänger abspenstig zu machen.

Für einen Moment zweifelte Karl daran, ob wirklich gelingen könnte, was sie sich ausgedacht hatten. Es war so hanebüchen und absurd, dass er unter normalen Bedingungen keinen Augenblick daran geglaubt hätte, auf diese Weise die heiligen Handlungen der Sachsen stören zu können. Es war Hildebrand gewesen, der am vergangenen Abend eher beiläufig das hölzerne Pferd erwähnt hatte, durch das Odysseus mit einer Hand voll Krieger die zuvor unbesiegbare Stadt Troja eingenommen hatte.

»Das war eine List, aber kein Betrug«, hatte Clemens daraufhin gesagt. »Außerdem hat Odysseus nur Gleiches mit Gleichem bekämpft, wie es seit Urzeiten alle Schamanen und Kräuterkundigen bei Krankheiten des Körpers und der Seele tun.«

Es war diese Äußerung des falschen Priesters gewesen, die Karl darauf gebracht hatte, wie sie auch ohne eine große Schlacht den Kampf um das Leben der geraubten Franken aufnehmen könnten.

»Sie sind bei ihrem Götterdienst so sehr auf die Kraft von heiligen Zeremonien eingestellt, dass sie wahrscheinlich zu reißenden Wölfen werden, wenn irgendjemand sie dabei stört. Doch was passiert, Männer«, hatte er gesagt, »was passiert, wenn wir an genau dieser Stelle weiterdenken? Wenn wir Heiliges zu Heiligem tun… einfach noch besser sind… mutiger… furchtloser… wenn wir das Kreuz genau in den Zauberkreis tragen, von dem sie sich Kraft, Schutz und Sicherheit erhoffen?«

Keiner von ihnen hatte Karls Frage beantworten können. Doch dann war es wiederum Hildebrand gewesen, der daran erinnert hatte, wie die ersten christlichen Mönche und Missionare ins Reich der Franken und Friesen und zu den Sachsen gekommen waren: »Sie konnten nur deshalb bekehren und taufen, weil sie keine Legionen von Bewaffneten, keine Äxte schwingenden Horden und keine Schwerter klirrenden Reiter bei sich hatten. Sie hatten nur den Mut und den Glauben. Und diese Waffen waren oft stärker als alles andere.«

Sie gingen zu fünft am Rand des Teiches entlang – allen voran Clemens, der rothaarige Schotte. Er hatte es plötzlich sehr eilig und schien nicht erwarten zu können, unter die Sachsen zu kommen. Ihm folgte mit einigen Schritten Abstand Adelbert, der Mann von der unteren Maas. Er stieß merkwürdig glucksende Laute aus. Es hörte sich an, als würde er zugleich lachen und weinen. Und dann kam schon Karl. Sein ganzer Plan setzte auf Überraschung. Seit Jahrzehnten hatten die Sachsen wieder und wieder mutige Priester gesehen. Aus diesem Grund reichte es nicht, wenn Adelbert und Clemens allein die Zeremonie störten. Erst wenn unmittelbar hinter ihnen Karl als der neue starke Mann der Franken ohne großen Geleitschutz auftauchte, würden die Sachsen begreifen, dass etwas Ungewöhnliches, Unglaubliches und absolut Einmaliges geschah …

Der Sprechgesang der Sachsen verstummte. Alle Bewegungen froren ein. Es war, als hätten sie alle gleichzeitig aus einem großen, unsichtbaren Giftbecher getrunken. Noch nie zuvor hatte Karl eine eben noch betende, murmelnde Menschenmenge so schnell erstarren sehen. Nur aus dem großen Feuer direkt vor den Felsenklippen der Externsteine schossen die Flammen in diesem Augenblick bis fast vor die Spitzen des Waldheiligtums hinauf. Sehr weit oben verbanden zwei hölzerne Brücken die beiden größten Steine. An einer langen waagerechten Stange hing ein Behälter, aus dem sich neues bläuliches Feuer in die gelben und roten Flammen ergoss.

»Gelobt sei Jesus Christus!«, brüllte der Schotte und streckte die Hand aus, in der er sein kleines, mit Goldblech beschlagenes Kreuz gegen die Männer an den gebleichten Pferdeköpfen hielt.

Jetzt wurde auch Adelbert in seiner Verzweiflung mutiger. Was Clemens konnte, das konnte er schon lange! Er stolperte auf die Pferdeköpfe zu und trat wie närrisch gegen die runenbedeckten Schimpfpfähle. Die beiden Ersten kippten sofort um. Nur der Dritte schien aus besserem, härterem Holz zu sein. Es war derjenige, dessen weißgebleichter Pferdekopf den Schimpf und Fluch gegen Karl in sich trug.

Im selben Augenblick wusste Karl, was er jetzt zu tun hatte. Er schob Adelbert zur Seite, griff mit beiden Händen den Pferdeschädel, hob ihn hoch über seinen Kopf, drehte sich einmal nach links, dann nach rechts und schritt auf das Feuer zu. Ein tiefes Aufstöhnen ging durch die Menge. Die Männer und Frauen der Sachsen waren so verwirrt und benommen und so entsetzt über den furchtbaren Frevel der Franken, dass sie weder den Mut noch die Kraft hatten, sich gegen das Versagen ihrer alten Götter aufzulehnen.

Mit einem lauten, tief aus seiner Brust kommendem Aufschrei warf Karl den weißen Pferdeschädel in die Flammen. Die Sachsen erwachten aus ihrer Starre, schrien nun ihrerseits, rissen sich vom Anblick des schrecklichen Geschehens los und flohen in den rettenden Schutz des Waldes.

Schlimm genug, dass die heiligen Pferdeschädel entweiht worden waren. Schlimmer noch, dass der erste der austrischen Franken mit eigener Hand den gegen ihn gerichteten Schimpf zerstört hatte. Aber am schlimmsten war, dass der volle Mond über den Externsteinen all dies gesehen hatte.

19.

Die Belagerung von Soissons

Schrecklicher hätte für die Sachsen zwischen dem Osning und dem großen Weserbogen das Jahr nicht zu Ende gehen können. Und auch ein anderer wurde in den folgenden Tagen und Wochen nicht mehr froh. Zu sehr schämte sich Wusing, der Friese für das verächtliche Handeln seines jüngsten Sohnes.

Karl und das Heer waren wenige Tage nach den Ereignissen an den Externsteinen wieder zum Rhein zurückgezogen. Sie waren sich sicher, dass die Sachsen in diesem für sie so schlecht begonnenen Jahr keine weiteren Überfülle wagen würden.

Für den Rest des Jahres kümmerte sich Karl um die Verwaltung Austriens. Es waren merkwürdige Wochen und Monate. Schon kurz nach dem Fest des heiligen Martin fiel der erste Schnee. Wenige Tage später erfuhr Karl, dass ihm erneut ein Sohn geboren worden war. Er freute sich darüber, und obwohl er diesen Nachkommen, den er mit Ruodheid in den Zülpicher Thermen gezeugt hatte, nicht anerkennen musste, tat er es dennoch und bestimmte auch gleich, dass dieser Sohn Remigius heißen sollte, nach dem Bischof, der zweihundertzwanzig Jahre zuvor nach der Schlacht von Zülpich Tausende von Franken getauft hatte.

Der Schnee blieb über Weihnachten liegen und türmte sich

auch im folgenden Januar noch höher auf. Das Reisen und Herumziehen von einer Pfalz und einem Ort zum anderen wurde dadurch nahezu unmöglich. Karl hatte nichts dagegen, mit seiner Familie über Weihnachten in Köln zu bleiben.

Nur einmal ritt er zusammen mit Rotbert nach Heristal und von dort aus über nun fast unpassierbare Bergpfade hinauf zum Ziegenberg. Hier verbrachte er einige Tage mit den Priestern, bei denen sich der König des östlichen Frankenreiches am wohlsten fühlte. Chlothar stellte keinerlei Ansprüche. Er forderte nichts und bat Karl darum, dass er bis zum nächsten Märzfeld nicht in Köln, sondern weiterhin auf dem Ziegenberg bleiben durfte. Es fiel Karl leicht, diesen Wunsch seines Merowingerkönigs zu erfüllen. Wichtig war nur, dass Chlothar immer dann gesehen wurde, wenn viele Menschen aus allen Teilen des Reiches zusammenkamen. Eher aus Freundlichkeit und Sympathie für den bescheidenen König als aus Notwendigkeit berichtete Karl, was sich während des Jahres zugetragen hatte und was er im nächsten Jahr zu unternehmen beabsichtigte.

»Wir wissen alle, dass die Zeit unserer Familie abgelaufen ist«, sagte Chlothar IV. am zweiten Abend. Zusammen mit den Priestern nahmen er, Karl und einige seiner Begleiter ein bescheidenes Abendessen zu sich. Sie tranken heißen, gesüßten und mit Pfeffer gewürzten Wein, für den die Mönche sogar ein wenig Zimt und Kardamom hervorgeholt hatten.

»Die meisten von uns Merowingern haben sich eher als Hohepriester denn als Könige und Heerführer gefühlt«, meinte Chlothar schließlich. »Aber die Zeiten ändern sich, und wir haben nicht mehr die Kraft, allein durch das heilige Blut in unseren Adern ein ganzes Reich zusammenzuhalten.«

»Was wird geschehen?«, fragte einer der Priester vom Ziegenberg.

»Ich weiß es nicht«, antwortete Chlothar. »Möglicherweise entsteht in Neustrien oder in Austrien schon bald ein neues

Königsgeschlecht, das nach deinen Vorfahren Arnulfinger, Pippine oder nach dir, Karl, vielleicht sogar Karolinger genannt wird …«

»Auf keinen Fall!«, protestierte Karl sofort. »Nicht mit mir! Ich will gern Majordomus sein. Aber es reizt mich nicht, eine der kostbaren Frankenkronen zu tragen.«

»Was hast du dagegen?«, fragte Chlothar interessiert. Karl lächelte. »Ich sitze nun einmal viel lieber auf einem guten Pferd als in einem strohgefüllten Ochsenkarren.«

Die Männer lachten, verstummten aber gleich wieder, als sie bemerkten, dass Chlothar nicht über Karls Scherz lachen konnte.

»Ich bin ein König wie eine Monstranz«, sagte er leise. »Alles an mir ist heilig und schon fast überirdisch in seinem Wert und seiner Wirkung. Aber ich bin doch nur der sichtbare Überrest von etwas, das vor mir gewesen ist. Ich bin ein Symbol, versteht ihr? Was durch mich bewirkt wird, liegt ausschließlich an jenen, die mich wie den halben Martinsmantel mit sich führen.«

Karl verstand, was der König meinte. Ohne dass er es deutlich aussprach, bewunderte er diesen bescheidenen Mann, über den er und sein Gefolge kaum sprachen und so gut wie nie nachgedacht hatten.

»Erlaubst du, dass ich dir einen Rat als König gebe?«, fragte Chlothar IV. Karl nickte. Er war noch immer erstaunt über die Klarheit und Offenheit dieses Merowingers.

»Wenn du das Reich der Franken wieder zu neuer Größe führen willst, musst du zuallererst dafür sorgen, dass es nur einen gemeinsamen König gibt«, sagte Chlothar.

»Wir haben dich«, sagte Karl, »und Chilperich II. gehört zu den unterlegenen Neustriern.«

»Du hast mich nicht ganz verstanden, Karl«, sagte Chlothar. »Du brauchst einen König der Hauptlinie und nicht aus einer Nebenlinie des Blutes, wie ich es bin …«

Während der letzten Wochen vor dem Märzfeld blieb Karl in Köln. Beinahe täglich empfing er Abordnungen von Händlern, Flussschiffern und Bischöfen, dazu Boten zahlreicher Grafen, Besucher aus Baiern und Thüringen, ja selbst von den englischen Herrschern und vom König der Langobarden jenseits der Alpen.

Jeder Besucher zog weitere nach sich. Inzwischen hatte sich herumgesprochen, dass Karl der neue starke Mann in Austrien und vielleicht sogar im ganzen riesigen Frankenreich war. Aber noch blieben die endgültigen Entscheidungen offen – noch geboten zwei Merowingerkönige über die verfeindeten Gebiete. Während Raganfrid trotz seiner verheerenden Niederlage bei Vincy noch immer einen starken Rückhalt bei den Adligen und anderen Großen im Westen besaß, schlossen sich im Osten nach und nach auch die letzten Parteigänger Plektruds dem Sohn des großen Pippin an.

Als dann der Tag der Sommersonnenwende kam, der selbst in christlichen Gebieten mit starken Bischöfen und Äbten immer noch gefeiert wurde, hatte sich Karls Heer fast wie von selbst gebildet.

Karl hatte sich neben den Grafen Rotbert und Folker auch die beiden Zwölfjährigen Karlmann und Gregor an seine Seite geholt.

Sein Ältester und der Sohn von Alberich waren inzwischen unzertrennliche Freunde geworden. Zum ersten Mal ritt auch Karls Stiefneffe Hugo in einem Heereszug mit. Der Priester hatte einen Teil der Verwaltungsaufgaben von Rotbert übernommen.

Hildebrand erwies sich auf seine stille, aber sehr wachsame Art als ein ebenso großer Gewinn wie Hugo. Die anderen Männer mochten es, wenn er Geschichten aus fernen Ländern und von den Königreichen der Griechen, Trojaner und Ägypter erzählte. Auch Karl setzte sich gerne eine Weile ans Lagerfeuer zu

Hildebrand, wenn er mit Rotbert und Folker seinen abendlichen Rundgang beendet hatte. In diesen Tagen auf dem Zug gegen die feindlichen Neustrier kam es Karl manchmal so vor, als würde sein Heer erst in den Abendstunden zu wahrem Leben erwachen. Überall wurde gelacht und getrunken, gegessen, gesungen und getanzt. Männer und Frauen wanderten von einem Feuer zum anderen, besuchten sich gegenseitig und zogen weiter, wenn es hieß, dass an einem anderen Lagerfeuer eine besonders fröhliche Stimmung herrschte.

Sie zogen ungehindert auf der alten Römerstraße nach Westen. Ehe sie nach Südwesten abbogen, erlaubte Karl Graf Rotbert, für einige Tage in seinem eigenen Haspengau nach dem Rechten zu sehen. Er war sehr lange fort gewesen und nur zwischendurch kurz zurückgekehrt. Sie vereinbarten, dass Hugo ihn so lange vertreten sollte, bis er zum Heer zurückkehrte. Als Treffpunkt nannten sie die alte Königsstadt Soissons.

Karl selbst besuchte mit einem schnellen Ritt den Ort, aus dem sein Urahn Pippin der Ältere stammte. Zusammen mit Karlmann, Gregor, Hildebrand und einer kleinen Begleitmannschaft von zwei Dutzend Reitern erreichten sie das Kloster von Nivelles in weniger als zwei Stunden.

»Aus dieser Gegend stammt euer Urahn Pippin der Ältere«, sagte Karl zu Karlmann und Hildebrand. »Seht euch ruhig um, denn er war der erste Majordomus eines Merowingerkönigs.«

»Wieso? Ist er wie die Merowinger in einem Kloster aufgewachsen?«, fragte Karlmann ein wenig vorlaut. Karl lachte nur.

»Nein, dieses Kloster, in das wir jetzt einreiten, wurde von Gertrud gegründet, der Schwester meiner Großmutter Begga, und von Grimoald, dem Majordomus, der so vermessen war, seinen eigenen Sohn zum Merowingerkönig krönen zu lassen.«

»Du weißt so gut wie alle anderen, dass sie eigentlich gar nicht gekrönt werden müssen«, sagte Hildebrand. »Sie sind Könige, weil das Geheimnis in ihnen ist.«

»Wenn du die ganzen Sagen und Legenden meinst, die sich um die Merowinger und ihre Herkunftsgebiete in den Ardennen ranken«, überlegte Karl, »dann müssen wir in Zukunft eben etwas Ähnliches auch für unsere Familie finden.«

»Das wird uns niemals gelingen!«, seufzte Hildebrand. »Vergiss nicht, dass die Merowinger viel älter sind als alle Franken. Die Eingeweihten sagen sogar, dass sie aus dem fernen griechischen Arkadien stammen.«

»Ich weiß, ich weiß«, sagte Karl und lachte. »Und einige behaupten allen Ernstes, dass sie sich auch noch auf den verlorenen Stamm Benjamin im alten Israel zurückführen lassen. Wenn das so ist, dann sollten wir uns eine ebenso ruhmvolle Herkunft zulegen ...«

Sie nahmen nur ein kleines Mahl mit den Mönchen und Nonnen ein, beteten in der Klosterkapelle für einen glücklichen Ausgang des Zuges und verließen schon nach zwei Stunden wieder die kleine Klostersiedlung von Nivelles.

Karl hing lange seinen Gedanken nach, während sie schnell zur Spitze des weiterziehenden Heeres preschten. Erst als er die bunten Wimpel unter den Spitzen der aufgerichteten Reiterspeere erkannte, fühlte er sich wieder freier. Sie ritten schnell am Heereszug entlang, bis sie die Spitze wieder erreichten. Noch ehe sie vorn ankamen, erkannte Karl seinen Stiefneffen Hugo. Der Priester ritt ihnen entgegen und hob dabei die linke Hand. Karl bedeutete ihm, neben ihm zu reiten.

»Was ist geschehen?«, rief er ihm zu.

»Die Neustrier rücken auf Soissons zu«, stieß Hugo hervor. »Sie halten alle Zufahrtswege nördlich von Paris besetzt und versuchen jetzt, schneller als wir in der alten Königsstadt zu sein.«

»Dann müssen wir noch vor Cambrai und Vincy nach Sankt Quentin abbiegen«, sagte Karl sofort.

»Das wird uns nicht viel nützen«, antwortete Hugo besorgt.

»Sie können von Paris aus viel schneller in Soissons sein als wir. Außerdem müssen wir noch die Wälder in den Bergen zwischen Noyen und Laon überwinden.«

»Wer sagt denn, dass man ein Heer genauso führen muss, wie es die Herzöge zu allen Zeiten taten?«, gab Karl zurück. »Ich will, dass jeder sich auf seine Art bis nach Soissons durchschlägt. Und zwar so schnell wie möglich. Auch wenn wir keine Teufelspferde haben wie die Sarazenen.«

Obwohl kaum jemand damit gerechnet hatte, schafften die Jüngsten und Verwegensten unter Karls Reitern noch am selben Tag die Strecke bis Soissons. Karl selbst kam nur eine Stunde später in der Königsstadt an der Aisne an. Weder innerhalb der Mauern noch auf den Wiesen rechts und links der Ufer oder in den Wäldern an den Hängen war etwas vom feindlichen Heer zu sehen.

»Ich verstehe das nicht«, sagte Karl zu Rotbert, Folker und den anderen. »Sie hätten doch lange vor uns hier sein können.«

In diesem Augenblick trat ein Mann aus der größten Kirche der ummauerten Stadt. Karl hob die Brauen und blickte ihm erstaunt entgegen. »Was machst denn du hier, Bischof? Wie kommst du dazu, Reims in diesen Tagen ungeschützt zu lassen?«

»Reims hat sehr hohe Mauern, wie du weißt«, grinste der schwarze Abt. »Nenn mir ein Tor, außer jenem in der Nordmauer von Trier, das ebenso mächtig ist wie das Westtor von Reims.«

»Ich weiß nicht«, sagte Karl und kaute an seinen Schnurrbartspitzen. »Manchmal wirst du mir einfach unheimlich. Doch wenn du schon dabei bist und dir meinen Kopf zerbrichst, dann sag uns wenigstens, wie du die Lage einschätzt.«

»Ganz einfach«, antwortete der Erzbischof von Reims. »Die Neustrier wissen inzwischen, wo du bist, wie stark dein Heer ist, und dass sie dir nicht mehr auf freiem Feld entgegentreten können. Sie haben nicht vergessen, was du mit ihnen bei Vincy und an der Ambleve angestellt hast.«

»Das heißt, sie werden uns belagern.«

»Das ist die einzige Möglichkeit für sie«, sagte Milo ernst. »Durch die Ereignisse vom letzten Jahr fehlen überall Vorräte. Eine verlorene Schlacht mit derart vielen Toten und Verwundeten lässt sich nicht in einem Winter wieder ausgleichen. Hier geht es nicht um schlichte Zahlen, sondern darum, dass von jedem in einer Schlacht gefallenen Anführer Dutzende und manchmal Hunderte von Menschen und ganze Dörfer abhängen. Du weißt ja selbst, wie schnell ein Gau zugrunde geht, Hunger und Elend herrscht, wenn ein Graf oder ein Herzog zu jung, zu unfähig oder zu korrupt ist.«

»Eigentlich könnte die Niederlage von Vincy und der Tod der vielen Adligen Neustriens sie sogar stärker und entschlussfreudiger gemacht haben«, meinte Karl nachdenklich.

»Du kannst von jungen, aufgepfropften Zweigen nicht schon nach einem Jahr Früchte erwarten«, sagte Milo. »Und ebendies ist auch die Falle, in die ich sie an deiner Stelle locken würde.«

»Du meinst, ich sollte sie mit Absicht dazu bringen, mich einzuschließen und dann auszuhungern?«

»Es reicht, wenn sie sich sicher wähnen«, antwortete Milo. »Gib ihnen eine Woche Zeit, damit sie unvorsichtig werden. Füttere sie jeden Tag und möglichst auch bei Nacht mit falschen Nachrichten, damit sie denken, dass es schon bald den großen Aufstand unter deinen Männern gibt. Sie wissen ganz genau, dass du im Grunde noch kein Majordomus bist. Und daraus schließen sie, dass viele deiner Männer sich noch nicht als Paladine und Vasallen fühlen. Sie sind dir dem Gesetz nach nicht verpflichtet. Du bist für Neustrien nach wie vor nur ein Bastard oder ein Herzog von Rebellen.«

Karl musste die Zähne zusammenbeißen, um Milos Worte so zu nehmen, wie sie gemeint waren. Er spürte, wie das Blut ihm in den Kopf schoss und in den Schläfen hämmerte. Bei jedem anderen hätte er ohne zu denken ausgeholt und zugeschlagen.

»Mönchlein, Mönchlein«, schnaubte er dann. »Du solltest nie vergessen, dass auch ein Bischofsamt nur eine Ehre und geliehene Privilegien bedeutet, die leicht vergeben aber genauso leicht wieder genommen werden können.«

»Du warst es doch, der gefragt hat«, antwortete Milo furchtlos. »Und so wie ich dich kenne, ist deine größte Stärke nicht dein Schwertarm, sondern die Kraft, mit der du auch die schlimmste Wahrheit ertragen kannst. Das, Karl, und eigentlich nur das, erhebt dich über viele andere, die sich an ihrem Stolz und an den Lügen festhalten, mit denen sie gestreichelt werden.«

Sie verhielten sich genau so, wie es Milo vorgeschlagen hatte. Obwohl Soissons bis in den letzten Straßenwinkel überfüllt war, benahmen sich Karls Männer diszipliniert und vorbildlich. Er hatte ihnen so harte Strafen angedroht, dass keiner wagte, sich an den Frauen von Soissons oder an jenen Männern zu vergreifen, die gleich bei ihrem Einzug entwaffnet worden waren.

»Trotzdem«, sagte Karl am dritten Tag, »ich kann die freien Franken und die Bewaffneten nicht wochenlang wie Vieh einsperren. Die meisten sind den hohen Himmel und das weite Land gewöhnt.«

Hugo saß an einem Tisch aus Böcken und Brettern vor einer selbst angefertigten Karte, die zu seinen wertvollsten Schätzen gehörte. Während seines Aufenthaltes in den Klöstern Neustriens hatte er alles in die Karte eingetragen, was ihm wichtig schien. Nur Karl und ein paar Edle kannten das geheimnisvolle Dokument. In Hugos Karte war genau angegeben, wie die Königspfalzen hießen, wo Grafen starke Kontingente von Bewaffneten stellen konnten, wo sich Mühlen und große Vorratsspeicher befanden und wo es Brücken oder Furten an den Flüssen gab. Zusätzlich hatte er sämtliche Klöster und Abteien sowie die Stellen eingezeichnet, an denen Eremiten oder herumziehende Mönche eine versteckte Zuflucht finden konnten.

Karl blickte zum gegenüberliegenden Ufer der Aisne. Auch dort lagerten Bewaffnete, so weit das Auge reichte. Inzwischen hatte das feindliche Heer sogar kleine Katapulte und Wurfmaschinen bis an die alte Römerbrücke herangebracht.

»Wenn sie so weitermachen, kommen wir in zwei, drei Tagen hier nicht einmal mehr bis ans Flussufer«, sagte Karl besorgt. »Dann nämlich sind sie so weit, dass sie jederzeit mit ihren Katapulten Felsbrocken über die Aisne schleudern können.«

»Das könnten sie auch jetzt schon«, sagte Hugo beiläufig.

»Wir werden ausbrechen!«, erwiderte Karl hart und entschlossen. »Und dann jage ich sie so lange, bis ich den Königsschatz habe, den Chilperich und Raganfrid aus Köln geraubt haben. Und wenn es bis Paris oder bis an die Loire sein sollte!«

Sie brauchten noch zwei Tage und Nächte, bis der Plan für den Ausbruch fertig war. Am Abend vor dem alles entscheidenden Tag verabschiedeten sich Milo und Hugo von Karl.

»Und ihr habt wirklich genug Mut, um das zu tun, was wir besprochen haben?«, fragte Karl noch einmal. »Ich würde es euch nicht übel nehmen, wenn ihr die Sache noch mal überschlafen habt und jetzt lieber doch bei uns in Soissons bleiben wollt.«

»Wir gehen«, sagte Milo.

»Ja, Karl, wir gehen«, bestätigte auch Hugo. Karl ging zuerst zu dem Jüngeren, sah ihn lange an und sagte dann: »Ich werde nicht vergessen, was du da für mich tust.«

Zum ersten Mal sahen sie, wie der junge Priester bis über beide Ohren errötete. Er schlug die Augen nieder. Dann wandte er sich abrupt um und ging mit nach vorn geneigtem Kopf und eingezogenen Schultern davon.

Karl legte die Hände auf die Schultern des Mannes, den er als schwarzen Abt in der Kälte der Ardennen kennen gelernt hatte.

»Geh mit Gott«, sagte er. »Und verwirre unsere Feinde, wie es David einst mit Goliath und den übermächtigen Philistern tat.«

Die Entscheidung über die Zukunft der bitter verfeindeten Hälften des fränkischen Reiches begann eine Stunde vor Sonnenaufgang. An den Uferbefestigungen nördlich der alten Römerstadt Soissons, die Chlodwig I. vor über zweihundert Jahren zur ersten fränkischen Hauptstadt gemacht hatte, glitten mehr als zweihundert splitternackte Männer ins Wasser. Sie hatten Arme, Hände und Gesichter dunkel gefärbt. Jeder von ihnen schob einen Ledersack vor sich her, der an luftgefüllten Schweinsblasen befestigt war. Die Männer hielten sich zunächst sehr dicht an der Stadtmauer und dann am Uferschilf der Aisne. Obwohl der Fluss zu dieser Jahreszeit nicht sehr viel Wasser führte, war er immer noch zu tief, um ihn zu durchwaten.

Die Männer wurden von Graf Folker und von zwölfen seiner eigenen Begleiter angeführt. Es war mit Karl vereinbart, dass Folker, während er stromabwärts schwamm, bis tausend zählen sollte. Obwohl sie aus der Stadt heraus die Strömung nicht berechnen konnten, hatten ihnen Einwohner gesagt, dass sie auf diese Weise etwa eine Meile schaffen müssten.

Eine zweite Gruppe sammelte sich in der Nähe der Brücke, von der aus die Römerstraße durch die Uferberge nach Laon führte. Diese Männer hatten den Befehl erhalten, zu einem festgelegten Zeitpunkt durch die dann geöffneten Stadttore und über die Brücken auszubrechen. Sie sollten sich nicht ruhig oder heimlich verhalten, sondern ganz im Gegenteil, so viel Lärm wie möglich machen. Doch noch war es nicht so weit. Noch reichte der erste Sonnenstrahl erst an die Dachspitze der höchsten Kirche von Soissons. Erst wenn er den Rand des Daches überschritten hatte und das Mauerwerk erhellte, sollte es losgehen.

Die eigentliche Streitmacht und Karls stärkste Waffe war und blieb die Reiterei. Er hatte lange mit den Männern, die das Schwert zu führen hatten, aber auch mit ihren Stallburschen und den Pferdeknechten geredet. Er wollte, dass sie alle wussten, was geschehen würde und worauf es ankam.

»Wir werden als Dreieinigkeit siegen oder untergehen«, hatte er ihnen eingeschärft. Die erste Gruppe unter Führung von Rotbert machte Lärm am Fluss und lockte die Belagerer in Richtung Norden. Die zweite Gruppe mit Folker wartete unterdessen westlich der Stadt am Flussufer. »Ich selbst, Männer, führe die besten aller austrischen Reiterkämpfer gegen Raganfrid und seine Neustrier an. Aber wir kämpfen nicht Mann gegen Mann, Schwert gegen Schwert. Hämmert euch in die Köpfe ein, dass es diesmal nur ein einziges großes Ziel für den gesamten Ausbruch gibt: Ich will nicht Raganfrid, sondern den Merowingerkönig. Lasst alle anderen entkommen und verschont von mir aus jeden, der sich in den Weg stellt. Reitet vorbei, ohne viel Zeit nur dadurch zu verlieren, dass ihr mit einem Neustrier, Aquitanier oder Friesen die Kräfte messen wollt…« Er sagte es in jedem Stall, in jedem Speicher und in jeder Kirchenhalle.

»Kein Kampf und kein Gemetzel, Männer! Heute zählt nur Geschwindigkeit und Durchbruch. Wir müssen schnell sein wie die Sarazenen und feurig wie die Blitze.«

Im selben Augenblick brach im Norden der Stadt unmittelbar an der Aisne ein großes Lärmen aus. Hörner, Pauken und Trompeten gaben das Zeichen zum Abbruch eines Kampfes und zum Rückzug.

Zwei der fünfzig Wachen, die während der gesamten Nacht abwechselnd das Lager der Neustrier beobachtet hatten, polterten in den Raum. Karl erkannte sie sofort.

»Was gibt es?«, rief er ihnen zu. Die beiden Männer grinsten.

»Es klappt!«, rief der jüngere der beiden. »Es geschieht genau so, wie du vorausgesehen hast!«

»Sie brechen auf«, bestätigte Godobald von Avoy, den Karl schon aus dem Gefolge seines Onkels Dodo kannte. »Wir haben es an seinen Wimpeln und den Königsfahnen erkannt.«

»Was heißt das?«, fragte Karl kurz.

»Sie haben sich erneut geteilt. Und wenn mich nicht alles täuscht, nimmt Majordomus Raganfrid mit seinen besten Kriegern die Verfolgung von Graf Rotbert und den Männern auf, die nach Laon aufgebrochen sind. Aber eines ist merkwürdig ...«

Karl hob die Brauen. Der Gutsbesitzer vom hohen Berg bei Aquis grana kratzte sich an seinem erst kürzlich rasierten Kinn. Er hob die Schultern, dann sagte er: »Wenn ich es nicht mit eigenen Augen gesehen hätte, würde ich es nicht glauben.«

Karl sah ihn fragend an.

»Ich habe Schildzeichen und die Art von Kriegszeichen auf Speeren und auf Stangen gesehen, wie sie von uns Franken schon lange nicht mehr mitgenommen werden.«

»Und was bedeutet das nach deiner Meinung?«

»Die Neustrier kämpfen nicht allein«, antwortete Godobald. »Es klingt verrückt, aber ich habe Friesen und Sachsen bei ihnen gesehen ... dazu Vasgonen aus den Pyrenäen und Aquitanier in lächerlichen Pluderhosen! Und nicht nur einige, sondern große Gruppen von Berittenen und Fußkriegern.«

»Friesen!«, schnaubte Karl. »Das hätte ich mir denken können! Aber dass auch noch Sachsen auf der Seite Raganfrids mitziehen, hätte ich bis eben noch nicht geglaubt! Und die anderen? Habt ihr irgendetwas von König Chilperich gesehen?«

»Er zieht sich offensichtlich zurück.«

»Zusammen mit dem übrigen Heer?«

»Nein, die Hauptstreitmacht der Neustrier lagert noch immer südlich der Stadt. Es scheint, als wären sie nicht auf die Finte hereingefallen.«

Karl blieb für einen Augenblick unbeweglich stehen. Die Männer sahen, wie es hinter seiner Stirn arbeitete. Jetzt kam es darauf an! Alle wussten, dass sein nächster Befehl die Entscheidung über Sieg oder Niederlage bringen würde.

Das Warten auf ein einziges, alle erlösendes Wort von Karl beanspruchte die Geduld der Männer bis zum Äußersten. Karl hatte ihnen befohlen, dass sie abwarten und ihre Pferde ruhig halten sollten. Gleichzeitig hörten sie den Lärm der anderen, die sich bereits nördlich des Flusses auf der Straße nach Laon befanden. Auch die Neustrier hatten offensichtlich Stellen gefunden, an denen sie den Fluss über Furten und kleine Geröllinseln überqueren konnten.

In der Stadt selbst mussten sich Karl und seine Anführer weiterhin in ungewohnter Geduld üben. Gut eine Stunde lang dämpfte Karl immer wieder ihre fragenden und ungeduldigen Blicke. Er selbst ließ sich ohne Unterlass berichten, was von den Stadtmauern und den Türmen aus zu hören war. Schließlich hielt auch er es nicht mehr aus. Er winkte ein paar von seinen Grafen und Heerführern zu sich.

»Jeder Berittene soll sein Pferd selbst bis zu den südlichen Toren führen. Niemand darf die Tiere seinen Pferdeknechten überlassen. Und jeder, dessen Tier wiehert oder Lärm macht, muss sich dafür selbst vor mir verantworten.«

Auch Karls Waffen waren mit Werg und bunten Tüchern umwickelt. Er achtete darauf, dass er nirgendwo anstieß, als er jetzt den anderen winkte und dann vor ihnen durch die noch im Morgenschatten liegenden Straßen von Soissons ging. Zwischen dem südlichen und dem südwestlichen Stadttor hatte sich eine große Menge Männer mit ihren Pferden versammelt. Aber auch hier waren die Straßen zwischen den Häusern zu eng, um alle gleichzeitig zu überblicken. Karl führte selbst sein Pferd. Kaum jemand konnte sich erinnern, dass irgendwann der Anführer eines fränkischen Heeres zu Fuß gegangen und dabei sein Pferd neben sich geführt hätte.

Sie machten ihm schweigend Platz. Ursprünglich hatte Karl vorgehabt, den Ausbruch dort zu wagen, wo die Straße nach Paris begann. Doch nun entschied er anders und wandte sich zum Südtor. Dort begann die Straße, die östlich an Paris vorbei über die Marne, später die Seine bis zur Loire führte.

Karl blieb direkt am Südtor stehen, wartete eine Weile. Dann griff er ans Sattelhorn seines Pferdes, stieg mit einem Fuß in die Steigbügel und hob sich äußerst langsam und vorsichtig in den Sattel. Er blickte sich nach allen Seiten um, als suche er dafür Bestätigung, dass jeder Mann gesehen hatte, wie sie jetzt aufsteigen sollten.

Kein einziges Pferd tänzelte zur Seite, kein Zaumzeugschmuck klirrte und nicht einmal die Schwertgehänge um die Leiber seiner Krieger gaben auch nur den leisesten Laut von sich.

Karl war so zufrieden, dass er ein breites Grinsen sehen ließ. Im selben Augenblick ertönte von Südwesten her ein lauter, mehrfach an- und abschwellender Ton aus einem Blashorn. Einige Männer und Pferde zuckten zusammen. Die Tiere wurden unruhig und waren nur noch schwer an ihren Plätzen zu halten. Doch Karl biss die Zähne zusammen, streckte die flache Hand aus und bewegte sie, als ob er auf ein Kissen schlagen würde.

»Festhalten!«, rief er halblaut. »Haltet die Tiere still!«

Obwohl es jetzt bereits unruhig hinter der Stadtmauer war, bemühte sich Karl, nach draußen hin zu lauschen. Er nickte dabei und war froh über jede weitere Minute, die verstrich, ohne dass die Neustrier sich gegen Soissons wandten. Denn genau das war die große Unwägbarkeit in seinem ganzen Plan. Sie sollten glauben, dass er mit den Reitern seines Heeres nach Nordwesten abgezogen war, und sie sollten glauben, dass sich flussabwärts nur ein paar Fußtruppen aufhielten. Die Männer ohne Pferde waren der zweite Köder, den die Neustrier schlucken mussten, wenn der Plan gelingen sollte.

»Sie tun es«, schnaubte er. »Sie fallen darauf rein.«

Er lachte hochzufrieden, dann richtete er sich auf seinem Pferd auf und nickte allen anderen zu. Er hob den linken Arm und zeigte seine flache Hand nach allen Seiten. Dann schlossen sich die Finger, und sein Daumen hob sich. Die Männer, die das Südtor überwachten, griffen nach den schweren Balken, um sie aufzuziehen. Die schenkeldicken Torzapfen in den steinernen Scharnieren waren dick mit Wagenschmiere eingefettet. Sie bewegten sich ohne jeden Laut.

Karl blickte sich noch einmal ganz kurz um. Dann stieß er seine Hand mit dem hochgereckten Daumen dreimal in die Luft. Sie ließen ihm den Vortritt und bildeten für ihn eine schmale Gasse. Bis auf das leise Schnauben der Pferde war nichts im ersten Morgenlicht vor der Stadtmauer zu hören.

Karl schrie so laut er konnte und feuerte damit seine Berittenen an. Sie quollen aus dem Stadttor und jagten ohne anzuhalten sofort weiter. Es war, als würde die erste Königsstadt der Franken ohne Unterlass Bewaffnete ausspucken. Mehr und immer mehr rasende Reiter jagten über die verlassenen Flächen, auf denen eben noch die Neustrier gelagert hatten. Sie waren überhastet aufgebrochen und hatten nicht einmal genügend Pfeile oder Schilde mitgenommen. Zu lächerlich und ungefährlich war ihnen das Auftauchen von Rotberts Fußkriegern erschienen. Und damit rächte sich, dass sie sich viel zu lange als die Stärkeren gefühlt hatten.

20.

Jagd auf den Merowinger

Karl und seine besten Männer ritten wie die Teufel. Die Hufe ihrer Pferde hämmerten in den von der Sommerhitze bereits trockenen Boden. Zweige von Büschen und Bäumen peitschten an ihren Körpern entlang, während sie immer weiter nach Süden jagten. Jedes Mal, wenn sie eine Hügelkuppe erreicht hatten, erwarteten sie unmittelbar danach, den flüchtenden König der Neustrier zu erblicken. Aber es war wie verhext. An jedem Bach, jedem Hohlweg und jedem Wäldchen, bei dem sie dachten, »Hier muss es sein! Hier holen wir sie ein«, sahen sie nur noch Spuren auf dem Boden, aus denen sie nichts herauslesen konnten... Zehn, zwanzig Meilen lagen bereits hinter ihnen. Männer und Pferde schwitzten in der Hitze des Sommertages. Obwohl sie sich selbst nicht schonten, achtete Karl darauf, dass immer wieder kurze Strecken in einer Gangart eingelegt wurden, bei der die Pferde sich erholen konnten.

»Ich weiß nicht, was das alles bedeutet«, sagte Hildebrand auf einer der kurzen Strecken, auf denen auch die Männer verschnauften. »Irgendetwas stimmt hier doch nicht. Die Merowingerkönige genießen zwar die Magie des heiligen Blutes, aber ich habe nun wirklich und wahrhaftig noch nie gehört, dass sie fliegen oder sich gar unsichtbar machen können «

»Nennst du das unsichtbar?«, fragte Karl. Er nahm eine

kleine Tonflasche vom Sattelknauf, löste den Verschluss, trank einen Schluck und spuckte den Wein zusammen mit dem Staub aus, der sie immer dann wieder einholte, wenn sie langsamer ritten.

»Nein«, antwortete Hildebrand. »Ich sehe selbst, dass hier viele Reiter unterwegs waren. Sie sind nach Süden geritten und hatten auch Wagen und Karren dabei.«

»Ochsenkarren«, knurrte Karl. »Ochsenkarren mit Stroh, um ihren Merowingerkönig in Sicherheit zu bringen.«

Sie erreichten eine neue Anhöhe. Schräg unter ihnen glänzte ein Fluss, der etwas breiter war als die Aisne. Die Marne schlängelte sich mit weiten Schleifen zwischen den flach ansteigenden Böschungen auf beiden Seiten ihrer Ufer hindurch.

»Das alles kann doch nur bedeuten, dass sie …«

»Ja, du hast Recht«, sagte Karl. »Er hat die Marne in Richtung Süden überquert.«

»Aber warum?«, fragte Hildebrand. »Warum haben die Neustrier ihren König nicht nach Paris zurückgebracht, während sie uns belagerten?«

»Dafür gibt es nur eine einzige Erklärung«, sagte Karl nach kurzer Überlegung. »Die Neustrier haben sich nicht nur die Friesen und Sachsen als Verbündete gekauft, sondern auch noch Herzog Eudo von Aquitanien und damit den gesamten Süden des Reiches.«

»Gekauft?«, wiederholte Hildebrand ungläubig und schüttelte den Kopf. »Womit hätten Raganfrid und Chilperich den stolzen und mächtigen Herzog von Aquitanien denn kaufen können?«

Karl lachte trocken. »Habt ihr vergessen, dass sie nicht nur über einen Königsschatz verfügen, sondern gleich über zwei?«

»Verdammte Tat!«, stieß Hildebrand hervor.

Sie verfolgten den geflohenen Merowingerkönig über die Marne hinweg bis zur Seine südlich von Paris. Die Sonne war bereits untergegangen, als Karl endlich anhalten und lagern ließ. Die Nacht war warm, und sie konnten alles ablegen, was sie üblicherweise auf einem Ritt unter Waffen bei sich trugen. Viele der Männer nahmen sich gerade noch die Zeit, aufgescheuerte Stellen mit Salbe einzureiben, ehe sie, ohne die Feuersteine zu schlagen, in tiefen Schlaf fielen …

Bereits vor Sonnenaufgang erwachte Karl, steckte zwei Finger in den Mund und stieß einen scharfen Pfiff aus. Einige der Schlafenden fuhren wie von Alarmhörnern geweckt hoch, andere drehten sich schnaubend und grunzend nochmals zur Seite. Erst als Karl noch einmal pfiff, rappelten alle Männer sich auf und kamen taumelnd, prustend und spuckend auf die Beine.

»Los, los, los, ihr Herren«, rief Karl ihnen zu. Er legte bereits sein Wehrgehänge an, gürtete sich und nahm sein Langschwert auf. »Ich will, dass wir bei Sonnenaufgang bereits auf der anderen Seite der Seine sind«, rief er. »Essen und trinken könnt ihr unterwegs. Aber seid sparsam mit dem, was ihr habt. Wir wissen nicht, wo uns Chilperich ein paar Brosamen übrig gelassen hat.«

Er lachte, schlug sein Wasser an der Stelle ab, an der er eben noch geschlafen hatte, ließ sich einen Krug mit Flusswasser reichen, wusch sich seine Hände, benetzte sein Gesicht und kippte den Rest über seinen Kopf mit seinen vollen blonden Haaren. Es gefiel ihm nicht, wie sie herumliefen. Aber zu einem Bad in der Seine oder zum Bartkämmen war jetzt keine Zeit.

Sie saßen auf und ritten zum Flussufer hinunter. Sie folgten den Uferwegen, während es immer heller wurde. Nach einer Weile gelangten sie an eine Stelle, an der sich der Fluss in viele kleine Arme zerteilte und in unregelmäßigen Abständen wieder zusammenfloss. Hier war der Wasserstand so niedrig, dass sie über eine alte Furt auf die andere Seite gelangten. Pferde und Reiter genossen das angenehme, nicht einmal sattelhohe Nass. Manch einer beugte sich so geschickt zur Seite, dass er den Körper kurz eintauchen konnte.

Kurz darauf erreichten sie auf der anderen Seite der Seine die alte Römerstraße nach Orleans. Hier konnten sie schneller reiten und dabei ihre im Fluss nass gewordene Kleidung trocknen. Auch dieser Tag wurde bereits früh am Morgen sehr warm. In unregelmäßigen Abständen, wenn Häuser und kleine Siedlungen am Straßenrand auftauchten, hielt Karl mit ein paar Mann aus seinem engeren Gefolge an, während der Haupttrupp ohne Verzögerung weiterritt.

Hier lebten mutige Bauern, die nicht einfach davonliefen und sich irgendwo versteckten. Karl behandelte sie entsprechend, obwohl er wusste, dass alle ihn und seine Reiter als Eindringlinge und Feinde ihres fliehenden Königs betrachteten.

»Habt ihr noch Speck, Brot und Wein?«, rief Karl ihnen zu.

»Nein, Herr«, lautete jedes Mal die Antwort in der eigentümlichen, romanisch klingenden Sprache der Menschen hier. »Wir gaben alles mit Freude im Herzen unserem geliebten König Chilperich II.«

»Das ist auch gut so«, meinte Karl dann jedes Mal. »So soll es sein! Doch da ihr wusstet, dass euer König verfolgt wird, habt ihr doch sicherlich für die Verfolger auch etwas aufgehoben.«

Es war ein Ritual, fast wie ein Spiel, dessen Regeln niemand erfunden hatte und das doch zu allen Zeiten und in allen Ländern galt.

»Schon jetzt hungern unsere Kinder, Herr. Und unsere Frauen weinen. Wir haben wirklich nichts mehr, was wir geben können.«

»Dann wollen wir auch milde und großmütig sein«, antwortete Karl. »Uns reicht der Wein, den ihr unter dem Heu versteckt habt, sowie der Schinken und der Speck in der kühlen und mit einer Steinplatte zugedeckten Grube unter dem Küchentisch.«

»Du weißt… o Herr, auch dort ist alles leer…«

Karl lachte nur, nickte denjenigen zu, die noch einmal versuchten, ihre Vorräte zu verteidigen, und wartete, bis herangeschafft wurde, was er gefordert hatte. Ein paarmal stieg er selbst vom Pferd, ließ die Eisentüren der Backöfen öffnen und legte seine Hand auf die Steinplatten im Inneren. Aber die Menschen in den Häusern am Straßenrand hatten wirklich kein frisches Brot gebacken, seit Chilperich mit seinen Begleitern durchgeritten war.

Zehn Meilen vor Orleans begannen dichte Wälder, durch die es nur wenige Straßen und Wege gab. Hier ließ Karl an einem kleinen Teich halten und Rast machen. Zuallererst führten sie die Pferde zum Wasser, dann rissen sie sich mit großer Freude die letzte Kleidung vom Leib, spritzten sich gegenseitig nass und sprangen endlich in den Teich.

Auch Karl schwamm kurz und zog danach seine Kleidungsstücke durchs Wasser. Es machte ihm nichts aus, selbst für sich zu sorgen. Solange Männer wie er unterwegs waren, waren sie durchaus in der Lage, sich um sich selbst zu kümmern. Nur in den Siedlungen, Pfalzen und Städten hätten sie um kein Gold der Welt auch nur einen Handschlag der Weiberarbeit getan…

Als sie nach einer Stunde weiterritten, empfanden sie die Kühle des Waldes als doppelt angenehm. Der Friese Wusing zögerte lange, ehe er sich entschloss, neben Karl aufzuschließen.

»Nun?«, fragte Karl. »Was hast du auf dem Herzen?«

»Ich frage mich, warum du das getan hast«, meinte der Mann, der lieber seine Heimat als sein Christentum aufgegeben hatte. »Wir hätten doch bereits an den Toren dieser Stadt sein können.«

»Ja«, antwortete Karl. »Abgejagt, erschöpft und total verdreckt wie eine Räuberbande.«

»Ist das so wichtig, wenn es darum geht, einen König und zwei Königsschätze zu erobern?«

»Hast du noch immer nicht bemerkt, dass all das längst verloren ist?«, fragte Karl und prustete die letzten Wassertropfen von seinen Schnurrbartspitzen.

Wusing starrte ihn verständnislos an. »Wieso verloren? Ich denke, wir sind hinter Chilperich II. und den Königsschätzen her?«

»Das waren wir vielleicht bis gestern Abend noch«, antwortete Karl. »Aber ich habe heute Brot gesehen, das älter ist als einen Tag und eine Nacht.«

»Na und?«, fragte der Friese. »Was heißt das schon? Bei uns im Norden wird das Brot sehr oft auch eine Woche alt.«

»Aber hier nicht«, antwortete Karl. »Hier haben sich die Menschen fünfhundert Jahre lang an die römischen Besatzer und ihr täglich frisches weißes Brot gewöhnt.«

»Und was bedeutet das?«, fragte Wusing.

»Dass Chilperich schon längst nicht mehr in Orleans zu finden sein wird. Und dass er seinen Untertanen nicht einmal Mehl gelassen hat.«

Sie ritten durch das weit geöffnete Nordtor in Orleans ein. Die alte Römerfestung Genabium am nördlichsten Punkt, den die Loire in ihrem Lauf zum Meer erreichte, bildete seit Jahrhunderten das Nadelöhr für alle, die vom Norden in den Süden und vom Süden in den Norden wollten. Orleans war schon immer weitaus wichtiger gewesen als die jeweils eine Tagereise flussabwärts liegenden Städte Tours und Angers. Auch dort gab es Flussübergänge, aber die Römerbrücke von Orleans war die wichtigste von allen.

Karl und seine Begleiter ritten langsam durch die vollkommen leeren Straßen. Obwohl die Stadt mit ihrer Lage an der Uferschräge und ihrem Mauergeviert flüchtig an Köln erinnerte, hatte Karl eher den Eindruck, wieder in Reims einzureiten. Von allen Häuserwänden schallte das Klappern der Pferdehufe zurück. Sie erreichten die leere Stadtmitte. Kurz dahinter neigten sich die Straßen zum Fluss und zur Stadtmauer an seinem Ufer hinab. Gleich darauf passierten sie einen mächtigen Rundturm, der schon zu Römerzeiten Fluchtburg und Wachturm über den Fluss gewesen war. Ein wenig östlich davon gelangten sie auf einen großen, von Kastanienbäumen eingesäumten Platz mit einem Kloster und einer grauen, sehr alt wirkenden Kirche.

»Die Kirche des heiligen Aignan«, rief Hildebrand erfreut. »Ich hätte nie gedacht, dass ich sie einmal sehen werde.«

»Was ist mit ihm?«, fragte Wusing. Karl lachte.

»Der Stadtpatron von Orleans. Es heißt, dass er noch im hohen Alter bis zu den Römern an der unteren Rhone reiste und sie zur Hilfe rief, als seine Stadt von den Hunnen belagert wurde.«

Sie ritten über den Platz bis zur Kirche und hielten dort an, wo eine steile Treppe zur Krypta hinabführte. Karl ritt ein paar Schritte zur Seite und musterte die Treppe, an der bereits ein Lichtschein aus dem Inneren sichtbar wurde.

Im selben Augenblick ertönte leiser Gesang von der Krypta her. Männer mit Tonsuren und in weißen Gewändern kamen mit gesenkten Köpfen die Treppe herauf. Sie hielten brennende Kerzen zwischen ihren zum Gebet zusammengelegten Händen. Die Weißgekleideten stellten sich so im Halbkreis auf, dass sie die Loire im Rücken hatten. Sie sangen und beteten gegen die Reiter an, als wollten sie mit aller Inbrunst versuchen, Schaden von der Stadt abzuwenden.

Karl hob die linke Hand und bedeutete seinen Gefährten, die Mönche zu Ende singen zu lassen. Sie warteten schweigend, bis es so weit war. Dann trat einer der Weißgekleideten vor, wandte sich zu Karl und sagte: »Ich grüße dich, Herr. Und ich erbitte Gnade für die Stadt, für meine Brüder und ganz zuletzt für mich.«

»Du weißt, dass selbst der Himmel seine Gnade nicht ohne Gegenleistung verschenkt«, sagte Karl. Die Mönche neigten erneut den Kopf.

»Wir wissen, was du jetzt fragen wirst«, sagte ihr Sprecher.

»Aber wir alle haben bei Gott und den Gebeinen unseres verehrten Bischofs, des heiligen Aignan geschworen, dir nicht zu sagen, mit wie vielen Packpferden der König über die Römerbrücke geritten ist.«

»Ist dir verboten, uns die Zahl seiner Reiter zu nennen?«

»Nein«, antwortete der Mönch. »Wir haben etwas mehr als hundert gezählt.«

Karl überlegte einen Augenblick. »Trugen die Packpferde eine schwerere Last als die Reittiere?«

»Nein, Herr. Sie trugen eine leichtere Last«, antwortete der Mönch.

»Dann danke ich dir«, lächelte Karl. »Denn damit steht fest, dass der König und seine Begleiter mindestens dreißig Packpferde benötigt haben, um allein den in Köln geraubten Königsschatz so zu verstauen, dass sie auch bei schnellen Ritten mithalten konnten.«

Der Sprecher der Mönche hob die Schultern, antwortete aber nicht. Karl ritt zwei, drei Schritte auf ihn zu und beugte sich etwas vor.

»Ihr habt sehr schöne Gewänder an«, sagte er dann. »Ich habe derartiges noch nie bei uns gesehen.«

Erst jetzt bemerkten auch die anderen, dass die Mönche keine Kutten, sondern ärmellose Überhänge trugen, die wie eine Mischung aus römischer Tunika und Toga aussahen.

»Unsere Gewänder sind ganz neu«, sagte der Sprecher der Mönche. »Wir erhielten sie als Geschenk von unseren Brüdern aus dem Süden.«

»Sag doch gleich: von Eudos Aquitaniern«, stellte Karl lakonisch fest. Ein paar der Mönche zogen die Köpfe zwischen die Schultern, wagten aber nicht, irgendetwas zu leugnen.

»Dann geht«, sagte Karl nur. »Geht und seht zu, dass euch die Einwohner von Orleans nicht als Verräter erschlagen, wenn sie zurückkehren und euch noch lebend vorfinden.« Er drehte sich zu seinen Männern um. Dann rief er laut: »Wir bleiben über Nacht hier und verlassen die Stadt morgen zwei Stunden nach Sonnenaufgang.«

»Aber warum?«, fragte Hildebrand verwundert. »Willst du tatsächlich die Verfolgung des Königs aufgeben?«

»Was erwartest du, mein Bruder?«, sagte Karl nur. »Soll ich die Männer etwa über die Römerbrücke in ein sinnloses und blutiges Gemetzel schicken? Nein, Hildebrand. Wir kehren um. Jedenfalls für dieses Jahr. Gegen Neustrier und Aquitanier gemeinsam sind wir nicht stark genug. Besonders dann nicht, wenn wir noch die Friesen und die Sachsen im Nacken haben.«

Er lächelte hintergründig, und nur Wusing ahnte, was hinter Karls Stirn vorging.

Karl wurde so unsanft aus dem Schlaf gerissen, dass er einen Augenblick nicht wusste, wo er war. Er hatte sich mit seinen Männern im Kloster des heiligen Aignan einquartiert. Er und die Männer hatten am vergangenen Abend doch noch dem guten Wein der Mönche reichlich zugesprochen. Er schüttelte sich ein paarmal, ehe er erkannte, wer ihn so aufgeregt geweckt hatte.

»Was soll das, Hildebrand?«, schnaubte er unwillig. »Bin ich ein Mönch, der mitten in der Nacht zu beten hat?«

»Du wirst dich gleich bekreuzigen, wenn du erfährst, was ich zu sagen habe.«

Karl verzog sein Gesicht, fuhr sich mit den Fingern durch Haare und Bart. Er stand leicht schwankend auf, ging mit weiten Schritten an seinem Halbbruder vorbei, schöpfte mit beiden Händen abgestandenes Wasser aus einem Krug und warf es sich ins Gesicht. Er prustete mehrmals und versuchte, langsam wach zu werden.

»Sag mir Bescheid, wenn du so weit bist, dass du mich nicht erschlägst, sobald ich dir sage, dass die Neustrier bereits auf der Römerbrücke sind.«

Karl fuhr so ruckartig zusammen, dass Hildebrand einen Schritt zurücksprang. Doch Karl wollte ihn nicht angreifen. Er war nur so schlagartig aufgewacht, dass er augenblicklich wieder nüchtern war.

»Sag das noch mal«, knurrte er mit einer vom vielen Wein heiseren Stimme.

»Herzog Eudo von Aquitanien steht seit dem ersten Sonnenstrahl auf der Römerbrücke über die Loire und bittet um ein Gespräch mit dir.«

Karl schüttelte noch immer ungläubig den Kopf.

»Das kann nicht wahr sein!«, sagte er. »Er hat doch Chilperich und dazu einen riesigen Königsschatz als Mitgift.«

»Vielleicht will er dir den König oder den geraubten Schatz zurückgeben.«

»Am besten alles beides!«, knurrte Karl. Zum ersten Mal an diesem Morgen lachte er. Er griff nach seinen Kleidern und legte sie schnell an. Dann hängte er sich sein Wehrgehänge um, zog seine Schuhe an, schnürte schnell die Gamaschen und sah sich nach der Kopfbedeckung um, die er in der Nacht irgendwo abgelegt hatte.

»Wo ist mein Helm?«, schnaubte er. »Ich brauche den verdammten Helm, wenn ich dem Herzog von Aquitanien wie ein Majordomus gegenübertreten will!«

Er stürmte durch die Vorzimmer, in denen seine Männer auf Decken oder Strohsäcken am Boden lagen. Überall standen und lagen Krüge und Teller, hölzerne Bratenplatten mit abgenagten Knochen, gläserne Weinkelche, die noch aus der Anfangszeit des Klosters stammten, dazu Reste von Brot, Obst und Käse.

»Aufstehen, Männer!«, brüllte Karl.

Er griff nach dem Helm und achtete nicht auf den murrenden Protest, sondern stürmte nach draußen in den Vorhof des Klosters. Hier sattelten bereits einige Männer aus dem Gefolge Hildebrands die Pferde. Gleichzeitig fanden sich immer mehr von seinen eigenen Männern im kleinen Klostervorhof ein. Einige hatten glasige Augen, andere wurden schneller mit den Härten des Lebens fertig.

Es waren tatsächlich nur einige hundert Schritte am großen runden Turm vorbei bis zur Toranlage vor der Römerbrücke. Als sie ankamen, hob Karl die linke Hand. Er dreht sich einmal nach allen Seiten um, prüfte, ob alle bereit waren, nickte dann und streckte die Hand ruckartig hoch. Sofort öffneten mehrere Männer das hohe, mit Eisen bewehrte hölzerne Brückentor. Die Ketten auf ihren Drehspindeln klirrten, die Balken knirschten, und dann fiel die Sonne von Osten her schräg durch die gemauerte Toröffnung. Karl sah sofort, dass er im Schein der Morgensonne auf die alte Römerbrücke hinausreiten würde. Die anderen, die um Einlass gebeten hatten, hatten die Sonne zu ihrer Rechten im Rücken.

Karl zwang sein Pferd zu sehr kleinen, gemessen wirkenden Schritten. Auf diese Weise vergingen mehrere Minuten, während er sich den Aquitaniern näherte. Die Männer in Herzog Eudos Begleitung trugen an diesem Morgen weite bunte Pluderhosen nach Sarazenenart, spitze Schuhe und vergoldete, mit dicken Edelsteinen verzierte Brustharnische. Sie hoben ihre mit bunten Wimpeln geschmückten Lanzen und ließen sie dann, an den Köpfen ihrer Pferde vorbei, schräg zu Boden zeigen.

Karl lächelte kaum merklich. Er hatte sehr wohl bemerkt, dass einige der Lanzen für einen Augenblick in waagerechter Stellung verharrt hatten. Ganz offensichtlich gab es auch unter den Adligen um Herzog Eudo von Aquitanien einige Männer mit abweichenden Meinungen und Einstellungen.

»Ich grüße dich, Karl, Sohn von Majordomus Pippin II.«, rief Herzog Eudo mit klarer, etwas zu hoch klingender Stimme. Karl nahm seine rechte Hand vom Schwertgriff, ballte sie zur Faust und legte sie nach Art der römischen Legionäre auf die linke Seite seiner Brust.

»Ich grüße dich, Herzog Eudo von Aquitanien«, erwiderte Karl den Gruß. Der andere stieß mit den Lippen einen Laut aus, der sich wie ein kleiner Kuss anhörte. Er kam mit seinem Pferd auf Karl zu. Die beiden ungleichen Männer musterten sich gegenseitig von oben bis unten. In diesen Augenblicken, in denen sogar die Sonne und das Wasser der Loire wie eingefroren verharrten, erkannten sie, dass sie keine Freunde und nur sehr schwer Verbündete werden würden.

»Kommst du, um mir den Königsschatz zurückzugeben, den Raganfrid und Chilperich aus Köln geraubt haben?«, fragte Karl. Der Herzog von Aquitanien ließ sich Zeit mit seiner Antwort.

»Was ist dir wichtiger?«, fragte er dann. »Der Schatz aus dem Palast deines Vaters, der nicht ihm oder dir, sondern deiner verhassten Stiefmutter genommen wurde, oder ein anderes Angebot, das ich dir hier und heute mache?«

»Ich bin nicht gekommen, um mir Angebote anzuhören, nur weil die Pyrenäenberge dir keinen Schutz mehr gegen den Zorn der Muselmanen bieten«, antwortete Karl beherrscht. »Ich fordere vielmehr den König und den gesamten Königsschatz zurück.«

»Wenn du jetzt auf die Sarazenen anspielst, muss ich dir widersprechen«, sagte Herzog Eudo. »Wir haben in den letzten sieben Jahren gelernt, mit den Muselmanen in Eintracht zu leben. Mit einigen zumindest… und selbst die Bischöfe von Carcassonne, Narbonne und Avignon erkennen inzwischen an, dass der Koran ebenfalls ein heiliges Buch ist.«

Karls Mundwinkel zuckten. Er spürte, dass sich die Begegnung vollkommen anders entwickelte, als er erwartet hatte.

»Ich kann dir aus verschiedenen Gründen heute nicht beides zurückgeben«, sagte Eudo, »aber ich mache dir einen Vorschlag: Ich will den Königsschatz für eine Weile mitführen und überall herumzeigen. Als Gegenleistung liefere ich dir den Merowingerkönig aus und breche meinen Bündnisvertrag mit Majordomus Raganfrid.«

»Und wie zum Teufel soll ich meinen Edlen erklären, dass ich freiwillig auf den Königsschatz des austrischen Reiches verzichte?«, fragte Karl.

»Du verzichtest nicht«, erklärte Eudo geduldig. »Sagen wir doch, dass du mir den Königsschatz nur als ein Lehen gibst, damit ich mir ein größeres Heer gegen die Sarazenen und die arabischen Eroberer aufstellen kann. Mit dieser Anleihe gelte ich wieder als stark und mächtig, auch wenn ich sie nicht antaste.«

Karl dachte nach. Eudos Ansinnen konnte sehr wohl eine List oder auch Falle sein, doch selbst dann hatte der Plan Vorteile für alle Seiten. Karl wog das Risiko ab, und es gefiel ihm.

»Wenn wir bei dieser Lesart bleiben, stimme ich zu.«

Es kam alles genau so, wie es die beiden unterschiedlichen Männer auf der alten Römerbrücke von Orleans vereinbart hatten. Während der König der Neustrier, der die meiste Zeit seines Lebens als Mönch Daniel hinter Klostermauern verbracht hatte, still und bescheiden blieb, war den Männern in seiner Begleitung Zorn, Wut und Enttäuschung deutlich anzusehen. Die meisten von ihnen waren Adlige, Grafen und Gutsbesitzer aus den Gauen rund um Paris. Keiner von ihnen konnte seine Erbitterung über den Verrat des Aquitaniers auch nur halbwegs unterdrücken. Doch selbst ein lauter Protest hätte ihnen nichts mehr genützt.

Den ganzen Tag über und sogar während der Nacht kehrten die Bewohner von Orleans in ihre Stadt zurück. Bereits am nächsten Morgen herrschte das übliche Gewimmel auf Straßen und Plätzen.

Karl hatte angeordnet, dass mehrere Stellmacher gleichzeitig auf den verschiedenen Gutshöfen rund um die Stadt Teile für einen Wagen bauen sollten, mit dem er den König in einer Art Triumphzug bis nach Paris bringen wollte.

Die Menschen an der Loire brauchten keine Belehrung darüber, dass sie einen erteilten Befehl schnell und ohne Widerspruch zu befolgen hatten. Der von Karl verlangte Wagen wurde bereits am Abend ihres zweiten Tages in Orleans auf dem Platz zwischen dem Kloster und der Kirche des heiligen Aignan übergeben. Karl ließ es sich nicht nehmen, den fahrbaren Thron für den neustrischen Merowingerkönig zu begutachten.

»Er sieht zwar nicht gerade wie ein komfortabler Reisewagen für einen römischen Senator aus, aber genau so habe ich ihn mir vorgestellt.«

Er schlug mit der Faust gegen die großen Scheibenräder, sah sich die geschmiedeten Reifen an, begutachtete die Deichsel für die Ochsen und blickte dann ins Innere des Kastens.

»Hier müssen mindestens fünf Ballen Stroh verteilt werden«, sagte er dann. »Ich möchte mir nicht nachsagen lassen, dass ich einen Merowingerkönig schlechter fahren lasse, als es die Neustrier in den vergangenen Jahrzehnten getan haben.«

Die Männer lachten vergnügt. Sie spürten, dass die Spannung der vergangenen Tage und Wochen von Karl abgefallen war. Er sprühte immer noch vor Kraft und Energie, aber er wirkte nicht mehr so ernst und angespannt wie in der letzten Zeit.

»Warum hast du diesen Wagen hier schon bauen lassen?«, fragte Hildebrand, nachdem Karl die Prüfung des Gefährts abgeschlossen hatte. »Du hättest Boten nach Paris, Soissons oder Reims schicken können, um dir dort den Wagen anfertigen zu lassen. Auf diese Weise hätten wir eine Woche Zeit gespart.«

»Du magst ein ehrenwerter Graf irgendwo in Burgund sein«, meinte Karl gut gelaunt. »Aber der Mann, den ich auf diesem Wagen mit mir führe, soll von Anfang an nicht wie irgendein fliehender Reiter, sondern als mein König gesehen werden.«

»Aber der Wagen mit dem doppelten Ochsengespann schafft bestenfalls acht bis zehn Meilen pro Tag.«

»Das will ich auch«, antwortete Karl und lachte. »Ich will, dass jeder Bauer irgendwo am Weg später erzählen kann, wie Karl, der Sohn von Majordomus Pippin, mit König Chilperich II. von Orleans nach Norden zog. Jeder Händler, jeder Gaukler, jeder Bettler auf den Straßen soll mich und diesen König sehen.«

»Du willst ihn vorzeigen und damit beweisen, dass er für dich wie eine Reliquie und noch wertvoller als der gesamte Königsschatz ist.«

»Du brauchst sehr lange heute, um mich zu verstehen«, lächelte Karl nachsichtig. »Aber genau so ist es.«

Das weite Land zwischen Orleans und Paris war nicht dicht besiedelt. Bereits am ersten Tag ließ Karl die Reiterboten nach Ost und West ausschwärmen. Sie sollten überall verkünden, dass der Sieger von Vincy jetzt mit dem Merowingerkönig der Neustrier von der Loire an die Seine zurückkehrte. Sie sollten weiterhin verkünden, dass sich derselbe Karl mit dem großen und mächtigen Herzog Eudo von Aquitanien darauf geeinigt hatte, dass keine Feindseligkeiten zwischen ihnen bestanden. Und sie sollten sagen, dass jedermann in Frieden leben könne, der Karl als Princeps der gesamten Francia anerkannte und ihm beim nächsten Märzfeld die Waffenhand anbot.

Der gemächliche, vom Tritt der beiden Ochsen vor dem Wagen des Königs bestimmte Zug nach Norden brauchte sechs Tage, bis er die ersten Häuser von Paris erreichte. Es waren die beschaulichsten Tage und Nächte, die Karl je erlebt hatte. Die Sommersonne brannte heiß, aber sie blieb erträglich auf der Römerstraße zwischen den weiten Wäldern und freien Flächen, über die ein milder Wind von Nordwesten her wehte.

An vielen Stellen stand das Korn bereits reif und hüfthoch. Manchmal sahen sie die Bewohner ganzer Dörfer auf den Feldern. Sobald der Königstreck vorbeizog, liefen zuerst Frauen und Kinder an die Straße, boten Wein und Essigwasser an und dazu selbst gebackene Küchlein. Die Männer nahmen ihre Filzkappen oder auch Vasgonenmützen ab. Sie senkten ihre Köpfe, sobald der Wagen mit dem König vorbeirumpelte.

Karl und seine Gefährten hatten viel Zeit, über all die Dinge zu sprechen, die sie bereits geschafft hatten und die noch vor ihnen lagen. Und dann, als die Römerstraße zwischen den Häusern von Paris sich zur Seine hinab neigte, kam ihnen ein Trupp eigener Reiter entgegen. Sie gehörten zu Herzog Folker, der seltsam unbewegt blieb, als Karl ihm fröhlich zuwinkte.

»Was ist mit dir? Was hast du?«, rief ihm Karl entgegen. »Ist das die Art, einen Mann zu begrüßen, der den König seiner Feinde ohne einen Schwertstreich übernommen hat?«

»Wir haben schon gehört, dass dir in Orleans ein Wunder gelungen sein muss«, sagte Folker mit eigenartigem Ernst. »Auch unsere Freude war sehr groß. Inzwischen ist die Kunde deines Sieges schon längst am Rhein und sogar bei den Friesen.«

»Und warum sagst du mir das so verstört und voller Besorgnis?«

Folker sah sich beinahe verschwörerisch nach allen Seiten um.

»Du kommst als Sieger und als Held«, sagte er dann halblaut. »Aber hier im Herzen Neustriens wird bereits die Frage laut, ob du rechtmäßig gehandelt hast.«

»Was soll das, Folker?«, fragte Karl scharf. »Chilperich II. ist mein Gefangener und nicht mein König. Mein König und der König aller Austrier ist und bleibt Chlothar IV.«

Graf Folker schüttelte mit einem wie von Schmerzen verzerrten Gesicht den Kopf. »Nein, Karl! Genau das ist es doch, was ich dir sagen will: Du konntest an der Loire nicht mehr als Majordomus im Namen Chlothars handeln. Denn unser König starb am gleichen Tag, an dem du Orleans erreicht hast…«

Dennoch zog Karl als Triumphator durch die Stadt zur Seine. Er ließ die Edelsten aus seinem Gefolge rund um den Ochsenkarren reiten. Chilperich II. hockte auf einem mit Stroh gepolsterten Bett, über das eine Pelzdecke gebreitet worden war. Vier Stangen rechts und links an den Seiten des Ochsenwagens waren mit bunten Seidentüchern und Gobelins behängt. Karl hatte angeordnet, dass kurz vor dem Einzug in Paris die großen Scheibenräder mit Strohzöpfen, in die Ackerblumen eingeflochten waren, verziert und damit größtenteils verdeckt wurden. Niemand sollte sagen, dass er den Merowingerkönig ohne den gebührenden Respekt behandelte. Chilperich II. war damit einverstanden gewesen, selbst prächtige Gewänder anzulegen. Und auch die Ochsen vor seinem Wagen waren mit Feldblumen und bunten Leinenbändern geschmückt.

Die Menschen waren längst daran gewöhnt, dass ihre Könige nicht auf wilden Rossen große Heere anführten, sondern sich eher wie die Hohenpriester ihres eigenen Königtums von Ort zu Ort und von Pfalz zu Pfalz in Ochsenkarren fahren ließen.

Doch diesmal stimmte etwas nicht. Denn nicht der Majordomus, der eigentlich zu Chilperich gehörte, führte den Zug über die breite Römerstraße bis zur Seine an, sondern jener andere, der »Kerl« genannt wurde und der so stark und wild aussah wie sonst nur Friesen, Iren oder Sachsen.

Der lange Zug verließ die römische Seite der Stadt. Karl ließ König Chilperich und die neustrischen Edlen auf der Insel im Fluss zurück und ritt mit seinen eigenen Leuten weiter nach Sankt Denis.

»Mit einer solchen Wendung konnte wohl niemand rechnen«, sagte Rotbert am selben Abend. Wieder war es der einsiedlerische Mönch Sigbert, der das Gastmahl für die austrischen Franken ausrichten ließ. Später traf auch noch Milo ein.

Sie aßen, tranken und besprachen den ganzen Abend über, wie

es weitergehen sollte. Karl übertrug Milo die Aufgabe, einen geeigneten Begräbnisort für Chlothar zu bestimmen.

»Weiß man, was er gehabt hat und woran er so plötzlich starb?«

»Er wollte nicht mehr«, antwortete Milo. »Er wollte einfach nicht mehr wie eine königliche Monstranz von dir oder von anderen Adligen des Frankenreiches herumgefahren werden.«

»Hat er dir das gesagt?«

»Ich wusste es schon lange«, antwortete der Bischof von Trier und Reims. »Diese Könige vertragen keinen Schlachtenlärm, das Brüllen von betrunkenen Männern und die Lustschreie der Weiber mehr. Es schmerzt sie, wenn sie erdulden müssen, was sich in ihrem Namen außerhalb der Klostermauern abspielt.«

»Bist du der Meinung, dass wir Chilperich II. ebenfalls ins Kloster zurückschicken sollten?«

»Auf keinen Fall!«, antwortete Milo sofort.

»Nun gut, dann will ich Chilperich II. behalten.«

Milo sah sich um, prüfte in den Gesichtern der anderen Adligen, aber auch in denen der versammelten Priester und Mönche, ob jemand vortreten wollte, um Einspruch zu erheben. Doch selbst die schriftkundigen Referendare, die Schreiber und diejenigen Männer, die sich in der *Lex Salica* und der *Lex Ripuaria* auskannten, hoben nur die Schultern und öffneten die Hände.

»Du siehst es, Karl – keinerlei Einspruch gegen diese Lösung!«

»Dann nehme ich ab hier und heute Chilperich II., den König Neustriens, auch als König Austriens an. Beim nächsten Märzfeld soll er offiziell bestätigen, dass ich, Karl, Sohn von Pippin II., sein Majordomus bin – und zwar für alle Teilreiche der Francia: für Neustrien, Austrien, Burgund und Aquitanien! Dazu für Baiern, Thüringen und Alamannien …«

Im selben Augenblick erhob sich ein Getöse im Speisesaal der Mönche von Sankt Denis, wie es so laut und mächtig noch nie zuvor in diesem ehrwürdigen Gemäuer gehört worden war. Alle Bewaffneten aus Karls Gefolge zogen ihre Kurzschwerter und schlugen mit der flachen Klinge auf Tische, Bänke, gegen Speiseplatten aus Metall und alles andere, was einen Klang ergab. Gleichzeitig ertönten aus den vielen Dutzend Kehlen Jubelrufe und begeistertes Geschrei, das sich wie das Jodeln junger Viehhirten in den Ardennen anhörte.

Kräftige Fäuste rissen Karl an den Schultern hoch. Andere stemmten ihn noch höher, und irgendjemand fand einen Schild, auf den Karl gehoben wurde. Er war ein großer, starker Mann und es bedurfte vieler Arme, ihn hochzuheben. Aber dann trugen sie ihn, wie zu Zeiten früher Frankenkönige, auf dem Schild einmal rund um Tische und Bänke des Refektoriums.

Jemand riss die Türen an der Stirnseite des Saales auf. Dann schleppten die Getreuen ihren Anführer über den Kreuzgang durch den Kräutergarten bis zum Kirchenraum. Erst dort hörten die Schreie auf und wichen einem feierlichen, stolzen Ernst. Es war, als wollten alle im Angesicht der Königsgräber und des Kreuzes über dem Altar zeigen, wer fortan der neue starke Majordomus für das gesamte Königreich der Merowinger und der Franken sein sollte.

21.

Friesensturm

Die nächsten Tage vergingen damit, dass Karl sich genau sagen ließ, worauf er in Zukunft in den Grafschaften Neustriens zu achten hatte. Er hätte auch die offiziellen Räume auf der Insel in der Seine benutzen können, aber er zog es vor, seine Audienzen und Beratungen im Refektorium der Mönche von Sankt Denis abzuhalten. Paris selbst und die Kirchen und Klöster auf der Seineinsel waren ihm zu gewaltig, zu sehr ummauert und zu dick mit der Patina der Antike behaftet.

Er wandte sich direkt an die Gruppe der Adligen, die er aus allen Gauen rund um Paris zu sich nach Sankt Denis befohlen hatte. »Wir müssen die Jahre nach dem Tod meines Vaters endlich als das begreifen, was sie wirklich waren – als ein furchtbares Unglück, in dem sich verbrüderte Stämme so schrecklich bekämpften, als seien sie nie getauft worden! Wir werden ebenso untergehen wie die Ostgoten unter dem Ansturm der Langobarden oder die Westgoten unter den Hufen der schnellen Araberpferde, wenn wir uns nicht auf die Kraft besinnen, die nur aus Einigkeit entstehen kann.«

Er machte eine kurze Pause und blickte jeden der Männer an.

»Ich will nichts Unmögliches von euch«, sagte er dann. »Aber ich verlange die Bereitschaft, für ein großes und mächtiges

Reich zu kämpfen. Ihr sollt es weder für mich, noch für unseren König Chilperich II. tun. Und ich will von heute an und für den Rest meiner Tage nichts mehr von Austriern, Neustriern oder Burgundern hören, sondern nur noch von Franken.«

Sie blickten ihn mit Respekt und Bewunderung an. Er war kein König und nicht einmal der von allen bestätigte Majordomus. Dennoch gaben in diesen Tagen weitere Große ihren Widerstand gegen Karl auf. Auch wenn sie ahnten, dass er viel von ihnen fordern würde, erkannten die meisten von ihnen, wie viel mehr sie gewinnen konnten, wenn sie sich auf seine Seite schlugen.

»Und was geschieht mit Raganfrid?«, fragte einer der neustrischen Grafen.

»Ich hege keine Gefühle der Rache«, sagte Karl ruhig.

Es dauerte lange, bis alle Einzelheiten der neuen Ordnung so weit festgelegt waren, dass sie von den Referendaren, Schreibern und Notaren aus Chilperichs Hofstaat aufgeschrieben werden konnten.

An einem der letzten Abende vor Paris machte Karl noch einmal deutlich, dass es unter seiner Führung keine langatmigen Verfahren und komplizierten Händel geben würde. Während des Abendessens mit den Mönchen hob er plötzlich die Hand und klopfte mit dem Messer in der anderen gegen seinen Trinkbecher.

»Damit ihr alle seht, dass ich nicht nur nehmen, sondern auch geben kann, ernenne ich hiermit meine treuesten Gefährten, die Grafen Rotbert, Folker und Hildebrand, offiziell zu Herzögen. Sie sollen unabhängig voneinander, aber gut abgestimmt mit mir, die ersten jener Vasallenheere aufbauen, mit denen wir das Reich vergrößern und unbesiegbar machen wollen.«

Die Männer an den Tischen nahmen ihre Messer und klopften mit den Griffen auf die Tischplatten.

»Hildebrand, du kümmerst dich weiter um Burgund!«, ordnete Karl an. »Du Rotbert, ordnest Hennegau und Haspengau und übernimmst die Ländereien von Toxandrien bis hoch nach Norden an die Maasmündung. Und du Folker, erweiterst dein Gebiet um alle Gaue zwischen Rhein und Maas, ohne aber mit den Friesen in Konflikt zu geraten. Das habe ich mir persönlich vorbehalten …«

»Endlich!«, rief Wusing von anderen Ende des Tisches. Jeder der Männer drehte sich zu ihm um. Wusing stand auf und schlug sich mit der rechten Hand an die Brust. »Ich habe jahrelang darauf gewartet, dass irgendwann ein Mann kommt, der meinem eigenen Fürsten das Christentum beibringt. Willibrord war Bischof in Utrecht und hat es nicht geschafft. Wynfrith, ein junger Mönch aus England, wird seit Wochen von Radbods Männern behindert. Pippin II. hat Radbod nur zurückgedrängt. Und du, Karl, musstest ebenfalls das Schwert der Friesen fühlen, die sich nicht taufen lassen wollen. Mein größter Wunsch ist, dass ich noch erlebe, wie du, Karl, den bösen Fürsten der Friesen unterwirfst …«

Fast alle Männer schwiegen. Nur die Mönche des Klosters von Sankt Denis hatten zu jedem Wort von Wusing genickt. Für sie galt eine andere Treueordnung als für Männer unter Waffen. Manch ein Neustrier konnte nicht verstehen, warum ein getaufter Friese mehr zu Karl hielt als zu dem Volk, aus dem er stammte.

Nur einer in der Reihe hinter den Mönchen von Sankt Denis hüstelte, als wolle er an etwas erinnern. Karl sah zu ihm hinüber. Dann nickte er.

»Nein, Beningus«, sagte er lächelnd, »ich habe dich nicht vergessen. Du wirst natürlich wieder Abt von Sankt Wandrille.«

»Und was geschieht mit Abt Wando … meinem Nachfolger, der Raganfrid ständig mit Vorräten versorgt hat?«

»Tja«, sagte Karl. »Der fromme Mann wird nun genügend

Zeit bekommen, für sein eigenes Seelenheil zu beten! Er war mir allzu nützlich für die Neustrier, und deshalb soll er von jetzt an unter strenger Aufsicht in Austrien leben. Ich denke, dass das Kloster Sankt Servatii in Maastricht sicher genug für einen Abt in Haft ist.«

Die Heimkehr der Krieger in ihre Dörfer und Höfe beendete den heißen Sommer, der aber weniger blutig verlaufen war, als die meisten von ihnen bei ihrem Auszug angenommen hatten.

»Raganfrid hat die Magie und die Kraft unterschätzt, die noch immer von einem Merowingerkönig ausgeht«, sagte Karl an einem Septembernachmittag im Schatten der Bäume von Jupille. Die Bewaffneten, die jetzt immer bei ihm waren, übten auf der anderen Seite des Flusses zwischen Lüttich und Heristal den Angriff zu Pferd in kleinen Gruppen. Es waren dieselben Männer, die erlebt hatten, wie schnell und beweglich Karl bei der Verfolgung von Chilperich II. gewesen war. Sie waren die Ersten, die Karls Idee verstanden, die einzelnen Heere künftig anders zusammenzustellen als in den vergangenen Jahrhunderten.

»Wir können nicht wieder zu der starr berechneten Kampfweise der Römer zurückkehren«, sagte er. Rotbert und Folker waren nach einer Woche aus ihren Gauen erneut nach Jupille gekommen, um zu besprechen, ob sie noch im selben Jahr gegen die Friesen ziehen sollten oder erst nach dem nächsten Märzfeld. Anders als sonst saßen auch Chrotrud und die Frauen der beiden Herzöge bei den Männern. Sie kannten sich alle, denn die Frauen der beiden Grafen stammten aus derselben Großfamilie wie Karls Ehefrau.

»Aber wo steht geschrieben, dass wir uns keine schlagkräftige und gut geübte Kavallerie aufstellen können?«, fuhr Karl fort. »Ich denke dabei an einen festen Stamm aus den besten Reitern, die wir im ganzen Reich finden können. Sie sollen ausgezeichnete Pferde und Waffen aus den Erträgen der Fiskalgüter und der königlichen Domänen erhalten.«

»Du meinst ein Reiterheer, das sich nicht erst zum Märzfeld bildet und im Herbst wieder auseinander geht?«

»Genau das meine ich«, sagte Karl. »Ich sehe Männer vor mir, die mit ihren Pferden wohnen und Tag und Nacht bereit sind, aufzusitzen, auf ihren Pferden zu schlafen und noch mit geschlossenen Augen zu kämpfen und zu siegen. Denkt nur daran, wie wir gemeinsam von der Aisne zur Marne und von der Marne zur Seine geprescht sind. Genau so stelle ich mir die Spitzen und den harten Kern der neuen Vasallenheere vor.«

Karl lehnte sich auf seiner Sitzbank zurück, nahm den Weinkrug und trank einen tiefen Schluck. Er blinzelte in die Nachmittagssonne und fühlte sich wohl wie schon lange nicht mehr. So hätte der Frieden aussehen können, von dem er immer träumte – der Frieden des Tages, des Reichs und der Welt.

Aber es gab keinen Frieden. Denn bereits mehrfach in den vergangenen Tagen war ihm berichtet worden, dass die Sachsen an mehreren Stellen in die fränkischen Grenzgebiete eingedrungen waren. Sie hatten Speicher und Scheunen mit der neuen Ernte verbrannt, ganze Viehherden am helllichten Tag fortgetrieben und Bauernfamilien im Grenzland zwischen Lippe und Ruhr bei Nacht überfallen, um ihnen die Kehlen durchzuschneiden.

»Ich werde nicht wie jeder andere Majordomus oder König vor mir tatenlos zusehen, wenn unsere Grenzlande verwüstet werden«, sagte er grimmig. »Und ich will mich nicht jedes Jahr darüber ärgern, dass ich bis zum Märzfeld warten muss, ehe mir die Männer zur Verfügung stehen, die ich für einen Strafzug benötige.«

»Und diese Reiter, von denen du sprichst«, fragte Rotbert, der allmählich einsah, dass Karls Idee etwas für sich hatte, »diese … *Ritter* unterliegen nicht mehr den Gesetzen des Heribanns?«

»Sie sollen wie ein scharfes Schwert sein, zu dem ich jederzeit greifen kann... tödlicher als jede meisterlich geworfene Axt, weiter reichend als Speere und Pfeile, die von den magischen Kräften der Ahnen bis nach Walhall hinaufgetragen werden.«

»Ein stehendes Heer also«, sagte Folker.

»Kein stehendes Heer, Mann!«, korrigierte Karl. »Ein reitendes Heer. Ich sage, ein reitendes Heer...«

»Wie viele hast du bereits?«, fragte Rotbert, als auf der anderen Seite des Flusses mehrere Gruppen von Reitern auf ihren schweren Pferden mit stampfendem Galopp vorbeijagten.

»Es sind schon fast zweihundert«, sagte Karl stolz.

Wie schon häufiger in den vergangenen Jahren traf der jüdische Fernhändler Isaak als einer der Ersten zum Märzfeld ein. Er führte ein Dutzend Packpferde und Maultiere mit sich, auf denen er Stoffballen, Gewürze und Spezereien, dazu Duftstoffe und getrocknete Südfrüchte bis nach Köln brachte.

Karl empfing ihn, wie schon zuvor, freundlich und mit großem Wohlwollen. Er lud ihn und seine meist schweigsamen Begleiter zum Gelage am nächsten Abend ein. Bereits vorher setzte er sich mit Isaak und den drei wichtigsten Herzögen zusammen. Noch ehe das Märzfeld begann, wollte er wissen, was in den Wintermonaten in den südlichen Regionen des Reiches geschehen war.

»Ihr dürft nicht denken, dass eure Feinde im Süden in den vergangenen Jahren eine einzige starke und einheitliche Macht gewesen sind«, begann Isaak. »Wenn es so wäre, hätte Herzog Eudo von Aquitanien sicherlich Wege gefunden, sich mit dem stärksten der Anführer unter den Muselmanen zu verbünden.«

»Du meinst also, die Mohammedaner sind untereinander verfeindet?«

»Schlimmer verfeindet als es ihr Franken, Friesen und Sachsen jemals gewesen seid«, seufzte der alte Jude. »Ihr müsst nicht denken, dass es der Prophet Mohammed und seine Anhänger besonders leicht hatten. Der alte Adel von Mekka und die Emire der syrischen Stämme in Arabien bekämpften sie, wo sie nur konnten. Die Überlebenden irrten durch Ägypten und bis zur Nordküste Afrikas, zogen immer weiter nach Westen und gelangten schließlich vor acht Jahren bis nach Spanien. Ihre Zahl war so groß, dass es sofort zu erbitterten Kämpfen mit den dort schon beheimateten syrischen Arabern kam.«

»Jetzt verstehe ich«, sagte Karl. »Aber dort wohnten nicht nur Araber, sondern auch christliche Goten und andere.«

»Vollkommen richtig«, sagte Isaak. »Du meinst bestimmt Pelagius, der mit seiner kleinen Christenschar die schwer zugänglichen Felsklüfte in Asturien verteidigte. Ja, es stimmt. Diese mutigen Männer brachen immer wieder aus den Bergen hervor und überfielen die Araber mit blutigen Angriffen. Das ging sogar so weit, dass sich der Statthalter Munousa, der mit dem großen Tarik nach Spanien gekommen war, mit seinem Heer zurückzog. Seine Verluste waren so groß, dass sich die Überlebenden weigerten, in die tödlichen Felsenregionen im Norden Spaniens zurückzukehren.«

»So weit, so gut«, sagte Karl. »Demnach müssten wir nur abwarten, bis sich die Muselmanen untereinander zerfleischen.«

»Oder noch stärker werden«, widersprach Isaak. »Im vergangenen Jahr wurde El Sammah zum Statthalter Spaniens ernannt. Natürlich muss er beweisen, dass er geeignet für seine Aufgabe ist. Er ist in diesem Jahr bereits über die Pyrenäen gezogen.«

»Stimmt es, dass er schon Narbonne belagert?«, fragte Karl.

»Das muss er nicht mehr«, gab der Jude ernst zurück. »Die Stadt, in der bereits die Griechen ihren westlichsten Stützpunkt hatten und die zur ersten Festung der Römer in ihrer späteren Provinz Gallien wurde, gehört bereits den Sarazenen. Sie haben Narbonne vor drei Wochen erobert.«

»Narbonne erobert?«, wiederholte Rotbert entsetzt.

»Was geschieht jetzt mit Septimanien, Aquitanien und der Provence?«, wollte Karl wissen.

»Da fragst du mich etwas zu viel, Frankenherzog«, gab Isaak zurück. »Ich weiß nur, dass Narbonne furchtbar gelitten hat. Sehr viele Männer wurden getötet, Weiber und Kinder gefangen und nach Spanien verschleppt. Und das Gleiche droht auch den übrigen Städten im Süden der Francia.«

»Und hast wirklich keine Vorstellung, in welche Richtung sie ziehen werden?«, fragte Karl.

»Nein«, antwortete der Fernhändler. »Sie können ebenso gut über die Via Domitia nach Nimes, Avignon und dann das Rhonetal hinaufziehen, oder sich nach Westen wenden, um Carcassonne, Toulouse und schließlich Bordeaux einzunehmen…«

»Wenn das geschehen sollte, ist auch die Stadt des heiligen Martin in Gefahr!«, sagte Karl ernst. »Und nach Tours folgen Orleans, Paris und schließlich die gesamte Francia!«

Der Schnee lag noch, aber es regnete, als das Märzfeld vor den Toren Kölns begann. Wie seit vielen Generationen schimpften und fluchten Männer und Frauen über die riesigen Matschfelder zwischen den nassen Zelten. Nichts wurde mehr trocken, und die klamme Feuchtigkeit blieb in jedem Stück Stoff oder Leder, selbst wenn es lange am Feuer hing.

Aber niemand von jenen, die so laut schimpften und sich über das schlechte Wetter beklagten, wäre auch nur im Traum darauf gekommen, das Märzfeld in einen der trockeneren Monate zu verlegen. Das lag nicht allein am Durcheinander, das dann das ganze Jahr über bei Aussaat und Ernte, beim Heu machen und bei der Zucht der Tiere entstanden wäre. Nicht einmal ein König oder Majordomus hätte die Kraft und das Recht gehabt, den Termin für das Märzfeld zu verändern. Zum einen hätten sie dabei erklären müssen, was die Ahnen dazu sagten, und zum anderen war es auch jetzt schon schwierig genug, weil sich kein Winter und kein Wetter an die ständigen Veränderungen der Fastenzeit und des Osterfestes hielt.

Karl ritt zwei Tage lang mit dreißig, vierzig Mann Begleitung von einem Lager zum anderen, hielt überall an, ließ sich ausführlich über alle Sorgen und Nöte berichten, fand freundliche Worte für Kinder und Frauen und zeigte deutlich, wie sehr ihm daran lag, dass er von allen anerkannt wurde. Manche meinten hinter vorgehaltener Hand, dass ein Majordomus des Frankenreiches nicht so leutselig sein dürfe, wie sich Karl jetzt gab. Sie verstanden nicht, dass er auch bei einfachen, ziemlich wild aussehenden Bauern anhielt, von denen keiner sich ein eigenes Schwert oder einen Schild leisten konnte. Aber derartige Männer, die nichts anderes hatten als ihre Körperkraft und ein paar Hufen Land, das sie beackern durften, bildeten den größten Teil jedes Frankenheeres.

Die Franken in diesen Gegenden hatten von jeher einen engen Kontakt zu den Friesen. Auch wenn sie sich voneinander abgrenzten, wussten gerade die Toxandrier, warum die Friesen niemals im großen Durcheinander der Völker mitgezogen waren. Bei ihnen hatten Hunger und Missernten, Seuchen und Unwetter zu keiner Zeit ähnliche Folgen gehabt wie weiter östlich an Elbe und Oder. Die Friesen waren das einzige alte Volk Germaniens, das niemals durch Hunger und Not gezwungen worden war, seine Heimat zu verlassen. Sie hatten auch in den schlechtesten Jahren überlebt, weil sie über die vielen Flüsse und das offene Meer nach allen Seiten handeln und Waren austauschen konnten.

Karl löste das Märzfeld am sechsten Tag wieder auf. Bischof Faramundus und seine Priester zelebrierten am letzten Tag, einem Sonntag, eine eindrucksvolle Messe auf dem Forum von Köln. Mehr als tausend Menschen waren aus den umliegenden

Zeltlagern in die Stadt gekommen. Sie fanden großen Gefallen an gemeinsamen Gesängen, auch wenn kaum einer von ihnen die lateinischen Worte verstand.

Anschließend ritt Karl mit seinen Männern noch einmal an der Reihe der austrischen Edlen entlang. Nur jeder Zehnte sollte mit einem Teil seiner Bewaffneten, den Pferdeknechten und Handwerkern bis zur Woche nach Ostern in Köln zurückbleiben. Allen anderen wurde die Auflassung erteilt. Sie konnten in ihre Gaue und zu ihren Höfen zurückkehren, nachdem sie Karl noch einige Waffen und Vorräte zurückgelassen hatten.

Am Ostermontag teilte Karl die in Köln gebliebenen waffenfähigen Männer aus den verschiedenen Gauen Austriens in vier Heeresgruppen zu je fünfhundert Kriegern ein. Zwei von ihnen sollten unter der Führung von Herzog Folker auf der linken Rheinseite bis zur Lippemündung vorstoßen. Er selbst übernahm die beiden anderen Gruppen, die zusammen mit Pferdeknechten, Waffenträgern und Tross weit über zweitausend Menschen umfassten. Er übergab den ersten Teil des Heeres seinem Stiefbruder Hildebrand, den zweiten vertraute er versuchsweise seinem Ältesten Karlmann an. Er sollte üben, denn nach dem Gesetz der Franken würde er in diesem Sommer volljährig werden.

Karls Heeresgruppen zogen ohne große Hast nach Norden. Die auf der linken Rheinseite waren schneller und hatten bereits die Mündung der Lippe erreicht, als Karl selbst noch an Lippe und Ruhr nach Sachsen Ausschau hielt. Er hatte damit gerechnet, dass sich einige mutige Familien nach dem Winter wieder an den zerstörten Siedlungsplätzen einfinden würden, doch wohin sie auch kamen, ragten nur schwarzverbrannte und verkohlte Balken jener Häuser aus dem Schnee, in denen bei den Sachsen Menschen und Tiere unter einem Dach gelebt hatten.

Auf einigen der Lichtungen mit den kläglichen Überresten der Sachsensiedlungen entdeckten sie Fußspuren. Manchmal waren diese Spuren sogar zu gewundenen Pfaden ausgetreten, die bis zu den Waldrändern führten. Aber nicht ein einziges Mal sahen sie irgendein Zeichen von Leben: einen Sachsen, ein fremdes Pferd, Kühe oder andere Haustiere.

Wie auch die anderen nahm Karl inzwischen an, dass sich die Sachsen in ihre legendenumwitterten Bergfestungen wie den Obermarsberg oder die Büraburg zurückgezogen hatten. Sie sollten noch uneinnehmbarer sein als die Ringwälle zwischen den Paderquellen und dem Weserdurchbruch an der Porta Westfalica.

»Wir verschwenden hier nur unsere Zeit«, sagte Karl schließlich. Er hatte die Edelsten aus seinem Heer zusammengerufen und sie in einem großen Kreis um ein Feuer versammelt. Beinahe hundert Adlige aus allen Teilen Austriens setzten sich auf Sättel, umgekippte Baumstämme oder mitgebrachte Schemel. Für Karl selbst wurde der einzige im gesamten Heer mitgeführte Stuhl aufgestellt, der eine Lehne besaß. Bis auf diese Kleinigkeit hätte niemand auch an diesem Tag Karl von seinen Vasallen und Gefolgsleuten unterscheiden können. Sie sahen nicht viel besser aus als die Sachsen, die sie verfolgten. Karl selbst hatte nur sein Wehrgehänge angelegt, mit Messer, Kurzschwert und Spatha. Er trug einen einfachen Lederhelm mit einem bogenförmigen Metallschutz nach beiden Seiten und von vorn nach hinten. Sein Helm war nicht vergoldet. Bis auf einige im Nacken herabhängende Kettenglieder bot er keinen weiteren Schutz für Gesicht und Wangen.

Die Versammlung der Edlen begann ohne große Zeremonie. Karl redete noch eine Weile mit den Männern zur Rechten und zur Linken, während er in die ganze Runde blickte, um zu sehen, wann sie so weit waren, dass er sprechen konnte.

Bedienstete gingen überall herum, schenkten Wein in irdene

Krüge, hölzerne Becher und vergoldete Trinkschalen. Jeder der Großen in Karls Heer hatte seine Eigenheiten. Während der eine seinen Wein nur unverdünnt aus einem mit Runen und Schnitzereien verzierten Kuhhorn trinken wollte, waren andere stolz auf ihre silbernen und vergoldeten römischen Trinkschalen oder auf gläserne Gefäße, die aus irgendwelchen Gräbern stammten. Karl selbst begnügte sich mit einem Holzbecher, den er sich selbst vor vielen Jahren aus dem Wurzelholz jenes Rosenbusches geschnitzt hatte, unter dem Chrotrud zum ersten Mal bei ihm gelegen hatte. Jedes Mal, wenn er einen Schluck Met oder Wein aus dem kleinen Holzbecher trank, für den sie ihm eine mit Goldfäden durchzogene Schlaufe gewebt hatte, dachte er an jenen Augenblick zurück, an dem er Karlmann, seinen Ältesten gezeugt hatte.

Der junge Mann durfte an diesem Tag an seiner rechten Seite sitzen. Karl lächelte, als er ihm seinen eigenen Weinbecher reichte. Karlmann errötete ein wenig. Dann trank er einen kleinen Schluck und gab den Becher an seinen Vater zurück. Er kannte die Geschichte mit dem Wurzelholz und dem Rosenbusch…

»Wenn wir die Privatgespräche jetzt langsam beenden könnten, hätte ich nichts dagegen«, rief Karl den Männern zu. Die Anführer des Heeres und alle, die ein halbes Dutzend oder mehr Krieger zur Verfügung gestellt hatten, unterbrachen sich, tuschelten noch einmal zur Seite und richteten dann ihre Blicke auf Karl.

»Ich danke euch, dass ihr mich heute doch noch zu Wort kommen lasst«, rief Karl und lächelte. »Ich habe euch nichts Besonderes zu sagen, sondern will nur die Frage stellen, ob ihr weiter nach Osten und Norden ziehen oder zum Rhein zurückkehren wollt.«

»Ich bin für einen weiteren Zug gegen die Sachsen«, rief einer der älteren Gaugrafen. Karl kannte ihn. Bereits sein Vater hatte sich im Burukugau mit den ständigen Überfällen der Sachsen herumplagen müssen.

»Dass du dafür bist, ist mir klar«, meinte Karl. Ein paar der anderen lachten.

»Was können wir gewinnen, wenn wir weiter bis zur Weser ziehen?«, fragte ein anderer. Er hatte sieben Männer unter Waffen, acht Knechte, eine Hand voll Sklaven und fünf Frauen mitgebracht. »Sämtliche Vorräte der Sachsen sind doch längst in ihre Burgen geschafft…«

»Er hat vollkommen Recht«, kam Zustimmung von mehreren Seiten. »Ja, so ist es. Wir müssen uns von dem ernähren, was wir selbst mitgebracht haben.«

Karl nickte zustimmend.

»Also, dann los!«, rief er. »Ab morgen früh gegen die Friesen!«

Karl ließ schnell rheinwärts ziehen. Am zwölften Tag nach dem Abmarsch aus Köln kam er mit seinen beiden Heeresgruppen am rechten Rheinufer an. Hier trafen sie auch auf Boten, die Herzog Folker ihnen entgegengeschickt hatte. Sie berichteten, dass sich die Friesen auf einen Angriff vorbereiteten.

»Sie haben schon länger damit gerechnet. Doch viele von ihnen glaubten, dass du dich zunächst um die Sachsen kümmern würdest.«

»Die Friesen bereiten mehrere Fallen vor. Sie wissen, dass sie die Hafenstädte wie Dorestad nicht verteidigen können. Wahrscheinlich werden sie auch Utrecht nicht bis zum letzten Blutstropfen halten wollen. Ihre großen Verteidigungslinien werden die Flüsse Sinksal und Flie sein.«

»Moment mal«, unterbrach Karl, »haben die Friesen keine Schwertkämpfer mehr?«

»Doch. Aber sie vertrauen darauf, dass sie dir mit ihren Booten eher überlegen sind als auf dem Rücken der Pferde.«

Karl pfiff leise durch die Zähne. »So ist das also«, sagte er dann. »Sie locken uns in ihr Gewirr aus Flüssen und Kanälen, warten ab, bis wir uns selbst auf irgendwelchen Inselspitzen verkeilen, landen dann in unserem Rücken und schlagen zu, wenn wir keinen Platz haben, um auszuschwärmen und uns zu wehren …«

»Genau so ist es«, bestätigten die Boten. »Herzog Folker sagt, dass er unbedingt noch einmal mit dir und den Mönchen sprechen will, die sich aus Echternach angekündigt haben.«

Willibrord traf mit einem halben Dutzend Mönchen spät am Abend ein. Der Gedanke an das Labyrinth aus hinderlichen Wasserläufen beschäftigte Karl so sehr, dass er auch Willibrord sofort damit überfiel: »Wie viele Schiffe und Boote mit Rudern können wir zwischen hier und Dorestad oder auch Utrecht finden?«

Willibrord sah spürbar gealtert aus. Dennoch lachte er fast vergnügt und ließ sich ächzend in einen Stuhl mit Seitenlehnen fallen, wie er sonst nur Karl und den Herzögen zustand.

»Es ist viele Jahre her, seit ich oben in Friesland war«, antwortete er nachdenklich. »Aber wenn du davon ausgehst, dass der Uferkai von Dorestad zu meiner Zeit etwa dreihundert Schritt lang war, kannst du dir selbst ausrechnen, wie viel Handelsschiffe zugleich dort anlegen konnten.«

»Das meine ich nicht«, sagte Karl schnell. »Ich will keine Handelsschiffe entern und keine Segler über die friesischen Seen und Flüsse schicken. Was ich brauche, sind diese flachen Boote ohne Kiel, die mit einfachen Stangen, wenn es sein muss mit Speeren, von einem Ufer zum anderen gestakt werden können.«

Willibrord schürzte die Lippen. Dann hob er die Brauen und nickte mehrmals. »Ich glaube, ich verstehe, was du planst. Aber ich kann dir diese Frage beim besten Willen nicht beantworten.«

Sie kamen gut voran und folgten der alten Doppelstraße der Römer, die bereits vor sechshundert Jahren angelegt worden war, um die Militärlager, Kastelle und Grenzbefestigungen am Niederrhein miteinander zu verbinden. Karl kannte den seltsamen Verlauf der Via Romana bereits von früheren Zügen mit seinem Vater. Jetzt zeigte er seinem Sohn, auf welche eigenartigen Ideen die römischen Straßenbauer gekommen waren, als sie ihre Verbindungen zwischen Xanten, Kleve und Nimwegen schufen.

»Eigentlich sind es zwei Straßen«, erklärte Karl. »Eine kurze nördliche und eine längere südliche. Merkwürdig an ihnen ist nur, dass sie in unregelmäßigen Abständen wie O-Beine aufeinander zuführen, um sich dann wieder voneinander zu entfernen.«

Später, am Abend, saßen sie wieder zusammen an den Feuern und beratschlagten, auf welchen Wegen sie die Friesen stellen wollten, von denen sie bisher noch nichts gesehen hatten.

Doch dann, mitten hinein in die Versammlung der fränkischen Edlen, brach eine Unruhe, die von mehreren Wächtern und einer kleinen Gruppe unbewaffneter Friesen ausging. Die Fußkrieger trieben die blonden Hünen mit Schlägen und Stößen unsanft bis zu Karl. Die drei Männer hatten Schrammen an den Armen und in ihren Gesichtern. Bei einem tropfte Blut aus den Mundwinkeln.

»Wir kommen …«, keuchte der Erste von ihnen, »wir kommen von Herzog Radbod …«

Karl hob sofort die Hand.

»Lasst sie!«, befahl er. Er zog die Brauen zusammen. Eine steile Falte bildete sich auf seiner Stirn.

»Wer hat euch gesagt, dass ihr die Friesen erschlagen sollt, ehe sie sprechen können?«, fuhr er die Männer an, die das Lager mit scharfen Augen und schnellen Fäusten bewacht hatten. »Seht ihr denn nicht, dass sie unbewaffnet sind und weiße Leinentücher in den Händen halten?«

»Wir dachten ...«

Karl winkte ab. Er bedeutete den drei Friesen, näher zu treten. »Ihr sagt, Herzog Radbod schickt euch?«

»Nicht ganz«, antwortete der Älteste von ihnen. Er nahm einen Becher mit Wein aus der Hand des Mönchs, der mit Willibrord bei Karl zurückgeblieben war. Die beiden anderen wischten sich ihre Blutspuren mit den Ärmeln ihrer Kittel ab. »Wir Friesen sind nicht alle mit dem einverstanden, was Herzog Radbod tut und wozu er manchmal durch die Dänen aufgestachelt wurde.«

»Was haben die Dänen damit zu tun, dass ihr nach dem Tod meines Vaters gegen Köln gezogen seid?«

»Eigentlich nichts«, gab der Anführer des kleinen Trupps zu, »aber wir kommen heute zu dir, weil nicht alle Hundertschaften von uns Friesen gegen dich und deine Männer kämpfen wollen.«

»Ihr wollt euch ergeben?«, fragte Karl erstaunt. »Das ist das Ungewöhnlichste, was ich je aus einem Friesenmund gehört habe.«

»So habe ich es auch nicht gesagt«, antwortete der Mann, in dessen Mundwinkeln noch immer Blut zu sehen war. »Aber wir meinen, dass es sinnlos ist, wenn Hunderte von Männern mit ihrem Blut die Flüsse und Kanäle färben. Wir mögen wild und stolz sein, aber bis auf wenige Ausnahmen sind wir nicht auf Eroberung und Raub aus. Viele von uns wollen lieber zur See fahren, die Reichtümer des Meeres ernten und an fernen Küsten Handel treiben.«

»Trotzdem sagst du, dass ihr kämpfen wollt und du kein Friedensangebot für uns hast.«

»Moment mal«, mischte sich Wusing ein. Er ging auf die drei Männer zu, stellte sich dicht vor sie und betrachtete im Schein des Feuers ihre Gesichter. Sie flüsterten ihm ein, zwei Worte zu. Wusing drehte sich wieder um, schüttelte ungläubig den Kopf und kicherte plötzlich wie ein kleines Kind. Karl schob die Lippen vor und sah die Friesen fragend an.

»Was gibt es da?«, rief er Wusing zu. »Lass mich an deiner Fröhlichkeit teilhaben.«

»Ich weiß nicht, wie ich das erklären soll«, sagte Wusing zögernd. »Aber es gibt bei uns ein altes Märchen von einem guten und einem bösen König. Sie wollten gegeneinander in den Krieg ziehen, aber weise Männer in ihren Völkern schlugen vor, dass nur die Könige gegeneinander kämpfen sollten.«

»Das ist nichts Neues«, sagte Willibrord. »Schon in der Bibel steht geschrieben, dass Einzelne nach vorn traten, um stellvertretend für die Heere und Völker ...«

»Lassen wir Wusing weiterreden«, unterbrach Karl knapp.

»Ich will es kurz machen«, fuhr der Friese fort. »Die Könige in unserem Märchen kämpften nicht mit Waffen oder Fäusten gegeneinander. Sie vereinbarten, dass sie sich voreinander auf ein Bein stellen wollten.«

»Und wozu das Ganze?«, fragte Karl ungeduldig.

»Sie vereinbarten, dass derjenige, der zuerst mit einem anderen Körperteil als dem Bein, auf dem sie standen, den Boden berührt, der Verlierer dieses Wettkampfs sein sollte.«

»Derartige Spiele haben wir gespielt, als wir zehn Jahre alt waren«, sagte Karl. »Dabei geht es nur um körperliche Kraft und nicht um andere Fähigkeiten.«

»Verzeih mir, aber das ist falsch«, sagte Wusing. »Denn nach einem Tag und einer Nacht ließ der gute König seinen Handschuh fallen. Der Böse fühlte sich bereits als Sieger, und in seiner Überheblichkeit bückte er sich, um den Handschuh des vermeintlich Schwächeren für ihn aufzuheben.«

»Und?«, drängte Karl.

»Er berührte dabei mit seiner Hand die Erde.«

Für einen Augenblick war alles still. Dann begriff Karl, was Wusing ihm mit der Geschichte sagen wollte.

»Wer sich zu früh als Sieger wähnt, hat bereits verloren«, sagte er nur. Dann nickte er und sah die Friesenboten an.

»Was schlagt ihr vor? Und vor allem, was wird euer Herzog tun, wenn ich mich mit euch einige?«

»Wir können nicht verhindern, dass Herzog Radbod und die Männer, die auf ihn eingeschworen sind, bis zum letzten Atemzug kämpfen werden. Aber viele von uns meinen, dass die Zeit der Kriege zwischen euch und uns vorbei ist.«

»Würdet ihr denn auch wieder Mönche in Friesland zulassen?«, fragte Willibrord blitzschnell. Der Anführer der drei Friesen hob gleichmütig die Schultern.

»Darüber haben wir noch nicht nachgedacht«, antwortete er. »Aber vor Radbod waren auch schon Mönche in der Gegend.«

»Ich weiß, ich weiß«, sagte Willibrord. »Aber du selbst – welches Interesse hast du selbst daran, dass es nicht zu blutigen Gemetzeln kommt?«

»Vor Herzog Radbod war ein Mann namens Aldgisl Anführer der Friesen. Ich heiße ebenso. Und viele bei uns wollen, dass dieser Name wieder Frieden bringt… Unabhängigkeit vom bösen Einfluss der Dänen und keinen Streit mehr mit euch Franken.«

»Was kannst du bieten?«, fragte Karl knapp.

»Radbod wird kämpfen. Daran besteht nicht der geringste Zweifel. Wir können uns auch nicht gegen unser eigenes Volk und seine Männer unter Waffen wenden. Wir können dir nur sagen, dass sich möglichst viele Männer, die an Frieden interessiert sind, mit ihren Familien, aber auch mit ihren Waffen bis an die Küste unseres Meeres zurückziehen.«

»Nur eins verstehe ich nicht«, meinte Karl. »Ihr hattet viele Jahre Zeit, um gegen Radbod vorzugehen. Warum habt ihr zugelassen, dass dieser Mann gegen meinen Vater zog und die Mönche aus den gerade erst gebauten Kirchen jagte?«

»Als das geschah, war dein Vater so stark und mächtig, dass er uns als die größere Bedrohung vorkam«, antwortete Aldgisl II.

»Sieh unser Friesland an, Karl. Wir kämpfen gegen Sturm und Überschwemmungen, fürchten weder das Meer noch die Geister in den Mooren. Aber wir wollen nie Vasallen oder Knechte eines anderen sein.«

»Lieber tot als Sklaven!«, stießen seine beiden Begleiter grimmig hervor. Karl hob die Hand.

»Geht zurück zu euren Leuten«, sagte er dann. »Und wenn du willst, Wusing, kannst du sie begleiten, um zu bestätigen, was ich hiermit sage: Kein Friese, der nicht kämpfen will, wird von uns behelligt. Aber ich verspreche auch, dass ich gnadenlos mit jedem abrechne, der für Radbod zu den Waffen greift.«

22.
Reichstag in Glamanvilla

Die vier Heeresgruppen der Franken zogen durch das leere friesische Land nach Südwesten. Allmählich erkannten sie, dass hier niemals sehr viele Menschen gelebt haben konnten. Sie lernten ein Land kennen, das in manchen Teilen zwischen den weit verästelten Wasserläufen und Kanälen nur aus Sümpfen und Mooren bestand, in denen nie auch nur eine Kuh geweidet hatte. Andere, trockenere Gegenden sahen so ursprünglich aus, als würden in ihnen noch immer die Mythen der Schöpfung weiterwirken. Und selbst die verstreuten Waldstücke machten kaum den Eindruck, als wären sie je von einem Menschen durchdrungen worden.

Tagsüber begleiteten dichte Schwärme von Raben und Krähen, Möwen und anderen Vögeln das Heer. Ihr Kreischen und Lärmen vermischte sich mit dem Geschrei und den lauten Rufen der Männer, die wieder und wieder Bretter und Bohlen auslegten, um über die Wasseradern zu gelangen. Andere stiegen überhaupt nicht mehr aus den Booten, sondern stakten nur an den kargen Ufern und Flussböschungen entlang.

Die Nächte waren klar, während schnelle Wolken unter den blitzenden Sternen hindurchzogen. Je weiter sie nach Westen kamen, umso mehr spürten Männer und Frauen das Salz des Friesenmeeres auf ihren Lippen. Hier wurde das Gras härter und der Boden stellenweise weiß und sandig. Radbods gefürchtete Kämpfer blieben weiterhin unsichtbar. Nachts wetterleuchtete es hin und wieder aus vollkommen unterschiedlichen Himmelsrichtungen. Längst hatten sich alle Männer an die regelmäßigen Hornsignale gewöhnt, und kaum jemand achtete noch darauf, dass sie in gleichmäßigen Abständen die einzelnen Heeresgruppen begleiteten und untereinander verbanden.

Nach einer Woche beruhigte sich die Lage etwas. Karl hörte im ständigen Austausch von Boten, dass dem Grafen von Burgund die Vorräte ausgingen. Die Pferde verweigerten das harte friesische Gras, und die mitgeführten Kühe und Schafe mochten sich nicht an das Brackwasser gewöhnen. Karl gab den Befehl, dass Hildebrand und seine Gruppe mit sämtlichen Kriegern, Knechten und Sklaven zu ihm zurückkommen sollte. Bei Herzog Folker zögerte er noch, denn dessen Heeresgruppen durchstreiften die Gebiete, die sich die Friesen nach dem Tod von Pippin II. zurückgeholt hatten.

»Wer will, kann jetzt in seine Gaue heimkehren«, sagte Karl am Abend des zehnten Tages nach dem Rheinübergang des Heeres. »Wir aus dem Kölngau und dem Lüttichgau schließen zu Herzog Folker auf. Für dieses Jahr begnügen wir uns mit den Gebieten, die schon mein Vater für uns Franken beansprucht hat.«

»Und was passiert mit dem Osten Frieslands?«, fragte Wusing.

»Das überlassen wir Aldgisl II. und seinen Anhängern, solange sie sich friedlich verhalten.«

»Also kein Missionsgebiet für Willibrord«, meinte Hildebrand scherzhaft. Karl hob die Schultern.

»Er sagt, dass ohnehin neue Männer aus England angekündigt sind. Die jungen Mönche sollen bei ihm den letzten Schliff für ihre Missionstätigkeit in unseren Grenzgauen erhalten.«

»Und du bist damit einverstanden?«, fragte Wusing verwundert. Karl nickte.

»Ich würde ja noch verstehen, wenn du den Mönchen aus Echternach erlaubst, bis nach Thüringen, Baiern oder zu den Sachsen vorzudringen. Aber warum diese Fremden, die nichts von uns und unserer Lebensweise verstehen?«

»Ein altes Versprechen«, sagte Karl nur. »Ich hatte es längst vergessen. Willibrord hat mich daran erinnert, als wir wie beiläufig darüber sprachen, wie gut es ist, wenn eine Hand die andere wäscht. Außerdem haben diese frommen Engländer und Iren gute Augen und Ohren. Bessere als manche unserer Franken sogar …«

Wusing konnte sich nicht erinnern, jemals von einem derartigen Gespräch zwischen Willibrord und Karl gehört zu haben. Aber er zuckte nur mit den Schultern und nahm als gegeben hin, was Karl jetzt so nebenher bekannt gab.

»Wir brechen morgen früh in Richtung Utrecht auf«, sagte Karl, »und ab übermorgen nehmen wir zusammen mit dem Heer von Herzog Folker den Westen Frieslands offiziell wieder in den Besitz von Austrien.«

»Ganz einfach so?«, fragte Hildebrand und schien enttäuscht. »Ohne Schlacht und Unterwerfung – ohne Beute für die Edlen und ihre Männer, die schon im Sachsenland leer ausgegangen sind?«

»Sie werden Beute in Hülle und Fülle in den Hafenstädten der Friesen finden, am Rhein ebenso wie an der Waal und an der Maas … fertig verpackt in Kisten und Ballen, in Säcken und Truhen, Töpfen und Kästen. Jeder, der mit mir gezogen ist, wird so viel Beute nach Hause bringen, dass keiner sagen kann, er sei allein aus Vasallentreue oder im Dienst des Königs kreuz und quer durch die friesischen Lande gezogen.«

Sie begaben sich zur Ruhe. Nur wenige waren enttäuscht darüber, dass es nun nicht mehr zu Kämpfen mit den Friesen kam. Die meisten Männer freuten sich darauf, dass sie auch ohne großes Blutvergießen am nächsten Morgen zu den lang ersehnten

Beuteplätzen aufbrechen würden. Noch lange lauschten sie den Erzählungen derjenigen, die schon einmal in einer Hafenstadt am Niederrhein, an der Waal oder der Maas gewesen waren.

Da dieser Sommer nach den unblutigen Zügen durch die Gebiete der Sachsen und Friesen fast ganz den Heuforken, Kornsicheln und Dreschflegeln gehört hatte, berief Karl für Anfang Dezember seinen ersten Reichstag ein. Er schickte Boten in alle Richtungen und lud die Großen von Austrien, Neustrien und Burgund sowie die Herzöge und Adligen von Baiern und Thüringen, der Provence und Aquitanien nach Glamanvilla im Gau Arduense ein. Er ließ verkünden, dass er bei diesem Treffen alle hören wollte, um gerechte Ansprüche zu erfüllen. Zum ersten Mal seit Karls Aufstieg zum Majordomus des Frankenreiches forderte er die Großen aller Herzogtümer und Grafschaften zu Gesprächen und Verhandlungen und nicht zu einem Waffengang auf.

Karl bereitete den Reichstag mit aller Sorgfalt vor. Bisher war er nur als Heerführer, Eroberer und hart durchgreifender Sieger bekannt geworden. Er wusste genau, dass dies allein nicht ausreichte. Kein Reich konnte Bestand haben, wenn es nur unter dem Klang von Schwertern und Kriegshörnern zusammenhielt. Nach dem unerwartet friedlich und mit großer Beute beendeten Friesenzug wurde Karl immer klarer, dass ein Majordomus auch noch andere, ebenso schwierige Aufgaben zu lösen hatte. Die meisten seiner Grafen und Vasallen blieben den Sommer über in ihren Gauen, Dörfern und Höfen.

Anfang Oktober jährte sich der Tag von Karlmanns Geburt zum vierzehnten Mal. Obwohl sein Ältester nicht ganz seinen Vorstellungen entsprach, war Karl stolz auf ihn und ließ ihn inzwischen auch an den Gelagen teilnehmen. Karl ritt zum Ziegenberg hinauf, um dort nach König Chilperich zu sehen. Der Merowingerkönig befand sich unter der Aufsicht jener Kirchenmänner, die bereits auf Chlothar IV. geachtet hatten. Karlmanns

Geburtstag fiel auf einen Sonntag. Karl hatte nur sein engstes Gefolge mitgenommen, dennoch passten nicht alle Priester und die dreißig Mann aus seiner Begleitung in die winzige Kirche hoch über dem Bergfluss.

Die Priester auf dem Ziegenfelsen schlugen Karl vor, ihren kleinen Altar in die Sonne zu bringen. Karl war einverstanden. Der Oktobertag war schön, und auf diese Weise konnten alle an der Sonntagsmesse teilnehmen. Es war ein eher leises Fest, mit dem die Männer Karlmann aufnahmen und als ihresgleichen anerkannten. Sie ließen ihn gleich nach der Messe auf ihrem stärksten Ziegenbock dort über die Felsen reiten, wo sie ohne schützendes Mauerwerk am Rand sehr steil und mindestens hundert Schritt tief zum kleinen Bergfluss Vesdre hin abfielen.

Karlmann wusste, was von ihm erwartet wurde. Aber jetzt erkannte Karl deutliche Anzeichen von Angst in den Augen seines Ältesten. Karl presste seine Lippen zusammen und nickte ihm aufmunternd zu. Wie alle anderen Männer auch, saß er an einem langen Brettertisch, den die Kirchenmänner nur bei derartigen Gelegenheiten aufbauten. Solange sie noch saßen, wirkte der steile Abhang hinter der Westkante des Ziegenfelsens beinahe harmlos. Es sah so aus, als würde jeder Bogenschütze mit einem Pfeil die Berge auf der anderen Seite erreichen können. Doch der Schein trog, und selbst die Ziegen mieden die Stellen an den Felsen, an denen ihre Hufe kaum noch Halt fanden. Genau hier hatte Karl das Langschwert mit dem goldenen Griff, das noch von seinem Vater stammte, in eine Felsspalte gerammt. Es war dieselbe Stelle, an der es für seine Stiefbrüder Grimoald und Drogo gesteckt hatte. Nur für ihn selbst hatte es Pippins liebste Mutprobe niemals gegeben …

»Muss das denn wirklich sein?«, fragte einer der Priester leise. Karl drehte seinen Kopf zur Seite und blickte ihm in die Augen. Kein Muskel bewegte sich in seinem Gesicht. Es war, als würde er in diesem Augenblick allen zeigen wollen, was er von seinem

Sohn erwartete: den klaren, offenen Blick aus hellen blauen Augen, die vollkommene Beherrschung jedes einzelnen Muskels und den Mut, über ein Tal des Todes einfach hinwegzusehen.

Doch dann geschah etwas Unerwartetes. »O Herr, mein Leben liegt in deiner Hand!«, rief Karls Sohn mit heller Stimme. Sie klang so klar und rein, als würde nicht die Spur von Angst sein Herz umkrallen. Sogar der Ziegenbock verlor die angeborenen Instinkte. Als wäre nichts dabei, kletterte er mit seinem viel zu schweren Reiter über die Felsbrocken am Rand des Abgrunds. Er erreichte das Schwert im Fels. Karlmann blieb senkrecht sitzen. Mit den Fingern seiner linken Hand tastete er nach dem Schwertgriff. Solange noch die Scheide zwischen den Steinen steckte, konnte er sich am Schwert seines Vaters festhalten, aber in dem Augenblick, in dem er es herauszog, würde das Gewicht auf der linken Seite größer. Normalerweise konnte jeder Reiter sein Gleichgewicht schnell dadurch finden, dass er den anderen Arm weit ausstreckte. Doch das musste bei diesem Ritus unterbleiben …

Keiner der Männer in der Oktobersonne bewegte sich. Schon ein Hüsteln oder ein versehentliches Scharren mit den Füßen hätte den Ziegenbock oder Karlmann selbst erschrecken können. Es war, als würde hier, in der lichten Höhe der Ardennenfelsen einfach die Zeit stillstehen.

»Amen!«, rief Karlmann. Im selben Augenblick zog er das Schwert. Der Ziegenbock unter ihm knickte ein, Karlmann warf sich zur Seite und wirbelte das Schwert über seinem Kopf zurück. Er stürzte so, dass er mit seinem rechten Arm einen Felsvorsprung umklammern konnte. Gleichzeitig stieß er sich mit beiden Beinen vom Leib des Ziegenbocks ab. Mit einem heiseren, seltsam klagenden Todesschrei stürzte das Tier in die Tiefe. Karlmann blieb nur einen Augenblick reglos in seiner unsicheren Lage. Dann zog er sich, als sei nichts gewesen, am Felsvorsprung nach oben, blickte kurz zum Himmel hinauf und wischte sich die Tränen aus den Augen. Die Männer sahen, dass er schweißnass war und zitterte. Doch dann, als keine Gefahr mehr für Karlmann bestand, war Karl der Erste, der auf ihn zulief und ihn in seine Arme schloss. Er hielt den immer heftiger schluchzenden Jungen fest umklammert.

»Es musste sein«, murmelte er. »Es tut mir Leid, mein Junge. Aber es musste sein. Ich bin sehr stolz auf dich, denn du hast mir gezeigt, was ich meinem Vater niemals zeigen durfte!«

Bereits der November hatte Bodenfrost gebracht. Dennoch war es insgesamt ein gutes Jahr gewesen. Die Edlen aus allen Gauen des Frankenreiches prahlten laut und einander übertrumpfend mit den Erträgen ihrer Güter, Weinberge und Fischteiche. Aus keinem Landstrich des langsam wieder mächtig werdenden Frankenreiches wurden Seuchen, böse Unwetter oder Schäden durch Hexerei berichtet. Zudem war Ruodheid wieder schwanger.

Karl begrüßte die Großen aus den Gauen mit einer Mischung aus wohlwollender Freundlichkeit und dem strengen Abstand, den man vom Majordomus des rechtmäßigen Merowingerkönigs erwartete.

König Chilperich II. war nicht zur Reichsversammlung in Glamanvilla eingeladen worden. Es hieß, es ginge ihm gesundheitlich nicht gut. Dennoch ging es um Fragen der königlichen Verwaltung. Zum ersten Mal seit dem Tod seines Vaters wollte Karl wieder Ordnung in die Reichsverwaltung bringen, die er selbst lange Zeit vernachlässigt hatte. Bereits in den Wochen vor der Versammlung im Dezember hatte Willibrord ihm einige seiner besten Mitarbeiter geschickt. Auch der Erzbischof von Reims, der Abt von Sankt Wandrille und die Mönche von Sankt Denis waren von Karl aufgefordert worden, sich Gedanken über ein neues, einfaches System der Reichsverwaltung und der Kanzleiarbeiten zu machen.

Nahezu übereinstimmend empfahlen sie die Formularsammlung eines gewissen Marculf als ideales Handbuch für die Reichsgeschäfte des neuen Majordomus. Als Karl nachfragte, konnte niemand etwas Genaueres über den Mönch sagen. Man wusste nur, dass er das zweite Buch seiner Dokumentensammlung schon vor fünfundzwanzig Jahren abgeschlossen und zwei Bischöfen gewidmet hatte.

»Und in den Marculf-Formularen sind alle Beispiele von Urkunden enthalten, die ich in den nächsten Jahren brauche?«, hatte Karl gefragt. Die Schriftkundigen, die selbst viele Formulare auswendig gelernt hatten, bestätigten das. Damit war für Karl auch dieses Thema erledigt. Es interessierte ihn nicht weiter, dass die Formularsammlung des fast unbekannten Mönchs stark von den Urkunden abwich, wie sie von den Merowingerkönigen benutzt wurden. Karl war inzwischen davon überzeugt, dass in vielen Bereichen nur deshalb starre Vorschriften und Gesetze galten, weil bisher niemand aufgestanden und laut genug gefragt hatte, was die eine oder andere Unsinnigkeit im Ablauf von Verhandlungen und im Geschriebenen bedeutete.

Noch am Vorabend des Reichstags überlegte Karl, wie er verhindern konnte, dass die Großen des Reiches von ihm die Einrichtung einer ebensolchen Kanzlei verlangten, wie sie zuvor bei den Merowingerkönigen, seinem Vater und auch Raganfrid in Neustrien üblich gewesen war. Dort nämlich hatten sich für kurze Zeit noch einmal hohe Würdenträger vom Hof seiner Vorgänger eingefunden, jüngere Adlige aus den neustrischen Gauen, um ein Amt als Pfalzgraf oder Referendar zu bekommen. Keiner dieser Männer war von Karl übernommen worden.

»Wer die Macht hat, der bestimmt die Form«, sagte er so unnachgiebig, dass selbst jene, die sich immer noch heimlich gegen ihn auflehnten, nicht zu widersprechen wagten.

Es war schon später Nachmittag, als nach vielen ausführlich besprochenen Einzelheiten über Fischereirechte und Mühlenzins, Abgaben aus den Wäldern, Privilegien der Klöster und dergleichen mehr endlich jener Punkt der Tagesordnung aufgerufen wurde, auf den alle gewartet hatten.

»Wir verhandeln jetzt den Streitfall zwischen Wulfram, der in der Angelegenheit seiner Frau Richilda klagt, und dem Kloster Stavlot-Malmedy. Es geht um die Entscheidung über den Besitzanspruch an den Villae Tofino und Silvestri.«

Karl starrte auf einen imaginären Punkt am anderen Ende des scheunenartigen Versammlungssaals der Pfalz von Glamanvilla. Er wusste genau, dass jeder Lidschlag, jedes Zucken seiner Mundwinkel von drei Dutzend Augenpaaren beobachtet wurde. Sie hatten sich bereits am Vormittag darauf geeinigt, dass sie sich wegen der kalten Jahreszeit nicht alle im Versammlungssaal zusammendrängen wollten. Sobald die Luft drinnen zu schlecht wurde, mussten sie Tore und Fenster öffnen. Das wiederum ließ Schnee und Kälte ein.

Um dennoch zügig einen Fall nach dem anderen erledigen zu können, ließ Karl nur die Anwesenheit derjenigen in der Halle zu, die ein direktes Interesse an einer Streitsache hatten, dazu diejenigen, die als Schreiber, Referendare und Zeugen für die Urkunden benötigt wurden. Dabei zählte er nicht mit, dass ständig Diener, Mundschenke und Mädchen herumliefen, die den hohen Herren Kuchen und kleine harte Honigplätzchen, gewürzten Wein und hin und wieder auch ein Stückchen jungen Speck brachten.

Zwischen den einzelnen Verhandlungen, wenn die Männer, die nicht mehr benötigt wurden, nach draußen oder in die anderen Häuser gingen und die nächsten nachrückten, ließ Karl das große Eingangstor an der Stirnwand des Saales offen. Auf diese Weise blieb die Luft in der Halle eisig und beschleunigte das Tempo aller Zeugenaussagen.

»Tritt vor, Wulfram«, sagte Karl nun. Seine Stimme klang weder zu freundlich, noch zu abweisend. Wulfram war ein großer breitschultriger Kerl, der als Friese durchgegangen wäre, wenn er nicht dunkle Augenbrauen und Augen gehabt hätte. Es waren diese Kleinigkeiten, die den Franken sagten, ob einer von den wilden Stämmen der Germanen oder vielleicht doch ein wenig von den Römern, ihren Senatoren und den Landadligen abstammte, die für fünf Jahrhunderte ganz Gallien als ihr Eigentum betrachtet hatten. Auch jetzt, fast ein Vierteljahrtausend später, existierten noch immer Abneigungen und Rivalitäten zwischen Austriern und Neustriern, zwischen den Franken im Nordosten und den anderen südlich von Paris und Reims.

»Du behauptest also, dass die beiden Villae deiner Frau Richilda gehören?«

»Nicht ganz«, antwortete Wulfram. »Wie die Namen bereits deutlich machen, sind die Ortschaften, für die ich streite, schon sehr alt. Sie sind aus Landgütern der Römerzeit entstanden.«

»Und so lange schon gehören sie zum Erbteil deiner Familie?«, fragte Karl ohne große Verwunderung. Es gab Hunderte von ähnlichen Besitzansprüchen überall im Reich der Franken.

»Ich benenne diese angesehenen Herren hier neben mir als Zeugen dafür, dass ich nur die Wahrheit sage«, knurrte Wulfram. Karl sah ihm an, dass er bereits an vielen Lagerfeuern über die Ungerechtigkeit der Welt und der fränkischen Gerichtsbarkeit geflucht hatte.

»Ich kenne die beiden«, sagte Karl, um das Verfahren abzukürzen. »Tancradus und Fastradus waren mehrmals in der Kanzlei meines Vaters Pippin.«

Die beiden Männer unbestimmten Alters verbeugten sich wie Zwillinge. Dann hoben sie den rechten Arm, als wollten sie bereits zum Schwur ansetzen.

»Gemach, gemach…«, unterbrach Karl ihre Eilfertigkeit. »Ich sage nicht, dass er euch gut bezahlt hat. Und ich sage auch nicht, dass ich seine Klage abweise. Aber lasst uns zunächst hören, was die Kirchenmänner von der Ambleve sagen.«

Diesmal war es Herzog Rotbert, der dem Abt und Bischof von Stavlot-Malmedy zunickte.

»Obwohl mich viele kennen, sage ich, dass ich Bischof Rabangarius bin, der Nachfolger von Bischof Bobolenus.«

»Und was erwiderst du der Klage?«

»Dass es zutrifft, was Wulfram gesagt hat. Die beiden Ortschaften gehörten tatsächlich über Jahrhunderte der Familie seiner Frau.«

»Unbestritten?«, fragte Karl sofort.

»Unbestritten«, antwortete der Bischof. »Aber dann wurden sie von Rotgisus an meinen Vorgänger Bobolenus übergeben.«

»Als was?«, fragte Karl sofort. »Als Geschenk, als Lehen oder als Erbteil?«

»Von allem etwas«, lächelte der Bischof. »Mein Vorgänger erhielt die beiden Orte als Precarie, also als Schenkung aller Erträge, die dort Jahr für Jahr erwirtschaftet werden.«

»Genau das sage ich!«, stieß Wulfram hervor. »Ihr wisst so gut wie ich, dass die Precarie nur eine Schenkung in beneficio ist. Nicht der Ort und nicht das Land werden übertragen, sondern nur die Ernten, wenn ihr mir erlaubt, das so zu sagen...«

»Dann ist doch alles klar«, sagte Karl. »Dann gehören beide Dörfer ihm, aber die Bewohner müssen ihre Ernten an das Kloster abliefern.«

Er wollte bereits aufatmen, als Bischof Rabangarius eine schmale Lederrolle vom Boden aufnahm. Er öffnete die Schnüre an ihrem Deckel, dann zog er ein zusammengerolltes Pergament mit Siegeln hervor.

»Erlaube mir, dass ich dir diese Carta Precaria zur Ansicht übergebe«, sagte er. »Sie ist von deinem Vater Pippin unterschrieben. Und sie besagt, dass beim Tod von Rotgisus diese beiden Güter in den Besitz von Stavlot-Malmedy übergehen sollen.«

Einer der Referendare eilte zum Bischof, nahm das Beweisstück an sich und brachte es zu Karl. Der aber warf nur einen kurzen Blick darauf, deutete mit dem Finger auf das Zeichen, mit dem sein Vater alle Urkunden bestätigt hatte, und ließ das Dokument an Wulfram weiterreichen. Er gab ihm und einigen anderen die Zeit, sich die Carta Precaria genau anzusehen. Nacheinander standen auch Karls Vertraute auf. Jeder von ihnen kam nach der Prüfung des Dokuments an dem Tisch vorbei, an dem Karl, Rotbert und Karlmann saßen. Ohne Ausnahme blieben sie kurz stehen und senkten den Kopf vor Karl zur Bestätigung dessen, was sie gelesen hatten.

Als Letzter gab der Mann sein Urteil ab, der die Klage gegen Stavlot-Malmedy eingereicht hatte.

»Nun?«, fragte Karl. »Was sagst du zu der Urkunde?«

»Ich beuge mich«, antwortete Wulfram mit schwerer Stimme. »Die Urkunde ist echt.«

Karl klatschte in die Hände und nickte seinen Schreibern zu: »Dann schreibt sofort, dass der inluster vir Karl maior domus usw. in der Angelegenheit von Richilda, der Frau von Wulfram usw. – schreibt genau das auf, was wir hier gesehen und entschieden haben. Die beiden Orte bleiben beim Kloster Stavlot-Malmedy. Gesagt und entschieden am 6. Dezember im fünften Jahr der Regierung von König Chilperich II.«

Damit war der offizielle Teil dieses ersten Reichstages beendet.

Es würde eine Stunde oder mehr dauern, bis die Schreiber mit der Urkunde und einigen Kopien fertig waren. Karl entschied, dass sicherheitshalber nicht nur der Abtbischof von Stavlot-Malmedy, sondern auch noch ein halbes Dutzend anderer Edler seinen für jetzt und alle Zukunft geltenden Gerichtsentscheid unterzeichnen und damit bestätigen sollten.

Auch die anderen, die während der letzten Verhandlung nicht im großen Saal gewesen waren, kamen jetzt wieder hinzu. Der Versammlungssaal reichte nicht aus, um für alle ein großes Festmahl auszurichten, aber wenn sie sich zusammendrängten, kamen die Knechte, Mägde und Mundschenke mit ihren Bechern,

Krügen und Weinkannen zwischen ihnen hindurch. Und mehr war nicht nötig für ein ordentliches, lautes Gelage.

Spät in der Nacht, als die meisten Männer bereits rote Köpfe hatten und schon damit begannen, ihre Wehrgehänge an die Knechte abzugeben, sprang auf einmal das große Tor an der Stirnseite der Halle auf. Schneewolken stoben über die Köpfe von Männern und Frauen hinweg. Die meisten grölten oder schrien und protestierten lauthals oder bereits kichernd gegen die unerwartete Abkühlung. Doch dann sahen sie, dass derjenige, dem das Tor geöffnet worden war, nicht einmal Zeit gefunden hatte, von seinem Pferd zu steigen. Schnaubend, mit geblähten Nüstern, schweißnass und an straffen Zügeln stand das Pferd im Eingang der Versammlungshalle. Auch sein Reiter keuchte weiße Wolken aus dem Mund. Schnee und Eis verklebten Bart und Haare unter dem Kapuzenmantel. Karl erkannte ihn als Erster.

»Folker!«, rief er mit bereits schwerer Stimme über alle Köpfe hinweg. »Edler Folker! Komm … setz dich zu mir!«

»Ich bin nicht wie der Teufel durch die Nacht geritten, um mit euch zu saufen!«, stieß der wild um sich blickende Herzog hervor. »Ich bringe euch sehr schlechte Kunde.«

Karl begriff, dass etwas nicht stimmte. Er hob die Arme, dann rief er laut und kräftig: »Ruhe!«, und in die Stille hinein fragte er: »Was ist passiert?«

»Das Reich der Franken hat seit heute früh keinen König mehr!«, rief Herzog Folker vom Rücken seines Pferdes. »Chilperich starb so still, wie er gelebt hat.«

23.

Schenkungen

Das Jahr 721 brachte keine großen Kriege, Feldzüge und Reisen für Karl. Noch vor Weihnachten hatten die bereits in Glamanvilla zum Reichstag versammelten Großen beschlossen, dass nur einer ihr nächster König sein konnte: jener Theuderich IV., der als Kleinkind von den Neustriern in der Erbfolge übergangen worden und in das Kloster Chelles geschickt worden war. Nach zwei älteren Merowingerkönigen wurde mit dem gerade erst siebenjährigen Sohn von Dagobert III. erneut ein unmündiger Knabe zum König aller Franken erhoben.

Bereits am 3. März konnte der jahrelang von Mönchen unterrichtete Theuderich IV. seine erste Königsurkunde unterzeichnen. Die Erwachsenen und auch Karl selbst zeigten sich während der gesamten Zeremonie in Soissons wohlwollend, gut gelaunt und voller Respekt für ihren kindlichen König. Niemand kam auf den Gedanken, dass ein König eigentlich etwas anderes war als eine gehorsame, festlich gekleidete Puppe, die zur rechten Zeit am rechten Ort genau das tat, was sie in den Tagen zuvor auswendig gelernt hatte.

Karl, seine Familie und sein engeres Gefolge zogen während des Sommers gemächlich hin und her. Sie verweilten jeweils ein paar Tage in verschiedenen Pfalzen Austriens und Neustriens, beteten in Klöstern, speisten mit Äbten oder Bischöfen und sahen dort nach dem Rechten, wo einzelne Grafen oder Vasallen noch nicht begriffen hatten, dass es jetzt Karl war, dem sie dienen und gehorchen mussten.

Zum ersten Mal seit dem Tod seines Vaters empfand Karl Zufriedenheit und die Ruhe, die sich durch die eigene Kraft nährte. Er hatte mehr erreicht als viele andere vor ihm. Er war von einem Platz am Rand, auf den die herrschsüchtige Plektrud ihn von Anfang an verbannt hatte, Schritt für Schritt und Schlag um Schlag bis ins Innere der Macht vorgedrungen. Innerhalb von sechs Jahren hatte er sich in einem Strudel gegenläufiger Machtinteressen, alter Rechte und neu entstehender Intrigen unbeirrt und wie ein Stier unter seinem Pflugjoch durchgesetzt.

Von Anfang an hatte er dabei durch seine Ehefrau Chrotrud und seine Kinder Kraft gefunden. Auch Ruodheid, die Mutter des kleinen Remigius, gehörte zu den engsten Vertrauten. Aber letztlich waren es sehr wenige gewesen, die von Beginn an zu ihm gehalten hatten. Er wusste genau, dass er ohne die Hilfe Willibrords und der irischen Mönche von Echternach niemals gegen seine Stiefmutter und ihre stolze Familie, gegen die fränkischen Bischöfe und Äbte und gegen die Landadligen angekommen wäre, die nur an ihrem eigenen Säckel und kaum am Zusammenhalt des ganzen Reiches interessiert waren.

Auch jetzt war längst nicht alles so, wie es sein sollte. Noch immer schürten Plektruds Enkel Arnulf, Arnold und Drogo II. aus ihrer Kerkerhaft im Kapitol von Köln heraus Hass gegen Karl und seine Leute. Sie wurden dabei immer wieder von der weitläufigen, reich begüterten Verwandtschaft Plektruds und sogar von einer ganzen Reihe von Männern unterstützt, die am mittleren Rhein Einfluss und Verbindungen besaßen.

Einer von ihnen war Rupert. Er hatte vor fünfundzwanzig Jahren seinen Bischofssitz in Worms verlassen und war zwei

Jahrzehnte lang in Salzburg unter dem Schutz der fränkischen Agilolfinger in Baiern geblieben. Kurz nachdem die Macht des Hauses Pippin an die Witwe Plektrud übergegangen war, hatte er verbreiten lassen, dass kein Adliger rechts des Rheins der Matrone auf dem linken Rheinufer gehorchen müsse. Er war nach Worms zurückgekehrt, weil er angenommen hatte, dass die Erben Pippins nicht mehr in der Lage waren, ihren Einfluss zu behalten. Karl konnte nichts mit diesen Männern anfangen. Sie waren gegen Plektrud – aber auch gegen ihn …

Seit dem Tod von Herzog Hedan und seinem tapferen Sohn Thuring konnte er kaum noch auf Verbündete zwischen Saale und Unstrut, Neckar und Main rechnen. Nicht einmal im Hessengau gab es Männer, auf die er sich unbesehen verlassen hätte.

»Offiziell gehören all diese Gaue und Regionen bis nach Baiern in das Reich«, erklärte Karl seinem Ältesten, als sie sich wieder einmal für ein paar Tage in Jupille aufhielten.

»Und warum kannst du sie nicht zwingen, dir jetzt als dem Majordomus aller Franken zu gehorchen?«

»Weil ein Majordomus seine Macht nicht durch das Blut in seinen Adern, sondern nur durch eigene Kraft, Autorität und die Zustimmung von anderen Großen erhält«, erläuterte Karl. »Dennoch wird es immer wieder starke Gruppen geben, die sich gegen jede Vorherrschaft irgendeiner Familie wenden. Menschen sind nun einmal so, Karlmann. Alle Franken kennen auch die zehn Gebote. Aber nur sehr wenige und nicht einmal die Äbte oder Bischöfe halten sich daran …«

Am Vormittag des Junitages hatte er gemeinsam mit Karlmann und Alberichs Ältestem Gregor beobachtet, wie eine Rotte Schwarzwild von der westlichen zur Ostseite gewechselt war. Die wilden Schweine waren durch den Fluss geschwommen, als hätten sie ihr Leben lang nichts anderes getan. Sie ahnten nicht, dass ihre Jäger sie bereits unter den Haselnussbüschen am Ufer erwarteten.

Karl und Karlmann hatten im Handumdrehen einen mächtigen Eber und fünf einjährige Frischlingskeiler mit Faustschlägen an eine bestimmte Stelle zwischen Kopf und Nacken erlegt. Nur eine trächtige Bache und drei weitere mit Frischlingen waren unbehelligt geblieben.

Karl hatte das erlegte Wild von ein paar Knechten gleich in die Küche schaffen lassen. Zum ersten Mal hatte Karl dabei bemerkt, dass Alberichs Sohn sich dabei heimlich hinter den Haselnussbüschen übergeben musste.

»Was kotzt du?«, hatte er den aufgeweckten Jungen gefragt.

»Ich habe nicht gekotzt, Herr!«, hatte Gregor schniefend geantwortet. »Es war nur etwas Teufelsdreck in meinem Hals, als ich das Blut der Schweine sah…«

»Du kannst kein Blut sehen? Ist es das?«

»Ja«, hatte Gregor aufrichtig geantwortet. »Ich weiß, es ist sehr undankbar – aber ich wäre lieber Mönch!«

Karl hatte nur gelacht und dann dem Jungen einen langen Vortrag über das harte und oft blutige Leben der Mönche gehalten, wie er es selbst vor Jahren in Echternach mitbekommen hatte.

Anschließend hatte er mit Karlmann und ein paar anderen Männern die Pferde auf den Koppeln begutachtet, die er jetzt für die Reiter züchten wollte, von deren Schnelligkeit und Stärke er schon länger schwärmte. Viele Pferdekenner hielten Karls Traum von Reiterheeren nur für Zeitverschwendung. Auch wenn sie über die Araberpferde sprachen, von deren Schnelligkeit so oft die Rede war, blieben die austrischen Franken bei ihrer Meinung, dass die Böden und das Wetter zwischen Rhein und Maas nicht für die dünnhäutigen, nervösen Wallache der Sarazenenkrieger geeignet waren.

Nur wenige Tage später gelangten neue Nachrichten aus dem Süden des Reiches bis in die Lütticher Wälder. Karl hatte die ganze Woche über mit den Herzögen Rotbert und Folker und einigen anderen Edlen Pläne geschmiedet und darüber diskutiert, wie sie die östlichen Gaue des Frankenreiches wieder enger an Austrien und Neustrien binden könnten. Karl hatte auch Haderich und eine Reihe von jüngeren Adligen zu sich befohlen, auf die er bereits eine ganze Weile ein aufmerksames Auge hatte.

»Ich werde den Verdacht nicht los, dass diese Burschen nicht ganz sauber sind«, sagte er zu Herzog Rotbert, als sie kurz unter sich waren.

Folker war derselben Meinung. »Es kann gut sein, dass sie mit Thiatgrim, mit den Friesen und den Sachsen an der Ems in Verbindung stehen …«

»Schon möglich«, antwortete Karl knurrig. »Aber viel eher glaube ich, dass der Widerstand gegen uns von der Mosel her gesteuert wird. Immerhin ist Haderich ein Neffe meiner Stiefmutter Plektrud. Von jetzt an soll daher darauf geachtet werden, dass diese jungen Männer nicht zu dicht ans Kapitol in Köln gelangen. Dort sitzt nämlich immer noch die Brut, die mir wie eine Eiterbeule in unserem Fleisch erscheint.«

Noch während sie über weitere Adlige, Vasallen und freie Bauern sprachen, deren Treue sie als unsicher beurteilten, näherte sich Lärm von der Maas her. Dann sahen sie ein Dutzend Reiter, die mit einer großen Staubwolke von Lüttich her unter den Uferfelsen auf Jupille zukamen. Der Anführer war noch zehn Pferdelängen entfernt, als er bereits rief: »Ich grüße dich, Karl, und überbringe dir die besten Segenswünsche des Herzogs von Burgund.«

»Darum möchte ich auch gebeten haben«, lachte Karl. »Wie geht es meinem phantasiebegabten Stiefbruder?«

»Herzog Hildebrand ist wohlauf. Er genießt die Gunst der Weiber, und der Wein an seinen Bergen ist in diesem Jahr besonders süß.«

»Dann nehmt gleich meinen Befehl entgegen, dass er mir auch vom ersten jungen Wein genügend Fässer schicken soll. Ich werde im Herbst wieder Vater.«

Die Umstehenden lachten. Auch die Männer, die sich zu den Beratungen auf Schemel gesetzt hatten, standen auf. Sie warteten, bis alle Reiter herangekommen waren und ihr Anführer noch aus dem Sattel Bericht erstattete.

»Wir kommen nicht, weil es uns schlecht geht«, rief er mit lauter Stimme. »Burgund blüht und gedeiht. Aber weiter südlich in der Provence, in Septimanien und entlang der Pyrenäen brennen Häuser, Dörfer und sogar die Städte.«

»Wieder die Krieger Allahs unter der grünen Fahne des Propheten?«, fragte Karl sofort.

»Genau so ist es«, antwortete der Anführer der Boten aus Burgund. »Bereits im Mai trafen die Heere von Herzog Eudo mit den Muselmanen vor Toulouse hart zusammen. Aber ihr Statthalter in Spanien hat keine Männer aus dem fernen Arabien dort bei Jerusalem angeführt, sondern aus dem Norden Afrikas – dem Land der Berber und Vandalen.«

Karl sah, wie sein Ältester das Gesicht verzog.

»Stimmt etwas nicht?«, fragte er schnell.

»Die Vandalen gibt es dort schon längst nicht mehr«, sagte Karlmann bestimmt. »Es sind die Mauren und die Berber, die den Glauben der Araber angenommen haben.«

»Meinetwegen«, sagte Karl. »Auf jeden Fall belagern sie jetzt Städte, über die formal unser König Theuderich IV. herrscht.«

»Wir wissen nicht genau, was dort im Süden wirklich vorgefallen ist«, berichtete der Reiter, »aber es scheint, als hätte Herzog Eudo zwei Dinge gleichzeitig getan: Zum einen soll er einen großen Sieg über den Anführer der Muselmanen errungen haben … zum anderen aber wird von einem Vertrag gemunkelt, den er mit dem Nachfolger des getöteten El Sammah geschlossen haben soll.«

»Warum habt ihr nichts Genaueres zu berichten?«, fragte Karl unwillig. »Was nützt mir diese Nachricht, mit der ich überhaupt nichts anzufangen weiß?«

»Die Muselmanen haben sich aus Toulouse und der Festung Carcassonne bis nach Narbonne am Meer zurückgezogen. Eudo hat sie verfolgt. Und dann geschah etwas, was dir dein Bruder unbedingt berichten wollte.«

»Was ist es?«, drängte Karl. »*Was* lässt mir Hildebrand bestellen?«

»Die Bewohner der Provence fliehen vor den Arabern durch das Rhonetal nach Norden. Das führt zu Widerstand und Aufruhr bei all jenen, die jetzt durch die Flüchtenden verdrängt werden. Es ist wie in einer Schlacht, wenn ein Getroffener gegen den Nächsten kippt und diesen mit zu Boden reißt …«

»Und?«, fragte Karl. »Hat Hildebrand irgendeinen Plan? Eine Idee, was ich für ihn und für uns alle tun könnte?«

»Ja«, antwortete der Anführer des kleinen Reitertrupps. »Er bittet dich inständig, nicht mit einem Heer die Maas hinauf und dann bis nach Burgund zu ziehen.«

Karl und die Männer um ihn herum sahen den Boten aus Burgund verständnislos an.

»Habe ich dich recht verstanden?«, fragte Karl schließlich. »Mein Bruder bittet mich, dass ich ihm *nicht* zur Seite stehe?«

»So ist es. Wenn du jetzt auftauchen würdest, hättest du nicht nur die Araber, sondern auch die Heere Eudos, die Flüchtlinge aus der Provence und die Christen in Burgund gegen dich.«

Karl pumpte zwei-, dreimal und holte tief Luft. Dann schrie er: »Was soll das, Kerl? Bist du vom Teufel angestiftet, dass du es wagst, mich derart zu beleidigen?«

Folker, Rotbert und ein paar andere konnten Karl nur mühsam bändigen. Nie zuvor hatten sie ihn so aufgebracht gesehen. Die meisten wussten nicht einmal, was der Burgunder eigentlich so Furchtbares gesagt hatte. Erst als es dunkel wurde und Karl die Worte seines Bruders zum vierten oder fünften Mal anhörte, beruhigte er sich langsam wieder.

»Es ist ein Missverständnis, Karl«, beteuerten die Edlen aus Burgund immer wieder. »Hildebrand hat niemals deinen Mut, deine Entschlossenheit oder deine Kraft bezweifelt. Er denkt auch nicht daran, dir irgendwelche Vorschriften zu machen.«

Obwohl Karl mittlerweile verstanden hatte, was der Herzog von Burgund beabsichtigte, grollte er noch tagelang über die schlecht gewählten Formulierungen der Boten. Er wusste selbst, dass er in diesem Jahr kein Heribann mehr befehlen konnte. Außerdem fehlten ihm noch immer jene Männer und Pferde, die er sich für schnelle, harte Einsätze schon lange wünschte. Und nicht zuletzt wusste auch er, dass die Franken in Austrien und Neustrien weites, flaches Land für eine Schlacht gewöhnt waren. Hatte er nicht selbst bei Stavlot-Malmedy bewiesen, wie leicht es sogar für einen ungeübten wilden Haufen war, ein großes Reiterheer zu entwaffnen?

Widerwillig beschloss er, der Vernunft zu folgen. Erst ein paar Wochen später kam ihm der Gedanke, dass nicht er und die Grafen klären mussten, was in der Provence und in Septimanien geschehen war. Wozu gab es Mönche, wozu Bischöfe und wozu Händler, die selbst dann noch Gold und Silber rochen, wenn für andere nur noch der Gestank von verkohlten Häusern, Blut und Leichen in der Luft lag?

Am 30. September, dem Namenstag jenes Heiligen, der vor drei Jahrhunderten die lateinische Bibelübersetzung *Vulgata* geschaffen hatte, wurde Karls zweiter Sohn mit Ruodheid geboren. Er ließ ihn nach dem heiligen Hieronymus taufen.

Als die ersten Blätter fielen und der Herbst in einem wilden Farbenrausch begann, schickte Karl eigene Boten zu den Herzogen und Grafen des Reiches. Er hatte lange darüber nachgedacht, wo der beste Platz für den nächsten Reichstag wäre.

Eigentlich hätte er sehr gern alle in die Flussbiegung der Sauer nach Echternach geholt, aber er wusste selbst, dass das nicht ging. Er besprach sich mehrere Abende lang mit seinen Getreuen, dann entschieden sie sich für ihr Treffen für einen Platz im Norden, an dem Karls Vater nach seinem Sieg über die Friesen im Jahr 690 schon einmal einen Bischof eingesetzt hatte.

Die Kirche des heiligen Martin zu Utrecht konnte kaum die vielen weltlichen Großen sowie die Äbte und Bischöfe fassen, die Karls Einladung gefolgt waren. Willibrord selbst zelebrierte mit bewegter Stimme die Messe und sprach den Segen. Anschließend übergab er das Wort an Majordomus Karl. Der Princeps des fränkischen Reiches war sich wie alle anderen der Feierlichkeit dieser Stunde bewusst. Hier hatten die irischen Mönche vor mehr als einer Generation mit ihrer Missionsarbeit begonnen. Hier war Willibrord vom Papst zum ersten Erzbischof und Missionar der Friesen ernannt worden. Und jetzt, nach so vielen Jahren in Echternach, war der alte Mann zurückgekehrt.

Niemand verübelte Willibrord die Tränen. Sie sahen, wie er schluckte, während Karl langsam auf ihn zuging. Der erste der Edlen aller Franken beugte den Kopf. Dann kniete er nieder, stellte das rechte Bein gewinkelt vor sich und reichte Willibrord seine Hände. Der Erzbischof von Utrecht nahm Karls Geste nicht an. Er fasste ihn an den Schultern und ließ ihn wieder aufstehen.

»Du sollst nicht vor mir knien, Karl«, sagte er mit zitternder Stimme. »Wir haben so lange für die Sache des Christentums Seite an Seite gestanden, dass ich dich als einen Diener Gottes, doch für mich selbst als einen Bruder empfinde.«

»Dann lass mich sagen, dass auch ich dir danke«, gab Karl zurück »Damals, als mir nichts gehörte außer Bollendorf, habe ich dir meinen Anteil an diesem Landgut mit frohem Herzen geschenkt. Jetzt aber kann ich dir mehr als Dank für dich und deine Gefährten geben.«

Die Anwesenden in der Kirche wussten längst, welchen Sinn diese Versammlung hatte. Sie galt einerseits Willibrord und seinen Mönchen, doch sie war auch eine zweite und diesmal öffentliche und feierliche Übernahme der westlichen Friesenländer.

»Kraft meines Amtes übereigne ich dir mit dem heutigen Tag alle Güter, die innerhalb und außerhalb der Mauern von Utrecht dem König der Franken, das heißt dem Fiskus, gehören. Außerdem schenke ich dir eine Weide in Graveningen sowie das Dorf und die Burg Fethnam unweit von Utrecht.«

Im Hintergrund der durch bunte Fenster und viele zusätzliche Öllichter erhellten Martinskirche stimmten die Mönche einen Choral an. Karl wartete, bis der Gesang zu Ende war. Dann sagte er: »Ich gebe dir diese Urkunde, die wir bereits in Heristal vorbereitet haben. Sie ist von mir unterzeichnet, ebenso von meinem Sohn Karlmann und meinem Stiefneffen Theudoald sowie von anderen großen und edlen Herren, die allesamt hierher gekommen sind. Nimm unser Geschenk an und übernimm zugleich wieder Utrecht als den Bischofssitz, den dir mein Vater vor einem Vierteljahrhundert bestätigt hat. Wir alle hier stimmen zu, dass du erneut den Ehrentitel ›Erzbischof der Friesen‹ führen sollst, den dir schon Papst Sergius in Rom verliehen hat.«

»In Ewigkeit Amen«, sagte in diesem Augenblick einer der erst vor wenigen Jahren aus England gekommenen Mönche. Karl war nicht auf diesen Einwurf vorbereitet. Durch das schnelle »Amen« des anderen war er nicht mehr dazugekommen, die sorgsam ausgedachten, aber nicht in der Urkunde festgehaltenen Bedingungen der Schenkung vor allen Ohren auszusprechen. Auch Willibrord wusste genau, was geschehen war. Aber auch andere, wie der Abtbischof von Stavlot-Malmedy und der Bischof von Reims, hatten mitbekommen, dass Karl und der selbstbewusste englische Mönch keine Freunde sein würden …

Als der Frühling kam, hielt es Karl für notwendig, sich nach einem stillen Jahr wieder in jenen Gebieten blicken zu lassen, die noch immer als unruhig und nicht ganz sicher galten. Gleichzeitig wollte er ausprobieren, wie gut seine aufwendig gepanzerten und bewaffneten Reiter auf einem kleinen, schnellen Zug waren. Er befahl, dass weder Wagen noch Knechte zu Fuß mitgenommen werden sollten. Neben den Panzerreitern selbst durfte jeder nur zwei Untergebene benennen. Der erste von ihnen sollte für die Pferde und das Lederzeug zuständig sein, der andere für Waffen, Gerätschaften und Verpflegung.

Der erste Ritt begann kurz nach Ostern und führte erneut an der Wupper entlang in Richtung Osten. Als sie die Lippe erreichten, sahen sie überall im Gebiet der Sachsen neue Katen und Häuser. Die meisten waren noch nicht fertig, aber von verbrannten Höfen, von schwarz verkohlten Balken und Hauswänden war nichts mehr zu sehen.

Karl bog schon nach wenigen Tagen wieder nach Westen ab. Sie blieben eine Weile am Lauf der Lippe, ehe sie zum Rhein vorstießen und auch dort keinerlei Anzeichen von Aufruhr und Widerstand entdecken konnten. Karl beschloss daher, den ersten Zug bereits nach zehn Tagen zu beenden und nach Köln zu reiten. Schon am ersten Abend brachte ihm ein Bote eine Neuigkeit, die ihm nicht besonders gefiel. Es war Rotbert, der sich in Köln wieder als Pfalzgraf und Herr der Verwaltung bewährte. Zusammen mit Bischof Faramundus berichtete er in einem kleinen Kreis von zwanzig Edlen, was sie gehört hatten.

»Dein vorlauter Freund aus Utrecht ist inzwischen ein gutes Stück die Himmelsleiter hinaufgefallen«, meinte Rotbert. Bischof Faramundus zischte ein wenig die Luft durch die Zähne. Der Protest des Kirchenmannes war so milde, dass Karl ihn verwundert ansah.

»Kein Widerspruch?«, fragte er. »Und keine Rüge für Herzog Rotbert wegen versuchter Gotteslästerung?«

Faramundus seufzte und schüttelte den Kopf. »Ich verstehe sie nicht, diese Römer. Wie konnte Papst Gregor diesen ungehobelten Engländer zum Bischof ernennen?«

»Moment mal«, sagte Karl. »Wer ist hier Bischof? Und wer hat wen ernannt?«

»Der Papst ist Bischof von Rom«, erklärte Faramundus geduldig, »und er hat bereits im vergangenen Jahr den englischen Mönch Wynfrith zum Bischof machen wollen.«

Karl schüttelte unwillig den Kopf.

»Was soll das?«, fragte er. »Hat er nun oder hat er nicht? Und warum erfahre ich erst jetzt davon?«

»Die ganze Angelegenheit ist auch uns Frankenbischöfen und Priestern etwas peinlich«, gab Faramundus zu. »Wir haben nichts gesagt, weil Bruder Willibrord uns darum gebeten hat.«

»Also«, sagte Karl streng, »was ist hier los? Ich fordere euch auf, mir alles zu berichten.«

»Er hat soeben den Schüler von Willibrord zum Missionar der Deutschen ernannt.«

»Der Deutschen?«, fragte Karl. »Das ist doch kein Land und keine Provinz.«

»Sie meinen in Rom damit die Leute östlich des Rheins, deren Sprachen ›thiudisc‹ genannt werden.«

»Schön und gut«, sagte Rotbert. »Auf jeden Fall ist Wynfrith seit dem Tod von Herzog Radbod ziemlich eifrig in Friesland.«

»Nicht nur dort«, warf der Bischof von Köln ein. »Er war auch in Hessen und Thüringen, hat Klöster gebaut und sie mit Mönchen besetzt. Niemand seit Willibrord hat bis zu den Sachsen hin so hart an der Bekehrung der Heiden gearbeitet.«

»Das klingt jetzt aber eher nach Lob und Anerkennung als nach Kritik«, stellte Karl fest.

»Es ist ja auch schwierig mit dem Kerl«, sagte Herzog Rotbert. »Einerseits muss man ihn bewundern für seinen unermüdlichen Einsatz und für seine beachtlichen Leistungen. Andererseits verstört er die Menschen, indem er gnadenlos alles vernichten lässt, was er für Götzen- und Teufelswerk hält.«

»Es heißt, dass er in den drei Jahren seit Radbods Tod bereits mehr heidnische Standbilder zerstört hat als Willibrord in dreißig Jahren«, sagte Faramundus.

»Dabei spricht er so schlecht Latein, dass er beim Papst in Rom nicht einmal sein Glaubensbekenntnis in dieser Sprache vortragen konnte.«

»Gemach, gemach!«, warf Bischof Faramundus ein. »Er spricht zwar zum Gotterbarmen schlecht Latein, aber er schreibt es dafür umso besser. Das ist Willibrords Schule in Echternach zu verdanken. Auf jeden Fall konnte er Papst Gregor in schriftlicher Form derartig beeindrucken, dass er in völliger Übereinstimmung mit ihm die Stadt wieder verlassen hat.«

»Der Mann hat tatsächlich außergewöhnliche Fähigkeiten«, sagte jetzt auch Rotbert. »Das zeigt sich auch schon daran, dass er nicht den üblichen Weg rheinaufwärts und dann über den Alpenpass des Mons Jovis gegangen ist. Er hat sich statt dessen für das Rhonetal entschieden.«

»Dagegen ist doch nichts einzuwenden«, sagte Karl.

»Dagegen vielleicht nicht«, antwortete Rotbert. »Aber dann ist er sogar durch jene Gebiete Italiens gewandert, die den Feinden des Vatikans gehören. Den Langobarden und, was noch schlimmer ist, den Bilderstürmern von Kaiser Leo in Konstantinopel.«

Karl überlegte einen Augenblick. Dann lachte er und sagte zu Faramundus: »Es ist schon eigenartig mit euch Kirchenmännern. Einerseits schreit ihr Zeter und Mordio, wenn auf irgendeiner Waldlichtung ein Stein mit Runenzeichen oder die Skulptur einer alten Gottheit steht. Andererseits bekämpft ihr bis aufs Messer diejenigen unter euch, die dagegen sind, Heilige und die

Madonna oder irgendwelche frühen Kirchenfürsten auf Ikonen anzubeten.«

»Ich glaube, dass du da etwas verwechselst«, sagte der Bischof von Köln. »Heidnische Germanen beten Götzenbilder an. Für uns sind die Ikonen keine Gottheiten, sondern Symbole, die den Weg zu Gott dem Herrn und seinem eingeborenen Sohn erleichtern.«

»Wo ist der Unterschied?«, fragte Karl streitlustig. »Für die Germanen gelten die Statuen und Steinzeichen auch nur als Symbole und Brücken in die Welt der Ahnen. Ein Stein bleibt immer ein Stein, solange er nicht von den Kundigen geweiht und zum Heiligtum erklärt wird. Eure Ikonen aber, die sind mir fast zu heilig und zu unberührbar.«

Faramundus hob die Schulter. Er lächelte nachsichtig, denn es behagte ihm nicht, sich mit dem Majordomus anzulegen.

»Wir müssen also auch auf diesen neuen Bischof Acht geben«, sagte Karl und beendete damit das Gespräch. »Ich will von jetzt ab einmal im Monat hören, was er tut und wo er sich befindet.« Er wandte sich an seinen Ältesten. »Du kümmerst dich ab heute um alles, was mit diesen neuen Mönchen aus England oder Irland zusammenhängt.«

Karlmann errötete kaum merklich. Dann sagte er: »Darf ich meinen Gefährten Gregor dabei hinzuziehen? Er interessiert sich schon seit geraumer Zeit für alles, was die Mönche in den Ostgebieten tun.«

»Meinetwegen«, sagte Karl. »Aber seht zu, dass sie euch nicht ebenfalls den Kopf rasieren.«

Die Männer an den Tischen lachten. Dann wandten sie sich wieder anderen Problemen aus den Gauen im Norden und im Westen zu.

Der nächste Gerichtstag unter dem Vorsitz von Majordomus Karl fand im Juli in Zülpich statt. Die ehemalige Römerstadt

Tolpiacum, die noch immer von ihrer ruhmreichen Vergangenheit als Platz des Sieges der Franken über die Alamannen zehrte, war zu klein, um alle Edlen aufzunehmen. Rotbert hatte deshalb ein wenig nördlich der Stadt einen großen Platz für die Zeltlager vorbereiten lassen. Von hier aus waren es nur wenige hundert Schritte bis zu den Römermauern und den alten Thermen.

Der Majordomus hatte schon Wochen zuvor Milo beauftragt, in seiner Eigenschaft als Erzbischof von Reims alle Klagen, Beschwerden und Besuche von Bischöfen, Äbten und Priestern zu sammeln und vorab zu sortieren. Die gleiche Aufgabe war Herzog Folker für die Klagen der weltlichen Großen übertragen worden.

»Ich sehe, die Streitfälle verringern sich auf ein erträgliches Maß«, sagte Karl bereits am nächsten Tag.

»Dennoch bleibt noch genug zu tun«, brummte der Bischof von Reims. Bis ganz zum Schluss hielt er noch ein Pergament fest, das er nicht an Herzog Folker übergeben wollte.

»Was ist das da?«, fragte Karl.

»Ein uralter Streit zwischen dem Abt von Sankt Wandrille und einem Grafen namens Berthar. Es hilft nichts, das muss Karl selbst entscheiden.«

»Also wollt ihr jetzt endlich Ruhe geben?«, schnaubte Karl.

»Es geht um die Villa Monte Cellas«, sagte Milo. »Beningus behauptet, dass der Ort zu seiner Abtei gehört. Aber Graf Berthar beruft sich auf ältere Rechte, die noch auf Dokumente vor dem Sieg deines Vaters Pippin zurückgehen.«

Karl hob die Hand und lächelte den beiden Männern zu.

»Und ihr wollt mir sagen, wie ich entscheiden soll? Der Fall ist so klar, dass ich ihn morgen als Ersten verhandeln werde.«

»Aber du kennst die Unterlagen, die Dokumente doch gar nicht!« wandte Folker ein.

Karl sah ihn kopfschüttelnd an. »Muss ich sie kennen?«, fragte er dann. »Ich kenne den Abt Beningus von Sankt Wandrille und bin ihm ganz besonders dankbar. Von einem Grafen Berthar hingegen weiß ich kaum mehr als den Namen. Und deshalb spreche ich den Ort Monte Cellas einem Mann zu, der ihn verdient hat. Ich will, dass Besitz fortan verpflichtet. Das könnt ihr gern allen anderen Großen des Reiches weitererzählen …«

24.

Bonifatius

Der Rest des Jahres bestand aus Ereignissen, die sich nun schon fast regelmäßig wiederholten. Karl weilte zumeist in Köln. Aber er ritt auch bis in die Ardennen nach Jupille, und – wenn er für ein paar Stunden oder auch Tage nicht anderes hören oder sehen wollte – gelegentlich hinauf zum Ziegenberg. Er besuchte Maastricht und Utrecht, ritt auch einmal mit kleinem Gefolge bis nach Metz und kontrollierte Ländereien, die nicht von seiner Stiefmutter in die Ehe mit seinem Vater eingebracht worden waren, sondern noch aus dem Lehen und Geschenken stammten, die sein Ahnherr, der Bischof Arnulf von Metz, vor hundert Jahren von König Chlothar II. erhalten hatte.

Karl nutzte die langen Stunden auf dem Rücken ihrer schweren Pferde und brachte seinem Ältesten sehr schonend bei, dass die Geschichte ihrer mächtigen Familie eigentlich mit Betrug und Verrat begonnen hatte.

»Unser beider Stammväter sind in ein Geschehen verwickelt, über das sehr viel geredet, aber nichts Genaues aufgeschrieben wurde«, sagte Karl zu Karlmann, als sie sich den Türmen von Metz näherten.

»Ich weiß«, antwortete Karlmann, nicht viel mehr interessiert als beim Betrachten eines Käfers, der auf den Rücken fiel und nicht mehr auf die Beine kam.

»Eigentlich begann alles mit zwei verfeindeten Weibern«, lachte Karl. »Unser König Sigibert I. von Austrien hatte damals Brunichilde, die Tochter des Westgotenkönigs Athanagild geheiratet. Und Fredegunde war die Ehefrau von seinem Bruder Chilperich I., dem König von Soissons. Aber Brunichilde bohrte und giftete so lange, bis Chilperich seine Frau verstieß und ihre Schwester Gailswinta zur neuen Ehefrau nahm.«

»Aber Fredegunde hat sich das nicht gefallen lassen«, sagte Karlmann, der die Geschichte ebenso gut kannte wie sein Vater. Sie gehörte zu jenen Überlieferungen, die tausendmal und immer wieder an vielen Feuern mit einem gruseligen Schauder weitererzählt wurden.

»Fredegunde tötete ihre Nebenbuhlerin«, bestätigte Karl.

»Dem folgte das Gesetz der Blutrache.«

»Zu viel der Rache«, sagte Karl, »und zu viel Blut. Die beiden Königsbrüder wurden von Brunichilde ermordet. Ebenso Fredegunde…«

»Der Kampf der blutrünstigen Königinnen!«, sagte Karlmann und hob wie fröstelnd seine Schultern. »War es da nicht gerecht, was unsere Vorfahren Arnulf von Metz und der erste Pippin getan haben?«

»Brunichilde hatte den Tod verdient«, meinte Karl zustimmend. »Aber es war nicht nötig, dass Chlothar sie splitternackt zwischen vier Pferde spannen und unter dem Gejohle vieler Edler und des gemeinen Volkes zerreißen ließ! Aber noch schwerer wiegt, dass Arnulf, Pippin und ein großer Teil des Heeres zuvor ihre Königin verrieten und zu Chlothar überliefen…«

»Bischof Arnulf hat das nie verwunden«, sagte Karlmann mitfühlend. »Er wollte danach nicht mehr der Verwalter der königlichen Güter sein und lieber Mönch werden.«

»Aber er tat es nicht«, sagte sein Vater. »Es ist ein Unterschied, ob man sich nur schuldig fühlt oder auch zur Reue bereit ist. Arnulf wurde nach seinem Verrat mit dem Bistum Metz belohnt. Zusätzlich übernahm er 623 für den jungen Dagobert I. die Regentschaft in Austrien und diente ihm zusammen mit deinem Vorfahr Pippin als königlicher Erzieher und Ratgeber.«

»Trotzdem hat er sich ein paar Jahre später als Mönch von aller Welt zurückgezogen«, sagte Karlmann, während sie auf die Kirche, die nach Arnulf benannt war, zuritten.

»Und Pippin von Landen, der kleine Adlige, der zunächst nur Aufseher über das königliche Gesinde und Verwalter für die Hofhaltung gewesen ist, erhielt den Befehl über die königliche Leibwache und die Krondomänen und bestimmte schließlich, was der Merowingerkönig sagen sollte …«

Die weiten Reisen Karls dienten in Grunde nur dazu, dass er sich sehen ließ. Er nahm an vielen Messen von Bischöfen und Äbten teil, besuchte Kirchen und Klöster und aß auf den Landgütern von Grafen und freien Bauern. Oft hielt er unterwegs an, wenn Bauern oder auch Sklaven am Wegesrand ihre Mützen vor ihm abnahmen und ihre Köpfe senkten. Er sprach mit ihnen ohne Hochmut und Stolz. Gerade bei den einfachen Menschen überall unterwegs benahm er sich fast wie ihresgleichen.

Er ließ sich sagen, wo Kirchen oder Klöster gebaut worden waren, wie es den Ehefrauen und den Kindern der anderen Großen ging und was sich dieser oder jener ganz besonders wünschte.

Einer, an dem er neben seinen eigenen Kindern große Freude hatte, war Gregor, der Älteste von Alberich. Seinen jüngeren Bruder Haderich hatte er ebenfalls aufgenommen, aber es gefiel ihm nicht, dass dieser Junge etwas zu häufig vor den Gebäuden des alten Kapitols an der südlichen Stadtmauer Kölns gesehen wurde. Es hieß sogar, dass er manchmal mit Plektruds eingekerkerten Enkeln redete. Karl wollte ihn zurechtweisen, aber dann fragte er doch lieber Gregor.

Alberichs Ältester kam zusammen mit Karlmann in Karls Privatgemächer, die er mit Chrotrud und Hiltrud bewohnte. Karls Tochter war zu einem sehr schönen Mädchen herangewachsen. Sie konnte inzwischen viel flüssiger lesen und schreiben als die meisten der jungen Adligen.

»Ja, es stimmt«, meinte Gregor mit einem Seitenblick auf Hiltrud, »er sagte mir, dass wir uns alle noch immer vor den Gefangenen im Kapitol hüten müssten.«

»Ich teile deine Bedenken nicht«, meinte Karl, der bis auf einen Messergürtel sämtliche Waffen abgelehnt hatte. »Aber sieh zu, dass er sich nicht zu oft bei den anderen herumtreibt!«

Damit war für ihn die Angelegenheit erledigt. Es war ein schöner Abend ohne Gelage und Männerversammlungen – Karl war dazu übergegangen, mindestens einmal pro Woche ohne Gefolge und Gefährten ganz für sich zu sein. Vielleicht kam dieser Wunsch daher, dass Chrotrud in den letzten Wochen zunehmend stiller geworden war. Während alles in Land um sie herum wuchs, blühte und gedieh, kränkelte Chrotrud immer auffälliger.

Anfänglich hatte Karl nicht einmal bemerkt, dass er sie kaum noch sah. Sie zog sich zurück, sobald sie ihn kurz begrüßt hatte, und ließ ihn mit seinen Dingen allein. Er war jetzt dreiunddreißig Jahre alt, sie selbst nur zwei Jahre jünger. Als sie geheiratet hatten, war er ein junger Adliger ohne besondere Zukunft gewesen, der sich kaum von vielen anderen jungen Männern am Hof des Majordomus Pippin II. unterschied. Mehr noch – als sie sich kennen lernten, hatten seine Stiefbrüder Drogo und Grimoald noch gelebt. Sie waren es, die zusammen mit ihrem Vater und ihrer starken Mutter alles Geschehen bestimmten. Später, als er mit den anderen Männern des Hofes ausritt, hatte sie ihn auch nicht sehr oft gesehen. In diesen Jahren war er zumeist bei den Pferden gewesen, bei Pippins Waffenschmieden und in den Tavernen der Städte, in denen

Händler und Krieger bei Wein und Bier mit ihren großen Taten und Erfolgen prahlten.

Karl erinnerte sich wieder an die wenigen glücklichen Tage und Wochen, in denen er mit seiner Frau und den Kindern unbelastet gelebt hatte. Die Zeiten in Heristal und Jupille gehörten dazu, aber auch jene in Stavlot-Malmedy und seine erste Zeit in Köln. Jetzt gingen täglich Priester und Heilkundige bei ihr ein und aus. Nichts daran war besonders, bis zu dem Tag, an dem der junge Gregor mit Karlmann zu ihm kam. Er erzählte von jenen Gerüchten, die er in Thüringen gehört hatte.

»Manch einer wundert sich, dass du Plektrud und ihre Enkel noch immer im Kapitol in Köln gefangen hältst«, meinte er. »Viele sagen, es wäre vielleicht besser, wenn sie an die Mosel oder in ihr Kloster nach Pfalzel zurückkehren könnten.«

»Ich will sie hier haben«, sagte Karl.

»Ja«, meinte Gregor unbeirrt, »auch das wird von einigen Edlen aus der Familie von Herzog Hedan nicht verstanden. Sie sagen, du würdest Nattern an deinem Busen nähren, solange du zulässt, dass Nonnen aus dem Stift im Kapitol überall in der Stadt heilen und helfen dürfen.«

Karl legte seine Hand auf die Schultern des Jungen. »Ich danke dir für deinen fürsorglichen Bericht«, sagte er lächelnd. Dann wandte er sich an Karlmann und hob die Brauen.

»Hast du auch von diesen Dingen gehört?«

Karlmann nickte. »Er hat während des ganzen Ritts zurück von nichts anderem gesprochen«, sagte er. Für einen Augenblick war alles still in den Räumen am Rheinufer. Draußen trieben zwei friesische Frachtkähne den Strom hinab. Mücken tanzten im schräg von Westen her einfallenden Sonnenlicht, und im Hafen knarrten hölzerne Kräne, während sie Säcke und Ballen aus anderen Frachtkähnen luden. Karl hörte die kräftigen Stimmen von Händlern und Bootsleuten, und dazwischen Kinderstimmen und hellen Gesang von Frauen und Mädchen.

Und plötzlich rannen Tränen über Karlmanns Gesicht. Karl war so überrascht, dass er im ersten Augenblick nicht wusste, wie er sich verhalten sollte. Er hätte nie für möglich gehalten, dass sein Ältester nach seiner glänzend bestandenen Mutprobe auf dem Ziegenberg schon Tränen in den Augen hatte, wenn es doch nur um irgendwelche Gerüchte und Intrigen ging. Doch dann platzte der Junge mit seiner Sorge heraus:

»Sie sagen, dass der Sensenmann bereits durch dieses Haus geht!«

Weihnachten verging trübe, und auch das neue Jahr begann ohne fröhliche Lieder. In all den Wochen hing Chrotruds Krankheit wie ein unheimlicher Fluch über dem Kölner Praetorium. Viele Fenster des alten römischen Verwaltungspalastes waren mit dunklen Tüchern verhängt. Karl befahl, dass in allen größeren Räumen Feuerkörbe aus geflochtenen Eisenbändern auf drei Beinen aufgestellt wurden. Für jeden Korb wurde ein Feuerknecht abgestellt, der auch in der Nähe schlafen musste und bei Strafe dafür zu sorgen hatte, dass die Holzkohlenglut nicht verlöschte und stets ein paar Weihrauchbrocken weißliche Rauchwolken verströmten, die angenehm für die immer siecher werdende Chrotrud waren.

Karl opferte ein Vermögen an Bischof Faramundus für ständig neuen Weihrauch. Doch anders als bei Alberich ließ er keine Ärzte und Quacksalber, frömmelnde Nonnen oder Mönche, die sich auf Zahlenmagie verstanden, an das Krankenbett seiner Frau. Erst Anfang des Jahres duldete er eine einzige Ausnahme und ließ zu, dass die Nonnen des Gertrudenklosters von Nivelles die unmittelbare Krankenpflege übernahmen. Beinahe augenblicklich trat eine Besserung ein, und Karl und viele andere schöpften wieder Hoffnung. In allen Kirchen wurde für Chrotrud gebetet. Auch in Sankt Peter und Paul, der Bischofskirche von Colonia, brannten Tag und Nacht Öllampen für die Sieche. Doch alles war vergebens.

Chrotrud starb am Aschermittwoch des Jahres 723. Karl hielt ihre Hand, als es zur dritten Stunde nach Sonnenaufgang geschah.

Am Tag zuvor hatte sich auch ein Abgesandter des Papstes in Rom mit seinem Gefolge angekündigt. Er kam zu spät. Denn als er auf der alten Via Decumania einritt, wurde auf der anderen Seite der Stadt jenseits der nördlichen Stadtmauer bereits die eiserne Schweinsglocke der Kunibertskirche angeschlagen. Das Geläut mit den langen Pausen dazwischen verkündete jedermann, dass Chrotrud, die stille und freundliche Ehefrau von Majordomus Karl, nicht mehr lebte.

Chrotruds Beerdigung begann mit einer großen Messe und einem Hochamt in der Bischofskirche. Anschließend zogen Hunderte von Edlen aus dem gesamten Reich hinter dem Sarg her. Nur Karl und die Kinder sowie die Herzöge und Bischöfe durften den Sarg auf Pferden begleiten, alle anderen hatten sich zu Fuß einzureihen.

Die Prozession führte über das Forum und dann auf die westliche Straße hinaus. Jenseits der Stadtmauer bog sie nach Norden ab, bis sie die Gräberfelder von Sankt Gereon erreichte. Auch hier wurde lange gebetet und gesungen, bis Karl und die Kinder eine Hand voll Erde auf den Sarg ihrer Ehefrau und Mutter warfen. Sie schämten sich ihrer Tränen nicht. Nur der achtjährige Pippin machte ein eher beleidigtes als trauriges Gesicht. Mit weit herabgezogenen Mundwinkeln nahm er einen der Erdklumpen und warf ihn zornig in das dunkle Loch, das ihm jetzt seine Mutter wegnehmen wollte.

»Hol sie da raus!«, rief er mit seiner hellen Kinderstimme dem Vater zu. Karl presste die Lippen zusammen und streckte seine Hand nach Pippin aus. Auch Karlmann und die Schwester

Hiltrud versuchten, den Jüngsten zu besänftigen. Aber der wollte nicht. Er sah sich nach allen Seiten um, reckte sich und zeigte sehr deutlich, wie gekränkt er darüber war, dass niemand der großen und festlich gekleideten Edlen in der Lage gewesen war, das alles zu verhindern.

Als einer der Letzten trat ein Mann an das Grab, der bisher vergeblich versucht hatte, eine Audienz bei Karl zu erhalten. Trotz der Kälte trug er als Einziger der versammelten Bischöfe und Äbte keinen wärmenden Mantel und keine Kopfbedeckung. Karl kniff die Augen zusammen und registrierte gleichzeitig, dass der frühere englische Mönch mit den Insignien eines Bischofs an das Grab gekommen war.

»Im Namen des Vaters und des Sohnes und im Angesicht des Todes überbringe ich dir den Segen des Heiligen Vaters in Rom«, sagte er leise zu Karl. »Ich bin in Gedanken die ganze Zeit bei dir gewesen und bitte dich um Gehör, sobald dein Schmerz nachlässt.«

»Was willst du?«, zischte Karl nur. Schlagartig stand wieder das Bild vor seinem inneren Auge, mit dem dieser Mann unerlaubt und voreilig die wichtige Schenkungszeremonie in Utrecht beendet hatte. Karl wollte nicht, dass sich Derartiges noch einmal wiederholte. Er wollte überhaupt nicht mit diesem Wynfrith reden. Jetzt nicht und auch nicht irgendwann.

»Ich danke dir«, sagte er mühsam beherrscht. »Du darfst jetzt gehen.«

»Dann höre wenigstens, dass ich einen Brief für dich habe«, sagte der Bischof, den alle anderen bisher nur als Mönch gekannt hatten. »Einen Brief, den der Heilige Vater in Rom für dich schreiben ließ und eigenhändig unterzeichnet hat.«

»Ich brauche keine Briefe aus Rom«, wehrte Karl ab. »Und nun geh. Du störst mich in meiner Trauer.«

Doch Wynfrith ließ nicht locker. Und plötzlich ahnte der Majordomus der Franken, wie dieser Mann zu seinen Erfolgen als Missionar und Apostel kam. Er ließ sich auf nichts ein. Er reagierte weder auf Drohgebärden, noch auf Zorn und Verärgerung. Und er schien keine Angst zu kennen …

Nie zuvor hatte Karl einen derart furchtlosen Mann gesehen. Selbst Willibrord war bei allem, was er getan hatte, immer noch vorsichtig abwägend und klug gewesen. Dieser hier aber musste sich für unverwundbar und allen anderen überlegen halten. Karl spürte eine ganz eigenartige Mischung aus Anziehung und Ablehnung. Der andere kam so dicht an ihn heran, dass Karl, der oberste Kriegsherr des gesamten Frankenreiches, unwillkürlich einen halben Schritt zurücktrat. Der Mönch war ihm lästig. Er kam ihm zu dicht. Er bedrängte ihn. Und er wich nicht zurück vor Schwertern und Titeln oder der Macht eines Amtes.

»Geh!«, befahl Karl hart und scharf. Er spürte, wie sich Dutzende von Augenpaaren auf ihn und den Missionar richteten. Nur wenige von ihnen waren freundlich. Und doch wollten alle wissen, wie sich der unerwartete Zweikampf am offenen Grab vor den Mauern von Köln entschied.

»Ich gehe«, sagte Wynfrith so deutlich, dass viele ihn hören konnten. Aber noch ehe Bischof Faramundus »In Ewigkeit, Amen« sagen konnte, fügte Wynfrith schnell noch hinzu: »Ich gehe und warte solange im Praetorium, bis du mich anhörst.«

Erst jetzt sagte Faramundus sichtlich verwirrt: »Amen«.

Karl ließ den Mann, den er als Wynfrith kannte, genau eine Woche warten. Doch ganz so, als sei überhaupt nichts geschehen, versuchte der neue Bischof, Kontakt mit seinen fränkischen Amtsbrüdern aufzunehmen. Karl merkte schnell, dass sie ihn ablehnten. Selbst Bischöfe wandten den Kopf ab, wenn er sich ihnen näherte. Am sechsten Abend ließ Karl sämtliche Bischöfe bis auf Bonifatius zu sich bitten.

»Was habt ihr eigentlich gegen diesen Mann?«, fragte er ohne Umschweife.

»Du wirst keine Antwort bekommen, Karl«, sagte der Erzbischof von Utrecht.

»Aber ich, Milo, den viele hier auch als schwarzen Abt beschimpft haben, gebe dir dennoch eine Antwort, Karl«, rief der Bischof von Trier und Reims. »Es ist die Angst vor dem Verlust alter Rechte.«

»Sprich weiter – aber ohne Umwege!«, sagte Karl.

»Die Merowingerkönige haben niemals die Oberhoheit des römischen Bischofs über die fränkische Kirche anerkannt«, sagte Milo. »Und auch hier ist niemand von uns damit einverstanden, dass fremde Mönche und Priester durch unsere fränkischen Gaue ziehen, überall Kirchen und Klöster bauen und das Wort Gottes angeblich besser verkünden als wir selbst.«

»Ihr habt selbst Schuld«, sagte Karl. »Niemand behauptet, dass ihr zu faul und feige wart. Aber wer hat sich um die Bekehrung der heidnischen Friesen und Sachsen wie auch der Franken in unseren östlichen Gauen gekümmert? Viele von euch sind doch gar nicht böse darüber, wenn sie sich nicht allzu weit aus ihren angenehmen Bischofsstädten und vom beschaulichen Leben in ihren Klöstern und Abteien entfernen müssen …«

Erst jetzt wollte Protest und Widerspruch aufkommen. Doch Karl wehrte bereits die ersten Ansätze mit einer kurzen Handbewegung ab. »Ihr müsst mir nicht widersprechen«, sagte er ohne jeden Respekt vor der Würde der Bischöfe.

»Ich widerspreche dennoch!«, stieß der Abtbischof von Stavlot-Malmedy aus. »Wie kommen wir eigentlich dazu, Männer zu dulden, die nie verschwiegen haben, dass sie eher einen Eid auf den Papst in Rom als auf das Reich der Franken schwören würden? Und warum willst du dulden, dass unter deiner schützenden Hand nicht mehr die fränkischen Heiligen verehrt werden, sondern ein Pontifex im fernen Rom?«

»Auch das stimmt so nicht«, mischte sich völlig unerwartet Hugo ein. »Aber ihr habt Recht, wenn ihr sagt, dass durch den

Papst unsere Geschlossenheit aufgebrochen wird. Allerdings gebe ich zu bedenken, dass wir schon lange keine Synode mehr gehabt haben und im Grunde jeder für sich sein Süppchen kocht.«

Karl lächelte unwillkürlich. So deutlich wie Hugo hatte noch keiner gesagt, was ihn von Anfang an bei den fränkischen Kirchenmännern gestört hatte. Zu oft benahmen sich die Bischöfe und Äbte wie Herrscher auf kleinen Inseln, die nach Art von Gaugrafen und Herzögen über Güter und Ortschaften, Wälder und Teiche, Menschen und Tiere geboten.

»Er hat einen Brief bei sich«, sagte Karl in die plötzlich eingetretene Stille hinein, »einen Brief vom Papst an mich. Ich schlage vor, dass wir uns gemeinsam anhören, was der Papst in Rom mir zu sagen hat. Und ihr sollt mitentscheiden, wie wir die Dinge gerecht sehen können …«

Die große Versammlung der Äbte und Bischöfe sowie der Herzöge und Grafen, die nach der Beerdigung Chrotruds in Köln geblieben waren, glich einer Synode oder einem Reichstag. Aber sie war weder das eine noch das andere. Karl entschied, dass Willibrord als Lehrer und Mentor den neuen Bischof vorstellen sollte.

»Also hört, was ich über den Mann zu sagen habe, der vor zweiundfünfzig Jahren in Wessex geboren wurde«, trug Willibrord vor. »Er erhielt seine Erziehung in den Benediktinerklöstern Exeter und Nuthescelle, das man auch Nurshing nennt. Bereits im Jahre 716 versuchte er zum ersten Mal, Friesen zu missionieren. Zwei Jahre später pilgerte er nach Rom, wo ihm Papst Gregor den Namen Bonifatius, nach dem Heiligen des 14. Mai, verlieh. Leider muss ich euch, ihr Herren, gestehen, dass Wynfrith und ich, oder auch Bonifatius, wie er sich selbst gern nannte, nicht immer einer Meinung waren, ja, ich gebe zu, dass ich noch heute andere Vorstellungen über die Missionsarbeit habe als dieser Bischof hier …«

Zum ersten Mal hörten Karl und die anderen von einem Streit zwischen den beiden Mönchen.

»Wynfrith wollte stets härter und unduldsamer sein, als ich es zeit meines Lebens gewesen bin«, fuhr der Erzbischof von Utrecht fort. »Aus Widerspruch zu mir wandte er sich im vergangenen Jahr nach Hessen. Er gründete dort das Kloster Amönaburg am Flüsschen Ohm und berichtete nach Rom von seinen Erfolgen. Als ich davon erfuhr, harte Papst Gregor II. ihn bereits eingeladen, zum zweiten Mal nach Rom zukommen. Am letzten Tag im vergangenen November weihte der Papst dann diesen Mann hier zum Missionsbischof ohne festen Sitz.«

Die Bischöfe und Äbte, aber auch die Herzöge und Grafen aus den verschiedenen Gauen des Reiches spürten genau, dass sich der alte Mann nur mit allergrößter Mühe zu einem sachlichen Bericht zwingen konnte. Ohne dass Willibrord ihm noch ausdrücklich das Wort erteilt hatte, sprang Bischof Bonifatius auf.

»Jawohl, es stimmt, ihr Herren des Frankenreiches und meine Brüder in Christo. Ich habe dem Papst in Rom den Treueeid geschworen und nicht dem Kaiser in Konstantinopel, wie dies bisher üblich war. Gleichzeitig habe ich geschworen, dass ich mit Bischöfen, die sich nicht an die kanonischen Vorschriften halten, keine Gemeinschaft mehr haben will, dass ich sie in allem, was sie tun, behindere und dass ich darüber nach Rom berichte. Und wenn es das ist, was meinen verehrten Lehrer Willibrord und einige andere hier gegen mich aufbringt, dann sage ich euch, dass der Bischof von Rom der einzige rechtmäßige Nachfolger des Apostelfürsten Petrus ist und dass die heilige Kirche nur dann bestehen und wachsen kann, wenn wir uns alle vor Rom verneigen…«

Der Protest der fränkischen Geistlichen brach so plötzlich und wild hervor, dass sogar Karl zusammenfuhr. Fast schien es, als wollten die Kirchenfürsten sich auf den Engländer stürzen.

Karl hob beschwichtigend beide Hände. Dennoch dauerte es lange, bis sich die erbosten Kirchenmänner einigermaßen beruhigten.

»Was ist mit den Briefen?«, rief Karl Bonifatius zu. »Es heißt, du hast einen Brief vom Papst an mich.«

»Papst Gregor II. gab mir sechs Briefe an sechs verschiedene Herrscher im Norden mit«, bestätigte Bonifatius kühl. »Einer davon ist für dich, Majordomus Karl.«

»Und die anderen fünf?«, fragte Karl sofort.

»Darüber möchte ich nicht sprechen«, antwortete der Engländer. »Aber ich darf dir sagen, dass auch Herzog Theodo von Baiern einen Brief des Papstes erhält.«

Karl schnaubte nur. Dann sagte er: »Lies vor.«

Doch Bonifatius machte nicht die geringsten Anstalten, den Brief des Papstes zu öffnen. Stattdessen sagte er: »Es würde jetzt zu weit führen und manchen der Herren hier langweilen, wenn ich den Brief des Papstes mit sämtlichen ehrenvollen Bezeichnungen für dich, Majordomus Karl, verlese. Aber ich will euch gern sagen, welchen Inhalt das Schreiben hat: Papst Gregor teilt dir, Karl, mit, dass ich den Auftrag erhalten habe, mich um die Barbaren der östlichen Gegenden nördlich des Mains zu kümmern. Er schreibt, dass er mich zum Bischof weihte, nachdem er mich in meinem Glauben geprüft hat. Er entsendet mich zu den Völkern und Stämmen östlich des Rheins, die noch im heidnischen Irrtum leben und im Dunkel der Unwissenheit gefesselt sind. Papst Gregor II. bittet dich, Karl, dass du mich zu diesen Zwecken in allen Angelegenheiten unterstützen mögest und mich gegen meine Widersacher verteidigst.«

»Ich soll was?«, platzte es aus Karl hervor.

»Du sollst mich gegen jene in dieser Runde verteidigen, die mich nicht anerkennen und mir übel wollen.«

Karl war so empört, dass er eine Weile brauchte, um das Gehörte zu verdauen. Auch die anderen Versammelten waren derart schockiert über die Frechheit und die Forderungen des Papstes, dass ihnen die Zornesröte ins Gesicht stieg. So schroff und unnachsichtig hatte noch nie zuvor ein Papst die Freiheit und Selbstständigkeit der fränkischen Bischöfe und Äbte zu beschneiden versucht.

Karl hob erneut die Hände. Dann stand er auf. Er senkte seinen Kopf wie ein Stier. Für einen Augenblick standen sich die beiden ungleichen Männer schweigend gegenüber.

»Nein!«, stieß Karl dann hervor. »Selbst wenn du mir alle sechs Briefe des Papstes auf einem goldenen Tablett übergibst, werde ich dich nicht gegen unsere fränkischen Bischöfe und Äbte schützen. Geh meinetwegen nach Hessen! Geh nach Thüringen! Und geh zu den Sachsen und Friesen! Aber du und dein Papst – mischt euch in Zukunft nie mehr in die inneren Angelegenheiten des fränkischen Königreichs ein! Du darfst missionieren … und du sollst dafür den Schutz bekommen, den du benötigst! Aber ich rate dir: Bleib allen Klöstern und Kirchen fern, die du nicht selbst erbaut hast!«

Am Nachmittag des Ostersonntags, als alle Messen gelesen und alle anstrengenden öffentlichen und privaten Feierlichkeiten endlich beendet waren, wollte Karl mit den beiden Söhnen Chrotruds ein wenig am Rheinufer entlangreiten. Er brauchte einfach frische Luft und wollte andere Stimmen hören als die von Bischöfen, Äbten und singenden Mönchen. Draußen wehte ein milder Frühlingswind, und auch die Menschen schienen zufrieden.

»Wann kommst du denn?«, rief Pippin III. ungeduldig. Er saß bereits auf einem kleinen Pferd, das speziell für ihn gesattelt worden war. Auch die jetzt vierzehnjährige Hiltrud saß auf ihrem Pferd. Sie hatte ihren Vater überredet, noch einmal in einem Männersattel ausreiten zu dürfen. Sie wusste ganz genau, dass Karl ihr nichts verwehren konnte. Ihr Liebreiz, ihre Schönheit und ihr aufgeschlossenes Wesen erfreuten ihn, so oft sie sich begegneten. Während andere junge Mädchen in der Stadt viel früher Wert auf damenhafte Kleider legten, hatte sich Hiltrud die Vorzüge ihrer ländlichen Herkunft auch in Köln bewahrt. Am liebsten lief sie in ärmellosen, langen Leinenkleidern herum, die nur in der Taille durch einen Ledergürtel mit vielen kleinen Schlaufen zum Anhängen der Beutel für vielerlei Gerätschaften zusammengehalten wurden. Dazu trug sie ein oder zwei goldene, mit rotem Glasfluss und kleinen Turmalinen verzierte Bügelfibeln, die das Kleid an den Schultern rafften und zusammenhielten. Sie mochte Ketten aus kleinen Bergkristallen, Rosenquarz und so genannte Tigeraugen, und sie sammelte kleine schmale Armringe jeglicher Art. Karl hatte sie bereits mit einem Dutzend dieser Ringe übereinander gesehen. Aber es war nichts Protziges an ihnen, sondern eher der Ausdruck ihres Selbstbewusstseins und ihrer Unbefangenheit.

»Komm doch!«, rief jetzt auch Hiltrud. »Sonst wird es dunkel, ehe wir zurück sind.« Er hob die linke Hand und lächelte, während er sich schnell noch mit einigen Männern besprach, die für die Urkunden und Schriftstücke im Praetorium zuständig waren.

»Bereitet alles genau so vor, wie ich es gesagt habe«, ordnete er an. »Aber seht zu, dass mein Schutzbrief für diesen Bischof Bonifatius kein absoluter Freibrief für ihn wird.«

»Wir haben schon verstanden«, sagte einer der Echternacher Mönche.

»Er soll nicht denken, ich hätte ihm ein Lehen oder eine Art Precarie übertragen.«

Die Echternacher Mönche grinsten. Karl hatte fast den Eindruck, als fänden sie Vergnügen daran, wie straff er Bonifatius rannahm. Karl nickte ihnen zu, drehte sich um und wollte gerade zu seinen Kindern gehen, als mit großem Lärm zwei, drei

Reiter in den Innenhof des Praetoriums preschten. Karl hob die Brauen und schüttelte den Kopf.

»Was soll denn dieser Lärm am Ostersonntag?«, schimpfte er. »Wer kommt da? Und was wollen die?«

Er musste nicht lange warten. Die drei Reiter hielten dicht vor ihm, sprangen sofort ab und hielten ihre bebenden, nach allen Seiten ausbrechenden Pferde an den Zügeln und am Sattel fest.

»Wer seid ihr?«, fragte Karl unwillig. Sie wirkten einerseits wie freie Bauern, doch andererseits störten Karl die Kapuzen, die sie auf den Köpfen trugen.

»Wir sind Mönche aus dem Kloster Sankt Wandrille«, berichtete der erste noch ziemlich atemlos. »Einige von uns sind unterwegs zu den Bischöfen. Wir aber kommen zu dir, um dir sofort zu melden, dass unser Abt Beningus – Gott hab ihn selig – am zwanzigsten des Monats still entschlafen ist.«

»Beningus tot?«, fragte Karl. Der alte Abt war ein sonderbarer Kauz gewesen, aber Karl hatte ihn dennoch gemocht. »Und?«, fragte er sofort und ohne großes Zögern. »Ich nehme an, ihr wollt mir mehr als diese Nachricht überbringen.«

»So ist es, edelster und erster Herr der Franken. Wir bitten dich um deinen Schutz für unsere hirtenlos gewordene Abtei und alle Klöster, die zu uns gehören.«

»Um meinen Schutz?«, fragte Karl und sah zu den Schreibern aus Echternach. »Es scheint ein Ostersonntag für lauter Schutzbriefe zu werden …«

Er wandte sich wieder an die neu angekommenen Mönche. »Was steckt dahinter?«, fragte er. »Eure Abtei und alle angeschlossenen Klöster sind ohnehin so reich, dass ich schwerlich auf sie verzichten könnte. Wir brauchen euer Korn ebenso wie den Käse, das Geflügel und die Pferde, die ihr züchtet. Wie könnte ich ohne den guten grünen Speck von Sankt Wandrille gegen Sachsen oder Friesen ziehen?«

Er lachte kurz, weil er nicht noch mehr Zeit verlieren wollte.

»Also?«, fragte er ungeduldig. »Was treibt euch her?«

»Wir ersuchen dich, uns nicht irgendeinen ehrenwerten Bischof oder Abt vorzusetzen, der nicht viel von uns versteht. Doch unsere Herzen würden Hosianna singen, wenn du so gütig wärst, uns an deinen Stiefneffen zu übergeben …«

»An Bischof Hugo?«, fragte Karl verdutzt. »Ihr wünscht euch Hugo?«

»Er ist der frömmste und der beste Mann, und er hat schon als Abt von Gemeticum gezeigt, wie gut er auf den Weinbergen des Herrn zu säen und zu ernten weiß.«

»Das walte Hugo«, lachte Karl. »Nun gut. Ich bin mit eurem Vorschlag einverstanden. Und Hugo hat tatsächlich eine Anerkennung für seine Treue zu mir und für seine großen Fähigkeiten verdient.«

Er wandte sich halb zu den Mönchen von Echternach um.

»Schreibt also auch dafür die Diplome mit allen Einzelheiten!«

25.
Mordanschläge

Pfingsten verstrich. Karl fühlte morgens immer häufiger einen unangenehmen, nie zuvor gekannten Druck auf seiner Brust. Nach den Mahlzeiten hielt er sich manchmal verstohlen an den Tischbohlen fest. Dann drehte sich der Raum um ihn, und er bekam kaum noch Luft. Am Anfang glaubte er, dass er nur zu viel arbeitete und trank. Aber das war es nicht. Selbst wenn er sich bei den Versammlungen zurückhielt, ging es ihm nicht besser. Und dann konnte er seinen schlechten Zustand nicht länger vor Karlmann und Hiltrud verbergen.

»Du machst viel zu viel selbst«, sagte Karlmann, »lass doch die anderen mehr entscheiden. Du hast gute Vasallen und Gefolgsleute. Sie sind dir treu ergeben ...«

»Aber nicht alle«, stöhnte Karl. »Beileibe noch nicht alle!«

Im Juli fühlte sich Karl so schlecht, dass er sich bei den anstehenden Gerichtstagen von Rotbert vertreten ließ. Unter vielen anderen Händeln und Streitfragen ging es dabei auch um die Besitzansprüche an einem Dorf am Flüsschen Orne. Graf Berthar behauptete erneut, dass ein Dorf ihm gehörte. Aber Karl wies Rotbert an, für das Kloster Sankt Wandrille zu entscheiden. Es passte ihm ganz gut, dass er das nicht Urteil fällen musste, weil es nicht gut ausgesehen hätte, wenn er selbst

Hugo, nachdem er ihm gerade erst das Kloster übertragen hatte, nun zu allem Überfluss auch noch die Villa an der Orne zusprach.

Karls Zustand verschlechterte sich von Tag zu Tag. Während draußen schönstes Sommerwetter herrschte, ließen Mönche und Heilkundige die Fenster seines Schlafraums bis zur Hälfte mit dunklen Tüchern zuhängen. Gleichzeitig kamen Gerüchte auf, dass Raganfrid, der einstige Majordomus von Neustrien, wieder von sich reden machte. Es hieß, dass er nach und nach die Bewohner der Stadt Angers auf seine Seite brachte. Karls Sinn stand nicht danach, sich mit irgendwelchen fernen Aufständen abzugeben. Doch dann hörte er, dass die Baiern sich entschieden gegen Bonifatius zur Wehr setzten. Auch bei den Alamannen keimte wegen der Priester und Mönche Unruhe auf.

Karl war bereits eine Woche lang bettlägerig, als Karlmann leise in sein Schlafgemach kam. Karl bemerkte seinen Ältesten. Obwohl er sich sehr schwach und müde fühlte, ließ er ihn am Rand seines Bettes Platz nehmen. »Sprich langsam«, sagte er, »damit ich dich verstehen kann.«

Karlmann schien zu überlegen, ob er seinen Vater wirklich mit den Ereignissen belasten sollte, die sich östlich des Rheins zugetragen hatten.

»Was ist geschehen?«, fragte Karl. Karlmann setzte sich vorsichtig auf den Rand des Bettes. Dann sagte er: »Es geschah in der Nähe unserer fränkischen Befestigung Büraburg. Dort hat Bonifatius aber nicht, wie bereits in Friesland, Götzenbilder oder heidnische Stelen zerstört, sondern etwas getan, das sogar bei uns Christen hier in Köln auf Empörung stößt.«

»Was ist es?« drängte Karl matt und ungeduldig zugleich. »Was hat er getan?«

»Er hat befohlen, dass ein Baum gefällt wird. Mit dem Holz daraus sollten seine Mönche eine Kapelle zu Ehren des Apostels Paulus bauen.«

»Na und?«, fragte Karl angestrengt. »Warum belästigst du mich mit derart unwichtigen Dingen?«

»Sie sind nicht unwichtig«, widersprach Karlmann, ohne auf den schlechten Zustand seines Vaters Rücksicht zu nehmen. »Er hat die Eiche gefällt… die heilige, Wotan geweihte Eiche!«

Ein tiefes Stöhnen entrang sich Karls Brust. »Oh, dieser größenwahnsinnige Missionar!«, keuchte Karl. »Das kostet Blut! Blut von vielen tausend Sachsen, aber auch Franken…«

»Und viele, viele Jahre, bis dieser Frevel an den alten Göttern unserer Ahnen endlich vergessen ist«, stimmte Karlmann zu. Eher zufällig nahm er den Löffel aus der Schale mit Gerstenbrei, den Karl an diesem Tag noch nicht angerührt hatte. Er roch ein wenig daran. Dann entstand eine steile Falte auf der Stirn des jungen Mannes. Er schnupperte zum zweiten Mal an dem holzgeschnitzten Löffel.

»Sag mal«, meinte er dann, »hast du mit diesem Löffel schon gegessen?«

Karl antwortete nicht. Er drehte sich zur Seite und keuchte leise vor sich hin. Sein Atem war sehr flach und angestrengt. Karlmann beugte sich vor und tupfte ihm mit einem der bereitliegenden Tücher den kalten Schweiß von Hals und Stirn. An den Türen zum Schlafgemach des Majordomus bewegten sich leise Bedienstete sowie die Männer, die Karls Pflege übernommen hatten. Karlmann blickte immer wieder auf den Holzlöffel. Dann stand er plötzlich auf, wischte den Löffel ab, hüllte ihn in ein Stück Tuch und verbarg ihn unter seinem Gürtel. Er ging hinaus und befahl, dass die Mönche, die sich um die Krankenpflege kümmerten, Karls gesamten Körper mit Essigbranntwein waschen sollten.

»Und gebt ihm gewürzten Wein mit sehr viel darin aufgelöstem Honig. Auch wenn er es immer wieder ausspuckt, füllt es nach, damit die Süße das Gift aus seinem Körper schwemmt.«

»Von welchem Gift sprichst du, Karlmann?«, fragte Herzog

Rotbert. Er war hinzugekommen, nachdem er gehört hatte, dass irgendetwas zwischen Karl und seinem Ältesten geschehen war. »Geht es noch immer um Wotans Eiche?«

»Nein«, antwortete Karlmann und zum ersten Mal wurde sein Gesicht so hart wie das seines Vaters. »Es geht nicht um die Eiche unserer Ahnen, sondern um diesen Löffel hier.« Er zog ihn vorsichtig hervor, wickelte das Tuch halb ab und hielt ihn Rotbert unter die Nase.

»Riechst du etwas?«, fragte er. Rotbert schüttelte den Kopf.

»Eibenholz!«, sagte Karlmann nur. »*Taxus baccata*... er mochte sie schon immer, diese Mönchslöffel. Es heißt, dass sie den Sinn beschwingt machen ... wie Weihrauch! Sehr viele wissen auch, dass er sie immer nur ein, zwei Wochen lang benutzte. Deshalb frage ich dich jetzt: Woher kommen diese Löffel?«

»Keine Ahnung«, antwortete der Herzog. »Ich nehme doch wohl an, von irgendwelchen Handwerkern aus den Domänen rund um Köln.«

»Könnte es sein, dass diese Löffel auch von Mönchen, Nonnen oder ...« Er stockte unwillkürlich. »... oder von Gefangenen in unseren Kerkern hergestellt werden?«

»Schon möglich«, antwortete Rotbert. Er ahnte längst, worauf Karlmann hinauswollte.

»Du riechst es vielleicht nicht«, sagte Karls Ältester bestimmt. »Und viele Männer haben Löffel aus Eibenholz. Sie sind beliebt und harmlos. Aber nicht, wenn sie lange genug in einem Sud aus den Nadeln dieses Baumes lagen ...« Er lachte grimmig. »Die Echternacher Mönche sagen, dass sie durch die Essenz aus frischen Taxusnadeln bei Kälte nicht mehr so leicht in die Kutten pinkeln. Aber schon eine Hand voll Taxusnadeln im Futter wirft das stärkste Pferd zu Boden.«

»O mein Gott!«, stöhnte der Herzog. »Das wäre tatsächlich

eine grauenhafte Erklärung für verschiedene Todesfälle in der letzten Zeit.«

»Alberich«, sagte Karlmann grimmig, »und vielleicht auch meine Mutter. Aber meinen Vater sollen sie nicht umbringen! Eher sorge ich dafür, dass Plektruds Enkel nie wieder einen Mord planen können.«

»*Du* wirst das nicht tun!«, sagte der Herzog entschieden. Die beiden ungleichen Männer blickten sich prüfend an. Obwohl keiner von ihnen auch nur ein Wort sagte, schlossen sie in diesem Augenblick einen heimlichen Pakt. Dann nickte Rotbert.

»Reite nach Maastricht oder Lüttich«, sagte er zu Karlmann. »Nimm auch deinen Bruder und deine Schwester mit. Ihr müsst von vielen Zeugen irgendwo gesehen werden. Und für den Rest verbürge ich mich hier.«

Karlmann streckte die rechte Hand aus. Sie schlugen mit den Handflächen gegeneinander, umfassten sich auf die Art, dass sie die Daumenballen drückten. Es war die alte schweigende Vereinbarung, die bei den Germanenvölkern noch mehr bedeutete als ein heiliger Schwur.

Nur Karls Kinder und seine engsten Gefolgsleute bekamen mit, wie ernst und lebensbedrohlich seine Krankheit wirklich war. Er war fast drei Wochen lang nicht bei Sinnen. Er bekam verdünnte Milch mit Honig, gelegentlich ein wenig Geflügelbrühe und Brei aus fein gemahlenen Körnern. In dieser Zeit war er kaum ansprechbar. Sobald es seine Schwäche ihm erlaubte, schickte er alle fort, die sich ihm nähern wollten. Auch Karlmann und der kleine Pippin hatten keinen Zugang mehr zu ihm. Nur Hiltrud durfte stundenlang an seinem Bett sitzen. Manchmal sagte er leise zu ihr: »Sing etwas.« Dann sang sie leise die alten Heldenlieder ihres Volkes und die Balladen von Liebesleid und Mädchen, die vergeblich auf die Heimkehr des geliebten Jägers oder Kriegers warteten. Sie sang so lange, bis er wieder eingeschlafen war oder eine Hand zum Zeichen dafür hob, dass es nun genug sei. Dennoch irrten alle, die geglaubt hatten, dass Karl nichts hörte und von dem mitbekam, was in der Nähe seines Lagers oder vor dem Schlafraum gesprochen wurde. Das Gegenteil war richtig. Gerade weil alle sich bemühten, möglichst leise und rücksichtsvoll zu sein, war es rund um Karls Schlafgemach in den angrenzenden Räumen und auch draußen vor den Fenstern sehr viel ruhiger als sonst. Dadurch konnte er auch sehr leise Gespräche und Geflüstertes verstehen. Auch später sagte er nie, wie lange er sich in diesen Wochen nur deshalb still verhalten hatte, weil er hören wollte, was um ihn herum geschah.

Am einundzwanzigsten Tag sah Herzog Rotbert, dass Karl die Zügel wieder in die Hand nehmen wollte. Er saß halb aufgerichtet in seinem Bett und hatte nahezu alle Kissen, in die sie ihn gebettet hatten, bis zum Fußende geworfen.

»Was ist mit mir geschehen?«, fragte er sofort, als Herzog Rotbert vorsichtig in den hohen Raum trat.

»Du warst krank, Karl. Sehr krank sogar.«

»Das weiß ich selbst«, gab Karl brummig zurück. »Ich will nicht wissen, dass ich krank war, sondern was die Ärzte und Heilkundigen inzwischen herausgefunden haben.«

»Du hattest eine Vergiftung«, sagte Rotbert. Er setzte sich auf den Holzschemel, wo sonst Hiltrud gesessen hatte. An diesem Morgen hatte er darum gebeten, dass sie ihm den Vortritt ließ.

»Es war der Eibensud an deinem Löffel«, erklärte Rotbert ernst. »Erspare mir die Einzelheiten. Aber wir haben die Schuldigen verhört und in der Zwischenzeit bestraft.«

»Ihr habt was?«, fragte Karl und wurde plötzlich finster. »Soll das heißen, dass ihr, ohne mich zu fragen, Urteile gefällt und vollstreckt habt, die uns allen schaden können?«

»Es gab kein öffentliches Gerichtsverfahren«, sagte Herzog Rotbert. »Es war dein Sohn Karlmann, der darauf gedrängt hat, schnell und möglichst lautlos alle zu bestrafen, die dir nach dem Leben trachteten.«

»Karlmann?«, fragte Karl erstaunt. Für einen Augenblick wusste er nicht, ob er sich freuen oder ärgern sollte. Dann schüttelte er den Kopf und stieß ein leise glucksendes Lachen aus.

»Wie man sich doch täuschen kann«, sagte er dann. »Und ich dachte die ganze Zeit, der Kerl wäre bereits durch die Mönche für das Herrscheramt verdorben.«

»Vielleicht wäre es richtig, wenn wir Karlmann für ein, zwei Jahre etwas zurücknehmen«, sagte Rotbert. »Er sollte sich vielleicht mehr im Norden und Westen aufhalten und sich nicht am Mittelrhein, an der Mosel und dort blicken lassen, wo die Familien der Hingerichteten sesshaft sind.«

»Hast du gesagt ›der Hingerichteten‹?«, wiederholte Karl.

»Man könnte es so nennen«, bestätigte der Herzog. »Es lässt sich nicht mehr feststellen, ob die Matrone Plektrud an gebrochenem Herzen oder an Gift gestorben ist, das sie sich selbst beibrachte. Ihre mordlustigen Enkel jedoch wurden im Kapitol erhängt aufgefunden.«

»Seid ihr denn wahnsinnig – alle zusammen?«

Rotbert schüttelte den Kopf. »Wenn ich mich nicht irre, hat dir dein Sohn sogar gesagt, dass er den Frevel rächen würde.«

»Natürlich hat er das gesagt«, gab Karl zu. »Aber konnte ich denn ahnen, dass er …«

»Er sagt, du hättest ihm nicht widersprochen«, erwiderte Herzog Rotbert. Karl holte tief Luft. Dann fragte er: »Also lebt keiner mehr von Plektruds Nachkommen?«

»Doch«, antwortete Rotbert. »Dein immer noch getreuer und frommer Stiefneffe Hugo. Er weiß, was geschehen ist und hat dir eine Nachricht aus Neustrien überbringen lassen.«

»Und die besagt?«

»Dass du dich nach wie vor auf ihn verlassen kannst und er ein Auge auf die Männer haben wird, die höchstwahrscheinlich Plektruds Enkel unterstützt haben.«

»Du meinst ihren ehemaligen Erzfeind Raganfrid?«

»Genau den meine ich«, sagte Herzog Rotbert. »Es heißt, er habe alles vorbereitet für einen Aufstand gegen uns, sobald dein Tod bestätigt worden wäre …«

»Hast du noch weitere Kunde von Verschwörungen gegen mich?«, fragte Karl und lachte fast zufrieden.

»Ahnst du es? Oder weißt du es bereits?«, fragte Rotbert verdutzt.

»Was soll ich ahnen?«

»Dass es in der Tat noch eine andere Verschwörung gibt. Und zwar sehr weit im Süden: Dort hat sich Herzog Eudo von Aquitanien inzwischen mit den Sarazenen ausgesöhnt und wohl sogar verbündet.«

»Verbündet? Gegen uns?«

»Du sagst es. Und dafür hat er sogar seine schöne Tochter Lampiega mit dem Obersten der Omaiaden verheiratet.«

Karl pfiff leise durch die Zähne.

»Dann wird es schwer für uns, das Reich der Franken auch im Süden wieder fest an uns zu binden …«

Für den Rest des Jahres blieb es bei den üblichen Streitereien und Händeln zwischen benachbarten Dörfern und Höfen, kleineren Raubüberfällen und Bränden an den Grenzen des Reiches. Nicht alles, was irgendwo an einer Furt, in einem Hohlweg oder in den endlosen Wäldern der ehemaligen römischen Provinzen Gallien und Belgien, Germanien und Rätien geschah, wurde von Händlern, Boten und Mönchen so weitergegeben, wie es wirklich stattgefunden hatte. Selbst den offiziellen Boten zwischen den Königreichen und Herzogtümern, zwischen Grafschaften und Diözesen, Klöstern und Pfalzen musste zugute gehalten werden, dass sie oft nur das weitergaben, was ihre Gastgeber für ein gutes Mahl oder trockenes Nachtlager erwarteten.

Karl brauchte sehr lange, bis auch das letzte Gift aus seinem Körper so weit ausgeschwemmt war, dass er sich wieder frei und unbefangen unter den Großen des Reiches bewegen konnte. Er machte sich keinerlei Illusionen: Die heimtückische Krankheit, von der inzwischen jeder wusste, dass sie kein zufälliger Schicksalsschlag und kein Fingerzeig des Himmels gewesen war, schadete ihm ebenso sehr wie eine verlorene Schlacht. Er hatte Schwäche gezeigt. Er war anfällig gewesen. Mit all seiner Macht und seiner Härte hatte er nicht verhindern können, dass Häftlinge aus ihrem Kerker heraus gemeinsam mit dem noch immer schwelenden Widerstand im neustrischen Adel auch ihn zu Fall bringen konnten. Nur seine Bärennatur und das gesunde Blut seiner Mutter hatten ihn überleben lassen. Vielleicht lag sein Glück auch an jenem heimlichen und verbotenen Vergnügen, dass sie als Kinder empfanden, wenn sie die Köpfe in Eibenbüsche gesteckt hatten, um mit den Fingern die hellen Nadeln zu zerquetschen und dann den strengen Duft durch die Nase einzuatmen. Wie viele Gleichaltrige hatte Karl an Fliegenpilzen gekostet, mit Hanfpflanzen experimentiert und das eine oder andere Mal auch fast zu Mulch gewordenes, in der Dunkelheit leuchtendes Holz geraucht…

Er blieb über Weihnachten in Köln, um die Geburt des Herrn und den Beginn des neuen Jahres zusammen mit Bischof Faramundus in der Kathedrale Peter und Paul zu feiern. Erst spät im Januar zog er mit seinem gesamten Hofstaat und engeren Gefolge nach Jupille. Er ließ das Märzfeld ausfallen und beorderte für die Woche nach Ostern alle zum Heribann verpflichteten Adligen und ihre Männer an die Maas.

Ostern fiel in diesem Jahr auf den 16. April. Der Frühling hatte früh begonnen, und Karl zeigte sich erneut in voller

Stärke. Nach den Feierlichkeiten zum Osterfest, an denen einige tausend Männer unter Waffen teilnahmen, ritt er von Lager zu Lager und ließ sich dafür die ganze Woche Zeit. Er wollte, dass möglichst viele Männer ihn sahen, seine Stimme hörten und mit ihm sprechen konnten. Sie wussten inzwischen, worum es ging, und erwarteten freudig den Zug nach Westen. Trotzdem zögerte Karl, weil plötzlich aus mehreren Regionen gleichzeitig Nachrichten zu ihm vordrangen, die ihm nicht gefielen.

Genau eine Woche nach dem Osterfest hörte er, dass die Sachsen erneut unruhig wurden. Die ganze Woche über hatten die Herzöge, Grafen und anderen Edlen die Dinge besprochen, die während des vergangenen Jahres angefallen waren. Doch dann beendete Karl die zwar laut, aber eher friedlich verlaufenden Gespräche.

»Wir müssen uns langsam an den Gedanken gewöhnen, dass wir nicht immer im eigenen Saft schmoren dürfen«, sagte er so laut, dass alle ihn verstehen konnten. Sie saßen wie üblich an langen Bohlentischen zwischen den Häusern von Jupille und dem Ostufer der Maas. »Wir sind zwar hier versammelt, um gegen die Aufständischen in Neustrien zu ziehen, aber wir dürfen nicht vergessen, dass auch in Alamannien und Baiern, Sachsen und Aquitanien Feuer auflodern, die sehr schnell zu teuflisch gefährlichen Bränden werden können.«

»Wir können nicht überall gleichzeitig sein«, warf der Herzog von Burgund ein.

»Ganz richtig, Hildebrand«, bestätigte Karl und nickte seinem Halbbruder zu. »Deswegen habe ich beschlossen, dass wir zunächst gegen Neustrien ziehen. Aber wir werden noch in diesemJahr auch die Alamannen und Baiern daran erinnern, dass sie zum Königreich der Merowinger gehören. Und niemand soll glauben, dass unsere Kampfkraft durch einen Zug gegen Raganfrid und den Widerstand in Neustrien bereits erlahmen könnte.«

Die Edlen des Reichen griffen nach ihren Weinkrügen, johlten zustimmend und schlugen die schweren Gefäße krachend auf die Holzbohlen.

Karl ließ sie lärmen. Es war genau das, was er jetzt haben wollte. Die Zustimmung der Anführer musste so laut werden, dass sie auch in den Lagern mit den dort wartenden Landadligen und ihren Fußkriegern gehört wurde.

»Wir brechen morgen die Lager ab und ziehen in die Grafschaft Angers an der Loire. Von dort nehmen wir den südlichen Weg über Reims, Verdun und Metz zum Rhein. Und dann entscheiden wir, ob wir zuerst im Norden den Sachsen einheizen oder uns im Süden und Osten die Alamannen und die Bajuwaren vornehmen…«

Ein riesiges, hoch in den Himmel hallendes Geschrei und Gejohle bekräftigte Karls Worte. Das war die Sprache, die die Großen und Edlen des Frankenreiches von ihrem Majordomus seit Monaten vermisst hatten. Aber da war er wieder – der Karl, den sie sich zu ihrem Anführer erwählt hatten.

Um schnell voranzukommen, hatte Karl sein Heer erneut in vier Gruppen geteilt. Sie sollten auf vier verschiedenen Wegen nach Südwesten und bis zur Loire vorstoßen. Unmittelbar vor dem Aufbruch fasste Karl vor seinen Edlen und Vasallen noch einmal die Aufgaben der Heerführer zusammen.

»Du, Hildebrand, ziehst nach Metz, beschaffst neue Vorräte und hebst weitere Krieger mit guten Waffen aus. Du, Folker, nimmst den südlichen Weg über Reims bis nach Orleans…«

Karl brach ab. Jetzt musste er ganz besonders vorsichtig sein. Ursprünglich hatte Karlmann die Heeressäule befehligen sollen, die über Laon und Soissons bis nach Paris vordringen sollte. Doch Karlmann wollte in diesem Sommer mit Karls Einverständnis zu Exerzitien und zur weiteren Besinnung im Kloster von Nivelles zwischen Lüttich und Tournai bleiben. Sie hatten nur einmal sehr kurz über das gesprochen, was auf Karlmanns Befehl hin in den Kerkern des Kapitols von Köln geschehen war. Karl hatte ihn angesehen und nur gefragt: »Stimmt es?« Karlmann hatte weder genickt, noch den Kopf geschüttelt. Aber auch das war für Karl eine ausreichende Antwort gewesen.

Er wandte sich an Herzog Folker und besprach kurz mit ihm, wie lange er mit seiner Heeresgruppe über Cambrai und Compiegne bis nach Paris brauchen würde. Sie waren sich schnell einig, dass Folker eine besonders wichtige Aufgabe zukam.

»Achte in allen Städten und Pfalzen unterwegs ganz genau darauf, wie viele Anhänger Raganfrids ihr antrefft.«

»Das ist mir klar«, antwortete Folker sofort. »Hast du besondere Anweisungen für die Klöster und die Abteien in Neustrien?«

Karl schüttelte den Kopf. »Ich glaube nicht, dass wir uns um sie besonders sorgen müssen. Wenn mich nicht alles täuscht, haben Milo und Hugo hier bis in die letzte Mönchszelle die allerbesten Verbindungen …«

»Wir sehen zu, dass wir uns spätestens in Paris mit allem ausstatten, was wir an der Loire benötigen«, sagte Folker. »Wann wirst du selbst vor Angers sein?«

»Mir reichen zweihundert Berittene. Dabei erscheint es mir wichtig, dass ich mich auch einmal weiter im Westen des Reiches sehen lasse. Ich reite also ebenfalls nach Nivelles, von dort aus nach Tournai und Cambrai. Dann aber nicht nach Süden in Richtung Paris, sondern nach Amiens und Rouen an den Seineschleifen.«

»Ist das nicht ein zu großer Umweg?«

»Keineswegs«, antwortete Karl. »Wenn wir die Seine bei Rouen überqueren, kann ich direkt auf Le Mans vorstoßen. Und von dort aus ist es nicht einmal ein guter Tagesritt bis nach Angers.«

»Willst du etwa allein mit zweihundert Reitern die Aufständischen angreifen?«

Karl schüttelte den Kopf. »Wir werden zwar schneller sein als alle anderen Heeresgruppen, aber ich habe vor, unterwegs mehrmals mit den Edlen Neustriens zu reden. Es ist an der Zeit, dass mich der Adel nördlich und westlich von Paris gesund und im Vollbesitz meiner Kräfte betrachten kann.«

Folker lachte. »Dann wünsche ich den Herrschaften gutes Augenmaß und schnelle Einsicht in die Kräfteverhältnisse.«

Zehn Tage lang zog Karl mit seinen neuen, besonders ausgebildeten und geübten schweren Panzerreitern von Jupille aus nach Südwesten. In Nivelles, dem alten Kloster seiner Ahnen, ließ er sich bestätigen, dass Karlmann seine Tage und Nächte fromm verbrachte und viel um Gnade und Vergebung für das bat, was er in Köln eigenmächtig und mit heißem Herzen befohlen hatte. Es war nicht so, dass Karl ihm irgendetwas übel nahm, aber er wollte, dass sein Erstgeborener später sagen konnte, dass er seine Verfahrensfehler bereut und dafür gebüßt hatte.

»Wenn du dir wenigstens das Einverständnis Königs Theuderichs geholt hättest …« seufzte Karl, als sie abends im Garten des Gertrudenklosters zusammensaßen.

»Wer sagt denn, dass ich das nicht getan habe?«, fragte Karlmann seinen Vater.

»Du hast mit Theuderich gesprochen?«, fragte Karl erstaunt.

»Ich nicht. Aber ich erfuhr über verschiedene Umwege, dass Theuderich dir Genesung und den bösen Menschen, die dich vergiften wollten, sämtliche Höllenqualen gewünscht hatte.«

»Und das war dir genug, um sie gleich zu hängen?«

Karl legte seinen Arm um den Sohn und drückte ihn kurz an sich.

»Vergiss nicht, dass alles, was wir tun, auch öffentlich besprochen und verhandelt werden kann. Wir sind noch lange nicht die stärkste und mächtigste Familie innerhalb des Reiches. Ich kann zwar über alle Krondomänen, über die Fiskalgüter und jetzt auch über Ländereien meines Vaters zwischen Maastricht und Metz frei verfügen, aber wir dürfen nie jene unterschätzen, die nach wie vor in Opposition zu uns Arnulfingern oder Pippiniden stehen.«

»Dann schon lieber Arnulfinger«, lachte Karlmann. »Ich ärgere mich jedes Mal, wenn irgendjemand Pippiniden sagt.«

»Du wurdest auf den Namen Karlmann getauft, weil du mein Erstgeborener bist«, sagte Karl. »Und Pippin erhielt den Namen seines Großvaters und Urahns, weil Willibrord mit dieser Taufe Plektrud zeigen wollte, dass es außer ihren eigenen Enkeln auch noch andere rechtmäßige Nachkommen meines Vaters gibt.«

»Das ist mir schon klar«, sagte Karlmann. »Trotzdem wäre ich gern derjenige gewesen, der zum dritten Mal den Namen Pippin führt.«

»Sei lieber stolz darauf, dass ich es war, der dich Karlmann taufen ließ«, lachte Karl. Sie verabschiedeten sich ganz so, als wäre es für lange Zeit.

In der folgenden Woche achtete Karl peinlich genau darauf, dass seine Panzerreiter und sämtliche Edlen Austriens, die ihn begleiteten, sauber und mit frisch gewaschener Kleidung, poliertem und blank geputztem Sattelzeug, glänzenden Waffen und Helmen ohne nachlässig herabhängenden Wangenschutz gesehen wurden. Jeder – selbst Männer in den höchsten Rängen – wurde von Karl verpflichtet, genauestens auf sein Äußeres zu achten.

»Ich dulde keine Filzbärte, keine eingerissenen Mäntel und kein nachlässig verknotetes Zaumzeug. Wir wollen Kraft und Stärke zeigen, dazu Zucht und Ordnung, Disziplin und Strenge.

All das gelingt uns nur, wenn wir selbst beweisen, dass es uns mit diesen Forderungen ernst ist. Also achtet bis zur Loire darauf, dass sich keine Kletten in eurer Kleidung verfangen und dass ihr euch bei den Pausen nicht herumbalgt oder durch das Gras rutscht. Ich will Reiter, stolze Franken und Krieger, die diesen Feldzug nicht als Beutezug, sondern als Demonstration unserer Macht verstehen. Sollte euch das schwer fallen, erinnert euch an die Prozessionen unserer Bischöfe und Äbte. Tragt euren Siegeswillen wie eine Monstranz vor euch her. Behandelt eure Waffen wie heilige Geräte. Schützt, pflegt und achtet sie wie andere das Kreuz oder die Reliquien.«

Seit langem hatte er während eines Heerzugs keine so lange Ansprache mehr gehalten. Es war auch schon lange nicht mehr notwendig gewesen. Aber er wusste, wie schnell sich Nachlässigkeit in Schwäche und Versagen wandeln konnte.

Bis Le Mans brauchten sie zwei Tage. Hier warteten bereits Boten von den anderen Heeresgruppen. Karl befahl nach dem abendlichen Gelage, am nächsten Tag bis zur Loire zwischen Tours und Angers vorzustoßen. Dort wollte er ein Lager aufschlagen und warten, bis sie stark genug geworden waren, um die Aufständischen in Angers zu belagern. Der gesamte Feldzug sah bisher eher wie ein angenehmer Ausritt aus. Doch Karl misstraute dem allgegenwärtigen Frieden. Die Edlen Neustriens kamen ihm zu glatt, zu untertänig und zu hilfsbereit vor.

»Wie die Sachsen«, meinte Herzog Folker, als ihn Karl nach seinem Eintreffen darauf ansprach, »die sich, wenn es sein muss, jeden Monat taufen lassen und schon in der Nacht darauf zu den alten Göttern beten ...«

Zum zweiten Mal innerhalb weniger Jahre war Karl wegen Raganfrid bis zur Loire vorgerückt. Doch diesmal hatte der abgesetzte Majordomus keinen Merowingerkönig, keinen gestohlenen Reichsschatz und keinen Herzog als Verbündeten auf seiner Seite. Bei aller Vorsicht hielt es Karl deswegen für eine leichte Übung, Raganfrid zu strafen. Weder er, noch irgendeiner seiner Anführer sah Schwierigkeiten in der Eroberung der nur wenige Meilen flussabwärts gelegenen Stadt.

Während sich die Nachzügler mit viel Lärm und Staub noch Lagerplätze suchten, badeten Folkers Männer und die vielen Menschen aus dem Tross bereits in der Loire. Es war sehr warm geworden in den letzten Tagen, und sie genossen die Erfrischung, ehe es am nächsten Tag bis vor die Mauern von Angers ging.

26.

Die Feuerfalle

Bereits am frühen Morgen kleidete sich Karl sorgfältig an, aß ein Stück kaltes Huhn und trank einen Becher Milch dazu.

Dann wählte er aus mehreren Pferden eines aus, das nicht für lange Strecken geeignet war, sich dafür aber auch von wildem Kampfgetümmel nicht so leicht erschrecken ließ.

»Wir werden uns die Lage von Raganfrids Flussfestung einmal aus der Nähe ansehen«, sagte er zu seinen Leuten. Er befahl, dass nicht mehr als dreißig Mann ihn begleiten sollten. Sie hielten sich das erste Stück dicht an der Straße, die am Nordufer der Loire von Orleans und Tours nach Angers und dann weiter bis zum Ozean führte. Wahrend in den nördlichen Gauen Neustriens die Gehöfte und Siedlungen sehr weit auseinander lagen, kamen ihnen hier die Felder fast wie Gärten und kleine Ortschaften wie die Ansammlungen von gemauerten und weiß gekalkten Häusern vor, die noch nach Römerart ›Vicus‹ genannt wurden.

»Eine gute, schnelle Schlacht wird hier nur sehr schwer möglich sein«, meinte Herzog Folker. »Zu viele Obstbäume, zu viele Hecken und zu viele Mauern mitten in der Gegend.«

»Die Römer wussten schon, warum sie sich besonders gern in dieser Gegend aufhielten«, lachte Herzog Hildebrand. Sie waren fröhlich, ausgelassen und erwarteten einen schnellen, reichen Sieg über den rebellischen Raganfrid.

»Ich traue diesem Braten nicht«, sagte Karl plötzlich. Er hob die Hand und ließ die anderen anhalten. Sie waren kaum zwei Meilen von Angers entfernt. Karl winkte Hildebrand und Folker heran. Gemeinsam und sehr langsam ritten sie auf ein kleines Wäldchen aus Pinien und Oleander zu.

»Das sieht mir alles viel zu still aus hier«, schnaubte Karl halblaut. »Wo sind die Menschen? Wo die Frauen und die Kinder?«

»Wahrscheinlich allesamt vor den wilden Stammesbrüdern aus dem Norden hinter die schützenden Stadtmauern geflohen«, meinte Herzog Folker. Karl schüttelte den Kopf.

»Wir kehren um«, sagte er knapp, »und wir rücken heute noch so dicht vor die Stadt, dass wir sämtliche Zugänge vollkommen abriegeln können.«

Er hatte noch nicht ausgesprochen, als mit gewaltigem Geschrei, Hörnerschall und schrillen Pfeiftönen ein Trupp von mindestens zweihundert bestens bewaffneten Fußkriegern aus dem Wäldchen dicht vor ihnen hervorbrach. Karl und seine Männer erkannten Bogenschützen, Schwertkämpfer und Lanzenträger mit bunten Wimpeln dicht unterhalb der Spitzen. Sie rückten vor, als wären sie von römischen Legionären ausgebildet worden.

»Sollen wir? Oder lieber nicht?« rief Herzog Hildebrand. Karl schob die Lippen vor, prüfte die Anzahl der Angreifer und schüttelte den Kopf.

»Das bringt nichts«, entschied er. »Wir lassen sie herankommen, bis wir sie in die Zange nehmen können, und fangen sie dort ab, wo unser Lager bis an die Uferböschung reicht.«

Sie wendeten die Pferde und ritten ohne Hast zurück. Jeder, der auch nur an den fünf Fingern seiner Hand zählen konnte, musste erkennen, dass der Vorstoß von Raganfrids Rebellen völliger Unsinn war. Sie konnten weder gegen Karls Heeresgruppen, noch gegen seine Reiterei irgendetwas ausrichten.

Doch dann geschah etwas Merkwürdiges: Als hätten sie genau mit dieser Reaktion von Karl und seinen Herzögen gerechnet, schwenkten die Bewaffneten nach Süden und drängten sich dicht an dicht unter den Obstbäumen hindurch. Hier konnten sie selbst nur schwer von Pfeilwolken getroffen werden. Auch für Karls Reiter standen die Bäume zu dicht.

»Was soll das?«, fragte Karl. »Was haben die vor?«

Wie zur Antwort auf diese Frage griffen die Neustrier an. Überall unter den Obstbäumen flammten kleine Feuer auf. Gleich darauf flogen Feuerbälle mitten in die Zeltreihen, die gerade erst von den Knechten abgebaut werden sollten. Sofort schlugen Flammen in den Sommerhimmel an der Loire. Und plötzlich brannte alles, was nur irgend brennbar war. Zelte und Kleidung, Seile und Kornvorräte, Decken und sogar das Lampenöl in den Transportfässern.

Karl und seine Gefolgsleute waren so überrascht, dass sie im ersten Moment alle durcheinander schrien. Einige versuchten, wenigstens etwas von ihrer Habe aus den Flammen zu retten. Keiner der Männer war an die Frühsommer in warmen, trockenen Gegenden gewöhnt. Sie hatten nicht darauf geachtet, dass viele von den Sträuchern, die sie für bereits verdorrt gehalten hatten, kein natürlich gewachsenes Buschwerk waren.

Ganz allmählich erst begriffen sie, dass sie von Anfang an in eine lange vorbereitete und perfekt getarnte riesige Falle gegangen waren. Die Brände überall um sie herum nahmen so schnell zu, dass nur noch der Weg zum Flussufer offen blieb. Und dort wurden sie von den Pfeilen jener Männer empfangen, die in immer neuen Gruppen aus den Büschen sprangen.

»Diese verdammten Hunde!«, schrie Herzog Folker. »Was ist denn das für eine Art, uns so aus dem Hinterhalt zu überfallen?«

»Schrei jetzt nicht rum!«, brüllte Karl zurück. »Vergesst die Vorräte und rettet nur die Waffen!«

Karls Befehl wurde laut schreiend bis zum letzten Mann

weitergegeben. Aber es dauerte noch viele Stunden, bis sie sich so weit gesammelt hatten, dass die Anführer zählen lassen konnten, was sie noch besaßen und was die Feuerbüsche und die Brandpfeile vernichtet hatten.

Die Männer waren voller Zorn über die heimtückische Falle. Auch in Karls engerem Gefolge erhoben sich bittere Anklagen und Proteste. Aber er winkte ab und sagte: »Was wollt ihr eigentlich? Wir selbst sind es, die leichtfertig und ohne die gebotene Vorsicht in diese großartige Falle getappt sind. Wäre es unsere Idee gewesen, könnten wir jetzt stolz auf uns sein.«

»Du hast Humor«, knurrte Hildebrand. »Mir kocht das Wasser immer noch im Arsch, und du lobst diese Kerle auch noch!«

»Sie haben vielleicht unsere Zelte und Vorräte verbrannt«, antwortete Karl, »aber sie haben damit gleichzeitig den gesamten Kampf verloren.«

Niemand verstand, was Karl mit dieser befremdlich anmutenden Behauptung meinte.

»Ihr seht mich an, als würdet ihr an meinem Verstand zweifeln«, lachte Karl trocken. »Aber es ist so, wie ich es sage. Wir wissen jetzt, dass wir mit unseren Mitteln Angers nicht erobern können. Raganfrid rechnet mit einer wochen- oder gar monatelangen Belagerung. In dieser Zeit hat er mich und euch und Tausende der besten Männer festgenagelt und gelähmt. Das ist die Gelegenheit für alle, die ihn schon einmal zu ihrem Majordomus machten. So können sie erneut ein großes Heer gegen uns aufstellen.«

»Und wir? Was sollen wir tun, wenn wir ihn nicht belagern und ihm ebenfalls den roten Hahn schicken können?«

»Ganz einfach«, sagte Karl und grinste. »Was wir mit Feuer oder Schwert niemals erreichen, muss jetzt mit Gänsekielen und schwarzen Buchstaben erobert und bestätigt werden.«

»Du willst tatsächlich einen Vertrag mit diesem Raganfrid abschließen?« Hildebrand starrte seinen Halbbruder ungläubig an. Doch Karl lachte nur.

»Wenn irgendjemand eine bessere Idee hat, soll er vortreten. Ich aber bin nicht mehr bereit, auch nur einen Tropfen Blut für etwas einzusetzen, was wir genauso gut mit Tinte haben können.«

Karl blieb bei seiner Meinung. Er ließ Verträge aufsetzen, die Raganfrid freie Verfügungsgewalt über seine Grafschaft sicherten. Im Gegenzug sollte er anerkennen, dass Karl für jetzt und alle Zukunft der einzige und unbestrittenen Princeps und Majordomus aller Franken war.

Sie zogen schnell über die alten Römerstraßen nördlich der Loire nach Osten. Obwohl Karl gern einige Tage oder gar Wochen in Tours geblieben wäre, musste er sich beeilen, wenn er noch in diesem Sommer etwas gegen die Sachsen, Alamannen und Baiern ausrichten wollte. Dennoch reichte die Zeit für mehrere Messen und Gebete in der Kirche des heiligen Martin. Nach langer Zeit sah er hier auch jenen tragbaren Kasten wieder, in dem der Rest des Mantels aufbewahrt wurde, dessen andere Hälfte der Heilige an einen frierenden Armen verschenkt hatte.

Karl und sein Gefolge spürten die eigenartige, beinahe magische Wirkung, die von dem schweren dunkelblauen Wollstoff ausging, über den sich bereits eine graue Staubschicht gelegt hatte. Nacheinander blickten sie auf die Reliquie, die von den Merowingerkönigen durch viele Kriege und zu noch mehr Reichstagen und Versammlungen in ihren Pfalzen mitgeführt worden war. Erst Raganfrid und König Chilperich hatten die Capella mit dem Mantel nach der Belagerung Kölns entwendet und wieder nach Tours gebracht.

»Diese Reliquie ist das Wertvollste, was wir besitzen«, sagte Karl zu den Umstehenden. »Deshalb bestimme ich, dass sie nicht mehr mitgeführt werden soll, sondern von nun an hier verehrt wird, wo der Heilige begraben ist.«

Sie nickten und bestätigten damit Karls Entscheidung, obwohl sie wussten, dass Karl damit ein unersetzbares Herrschaftsinstrument aus der Hand gab. In der Vergangenheit waren in vielen Pfalzen kleine Kirchen errichtet worden, in denen die Reliquie irgendwann einmal für ein paar Tage abgesetzt wurde. Sobald dann eine Messe am Mantelrest des Heiligen gelesen worden war, durfte der neue Andachtsraum ebenfalls Capella genannt werden.

Karl trennte sich nur mit schwerem Herzen von der Stadt, die nicht erst durch den großen Bischof und Geschichtsschreiber Gregor von Tours berühmt geworden war. Hier liefen ebenso wie in Sankt Denis, in Metz und in Köln jene Fäden zusammen, die das Reich der Franken mit Tournai und Soissons, Paris und Orleans immer wieder verknüpft hatten. Aber sie fransten aus. Viele der Verbindungen waren brüchig und unzuverlässig geworden. Karl wusste längst, dass er die riesigen Gebiete von den Mündungen des Rheins, der Seine und der Loire bis zum Rhonedelta, zu den Alpen und nach Thüringen und Baiern hin durch kein noch so starkes Heer Jahr um Jahr zusammenhalten konnte. Nur deshalb hatte er darauf verzichtet, sich vor den Mauern von Angers lange aufzuhalten. Fränkische Heere waren nicht für Belagerungen geeignet.

Obwohl er Raganfrid nicht unterschätzte, richteten sich seine Gedanken jetzt ganz auf die schwierigen und eigensinnigen Alamannen. Er war bereits in jungen Jahren zweimal mit Heeren seines Vaters gegen die Herzöge der Alamannen gezogen. Aber der alte, starke Herzog Gotefrid war schon lange tot. Inzwischen herrschte in der Residenz von Cannstatt bereits die übernächste Generation.

Karl wusste, dass er äußerst vorsichtig sein musste. Denn mittlerweile war das Herrscherhaus der Alamannen auch mit den fränkischen Agilolfingern in Regensburg verwandt. Wenn beide sich zusammenschlossen, sah es sehr schlecht für ihn aus. Wenn sich dann auch noch Thüringen auf seine frühere Unabhängigkeit besann oder die Sachsen quer durch Hessen bis zum Main vorstießen, würde er in kurzer Zeit verlieren, was die Merowingerkönige und seine eigenen Vorfahren in Jahrzehnten und Jahrhunderten mit sehr viel Blut vereint hatten.

Während die Edlen und Berittenen in seinem Gefolge den schnellen Zug über Orleans, Sens und Troyes nach Nordosten genossen, blieb Karl bis kurz vor Metz eher verschlossen und nachdenklich. Er war nicht zornig oder verärgert, sondern bewegte nur Möglichkeiten in seinem Kopf, zwischen denen er sich schon bald entscheiden musste. Sie kamen ihm inzwischen so verzweigt und verästelt vor, dass nicht einmal ein Konzil von Bischöfen aus allen Diözesen seines Reiches ausgereicht hätte, um ihm einen klaren, einfachen und geraden Weg zu weisen.

Nur wenige Tage später kamen die Ereignisse Karl entgegen. Herzog Hildebrand hatte von Metz aus an der gesamten oberen Mosel so viele wehrfähige Männer von den Feldern und aus den Weinbergen geholt, dass er schon vor Karls Eintreffen eine hervorragend bewaffnete und reichlich mit Vorräten ausgestattete neue Heeresgruppe aufstellen konnte. Hildebrand ritt Karl entgegen. Zusammen mit seinem Gefolge, Priestern und Würdenträgern aus der Stadt und Bischof Sigibert trafen sie knapp tausend Schritt außerhalb der Stadtmauern an der Kirche von Bischof Arnulf zusammen. Hildebrand hatte einige Dutzend Priester, Kaufleute und Adlige aus der Gegend von Metz mitgebracht. Sie alle richteten ihre Pferde rechts und links der alten Römerstraße so aus, dass Karl und seine Männer durch ein Spalier aus Menschen und Tieren nach Metz einreiten konnte.

Auch die Bischöfe von Reims, Verdun und Trier waren gekommen. Sie hatten ihren eigenen Hofstaat mitgebracht.

Priester und Nonnen mischten sich überall auf der Straße mit neugierigen Bürgern, Marktweibern und Handwerkern, die ihre Mützen vom Kopf nahmen, sobald sie Karl sahen. Viele von ihnen riefen sich zu, dass sie den Sohn des großen Pippin schon einmal gesehen hatten, als das Heer seines Vaters in drei aufeinander folgenden Jahren gegen den Alamannenherzog Gotefrid gezogen war.

Karl saß sehr gerade auf seinem Pferd. Er lächelte, als er die Rufe der Menschen hörte, denn er war sicher, dass niemand von damals ihn wiedererkannte. Zwar stimmte es, dass er bei den drei Zügen der Franken gegen ihr aufsässiges alamannisches Herzogtum dabei gewesen war, doch damals hatte er noch nicht zu denen gehört, die ganz vorn reiten durften…

Karl ließ alles zu, was sein Halbbruder und die Bischöfe für ihn vorbereitet hatten. Bereits am ersten Tag, an einem wunderschönen Sommerabend, nahm er an einer großen Huldigung auf dem Platz vor der Bischofskirche teil. Hildebrand hatte Bankreihen und Tribünen so aufbauen lassen, dass ein großes freies Geviert vor der Arnulfskirche entstanden war.

Die eigentliche Messe fand in ihrem Inneren statt. Doch gleich darauf hatten die Bischöfe eine Prozession vorbereitet, um für alle Zuschauer deutlich zu machen, dass sie mit dem Majordomus der Franken und den Zügen seines Heeres vollkommen einverstanden waren. Vielen fiel auf, dass Willibrord nicht nach Metz gekommen war. Hildebrand ließ die glaubwürdige Erklärung verbreiten, dass der inzwischen Sechsundsechzigjährige sich auch für eine bequeme Flussfahrt über die Sauer und dann moselaufwärts nicht gesund genug gefühlt hatte.

Sehr spät am Abend, als Karl und sein Halbbruder für einen Augenblick allein waren, fragte Hildebrand: »Was hältst du eigentlich von dem Namen Bernhard?«

»Hart, ausdauernd wie ein Bär?«, fragte Karl und hob die Brauen.

»Fast so gut wie deinen, der ja brennender Schwertschmerz heißt… aber was soll die Frage?«

»Du könntest deinen dritten Sohn mit Ruodheid vielleicht so taufen lassen!«

»Was? Du meinst…«

»Ja, ein gesunder Knabe!« strahlte Hildebrand. »Meinen Glückwunsch, Karl!«

Sie umarmten sich, und Karl fand, dass der Tag doch noch erfreulich ausgegangen war.

Am zweiten und dritten Tag empfing Karl, wie bei einem Reichstag oder Märzfeld, Grafen und andere Edle aus den umliegenden Gauen. Sie bestätigten, dass sie im Grunde mit ihren Nachbarn im Elsass, am Oberrhein und über den Schwarzwald hinaus sehr gut zusammenlebten, regen Handel trieben und gelegentlich auch zusammen feierten.

Vom fünften Tag an trafen nach und nach die Kontingente und der Tross aus den anderen Heeresgruppen vor den Stadtmauern von Metz ein. Herzog Hildebrand verteilte sie und schickte einige von ihnen gleich weiter in Richtung Straßburg. Dort sollten sie auf den Rheinwiesen lagern und einen Versorgungsstützpunkt für die weiteren Züge von Karls Heeren einrichten.

Es kam ganz anderes, als Karl, seine Getreuen und die Bischöfe es erwartet hatten. Sieben Tage nach der Ankunft in Metz wurden Reiter gemeldet, die von Osten her auf die Stadt zukamen.

»Es sind die Herzöge Bechthold und Rebi«, verkündete einer der Grafen, die von Folker zum äußeren Schutz des Heerlagers eingeteilt worden waren. »Sie kommen mit großem Gefolge und bringen einen Priester aus Aquitanien mit.«

»Einen Priester aus Aquitanien?«, fragte Karl verwundert. Er saß mit einigen seiner Getreuen unter schattigen Bäumen am Ufer der Mosel. Sie hatten die Vormittagsstunden genutzt, um die weiteren Pläne zu besprechen.

»Es spricht sich eben rum, dass du ein Herz für Kirchenmänner hast«, grinste der Erzbischof von Reims. Karl zeigte ihm kurz seine Zähne. Dann lachte er.

»Was wollen sie von mir?«, fragte er den Grafen.

»Genaueres war noch nicht zu erfahren. Aber es scheint, dass sie von deinem Freibrief für Bonifatius gehört haben.«

»Bonifatius!«, knurrte Karl. »Erinnert mich nicht an diesen Kerl. Zuerst verärgert er die Friesen, dann die Hessen, und jetzt soll er auch noch in Thüringen sein Unwesen treiben.«

»Versündige dich nicht, Karl!« mahnte Milo. »Ob du Bonifatius magst oder nicht, er treibt kein Unwesen, sondern bekehrt die heidnischen Stämme zum Christentum.«

»Und er fällt Wotans Eichen«, warf Herzog Hildebrand respektlos ein. Er achtete ebenso wie Karl die Kleriker, die von Anfang an zu ihnen gehalten hatten. Doch sein Respekt hielt sich in Grenzen, seit er sah, auf welche Weise viele der hohen Herren zu ihren Bistümern, Abteien und Precarien gekommen waren.

Sie brauchten nicht lange zu warten, denn noch vor der Mittagszeit trafen die angekündigten Herzöge der Alamannen am Ufer der Mosel ein. Karl wartete, bis sie von ihren Pferden gestiegen waren. Dann ging er ihnen unter den Obstbäumen entgegen. Er kannte sie nicht und hatte auch noch nicht viel von ihnen gehört. Die beiden Herzöge der Alamannen waren etwa in seinem Alter.

»Sie sind Gotefrids Enkel, nicht seine Söhne«, sagte Hildebrand schnell noch zu seinem Bruder. Karl nickte und blieb vor den reich und mit kostbaren Waffen ausgestatteten Alamannen stehen.

»Wir grüßen dich, Majordomus und Princeps der Franken«,

sagte der etwas Schmalere der beiden. »Ich bin Herzog Rebi, und jener hier ist Bechthold. Wir sind Söhne von Hunsching, dem ersten Sohn des Herzogs Gotefrid.«

»Ich freue mich, euch zu sehen«, sagte Karl und meinte es auch so. »Kommt ihr, weil ihr von meinem Heer gehört habt? Oder wollt ihr mir mitteilen, dass die Alamannen wie durch ein Wunder in Zuneigung für mich entflammt sind?«

Noch ehe sie antworten konnten, bot er ihnen mit einer großzügigen Geste Plätze an seinem Tisch an. Die anderen rückten etwas zur Seite. Dann übergaben die beiden alamannischen Herzöge ihre Langschwerter den Edlen, die sie begleitet hatten. Sie waren mit rund hundert Mann zu Pferd und zu Fuß gekommen. Doch nur ein halbes Dutzend ihrer engsten Vertrauten war ihnen bis unter die Obstbäume am Ufer des Flusses gefolgt. Sie bekamen Wein, kleine Zwiebelkuchen und Kümmelgebäck. Wahrend der ganzen Begrüßungszeremonie war ein Dritter, ein mit einer Sommerkutte bekleideter Mönch, im Hintergrund geblieben. Er stand an einem Apfelbaum und hatte die Handflächen vor seiner Brust gegeneinander gelegt. Dennoch wirkte er nicht wie ein Beter, sondern eher wie ein Mann, der gewohnt war, Befehle zu erteilen.

»Also?«, fragte Karl noch immer freundlich. »Was führt euch zu mir?«

»Wir sind sehr dankbar, dass du uns so wohlwollend empfängst«, sagte Rebi. Sein Bruder Bechthold blieb weiterhin schweigsam.

»Du weißt, dass wir Alamannen uns vor gut fünfhundert Jahren gegen die Römer zusammengefunden haben. Und dass wir dann lernen mussten, auch mit ihnen zu leben und sogar für Rom zu kämpfen. Aber wir haben niemals unseren Stolz verkauft. Das galt für die Römer ebenso wie für die Verträge den Merowingern.«

»Ihr gehört zum Reich der Franken«, stellte Karl unmissverständlich fest. »Und als Herzöge der Franken seid ihr verpflichtet, nicht gegen mich sondern für mich zu reiten.«

»Wir haben keine Empörung oder Rebellion gegen dich im Sinn«, sagte jetzt Bechthold, der Rundlichere der beiden Brüder.

»Ja«, sagte auch Rebi, »und wir versichern dich unserer Treue. Das gilt nicht nur für uns, sondern auch für unsere Onkel Landfried und Theudebald. Die Brüder unseres Vaters sind zwar jünger als wir beide, aber sie werden nicht gegen die Edlen aus dem Kernland der Franken kämpfen.«

»Nun gut«, sagte Karl, der bereits ahnte, dass auch hier für den Vasallenschwur eine Gegenleistung verlangt wurde. »Was wollt ihr von mir? Soll ich euch gegen die Baiern schützen oder gar gegen die Langobarden jenseits der Alpen?«

»Nein, nichts davon«, sagte Rebi. »Wir bitten dich, neben ein paar anderen Kleinigkeiten, um einen Schutzbrief für jenen Priester dort.«

»Wer ist er?«, fragte Karl und hob die Brauen. Mit einer kurzen Kopfbewegung bedeutete er dem römisch wirkenden Mönch, an seinen Tisch zu kommen.

»Wir bitten dich, diesen frommen Mann unter deinen Schutz zu stellen, wie du es bereits mit Bonifatius getan hast«, sagte Herzog Rebi. »Er heißt Pirmin, stammt aus Aquitanien und will mit einigem Silber, das wir ihm geben, ein Kloster auf einer Insel im Untersee gründen.«

»Welchem Untersee?«, fragte Karl.

»Wir meinen den unteren See, der zum Bodensee gehört«, erklärte Bechthold.

»Und warum gerade dort?«

»Weil dort auf der Reichenau, wie wir den Platz nennen, noch Alamannen leben, die sich mitunter feindlich gegen Christen und alle Franken verhalten.«

»Wenn dieser Platz, wie du sagst, bereits eine Insel ist«,

meinte Karl, »wozu bedarf es dann eines besonderen Schutzes durch mich?«

Pirmin neigte demütig den Kopf. »Viele von uns wurden entwurzelt und mussten ihre Kirchen verlassen, als die Sarazenen das Königreich der Goten mit Gewalt auslöschten«, sagte er bedächtig. »Ich war Mönch, dann Abt und schließlich Bischof in der letzten Diözese südlich der Pyrenäen. Doch jetzt bin ich ein Wanderbischof, der nichts als einen Platz sucht, an dem er Gott ein neues Haus errichten darf.«

Karl blickte nacheinander seine eigenen Vertrauten an. Weder die Herzöge, noch die Bischöfe von Metz, Verdun und Reims brachten irgendetwas gegen den Wunsch der Alamannen und des Gotenbischofs vor.

»Ich will euch euren Wunsch erfüllen«, sagte Karl zu den Alamannen. »Mir scheint, dass dieser Mann nach seinen langen Wanderungen und dem, was er unter den arabischen Eroberern erduldet hat, sich einen Platz der Stille und Besinnung wohl verdient hat. Aber ich möchte, dass mir Jahr für Jahr berichtet wird, wie sich das Kloster auf der Insel Reichenau entwickelt. Es wäre auch nicht schlecht, wenn dort hin und wieder für das Wohl des Reiches sowie für mich und meine Kinder ein Gebet gesprochen würde.«

»Wir werden Echternach und Willibrord niemals von ihrem ersten Platz in deinem Herzen verdrängen können«, sagte Pirmin einsichtig. »Aber ich verspreche dir, dass ich auf der Insel ein Kloster gründe, von dem man noch viel Gutes hören wird.«

In den folgenden Tagen drang Karls Heer in mehreren Schüben bis in das weite Tal des oberen Rheins vor. Hier warteten bereits die jüngeren Söhne des verstorbenen Alamannenherzogs Gotefrid. Landfried und Theudebald waren jünger als die Söhne ihres ebenfalls verstorbenen Bruders Hunsching. Durch diesen Umstand war abzusehen, dass sie selbst eines Tages die Nachfolge ihrer Neffen antreten würden und nicht deren eigene Söhne. Pirmin, der gotische Wanderbischof, hatte die etwas verworrenen Familienverhältnisse der Alamannenherzöge seinen Amtsbrüdern auf dem Weg nach Straßburg erklärt. Die wiederum hatten sie Hildebrand weitererzählt, der schon immer ein großer Freund von komplizierten Ahnenreihen und genealogischen Verwicklungen gewesen war.

Hildebrand mit seiner Heeresgruppe überquerte den Rhein direkt bei der alten Römerstadt Straßburg. Er sollte durch das Tal der Kinzig in südwestlicher Richtung den Schwarzwald durchqueren und am Oberlauf des Neckars wieder in einfacheres Gelände kommen. Weil die beiden Herzöge Karl eindringlich davor warnten, diesen Weg zu benutzen, machte Karl ihnen klar, dass er das dichtbewaldete Gebirge unmöglich mit Tausenden von Männern und dem gesamten Tross in einem einzigen Tal durchqueren konnte.

»Wenn wir das tun, brauchen wir einen Monat, bis der letzte Verpflegungskarren endlich am Neckar ist«, sagte er, während er mit seinem Gefolge an den sumpfigen Rheinauen mit ihren vielfach gewundenen und verzweigten Flussarmen entlangritt.

»Da gibt es Hunderte von schmalen Wegen und kleinen Bächen«, meinte Herzog Rebi, während sein Bruder Bechthold die Lippen zusammenpresste und es vorzog, nichts zu sagen. In diesen Augenblicken wurde Karl den Verdacht nicht los, dass sich die beiden Neffen vor ihren jüngeren Onkeln fürchteten. Auch den anderen in seinem Gefolge blieben die Spannungen, die zwischen den vier Männern herrschten, nicht verborgen.

»Nun gut«, sagte Karl schließlich, als er merkte, wie befangen und zögerlich die beiden Herzöge waren. »Ihr zeigt mir die besten und schnellsten Wege durch den Schwarzwald, oder wir vergessen das Kloster auf eurer Insel im Bodensee.«

Kein anderes Argument hätte die alamannischen Brüder besser überzeugen können, denn jetzt stellte sich auch noch der gotische Wanderbischof auf Karls Seite.

»Bedenkt, was ihr aufgeben würdet, wenn ihr den Majordomus aller Franken nicht unterstützt«, meinte Pirmin mit leiser Drohung in seiner Stimme. Rebi und Bechthold gingen ein paar Schritte zur Seite und steckten die Köpfe zusammen. Obwohl dies ausgesprochen unhöflich und frech gegenüber Karl war, ließ er sie gewähren.

Schließlich war es der Ruhigere der beiden Brüder, der vor Karl trat und fragte: »Schnell oder sicher? Welche Empfehlung willst du von uns hören?«

In gleichen Augenblick ahnte Karl, dass er nicht zum letzten Mal in dieser Gegend des Frankenreiches war. Schlagartig wurde ihm klar, dass auch Baiern für ihn verloren ging, wenn es ihm nicht gelang, mit den Alamannen auszukommen. Sie und ihr großer dunkler Bergwald konnten jederzeit einen Sperrriegel bilden, der die Baiern isolierte und vom Rest des Reiches abschnitt.

27.

Ins Land der Bajuwaren

Sie wollten bereits aufbrechen, als ein Ereignis eintrat, das alle Planungen zunichte machte. Mit scharfem Ritt preschte ein hoch gewachsener Fremder mit einem Dutzend kaum bewaffneter Begleiter auf ganz vorzüglichen Pferden in das Hauptlager an den Rheinauen von Straßburg. Die Panzerreiter aus der Leibwache des Majordomus reagierten so schnell, dass es um ein Haar zu einem unerwarteten Gemetzel gekommen wäre. Die härtesten der fränkischen Reiterkämpfer versperrten den fremden Reitern, die nur mühsam ihre schweißnassen Pferde bändigen konnten, den Zugang zum inneren Kreis der Zelte. Nur durch den Umstand, dass der Anführer der halbvermummten Fremden schnell ein goldenes Bischofskreuz an einer schweren Kette hervorriss, verhinderte er ein Blutbad mitten im Lager.

Nur Augenblicke später verbreitete sich die Kunde, wer da angekommen war: der schwarze Abt, Erzbischof Milo. Und wiederum nur wenige Minuten später erfuhr Karl, dass er den Zug gegen die Alamannen in ihren Schwarzwalddörfern und gegen die Gefahr aus Baiern in diesem Jahr nicht mehr beginnen konnte.

Milo hatte seinen Umhang abgeworfen und setzte noch im Sattel einen großen Kelch mit Wein an, der auf ein Fingerschnippen Karls hin von Knappen hochgereicht worden war.

»Es sind nicht nur die Sachsen, die darauf warten, dass du nach Baiern ziehst, sondern auch Raganfrid in Angers«, stieß Milo hervor und wischte sich den Wein aus seinem schwarzen Bart. »Bei allen Heiligen, ich hatte ganz vergessen, wie gut der Wein in dieser Gegend schmeckt!«

»Bist du ganz sicher, dass der verdammte Raganfrid den Vertrag gebrochen hat?«, fragte Karl erbost.

»Ganz sicher«, antwortete Milo und stieg ein wenig ächzend von seinem Pferd. »Ich habe überall nur gute Männer, die mir sofort berichten, wenn irgendetwas vorfällt«, sagte er. »Aber ich weiß inzwischen auch, wo Raganfrid die schwächste Stelle hat…«

Karl hob die Brauen, sah nach allen Seiten. Dann fasste er den Erzbischof am Arm und ging mit ihm einige Schritte zur Seite.

»Was schlägst du vor?«, fragte er so, dass ihn nicht gleich alle hören konnten.

»Raganfrid wird dir bis an sein Lebensende seine Niederlage von Vincy nicht verzeihen. Er hält sich nach wie vor für den rechtmäßigen und einzigen Majordomus von Austrien, Neustrien und dem gesamten Frankenreich.«

»Ist der Mann blind?«, fragte Karl kopfschüttelnd. »Sieht er denn nicht, dass er vielleicht die Büsche an der Loire verbrennen kann, aber bei weitem nicht so viel Kampfkraft hat wie ein Herzog bei uns?«

»Er hat die Städte!«, presste Milo hervor. »Jedenfalls einige. Außerdem steht der Adel Neustriens zu einem großen Teil der Lebensart der Römer noch immer näher als uns Franken aus dem Norden oder Osten.«

Karl knurrte nur, dann sagte er: »Du sprachst von einer weichen Stelle…«

»Sein Sohn«, antwortete der Erzbischof von Reims und Trier sofort. »Wenn du mir freie Hand gibst, werde ich seinen Sohn als deine Geisel unter meine Obhut nehmen…«

Karl starrte Milo überrascht an.

»Was sagst du da?«, fragte er dann. Der Erzbischof von Reims grinste und ließ wie in alten Zeiten in den Wäldern von Bollendorf seine starken Zähne sehen.

»Ich bin bisher recht gut mit dir gefahren, Karl«, sagte er freimütig. »Und es wird Zeit, dass ich dir wieder einmal Zinsen zahle für das, was ich von dir erhalten habe.«

»Wären doch alle Paladine und Vasallen so klug und weitsichtig wie du«, seufzte Karl, ehe er ebenfalls lachte. Die beiden Männer fassten sich an die Arme, blickten sich lange in die Augen und wussten, dass sie sich auch weiterhin aufeinander verlassen konnten.

»Du kannst nicht weiterziehen«, sagte Milo dann. »Nur wenn du selbst nach Angers reitest und Raganfrid herausforderst, kann ich zusammen mit deinem Stiefneffen Hugo und ein paar anderen Äbten von der Loire auf dem Verhandlungsweg in die Belagerungen von Raganfrid einbrechen.«

»Dann lass uns jetzt so schnell wie möglich die Einzelheiten deines Plans durchsprechen!« Karl sah dem treuen Gefährten tief in die Augen. Dann sagte er mit einem leisen Lachen: »Ich werde Herzog Hildebrand in Alamannien lassen. Er soll nach Cannstatt ziehen und dort Flagge zeigen. Baiern verschieben wir bis nach dem nächsten Märzfeld, das genau hier stattfinden soll. Wir geben damit unseren Zug nicht auf, sondern unterbrechen nur für einen Winter. Und Folker kann inzwischen den Sachsen wieder auf das freche Haupt schlagen.«

Milo lachte kurz. »Es ist wie immer eine Freude, dich zu hören«, sagte er. »Schade nur, dass dein Vater nicht mehr mitbekommt, wie schnell und hart der Hammer Karl das Schwert der Franken schmieden kann!«

Die letzten großen Feindseligkeiten zwischen Baiern und Franken lagen mittlerweile gut eine Generation zurück.

»Eigentlich hätte ich auch gut irgendwo in Baiern geboren sein können«, lachte Karl, als er mit den Edlen, mit denen er das Weihnachtsfest in der Kölner Pfalz verbracht hatte, vor einem großen Kaminfeuer saß.

»Immerhin hat mein Vater die bairischen Agilolfingerherzöge in den Jahren vor und nach meiner Geburt zweimal angegriffen und ziemlich hart daran erinnert, dass sie den Merowingerkönigen Treue geschworen hatten.«

»Das ist alles sehr lange her«, seufzte Hildebrand. Er hatte noch vor dem ersten Schneefall den größten Teil seiner Krieger von Cannstatt aus nach Burgund zurückgeschickt und war in kleiner Begleitung nach Köln gekommen, um hier am Hof des Majordomus die Weihnachtstage zu verbringen. Karl hatte auch noch einige andere Herzöge und Grafen eingeladen. Sie hatten ihm in den vergangenen Tagen über den Zustand der Friesen und Sachsen berichtet und auch darüber, wie viele Wallache sie für Karls Trupps der Panzerreiter zur Verfügung stellen könnten.

»Wir hatten in den vergangenen Jahren einfach nicht die Zeit, uns um jedes Herzogtum zu kümmern. Außerdem konnten wir nicht überall gleichzeitig sein.«

»Trotzdem werden wir auch jetzt dort nichts erreichen, wenn wir nicht verstehen, was in den letzten zehn Jahren in Baiern vorgefallen ist«, sagte Herzog Rotbert mit einem Stöhnen. Karl sah ihn an und lächelte. Dann wandte er sich an den inzwischen achtzehnjährigen Karlmann. »Trag du uns vor, wie sich die Lage in diesem Herzogtum entwickelt hat«, forderte er ihn auf.

»In der Zeit von Herzog Theodo herrschte Ruhe«, sagte er, wurde aber sogleich von Herzog Folker unterbrochen.

»Wahrscheinlich auch deshalb, weil er in Baiern nicht nur einen Pirmin, sondern gleich drei Glaubensboten zugelassen hat!«

»Ob das wirklich so glücklich war?«, meinte Karl zweifelnd. Er blickte zu Karlmann. »Aber sprich weiter, mein Sohn!«

»Herzog Theodo hatte dem Wormser Bischof Rupert bereits 696 angeboten, die Martinskirche in Salzburg zu übernehmen«, fuhr Karlmann fort. »Für Corbinian, der vaterlos in der Nähe der Kirche von Chartres geboren war, sah Herzog Theodo Freising als Bischofssitz vor. In Regensburg selbst übernahm kurz nach Pippins Alamannenzügen Emmeram aus Poitiers das Bischofsamt. Ursprünglich hatte Emmeram zu den Awaren weiterziehen wollen. Doch Herzog Theodo hat ihn daran gehindert, indem er fälschlicherweise behauptete, er würde mit den Awaren an der mittleren Donau im Streit liegen … Ihr wisst schon: mit den wilden Steppenkriegern, die nach den Hunnen kamen.«

Karlmann sah sich nach allen Seiten um. Obwohl nahezu alle Männer im Raum mehrmals von diesen Dingen gehört hatten, nickten sie ihm zu.

»Emmeram blieb«, fuhr Karlmann munter fort. »Aber bereits drei Jahre später passierte dann die gruselige Geschichte, die seitdem so oft erzählt worden ist …«

»Bischöfe sind eben auch nicht aus Holz«, seufzte Hildebrand. Die anderen lachten anzüglich.

»Er hätte sich mit jedem Mädchen und mit jedem bairischen Weib vergnügen können. Aber nicht ausgerechnet mit Uta, der Tochter von Herzog Theodo«, knurrte Karl.

»Er hat sie entehrt«, sagte einer.

»… aber er hätte nach Recht und Gesetz bestraft werden müssen«, warf ein anderer ein. »Gerade als Bischof hätte er niemals die Hand beißen dürfen, die ihn großzügig gefüttert hat.«

»Es war nicht Theodo, der Utas Schande gerächt hat«, stellte Karlmann richtig, »sondern ihr Bruder Lantpert.«

»Ich weiß nicht, wie ich gehandelt hätte, wenn ich einen

Bischof auf frischer Tat mit meiner Schwester erwischt hätte«, brummte Herzog Folker.

»Gemach, gemach, ihr Herren«, widersprach Karl. »Wir sind nicht mehr in den Zeiten der Blutrache oder bei irgendwelchen Heiden im Norden. Auch für derartige Vergehen gibt es im Reich der Franken Reichstage und Gerichte.«

»Viel schlimmer ist ja, dass durch diesen Bischofsmord auch Rupert von Salzburg nach Worms zurückgekehrt ist und der neue Bischof Corbinian auch jetzt noch sehr große Schwierigkeiten hat. Daran konnte auch Herzog Theodos Reise zum Papst nach Rom nicht viel ändern...«

»Ich weiß nicht, woher ihr eigentlich eure Überzeugungen nehmt«, schnaubte Karl unwillig. »Wer von uns weiß denn, was Herzog Theodo tatsächlich mit dem Papst besprochen hat? Und wer kann mir sagen, welche Zugeständnisse Rom dafür erhielt, dass Bischof Corbinian wieder nach Baiern zurückkehren konnte?«

»Vielleicht hast du Recht«, meinte Herzog Folker nachdenklich. »Vielleicht war der Mord an Bischof Emmeram das Beste, was der Kirche in Baiern passieren konnte.«

»Das nun nicht gerade«, lachte Karl. »Aber immerhin hat Herzog Theodo vor seinem Tod noch seinen Sohn Lantpert und seine Tochter Uta in die Verbannung geschickt...«

»...und drastische Strafbestimmungen bei Bischofsmord erlassen«, ergänzte Hildebrand. Karl nickte und sah zu seinem Sohn. »Und wie die Dinge nun einmal sind, kommt ein Unheil selten allein«, erzählte Karlmann weiter. »Denn kaum kam Corbinian von seiner Pilgerfahrt nach Rom zurück, fand er den Teilherzog Grimoald mit der Witwe seines Bruders Theudoald verheiratet.«

Die Männer am Feuer lachten. Sie wussten, dass auch Theodebert und Tassilo, die beiden anderen Teilherzöge, inzwischen verstorben waren. Und genau die dann einsetzenden Machtkämpfe zwischen Theodeberts Sohn Hucbert und dem überlebenden Grimoald hatten das Land zerrissen und verwundbar gemacht.

»Wenn Bischof Emmeram aus Poitiers nicht so lüstern gewesen wäre«, stieß Karlmann plötzlich hervor, »dann müssten wir nicht durch das Gebiet der Alamannen bis nach Baiern reiten…«

»Wer weiß, wozu das alles noch gut ist«, meinte Karl nachdenklich. »Vergesst nicht, dass weder Grimoald noch sein Neffe Hucbert bisher einen Stammhalter nachweisen können. Wir sind gezwungen, jetzt Partei zu ergreifen. Nur deshalb stärken wir seinem Enkel Hucbert den Rücken und ziehen gegen seinen Onkel Grimoald.«

»Und gegen sein Eheweib, das ihn nur aufhetzt!«, sagte Karlmann.

Die Franken bewegten sich mit größter Vorsicht durch die Täler und Schluchten des Schwarzwaldes. Sie hatten sich zuvor an derselben Stelle versammelt, an der Karl im Jahr zuvor das Heer aufgelöst und in die heimatlichen Gaue entlassen hatte. Auch diesmal waren die Bewaffneten, die Paladine, Vasallen und Grafen mit ihren Lehnsmännern auf eigene Faust und auf den unterschiedlichsten Wegen bis zum Sammelplatz am oberen Rhein gekommen. Es war das erste Mal, dass ein Majordomus der Franken ein Märzfeld nicht im Kerngebiet des Reiches, sondern in einem anderen Herzogtum abgehalten hatte.

Sie folgten Tälern und kleinen Bächen, keuchten steile Bergwege hinauf und scheuten sich auch nicht, dort durch die Wälder zu gehen, wo ihnen ortskundige Männer Wege und Pfade zeigten.

Trotzdem benötigten die meisten der Gruppen fast eine Woche, bis sie den Neckar an ganz unterschiedlichen Stellen erreichten. Der eigene Schutz war hier besonders wichtig. Wieder und wieder wurden Kundschafter zu Fuß und zu Pferd ausgeschickt, ehe sich die nächsten fünfzig Reiter und ihr Gefolge um Flussbiegungen oder durch finstere Schluchten bewegten. Die Herzöge der Alamannen boten Karl Feierlichkeiten und ein Gelage in Cannstatt an, aber der Majordomus lehnte ab, obwohl die Gelegenheit günstig gewesen wäre, den alamannischen Adligen ein für allemal klar zu machen, was er von ihnen erwartete. Den Kriegern aus dem Norden des Frankenreiches waren die endlosen und wie verwunschen wirkenden Bergwälder zwischen Rhein und Neckar nicht ganz geheuer gewesen. Die meisten von ihnen kannten nur flaches Land oder die Hochebenen der Ardennen. Karl hatte längst bemerkt, dass zur unbekannten Dunkelheit der Wälder auch noch die Geschichten und Legenden kamen, die nicht nur an den Lagerfeuern, sondern auch tagsüber während des Weitermarsches erzählt wurden.

Inzwischen hatte auch der Letzte gemerkt, dass er sich nicht mehr in Austrien oder im Elsass befand, sondern im Kernland der wilden Alamannen. Die Männer und Frauen vor den Lehmkaten antworteten mit einem eigenartigen, singenden Tonfall, wenn sie nach dem Namen ihres Dorfes gefragt wurden. Die schwer bewaffneten Krieger Karls machten sich einen Spaß daraus, sich gegenseitig die Namen alamannischer Ortschaften zuzurufen, die ihnen so lustig vorkamen: »Habt ihr gehört?«, riefen sie dann. »Wir waren in Sindelfingen und auch in Eßlingen. Und weiter im Süden sind schon welche in Reutlingen und Pfullingen.«

Sie lachten auch in den nächsten Tagen und empfanden den langen Zug inzwischen schon fast als unterhaltsam. Obwohl der Lech und die westliche Grenze des Herzogtums Baiern noch einige Tagesmärsche entfernt waren, kreisten ihre Gespräche immer häufiger darum, ob sie die beiden miteinander verfeindeten Baiernherzöge Grimoald und Hucbert eher bei Regensburg, bei Freising oder bei Salzburg auseinander bringen würden.

Und wie auf allen Heerzügen erfuhren nach und nach auch die einfachen Reiter und Fußkrieger, was vor ihnen lag und wie die Dinge zusammenhingen: Es war bereits zwei, drei Generationen her, seit die Baiern am Aufstand des Thüringer Herzogs Radulf gegen den Merowingerkönig Sigibert teilgenommen hatten. Seit dieser Zeit waren die erblichen Herzöge aus dem Geschlecht der Agilolfinger nahezu unabhängig geblieben.

»Sie haben sich nie viel um die Merowingerkönige gekümmert«, meinte Herzog Hildebrand, während er den großartigen Blick von der Kuppe des runden Berges in Urach genoss. Karl hatte bereits in Straßburg davon gesprochen, dass er diesen Berg unbedingt sehen wollte, von dem ihm sein Vater mehrmals erzählt hatte. Obwohl an einigen Stellen bereits neue Katen und kleine Grubenhäuser als Vorratslager für die Obsternten aus der Umgebung gebaut worden waren, wirkte die lang gestreckte, an ihrer breitesten Stelle kaum fünfzig Schritte messende Festung der Alamannen und früher auch der Kelten wie ein Ruinenfeld. Keiner der Edlen aus dem Gefolge Karls konnte eine Erklärung dafür aufbringen, warum gerade auf diesem Berg eine fast uneinnehmbare Wehrsiedlung angelegt worden war.

»Wir wissen nicht, welchem Stamm oder Herzog diese Feste gehörte«, meinte einer der Alamannen, die ihnen als ortskundige Führer mitgegeben worden waren.

»Von der Höhe her erinnert mich das alles ein wenig an den Ziegenberg«, meinte Karl und setzte sich an der Nordostspitze des Berges neben seinen Halbbruder. Ein paar der jetzigen Bewohner brachten geflochtene Körbe mit Äpfeln, Birnen und Pflaumen. Karl dankte ihnen und lächelte, als er sah, wie vergnüglich sein Halbbruder das Obst aß.

»Wenn es nach mir ginge, müssten wir nicht weiterziehen«, sagte Hildebrand mit einem Seufzer. Karl gab ihm einen freundlichen Rippenstoß. Dann sagte er: »Vergiss nicht, was auf uns wartet.«

»Ich weiß, ich weiß«, seufzte Hildebrand. »Es ist die alte gottverdammte Tragödie, die auch das Frankenreich bis an den Rand des Abgrundes gebracht hat. Je größer Könige und Herrscher sind, desto schwächer und erbärmlicher zeigen sich zumeist ihre Kinder und Kindeskinder.«

»Ja, du hast Recht«, sagte Karl und seufzte ebenfalls. »Dabei hat Herzog Theodo sehr weit vorausblickend gehandelt, als er vor über zwanzig Jahren sein Reich so aufteilte, dass er und seine drei Söhne Theodebert, Grimoald und Tassilo alle etwas davon hatten.«

»Er blieb in Regensburg, Theodebert bekam die Umgebung von Salzburg und Grimoald zog nach Freising. Nur was Tassilo bekommen hat, weiß ich im Moment nicht mehr.«

»Ich auch nicht«, lachte Karl. »Aber das ist auch nicht mehr wichtig.«

»Inzwischen leben nur noch zwei Männer aus dem Geschlecht der Agilolfinger«, meinte Hildebrand versonnen. Er und Karl nahmen sich jeder eine Birne aus dem Korb. »Und manchmal ist es schon sehr merkwürdig, wie ein großes, stolzes Herzogtum über Nacht in sich zusammenfällt.«

»Möglicherweise ist die ganze Angelegenheit doch nicht so merkwürdig, wie du jetzt meinst«, sagte Karl. »Irgendwie verstehe ich Hucberts Onkel Grimoald sogar. Vergiss nicht, dass es Hucbert war, der den Streit begonnen hat.«

»Ich weiß nicht, welcher böse Geist es war, der diesem Herzog eingeflüstert hat, sich mit den Langobarden zu verbünden«, seufzte Hildebrand und spuckte ein paar Birnenkerne aus.

»Da fragst du noch?«, lachte Karl. »Hast du vergessen, dass Hucberts Schwester Guntrud Luitprand zum Weib gegeben wurde? Und glaubst du etwa allen Ernstes, dass der König der Langobarden ohne jede Absprache mit Hucbert die Plätze angegriffen und besetzt hat, die Grimoald entlang der Etsch gehören?«

»Daran habe ich im Augenblick gar nicht gedacht«, gab Hildebrand zu. »Für mich war immer klar, was auch die anderen sagen: dass nämlich Grimoald nur deshalb zu den Waffen gegen seinen Neffen griff, weil seine kinderlose Ehefrau ihn dazu aufgehetzt und angestachelt hat…«

»Auch das mag sein«, meinte Karl. Er spuckte ein paar Birnenkerne an die Stelle, an der bereits die seines Bruders lagen. Es mochte Zufall sein, aber er traf sie ganz genau.

Die warme Sommernacht auf dem runden Berg von Urach war so still, dass Karl plötzlich davon aufwachte. Er lauschte lange in die samtweiche Dunkelheit unter dem Sternenhimmel. Aber außer dem eigenartigen Rauschen seines Blutes in den Ohren war nichts zu hören. Genau das störte ihn…

Es gab keine Nächte ohne Geräusche! Überall, im Wald, im Lager mit den Pferden, an Flüssen und selbst in der Abgeschiedenheit der Ardennenhöhen oder auf dem Ziegenberg schnaubte, atmete und grunzte immer irgendetwas. Nachtfalter strichen durch das Dunkel, Heimchen zirpten, und gelegentlich war selbst das Schmatzen eines Igels viele hundert Schritt weit zu hören.

Aber wo waren sie jetzt, die Geräusche des Lebens und des Sterbens, des Schlafes und der Nacht?

Und dann wusste er es plötzlich: Es war die Stille, die nichts anderes als Gefahr bedeutete! Sie war so dicht und wirklich da, dass jeder, der sie kannte, fest davon überzeugt war, sie mit beiden Händen greifen und zerbrechen zu können.

Karl richtete sich unendlich langsam auf. Er sah sein Schwert und sein Wehrgehänge auch in der Dunkelheit und mit geschlossenen Augen. Karls Finger schlossen sich in dem Moment um die Waffe, als von allen Seiten mächtiges Geheul und Geschrei ausbrach. Feuerfunken sprühten unter Eisenschlag von Steinen, fraßen sich in Zunder und entflammten ihn. Waffen klirrten, und die ersten Männer stürzten schreiend über jenen Rand der Fläche, die den Siedlungsplatz auf der Kuppe des runden Berges bildete.

Karl sah im ersten Feuerschein, dass es mindestens fünfzig oder hundert waren. Im selben Augenblick schoss ihm der Verdacht durch den Kopf, dass irgendjemand ganz genau gewusst und auch gebilligt hatte, dass er mit seinen engsten Edlen und Gefährten, samt dem Gefolge, das er immer bei sich hatte, die Nacht in einer Falle zubrachte.

Schon einmal wäre er um ein Haar das Opfer eines Giftanschlags geworden. Er wusste nicht, ob sie es diesmal mit Schierlingskraut, dem Gift des Fliegenpilzes, Stechapfel oder Tollkirsche versucht hatten. Die Sterne waren hell genug, um sie zu sehen. Dann flammten auch die Feuer höher auf. Ein halbes Dutzend Männer stürzte auf Karl zu. Er sah, dass sie gute Waffen hatten und sie zu führen wussten. Nein, das war kein wilder Haufen aus irgendwelchen Dörfern mit den fröhlich klingenden Namen. Diese Männer hier waren gewöhnt, zu planen und ohne Furcht zu handeln.

Er schlug so schwungvoll zu, dass er dem Ersten glatt den Kopf vom Rumpf trennte. Den Zweiten kostete die Heimtücke des Überfalls den rechten Arm. Den Dritten und den Vierten konnte Karl nicht mehr so annehmen, wie er es bei den Zügen der vergangenen Jahre geübt hatte. Er schlug und traf, wehrte die anderen Schläge ab, wich zwei, drei Schritte bis zum Rand des Berges zurück, stürmte wieder nach vorn und erkannte, dass ihm weder von hinten, noch von den Seiten Hilfe zukommen konnte. Und plötzlich musste er an Karlmann denken. Auch er hatte auf dem Ziegenberg mit dem Rücken zum Abgrund gekämpft.

Karl holte tief Luft. Dann stieß er einen ungeheuren, gewaltig schallenden Schrei aus. Er stürzte mit dem Schwert nach vorn und hieb sie einfach links und rechts zur Seite. Immer noch schreiend, bahnte er sich seinen Weg bis zu den anderen. Sie stöhnten, schrien, brüllten und ließen ihre Schwerter krachend gegen anderes Eisen und auf die Holzschilde schlagen. Auch wenn sie nie zuvor geübt hatten, auf einem Bergplateau zu kämpfen, das wie eine schmale Insel über dem Abgrund lag, wurde die Falle, in die sie leichtfertig gegangen waren, jetzt auch zum Schutz an ihren Seiten und im Rücken. Niemand konnte sie von den Flanken her anfallen, niemand sie einkreisen und durch mehr Bewaffnete überrumpeln. Der Nachteil wendete sich zum Vorteil.

Karls Männer kämpften furchtlos und mit solchem Zorn, dass schließlich auch die Übermacht der Alamannen weichen musste. Wurfaxt um Wurfaxt fuhr in die Brustkörbe der Angreifer, spaltete Schädel und zerschmetterte Gesichter. Die Toten und Verwundeten verstopften fast den schmalen Zugang auf dem runden Berg. Und dann, noch ehe irgendeiner der Verteidiger die Angreifer erkannt hatte, verzogen sich die Alamannen und ließen sogar ihre Verwundeten zurück. Sie flohen in die Nacht und in die Wälder ihrer Berge.

Jetzt war nur noch Stöhnen, Jammern und Gewimmer auf dem Berg zu hören. Karl spürte, wie das Blut von seinem bloßen Kopf an seinen Wangen entlanglief und ihm vom Kinn tropfte. Er spürte keinen Schmerz, nur Grimm in sich über die Heimtücke der Sippen und Stämme, die sich Alamannen nannten.

Karls Heeresgruppen bewegten sich so weit auseinander gezogen an den Ufern der Donau entlang, wie es vor ihnen schon die Römer und viele andere getan hatten. An den Ufern war genügend Platz. Von Ulm an bedienten sie sich zusätzlich breiter, flacher Kähne, die von den Bewohnern der Gegend Ulmer Schachteln genannt wurden. Sie waren so breit, dass sie sogar beim geringen Sommerwasserstand der Donau benutzt werden konnten.

Der nächtliche Überfall auf dem runden Berg von Urach war nicht der einzige Zwischenfall gewesen. An mehreren Stellen des Schwarzwaldes, am Neckar und auf der Suebischen Alb war es zu kurzen und harten Kampfhandlungen gegen den Widerstand alamannischer Adelsfamilien und ihrer Bauernkrieger gekommen.

Karl selbst hatte vom Überfall auf dem runden Berg an der rechten Stirnseite einen mehrfach gezackten Schnitt davongetragen. Die Wunde schmerzte, ebenso wie die andere an seinem Hinterkopf, die ohne seinen Helm tödlich gewesen wäre …

Vier Tage nach den Ereignissen von Urach verließen sie den Fluss oberhalb von Donauwörth und bogen zum Lech hin ab. Karl hatte ursprünglich bis nach Regensburg vorstoßen wollen. Doch dann berichteten ihm vorausgeschickte Boten, dass sich der junge Herzog Hucbert nicht in der alten Metropolis aufhielt. Er war mit seinem gesamten Gefolge aus Furcht vor kriegerischen Aktionen seines Onkels Grimoald in Freising donauabwärts bis nach Passau und von dort aus bis zum sicheren Bischofsberg von Salzburg gezogen.

Als Karl davon hörte, saß er mit einigen anderen Edlen gerade am Ufer des Lech und besprach mit ihnen, wie sie weiter vorgehen wollten. Sie nagten an einigen fetttriefenden Spanferkelstücken. Karl hielt nicht viel von großen Spießbraten, von denen viele der Männer schwärmten. Es dauerte Stunden um Stunden, bis sie gar waren. Und wer zuletzt drankam, musste sich oft mit halbrohen Stücken aus dem Inneren des Schweins oder noch größeren Tieres begnügen.

»Was nun?«, fragte Herzog Folker, als sie die Berichte der Kundschafter gehört hatten. Die Männer stammten ausnahmslos aus der Kerntruppe von Karls Panzerreitern. Obwohl sie eigentlich mit ihren schweren, großen Pferden für Feldschlachten ausgebildet waren, gehörten zu ihren Tieren auch dreijährige Wallache, auf denen die Krieger übten und Erkundungsritte durchführten.

»Wir haben sie nicht gesehen«, sagte schließlich einer der Kundschafter. »Aber wir hörten, dass gut ausgerüstete Reiter von Herzog Grimoald aus Freising bereits auf dem Weg hierher sind.«

Karl stutzte und hielt seinen halb abgenagten Schweinsknochen für einen Augenblick bewegungslos vor den Lippen. Die Sonne verabschiedete sich mit einem tiefen Abendrot. Am Himmel blinkten bereits die ersten Sterne auf, und überall an den Zelten klang Gesang und der Klang von Drehleiern auf.

»Gibst du Alarm?«, fragte Herzog Folker. Karl schürzte die Lippen, dachte einen Augenblick nach, dann sagte er: »Die Männer sollen sich gewarnt zur Ruhe legen. Aber lasst Wachen überall am Ostufer des Lech aufstellen. Bei Sonnenaufgang sollen zehn Fähnlein mit je zwölf Mann über den Fluss setzen und in verschiedene Richtungen ausschwärmen. Drei in Richtung Augsburg, zwei zurück in Richtung Donau zum Kloster Neuburg und die anderen auf Fackelsichtweite nach Freising hin.«

Bereits am frühen Morgen war klar, dass es zum Schwertergang gegen den Baiernherzog kommen musste. Nachdem die Sonne aufgegangen war, dauerte es noch zwei Stunden, bis die Berittenen und Fußkrieger an mehreren Furten gleichzeitig den Lech überquerten. Zusätzlich setzten die Grafen Bohlenbrücken und Wagen ein, die ins Geröll des Flussbettes gezogen wurden. Karl befahl, dass ein Teil vom Tross über Augsburg nachkommen sollte. Nur was unbedingt für die Schlacht benötigt wurde, wurde mit auf die Ostseite des Lechs genommen.

Die Sonne stand schräg am Morgenhimmel, als die ersten Boten von Herzog Grimoald eintrafen. Karl ließ sie sofort vor. Er brauchte nicht lange, um zu erkennen, dass es mit Grimoald keine Verhandlungen mehr gab. Der Teilherzog von Freising ließ dem Majordomus ausrichten, dass er sich ihm nicht unterwerfen werde.

»Nicht einmal fein genug, um sich uns selbst zu stellen«, schnaubte Karl nur. Dann ließ er alle Abgesandten Grimoalds kurzerhand festsetzen und entwaffnen.

»Wenn dieser Bursche glaubt, dass er Eindruck vor seinem Weib Pilitrud machen muss, dann zeigen wir ihm, wie wir mit Matronen umgehen«, lachte er trocken. Er saß bereits auf seinem Pferd, war voll bewaffnet und trug einen Helm aus Gold und Leder, der an der Stelle aufgeschnitten war, an dem ein Polster aus Kräutern und Leinenstücken die Schlagwunde bedeckte. Die andere Wunde über seiner Stirn war dick mit Ringelblumensalbe eingestrichen und ebenfalls mit Leinen abgedeckt. Karl gab das Zeichen und ließ die Franken weiter vorrücken. Nur wenig später erkannten sie das gegnerische Heer. Karl hatte sich einige ortskundige Franken in seine Nähe geholt, die mit Familien am Lech und in Augsburg verwandt waren. Von ihnen wusste er, wie die Wälder und flachen Hänge östlich des Flusses aussahen.

»Er wird uns vorn am so genannten Kampfort entgegentreten«, meinte einer der Ortskundigen von seinem Pferd zu Karl hinüber. Er deutete mit seinem Arm nach Südosten. »Dort, dicht am Pfeilenforst ist ein guter Platz für Grimoald. Er kann die Hügelschräge nutzen und von drei Seiten gegen uns reiten.«

»Er kann es, aber er wird es nicht«, sagte Karl hart. »Hildebrand und Folker zu mir!«

Er wartete, bis sein Halbbruder und der Gefährte seiner frühen Jahre schnell neben ihn geritten waren.

»Passt auf!«, sagte er zu ihnen. »Ich glaube nicht, dass dieser Herzog Grimoald viel Erfahrung mit großen Schlachten hat. Ihr sollt deshalb Scheinangriffe führen, die Grimoald so wertet, als würde er in die Zange genommen. Treibt ihn von beiden Seiten so hart voran, dass er mir direkt in die Arme läuft.«

»Verstanden«, sagte Hildebrand, und auch Folker hob die Hand.

»Schafft ihr es bis zur Mittagsstunde?«, fragte Karl. Die beiden Herzöge verständigten sich mit einem kurzen Blick.

»Eine Stunde später wäre eine Stunde mehr Sicherheit für das Gelingen«, sagte Folker dann. Karl nickte.

»Dann zieht jetzt los, damit das Ganze noch vor Sonnenuntergang beendet ist. Ich habe keine Lust, mich noch tagelang hier festzusetzen.«

28.

Swanahild und Grifo

Der Zusammenstoß der Baiern und Franken verlief von Anfang an genau so, wie es Karl geplant hatte. Ehe die beiden Herzöge ihre Heeresgruppen übernahmen, ritt der Majordomus mit ihnen noch ein Stück zur Seite und schärfte ihnen ein, genau bei seinen Anweisungen zu bleiben.

Kaum eine Stunde später klang das erste Geschrei und heller Kampflärm nördlich des Pfeilenforstes auf. Kurz danach hörten die Zurückgebliebenen auch von Süden her Getöse. Die Pferde unter ihren Reitern rund um Karl wurden ungeduldig. Es war, als hätten sie nur darauf gewartet, ebenfalls lospreschen zu können. Hunderte von Augenpaaren schauten auf den Anführer. Doch der Majordomus blieb völlig unbeweglich auf seinem Pferd sitzen. Er blickte weder nach rechts, noch nach links, sondern starr geradeaus auf die grüne Wand des Pfeilenforstes. Und dann, als der Kampflärm auf beiden Seiten nicht etwa näher kam, sondern sogar leiser wurde, ließ Karl sein Pferd einige Schritte zur Seite gehen. Es war, als wäre er an all dem überhaupt nicht mehr beteiligt, als er seinen ältesten Sohn aufforderte, ihm zu folgen.

Sie ritten ohne besonderes Ziel an den zum Aufbruch bereiten Reitern und Fußkriegern des Heeres entlang. Karl grüßte nach allen Seiten, dann sagte er: »Es gibt inzwischen noch einen Grund für unseren Zug gegen Grimoald.«

Karlmann sah seinen Vater fragend an.

»Einen bösen Grund«, seufzte Karl. »Wir können nicht verhindern, dass er überall bekannt wird. Aber das, was Grimoald und sein Weib sich jetzt geleistet haben, bringt mich selbst in eine verdammt unangenehme Lage.«

»Du sprichst in Rätseln, Vater.«

»Es ist Corbinian, der Bischof von Freising, durch den ich jetzt in etwas hineingezogen werde, was ich liebend gern vermeiden würde.«

»Was hat er getan?«, fragte Karlmann. Er, der von Kindesbeinen an stets ein gutes Verhältnis zu Priestern und Mönchen gehabt hatte, wusste, dass sein Vater nicht immer mit ihnen einverstanden gewesen war.

»Corbinian hat nur getan, was alle Bischöfe an seiner Stelle getan hätten«, sagte Karl nachdenklich, während sie ihre Pferde wieder umwandten, um zu den anderen Edlen zurückzureiten. »Er hat verlangt, dass Herzog Grimoald sich von seiner Schwägerin Pilitrud trennt... weil es unchristlich ist, dass er seine Schwägerin so kurz nach dem Tod des Bruders zu seinem Weibe nahm. Und wie es heißt, soll kaum ein Tag vergangen sein, an dem Corbinian nicht gegen die hartherzige Witwe gewütet und geredet hat...«

»Rechtfertigt das bereits einen großen Zug in Grimoalds Herzogtum?«

»Nein«, lachte Karl. »Das könnte uns egal sein. Doch dummerweise heißt es inzwischen, dass Pilitrud Mörder ausgesandt hat, die den Bischof endlich zum Verstummen bringen sollen.«

»Das glaube ich nicht!«, stieß Karlmann entsetzt hervor.

»Tatsache bleibt, dass der Bischof von Freising nur mit knapper Not geflohen und nach Mais in Tirol zu den Langobarden entkommen ist...«

Karlmann blickte ihn erneut mit großen Augen an.

»Wenn ich mich jetzt an die Spitze des Heeres stelle, dann könnte nicht nur Corbinian, sondern auch der Papst in Rom auf den Gedanken kommen, dass der Majordomus des Frankenreiches für die Interessen der Kirche sogar in eine große Schlacht zieht.«

»Tun wir das nicht ohnehin?«, fragte Karlmann. Karl lachte trocken.

»Wir tun es, wenn es gut für das Königreich der Franken ist«, antwortete er. »Aber wir sind keineswegs der Schwertarm der Bischöfe und Mönche – und erst recht nicht für den Papst!«

Karl und sein Sohn erreichten die anderen Edlen aus dem Gefolge des Majordomus.

»Es sieht so aus, als würde er nicht mehr bis zu uns durchbrechen«, sagte einer. Karl blieb still auf seinem Pferd sitzen.

Sie warteten so lange, bis kaum noch etwas vom weit entfernten Lärm zu hören war. Erst dann gab Karl das Zeichen für das Hauptheer.

Das Heer der Franken legte die Strecke bis nach Freising an der Isar fast gemächlich zurück. Karl hatte Recht behalten: Bis auf die beiden kurzen, wenn auch schweren Zusammenstöße seiner Heeresgruppen um Hildebrand und Folker waren sie beim Zug gegen den Baiernherzog ohne große Schlacht geblieben. Und nun ritt der Majordomus der Franken unangefochten auf die kleine Stadt zu, die ihr erster christlicher Bischof auf der Flucht vor gedungenen Mördern wieder verlassen hatte.

Karl ließ einen Teil seines Heeres südlich von Freising lagern. Der andere Teil überquerte die Isar und verteilte sich auf einer weiten, ebenen Fläche, die von den Unfreien in dieser Gegend »Erdinger Moos« genannt wurde. Karl selbst und sein engstes Gefolge zogen weiter nach Norden bis zum Lerchenfeld. Hier am Ostufer der Isar, auf der anderen Seite der beiden stolz aufragenden Hügel, sollten seine Panzerreiter warten. Er ließ sich erneut Zeit und verbrachte eine weitere Nacht zwischen den Zelten. Grimoald hatte sich noch nicht wieder gezeigt.

»Gebt seinen Männern die Waffen zurück und schickt sie über die Isar«, befahl Karl deshalb, als die ersten abendlichen Feuer aufloderten und ihr weißer Rauch in kleinen Wölkchen in den klaren weißblauen Himmel aufstieg.

Die gefangenen Männer Grimoalds zogen sehr schnell in Richtung Pfalz auf der anderen Flussseite davon. Karl hatte ihnen auftragen lassen, dass er noch am selben Abend eine Unterwerfungserklärung des kriegerischen Herzogs erwartete.

»Ich rechne nicht damit«, sagte er, nachdem zwei, drei Stunden vergangen waren und die Nacht sich über das Lager der Franken gesenkt hatte. »Aber ich rechne auch nicht damit, dass sich Grimoald lange in seiner herzöglichen Pfalz halten kann. Baiern ist anders als die Grafschaften Neustriens, die von Anfang an gegen mich gewesen sind.«

Obwohl die Schmerzen in seinen beiden Kopfwunden nachgelassen hatten, trug er noch immer den Helm mit den eingeschnittenen Löchern. Auch Herzog Folker trug einen Verband an seinem linken Oberarm. Er hatte sich beim kurzen, harten Waffengang am Lech eine Fleischwunde durch einen bairischen Pfeil zugezogen. Auch Hildebrand und eine Reihe der anderen Edlen waren nicht ohne Schrammen davongekommen. Erst nach und nach hatte Karl erfahren, dass die Waffengänge im Pfeilenforst doch nicht so leicht und schnell gewesen waren, wie er zunächst angenommen hatte. Dennoch rechneten sie nicht mehr mit einer längeren Belagerung oder mit größerem Widerstand des Herzogs in der Pfalz von Freising.

»Die Baiern waren dem Geschlecht der Agilolfinger so lange ergeben, wie es sich für sie gelohnt hat«, meinte Hildebrand auf seine manchmal unnachahmlich direkte Art. »Für viele war der große Herzog Theodo fast schon ein eigener König. Aber nach allem, was ich hier bisher gehört habe, kommt weder sein letzter Sohn Grimoald, noch sein Neffe Hucbert an ihn heran.«

»Dann wird es sicherlich nicht lange dauern, bis auch die Alamannen ein Auge auf das Herzogtum der Baiern werfen«, sagte Karlmann. Karl blickte seinen Ältesten prüfend an. Dann nickte er nachdenklich.

»Wir müssen klug sein, wenn wir dieses große Herzogtum wieder enger an uns binden wollen«, sagte er dann. »Die Friesen und die Thüringer, ja selbst die Sachsen sind uns dem Blute nach viel näher als die Baiern.«

»Und eigentlich weiß man nicht so recht, woher sie kamen, nachdem die Römer Rätien und die anderen Gebiete zwischen der Donau und den Alpen aufgegeben haben«, sagte Herzog Folker.

»Das weiß man schon«, widersprach Karlmann. »Die Bajuwaren stammen aus dem Osten.«

»Soll das etwa heißen, dass sie mit Awaren, Hunnen und Bulgaren mehr verwandt sind als mit uns?«, fragte Herzog Folker verdutzt.

»Das lass bloß keinen hören«, lachte Karl. »Außerdem stimmt es nicht, denn jene Völker sind Tausende von Meilen westwärts gezogen, während die Baiern nur den Bergwald nordöstlich der Donau zu überwinden hatten …«

Im selben Augenblick kam Unruhe am Isarufer auf. Der Fluss führte ebenso wenig Wasser wie die Donau und der Lech. Nicht einmal die kleinen Holzbrücken waren im Frühling erneuert worden, so wenig Wasser hatte die diesjährige Schneeschmelze gebracht.

Der Lärm von Ufer näherte sich, während zur selben Zeit die Gespräche und Gesänge an den Feuern rundum verstummten.

»Sollte Herzog Grimoald doch noch mit einer Büßerkutte kommen?«, fragte Folker spöttisch.

»Vielleicht bringt ihn ja der Bär zu uns, der schon das Fluchtgepäck von Corbinian über die Alpen getragen haben soll«, meinte Hildebrand. Sie hatten alle von den abenteuerlichen Legenden und Gerüchten gehört, die mit dem Mordanschlag auf den fränkischen Wanderbischof verbunden waren.

»Es ist ein Weib!«, stieß Herzog Folker plötzlich erstaunt hervor.

»Aber doch nicht etwa die mordlustige Witwe …«

»Nein, diese da ist jünger«, stellte Karlmann fest. Sein Vater legte den Kopf etwas zur Seite. Ein halbes Dutzend Wächter geleiteten eine schlanke junge Frau an den Feuern vorbei bis zu dem Kreis der Edelsten in Karls Gefolge. Aus irgendeinem Grund, den er sich auch später nicht erklären konnte, stand er auf. Er wusste sofort, dass diese wunderschöne junge Frau niemals Pilitrud sein konnte. Vielleicht war es gerade der Abscheu vor der anderen, über die so viel an den Feuern seines Heerlagers gesprochen worden war, der machte, dass es jetzt sein Herz anrührte und ihn daran erinnerte, dass er mit seinen sechsunddreißig Jahren zwar Witwer, aber keineswegs ein Mönch war …

Er starrte sie nur an, und seine Augen leuchteten. Sie trat bis auf fünf, sechs Schritte an ihn heran, dann blieb sie furchtlos stehen. Sie trug ein langes Leinenkleid, das mit Kastaniensaft hellbraun gefärbt war, dazu einen dunkelgrünen Gürtel mit Schlaufen, kleinen Täschchen und einem kurzem Messer. Sie hatte sich ein großes Tuch mit Perlen und Fransen an den Rändern über die Schultern gelegt. Es wurde zwischen ihren Brüsten mit einer goldenen Fibel gehalten. Sie trug ihr blondes, leicht gelocktes Haar lose nach hinten gekämmt und im Nacken mit einem Perlenband zu einem Pferdeschwanz gebunden. Um den Hals hatte sie mehrere Reihen von Ketten mit kleinen Tonperlen, Amulettsteinen und Glasschmelze gelegt.

Karl sah sie an, öffnete den Mund und wusste plötzlich nicht, wie er sie begrüßen sollte. Der Blick aus ihren großen, hellen

Augen schien ihn zu umschlingen. Ihre Lippen öffneten sich ebenfalls.

»Ich grüße dich, Majordomus Karl, Princeps und Edelster der Franken«, sagte sie mit einer klaren, weichen Stimme, die Karl so vorkam wie ein warmer Sommerregen auf seinen nackten Schultern. Er wusste selbst nicht, was mit ihm geschah. Nicht einen Augenblick seit dem Tod von Chrotrud hatte er daran gedacht, dass ihm ein Weib noch einmal mehr bedeuten könnte als sein Amt und seine Aufgabe. Jetzt aber, an diesem Frühsommerabend vor der Herzogspfalz von Freising, spürte er, wie alles andere um ihn herum unwichtig wurde und im roten Feuerschein versank.

»Wie heißt du?«, fragte er rau. »Und was willst du hier?«

Er hatte eigentlich etwas ganz anderes fragen wollen, aber sie lächelte noch immer, und ihre Zunge fuhr ganz leicht über ihre Lippen. Noch immer ohne die geringste Scheu und fast schon über ihn belustigt, antwortete sie: »Ich heiße Swanahild und bin eine Nichte von Herzogin Pilitrud… und zugleich auch deine Base, Karl.«

Karl schüttelte ungläubig den Kopf.

»Meine Base?«, stieß er hervor. »Ich weiß von keiner Base.«

»Ich bin die Tochter deines Onkels Dodo«, sagte sie, »des Bruders deiner Mutter. Er wollte nicht, dass wir an der Maas bleiben, nachdem die Sache mit Bischof Lambert so furchtbar enden musste…«

Karl fühlte sich plötzlich wie nochmals vor den Kopf geschlagen. Wenn Willibrord jetzt in der Nähe gewesen wäre, hätte er Stein und Bein geschworen, dass alles nur mit Zauberei zu tun haben konnte.

Er streckte seine linke Hand aus und bat sie damit näher zu sich. »Du kommst allein?«, fragte er dann, weil ihm nichts Besseres mehr einfiel.

»Ja, Karl. Ich komme, weil sich Herzog Grimoald nicht ehrlos unterwerfen möchte.«

Karl spürte genau, dass sie ihm eigentlich etwas anderes sagen wollte. Aber zu viele Ohren hörten ihnen zu, zu viele Augenpaare ließen sich nichts von dem entgehen, was deutlich sichtbar zwischen ihnen aufflammte. Kein Schwert, kein Pfeil, kein Lanzenstich hätte Karls Herz direkter treffen können als diese schöne junge Frau. Dennoch sprachen beide in der folgenden Stunde nur über Waffen und Gerät, Vorräte in den Scheunen der herzöglichen Pfalz und die Priester in den beiden Kirchen, in denen schon gebetet worden war, ehe Herzog Theodo den Wanderbischof Corbinian nach Freising eingeladen hatte.

»Du meinst also, dass Grimoald sich unterwirft, wenn ich ihn nicht als Herzog ablöse?«, fasste Karl schließlich zusammen. Swanahild schloss kurz die Augen und deutet mit ihren Lippen ein leichtes Lächeln an. Sie hatte ihm inzwischen gesagt, dass sie sechs Jahre alt gewesen war, als ihr Vater vor zwanzig Jahren in die Blutrache von Bischof Lambert von Maastricht verwickelt worden war. Nur wenige Tage darauf war sie mit ihrer Mutter und einem Teil ihres Gesindes heimlich bis nach Regensburg zum Agilolfingerherzog Theodo gebracht worden.

Grimoald sah ganz anders aus, als ihn sich Karl und die fränkischen Edlen aus dem Norden des Reiches vorgestellt hatten. Er war ein schwerer, breitschultriger und ziemlich beleibter Mann in mittleren Jahren mit dunkel gekräuseltem Haar und einem ebenso dunklen, drei Finger unter dem Kinn gestutzten Vollbart. Das Auffälligste an ihm waren seine herabgezogenen Mundwinkel und seine fast schwarzen Augen. Neben ihm wirkte die hoch gewachsene Matrone Pilitrud mit ihren streng zusammengeflochtenen flachsfarbenen Haaren eher wie eine Statue, wie sie die Franken aus alten Römerstädten kannten.

Das ungleiche Herrscherpaar von Freising empfing Karl und

die Seinen im großen Saal ihrer Pfalz auf dem östlichen der beiden Berghügel an der Isar. Während Grimoalds kleine Augen unruhig hin und her zuckten, schien Pilitrud ohne die leiseste Gefühlsregung durch sie hindurchzublicken. Nur einmal hatte Karl eine ähnliche Körperhaltung bei einem Weib gesehen – damals, als er von dem Kerker in Aachen ins Kapitol von Köln gebracht worden war. Auch da hatte er in Plektruds Augen eine Verachtung gesehen, vor der nichts Lebendes Bestand hatte …

»Wir können es kurz machen«, sagte Karl noch im Stehen, während er zu einem der Fenster ging. Er blickte auf den Fluss hinunter und betrachtete die Zeltstadt auf der anderen Uferseite. »Du wirst uns so viel von deinen Schätzen und Vorräten als Beute überlassen, dass meine von dir erschlagenen Männer gerächt und die Übrigen ebenfalls zufrieden gestellt werden.«

Ein Zischen klang durch die plötzlich eingetretene Stille des großen Saales. Karl drehte sich ganz langsam um. Die Witwe Theodeberts und jetzige Gemahlin von dessen Bruder Grimoald spuckte mehrmals schnell hintereinander vor Swanahild aus. Karls Base trat keinen Schritt zurück, sondern hob nur die rechte Hand und schlug sie der Herzogin flach ins Gesicht.

»Mörderin!«, sagte sie nur. »Du quälst mich nie wieder!«

Und plötzlich war auch allen anderen klar, warum sich die schöne junge Frau nach zwanzig Jahren an den verschiedenen Höfen der bairischen Herzöge ohne zu zögern auf Karls Seite gestellt hatte.

»Hast du noch irgendetwas zu sagen?«, fragte Karl den Baiernherzog. Grimoald leckte sich mehrmals über seine vollen Lippen. Dann schluckte er und fragte: »Du willst mich nicht bei meinem Leben oder bei meinem Rang bestrafen?«

»Nein«, sagte Karl und lächelte. »Ich brauche auch hier Männer, auf die ich mich verlassen kann. Deshalb sollst du zusammen mit deinem Neffen Hucbert weiter das fränkische Herzogtum Baiern verwalten.«

Er trat einen Schritt vom Fenster weg unter die Wandteppiche und Waffen, wie sie überall an den Holzwänden des herzöglichen Pfalzsaales angebracht waren. »Benimm dich so, wie ich es von dir erwarte, dann kannst du alt in deinem schönen Freising werden. Allerdings muss ich dir jene dort wegnehmen und im Kapitol von Köln unter strenge Aufsicht stellen. Pilitrud wird mich als Geisel begleiten und vor ein Gericht gestellt, sobald ich mich mit unseren Kirchenoberen beraten habe.«

Für einen Augenblick schien es so, als wolle sich die Herzogin mit gekrallten Fingern auf den Majordomus stürzen. Doch Karl wich nicht aus, sondern trat noch einen Schritt auf sie zu. Er stellte sich breitbeinig vor sie hin, betrachtete sie vom Scheitel bis zu ihren kostbar bestickten Flechtschuhen und schüttelte dann kaum merklich den Kopf.

»Du kommst mit, Weib«, befahl er dann. »Und von diesem Augenblick an sollst du nicht mehr Rechte und Privilegien haben als ein Fischweib, das im Zorn seinen betrunkenen Ehemann erschlagen hat.«

»Wir werden weder mit den Baiern noch mit den Alamannen lange Freude haben«, sagte er, nachdem sie den Rhein erreicht hatten. Hier trennten sie sich und zogen auf verschiedenen Wegen in die heimatlichen Herzogtümer und Grafschaften zurück. Karl selbst entschloss sich, mit sehr kleiner Begleitung durch den Pfälzer Wald und den Hunsrück an die Mosel und nach Trier zu reiten. Er hatte Swanahild so viel von Echternach und den Mönchen dort erzählt, dass sie beschlossen hatten, sich von Willibrord im kleinen, familiären Kreis trauen zu lassen.

Vorausgeschickte Boten holten einige Adlige aus dem Norden heran, dazu Karls andere Kinder und Alduin, den neuen Bischof von Köln. Karl hatte bereits am Oberrhein erfahren, dass Bischof Faramundus nicht mehr lebte. Der Klerus war sehr schnell gewesen und hatte nicht gewartet, bis der Majordomus einen ihm genehmen Kirchenfürsten für das Bistum Köln vorschlug …

Milo kam aus Reims, Sigibert aus Metz und Peppo aus Verdun. Nur zwei Männer, die eigentlich wichtig gewesen wären, kamen nicht zur Hochzeit. Der jugendliche König Theuderich IV. ließ Karl mitteilen, dass er sich für die Reise in einem strohgefüllten Ochsenkarren im Augenblick zu kränklich fühlte.

Den anderen, unerwünschten Gast konnte sich Karl nur dadurch vom Leibe halten, dass Willibrord einige Mönche zu Bonifatius schickte. Sie sollten ihn in Thüringen festhalten und, falls dies nicht gelang, ihn davon überzeugen, dass Corbinian nicht mehr nach Freising zurückkehren würde.

»Wir können einen Mann wie Wynfrith nur mit einem großen, unbestellten Acker locken«, hatte Willibrord erkannt. Und so geschah es auch. Während Karl in Echternach Swanahild zu seiner zweiten Frau nahm, blieben der Merowingerkönig und der unermüdliche Heidenbekehrer Bonifatius der Zeremonie und auch dem kleinen Fest in der Biegung des Sauerflusses fern.

Karl fühlte sich in den schönen Herbsttagen so wohl und glücklich wie schon lange nicht mehr. Es ergab sich, dass er eines Vormittags ganz langsam mit dem schon gebrechlichen Willibrord jenen Weg noch einmal ging, den er vor zehn Jahren – bei seinem ersten Aufenthalt in Echternach – mit dem Abt des Klosters gegangen war. Und wieder saßen sie auf dem langen Baumstamm, von dem aus sie ins weite Tal und zu dem gewachsenen Klostergeviert hinabblicken konnten.

»Zehn lange Jahre«, sagte Karl. »Sie sind so schnell vergangen wie ein einziges.«

»Du hast sehr viel erreicht«, bestätigte der Abt. »Du bist herumgezogen, hast gekämpft, hast Könige zu Grabe getragen und auch deine liebe Frau, die dir in der schweren Zeit beharrlich beigestanden hat …«

Sie blickten eine Weile schweigend an den Bäumen vorbei.

»Das Königreich der Franken hat noch lange nicht die Einigkeit und Schlagkraft, die es unter meinem Vater besaß«, seufzte Karl nach einer langen Pause. »Ich mache mir nichts vor, Willibrord. Mag es mir auch gelungen sein, die Friesen und die Sachsen einigermaßen zu befrieden, mag es mir ebenfalls gelungen sein, rund um Paris und in den Gauen von Hessen, Thüringen und Baiern Respekt und Anerkennung zu erlangen, so liegt doch noch ein großer Acker vor mir, den ich allein niemals bestellen kann.«

Sie sprachen noch sehr lange über Alamannen, Aquitanier, Langobarden und Sarazenen, die in diesem Jahr ganz Septimanien und die Stadtfestungen von Carcassonne, Nimes und Autun erobert und zerstört hatten.

»Es heißt, dass die Mohammedaner unermesslich große Schätze geraubt und bis nach Barcelona geschleppt haben. Sie erfreuen sich am Gold der Kirchen, das sie sich einschmelzen und zum Schmuck für ihre Weiber schmieden lassen.«

»Ich habe längst verstanden«, lächelte Karl.

Karl und sein zweites Eheweib verbrachten den Winter in Heristal, Jupille und Köln. Er stand früh auf, besuchte die Messe, ritt mindestens zweimal pro Woche zur Jagd aus, kümmerte sich um die Ausbildung seiner inzwischen auf fünfhundert Mann angewachsenen Panzerreitertruppe und saß am Abend mit seinen Getreuen bei Wein und Bier zusammen. Er hatte einen guten Appetit, versuchte streng aber gerecht zu sein und zeigte sich, so oft es ging, auch der Bevölkerung. Deshalb bemerkten nicht nur die Männer seines Gefolges, die ihn schon lange kannten, eine Veränderung an ihm. Er lachte häufiger, war weniger ungeduldig und besuchte auch die Kinder seiner Edlen bei den Mönchen und Nonnen, die sie unterrichteten.

Hinsichtlich der Strafe für die Matrone Pilitrud hatte er noch keine Entscheidung gefällt. Er wollte abwarten, bis ihm seine vertrauten Bischöfe geraten hatten, wie mit ihr verfahren werden sollte. Pilitruds Schicksal kümmerte ihn nicht sonderlich. Sein Interesse galt immer mehr dem anderen Weib, das er aus Baiern mitgebracht hatte. Bereits zum Jahreswechsel war deutlich zu erkennen, dass Swanahild schwanger war. Niemals zuvor hatte sich Karl fürsorglicher um eine Frau gekümmert. Er las Swanahild jeden Wunsch von den Augen ab, verbrachte jede freie Minute mit ihr und hörte ihr zu, wenn sie mit ihrer schönen Stimme Lieder von Maria in einem Rosenhag sang.

Auch Dinge, die zuvor undenkbar gewesen waren, wurden mehr und mehr zur Selbstverständlichkeit in Karls Hofstaat. Er befahl, dass alle Handwerker aus den umliegenden Gehöften, die sich auf die Anfertigung von feinem Schmuck und Spielzeug verstanden, jederzeit bis zu ihm vorgelassen werden sollten. Das Gleiche galt auch für Fernreisende und Händler, die mit Gewürzen, Spezereien und schönen Stoffen bis nach Köln oder Jupille kamen. Er überhäufte Swanahild fast Tag für Tag mit kleinen, liebevoll ausgewählten Geschenken und zeigte allen, wie sehr er sich auf das Kind mit ihr freute.

Er war so sehr auf Frühling und neues Leben eingestellt, dass ihn die Nachricht vom Tod seines alten Beichtvaters schmerzlich traf. Martin hatte zuletzt als Mönch im Kloster Corbie gelebt.

Drei Wochen später gebar ihm Swanahild einen kräftigen und gesunden Sohn.

Karls Jüngster wurde zu Pfingsten von Bischof Alduin in Köln auf den Namen Grifo getauft. Nach einer feierlichen Messe und sehr vielen schönen Gesängen der Mönche und der Zuhörer, die dicht an dicht im großen Kirchenraum von Peter und Paul standen, gab Herzog Rotbert mit lauter Stimme bekannt, dass der Majordomus zur Feier dieses Tages eine Schmauserei mit reichlich Wein und Braten für Jung und Alt befohlen hatte.

Großer Jubel brandete durch das Kirchenschiff und über das Atrium zwischen der Hauptkirche und der Taufkapelle. Keinem Kölner, keinem Freien und keinem Unfreien aus der Umgebung und erst recht keinem Sklaven war entgangen, dass bereits in den letzten Tagen Unmengen Geflügel, Schweine, Hammel und Fässer voller Moselwein herangeschafft worden waren. Das Märzfeld hatte in diesem Jahr nicht stattgefunden. Es sollte im Sommer durch eine Zusammenkunft in Zülpich ersetzt werden.

Doch dann geschah etwas, was über Karl und seine junge Familie hereinbrach wie die Erfüllung eines Fluches: Grifo wurde krank.

Es war die schöne, siebzehnjährige Hiltrud, die ihrem Vater die schlimme Nachricht überbrachte. Karl war mitten in einem Gespräch mit Herzog Rotbert und den Verwaltern einiger nahe gelegener Gaue, als er aus einem Nebenzimmer ihren Aufschrei und dann lautes Weinen hörte. Gleich darauf platzte sie ohne jede Anmeldung in die Beratung.

»Grifo!«, stieß sie laut schluchzend hervor. »Kommt schnell… er ist ganz rot… und bewegt sich nicht mehr…«

Karl sprang sofort auf, schob seine Tochter zur Seite und stürmte wild, wie man ihn lange nicht gesehen hatte, durch die Räume des Kölner Praetoriums. Seine eigene Krankheit fiel ihm wieder ein. Gleichzeitig hämmerten die Erinnerungen an Chrotruds langes Leiden in seinem Kopf. Es war, als würde er erneut die Schmerzen nachempfinden, die damals zum Todesurteil für seine Stiefneffen im Kapitol geworden waren.

Ein Haufen Weiber kümmerten sich um den Säugling, als Karl bei ihnen eintraf. Er stieß sie zur Seite, drängte sich vor. Doch dann sah er, dass eine der Nonnen von Nivelles Grifo im Arm hatte. Augenblicklich legte Karl seinen stürmischen Zorn ab. Er trat so leise und vorsichtig vor die Wiege des kleinen Grifo, wie ihn noch nie zuvor jemand gesehen hatte. Während seine Stirn in sorgenvollen Falten lag, lächelten seine Lippen vor

Liebe zu dem kleinen Wesen, von dem er gerade einmal die geschlossenen Augen, das Näschen und den weit geöffneten Mund erkennen konnte. Er blickte lange auf seinen jüngsten Sohn, unfähig, an etwas anderes zu denken als an Mord und Hass, Missgunst und Intrigen. Er zweifelte nicht einen Augenblick daran, dass Grifo nur deswegen krank war, weil irgendjemand ein Attentat auf ihn verübt hatte. Die roten Flecken und die tief dunkel angeschwollenen Lippen erinnerten ihn sofort daran, wie Chrotrud während ihrer Krankheit ausgesehen hatte.

Er holte mehrmals tief durch die Nase Luft. Dann richtete er sich langsam wieder auf. Mit steinernem Gesicht blickte er der Reihe nach jeden Einzelnen der Umstehenden an. Er sah entsetzte Nonnen, beschämte Ärzte und im Gebet versunkene Mönche. Dann traf sein Blick auf den von Swanahild. Ihre Augen waren rot geweint und ihre Wangen derart blass, wie er sie bisher noch nicht gesehen hatte. Er trat langsam auf sie zu, hob seine Arme und umschloss sie mit seiner großen, sanften Stärke. Erst jetzt schluchzte Swanahild verzweifelt auf. Ihr Körper bebte, schüttelte sich und suchte Halt an ihm. Hiltrud war ebenfalls in das überfüllte Säuglingszimmer getreten. Karl sah sie an, als könnte sie es sein, die jetzt noch Hilfe wusste. Und dann sah er in ihren Augen, dass seine Tochter genau das Gleiche dachte wie er selbst. Sie nickte ihm kaum merklich zu. Karl presste seine Zähne zusammen. Dann löste er ganz langsam Swanahild aus seinen Armen.

»Die Taxuslöffel!«, stieß er heiser hervor. »Hat irgendjemand meinem Sohn den ersten Brei mit einem Taxuslöffel eingefüttert?«

Er sah so grimmig aus, als würde er bereits im nächsten Augenblick mit seinem Schwert zuschlagen wollen.

»Antwortet mir!«, brüllte Karl. »Wo ist der Löffel, mit dem Grifo gefüttert wurde?«

Swanahild blickte ihn verständnislos an. Und wieder war es

Hiltrud, die ihrem Vater jetzt bewies, wie klug und selbstständig sie in der Zwischenzeit geworden war.

»Ich glaube nicht, dass Grifo mit einem Taxuslöffelchen gefüttert wurde«, sagte sie. Auch Swanahild schüttelte energisch den Kopf.

»Aber was dann?«, fragte Karl. »Ich kenne das hier doch. Genau so muss ich selbst schon einmal ausgesehen haben.«

»Auch von uns war immer jemand bei ihm«, bestätigte eine der Nonnen. »Wir haben niemals Ammen oder Mägde allein mit ihm gelassen.«

»War er denn immer hier?«, fragte Karl. »Ich meine, immer in diesem Haus?«

»Nein«, antwortete Swanahild. »Ich habe ihn ein paarmal zur Messe ins Nonnenstift im Kapitol mitgenommen.«

»Im Kapitol?«, wiederholte Karl entsetzt. »Habt ihr ihn dort etwa unter den Taxusbüschen stehen lassen, um ihn vor der Sonne und vor zu hellem Licht zu schützen?« Er starrte seine junge Ehefrau und die Nonnen eher fragend als mit einem Vorwurf an. Nacheinander senkten sie die Blicke.

»Schnell!«, rief im selben Augenblick Hiltrud. »Kocht Kümmel und Wermut auf. Das ist das Einzige, was meinen kleinen Bruder jetzt noch retten kann!«

29.

Die letzten der Agilolfinger

Sie mussten mehr als einen Monat um das Leben des kleinen Grifo bangen. In diesen Wochen kamen von überall her Besucher nach Köln, die gute Ratschläge und Segenswünsche brachten. Unter ihnen war auch Leutfried, der Abt des Klosters Madrie. Ehe er zurückkehrte, überwand sich Karl und bat ihn, auch noch Bonifatius mitzuteilen, wie es um den kranken Jungen stand.

»Sag ihm, beide Eltern bitten ihn darum, Grifo in seine Gebete einzuschließen. Willibrord tut dies bereits und viele unserer Bischöfe und Äbte ebenfalls. Aber da Bonifatius bereits in Rom gewesen ist, könnte es möglich sein, dass er noch innigere Wege über die Heiligen zu Gott kennt…«

Abt Leutfried versprach, die Bitten Karls und seines Eheweibes zu erfüllen. Sie warteten sehr viele Tage. Aber weder die gute Pflege, noch die vielen in Sud aus Kümmel und Wermut getauchten Nuckelläppchen konnten Grifo heilen. Er verdaute schlecht, hatte Fieber, und die roten Flecken auf seinem kleinen Körper nahmen nicht ab. Karl hatte keiner der Frauen irgendeinen Vorwurf gemacht. Obwohl er nicht an einen Zufall glaubte, konnte er weder den Ammen, noch den Nonnen oder Mägden nachweisen, dass sie etwas anderes wollten, als Grifo vor dem Sonnenlicht zu schützen, als sie ihn unter die giftigen

Taxusbüsche im Kapitol stellten. Jeder Franke wusste zwar, dass die Eiben seit Urzeiten als giftig und gefährlich galten. Aber Karl konnte einfach nicht ausschließen, dass alles nur Unachtsamkeit oder sogar besondere Fürsorge gewesen war. Er sah mehrmals täglich nach seinem Jüngsten und wollte bereits die in Zülpich geplante Zusammenkunft auf ein späteres Datum verschieben. Doch dann – Anfang Juli – besserte sich Grifos Zustand fast von einem Tag zum anderen. Die roten Flecken nahmen ab, seine Lippen verloren ihre Schwellung, und er behielt die Milch bei sich, die jetzt wieder ganz von seiner Mutter stammte. Karl blieb zwei, drei Tage misstrauisch, dann wuchs die Hoffnung in ihm. Er umarmte Karlmann und den jungen Pippin, scherzte mit Hiltrud und zeigte Grifo seine Liebe ebenso wie Swanahild.

Er wusste nicht, was geholfen hatte, dankte aber öffentlich allen, die für Grifo und das Wohl der Eltern gebetet hatten.

Auch in den nächsten Tagen war er so gut gelaunt, dass er in Zülpich sein Erbgut Eliste an der Waal bei Nimwegen an die Servatorkirche in Utrecht verschenkte. Und weil ihm gerade danach war, knüpfte er noch die Bedingung an die Schenkung, dass nicht die Kirche selbst, sondern Willibrord und seine Nachfolger dieses Gut nach Gesetz und Recht als ihr persönliches Eigentum behandeln sollten…

»Mir fällt es nicht schwer, Eliste an die Kirche zu verschenken«, sagte er am selben Abend, als er im Kreis der Edlen beim üblichen Gelage saß. »Eliste stand mir niemals nahe, weil es mein Vater bereits von König Childebert III. aus seinem Schatz erhalten hatte.«

»Ja, es stimmt«, sagte Herzog Rotbert. »Eliste gehörte früher einmal einem Grafen namens Eberhard. Es wurde konfisziert, weil sich der Mann zu sehr gegen den König mit den Friesen gemein gemacht hat.«

»Der Besitz von Land und Immobilien gilt seit Urzeiten als

sicherster von allen Werten«, meinte Maginhar, der zusammen mit einigen anderen gerade zum Graf erhoben worden war.

»Das Land mag dir gehören, ebenso die Menschen auf den Höfen und in den Dörfern«, sagte Karl. »Es verliert auch dann den Wert nicht, wenn Könige und Herrscher wechseln. Aber dein Recht auf Eigentum oder ein Lehen bedeutet nichts mehr, wenn du zu früh oder zu spät dem einen oder anderen die Treue schwörst.«

Karl ließ die Urkunden gleich von einem Dutzend Männern unterschreiben. Dabei machte der Schreiber den Fehler, Folker nicht als Herzog, sondern als Graf einzutragen. Sie lachten alle, und in ihrer guten Stimmung verziehen sie dem Schreiber. Sie wollten einfach weiter feiern, genüsslich essen und wieder ohne Sorge um die Familie des Majordomus zechen.

Die Zusammenkunft dauerte noch drei weitere Tage. Und jeder Abend klang mit Liedern aus – bis auch der Letzte am Tisch schnarchte oder volltrunken von der Bank gerutscht war.

Karl verbrachte Weihnachten mit seiner Familie in Heristal. Auch beim Märzfeld brauchte er keinen neuen Heribann, keinen Feldzug gegen die Friesen oder Sachsen zu befehlen. Erst nachdem die Männer wieder in ihre Gaue und Dörfer zurückgezogen waren, erfuhr Karl, dass die Herzöge Rebi und Bechthold von den jüngeren Brüdern ihres Vaters vertrieben worden waren. Die adligen Familien Alamanniens hatten die Herzogswürde auf Landfried und Theudebald übertragen.

»Auch in Baiern soll Herzog Grimoald schon wieder wilde Reden schwingen«, sagte Karl besorgt. Er blickte zu den Halbwüchsigen, die sich wie so häufig in der Nähe der Männer aufhielten. »Das könnte diese Alamannen weiter aufstacheln.«

»Der Mann sollte allen Heiligen dafür danken, dass du ihm die fürchterliche Pilitrud abgenommen hast«, meinte Hildebrand. Er hatte diesmal seinen Ältesten mitgebracht. Der zwölfjährige Nebelung war ebenso begierig, in Karls Nähe zu bleiben, wie schon einige Jahre zuvor Alberichs Sohn Gregor und andere junge Adlige. Gregor hatte inzwischen von Karl die Erlaubnis erhalten, sich Bonifatius anzuschließen.

»Was hast du übrigens mit der Matrone vor?«, fragte Hildebrand.

»Sie soll sich um das Stift im Kapitol kümmern. Ich glaube nicht, dass unsere Kirchenmänner großen Wert auf ein Verfahren legen«, sagte Karl. »Vergesst nicht, dass Corbinian jetzt bei den Langobarden ist.«

Der Sommer verging nach einem falschen Gerücht über die Pest in der Champagne sehr still. Karl und sein Gefolge nutzten die Zeit, um die Verwaltung des Reiches straffer zu ordnen. Zum Erstaunen vieler Grafen ordnete er an, dass die Bewirtschaftung einiger Krondomänen und Königsgüter nicht mehr von Adligen, sondern von freien Bauern übernommen werden sollte, die bewiesen hatten, dass sie zu wirtschaften verstanden.

»In den Pferdeställen und bei unseren Panzerreitern will ich nach wie vor nur Adlige sehen«, erklärte er den Paladinen. »Aber dort, wo es um anderes Vieh, um Korn und Früchte, Mehl und Honig geht, sollen ab sofort Männer das Sagen haben, die sich mehr ums Wachsen und Gedeihen, als um Stolz und Ansehen ihres Adelsnamens kümmern.«

Viele der Edlen murrten über diese Anweisung. Sie verstanden nicht, wie er überhaupt auf den Gedanken kommen konnte, Männern ohne Rang und Titel große Güter und sogar die Krondomänen so zu übergeben, als seien sie bereits ein Lehen.

Auch in einer anderen Beziehung sorgte Karl immer wieder für Verwunderung. In all den Jahren hatte niemand tatsächlich herausgefunden, nach welcher Richtschnur Karl Bischöfe ernannte oder von Erzbischöfen ernennen ließ. Als Bischof Hugbert von Tongern-Maastricht starb, wurde sein Sohn Florbert ohne jeden Einwand Karls zu seinem Nachfolger geweiht. Ähnlich reibungslos hatte sich auch der Amtswechsel bei den Bischöfen von Köln vollzogen. Faramundus war gestorben, als Karl zu seinem ersten Zug nach Baiern eingeritten war. Bei seiner Rückkehr war der neue Alkuin bereits im Amt.

Karl kümmerte sich in dieser Zeit viel um seine Panzerreiter. Ausritte und Übungen mit ihnen waren ihm inzwischen lieber als die wilde Jagd. Zum Ausgleich befasste er sich viel mit dem kleinen Grifo. Karlmann und Hiltrud schmunzelten oft über die väterliche Fürsorge und das Vergnügen, das der Majordomus beim Spiel mit dem kleinen Kerl empfand.

Nur Pippin III., der mittlerweile ebenfalls volljährig geworden war, wich seinem Vater und dessen junger Familie aus, so oft es ihm möglich war. Pippin litt darunter, dass er im Vergleich zu anderen Jungen eher klein für sein Alter war. Als zweiter männlicher Nachkomme Karls gehörte er nach altem Brauch ohnehin in die zweite Reihe. Während andere ihren Schritt ins Erwachsenenleben freudig erwarteten, war Pippin nach seinem vierzehnten Geburtstag noch verschlossener geworden. Er antwortete nur wortkarg, zeigte oft ein finsteres Gesicht und erhielt von den Panzerreitern schnell den Beinamen »Pippin, der Kurze«.

Karls Zweitgeborener ärgerte sich keinen Augenblick über diesen Spitznamen, im Gegenteil: Er erkannte sofort, wie er seinen körperlichen Mangel hinter seinem Auftreten verbergen konnte. Auf diese Weise wurde Pippin III., schon bald zum schweigend und verbissen übenden jüngsten Panzerreiter der Franken. Was ihm an Größe fehlte, ersetzte er durch Kraft und Ausdauer, und wo die anderen Adligen übertrieben auftrumpften, bellte er bestenfalls ein paar kurze Worte.

Karl brauchte eine Weile, bis er die Veränderung an Pippin bemerkte. Er hielt sie anfänglich nur für Zeichen jener schweren Zeit, in der aus Jungen Männer wurden. Aber im Winter, kurz vor Weihnachten, trat Pippin vor ihn und behauptete, dass sie im nächsten Jahr wohl oder übel wieder gegen die Alamannen und die Baiern ziehen müssten.

»Und wie kommt mein kluger Sohn darauf?«, fragte Karl ein wenig zu sehr amüsiert. Pippin blickte ihn mit blitzenden Augen an.

»Herzog Theudebald von den Alamannen hat den Abt von der Reichenau vertreiben lassen … nicht durch Befehl … durch aufgehetztes Volk …«

»Und woher weißt du das?«, fragte Karl erstaunt.

»Von den Männern«, antwortete Pippin.

»Welchen Männern?«, bohrte Karl.

»Den Reitern.«

»Kannst du mir denn nicht einmal eine vernünftige, klare Antwort geben?«

»Hab's doch gesagt«, blieb Pippin störrisch. Karl schüttelte den Kopf und hob die Schultern. Er verstand sehr wohl, was ihm Pippin angedeutet hatte. Aber er mochte einfach die Art nicht, in der sein Zweitgeborener redete.

»Noch mehr?«, fragte er deshalb ebenso kurz. Pippin nickte.

»Die Baiern«, sagte er. »Du musst sie wieder züchtigen … im nächsten Jahr …«

Karl kniff die Augen ein wenig zusammen. Dann schnaubte er und nickte. Bei Licht besehen konnte ihm Pippin in seiner schroffen und direkten Art vielleicht noch nützlicher sein als jene anderen, die sehr viel redeten und dabei nur wenig sagten …

Karls zweiter Zug nach Baiern begann unmittelbar nach dem Märzfeld des Jahres 728. Zum ersten Mal sollten die fünfhundert gut ausgebildeten Panzerreiter zum Kern des Heeres werden. Zusammen mit den Ersatzpferden und der Reserve kamen sie auf eintausendfünfhundert Tiere. Unabhängig von dieser Streitmacht sollten nochmals dreihundert Adlige zu Pferde mit ihren Waffenknechten den Zug begleiten.

Um die Probleme der Versorgung und Verpflegung nicht allzu groß werden zu lassen, verringerte der Majordomus die Fußkrieger auf fünfhundert Mann. Beim Tross selbst sollten nur diejenigen mitziehen, die für Verpflegung und Bewaffnung unbedingt erforderlich waren.

Der erste Zusammenstoß mit den wilden, unbändigen alamannischen Bauernkriegern fand bereits weit nördlich der Grenzen ihres Herzogtums statt. Sie waren bis nach Bergheim am Austritt des Neckars aus dem Odenwald in die Rheinebene vorgestoßen, um die Franken abzufangen. Die kurze, heftige Schlacht legte Karls Panzerreiter vollständig lahm. Sie waren einfach nicht in der Lage, vom Ufer des Neckars hinauf in die Berge zu reiten, von denen aus die Alamannen mit Pfeil und Bogen angriffen. Erst fränkische Fußkrieger, die nach alter Väter Sitte nur so bewaffnet und gerüstet waren, dass sie mit Schild und Spatha zugleich stürmen und kämpfen konnten, retteten den Majordomus vor einem unangenehmen Ausweichmanöver oder gar einem Rückzug.

Die Abwehr der alamannischen Stoßtrupps fand auf einem heiligen Berg zwischen jahrhundertealten keltischen Ringwällen und den Ruinen statt, die ein römischer Semaphor hinterlassen hatte. Der Signalturm war fast völlig zerstört, aber die Alamannen, die das Gebiet am unteren Neckar bereits vor mehr als hundert Jahren verloren hatten, nutzten ihn jetzt erneut, um geheime Zeichen von einem Berg zum anderen zu übermitteln. Es war Karlmann, der die Bedeutung der alten Nachrichtenwege erkannte und richtig zu deuten wusste.

»Ich habe in Echternach davon gehört«, berichtete er den Edlen, die noch immer nicht fassen konnten, wie todesmutig die Alamannen sich ihnen entgegengeworfen hatten. Seit jener Nacht auf dem runden Berg von Urach war Karl nicht mehr so übel überrascht worden. Zugleich bekamen jene wieder Oberwasser, die von Anfang an gegen den Aufbau der schwer gewappneten Panzerreitertruppe gewesen waren.

»Unsere Pferde sind einfach zu langsam für die Attacken, wie sie von den Sarazenen in Aquitanien und Septimanien geritten werden«, sagte Herzog Rotbert.

»Sie sind schneller als der schnellste Kämpfer zu Fuß. Und sie sind nahezu unbesiegbar«, erwiderte Karl unerschüttert. »Ich habe nie behauptet, dass wir mit Reiterkriegern Bergvölker besiegen können. Aber wir ziehen hier auch nicht gegen die Alamannen, sondern in Richtung Freising. Und dort gibt es keine Schwarzwaldschluchten und noch keine Alpenberge ...«

»Es würde reichen, wenn du die Gesetze der Baiern und Alamannen so umschreiben lässt, dass ihre Herzöge sich noch klarer dem König der Franken unterordnen müssen«, meinte Karlmann.

»Grimoald und Hucbert ja... Herzog Landfried nein...«, kommentierte Pippin III., knapp. Es war das erste Mal, dass er in der Runde von Karls Vertrauten und Paladinen seine Ansicht äußerte. Obwohl es sein erster Heereszug mit den Panzerreitern war, benahm er sich, als gehöre er bereits zu den Anführern.

Das Zeltlager war noch vor Anbruch der Nacht errichtet worden. Gleich darauf hatten sich die Heerführer in seiner Mitte versammelt. Jetzt wandten sie sich Karls beiden Söhnen zu. Jeder spürte deutlich, wie sehr sie sich unterschieden. Karlmann neigte mehr und mehr zu einer christlichen und versöhnlichen Haltung. Der wesentlich jüngere Pippin aber schien das auszudrücken, was viele der Männer dachten.

»Wenn ich dich recht verstehe, Pippin«, sagte Karl ernsthaft, »dann meinst du, dass wir die Baiern eher durch Gesetze und Verordnungen befrieden können als die Alamannen.«

»Ja«, antwortete Pippin knapp. »Hucbert und Grimoald sind schwach. Die letzten Agilolfinger... bisher keine Nachkommen... Landfried bleibt aufsässig... wie lange soll das gut gehen?«

Der zweite Zusammenstoß der Franken und Alamannen ereignete sich dort, wo die Wasser von Neckar und Sulm zusammenflossen. Diesmal hatten die rebellischen Adelsfamilien und ihre Bauernkrieger nicht die geringste Aussicht auf Erfolg. Karls Panzerreiter preschten so hart und ungestüm vor, dass viele der Fußkrieger nur noch die hölzernen Schilde für einen letzten vergeblichen Versuch der Gegenwehr heben konnten. Sie wurden niedergeritten und so hart aufs Haupt geschlagen, dass Tote und Verwundete wie die Ernte der Schnitter rechts und links der berittenen Franken zu Boden stürzten.

Kein einziger Bogenschütze, kein Fußkrieger der Franken musste eingreifen. Zum ersten Mal in der Geschichte des fränkischen Königreiches siegte ein gut ausgebildetes Reiterheer ohne jede weitere Vorbereitung, ohne vorangegangene Drohungen und wechselseitige Beschuldigungen und ohne die Unterstützung von Bogenschützen und Fußtruppen über ein nach Tausenden zählendes, zu allem entschlossenes Heer von ortskundigen Verteidigern.

Nur wenige Stunden nach der Schlacht konnten die fränkischen Anführer dem Majordomus melden, dass sie nicht einen einzigen Toten und nur ein paar Dutzend Leichtverwundeter gezählt hatten. Dagegen sah es bei den Alamannen grauenhaft aus. Karl erlaubte, dass die Toten und Verwundeten von Bauern und Knechten, Sklaven und Mägden aus der Umgebung geborgen und versorgt wurden. Er selbst wollte sich nicht lange an dieser Stelle des Neckars aufhalten.

Noch am Nachmittag ritten sie weiter in Richtung Cannstatt. Viele der bewaffneten Alamannen waren noch rechtzeitig in die Berge geflohen, als sie vom glänzenden Sieg des Majordomus und der schmählichen Niederlage ihrer eigenen Kämpfer hörten. Die anderen hatten ihre Waffen und Wehrgehänge abgelegt und sich wieder so gekleidet, wie sie es als Lehensmänner, freie Bauern oder Unfreie gewöhnt waren.

Grimoald unternahm nur einen einzigen kläglichen Versuch des Widerstandes gegen die Macht des Majordomus. Das Heer der Franken war erneut über Augsburg gekommen. Grimoald brachte knapp zweitausend Bewaffnete zu Fuß und fast dreihundert Reiterkrieger auf. Schon als Karl näher rückte, sah er, dass der Agilolfinger nur noch der Form halber Widerstand andeutete.

Sämtliche Teillager standen so weit auseinander am Westufer der Isar, dass die Baiern unter den adligen Anführern des Landes keinen geordneten Angriff mehr durchführen konnten. Daran erkannte Karl, dass Grimoald sich bei den Großen seines Teilherzogtums sowie bei seinen Paladinen und Vasallen nicht mehr durchsetzen konnte. Sie standen noch auf seiner Seite gegen das heranrückende fränkische Heer, aber sie besetzten bereits Positionen, von denen aus jederzeit ein schnelles Ausweichen zu den Seiten hin oder sogar ein Rückzug auf die beiden Berghügel von Freising möglich war.

»Hier sparen wir unser Blut«, beschloss Karl. »Ich will keinen einzigen Tropfen fließen sehen. Denn das, was dieser Agilolfinger uns hier bietet, ist bestenfalls schlechter Mummenschanz…«

Sie mussten nicht mehr kämpfen. Sie mussten sich nicht einmal zu den üblichen Vorbereitungen aufstellen. Grimoald selbst kam ihnen mit kleiner Begleitung entgegen, während sich seine Anführer und Edlen mit sicherem Abstand zurückhielten. Schon als er noch zehn Pferdelängen entfernt war, nahm der Herzog von Freising beide Hände hoch und zeigte allen die Handflächen. Dann griff er an seinen Helm, nahm ihn ab und setzte ihn vor sich auf den Sattelknauf. Unter schleifenden Zügeln schritt sein wertvolles Pferd weiter auf Karl zu. Der Majordomus nahm die Schultern zurück und richtete sich gerade auf. Er hob den Kopf ein wenig und schob die Unterlippe vor. Rings um die beiden Männer wurde es so still, dass für einige Augenblicke nur noch das leise Schnauben der Pferde, ihr Hufscharren und das Klirren der Metallbeschläge und Wehrgehänge zu hören war.

Karl rührte sich nicht. Er grüßte nicht und zeigte überdeutlich, dass er auch nicht bereit war, den Gruß des dunkelhaarigen Agilolfingers anzunehmen. Er blickte über ihn hinweg bis zum Pfalzhügel von Freising und zu der kleinen Kirche auf einem der beiden Hügel am Ufer der Isar.

»Ich unterwerfe mich mit meinem Leben und allem, was ich habe«, stieß Grimoald mit brüchiger Stimme hervor. »Ich weiß, dass ich erneut gefehlt habe und stelle mich als dein Vasall unter deinen gnädigen Schutz.«

Karl schnaubte nur und schüttelte unbeeindruckt den Kopf.

»Zu spät«, sagte er dann. Er musterte die Gesichter der Männer, die mit Grimoald herangekommen waren. »Sagt allen, dass mir an diesem Herzog nichts mehr liegt. Ihr müsst die Angelegenheiten hier in Baiern unter euch ausmachen. Lasst mir mitteilen, wie ihr euch entschieden habt, damit ich nicht auf den Gedanken komme, einen Alamannen über euch als Herzog einzusetzen …«

Er sah in die entsetzten Gesichter der Bajuwaren. Dann blickte er zu den weißen Federwölkchen am klaren blauen Himmel hinauf. Es war noch immer eigenartig still. Nur in der Ferne klang Lerchenschlag über den Feldern auf.

Erst beim Märzfeld des darauf folgenden Jahres musste sich Karl entscheiden, ob er die Franken erneut gegen die Sachsen oder gegen den Alamannenherzog führen sollte, denn Landfried pochte immer unverschämter auf seine Selbstständigkeit. Sie berieten sich mehrere Tage lang. Schließlich einigten sich darauf, dass ein großer Feldzug gegen die Alamannen zwar schwer und gefährlich sein würde, dass es aber besser sei, ihn noch in diesem Jahr zu beginnen. Sie wollten nicht so lange zuwarten, bis Landfried und die Adelsfamilien zwischen Oberrhein und Bodensee zu stark geworden waren.

Die Vorbereitungen für den großen Krieg gegen die Alamannen liefen wie selbstverständlich ab, so dass sich der Majordomus kaum noch darum kümmern musste. Innerhalb weniger Jahre hatte er erreicht, dass sich das nach dem Tod seines Vaters und unter Plektruds Herrschaft zerfallende Reich wieder festigte. Aber es gab noch immer reiche und einflussreiche Familien, in denen Männer und auch Frauen gegen ihn stichelten und alles, was er tat, für falsch und unzulänglich hielten.

Die einen warfen ihm vor, dass er kirchliche Ländereien und sogar ganze Klöster samt ihren Einkünften an Freunde und Verwandte verschenkt hatte. Andere zählten die Bevorzugung von Willibrord, Milo und Hugo zu den klügsten und bemerkenswertesten Entscheidungen des Majordomus. Wiederum andere warfen ihm vor, dass er sich zu sehr um die Festigung der nördlichen und östlichen Bereiche kümmerte und dabei völlig außer Acht ließ, was sich in der Zwischenzeit in der Provence, in Septimanien und im Herzogtum Aquitanien ereignete. Auch Burgund stand noch nicht wieder in der strengen Abhängigkeit wie zur Blütezeit des Merowingerreiches.

»Es nützt uns nichts, wenn wir eine Decke, die überall zu kurz ist, von einer Seite auf die andere ziehen«, erklärte Karl den Edlen immer wieder. »Wir können uns nur dann um Burgund und Aquitanien kümmern, wenn wir sicher sind, dass uns die Herzöge und Stammesfürsten dort nicht in den Rücken fallen können.«

Noch während sie in aller Ruhe aufbrachen, um sich in drei Wochen mit den anderen Aufgeboten aus den verschiedenen Gauen Austriens und Neustriens an der Einmündung des Neckars in den Rhein zu treffen, wurde Karl das Nahen eines großen Haufens edler Reiter aus Alamannien gemeldet.

»Es ist Theudebald, der Bruder Herzog Landfrieds«, rief Karlmann schon von weitem. Karl blieb ruhig und abwartend. Theudebald nahm seinen Helm ebenso ab, wie es imJahr zuvor der Baiernherzog Grimoald getan hatte. Aber er neigte seinen Kopf nicht wie Grimoald, sondern legte beide Hände flach zusammen und streckte sie zu Karl hin aus. Der Majordomus zögerte einen Moment. Dann fragte er mit einem einzigen Wort: »Warum?«

»Mein Bruder, Herzog Landfried, ist gestorben. Ich selbst und die Edlen Alamanniens, die mich hierher begleitet haben, wollen nicht mehr gegen dich als Ersten unter den Edlen aller Franken kämpfen. Wir geloben daher Gehorsam und bitten dich um deinen Schutz als Majordomus.«

»Kommt dein Gelöbnis freiwillig und von ganzem Herzen?«

»Ja, Karl, so ist es.«

»Dann nehme ich hiermit dein Treueversprechen an und biete dir dafür den Schutz sämtlicher Frankenwaffen gegen die Feinde, die euer Herzogtum von innen und von außen her bedrohen.«

Er legte seine eigenen Hände bedächtig um die des Alamannen und wartete so lange, bis die ringsum auf ihren Pferden sitzenden Männer seines Gefolges die Unterwerfungsgeste deutlich genug gesehen hatten.

»Dann ist es besser, wenn ich dich nicht zum Herzog ernenne«, sagte Karl nach kurzer Überlegung. »Außerdem will ich die ganze Gegend am Oberrhein anders einteilen. Manchmal muss man eben zu stark und aufsässig gewordene Dukate in kleine Diözesen teilen, die sich besser überwachen und beherrschen lassen …«

Auch in den Zeiten, in denen die Annalen später keine großen Heereszüge und keine Katastrophen zu verzeichnen hatten, blieben die Tage im Reich der Merowingerkönige nach wie vor hart und die Nächte voller Angst und Dämonenfurcht. Zweihundert Jahre lang waren die Könige der Franken mit ihrem Hofstaat und Gefolge unermüdlich von Pfalz zu Pfalz und von einem Versammlungsort zum anderen gezogen. Wie die Heuschreckenschwärme der sieben Plagen Ägyptens hatten sie alles leer gefressen, was auf ihren kreuz und quer durch ihre Herzogtümer und Gaue führenden Reisewegen lag.

Überall dort, wo die herumziehenden Könige mit ihrem Hofstaat, ihren Weibern, den Vasallenscharen, adligen Kriegern, Knechten, Handwerkern und dem gesamten Tross aufgetaucht waren, hatten sie den immer gleichen, aber auf eine harte Art verlässlichen Alltagstrott der Bevölkerung wie eine Horde wilder Götter mit viel Glanz und noch mehr Getöse unterbrochen. Dort, wo sonst Saat und Ernte, Sommer und Winter, Leben und Tod umeinander kreisten, war das Hereinbrechen des königlichen Hofstaates stets ein Ereignis gewesen, an das sich alle im Nachhinein mit einem frommen Schauder erinnerten.

Monatelang erzählten die Menschen noch vom Glanz und von der Pracht, von der stolzen Schönheit der hohen Frauen und von den kühnen Ritten junger Adliger. Sie konnten sich gegenseitig genau beschreiben, wie die Kleider ausgesehen hatten, die jede einzelne hohe Frau getragen hatte. Aber sie wussten auch zu sagen, wie köstlich die letzte Speckschwarte gewesen wäre, die sie dann doch noch am Tag des Abrückens aus dem Versteck hinter der Räucherkammer holen mussten, um sie den Bewaffneten des Königs mitzugeben …

Aber die Merowingerkönige reisten nicht mehr. Theuderich IV., der als Kind die Merowingerkrone übernommen hatte, wollte sich nicht mehr wie seine Vorgänger auf einem Ochsenkarren in Stroh gebettet dem Volk am Rand der Straßen zeigen. Er wollte nicht wie eine lebende Reliquie mit großer Prozession durch Bischofsstädte geführt werden und lehnte es sogar ab, bei der alljährlichen Heeresversammlung vor die Edlen und Bewaffneten zu treten, um ihnen Worte zuzurufen, die ihm nichts bedeuteten.

Auch der Erste seiner Untergebenen, der nach alter Sitte sein Haus verwalten und in seinem Namen herrschen sollte, wollte nicht mehr wie ein Schäferhund oder wie ein strafendes Gewitter durch die Gaue ziehen.

Inzwischen hatten sich Dutzende von Grafen und Hunderte Verwalter der Fiskalgüter und Krondomänen, der königlichen Forste und der zu Lehnsabgaben verpflichteten Landgüter mit dem Majordomus arrangiert. Es war ein stetes gegenseitiges Geben und Nehmen. Nicht Macht und Stärke allein hielten das Frankenreich zusammen, sondern ein sorgsam ausgewogenes Geflecht aus Vergünstigungen. Was ursprünglich nur eine Verlegenheitslösung gewesen war, kam dem Majordomus jetzt immer mehr zugute. In der Vergangenheit waren, wie in anderen Königreichen auch, Priester und Krieger, Adel und Günstlinge von Anfang an mit Titeln ausgezeichnet und mit Ländereien beschenkt worden. Bei den Franken hingegen hatte sich immer mehr jenes Lehnswesen entwickelt, zu dem schon Pippin der Ältere einmal gesagt hatte: »Es sei dir geschenkt – aber nur so lange, wie ich dir trauen kann.«

Karl hielt unnachgiebig daran fest, dass ein Lehen niemals einer Familie, sondern stets einem Einzelnen gegeben wurde. Auch als die entrüsteten Adligen aus den Gauen an der Mosel ihn davon überzeugen wollten, dass das Erbrecht heilig sei, blieb er hart.

»Jeder Nachfolger eines verstorbenen Lehnsmannes soll genau ein Jahr lang in Treue und Gehorsam nachweisen, dass er als Erbe würdig ist, das verliehene Land, den Wald oder die Fischteiche einer Abtei wie sein Eigen zu nutzen und zu mehren.«

Karls Anordnung wurde überall verbreitet. Obwohl sehr viele junge Adlige und die Erstgeborenen von Kirchenmännern murrten und verschiedentlich sogar kleine Verschwörungen anzettelten, hielten die meisten Karls Befehl für richtig und gerecht. Doch dann geschah es, dass nur wenige Wochen später der letzte Enkel von Karls Stiefmutter Plektrud unerwartet verstarb. Der Mann, dem Karl mehr Ländereien, Abteien und Bistümer als irgendeinem anderen aus seiner Familie geschenkt hatte, war kinderlos geblieben.

»Was nun?«, fragte Herzog Rotbert, der zusätzlich noch immer Pfalzgraf von Köln war. »Nach fränkischem Recht und Gesetz gehört jetzt alles, was du Hugo übertragen hast, der Kirche.«

»Bist du ganz sicher?«, knurrte Karl. Er biss für einen Augenblick auf seinen Schnurrbartspitzen herum. »Was sagen denn die anderen Bischöfe dazu? Und was sagt Alkuin hier in Köln?«

»Wir haben sie noch nicht befragen können«, antwortete Rotbert, »aber ich glaube nicht, dass du selbst irgendeinen Anspruch auf die Besitztümer deines Stiefneffen hast.«

Karl legte die Hände auf den Rücken und marschierte mit langen Schritten im großen Saal des Praetoriums auf und ab. Dann stellte er sich wieder an die großen Fenster zum Rhein hin und blickte auf einige langsam vorbeiziehende Schiffe.

»Dann setze ich mir eben einen geeigneten Verwalter ein«, presste er schließlich hervor. »Ich bin nämlich nicht bereit, irgendeine der Belohnungen, die ausschließlich für Hugo gedacht waren, an die Bischöfe in Neustrien abzutreten.«

»Vielleicht könnten wir Hugos Erbe sogar von hier aus oder über Milo in Reims verwalten lassen«, schlug Rotbert schließlich vor. »Dazu müssten wir nur einen Nachfolger für Hugo einsetzen, der meinetwegen sogar fromm und gottesfürchtig sein kann.«

Karl lachte, denn er verstand augenblicklich, was Rotbert damit meinte.

»Ich werde mich ein wenig umhören«, versprach der Gefährte.

30.
Gewitterwolken

Der Sommer war schon fast vorbei, als Karl eine ganz neue Erfahrung machte. Zum ersten Mal in seinem Leben mischte sich ein Weib, mit dem er nachts das Lager teilte, in seine Angelegenheiten als Majordomus. Er lag so gut wie unbekleidet mit Swanahild unter einem dünnen, tagsüber noch im Sonnenlicht gebleichten Leinentuch. Die sternenklare Nacht Ende August war warm, aber durch den nahen Rhein eher angenehm als schwül. Sie berührten sich nur mit ein, zwei Stellen ihrer Haut. Sie waren gerade noch sehr viel enger zusammengewesen, und der Schweiß auf ihren Körpern trocknete nur langsam.

»Wie fühlst du dich?«, fragte er leise. Er lag auf dem Rücken und hatte seinen linken Arm zu ihr ausgestreckt. Ihr Kopf lag in seiner Armbeuge, während ihre Hand kraulend auf jenem Körperteil verweilte, der sie soeben zu lautem Aufschreien gebracht hatte.

»Eines Nachts wird sich die Bevölkerung Kölns am Rheinufer versammeln und dich als Hexenmeister anklagen«, spottete sie leise, aber sehr zufrieden. Er lachte, drehte seinen Kopf zur Seite und berührte ihre Schläfe mit den Lippen.

»Ich war heute ziemlich grob zu dir«, sagte er dann.

»Habe ich um Hilfe geschrien?«, parierte sie sofort.

»Es hörte sich verdammt so an!«

»Quatschkopf«, sagte sie. Sie lachten beide. Dann sagte er: »Ich habe schon seit ein paar Tagen das Gefühl, dass du irgendetwas von mir willst. Möchtest du mir heute Nacht anvertrauen, was dich bedrückt oder du dir wünschst?«

»Eigentlich wollte ich nicht darüber sprechen«, sagte sie zögernd. »Es ziemt sich nicht, wenn ich dir als dein Weib im Ehebett Ratschläge gebe…«

»Wo sonst, wenn nicht im Ehebett?«, fragte er. »Es ist der Platz, an dem der Große klein und der Schmächtige zum Helden werden kann. Du bist mein Weib, Swanahild. Und hier bin ich dein Herr und Diener gleichermaßen…«

»Dann bitte ich dich, nimm mich mit, wenn du nach Paris ziehst.«

»Nach Paris?«, fragte er verwundert. »Wie kommst du darauf, dass ich nach Paris will? Ich habe augenblicklich nichts dergleichen vor.«

»Aber du musst doch nach Paris«, meinte sie. »Wie willst du denn sonst die Angelegenheiten nach dem Tod von Hugo in den Griff bekommen?«

Er zog den Arm unter ihrem Kopf hervor, richtete sich ruckartig auf und drehte sich so weit, dass er im Licht des kleinen Öllämpchens in der Fensternische ihr Gesicht ohne Schatten sehen konnte.

»Was ist das, Swanahild? Was hast du mit mir vor?«

»Habe ich irgendetwas Falsches gesagt?«

Er schob die Unterlippe vor und blickte sie sehr lange an. »Wer hat dich vorgeschickt?«, fragte er dann. »Wer legt jetzt Wert darauf, dass ich nach Paris komme?«

Wenn er erwartet hatte, dass sie sich beleidigt oder schmollend von ihm abwandte, wurde er jetzt eines Besseren belehrt. Sie strich mit ihrer flachen Hand über die straffen Muskeln seines rechten Oberarms.

»Du warst sehr lange nicht mehr im Kampf«, sagte sie dann.

»Wozu die Kraft? Wozu die Muskeln? Wozu die Stärke in dir und dein Mut? Seit ich dich kenne, hast du mehr verhandelt und verwaltet als gekämpft …«

Er schnaubte leise, aber er bezwang sich. Zum ersten Mal, seit er mit Swanahild verheiratet war, spürte er ein leises Misstrauen in sich. Er hatte nichts darauf gegeben, dass sie nicht nur eine aus Baiern zurückgeholte Fränkin, sondern auch noch die Tochter seines Onkels Dodo war. Obwohl am Hof von Pippin II. kaum darüber gesprochen worden war, wusste Karl, dass der Mann, der Bischof Lambert von Lüttich wegen der Beleidigung der Familienehre getötet hatte, Freunde, Verwandte und Mitverschwörer gehabt hatte. Doch was damals wirklich geschehen war, konnte nicht nur mit ihm und der Friedelehe seines Vaters zu tun gehabt haben.

Erst jetzt – fast eine Generation später – wurde ihm bewusst, wie wenig er sich für die Familie seiner Mutter interessiert hatte. Was wusste er über die anderen, die damals für die Ehre seiner Mutter getötet hatten, selbst umgekommen oder in alle Himmelsrichtungen geflohen waren?

Plötzlich kam ihm zu Bewusstsein, dass er bereits fünf Jahre lang mit Swanahild zusammenlebte – fünf Jahre, in denen er so gut wie nie über ihre eigene Kindheit und die gemeinsamen Verwandten gesprochen hatte. Der erste kleine Stachel Misstrauen in ihm begann zu schmerzen. Wie oft war er in den vergangenen Jahren unterwegs gewesen? Wie oft hatte er sie allein mit Grifo in einer der anderen Pfalzen oder an der Maas zurückgelassen?

Und dann fiel es Karl plötzlich wie Schuppen von den Augen: Er erinnerte sich daran, wie aufmerksam Swanahild gewesen war, wenn sie gemeinsam mit den Großen und den engsten Beratern Karls getafelt hatten und die Rede auf den stolzen, schon fast römisch aussehenden Grafen gekommen war. Vielleicht bildete er sich auch nur etwas ein. Aber hatte sie nicht manchmal still gelächelt, wenn sie in Neustrien oder im Parisgau gewesen waren und er sie dann mit Grifo und ihren persönlichen Bediensteten im schönen Weingut Clippiacum zurückgelassen hatte? In *Clichy*, wie sie es scherzhaft aussprach, und bei Graf Gaerefrid? Und plötzlich wusste er, dass er sein selbstbewusstes Weib bereits seit Jahren nicht nur in Gedanken mit dem Grafen von Paris geteilt hatte...

Weder Karl noch Swanahild sprachen in den folgenden Wochen und Monaten noch einmal über Gaerefrid. Kurz vor dem Geburtstag des heiligen Martin im November zog Karl mit einer Gruppe von Panzerreitern und einigen Dutzend Getreuen bis zur Stadt an der Seine. Er suchte weder die Pfalz von Gaerefrid auf, noch zeigte er sich in Paris. Was er zu regeln hatte, konnte er von Sankt Denis aus in die Wege leiten. Schon vorab hatte er den Erzbischof von Reims ebenfalls in das Königskloster bitten lassen, dazu einige Äbte von der unteren Seine und die Gaugrafen, die ihm bis zu den Bretonen und zur Loire für die Einhaltung der Gesetze und seiner Anordnungen verpflichtet waren.

Nach dem offiziellen Begrüßungsmahl an ersten Abend zog er sich mit seinen Söhnen Karlmann und Pippin, Herzog Folker und dem Erzbischof von Reims in ein kleines Nebengemach des Klosters zurück. Sie verhandelten eine Weile bei einem guten Fässchen Klosterwein über die Zukunft der Bistümer und Abteien, die Karl Hugo übergeben hatte. Milo bestritt nicht, dass er neben Trier und Reims auch am Bistum Paris außerordentlich interessiert war. Dafür, so sagte er, würde er gern auf Rouen, Bayeux sowie die Abteien Sankt Wandrille und Jumieges verzichten.

»Wie kommst du darauf, dass es nach der besonderen Ehrung, die ich meinem Stiefneffen gewährt hatte, erneut einen Bischof im Königreich der Franken geben soll, der über mehr als ein Bistum verfügen kann?«

»Ich habe ebenfalls zwei«, sagte Milo.

»Und das ist nach den Regeln eurer Kirche bereits eins zu viel«, stellte Karl unmissverständlich fest. »Aber ich denke, dass die Kirchenfürsten zähneknirschend stillhalten werden, wenn ich irgendeinen einfältigen Priester als Abt über die verwaisten Kirchenschätze einsetze …«

»Nur eine Strohpuppe …«, warf Pippin der Kurze in der ihm eigenen Offenheit ein.

»Pippin!«

»Lass ihn doch!«, lachte der schwarze Abt. »Und ich antworte dir ebenso offen, Karl: Ich denke, dass dein Vorschlag sehr vernünftig ist. Ich denke auch, dass ich meinen Brüdern in Christo in den anderen Diözesen erklären kann, warum du selbst zumindest die Erträge der Klöster und der Ländereien brauchst, wenn du den Kampf gegen die Feinde unserer Kirche bestehen willst.«

»Meinst du die Araber?«, fragte Herzog Folker. Er hatte ebenso wie Karlmann die ganze Zeit nur zugehört.

»Ich meine die Araber«, bestätigte der Erzbischof von Reims. »Oder – um es noch genauer zu sagen – die Anhänger der Lehre Mohammeds, die wir inzwischen auch als Mohammedaner oder Muselmanen kennen.«

Er griff nach seinem Becher und trank einen tiefen Schluck.

»Vergesst niemals, dass diese Männer unter der grünen Fahne Allahs jeden als Feind betrachten, der sich nicht voll und ganz ihrem Glauben unterwirft. Bei uns Germanen und Christen gehen Sieger und Besiegte aufeinander zu. Selbst die Irenmönche haben niemals alle heidnischen Bräuche und Gewohnheiten voll und ganz verboten. Sie waren stets darauf bedacht, das, was ganz tief in allen Menschen sitzt, nur umzuformen und sodann für sich zu nutzen. Mohammedanern hingegen ist diese Art zu denken und zu handeln vollkommen fremd …«

»Aber was dann?«, fragte Pippin ernsthaft. »Verlangen sie etwa, dass die Besiegten wie demütig geschlagene Hunde angekrochen kommen?«

»Mehr noch!«, lachte der schwarze Abt bitter. »Viel mehr. Sie verlangen hart und unnachgiebig, dass ein besiegter Christenhund auch noch in ihrer Sprache bellen und den Koran lesen muss. Der Gote wird zum Araber, der Franke ebenso, sobald das Krummschwert des Islam ihm auf den Kopf geschlagen hat...«

»Du rätst mir also zur Rüstung und zu einem großen Kriegszug?«, fragte Karl deshalb so direkt, wie er es von seinem zweiten Sohn gehört hatte.

»Hilf Herzog Eudo!«, forderte der Erzbischof von Reims den Majordomus auf. »Hilf ihm, ehe er dich um deine Hilfe bittet. Niemand kann einem Ertrinkenden die Hand reichen, wenn er bereits untergegangen ist.«

Noch von Paris aus ließ Karl Boten nach Lyon reiten. Sie sollten Isaak, den jüdischen Fernhändler, noch vor Wintereinbruch nach Köln bitten. Karl selbst kehrte auf der nördlichen Route über Compiegne, Vincy und Cambrai an die Maas zurück. Noch vor Weihnachten erfuhr er, dass der alte Isaak nicht mehr lebte. Dafür kam sein ältester Sohn und erklärte sich bereit, Karl alles über die Muselmanen zu erzählen.

Zusammen mit den Getreuen saßen sie stundenlang an den Bohlentischen und – solange es das Wetter noch erlaubte – auch draußen vor den Häusern am großen Feuer. Nach und nach bekamen sie ein Gefühl für die komplizierten und verwirrenden Zusammenhänge bei den Arabern.

Es war Pippin III., dem nach vielen Abenden die kürzeste und klarste Beschreibung der Lage an der Pyrenäengrenze gelang.

»Ihr müsst das so sehen«, sagte er schon fast ungeduldig, nachdem schon wieder die immer gleichen Fragen gestellt worden waren. »Die Könige dieser Araber heißen Kalifen. Doch unter ihnen gibt es offensichtlich zwei Lager, die miteinander bis aufs Blut verfeindet sind. Die einen sind die Yemeniten, die anderen die Caisiten. Da die Bevölkerung von Afrika und Spanien fast ausschließlich yemenitisch ist, verhält sie sich so lange ruhig, wie sie von Männern ihrer eigenen Partei regiert wird. Aber sobald das Kalifat von Yemeniten zu Caisiten wechselt, gibt es Aufruhr, Streit und schwere Kämpfe.«

»Genau das ist im Augenblick wieder das Problem«, bestätigte Elias, »denn diese Kampfe unter den herrschenden Familien beeinflussen natürlich auch die Statthalter auf der Pyrenäenhalbinsel und die Einstellung der Anführer in den Grenzgebieten nach Aquitanien und Septimanien hin.«

»Also«, fuhr Pippin fort, »beim Tod meines Großvaters war der syrische Yemenit Hicham Kalif in Damaskus. Aber er trat zu den Caisiten über, weil diese Kerle ihre eroberten und unterdrückten Völker noch härter auspressten als die Yemeniten. In Afrika machte Kalif Hicham den Caisiten Obaida zu seinem Statthalter und in Spanien vor zwei Jahren den Caisiten Haitham …«

»Bereits daran könnt ihr sehen, wie gefährlich und unberechenbar die Lage jenseits der Pyrenäen ist«, sagte Isaaks Sohn. »Die neuen Herrscher wüteten unvorstellbar grausam unter der arabischen Bevölkerung aus dem anderen Lager. Viele der großen und einflussreichen Männer wurden kurzerhand geköpft, noch mehr von ihnen in den Kerker geworfen. Es gab kaum Gerichtsverhandlungen, da schon der Vorwurf der Verschwörung ausreichte.«

»… bis er – ritsch ratsch – den Bogen überspannte«, lachte Pippin beinahe schadenfroh. »Die Yemeniten Spaniens konnten sich nur noch dadurch wehren, dass sie dem Kalifen in Damaskus nachwiesen, wie viel Geld er durch das Wüten seines Statthalters verlor …«

»So ist es«, sagte Elias zustimmend. »Kalif Hicham schickte einen hohen Richter mit unbeschränkten Vollmachten nach Spanien. Dieser setzte Haitham ab und ernannte vor ein paar Monaten Abd-ar-Rahman al-Gafiki zum neuen Statthalter von Spanien …«

»Ist das derselbe Mann, den wir bereits kennen?«, fragte Karl verwundert. »Ich meine den, der die Araber in die Schlacht um Toulouse und Narbonne geführt hat.«

»Genau der«, bestätigte der Sohn von Isaak. »Abd-ar-Rahman ist ein großer Feldherr. Zudem hat er jetzt die gleichen Vollmachten durch den Kalifen in Damaskus, wie du als Majordomus im Königreich der Franken.«

»Das heißt, dass dieser Mann von jetzt an unser schwerster Gegner ist. Gibt es unter den Muselmanen andere, die wir zu unseren Verbündeten machen könnten?«

»Es gibt einen, in der Tat«, antwortete Elias. »Er heißt Othman ben Abi Reza, genannt Munousa.«

»Was ist mit ihm?«, fragte Karlmann, der die ganze Zeit schweigend zugehört hatte.

»Munousa ist kein Araber, sondern gehört zu den Fürsten der Berberstämme im Norden Afrikas. Die Berber standen bei den Auseinandersetzungen zwischen Yemeniten und Caisiten auf der falschen Seite. Durch das Wüten des caisitischen Statthalters Obaida haben sie sehr viele ihrer besten Anführer verloren. Ganze Familien wurden ausgerottet, und unter Folter wurden ungeheure Summen aus versteckten Schätzen von ihnen erpresst. Die Berberstämme sind jetzt so voller Hass, dass sie jederzeit kämpfen würden, wenn sich dafür eine Möglichkeit ergibt …«

»Und die gibt es bereits«, stellte Pippin vollkommen sachlich fest. »Oder habt ihr schon vergessen, dass der Anführer der Berber und Heerführer der Grenztruppen in den Pyrenäen mit Herzog Eudos Tochter Lampiega verheiratet ist?«

Die Männer an den Tischen blickten mit großen Augen über ihre Becher und Weinkrüge hinweg auf Karls Zweitgeborenen. Keiner von ihnen hatte an all den Abenden daran gedacht, dass Herzog Eudo durch seine Tochter und seinen arabischen Schwiegersohn den Schlüssel in der Hand hielt, mit dem er sämtliche Angriffe aus dem Süden abblocken und versperren konnte.

Karl lehnt sich zurück und streckte beide Arme aus. Dann schlug er mit den Fäusten dreimal nacheinander auf die Tischplatte. »Ich will diesem Herzog von Aquitanien endlich beibringen, wer sein König und sein Majordomus ist.« Er schlug noch einmal auf das Holz. »Ich will die Reiter mit den grünen Fahnen Allahs so hart schlagen, dass sie sich zurückziehen«, rief er beim zweiten Mal. Und dann, beim dritten Schlag: »Und ich will Jesus Christus zum Sieg über Mohammed verhelfen.«

Zum Märzfeld des Jahres 731 folgten mehr Männer als je zuvor dem Ruf des Majordomus. Tausende von Bewaffneten lagerten schon in den letzten kalten Tagen des Februars an beiden Ufern der Maas. Bis zu den Häusern von Heristal und Jupille hin war kaum ein freier Platz zu finden.

Tag für Tag kamen neue Männer mit Pferden, Wagen und schwer beladenen Karren hinzu. Es wurden so viele, dass Herzog Rotbert den Befehl erteilte, jede weitere Gruppe, die jetzt noch zum Märzfeld wollte, auf die Uferwiesen von Lüttich umzuleiten. Diejenigen, die aus Toxandrien und Friesland heranrückten, sollten noch vor Maastricht nach Westen abbiegen und sich dann bei Namur am Zufluss der Sambre in die Maas bereithalten. Für diejenigen, die aus den Ardennen, vom mittleren Rhein sowie aus Hessen oder Thüringen erwartet wurden, galt die Order, dass sie sich bei Metz und Verdun einfinden sollten.

Als Karl schließlich den Befehl zum Aufbruch gab, übernahmen nicht die Panzerreiter, sondern junge Fußkrieger die Führung. Sie machten sich einen Spaß daraus, wie beim Wettlauf vorauszustürmen, um zu sehen, wer von ihnen als Erster die nächste Wegbiegung am Fluss erreichte. Der Einsatz derartiger Wettrennen war nicht besonders hoch, aber gelegentlich setzte einer der Anführer auch einen Extrakrug Wein oder das Haarband eines Mädchens als Belohnung aus. Karl ließ die stürmischen Jungmänner gewähren. Er hatte nicht vergessen, wie viele bunte Bänder er selbst bei derartigen Vergnügen gewonnen hatte…

Das Wetter wurde angenehmer, und bereits an der Straße zwischen Paris und Metz war der Boden so trocken, dass sie endlich schneller und ohne große Schlammspuren vorankamen. Doch dann, als die ersten Voraustrupps bereits die Loire erreicht hatten, erfuhr Karl, dass sich Herzog Eudo tatsächlich gegen ihn wandte und nicht etwa gemeinsam mit ihm gegen die Sarazenen kämpfen wollte.

»Der Herzog schuldet mir noch etwas«, knurrte er grimmig. »Wir hatten damals auf der Römerbrücke von Orleans vereinbart, dass ich den Merowingerkönig zurückbekomme und er so lange den Königsschatz aus Köln behalten darf, bis ich ihn zurückfordere. Und jetzt, wenn wir bis in sein Herrschaftsgebiet vordringen, fürchtet er natürlich, dass auch für ihn der Zahltag kommt…«

»Wahrscheinlich hat er gar nichts mehr«, meinte Pippin III. lakonisch. »Auch schöne Bräute brauchen eine Mitgift.«

Karl sah seinen Zweitgeborenen mit hochgezogenen Brauen an.

»Auf die Idee bin ich noch gar nicht gekommen!«, sagte er dann. »Aber du könntest Recht haben, mein Sohn. Mit dem Vater einer Braut, die ganze Königsschätze mitbringt, lässt sich natürlich für ein paar Jahre Frieden schließen…«

»Das ändert nichts daran, dass südlich von Orleans gegen uns gerüstet wird«, sagte Karlmann noch einmal. Er war beim Voraustrupp dabei gewesen. »In Bourges kreuzen sich die Straßen von Paris zum Mittelmeer und von Lyon nach Tours. Hier sah ich, wie sich die Bewaffneten zusammenrotteten und die Stadt verschanzt wird. Aber nicht etwa gegen Herzog Eudo von Aquitanien, sondern gegen uns.«

»Nun gut, dann ziehen wir eben nicht von Orleans bis Tours an der Loire entlang, sondern wenden uns ebenfalls nach Süden«, entschied Karl kurz entschlossen. »Bereits beim ersten Schlag muss Herzog Eudo merken, dass wir uns nicht mit Strohfeuern oder Drohgebärden zufrieden geben. Ich will, dass sich sehr schnell herumspricht, wie hart des Königs Majordomus auch hier im Süden unseres Reiches aufräumt.«

Die Bewohner von Bourges am Flüsschen Cher handelten so klug und einsichtig, wie es in ihrer Lage nur möglich war. Eudo hatte die Stadt eingenommen und benutzte die Gefangenen in der Stadt als lebende Schilde. Karl nahm sämtliche Panzerreiter zusammen und ritt von der Loire im Osten um die Bergwälder im großen Flussbogen herum. Knapp zwei Meilen vor der Stadt rannten ihnen Bewaffnete entgegen. Es waren nur einige hundert. Karl schnalzte mit der Zunge. Gerade ein paar Dutzend seiner Panzerreiter ritten los und schlugen schnell und gründlich zu. Schneller als die Lerche über den Feldern bis zur Sangeshöhe aufsteigen konnte, war der Spuk vorbei. Doch dann erfuhren sie, dass Herzog Eudo die Stadt bereits wieder verlassen hatte.

Karl zögerte nicht lange, sondern ritt sofort weiter. Er musste Bourges nicht einmal belagern, die Tore öffneten sich für ihn. Er ritt an Häusern und Kirchen vorbei, hielt auf dem Marktplatz an und sagte selbst kein einziges Wort. An seiner Stelle sprach Herzog Folker zu den versammelten Edlen von Bourges. Er forderte ausreichend Beute, dazu Verpflegung für das Heer und die Versicherung, nicht nochmals Herzog Eudo in die Mauern der Stadt einzulassen.

Sie sahen ein, dass Bourges kein Sieg und keine Niederlage war. Aber sie wussten auch, dass sie ein klares Ziel brauchten und nicht einfach Herzog Eudos Verfolgung aufnehmen konnten.

Drei Wochen später kam Kunde zu Karl, dass sich Herzog Eudo erneut über Bourges hergemacht hatte. Diesmal, so hieß es, sei die Stadt auch für eine längere Belagerung bestens vorbereitet. Aber Karl glaubte nicht an die mutig klingenden Gerüchte aus der Stadt. Er entschloss sich daher, die Herausforderung anzunehmen. Zum zweiten Mal innerhalb kurzer Zeit kam so das Heer der Franken über Orleans nach Bourges. Das Gelände war nicht besonders schwierig. Karl befahl, dass die Fußkrieger zunächst zwischen den Bergwäldern im Norden und der Stadt bleiben sollten. Er selbst wollte von Anfang an klarstellen, dass er nicht an Scharmützeln oder längeren Belagerungen interessiert war.

Am zweiten Tag, nachdem sie die Mauern von Bourges erreicht hatten, versammelte der Majordomus sämtliche Panzerreiter seines Heeres. Er wartete, bis sie sich zu einer breiten Phalanx aufgereiht hatten, und gab dann den Befehl, in Schrittgeschwindigkeit auf die Stadt zuzureiten. Für viele der Bewohner wurden Erinnerungen und alte Erzählungen wieder wach, wie sie sich über die Jahrhunderte noch aus den Zeiten der Römer erhalten hatten. So oder ähnlich mussten auch die Legionen des Imperium Romanum machtvoll und diszipliniert auf die Städte und Feldlager zugeritten sein, die sie erobern wollten.

Karl musste nicht einmal einen Nachmittag lang vor der Stadt Bourges auf und ab reiten lassen. Als die Sonne unterging, öffneten sich die Tore der Stadt, und eine Abordnung der Großen und Mächtigen verließ die schützenden Mauern. Karl empfing sie ohne die geringste Regung. Er zeigte weder Stolz noch Hochmut, sondern hörte sich einfach an, was ihm die Stadt und die von ihr abhängigen Landgüter im weiten Umkreis zu bieten hatten. Während er auf seinem Pferd sitzen blieb, stellten die

Knechte und Bediensteten aus seinem Hofstaat schnell Tische am Ufer des Flüsschens auf.

Sie rammten Fahnenstangen und Pfähle mit bunten Wimpeln an den Spitzen schräg in den Boden, stellten die Tische auf und zogen sich dann zurück. Schriftkundige und Notare, in Steuerdingen geübte Grafen und ein Haufen Hilfskräfte setzten sich an die Tische. Auf der einen Seite wurde die essbare Beute, von Rindern bis zu Geflügel und von Brotgetreide bis zu Öl zusammengefasst. Auf der anderen notierten die Beamten des Majordomus, was die Bewohner von Bourges und die Großen des Landes an Gold und Münzen, kostbaren Tuchen und Geschmeide, Waffen und Werkzeug zu bieten hatten.

Die Beuteverhandlungen für einen friedlichen Abzug von Karls Heer zogen sich bis in die späten Abendstunden hin. Während rund um die Stadt Lagerfeuer aufloderten, wurde auch dem letzten Gesandten allmählich klar, dass sich Karl nicht mit Almosen oder Geschenken abspeisen ließ.

Als es bereits ganz dunkel geworden war, inspizierte Karl die Männer, die nicht rasch genug verstanden hatten, dass er kein weichlicher Merowingerkönig und kein zögerlicher Gaugraf war.

»Tretet einzeln vor mich und nennt mir jeder Umfang und Art eures gesamten Vermögens«, sagte er hart von seinem Pferd herab. »Wer auch nur eine Hufe Land, ein Dutzend Gänse oder einen Sklaven verschweigt, soll die Peitsche spüren, sobald ihm die Lüge nachgewiesen wird.«

Sie glaubten es nicht – sie konnten einfach nicht fassen, dass sich der Majordomus aus dem Norden an ihnen, die doch allesamt Franken und keine Feinde waren, so hartherzig zeigte. Doch dann bewies Karl, dass er sogar noch mehr konnte: »Ich sehe, dass ihr zögert und nicht wollt. Nun gut, dann befehle ich hiermit, dass jeder von euch nicht mehr das eigene Vermögen, sondern das des jeweils rechts von ihm Stehenden nennen soll.«

Für einen Augenblick schienen alle Geräusche der Nacht zu verstummen. Dann aber ging ein Stöhnen durch die Reihen der Unglücklichen, und nicht nur Karl wusste, dass er auf diese Weise die beste und zuverlässigste Aufzählung all der Dinge bekommen würde, die sich in und um die Stadt zur Beute eigneten.

Kurz darauf beendete der Majordomus den Feldzug. Er befahl, dass sämtliche Adlige mit Ausnahme der Panzerreiter und der Paladine seines Hofstaats unverzüglich in ihre Gaue zurückkehren sollten. Die meisten Franken verstanden nicht, was Karl dazu bewog, das größte und stärkste Heer, das jemals mit ihm gezogen war, einfach heimzuschicken.

Erst langsam und über viele Monate hinweg sickerten allmählich die wahren Gründe für Karls Rückzug bis in die einzelnen Pfalzen und Gaue. Erst um die Weihnachtszeit kristallisierten sich mehrere Ereignisse heraus, nachdem sie von Mönchen und Händlern übertrieben oder in eine falsche Richtung hin ausgeschmückt weitergegeben worden waren.

Der erste Grund für Karls zunächst unverständliche Entscheidung war aus der Gegend von Echternach gekommen. Vertraute Willibrords, denen im Heerlager an der Loire niemand eine besondere Bedeutung beigemessen hatte, waren zu Karl gekommen und hatten ihm mitgeteilt, dass Adela, die Tochter von Irmina, Schwester von Plektrud, Mutter von Alberich und Gründerin des Klosters Echternach, im Sterben lag.

Noch immer lebte einer der Nachkommen von Plektrud. Ihr Enkel Drogo II. hatte sich in all den Jahren als schweigsamer und nicht besonders fähiger Herzog der Champagne gezeigt. Wie viele andere war er im Heer Karls mitgeritten, ohne besonders aufzufallen. Doch wenn jetzt die große Adela von Pfalzel starb, konnte sich ihre Nachkommenschaft leicht mit anderen zusammenschließen, die noch immer insgeheim gegen Karl arbeiteten. Um allen Hoffnungen und Intrigen von vornherein die Spitze zu nehmen, befahl Karl noch vor Weihnachten, dass der Herzog der Champagne aus seinem Amt entfernt, in Fesseln gelegt und ins Kapitol nach Köln geschafft werden sollte.

Der zweite Grund für Karls Entscheidung lag tausend Meilen weiter südlich. Zum selben Zeitpunkt, an dem Karls gewaltiges Heer zu seinem Zug in Richtung Loire aufbrach, war Papst Gregor II. gestorben. Der Römer hatte Wynfrith unter dem Namen Bonifatius zum Bischof und zum Apostel der östlichen Germanenstämme in Hessen und Thüringen gemacht. Schon vor über einem Dutzend Jahren hatte er mit dem Baiernherzog Theodo ein Konkordat vereinbart, das dann durch Theodos Tod nicht mehr verwirklicht worden war. Aber Gregor II. hatte sich auch viele Feinde gemacht.

Für die meisten der Großen und Edlen im Königreich der Franken waren Rom und Konstantinopel so weit entfernt wie Sonne und Mond. Dennoch hatten Karl und seine Vasallen stets sehr genau beobachtet, was innerhalb der Kirche geschah. Als nun die Nachricht kam, dass ein Syrer am 18. März unter dem Namen Gregor III. zum neuen Bischof von Rom und damit zum Papst gewählt worden war, bedeutete dies keinen Wechsel, sondern eine eher verschärfte Fortführung der bisherigen Kirchenpolitik. Jedenfalls sagten das die Händler, die ebenfalls an den Gott des Alten Testaments glaubten, aber keine Christen waren.

Der dritte Grund für den Abbruch des Heereszuges hatte sich bereits vor den Toren der Stadt Bourges angedeutet. Über die guten Verbindungen von Milo zu den Priestern der alten Bischofsstadt südlich der Loire hatte Karl erfahren, dass Abd-ar-Rahman, der neue arabische Statthalter auf der iberischen Halbinsel, mit Munousa, dem Oberbefehlshaber des muselmanischen Reiterheeres, an der Pyrenäengrenze in offenen Streit geraten war.

Die Wahrheit erfuhren die Männer um Karl, wie so oft, durch

die Fernhändler, die sich zur Weihnachtszeit an der Maas einfanden.

Zum Jahreswechsel kam Elias, der Sohn Isaaks, und wurde wie immer freundlich empfangen. Karl gab sogar ein kleines und schon fast privates Gelage für ihn. Dann mussten er und seine Begleiter erzählen, was sie von den Arabern gehört hatten.

»Es war nicht Abd-ar-Rahman, der angefangen hat«, berichtete Elias, »sondern Munousa. Der Anführer der Sarazenen hat ja schon vor längerer Zeit einen privaten Frieden mit Herzog Eudo von Aquitanien geschlossen. Unter dem Vorwand, seine eigenen Landsleute schützen zu wollen, hat er sich dann gegen den neuen Statthalter des Kalifen erhoben.«

»War er denn stark genug dafür?«, fragte Pippin.

»Jedermann glaubte das zumindest«, antwortete der Fernhändler. »Munousas Reiter haben über viele Jahre hinweg mit steten Überfällen und Kämpfen in den Grenzgebieten sehr viel Erfahrung gesammelt. Zusätzlich hatte der Sarazene dann ja auch noch die vasgonischen Fußkrieger und die Truppen von Herzog Eudo auf seiner Seite.«

»Und was ist schief gegangen?«, fragte Karl.

»Munousa hat sich und die Stärke seiner aquitanischen Verbündeten einfach überschätzt«, antwortete Elias. »Er hat nicht damit gerechnet, dass sehr viele Araber in Frieden ihren neuen Reichtum genießen wollten. Sie stellten sich deshalb auf die Seite des Mannes, der offiziell zum obersten aller Mohammedaner in Spanien ernannt worden war.« Elias nahm einen kleinen Schluck angewärmten Wein. Dann berichtete er weiter. »Ich selbst war nicht dabei. Aber ich habe von anderen Kaufleuten erfahren, wie grausam Munousa zu Tode gekommen ist.« Er seufzte tief und starrte kopfschüttelnd auf seinen Weinbecher. Die Männer rund um ihn und Karl warteten mit großen Augen und leicht geöffneten Mündern darauf, dass der Mann endlich weitersprach. Doch der Sohn Isaaks wirkte so abwesend, als könne er selbst noch nicht fassen, was er von den anderen gehört hatte.

»Sprich doch!«, drängte Pippin.

»Ja, erzähl weiter«, meinte auch Karlmann ungeduldig. Elias hob langsam den Kopf. Er blickte zu den Fackeln an den gegenüberliegenden Wänden des Raumes. Und dann erzählte er, was mit dem Berberfürsten und der Tochter von Herzog Eudo geschehen war: »Munousa wurde bereits nach kurzer Zeit in Puycierda von den Truppen des spanischen Statthalters gestellt. Er, der doch so viel Erfahrung in Kämpfen mit fränkischen Verteidigern hatte, lief wie ein Narr in die Falle, die ihm die ehemaligen Mitkämpfer gestellt hatten. Seine Männer und schließlich auch ein Kontingent von Herzog Eudos Reitern verteidigten ihn. Aber es war zwecklos. Munousa konnte mit seiner jungen Gemahlin bis ins Gebirge entkommen. Sie flohen immer höher hinauf in die Pyrenäen – bis sie vor Erschöpfung zusammenbrachen und die Verfolger sie einholten. Sie forderten den Fürsten der Berber im Namen Allahs, Mohammeds und des Kalifen auf, sich Abd-ar-Rahman als neuem Statthalter bedingungslos zu unterwerfen. Aber der stolze Berber, dessen Stämme so viel Schmach und Leid durch den neuen Statthalter erlitten hatten, warf sich lieber schwer verwundet über eine Felskante in die Tiefe. Er wollte nicht gefangen und gefoltert und zu beschämendem Gewinsel gezwungen werden. Seine Verfolger sind bis ins Tal hinabgestiegen, haben den Leichnam geköpft und sein Haupt im Triumph bis nach Cordoba gebracht.«

»Und sein Weib?«, fragte Karl sofort.

»Lampiega wurde gefesselt und ebenfalls zur, Abd-ar-Rahman mitgenommen. Der aber erkannte ihre Schönheit und schickte sie unverzüglich an den Kalifen in Arabien weiter.«

Die Männer starrten stumm und mit ungläubigen Gesichtern auf den Sohn Isaaks.

»Dann steht es jetzt sehr schlecht um Eudo«, sagte der Majordomus ernst. »Zumal ich gerade erst erfahren habe, dass ihn auch sein letzter Vertrauter und Verbündeter verlassen hat.«

Die anderen blickten Karl fragend an.

»Auch Raganfrid ist tot«, sagte Karl in die Stille hinein.

»Dann ist der ganze Süden und der Westen bis nach Paris jetzt für die Muselmanen offen«, stellte Pippin unverblümt fest.

»Auch wenn du Recht hast, wir werden ihnen mit allem, was wir haben, entgegentreten«, sagte Karl grimmig. »Und mit Gottes Hilfe will ich der Christen Hammer werden, der die Reiter Mohammeds mit aller Kraft zurückschlägt.«

31.

Tours und Poitiers

Die Muselmanen brachen wie Gewitterstürme durch die Pyrenäentäler und von den Pässen her über das Land zwischen den beiden Meeren herein. Sie kamen nicht über die uralten Verbindungswege der Römer an den Ufern des Mittelmeers, sondern fanden andere, ebenso günstige Durchlässe bei Roncevalles und noch weiter im Westen.

Der Majordomus der Franken zeigte sich nicht mehr überrascht, als adlige Boten von Herzog Eudo auf wilden, herrlich anzusehenden Araberpferden bei ihm eintrafen. Die jungen Männer hatten weder sich noch ihre Pferde geschont.

»Es ist so furchtbar, wie ihr es euch überhaupt nicht vorstellen könnt!«, stieß der Erste hervor, nachdem sie sich mit einem Schluck Wein erfrischt hatten. »Das Heer ist so gewaltig, dass es von Morgen bis zum Abend reicht, wenn es ohne Unterlass aus den Pyrenäentälern hervorquillt«, berichtete der Zweite keuchend. »Und auf der anderen Seite der Berge, bei Pamplona, sollen noch weitere Tausende der wildesten Männer als Verstärkung warten«, stöhnte der Dritte.

Karl war gewohnt, dass alle Boten immer etwas übertrieben.

Doch die Männer, die ihm Herzog Eudo geschickt hatte, sahen nicht so aus, als wollten sie sich durch besonders schreckliche Berichte hervortun. Er sah in ihren Augen eine Furcht, wie sie ihm noch nie zuvor begegnet war.

»Was ist mit den Vasgonen auf dieser und auf der iberischen Seite der Pyrenäen?«, fragte er.

»Sie sind zerschlagen und bis ins Meer getrieben«, antwortete Hunold, der Erstgeborene von Herzog Eudo. Zusammen mit seinem finster blickenden, schweigenden Bruder Hatto führte er die Gesandtschaft seines Vaters an.

»Die Araber haben bereits die Garonne überschritten«, berichteten die Aquitanier weiter. »Als wir losritten, hatten sie die Wälder zwischen den Bergen und dem Fluss bereits überwunden und griffen gerade Bordeaux an. Sie sind so zahlreich und so schnell, dass sich kein Ort an der Garonne, der Dordogne oder der Girondemündung gegen sie wehren kann.«

»Kämpft ihr denn nicht?«, fragte Pippin.

»Wie willst du kämpfen, wenn dein Gegner auf seinem Pferd fast so schnell ist wie der Pfeil, mit dem du ihn zu treffen suchst?«, lachte Hatto abfällig. »Was wisst ihr schon von Aragon und den Sarazenen. Ihr kennt doch nur schwerfällige Friesen oder Sachsen.«

Pippin wollte aufbrausen, doch Karlmann legte ihm schnell seine Hand auf den Arm. Die vier jungen Männer mochten sich so wenig, dass ihre Abneigung fast körperlich zu spüren war.

»Der Herzog bittet also offiziell um meine Hilfe?«, fragte Karl noch einmal.

»Er bittet nicht nur, sondern lässt uns sagen, dass er um deine Hilfe fleht!«, presste Hunold mit schmalen Lippen hervor. Sie sahen alle, wie schwer dem jungen Adligen dieses Bekenntnis und das Zugeständnis völliger Unterwerfung fiel.

»Wir müssen das nicht tun«, sagte in diesem Augenblick sein jüngerer Bruder. »Wir haben schon bewiesen, dass wir auch mit Muselmanen auskommen. Wir könnten jederzeit Verträge mit ihnen schließen, zur Seite treten und einfach zusehen, wenn sie weiter nach Norden stürmen und sich den Mantel des heiligen Martin in Tours holen…«

Karl sah, wie nahezu alle Großen seines Hofstaates den Aquitanier voller Entsetzen anblickten. Die unverhohlene Drohung und die Aussicht auf einen nochmaligen Verrat durch Herzog Eudo verschlug ihnen die Sprache.

»Er meint es nicht so«, warf Hunold schnell ein. »Natürlich nehmen sie das Gold und alle Schätze, die sie finden. Sie erschlagen ihre Feinde, reißen Mauern ein und stecken überall Häuser in Brand. Aber die eigentliche Kraft in ihren Angriffen richtet sich gegen unseren Glauben. Sie nennen es Heiliger Krieg, wenn sie Christen töten, Bischöfe köpfen und unsere Kirchen und Kapellen in Flammen aufgehen lassen.«

»Wo ist dein Vater?«, fragte Karl direkt.

Hunold presste die Lippen zusammen, dann sagte er: »Als wir ihn verließen, sagte er noch, dass er dem Statthalter von Spanien eine Schlacht anbieten wolle.«

Bereits am nächsten Tag sandte Karl erneut Boten in alle Himmelsrichtungen aus. Jedem der jungen Adligen schärfte er persönlich ein, dass sie wie die Teufel reiten und sich durch nichts und niemanden aufhalten lassen sollten. Es sprach sich schnell herum, was auf dem Spiel stand. Dort, wo es sonst manchmal auch Einwände und Bedenken gegeben hatte, stimmten diesmal alle dem Majordomus vorbehaltlos zu. Gutsbesitzer brachten deutlich mehr Männer auf als in den vergangenen Jahren. Sie stellten Waffen und Ausrüstungen, Pferde und Wagen, Vorräte und Bedienstete, wie sie Karl in einer solchen Fülle und Vielfalt bisher noch nicht gesehen hatte.

Es war, als würden sich geheime Waffenkammern und Truhen voller Schätze in allen Gauen Austriens öffnen. Friesen kamen hinzu und sogar einige bereits getaufte Sachsenstämme. Thüringer und Hessen ließen Karl mitteilen, dass sie den Rhein bei

Mainz überqueren würden, um dann stromaufwärts zu ziehen und über Metz und Verdun zu ihm zu stoßen. Baiern und Alamannen wählten die großen Römerstraßen und kamen ebenfalls über den Rhein und durch das Elsass bis in die Champagne. Von der Schelde und der Somme und den Gütern zwischen Seine und Marne erhielt Karl Nachricht, dass die bewaffneten Kontingente aus den Grafschaften Neustriens vorauseilten und an der Loire auf ihn warteten.

Die gesamte Francia geriet durch die Gefahr aus dem Süden in Aufruhr. Jahrzehntealte Fehden zwischen den Familien wurden für diesen Sommer beigelegt, Männer, die sich nie gegrüßt hatten, eilten nebeneinander nach Südwesten. Und über allem hing der Ruf: »Haltet sie auf! Haltet sie auf!«

Das gewaltige Frankenheer sammelte sich bei Tours auf beiden Seiten der Loire. Der Sommer war trocken, und an einigen Stellen gelang es den Männern mit Hilfe einiger Balken und im Fluss versenkter Wagen, Brücken und Übergänge zu bauen.

Tag für Tag empfingen die Männer um Karl zurückkehrende Kundschafter. Dennoch dauerte es bis Anfang Oktober, ehe sich Karl stark genug fühlte. Mit annähernd fünfzigtausend Kriegern zu Fuß aus sämtlichen Grafschaften des Königreiches nahm er den Marsch in Richtung Südwesten auf. Sie wollten von Tours aus über Poitiers an der Vienne bis nach Bordeaux vorstoßen.

Da sie allesamt ortsunkundig waren, brauchten sie die Unterstützung der Aquitanier. Aber Herzog Eudo wollte immer noch nicht wahrhaben, dass er zum Flüchtling in seinem eigenen Land geworden war.

»Er verliert ein Dutzend Männer nach dem anderen«, sagte Karl kopfschüttelnd, als ihm Eudos ältester Sohn die Nachricht überbrachte, dass sich sein Vater durch die Wälder des Perigord bis nach Limoges an der Vienne zurückgezogen hatte.

»Er will einfach nicht aufgeben«, sagte Hunold. »Erlaube mir deshalb, dass ich zu ihm zurückkehre.«

»Es ist zwar sinnlos«, antwortete Karl, »aber ich kann dem Sohn nicht verbieten, schützend an seines Vaters Seite zu reiten.«

Nur wenige Augenblicke später preschte Hunolds Bruder heran. Hatto, der nie einen Hehl daraus gemacht hatte, dass er die Franken des Nordens ebenso wenig mochte wie Burgunder von der Loire, überbrachte mit finsterer Miene die lang erwartete Nachricht.

»Abd-ar-Rahman rückt weiter nach Norden vor!«

Das Jahr war inzwischen so weit fortgeschritten, dass im Norden bereits wieder mit größeren Regenfällen gerechnet werden musste. Für eine Weile hatte Karl vorgehabt, die Sarazenen in genau diese Wetterfalle zu locken.

»Ihre stärkste Waffe ist die Schnelligkeit ihrer Pferde«, hatte Hunold immer wieder gesagt. »Sie kennen nur den sonnentrockenen Boden und wissen nicht, wie hinderlich die feuchten Wiesen im Norden für einen schnellen Angriff sein können.«

»Aber was gut für ihre Pferde ist, ist der größte Nachteil von unseren«, hatte Graf Rotbert geantwortet, der diesmal ebenfalls mitgezogen war.

»Aber wir haben dafür das kühlere Blut«, hatte Karl gesagt. »Das gilt für die Männer ebenso wie für die Pferde. Und ich habe nicht die geringste Absicht, mich einfach auf irgendein Schlachtfeld zu stellen und dann zu warten, bis wir in einem Sturm aus Pfeilwolken und Schwerthieben von schnellen Pferden herab untergehen …«

Am zweiten Tag nach dem Aufbruch des riesigen fränkischen Heeres erfuhr Karl, dass der Oberbefehlshaber der Sarazenenheere bereits vor Wochen einen großen Umschließungsring aufgebaut hatte. Ein Teil seines Reiterheeres hatte Herzog Eudos

Stellungen in Limoges überrannt und ihn in Richtung Poitiers getrieben. Ein anderer Teil war von der mehrere Meilen breiten Mündung der Gironde weiter nach Norden vorgestoßen, hatte überall Dörfer und kleinere Siedlungen verheert, die Stadt Sanites in Brand gesteckt und kam jetzt von Südwesten her ebenfalls auf Poitiers zu.

»Wir müssen uns entscheiden, ob wir über die Brücke der alten Römerstraße bei Cenon noch auf die Westseite der Vienne übersetzen oder ob wir am östlichen Ufer sicherer vor Überraschungsangriffen sind«, meinte Karlmann am Abend desselben Tages.

Aber sein Vater wollte nichts mehr von einer neuen Wartestellung wissen.

»Wir setzen über und verteilen uns nördlich und südlich der Römerstraße von Tours nach Poitiers. Dann haben wir die Vienne östlich von uns auf der linken Seite und den Fluss Clain auf der rechten. Von dieser Stelle aus fließen sie in unserem Rücken zusammen und bilden ein Dreieck, das unsere Flanken schützt.«

»Die Araber können danach nur noch von vorn, das heißt von Südwesten her angreifen«, meinte auch Pippin.

»Aber sie nageln uns damit praktisch ans Kreuz«, gab Karlmann zu bedenken. »Wir können uns weder nach Norden, noch nach Osten zurückziehen. Die beiden Flüsse schneiden uns jegliche Möglichkeit zum Rückzug ab, und die einzige Brücke über die Vienne ist sofort verstopft, wenn es darauf ankommt.«

»Karlmann!«, sagte Karl mit leisem Vorwurf in der Stimme. »Nimm deinen Verstand und deine Gedanken ein bisschen aus dem kirchlichen Weihrauch, in dem ich dich immer öfter sehe. Die Landspitze zwischen den beiden Flüssen verstärkt unsere eigene Kraft, weil wir nicht schnell genug für erfolgreiche Angriffe gegen die Araber sind. Wir bilden mit fünfzigtausend Bewaffneten ein Bollwerk aus Leibern. Und unsere Panzerreiter sollen wie eine lebende Mauer sein, die wir immer dort hinschicken können, wo sie am nötigsten gebraucht wird.«

»Das ist ein riskantes Spiel, Karl«, sagte Herzog Folker. Auch Rotbert meinte: »Wir igeln uns damit ein und verschenken alle Möglichkeiten für eigene Angriffe.«

»Es ist kein Spiel, und wir verschenken nichts, ihr Herren«, sagte Karl hart. »Ihr wisst ganz genau, dass wir auch mit fünfzigtausend Fußkriegern nicht stark genug sind, um sie zu schlagen. Wie wollt ihr sie angreifen, wenn sie mit zehnmal tausend Berittenen von zehn Seiten zugleich kommen? Wenn ihr nicht wisst, ob ihr nach rechts oder links schauen, nach vorn den Schild heben und nach hinten die Schläge der Krummschwerter abwehren sollt? Glaubt ihr, ich schicke die besten Männer des Reiches, die Jugend des Landes, den Adel und die Tapferen, die schon so viele Züge überlebt haben, mutwillig ins Verderben?«

Er sprang auf, verschränkte die Hände auf dem Rücken und stampfte mit vorgebeugtem Oberkörper schwer vor dem abendlichen Feuer hin und her.

»Nein, ihr Herren«, sagte er dann, »wir werden kämpfen und sie im Zeichen des Kreuzes schlagen und besiegen. Aber ich will es sein, der den Befehl dazu gibt.«

Sie kamen zu Tausenden aus Richtung Poitiers. Stunde um Stunde preschten immer neue Haufen phantastisch bunt gekleideter Sarazenen mit blitzenden Waffen, wehenden Wimpeln an Lanzen und Speeren, mit Turbanen oder in lang hinter ihnen her wehende Schleier gehüllt, heran. Jede der mehrere hundert Mann starken Gruppen kündigte sich durch schnelles Pferdegetrappel und schrilles Zungentrillern an. Die Krieger der Sarazenen konnten so hoch und gellend schreien, wie es nicht einmal die Weiber der Franken in höchster Angst vermocht hätten. Die Serien der schreienden Triller und die in unregelmäßigen Abständen aufkommenden Hufschläge hielten die Franken

Stunde um Stunde in Atem. Niemand wusste zu sagen, was geschah und wie es weitergehen würde. Aber die Muselmanen verschwanden jedes Mal so schnell wieder, wie sie über die Hügel kamen.

Erst als die Sonne versank, brachen die Sarazenen ihr eigenartiges Ritual ab. Wer bei den Franken anfänglich noch geglaubt hatte, dass es sich immer um dieselben Reiter gehandelt hatte, wurde von Karl eines Besseren belehrt.

»Sie haben sich nur den Ort angesehen, an dem sie uns angreifen werden«, sagte Karl. »Aber sie können nicht erkunden, was wir ihnen zu fühlen geben werden. Ich will, dass sich jeder Fußkrieger so dicht an den nächsten stellt, dass zwischen den Schilden nur noch für ihren Schwertarm Platz ist. Jeweils drei Männern mit Kurzschwertern soll ein Langschwert folgen. Die Männer mit Wurfäxten sollen dahinter Aufstellung nehmen. Ihnen soll eine Gasse folgen, durch die neue Wurfäxte und andere Ersatzwaffen gebracht werden können. Den zweiten Riegel stellen die Speerwerfer. Hinter ihnen soll ebenfalls eine Gasse gebildet werden. Und erst danach will ich die Reihen der Bogenschützen sehen.«

Er erklärte immer wieder, dass man die Araber niemals aus der Bewegung heraus besiegen konnte. »Sie haben alles erobert, weil ihre Pferde so schnell sind«, sagte er zu den Getreuen, »aber ich zwinge sie, vor uns anzuhalten. Das ist die einzige Möglichkeit, wie wir das Reich der Franken und mit ihm das christliche Abendland jetzt noch retten können.«

»Wir werden stehen und kämpfen wie zehntausend Felsen in Sturm und Brandung«, versprach Pippin III. Ein Lächeln spielte um Karls Mundwinkel. So wie diesen tapferen jungen Mann hätte er sich auch seinen Ältesten gewünscht. Er ließ das, was Pippin gesagt hatte, überall weiterverbreiten. Und schon bald übernahmen die anderen Adligen, die Anführer und Grafen, aber auch die Bischöfe, Äbte und Mönche das Wort von den Felsen in der Brandung, um alle Männer auch von innen heraus mit Stärke und Siegeswillen zu rüsten …

Während die Feuer im riesigen Heerlager auf beiden Ufern der Vienne hoch in den Nachthimmel loderten, klangen überall Gesänge auf.

Der Samstagmorgen im Oktober begann klar und wolkenlos. Kein Lüftchen wehte, als die Sonne aufging. Innerhalb weniger Minuten verwandelte sich das Nachtlager des riesigen Frankenheeres in eine lärmende, quirlige Ansammlung von Menschen und Tieren. An den Rändern der Zeltstadt auf beiden Ufern der Vienne zogen Herden von Schafen und Kühen zu den bewaldeten Hügeln hinauf. Am Ufer selbst erfrischten sich Männer und Frauen, die im Tross mitgezogen waren.

Gleich nach dem Erwachen gab Karl den Befehl, sämtliche Zelte und Gerätschaften, die nicht für den Kampf benötigt wurden, auf die östliche Seite des Flusses zurückzuschaffen. Er wollte seine Stellung so aufbauen, dass sie einen Sperrriegel zwischen Cenon und Alt-Poitiers und den beiden Flüssen Vienne und Clain bildete.

Ein allerletztes Mal schärfte er seinen Anführern ein, dass sie dem Sturm der Sarazenen nur dann widerstehen konnten, wenn sie so kämpften, wie es die germanischen Völker seit eh und je taten – stark, furchtlos und mit dem gemeinsamen Geschrei aus Männerkehlen, das durch das Echo der hölzernen, mit Leder beschlagenen Schilde wieder und wieder verstärkt wurde.

Abd-ar-Rahman hatte alle Verhandlungen abgelehnt. Selbst Herzog Eudo von Aquitanien und seinen Söhnen war keine Vereinbarung mit den Arabern mehr gelungen – auch mit jenen nicht, die noch bei der Hochzeit von Eudos Tochter Lampiega mit dem inzwischen getöteten Oberbefehlshaber der muselmanischen Grenztruppen tage- und nächtelang gefeiert hatten.

Die Sonne war noch keine Daumenbreite über den Wäldern

im Osten aufgestiegen, als die letzten Vorbereitungen für den großen Kampf begannen. Überall auf den flachen und nur teilweise bewaldeten Hügeln im Süden sammelten sich Gruppen von Berittenen. Karl und seine Anführer sahen sofort, dass die Araber nicht mehr zufällig auftauchten, sondern nach einem sorgfältig ausgearbeiteten Plan Aufstellung nahmen.

»Es ist so weit«, sagte Karl, nachdem er noch einmal an den eineinhalb Meilen jener Verteidigungslinie zwischen den beiden Flüssen entlanggeritten war, an der seine Panzerreiter den ersten Angriff der Araber auffangen sollten. Er wendete sein schweres, schwarzweiß geflecktes Pferd. Es wurde Zeit für die letzte große, aufmunternde Ansprache.

»Ihr weicht nicht einen Schritt!«, rief er den Männern noch einmal zu. »Keiner darf ausbrechen! Keiner auch nur eine Pferdelänge nach vorn gehen! Und keiner soll sich verleiten lassen, einem Araber auf seinem Pferd zu folgen. Ihr müsst begreifen, dass der Langsamste von ihnen immer noch schneller ist als der Schnellste von euch. Das Blut ihrer Pferde ist heiß wie die Sonne des Südens. Aber ihr habt die Kraft, mit der ihr zuschlagen und alles abwehren könnt. Jeder von euch soll nicht nur Mauer, sondern auch Wachturm sein, jeder von euch ein Feldherr und so unerbittlich und stark im Glauben wie die irischen Missionare, die nur mit dem Kreuz gegen die Schwerter von Herzog Radbods Friesen standen. Denkt an diese Männer, ihr Herren! Betet zu Gott und den Heiligen! Aber weicht nicht einen Schritt zurück vor den Fahnen Allahs! Und niemand von euch soll sich durch das Geschrei und dieses schreckliche Trällern aus ihren Kehlen in Furcht und Schrecken jagen lassen! Denn je mehr sie schreien, umso heller und dünner wird das heiße Blut.«

Sie brauchten fast den ganzen Vormittag, bis sich die riesigen Heere endlich so voreinander ausgerichtet hatten, dass nur noch der letzte Befehl fehlte. Dann endlich waren die Vorbereitungen beendet. Was noch bei Sonnenaufgang laut und lärmend begonnen hatte, verwandelte sich zunehmend in ein großes schweigendes Warten. Immer mehr Gespräche verstummten, und als die Sonne ihren höchsten Punkt am Himmel erreichte, kam nicht einmal mehr aus den weiter entfernten Lagern der Handwerker und Weiber irgendein Laut. Karl und seine Söhne saßen wie sämtliche Panzerreiter und wie seine Herzöge und Grafen beinahe bewegungslos auf ihren Pferden. Nur hin und wieder schnaubte einer der eng zusammenstehenden Kaltblüter. Es hätte donnern oder auch hageln können, aber kein einziger Wallach der Franken wäre auch nur einen Schritt zurückgewichen. Und dann, als die Sonne bereits den Zenit überschreiten wollte, gellte ein langes, hohes Trillern über die Köpfe der Sarazenenkrieger auf ihren ungeduldig tänzelnden Pferden. Die Franken sahen, wie sich auf einem Hügel zwischen den dichten Reihen der Pferde und Lanzen, Reiter und Fahnen eine breite Gasse bildete. Auch aus der großen Entfernung war zu erkennen, dass dort ein hochgestellter Anführer der Muselmanen sich nun an die Spitze setzte.

»Das ist Abd-ar-Rahman selbst!«, rief Hunold Karl zu. »Er hat gesagt, dass er selbst den Triumph genießen will, die Kirche des heiligen Hilarius von Poitiers in Brand zu stecken und sich dann die Schätze aus Tours, der Stadt des heiligen Martin zu holen.«

»Eine blutige Nase wird er sich holen!«, lachte Karl laut. »Denn zwischen Tours und Poitiers stehen wir mit dem größten Heer, das es jemals im Königreich der Franken gegeben hat.«

»Allah il Allah!«, schrie in diesem Augenblick der Statthalter des Kalifen von Bagdad in Spanien. »Gott ist allmächtig! Und Mohammed ist sein Prophet …«

Mit ungeheurem Geschrei wiederholten die Sarazenen den Kampfruf, der sie in ihren als heilig bezeichneten Krieg begleitete.

Sie brachen von den Hügeln herab und preschten durch die Senken wie eine unaufhaltsame und tödliche Flut.

»Gelobt sei Jesus Christus!«, brüllte Karl so laut er konnte. Aus Tausenden von Kehlen schallte der Schlachtruf der Franken wider. Und dann ging alles sehr schnell. Die erste Welle der Araber prallte hart und mit lautem Getöse auf die Mauer der fränkischen Panzerreiter. Zum ersten Mal wurde deutlich, um wie viel größer die Franken auf ihren Kaltblütern waren. Sie brauchten nur ihre Schwerter zu heben und nach vorn zu schlagen, um die geduckten Araber auf ihren schnellen Pferden so hart zu treffen, dass ihre Rüstungen brachen und ihre Körper gespalten aus dem Sattel fielen. Pfeilwolken prasselten auf beiden Seiten gegen die Schilde. Ihr Aufschlag klang dumpf auf der ledernen Bespannung der Frankenschilde und metallisch hart auf den golden schimmernden, kupfer- und messingbeschlagenen Schilden der Sarazenen.

Hundertfach bäumten sich die Pferde der Muselmanen auf, wenn sie in vollem Lauf vor der Wand aus Frankenreitern herumgerissen wurden. Viele schafften es nicht weiter und stürzten zu Boden. Andere verfingen sich im Gewirr zuckender Pferdeleiber und im Todeskampf schreiender Angreifer. Der Zusammenprall war derartig hart und ohne Ausweichmöglichkeit für die Mohammedaner, dass sie durch ihre eigene Schnelligkeit und Wucht in ein blindes Chaos stürzten. Keiner der Franken gab nach. Kein Panzerreiter wich zurück. Wo sie zusammensanken, von Schwert oder Pfeil, Speer oder Lanze getroffen, rückten sofort andere nach, damit keine Lücke in die lebende Verteidigungsmauer brach.

Die erste Angriffswelle endete so furchtbar, dass die Araber in wilder Wut sofort eine zweite hinterherschickten. Karl richtete sich hoch in seinem Sattel auf, hob die Hand mit dem Schwert, dann brüllte er durch den Lärm: »Das Ganze … fünfzig Schritt … vorrücken!«

Dutzende von Anführern wiederholten seinen Befehl bis zu den letzten Reitern, die schon fast im Wasser der beiden Flüsse standen. Die Rosse der Panzerreiter zögerten mehrfach, als sie zwischen den gestürzten Araberpferden, den Toten und Verwundeten hindurchgezwungen wurden. Doch dann lag wieder freies Feld vor ihnen, das leicht nach Süden hin anstieg.

Die zweite Welle griff wesentlich geschickter an. Sie raste nicht mehr in blindem Eifer auf die Panzerreiter zu, sondern ging knapp zwanzig, dreißig Pferdelängen vor dem Sperrriegel in eine Transversale über. Die Reitergruppen teilten sich, und eine Hälfte zog nach links, die andere nach rechts. Auf diese Weise ritten sie nicht mehr direkt auf die Franken zu, sondern passierten sie im vollen Ritt und konnten von den Seiten her zuschlagen. Doch damit waren sie von den Flanken her noch angreifbarer für den Pfeilhagel der Franken, die blitzend und schnelldrehend durch die Luft fliegenden Wurfäxte und die Schwerthiebe der Panzerreiter.

Auch die dritte und vierte Angriffswelle ließ Karl in der gleichen Art abwehren. Stück um Stück rückte sein Heer nach Süden vor. Doch nicht ein einziges Mal bildete sich irgendwo eine Lücke, eine schwache Stelle oder ein Durchlass für die immer wilder heranstürmenden Muselmanen. Auf keiner der Seiten schien die Kraft zu erlahmen. Niemand gab nach, und es sah ganz so aus, als würde die große entscheidende Schlacht erst dann enden, wenn sich auch der letzte Araber und der letzte Franke gegenseitig erschlagen hätten …

Niemand hatte darauf geachtet, wie die Stunden verstrichen waren. Die zweite Tageshälfte des 18. Oktober 732 brachte den Muselmanen nicht den geringsten Sieg über die Nordvölker. Mit eiserner Faust und hoch von oben herab schlugen besonders die Austrier als stärkste von allen wieder und wieder zu. Burgunder und Neustrier, Thüringer, Alamannen und Baiern verfolgten mit zunehmender Begeisterung, wie sich die Panzerreiter des Majordomus und die ihnen angeschlossenen Berittenen ohne ein Zeichen der Schwäche gegen die wütenden Angreifer behaupteten. Nur einer hielt sich nicht an die Befehle Karls.

Spät am Nachmittag, als sich wieder eine neue Welle schneller Reiter näherte, stieß Eudo plötzlich einen ungeheuren Schrei aus. Bis auf Karl und ein paar Edle in seiner Nähe bemerkte kaum jemand, wie Eudo sich auf seinem eigenen Araberpferd zwischen zwei austrischen Panzerreitern hindurchdrängte – und zwar genau dort, wo gerade eines der Pferde unter einem Pfeilschuss der Sarazenen zusammenbrach.

Karl zog die Brauen zusammen. Unwillig verfolgte er die Eigenmächtigkeit des Herzogs. Zu allem Unglück trug er auch noch Pluderhosen und eine Rüstung, die ihn fast wie einen der Sarazenen aussehen ließ. Karl ahnte das Desaster voraus. Er wollte Eudo nachsetzen, aber seine eigenen Panzerreiter hatten die Reihen wieder so dicht geschlossen, dass von keiner Seite aus irgendein Durchkommen war.

Und dann geschah etwas so Ungewöhnliches, dass weder Karl noch irgendjemand sonst sagen konnte, wie das Zusammentreffen wirklich abgelaufen war.

Eudo preschte auf die Mitte einer neuen Angriffswelle zu. Gleichzeitig sah Karl, dass sich Abd-ar-Rahman, der Statthalter in Spanien, erneut an die Spitze des Angriffs gesetzt hatte. Doch Eudo griff ihn nicht an, sondern versuchte, ihn zur Seite hin abzulenken. Karl sah, dass der Herzog zwischen die Fronten geriet und unweigerlich die Aufmerksamkeit der Angreifer und der Verteidiger zugleich auf sich zog. Und dann geschah es auch schon: Abd-ar-Rahman brach aus der stürmenden Front aus, schwenkte zur Seite und ritt vor allen anderen schräg auf Eudo zu. Doch der schien genau damit gerechnet zu haben. Karl wusste nicht, ob die beiden Männer sich kannten. Er wollte den Herzog von Aquitanien trotz seiner Widerspenstigkeit und Untreue in den vergangenen Jahren nicht einfach opfern, doch er konnte ihm nicht helfen! Er kam nicht durch den Wall aus Pferdeleibern, den er selbst errichtet hatte. Schnell sah er sich nach allen Seiten um. Dann entdeckte er eine Gruppe von Fußkriegern hinter Reihen von Bogenschützen.

»Eine Franziska!«, brüllte er den Männern zu. »Schnell! Eine Franziska!« Er rammte sein Schwert in die Scheide am Wehrgehänge zurück und streckte die rechte Hand aus. Die Männer zögerten. Nur einer von ihnen begriff, was der Majordomus verlangte. Er hob seine Wurfaxt, hielt sie für einen Augenblick senkrecht über den Kopf und warf sie dann so zu Karl, dass sie sich vorschriftsmäßig und wie immer wieder geübt in genau berechneten Kreisen drehte.

Karl starrte der Wurfaxt entgegen. Dann schnellte seine Hand vor, und er packte den Griff. Obwohl die Männer auch diese riskante Übung allesamt beherrschten, bewunderten sie dennoch Karls Geschick, denn gleichzeitig prasselten von allen Seiten unablässig Araberpfeile auf ihre Schilde.

Karl drehte sich halb um. Dann sah er, dass nur noch Sekunden Herzog Eudo vom sicheren Tod trennten. Karl hob sich halb aus dem Sattel, drehte sich um und schleuderte die Wurfaxt über die Köpfe der Panzerreiter hinweg. Hunderte von Augenpaaren verfolgten den schwirrenden Flug der Streitaxt. Eudo riss sein Pferd hart zur Seite. Aber die Axt galt nicht ihm. Sie traf den Anführer der Muselmanen genau über der Nase in den Helm. Abd-ar-Rahman warf beide Arme hoch, blieb wie ein Betender aufgerichtet und kippte dann aus der Bewegung seines Pferdes heraus zur Seite weg.

Auch die Reiterkrieger der Muselmanen sahen, wie ihr Anführer fiel. Mit einem ungeheuren Geschrei stürmten sie auf die Stelle zu, an der das Unfassbare geschehen war. Sie rissen den leblosen Körper des Statthalters hoch, griffen gleichzeitig nach den Zügeln seines Pferdes und zogen alles blitzschnell zurück. Noch ehe alle Franken überhaupt begriffen hatten, was vor ihrer

Frontlinie geschehen war, preschten die Araber in ihre Lager hinter den Hügeln zurück.

Erst als der rote Sonnenball hinter den Bäumen im Westen versank, erkannten die Franken, dass die Araber ihr unermüdliches Angriffswerk für diesen Tag beendet hatten. Tausende von Pferden, Getöteten und Verwundeten blieben auf dem Schlachtfeld zurück.

Im selben Augenblick brach großer Jubel aus. Sämtliche Männer im Frankenheer, die noch die Kraft dazu hatten, hoben ihre Schwerter und Wurfäxte und drohten damit in die Richtung, in die die letzten der Sarazenenreiter verschwunden waren. Sie schmähten hinter ihnen her und drohten ihnen an, sie auch am folgenden Sonntag mit gleicher Stärke und Gottesfurcht zu empfangen.

32.

Die Fahnen des Propheten

Alle getauften Christen aus den verschiedensten Stämmen der Franken nahmen am Sonntag, dem 19. Oktober 732 an den Frühmessen teil. Sie dankten Gott von ganzem Herzen für seine Güte und Gnade, die ihnen die Kraft geschenkt hatte, gegen die furchtbaren Angriffe der Muselmanen standzuhalten. Auch Ungetaufte drängten sich zu den Gottesdiensten. Obwohl jeder wusste, wie ernst die Lage war, schöpften Tausende neue Kraft aus Gesang und Gebet. Da sich in diesen ersten Morgenstunden kein neuer Arabertrupp zeigte, rechneten Karl und seine Leute damit, dass die Anführer der Muselmanen auch an diesem Tag erst gegen Mittag angreifen würden.

»Sie haben schwere Verluste erlitten und während der Nacht nur ihre Verwundeten, nicht aber ihre gefallenen Krieger geholt«, berichtete Karlmann, der mit Erlaubnis seines Vaters zusammen mit ein paar anderen jungen Adligen über das Schlachtfeld geritten war. Sie kamen reich mit kostbaren Waffen beladen zurück. Kaum jemand hatte zuvor die kunstvoll geschmiedeten und reich mit Edelsteinen verzierten Hieb- und Stichwaffen der Araber aus der Nähe gesehen. Umso größer war das Interesse der Männer an den prachtvollen Waffen. Sie betrachteten die gefundenen Schwerter mit großem Respekt, denn viele von ihnen hatten gesehen, dass sie nicht nur prächtig aussahen, sondern auch eine ganz furchtbare Wirkung hatten.

Der Sonntagvormittag verging mit Aufräumungsarbeiten und einer neuen, leicht veränderten Planung für die Berittenen und die Bogenschützen. Während der Angriffe des vergangenen Tages waren die Araber auf ihren schnellen Pferden stets frontal auf die Panzerreiter der Franken zugeritten. Wieder und wieder hatten sie versucht, genau in die Mitte des Sperrriegels aus Pferden und Männern eine Bresche zu schlagen. Und jedes Mal waren sie wie das Wasser eines Sturzbaches nach beiden Seiten ausgewichen, sobald sie auf die Mauer der Gepanzerten trafen.

»Wir dürfen ihnen nicht mehr erlauben, dass sie in einem Bogen vor uns entlangreiten und dann mit gleicher Geschwindigkeit wieder zurückkehren können«, sagte Karl zu den Anführern seines Heeres. Alles redete durcheinander. Jeder hatte eine andere Vorstellung davon, wie an diesem Sonntag die Panzerreiter, die Bogenschützen und die Fußkrieger aufgestellt werden sollten.

»Meine Schwertkämpfer werden verlangen, dass auch sie mitkämpfen dürfen«, meinte einer der Alamannen, die Karls Ruf sofort gefolgt waren. »Sie sehen nicht ein, dass sie den ganzen Tag warten müssen, während die Bogenschützen und die Schwertarme eurer gepanzerten Reiter unermüdlich zu tun haben.«

Auch Herzog Eudo zeigte, dass er inzwischen wieder obenauf war. Nur einmal, spät in der Nacht, hatte Karl mit ihm gesprochen. Er hatte ihm deutlich gesagt, dass er ihn nur dann wieder als Herzog der Aquitanier anerkennen würde, wenn er sich ohne Wenn und Aber ihm als dem Majordomus des gesamten fränkischen Königreiches unterordnete.

Eudo war klug genug gewesen, noch einmal Karls Hand anzunehmen. Doch jetzt, kurz bevor die Sonne den höchsten

Punkt ihres Laufes am Himmel erreichte, wollte er nicht mehr länger warten.

»Ihr sehr doch, sie greifen nicht an. Wollt ihr etwa warten, bis sie von irgendeiner anderen Seite zuschlagen?«, fragte er mit schon fast flehentlich klingender Stimme. Einige der Gaugrafen aus dem Norden wollten ihm bereits zustimmen. Doch Karl blieb hart und ließ nicht mit sich handeln.

»Wir werden zu wehrlosen Opfern, wenn wir uns mit unseren langsamen Pferden und mit Tausenden von Fußkriegern gegen den Angriff der Sarazenen werfen. Wir sind nur stark, solange wir wie ein Felsblock widerstehen. Mögen ihre Schwerter und Pfeile auch an einigen Stellen Blut und Schweiß fließen lassen, so ist ihre Wucht doch bisher nicht stark genug gewesen.«

»Aber wir könnten sie auffangen, wenn sie zu den Seiten hin wegreiten«, meinte Pippin. »Ich will keinen einzigen Franken von den Muselmanen zu Boden reiten lassen. Ihr habt doch alle gesehen, dass selbst Herzog Eudo, der sie viel besser als jeder andere hier kennt, um ein Haar überrannt worden wäre.«

Zum ersten Mal senkte der Herzog von Aquitanien seinen Blick. Nichts von dem, was er in den vergangenen Jahren mit seinen vasgonischen Hilfstruppen, den eigenen Kämpfern und den befreundeten Arabern erlebt hatte, konnte den Zorn und das Gefühl der Schmach in ihm mildern, das er seit Karls rettendem Eingreifen empfand.

»Aber in einem Punkt sollt ihr Recht bekommen«, sagte der Majordomus. »Wir werden entlang der beiden Flüsse ebenfalls Sperrriegel aus Panzerreitern aufstellen.«

»Und warum reiten wir nicht einfach los und erwischen sie dort, wo ihnen ihre schnellen Pferde nichts nützen?«, fragte Pippin.

»Schlägst du etwa vor, dass unsere Panzerreiter sich ebenso im Sturmangriff versuchen sollen wie unsere Feinde?«

»Sie werden nicht schnell sein«, gab Pippin zu, »aber die Araber sind unseren Fußkriegern und den langsamen Gäulen nur dort überlegen, wo sie die Geschwindigkeit zu ihrer stärksten Waffe machen können.«

»Er hat Recht«, meinte auch Karlmann. Zum ersten Mal unterstützte Karls Ältester den jüngeren Bruder. Der Majordomus lächelte, und dann entschloss er sich, den beiden nachzugeben.

»Nun gut«, sagte er, »es kann etwas dran sein an eurer Idee. Deshalb stimme ich zu, wenn auch nur unter einer Bedingung.«

»Wir dürfen angreifen?«, fragte Pippin sofort, und seine Augen leuchteten.

»Nicht angreifen, sondern gemeinsam vorrücken«, berichtigte Karl. »Du, Pippin, reitest mit Rotbert und Folker, zusammen mit den Alamannen und Baiern, am Westufer der Vienne stromaufwärts.« Er drehte sich zur Seite und ging einen halben Schritt auf die Aquitanier zu. »Und du, Herzog«, sagte er zu Eudo, »folgst der Römerstraße von Tours nach Poitiers am Clain entlang. Dir werden die Neustrier zugeordnet. Ich selbst bleibe mit den Friesen, den Kontingenten der Sachsen, den Fußkriegern aus Aquitanien und sämtlichen Panzerreitern in der Mitte.«

»Dann rücken wir also in drei Säulen vor«, sagte Pippin. »Welche Gruppe fängt an?«

»Keine fängt an«, sagte Karl hart. »Hört meinen Befehl, dessen Zuwiderhandlung ich mit schwersten Strafen belege: Keiner, kein Krieger zu Fuß und kein Reiter darf auch nur eine Pferdelänge vor mir selbst gegen die Lager der Muselmanen vorrücken. Nur wenn wir eng zusammen bleiben und dicht an dicht ihre Angriffe auffangen, können wir, so wie gestern, bestehen. Und nun hebt eure Hand zum Schwur und versprecht bei Leben und Besitz, dass ihr mir Gehorsam leisten werdet.«

Die Franken rückten mit mehreren tausend Berittenen und Fußkriegern Schritt um Schritt vor. Ganz langsam wurden die

Spitzen der Zelte auf der anderen Seite der flachen Hügel sichtbar. Es waren Hunderte, wenn nicht gar Tausende! Mancher der fränkischen Berittenen und Fußkrieger starrte mit Bewunderung und zunehmendem Schrecken auf die langen, in phantastischer Ordnung aufgereihten Zelte der Muselmanen.

Nie zuvor hatte auch nur einer von ihnen ein derartig buntes und beeindruckendes Lager gesehen. Die Zelte erstreckten sich über eine weite, ebene Fläche bis zu den ansteigenden Hügeln weiter im Süden und zu den Waldrändern vor den Ufern der beiden Flüsse. Karl hatte den Befehl erteilt, so ruhig wie möglich vorzudringen. Er wollte sich den Bariton der Männer und den Lärm der Blashörner so lange aufsparen, bis sie der ersten Welle arabischer Angreifer erneut standhalten mussten.

Dennoch wunderte sich Karl über die Stille zwischen seinem Heer und dem Lager der Sarazenen. Sie hatten nicht einmal Wachen aufgestellt oder berittene Gruppen eingeteilt, die eine halbe Meile vor den Zeltreihen hin und her streiften, wie es bei den Franken und allen anderen Feldheeren üblich war.

Obwohl die Sonne hoch am Himmel stand, deutete nichts auf einen neuen Angriff der Araber hin. Je weniger sie sahen, umso vorsichtiger wurde der Majordomus. Zu offensichtlich erschien ihm die Taktik der Sarazenen. Wenn sie ihn bis in die Reihen ihrer eigenen Zelte locken wollten, dann machten sie dies mit einer ungewöhnlichen Disziplin und Ordnung. So sehr sie sich auch bemühten – weder Karl noch irgendein anderer Franke konnte auch nur einen einzigen der schnellen Reiter ausmachen.

»Das ist doch unmöglich!«, rief Pippin seinem Vater zu. »Niemand kann sich so vollständig hinter Zelten verstecken.«

Auch Karl wurde allmählich unruhig. Er hatte oft genug selbst hinter Bäumen und Felsen auf feindliche Haufen gelauert. Dennoch kam es ihm unmöglich vor, dass sich ein riesiges Reiterheer so verstecken konnte, dass kein Schnauben eines Pferdes, kein versehentlich umfallender Speer und nicht einmal ein einziger

Turban eines neugierigen Kriegers zu sehen war, der nur einmal erkunden wollte, wie weit die heranrückenden Feinde schon gekommen waren.

Kein Turban, keine grüne Fahne und kein Stutenkopf verriet den Franken, wo sich die Sarazenen versteckt hielten.

»Aber sie müssen doch irgendwo sein!«, rief Karlmann verstört. Karl hob den Arm. Der gewaltige Lindwurm des fränkischen Heeres kam sofort zum Stehen. Dicht an dicht, schwer bewaffnet und nur von einem leisen, stetigen Klirren der Waffen und Ausrüstung begleitet, verharrten Tausende von Männern beinahe atemlos vor der scheinbar vollkommen leeren Zeltstadt der Araber. Es war eine unheimliche, von jedem Einzelnen als falscher Sonntagsfriede empfundene Stille. Sie hörten weder Geflüster, noch das Scharren von Pferdehufen. Sie wussten nicht einmal, ob die Sarazenen noch da waren …

Die Wahrheit war so ungeheuerlich, dass sogar Karl eine ganze Weile brauchte, bis sich die Anspannung langsam löste. Noch glaubte er, wie alle anderen, an einen Hinterhalt, eine Falle.

»Sie sind weg!«, rief Pippin halblaut. Karl brachte ihn mit einer schnellen Handbewegung zum Schweigen. Doch dann war es erneut Herzog Eudo von Aquitanien, der sich über alle Versprechen und Verbote hinwegsetzte und mit gewaltiger Kraft in sein Horn blies.

Karl spürte, wie ihm das Blut ins Gesicht schoss. Wenn er nur wenige Pferdelängen näher an Eudo gewesen wäre und ihm nicht seine eigenen gepanzerten Reiter den Weg zu ihm versperrt hätten, wären die Hornsignale des Aquitaniers die letzten seines Lebens gewesen …

So aber verlor sich der tosende Kampfruf des Herzogs in der Stille und Leere zwischen den Araberzelten. Niemand griff an, und niemand kam, um sich zu verteidigen. Erst jetzt erkannten die Franken, dass all das keine Täuschung war. Die Kämpfer der heiligen Heere Allahs und seines Propheten Mohammed waren nach Wochen und Monaten ihres siegreichen, alles verwüstenden Beutezuges an der unverrückbar stehenden Mauer der fränkischen Streitmacht gescheitert.

»Sie haben das Dunkel der Nacht genutzt«, rief Karl. »Sie sind entkommen …«

Für einen Augenblick blieb alles still. Doch dann begriffen die Männer um ihn herum, was das bedeutete. Ein unbeschreiblicher, weithin tragender Jubel stieg in den Himmel auf. Wildes Geschrei und Siegesrufe vermischten sich mit Gebeten. Männer, die sich weder vor Tod noch Teufel fürchteten, fielen auf die Knie und küssten die Erde. Andere rammten ihr Schwert vor sich in den Boden, hoben die Hände zum Himmel und dankten Gott für seine Gnade. Es war ein wilder, großartiger, erleichterter Freudensturm, der an diesem Tag in aquitanischen Gefilden südlich der Loire den Sieg der Christen über die Krieger Mohammeds bejubelte.

Karl wusste, was er den versammelten Stämmen der Franken und den verbündeten Völkern schuldig war.

»Sämtliche Herden unserer riesigen Beute werden geteilt«, befahl er. »Das Gleiche gilt für die erbeuteten Waffen und die Gerätschaften bei den Zelten und dem zurückgelassenen Tross der Sarazenen. Hiermit ergeht mein Befehl, dass ein Viertel von allem den beraubten und geschlagenen Aquitaniern und Vasgonen zurückgegeben werden soll. Achtet hierbei besonders auf Zuchtbullen und trächtige Muttertiere, damit die Verheerten nicht allzu lange auf einen neuen Anfang warten müssen …«

Er ritt im Gefolge seiner Getreuen durch das schier endlose Zeltlager der Araber. Sie hatten fast alles zurückgelassen, was sie nicht auf ihren schnellen Pferden mitnehmen konnten und sie bei der Flucht nur behindert hätte. Sogar goldene Kruzifixe, Monstranzen, wertvolle Pergamentrollen und kunstvoll gestickte Wandteppiche aus Kirchen und Klöstern, von reichen Landbesitzern und aus den Häusern in den Städten hatten sie zurückgelassen.

»Ich will, dass von sämtlichen hergebrachten Kirchenschätzen die früheren Eigentümer oder Besitzer festgestellt werden«, ordnete er an. »Dazu sollen die Äbte und Bischöfe gemeinsam entscheiden, was nach Poitiers oder Sanites, nach Bordeaux oder Bourges gehört. Als Richter, dessen Entscheidung nicht mehr angefochten werden soll, setze ich hierfür den Erzbischof von Reims ein. Allerdings behalte ich mir das Recht vor, allzu strittige Gegenstände in den Kronschatz zu überführen. Hierfür ist von der gesamten Beute ebenfalls ein Viertel vorzusehen.« Er sah sich um und erkannte, dass jedermann mit der noblen Entscheidung einverstanden war.

»Und was ist mit der anderen Hälfte der Beute?«, fragte Abt Milo, der ständig zur Seite blickte, um jene Mönche nicht aus den Augen zu lassen, die bereits mit dem Einsammeln des geraubten Kirchengutes beschäftigt waren.

»Die andere Hälfte wird ebenfalls geteilt«, entschied der Majordomus. »Ein Viertel der gesamten Beute beanspruche ich als Lohn für mich selbst, meine Vasallen und Paladine sowie für die Herzöge und Grafen. Das letzte Viertel soll so gezählt werden, als würde es einen großen Topf voller Silbermünzen ergeben. Daraus soll zunächst jeder, der mitgezogen ist, einen Silberling erhalten. Einen zweiten bekommen jene, die verwundet wurden oder sich im Kampf besonders ausgezeichnet haben. Den dritten erhalten alle, die schwer verletzt wurden, den vierten und fünften die Familien der Gefallenen.«

»Und wenn die Summe nach dieser Berechnung nicht für alle ausreicht?«, fragte der Erzbischof von Reims.

»Dann werde ich wohl oder übel für einen kleinen Ausgleich durch einen Teil der Schätze sorgen, die ich eigentlich der Kirche zurückgeben wollte«, lachte Karl. »Außerdem denke ich, dass ich mir jetzt, nach unserem Sieg über die Mohammedaner, auch einmal jene Männer in unserer eigenen Kirche ansehen sollte, die mich bisher nicht sonderlich unterstützt haben.«

»Was hast du vor?«, fragte Milo. »Und warum kümmerst du dich so sehr um die Verteilung der Beute, wenn wir doch alle erwarten, dass du so schnell wie möglich dem fliehenden Feind nachsetzt?«

»Erwartet ihr das wirklich?«, fragte Karl und lachte wieder. Er tätschelte mit der linken Hand den Hals seines starken, prächtigen Rosses. Der schwere Kaltblüter war wie die anderen bei keiner Angriffswelle der Araber zurückgewichen. »Wir sollten diesen Pferden vielleicht ein Denkmal setzen«, sagte Karl. »Aber wir haben mit ihnen keinerlei Möglichkeit, die schnellen Araber zu verfolgen. Was glaubst du, wie lange es dauern würde, bis unser Heer mit sämtlichen Fußkriegern und dem Tross die Pyrenäen erreicht? Wenn wir dort ankommen, liegen die Sarazenen schon tagelang jenseits der Berge in den Armen ihrer Weiber. Nein, Milo! Die Männer haben sich ihre reiche Beute redlich verdient. Die Herzöge, Gaugrafen und Gutsbesitzer sollen mit hochbeladenen Wagen und sämtlichen Fußkriegern in ihre heimatlichen Gaue, Pfalzen und Dörfer zurückkehren. Sie sollen alles mitnehmen und überall von diesem großen und denkwürdigen Heerzug künden.«

»Deinen Sieg in Jesu Christi und Gottes Namen über die Muselmanen zwischen Tours und Poitiers«, sagte der Erzbischof von Reims. »Ja, Karl, ich verspreche dir, dass dieses Ereignis noch einmal die Rettung des christlichen Abendlandes vor der islamischen Flut genannt werden wird.«

»Mir reicht, wenn die Annalen berichten, dass ich, Karl, der Sohn Pippins von Heristal und Nachfahre des Bischofs von Metz, die Reiterheere Mohammeds auf ihren schnellen arabischen Pferden durch einen Wall von tapferen Franken auf ihren Kaltblütern abgeriegelt und in die Flucht geschlagen habe.«

»Nur in die Flucht geschlagen? Oder auch verfolgt?«, fragte Milo.

»Also gut«, meinte Karl und grinste. »Natürlich werde ich sie verfolgen. Aber nicht mit einem großen Heer, sondern nur mit ein paar hundert Edlen zu Pferd und meinen Panzerreitern.«

»Gelobt sei Jesus Christus!«, stieß der Erzbischof von Reims hervor. »Ich hatte schon die Befürchtung, dass es dich nach diesen schweren Waffengängen zu deinem Weib Swanahild zurückzieht.«

»Zu Swanahild?«, wiederholte Karl, und es klang sehr erstaunt. Sie sahen sich für einen Moment in die Augen. Keiner von beiden sagte noch etwas dazu.

Das seines Kopfes und obersten Anführers beraubte Sarazenenheer zog sich entlang der alten Römerstraße von Tours nach Toulouse über das ehemalige Lemovecas und jetzige Limoges zurück. Die Route durch die westlichen Berge des fränkischen Zentralmassivs war beschwerlicher als durch die Landstriche zwischen Bordeaux und Poitiers, den die Eroberer auf ihrem Weg nach Norden genommen hatten. Karl und seine Begleiter merkten schnell, dass sie die fliehenden Araber nicht mehr einholen konnten.

»Wir müssten die Schnelligkeit und das Feuer der arabischen Stuten mit der Stärke und Ausdauer unserer eigenen Rösser vereinen«, meinte Karl, als sie die Dordogne erreicht hatten.

»Willst du sie etwa kreuzen?«, fragte Karlmann entsetzt.

»Warum nicht?«, antwortete Karl. »Jetzt, wo du es sagst, halte ich die Züchtung einer neuen Pferderasse für eine ausgezeichnete Idee.«

»Aber das geht nicht!«, protestierte Karlmann. »Das kannst du niemals ernstlich wollen!«

»Und warum nicht?«, fragte Karl verwundert.

»Weil… weil… unsere Wallache sind doch gesegnet. Und

wer weiß, ob die Muselmanen nicht ihre Pferde ebenfalls in die Gebete einschließen …«

Karl blickte seinen Ältesten mit großen Augen an. Es dauerte eine Weile, bis er endlich begriff, was Karlmann sagen wollte.

»Du meinst, dass Christenpferde und Araberpferde …?« Er brach ab und lachte. »Karlmann!«, stieß er dann hervor. »Gesegnet werden doch nur unsere Kriegs-Wallache! Und für die Zucht brauchst du bekanntlich Hengste!«

Pippin prustete los und brach in schallendes Gelächter aus. Auch Karl musste lachen, als er jetzt Karlmanns beleidigtes und verstörtes Gesicht sah. Karl legte seinen Söhnen die Arme um die Schultern, während sie langsam weitergingen. Und wieder empfand er einen leisen Stich in seinem Herzen, als ihm klar wurde, dass sein Zweitgeborener eigentlich derjenige war, der alle Fähigkeiten hatte, einmal sein Nachfolger zu werden. Karlmann hingegen wandte sein ganzes Denken mehr und mehr kirchlichen Fragen zu. Karl dachte erneut darüber nach, ob er bei der Erziehung seiner Söhne Fehler begangen hatte …

Sie hatten ihre eigenen Zelte am Ufer zwischen dem fast regungslos vor ihnen liegenden Fluss und den dichten Eichenwäldern rund um das kleine Dorf Souillac aufgeschlagen. An den Spießen über den Feuern brieten die Männer Stücke von eben erst erlegten Wildschweinen, die durch die Trüffeln und die vielen Eicheln in den Wildern ganz besonders schmackhaft waren.

Karl und seine Söhne gingen am flachen Ufer der Dordogne entlang. Der fast stehende Fluss war bis annähernd zur Mitte hin mit grünem Entenflott bedeckt. Nur hin und wieder schnappten ein paar Fische in dem stillen Wasser nach Luft. Die Römerstraße führte ein Stück flussaufwärts über eine kleine steinerne Brücke, deren Bögen auch nach den vielen Jahrhunderten kaum nennenswerte Schäden aufwiesen.

Karl und die meisten seiner Männer hatten die schweren ledernen Brustharnische, Beinschienen und Wehrgehänge abgelegt. Sie trugen nur die Gürtel mit Kurzschwertern und Dolchen, wie es auf den Pfalzen und Landgütern üblich war. Dennoch traute Karl dem idyllischen Frieden an der Dordogne nicht. Er blickte zu den Wäldern auf der anderen Seite des Flusses hinauf, die sanft nach Süden hin anstiegen.

»Ich kann mir nicht vorstellen, dass alle Sarazenen kopflos geworden sind, nur weil ihr Befehlshaber getötet wurde.«

»Das habe ich auch schon überlegt«, meinte Pippin.

»Abd-ar-Rahman war eigentlich nicht lange genug Statthalter in Spanien, um sehr viele Getreue um sich zu sammeln«, sagte Karlmann. »Aber er war erfolgreich, und er war hart.«

»Dann sollten wir von jetzt an in den Nachtstunden unsere Wachen verstärken«, schlug Pippin vor.

»… und sie in größerem Bogen um unser Lager reiten lassen«, sagte Karl zustimmend und nickte. Sie gingen an der Römerbrücke vorbei und wollten sich gerade wieder dem Lager zuwenden, als Karl abrupt stehen blieb.

»Was ist das?«, fragte er und deutete auf den Abdruck von Pferdehufen im von der Hitze welk gewordenen Gras an der Uferböschung. Pippin eilte auf die Stelle zu, die sein Vater entdeckt hatte.

»Nicht einmal eine Stunde alt«, sagte er, nachdem er sich kurz bis zum Boden gebückt hatte. Er richtete sich wieder auf und sah sich nach allen Seiten um. Karl begriff ebenfalls.

»Das sieht nicht gut aus!«, stieß er hervor. »Die Brücke mit der Römerstraße … wie ein offenes Tor für jeden Angreifer, der auf schnellen Pferden … seid mal still!«

Und dann hörten sie sie auch schon. Karl drehte sich um. Zusammen mit seinen Söhnen rannte er zum Lager zurück.

»Los! Zu den Waffen!«, brüllte er über das Lager hinweg. »Sie greifen an!«

Karls Lager geriet augenblicklich in einen wilden Aufruhr. Die Männer nahmen sich nicht mehr die Zeit, Beinschienen anzulegen oder sich voll zu rüsten. Der schmale Uferstreifen zwischen dem Fluss und dem Eichenwald war zu eng für eine große Schlacht. Doch Karl rief nur einen einzigen, über alle Köpfe hinweg dröhnenden Befehl. »Gasse bilden!«, brüllte er so laut er konnte. »Lasst sie alle über die Brücke kommen! Nur Gasse bilden und keinen Einzigen aus dem Sattel heben!«

Mann für Mann preschte in rasendem Galopp über die Römerbrücke. Doch niemand schlug sie. Kein Pfeil, kein Schild, kein Langschwert hielt sie auf. Sie merkten viel zu spät, dass es diesmal keinen harten Zusammenstoß mit den Panzerreitern der Franken gab. Sie preschten einfach ohne den geringsten Widerstand durch die Haufen ihrer Feinde. Aber sie konnten keinen Bogen reiten. Erst, als sie zurück zur Brücke wollten, gab Karl den Kampfbefehl.

»Verschont die Pferde, Männer! Und schlagt die Sarazenen, wie sie es verdient haben!«

Wie der Fisch arglos in eine Reuse schwamm, so zappelten die Sarazenenkrieger schon nach wenigen Minuten hilflos herum. Es wurde nur ein kurzes, blutiges Gemetzel. Nicht nur das Wasser färbte sich langsam rot, sondern auch die grünen Fahnen der Eroberer, die nach und nach in der Dordogne untergingen.

Sie verfolgten die Sarazenen Tag um Tag und Meile um Meile, bis nach Toulouse. Noch zweimal gerieten sie mit kleineren Trupps in kurze, heftige Kämpfe. Offensichtlich hatten die Sarazenen inzwischen verstanden, dass die Franken aus dem Norden anders kämpften als die Krieger Herzog Eudos und die Vasgonen. Die gepanzerten Reiter und die Edlen unter dem Befehl des Majordomus wichen keinen Schritt zurück, wenn sie angegriffen wurden.

Die frühere Hauptstadt des ersten germanischen Königreichs in der Römerprovinz Gallien wirkte noch immer groß und mächtig mit ihren Mauerziegeln aus dem roten Uferschlamm der Garonne. An allen Seiten hingen jetzt die grünen Fahnen der Eroberer von den Mauern herab. Aber die fränkische Streitmacht war nicht stark genug für die Belagerung und Eroberung von Toulouse.

Während sie weiter nach Südosten in Richtung Carcassonne ritten, dachte Karl immer öfter an die Warnungen, die vor langer Zeit ein Kaufmann namens Isaak ausgesprochen hatte. Erst jetzt verstand er langsam ihre wirkliche Bedeutung…

Die schon seit der Römerzeit stark und unbesiegbar über dem Flüsschen Aude aufragende Festung Carcasso erblickten sie am zweiten Tag. Nie zuvor hatten die Franken eine so große und stolze Stadt gesehen. Carcassonne, wie die Feste inzwischen genannt wurde, lag an der Kreuzung der alten Wege zwischen Pyrenäen und Zentralmassiv, Mittelmeer und Atlantik. Die Aquitanier erzählten Karl und seinen Männern, dass die Bauern hier noch Brot aus Weizen und Gerste nach Art der Römer backen konnten. Aber die Franken aus dem Norden begeisterten sich viel mehr für die Weinberge. Trotz der vorgerückten Jahreszeit entdeckten sie noch überall süße, würzige Trauben zwischen den herbstlich leuchtenden Blättern an den Weinstöcken.

Sie lagerten südlich der gallorömischen Befestigung. Aus den hufeisenförmigen Türmen mit den großen Bogenfenstern hatten vor Jahrhunderten die Legionäre ihre Speere geworfen. Für Karl und seine Männer wirkte es so, als hätten sich die Römer erst vor wenigen Wochen zurückgezogen. Aber die Muselmanen, die schon vor Jahren die Festungsstadt in der Hochebene nördlich der Pyrenäen erobert hatten, zeigten sich auch dort nicht.

»Heißt es nicht, dass Alarich II. als König der Westgoten hier seinen sagenhaften Schatz versteckt hat, ehe er sich im Jahre 507 den Franken unter dem Merowingerkönig Chlodwig ergeben musste?«, fragte Karlmann seinen Vater.

»Du musst nicht alles glauben, was du hörst«, meinte der Majordomus nachsichtig. »Wahrscheinlich wurde Alarich II. der Schatz nur angedichtet, weil sein großer Namensvetter Alarich I., der schon hundert Jahre zuvor Rom erobert hatte, mit seinem eigenen Schatz in irgendeinem Fluss im Süden von Italien auf geheimnisvolle Art vergraben wurde.«

»Das war im Busento«, sagte Pippin. Karl lächelte und freute sich, dass seine beiden Söhne ihren Mönchslehrern doch ziemlich gut zugehört hatten.

In den nächsten Tagen ritten sie mehrmals bis dicht an die Mauern auf dem Festungshügel und forderten die Männer auf der anderen Seite auf, entweder zu kämpfen oder sich zu ergeben. Alles, was sie als Antwort von den Verteidigern der Festung hörten, war das platschende Geräusch von Kot und Schmutzwasser, das aus den Fensterhöhlen gekippt wurde.

Karl wollte nicht, dass sich der Zustand seines kleinen, aber starken Heeres durch derartige Beleidigungen verschlechterte. Er beriet sich mit seinen Edlen. Dann entschloss er sich, zur ebenfalls ummauerten Stadt Narbonne zu reiten.

Kaum einer der Frankenreiter hatte je zuvor das Mittelmeer gesehen. Es erschien ihnen auf den ersten Blick nicht anders als ein übergroßer Teich, der sogar für Wellen viel zu alt und schläfrig war. Obwohl sie auf schmalen Wegen im sumpfigen Gelände des weit verzweigten Flüsschens Aude und den karstigen Uferbergen an Narbonne vorbei bis zur Küste vorgedrungen waren, blieben sie noch lange auf den Rücken ihrer Pferde.

Karl erkannte sofort, dass er für eine Belagerung der Stadt nicht ausgerüstet war. Anders als in Carcassonne zeigten sich hier die geflohenen Sarazenen. Von allen Türmen der alten Hafenstadt, die bereits von den Griechen der Antike als Kolonie und Handelsplatz gegründet worden war, wehten hier die grünen Fahnen des Propheten. Bis auf ein paar Aquitanier konnte niemand in Karls Heer die verschnörkelten Schriftzeichen auf den zwanzig, dreißig Schritt langen Wimpeln lesen, die an langen Stangen von den Türmen der Stadtmauern herabhingen. Auch in dieser Stadt hatten die Häuser, die sie vom Pferderücken aus erkennen konnten, flach geneigte Ziegeldächer wie in Bordeaux und Toulouse. Die Bäume trugen überall noch grünes Laub. Und fremdartige rote Früchte hingen wie vergessene Orangen an den Zweigen.

Als der Monat Oktober zu Ende ging, schickte Karl seine Söhne und einige Aquitanier wieder einmal bis an die Stadtmauern. Sie sollten herausfinden, unter welchen Bedingungen die Muselmanen zu Verhandlungen bereit wären. Doch auch diesmal blieben alle Versuche einer Verständigung ergebnislos. Dennoch erfuhren Karls Unterhändler, dass Obaida, der Statthalter von Afrika, für Spanien einen neuen Oberbefehlshaber ernannt hatte.

»Er heißt Abd-al-Melik«, berichtete Pippin seinem Vater. »Und es heißt, dass Kalif Hicham ihm einen eigenhändig geschriebenen Brief geschickt haben soll, in dem er ihm befiehlt, das Blut der Muselmanen, das durch uns vergossen wurde, gnadenlos zu rächen.«

»Wie wollen sie das machen?«, fragte Karl ungerührt. »Die einen sitzen in Toulouse, die anderen in Carcassonne. Und was davon noch übrig ist, hat sich hier in Narbonne verschanzt. Sie müssten neue große Heere auf der iberischen Halbinsel aufstellen. Und das braucht seine Zeit.« Er wandte sich an seine Söhne. »Wenn ihr wollt, könnt ihr den Winter über hier bleiben und mit Herzog Eudos Hilfe ein neues Südheer zusammenziehen. Aber ich warne euch – es heißt, dass diese Gegend auch ohne Sommersonne ziemlich heiß werden kann.«

»Und was hast du vor? Kehrst du nach Köln zurück?«

»Nein«, gab Karl zurück, »ich glaube nicht, dass ich am Rhein gebraucht werde. Ich befürchte vielmehr, dass sich in Neustrien nach dem Tod von Raganfrid ebenfalls Kämpfe und Intrigen um die Macht anbahnen.«

»Du bist der Majordomus nicht nur in Austrien, sondern auch in Neustrien«, sagte Pippin. »Raganfrid war doch nur ein Relikt aus vergangenen Zeiten.«

»Ich meine auch nicht Herzöge und Grafen«, sagte sein Vater nachdenklich. »Aber mir scheint, dass sogar Milo mir nicht mehr alles sagt, was ich wissen müsste.«

»Du meinst, dass Äbte«, fragte Karlmann, »oder sogar Bischöfe ...?«

»Einer von denen, die am meisten gegen mich und meine Anordnungen gestichelt haben, ist Eucherius in Orleans ...«

»... der Neffe von Savaricus«, fiel Pippin ihm ins Wort. »Von jenem Bischof in Orleans, der vor fünfzehn Jahren selber Krieg geführt hat.«

»Diese ganze Sippe war und ist mir viel zu kriegerisch«, knurrte Karl zunehmend verärgert. »Ich weiß schon seit einiger Zeit, dass Eucherius das Amt, in das ich ihn selbst eingesetzt habe, schamlos für sich und sein Geschlecht ausnutzt.«

»Das muss geklärt werden«, sagte Karlmann eifrig. »Ich komme daher mit, wenn du erlaubst.«

»Dann bleibe ich so lange hier und kümmere mich um ein neues Heer«, bot Pippin an. Karl lächelte seinen beiden Söhnen zu. Er freute sich über ihre Entschlüsse.

33.

Strafaktionen und Verträge

Mitte November erreichten Karl, sein Hofstaat und seine Panzerreiter erneut die Loire. Sie hatten nicht denselben Weg zurück genommen, sondern waren zwischen den Schwarzen Bergen nördlich von Narbonne und an der Meeresküste entlang auf der alten Via Domitia an der ebenfalls von Muselmanen besetzten Stadt Nimes vorbei zur Rhone geritten. Sie folgten dem Fluss bis nach Lyon, bogen dann nach Nordwesten ab und erreichten über Bourges die Loirestadt Orleans.

Noch während er über die alte Römerbrücke ritt, kamen Gesandte des Bischofs zu Fuß Karl entgegen. Sie brachten Wein und süßes Gebäck sowie lavendelduftende Tücher. Nach einigen Begrüßungsworten und dem gebührenden Lob für Karls Taten gegen die Sarazenen luden sie Karl zu einem Gastmahl, das der Bischof von Orleans zu Ehren des Majordomus geben wollte.

»Er riecht den Braten!«, rief Karl seinen Getreuen zu, die dicht an dicht hinter ihm über die steinerne Römerbrücke von Orleans auf das südliche Stadttor zuritten.

»Vielleicht will er wirklich Frieden stiften«, meinte Karlmann versöhnlich. Karl lachte trocken.

»Du musst noch viel lernen, mein Sohn«, rief er ihm zu. »Ein Bischof, der ohne vorherige Absprache zu einem großen Gastmahl lädt, beherrscht die Spielregeln nicht oder hat etwas zu verbergen.«

»Das verstehe ich nicht«, antwortete Karlmann. »Haben wir nicht gerade erst im Zeichen des Kreuzes über die islamischen Reiter gesiegt? Und ist es da nicht selbstverständlich, dass wir vom Bischof einer Stadt, die ja ebenfalls in großer Gefahr war, zu einem Festmahl geladen werden?«

»Nein, Karlmann«, sagte der Majordomus so laut, dass auch die anderen ihn hören konnten. »Ein Bischof darf mich zu einer Messe einladen, aber nicht zu einem großen Geschmause, bei dem wir uns voll fressen und jeder Tadel in Wein ersäuft wird.«

Karl war durch die Verhältnisse an der Rhone gewarnt. Ein Gastmahl hier konnte vollkommen harmlos sein. Aber es konnte ebenso gut als Zeichen der Schwäche gewertet werden …

»Sagt eurem Bischof, dass ich nicht mit ihm essen werde. Sagt ihm auch, dass ich es sehr schätzen würde, wenn er sich in Zukunft nur in seiner eigenen Diözese aufhält. Im Augenblick ist unser Ziel Paris. Und auch dort will ihn nicht sehen.«

Die Priester von Orleans blickten verwirrt von einem zum anderen. Sie schienen nicht zu verstehen, dass irgendein Mann auf Gottes Erdboden sich weigerte, einer Einladung des mächtigen Bischofs zu folgen. Sie fürchteten sich und warteten auf eine Korrektur, eine Änderung in Karls Verhalten. Aber der Majordomus betrachtete die Unterredung als erledigt. Er schnalzte kurz mit der Zunge, dann ritt er weiter. Die Boten des Bischofs mussten bis an die Randmauern der alten Straße über die Brücke von Orleans zurückweichen.

Den ganzen Weg bis nach Paris sprach Karl nicht mehr über die Ereignisse von Orleans. Sie ritten durch die Stadt und ließen sich vom Straßenrand aus bejubeln. Die Panzerreiter verteilten sich auf mehrere umliegende Landgüter und Königspfalzen.

Karl blieb zwei Tage und zwei Nächte im Kloster von Sankt

Denis. Er ließ sich von dem Mönch Sigbert berichten, was in der Zwischenzeit vorgefallen war, befragte ihn ausführlich nach dem Nachfolger seines Stiefneffen Hugo und lächelte zufrieden, als er erfuhr, dass der neue Bischof von Paris und Abt von Sankt Wandrille die meiste Zeit des Tages und der Nacht betend verbrachte.

Nach den erholsamen Tagen verringerte Karl sein Gefolge und entließ die meisten Adligen des Hofstaates und die Berittenen mit ihren Knechten in ihre heimatlichen Gaue. Er befahl ausdrücklich, dass jedermann die Waffen wieder schärfen und alles Kriegsgerät in guten Zustand bringen solle.

Er selbst wollte nur mit seinen engsten Gefährten das Weihnachtsfest feiern. Zu diesem Zweck hatte er auch Boten ausgeschickt, die seine Familie in das alte Königsgut Bernum holen sollten. Sie begaben sich bereits Anfang Dezember dorthin und fanden Zeit, alles zu besprechen. Erst jetzt erklärte Karl den anderen, warum er sich in Orleans so hart gegen ein Gastmahl mit Bischof Eucherius gezeigt hatte.

»Er hat gleich mehrere Fehler auf einmal gemacht. Zum Ersten hat er mir niemals dafür gedankt, dass ich ihn zum Nachfolger seines Onkels Savaricus gemacht habe. Zum Zweiten hat er seine eigene Familie in all den Jahren schamlos mit Ämtern, Geschenken und Precarien überhäuft. All das könnte man noch durchgehen lassen. Aber ich kann und will ihm nicht verzeihen, dass er jahrelang Herzog Eudo von Aquitanien unterstützt hat, wann immer dieser Mann Verträge mit uns brach …«

Als hätte der Bischof von Orleans bereits geahnt, dass in diesen Tagen über seine Zukunft entschieden würde, tauchte er wie durch eine zufällige Fügung zugleich mit Karls Ehefrau Swanahild und dem jüngsten Sohn Grifo im Königsgut Bernum auf.

Karl reagierte sehr ungehalten, als er vom Eintreffen des Bischofs erfuhr. Sein Zorn steigerte sich noch, als er sah, dass Swanahild nicht nur mit ihrem Kölner Gefolge in der Königspfalz einritt, sondern in aller Offenheit vom Grafen von Paris begleitet wurde.

Karl kam sich plötzlich unsagbar alt vor. Er wollte Swanahild nicht sehen. Schweren Herzens verzichtete er sogar darauf, seinen jüngsten Sohn zu begrüßen, ihn in die Luft zu werfen und lachend wieder aufzufangen. Sein ganzer Grimm richtete sich jetzt auf einen anderen. Er stampfte in die Haupthalle zurück, in die soeben der Bischof von Orleans mit seinen Begleitern eintrat. Die Hälfte von ihnen waren Verwandte des Bischofs. Sie taten allesamt so, als würden sie Gott über alle Maßen dafür preisen, dass Eucherius endlich mit dem Majordomus zusammentreffen konnte.

Mit einer großen, gemessenen Geste trat Eucherius auf ihn zu. Karl blieb vollkommen regungslos. Erst als der Majordomus nicht das Geringste unternahm, um dem Bischof die Ehre zu erweisen, erkannte Eucherius, dass er verloren hatte. Sein Gesicht wurde trotzig und weinerlich zugleich. Doch Karl interessierte sich nicht mehr für irgendwelches Gejammer des Kirchenmannes.

»Rotbert, übernimm du ihn!«, befahl er knapp. »Er kommt nach Köln in die Verbannung.«

Im selben Augenblick trat auch Swanahild am Arm von Gaerefrid ein. »Nicht einmal dabei schämt sie sich!«, dachte Karl. Er schloss für einen kurzen Moment die Augen. Dann hörte er die helle Stimme des siebenjährigen Grifo. Der Knabe riss sich von der Hand seiner Mutter los und rannte auf Karl zu. Während der Bischof von Orleans und seine Begleiter lauthals gegen die entwürdigende Behandlung durch den Majordomus zeterten, hatte Karl nur noch Augen für seinen kleinen Sohn. Und genau so, wie er es sich gewünscht hatte, nahm er ihn hoch, warf ihn in die Luft und fing ihn mit einem glücklichen Lachen wieder auf.

Kurz nach dem Jahreswechsel erfuhr der Majordomus von zwei Seiten zugleich, was sich in den vergangenen Wochen im Süden des Reiches und in den Pyrenäenbergen zugetragen hatte.

»Die Muselmanen haben noch vor Weihnachten an mehreren Stellen gleichzeitig Durchbrüche nach Septimanien, Aquitanien und Vasgonien versucht«, berichtete Karls Zweitgeborener. Pippin III. hatte den weiten Weg vom Mittelmeer durch die Täler der Rhone, der oberen Marne und zuletzt der Maas in nur knapp zwei Wochen zurückgelegt. Trotz der ungünstigen Wetterverhältnisse war er damit wesentlich schneller als herkömmliche Gesandtschaften gewesen. Zusammen mit den Paladinen und wichtigsten Beratern Karls saßen sie in dem großen Haus, in dem schon Pippins Großvater seine Versammlungen am Kaminfeuer abgehalten hatte. Sie tranken angewärmten Met und knabberten dazu die harten, süßen Honigkuchen, die mit sehr viel Butter nur in dieser Gegend an der Maas gebacken wurden.

»Dann stimmt es also, dass ihr Abd-al-Meliks Krieger im gesamten Pyrenäenraum abgewehrt habt«, stellte Karl befriedigt fest.

»Nicht nur abgewehrt, sondern hart zurückgeschlagen!«, korrigierte Pippin. »Abd-al-Melik hat sich eine so blutige Nase geholt, dass er sich jetzt zweimal überlegen dürfte, wo und wann er wieder über die Pyrenäen kommt…«

Karl streckte seine Hand aus und legte sie auf Pippins Arm.

»Gut gemacht, Sohn«, sagte er dann. »Hast du bei deinem Ritt die Rhone hinauf Nachricht von meinem Stiefbruder erhalten?«

»Nein«, antwortete Pippin, »wir wollten keine Zeit verlieren und haben deshalb nicht bei Hildebrand gerastet. Aber es wird schon Gründe haben, wenn er nicht allzu viel über die Lage in Burgund berichtet.«

»Sieht es so schlecht aus?«, fragte Herzog Rotbert.

»Ich kann das nicht beurteilen«, gab Pippin zurück. »Ich weiß nur, dass der Adel in Burgund keineswegs so königstreu ist, wie wir es vermuten.«

»Dann könnten wir schon von Glück reden, dass wir die Muselmanen haben«, schnaubte Karl. »Ohne diese Bedrohung aus dem Süden hätten wir wahrscheinlich noch mehr Ärger mit Burgundern, Aquitaniern oder kriegerischen Bischöfen.«

Noch während Karl das sagte, überlegte er, ob er den anderen auch eine weitere Sorge mitteilen sollte, von der außer ihm noch niemand in seinem Hofstaat irgendetwas wusste. Er blickte durch den großen, von Kienspänen und an den Wänden hängenden Tonlampen mit Öl erhellten Raum. Ganz in der Nähe der Tür saß Gregor, der Enkel von Adela und älteste Sohn von Alberich. Er war nur wenige Stunden vor Pippin und seinen Reitern in Heristal eingetroffen. Zusammen mit einigen kräftigen und schweigsamen Mönchen war er durch Schnee und Kälte von Thüringen her bis an die Maas gekommen. Alberichs Sohn war inzwischen zum Stellvertreter von Bonifatius aufgerückt. Er hatte Karl unter dem Siegel der Verschwiegenheit mitgeteilt, dass der neue Papst in Rom Bischof Bonifatius das Pallium verliehen hatte: »Damit kann er als Erzbischof Bistümer einrichten und Bischöfe ernennen«, hatte Gregor ihm gesagt.

Karl hatte sofort erkannt, was das bedeutete: »Das wird unseren Frankenbischöfen überhaupt nicht gefallen! Denn nach dem Recht und Gesetz der Kirche steht er jetzt über ihnen…«

Inzwischen sah Karl auch die Vorteile der Ernennung. Er dachte bereits an einen neuen Limes gegen die heidnischen Volker des Ostens, der nicht aus Mauern und Kastellen, sondern aus Kirchen, Klöstern und Abteien bestand. Genau betrachtet, konnte ihm in diesen unruhigen Zeiten nichts lieber sein als ein Erzbischof Bonifatius, der wie ein mächtiger und starker Feldherr seine Bischöfe, Äbte und Mönche als Streiter für den Glauben einsetzte. Vom Meer im Norden bis an den Rand der Alpen konnte auf diese Weise ein starker Schutzwall für die Kernlande des Königreiches entstehen. Einziger Schwachpunkt in diesem Gürtel aus Kreuzen war das Herzogtum der Alamannen.

Ohne dass Karl mit irgendjemandem darüber sprach, beschloss er an diesem Winterabend, nach Bischof Eucherius auch einen anderen Großen seines Reiches abzulösen. Er musste Ordnung schaffen, denn noch war nichts gesichert. Spätestens zur Versammlung auf dem Märzfeld wollte er verkünden, dass auch der Alamannenherzog Theudebald seinen Widerstand durch seine Absetzung und Vertreibung aus Cannstatt büßen sollte.

Sämtliche Großen, die zur Heerschau nach Jupille gekommen waren, bestätigten den Majordomus in seinen Plänen. Gleichzeitig stimmten sie zu, dass auch gegen Friesen und Burgund härter durchgegriffen werden sollte. Der Einzige, der sich unablässig gegen einen großen kriegerischen Strafzug in das Rhonetal zur Wehr setzte, war Karls Halbbruder Hildebrand.

»Das Gleichgewicht der Treue ist dort über alle Maßen empfindlich«, berichtete der Herzog in der großen Runde den anderen Edlen des Frankenreiches. »Ich beschwöre euch daher bei allem, was mir heilig ist: Erhebt die Frankenschwerter nicht gegen die Burgunder. Ihr riskiert sonst, dass sich gute Christen aus Zorn gegen uns mit den Muselmanen verbünden!«

Der Majordomus hielt sich absichtlich zurück, während Hildebrand immer neue Argumente gegen einen Zug an die Rhone vorbrachte. Karl ließ Rotbert, Folker und einige Bewährte an seiner Stelle sprechen. Es dauerte einen ganzen Tag und eine Nacht, bis Hildebrand und die Edlen, die ihn aus Burgund begleitet hatten, schließlich aufgaben und einlenkten. Am selben Tag erfuhren die Versammelten, dass sich nicht nur Friesen, Alamannen und Burgunder aufsässig zeigten, sondern auch der Bischof, den Karl gerade erst entmachtet hatte.

»Es ist unglaublich!« berichtete ihnen Gregor, der seit dem

Winter in Jupille geblieben war. »Ich habe gerade erst gehört, dass Köln in großem Aufruhr ist.«

»In Aufruhr?«, fragte Karl. »Warum weiß ich nichts davon?«

»Es ist kein Aufruhr, bei dem Waffen klirren«, beschwichtigte Bonifatius' Stellvertreter augenblicklich. »Aber Eucherius verbreitet überall, dass du ihn nur abgesetzt hast, weil du Bonifatius und dem Papst gefallen willst.«

»Ich dem Papst gefallen?«, fragte der Majordomus verblüfft. »Wer das von mir annimmt, ist voll von Hexensud und wirr im Kopf! Wie kommt der Kerl dazu, solch einen Unsinn zu behaupten?«

»Ein Schutzbrief für Bonifatius, sehr reiche Schenkungen für Willibrord und dann die Eigenmächtigkeiten, die du dir mit Milo und deinem Stiefneffen Hugo geleistet hast – das alles lässt schon seit geraumer Zeit viele Bischöfe der Franken grollen.«

»Sie grollen, wenn sie leer ausgehen, aber sie segnen mich, sobald ich Muselmanen oder andere Heiden schlage«, knurrte Karl verärgert. Er drehte sich zu Rotbert um. »Nimm ihn bei dir im Haspengau in strenge Schutzhaft!«, befahl er dann.

»Und was ist mit Burgund?«, fragte Pippin. Karl sah ihn an, und seine Augen blitzten.

Der Zug ins Rhonetal war kurz und ohne jeden Umweg. Karl ritt direkt ins Zentrum des Widerstandes. Er wusste genau, wie gefährlich diese oberflächlich gesehen ruhige Gegend war. Hildebrand berichtete erst während des Ritts nach Süden die ganze Wahrheit.

»Ich habe immer versucht, euch im Norden nicht gegen die Adelsfamilien im Rhonetal aufzubringen«, erklärte er wie zur Entschuldigung. »Aber so wie Bischof Eucherius in Orleans hat hier in Lyon der Herzog Maurontus stets mit allen Seiten zugleich verhandelt.«

»Dann schicken wir ihn eben zu den Arabern oder verjagen ihn wie den Herzog der Alamannen«, verlangte Pippin.

»Stellt euch das nicht so leicht vor«, warnte Hildebrand. »Wenn die Gerüchte stimmen, dann haben bereits mehrere einflussreiche Mitglieder aus der Familie Maurontus Schutzverträge mit dem Wali von Narbonne geschlossen.«

»Nun gut«, sagte Karl, während sie in die Stadt einritten, die sie ohne Jubel empfing. »Wenn der Adel hier an der Rhone glaubt, dass er mich durch eine Zusammenarbeit mit den Muselmanen erpressen kann, dann steht mir frei, mich ebenfalls mit Dritten zu verbünden.«

»Was meinst du damit?«, fragte sein Zweitgeborener. Karl sah ihn lange an und lächelte verschmitzt. Und nur sein Sohn bemerkte, dass gerade jetzt neue Pläne hinter der Stirn seines Vaters entstanden …

Die Hufe ihrer Pferde klapperten laut in den vollkommen leeren Straßen der Stadt. Die gesamte Bevölkerung von Lyon hatte sich in die Häuser zurückgezogen. Nur einige Kinder und Hunde standen ohne Scheu in den Hauseingängen.

»Hast du bereits vergessen, wie wir die Alamannen in die Zange nehmen?«, fragte er. »Dort sind es die Baiern, die uns den Rücken freihalten. Ich spiele deshalb schon länger mit dem Gedanken, auch im Süden von Burgund ähnlich zu verfahren.«

»Was hast du vor?«, fragte Pippin interessiert. »Östlich des Rhonetals ist doch nur das Alpengebirge.«

»Und dahinter?«, fragte Karl. Er lachte, als er Pippins ungläubiges Gesicht sah.

»Die Langobarden?«, fragte Karlmann vorsichtig.

»Es ist nur ein Gedanke«, antwortete Karl und schmunzelte. »Aber warum eigentlich nicht? Die Langobarden sind zwar keine Franken, aber Germanen, ebenso wie wir. Vergesst nicht, dass sie wie die Goten und Burgunder von den Ostseeküsten stammen. Wenn vom Rhonetal über die Provence und Septimanien bis nach Spanien hinein die Muselmanen an die Macht kommen, ist das für die Könige und Herzöge Oberitaliens eine größere Bedrohung als alle Streitigkeiten, die sie mit den Päpsten ausfechten müssen.«

»Genau deshalb kannst du unmöglich die Langobarden zu Verbündeten der Franken machen«, protestierte Karlmann. »Im Langobardenreich herrscht doch dasselbe Durcheinander wie bei uns nach dem Tod von Großvater Pippin.«

»Ein König bei den Langobarden ist etwas ganz anderes als bei uns«, widersprach der Majordomus. »Es stimmt zwar, dass diese Herrscherdynastie große Probleme hat, weil ihre Herzöge und Grafen zu unabhängig sind. Aber der Langobardenkönig braucht keinen Majordomus, um zu herrschen. Und anders als wir Franken haben sie mit Pavia eine feste Hauptstadt.«

»Das meine ich doch gar nicht«, erwiderte Karlmann schon fast schmollend. »Ich meine, dass die Langobarden bereits seit zwei Generationen katholisch sind und jetzt doch nicht so den Päpsten und Bischöfen gehorchen, wie es ihre Pflicht wäre.«

Karl lachte so laut, dass die Edlen in seiner Begleitung unwillkürlich ihre Pferde zügelten.

»Darauf also läuft es bei dir hinaus!« stellte der Majordomus fest. »Ich fürchte fast, du hast deinen Kopf zu lange in die Weihrauchschwaden unserer Bischöfe gehalten. Wir sind zwar Christen und kämpfen unter dem Kreuz. Aber wir sind noch lange nicht die Schutztruppe des Papstes! Merk dir das endlich, Karlmann!«

Sie ritten in Lyon ein und verhandelten mehrere Tage mit den Adligen des Landes. Ihr Anführer Maurontus selbst war nicht erschienen. Weder Karl noch die Einheimischen wollten nachgeben. Doch dann kamen mitten in der Nacht junge Mönche nach Lyon, die weder bußfertig noch bescheiden wirkten. Sie sahen trotz der Kutten und der frisch geschabten Tonsuren eher so aus, als hätten sie bis kurz vor der Stadt am Zusammenfluss von Rhone und Saone lange im Sattel gesessen.

Karl erkannte die Söhne von Abt Beningus sofort. Sie stotterten eine Weile herum, dann berichteten sie leise aber aufgeregt, welche Gefahr zur gleichen Zeit im Norden bei den Friesen aufbrach.

»Sie überfallen wieder Kirchen und stecken Klöster an!«, sagte einer der Söhne von Beningus. »Die ganze Gegend zwischen Flie und Ems leidet unter der Verheerung …«

»Das ist ein Aufstand, Herr!«, keuchte sein jüngerer Bruder. »Ein großer Aufstand gegen alle Franken! Aldgisl II., der so lange friedlich war, ist verschwunden. Die Friesen haben einen neuen Herzog namens Bodo …«

»Es heißt, dass die wasserumschlossenen Inselländer Austrachia und Wistrachia nördlich des Rheins bereits an ihn verloren sind …«

Karl befragte die jungen Mönche noch mehrmals in der gleichen Sache. Er gönnte ihnen nicht eine Stunde Ruhe. Schließlich ließ er Wusing kommen, und dann befragten sie die jungen Mönche noch einmal. Die ganze Zeit über mussten Hildebrand, Karlmann und Pippin allein mit den burgundischen Adligen verhandeln.

Als die Sonne über den Alpen aufging, befahl Karl, dass ein Vertrag mit den Burgundern geschlossen werden sollte, der alle Seiten zunächst zum Stillhalten verpflichtete. Er ging nicht auf ihre Forderungen ein, sondern ließ aufschreiben, dass keine Seite auf ihre angestammten oder erworbenen Rechte verzichtete. Sie hielten fest, dass sie sich nicht im Streit befanden, sich aber auch nicht einig werden konnten.

Noch ehe alle unterschrieben hatten, brach Wusing bereits mit zwei Dutzend getauften adligen Friesen aus der Gruppe der Panzerreiter nach Norden auf. Er hatte eindeutige Aufträge von Karl erhalten, denn diesmal wollte sie der Majordomus endgültig und mit ihren eigenen Mitteln und Methoden schlagen.

»Ja, das geht klar!« hatte Wusing nur gesagt.

Drei Wochen später stand auch Karl nördlich des Rheins. Während sich am Westufer des Flusses Krieger und Knechte versammelten, um ihre Lager für die Nacht aufzuschlagen, herrschte auch am Ufer geschäftiges Treiben. Dutzende und Aberdutzende von Booten, Schiffen und Kähnen schienen wie ein Schwarm gestrandeter Fische gegen die Kaimauern und an die Uferböschungen des Rheins zu drängen. Aus allen Himmelsrichtungen kamen weitere Boote heran. Die meisten von ihnen waren einfach und konnten nicht mehr als fünf Männer oder ein Pferd mit seinen Pferdeknechten tragen. Aber genau das war es, was Karl sich vorgestellt hatte. Er strahlte über das ganze Gesicht und war so fröhlich und aufgekratzt wie schon lange nicht mehr.

»Hohoho!«, rief er und ritt zusammen mit Hildebrand und Karlmann zu Wusing.

»Gottes Segen und Karls Dank für dich!«, rief Karlmann ihm zu. »Das habt ihr großartig gemacht!«

»Wenn Friesen sagen, das geht klar, dann geht das klar, verstehst du!«, gab Wusing zurück. »Dort drüben, nach Osten und Norden hin, beginnt Radbods und jetzt Bodos Reich aus Land und Wasser, das bis an die Küste des friesischen Meeres sehr flach und tückisch bleibt. Niemand von euch darf die Gefahren unterschätzen, die von morgen an überall lauern. Mit jedem Schritt können Männer und Pferde bis zur Brust einsinken. Was wie eine Wiese aussieht, kann Sumpf und Morast sein …«

»Genug, genug!« unterbrach Karl. »Ich habe deine Warnung längst verstanden. Aber es reicht nun einmal nicht, wenn wir uns hier am Ufer des Rheins hinstellen, in unsere Hörner blasen und nach Bodo rufen. Wir müssen ihn erst finden, ehe wir ihn in die Knie zwingen können.«

Hunderte von Booten waren den ganzen Tag über ohne Pause hin und her gefahren. Im Grunde war der Rheinübergang nicht einmal schwierig gewesen. Die ersten Männer hatten Seilrollen auf ihren Kähnen mitgenommen und sie wie bei Fähren über den gut tausend Schritt breiten Strom gespannt. Alles andere war nur eine Frage der Geschicklichkeit und einer möglichst guten Ausnutzung der Strömung. Sie brauchten nicht einmal zu rudern oder mit den herbeigebrachten Stangen nach dem Flussgrund zu suchen. Bereits vor Sonnenuntergang befanden sich alle vier Heeresgruppen und der gesamte Tross am nördlichen Rheinufer. Karl ließ die Heeresgruppe unter Hildebrand noch am Abend weiter nach Norden vorstoßen. Folkers beide Gruppen erhielten den Befehl, ebenfalls so lange in Richtung Friesenmeer zu marschieren, wie es das Tageslicht erlaubte.

Die große Schlacht kam schneller, als sie erwartet hatten. Sie begann bereits am nächsten Morgen. Obwohl die Sonne schien, kaum Wolken am Himmel zu sehen waren und nur weiter im Norden noch Nebel über den Wiesen lag, setzten sich die Männer und die Weiber aus Karls weit verstreutem Heer fröhlich an die ersten flackernden Feuer, nahmen sich Schalen mit Dinkelbrei und tranken dazu frisch gemolkene Milch.

An diesem Tag wollten sie die aufmüpfigen Friesen schlagen. Aber die Friesen begannen mit einer List. Sie ließen einfache Fischerboote, auf denen nur ein oder zwei Mann zu sehen waren, so durch die Wasserläufe und Moore fahren, bis sie sich genau zwischen den Lagerplätzen der Franken und dem Wind befanden. Niemand schöpfte Verdacht, doch dann, vollkommen überraschend, stand plötzlich eine schwarze Rauchwand nordwestlich des Frankenheeres. Sie verbreitete sich sehr schnell und kam als stinkender Nebel über sie.

»Was ist das? Was soll das?«, riefen die Franken durcheinander. Auch Karl brauchte einen Moment, bis er begriff, was die Friesen vorhatten.

»Alle Mann in die Boote!«, befahl er dann, »Und dann nicht weg vom Rauch, sondern direkt durch ihn nach Nordwesten.«

Es war der ungewöhnlichste Befehl, den der Majordomus der Franken jemals gegeben hatte. Insgeheim fürchteten die Franken die verheerende Kraft von Feuer und Rauch, und nicht alle waren so mutig, dass sie Karl gehorchten. Die vielen jedoch, die ihm vertrauten, bekreuzigten sich, murmelten noch schnell ein Gebet oder den Namen des heiligen Martin und warfen sich in die Boote.

Beinahe gleichzeitig tauchten andere Wasserfahrzeuge in der Wand aus Rauch und Feuer auf. Die Aufständischen hatten Kopf und Oberkörper mit nassen Tüchern vermummt. Aber sie irrten sich, wenn sie angenommen hatten, dass sie auf diese Weise die Nachtlager der Franken erobern konnten. Ein plötzlicher Windzug, der sich schnell zu Sturmböen steigerte, riss die schwarzen Wolken weiter. Gleich darauf stießen die ersten Franken- und Friesenboote zusammen.

Die Männer schlugen aufeinander ein. Sie packten alles, was sie gerade in den Händen hatten: Schwerter und Stangen, Spieße und Lanzen, Wurfäxte und Ankerketten krachten gegeneinander.

Die ersten Boote sanken sofort. Andere kippten um und schleuderten ihre menschliche Fracht ins Wasser. Das wilde Getümmel wurde so unübersichtlich, dass niemand mehr wusste, wer Franke und wer Friese war. Jeder schlug schreiend auf jeden ein. Und überall, wo sich nur irgendetwas bewegte, quoll Rauch über Flammen und blutschäumende Gischt.

Karl hatte keine Möglichkeit, auf seinem Pferd in den Wasserkampf einzugreifen. Nie zuvor waren fränkische Fußkrieger oder Berittene in einen Kampf gezogen worden, der nur zur Hälfte auf festem Land, zur anderen aber in Morast und Wasser stattfand.

Nur das weitsichtige Verhalten von Wusing, der Karls Befehle mit eigenem Können ergänzt hatte, rettete die fränkischen Krieger vor einer schrecklichen Niederlage.

Seine Friesenpflicht siegte über die Friesenlist der anderen. Und schon nach einer Stunde verzogen sich sämtliche Rauchwolken. Nur noch an einigen Stellen kokelten halb verbrannte Kähne an schlammigen Uferböschungen.

Karl und die Panzerreiter, die sich in dieser Gegend wie Gefesselte vorkamen, ritten schwerfällig an den Ufern hin und her. Sie hatten nicht eingreifen können, doch jetzt sammelten und unterschieden sie die Verletzten und Überlebenden.

Nur zwei Stunden nach dem Auftauchen der ersten Räucherschiffe stieß ein flaches Boot direkt vor Karl ans Ufer. Es brachte einen leblosen Körper, von dem die anderen sagten: »Das ist Bodo, der letzte Herzog der Friesen.«

Karl biss die Zähne aufeinander. Er hatte kein Mitleid mit dem Erschlagenen, aber es kränkte ihn, dass nicht er selbst Bodo besiegt hatte. Seit seiner Niederlage vor den Mauern von Köln hatte er immer davon geträumt, dass er eines Tages – und mit eigener Hand – die Schmach wettmachen könnte.

Zu spät. Bodo hatte sich ihm ebenso wenig gestellt wie Radbod. Karl zog nacheinander zuerst an seinem linken und dann an seinem rechten Schnurrbartende. Noch immer roch es überall nach Rauch. Karl schnäuzte sich. Dann rief er nach Wusing.

»Du warst es, der uns durch deinen Weitblick vor dem Untergang bewahrt hast«, sagte er sichtlich erleichtert, »und du sollst dir vor allen anderen das Land hier im Friesischen aussucht, von dem ihr, du und deine Nachkommen, leben sollt. Ich gebe dir alles zurück, was Radbod dir einstmals geraubt hat, und noch so viel dazu, dass du der Erste unter den Deinen bist.«

34.

In der Hitze des Südens

Zumindest im Norden können wir mit unseren Erfolgen zufrieden sein«, sagte Karl, nachdem er das Märzfeld des Jahres 735 aufgelöst und alle Edlen mit ihrem Gefolge in die Heimat zurückgeschickt hatte. »Die Priester und Mönche von Willibrord und Bonifatius können jetzt überall im Land der Friesen ihre Kirchen und Klöster bauen.«

Er saß allein mit Pippin am Fenster im Praetorium von Köln und blickte auf den in der Sonne glitzernden Fluss. Es war ein schöner Frühling in diesem Jahr. Sie hofften alle, dass auch der Sommer gut und die Ernten im Herbst reich sein würden. Dennoch waren einige mit Karls Entscheidung unzufrieden. Sie hätten es lieber gesehen, wenn auch in diesem Jahr das Schwert und nicht die Sichel für Lohn und Beute gesorgt hätte.

»Ich hoffe, dass du mir keine Schande machst, wenn du jetzt nach Pavia gehst«, sagte Karl zu Pippin. »Denn was ich für dich mit dem König der Langobarden vereinbart habe, ist nichts anderes als ein christliches Schutzbündnis gegen die Muselmanen.«

»Genau das sehen die Apostel Willibrord und Bonifatius eben völlig anders«, lachte Pippin vergnügt. »Da kannst du hundertmal behaupten, dass du mich nur deshalb vom Langobardenkönig adoptieren lässt, damit er uns in Burgund gegen die Sarazenen zur Seite steht – sie werden darin stets einen Teufelsbund gegen ihren Papst in Rom erkennen.«

»Natürlich weiß ich, dass die Langobarden und der Papst ständig in Fehden und kriegerischem Streit liegen. Soll ich deswegen zulassen, dass uns Aquitanien, Septimanien und in Burgund das ganze Rhonetal über kurz oder lang verloren gehen?«

Er sprang auf und lief mit großen Schritten an den Fenstern zur Flussseite hin auf und ab.

»Nein, Pippin!«, stieß er fest entschlossen hervor. »Ob es nun den Mönchen, den Irenbischöfen und dem Papst in Rom gefällt oder auch nicht – du wirst in diesem Sommer vom Langobarden Luitprand adoptiert und kehrst im Herbst hierher zurück. Das gilt als öffentlich beschlossen und wird mit Sicherheit bereits von Kundschaftern nach Spanien, Afrika, Konstantinopel und zum Kalif in Bagdad gemeldet. Geh deshalb mit Gott und meinem Segen und gräme dich nicht über die Missgunst irgendwelcher anderer.«

Ende September saß der Majordomus bei einem der üblichen Gespräche mit Rotbert und einigen anderen Kundigen seines Hofstaates unter schattigen Kastanien. Auf dem grob behauenen Holztisch standen Weinkrüge und geflochtene Schalen mit Obst. Aber Karl war nicht ganz bei der Sache.

Während Rotbert redete, beobachtete er die anderen Männer der Verwaltung, die sich unter weiteren Bäumen mit den bisher eingegangenen Erntemeldungen beschäftigten. Einige der edlen Frauen saßen in der Nähe des Spinnhauses und vertrieben sich die Zeit, indem sie Spielzeug für die Kleinen anfertigten. Oben am Fluss sangen Mägde und Frauen aus dem Gesinde beim Waschen. Flussabwärts in Richtung Maastricht übten die Panzerreiter ohne angelegte Rüstungen verschiedene Formationen der Verteidigung zu Pferd.

Karl hatte inzwischen einige hundert Araberstuten auf die

verschiedenen Gaue in Austrien und Neustrien verteilt. In diesem Jahr konnten sie zum ersten Mal den jungen Nachwuchs begutachten, der aus der Kreuzung der feurigen Araberpferde und der schweren Kaltblüter aus dem Norden entstanden war. Die Ergebnisse waren nicht sonderlich ermutigend. Aber Karl hatte befohlen, dass die Verantwortlichen nicht aufgeben sollten.

Kurz zuvor hatte er erfahren, dass sein langjähriger Widersacher Eudo von Aquitanien im Martinskloster auf der Insel Re in Frieden mit sich selbst und Gott gestorben war …

Urplötzlich begannen flussaufwärts einige Kinder zu schreien. Die Männer um den Majordomus blickten auf. Normalerweise ließen sie sich nicht durch so etwas stören. Kinderlachen, Hundegebell und die vielen anderen Geräusche eines Landgutes gehörten, ebenso wie die Glöckchen der Kapellen und der Gesang der Priester, dazu. Doch dann entdeckte Karl, dass es ausgerechnet seine drei Söhne mit der langjährigen Geliebten Ruodheid waren, die den nachmittäglichen Frieden kreischend unterbrochen hatten.

»Bernhard, Remigius und Hieronymus, schreit nicht so rum!«

Die beiden Jüngsten verstummten augenblicklich. Nur Bernhard konnte sich vor Lachen und lautem fröhlichem Geschrei nicht beruhigen.

»Er ist ein Mönch!«, schrie er immer wieder und zeigte in Richtung Lüttich. Dort, unter den Bäumen am Ufer, näherte sich eine Gruppe von Berittenen. Die Jungen waren ihnen entgegengelaufen und sofort wieder zurückgekommen.

»Die Tonsur ist missglückt«, rief Bernhard mit seiner hellen Jungenstimme. »Die Tonsur ist missglückt. Und jetzt hat unser großer Bruder Pippin eine glitzeglatte Glatze …«

Karl zog die Brauen zusammen, überlegt einen Moment und musste ebenfalls lachen. Noch nie zuvor hatte er seinen Zweitgeborenen mit einem solch finsteren Gesicht gesehen. Pippin und die anderen Männer in seiner Begleitung trugen keine Helme. Doch während sich die anderen mit langem blondem Haar und teilweise auch mit schönen Bärten schmücken konnten, wirkte Karls Zweitältester dazwischen ausgesprochen unglücklich. Sein länglicher, ein wenig kantiger Schädel trug nur noch kurze blonde Stoppeln.

»Du siehst tatsächlich wie ein junges Ferkel aus!«, lachte Karl, als er ihm entgegenging. Pippin presste die Lippen zusammen und knurrte nur verdrießlich. Dann sprang er von seinem Pferd und ließ es von den Knechten wegführen.

»Nun?«, fragte Karl. »Wie fühlst du dich nach deiner Aufnahme in ein Königsgeschlecht?«

»Willst du das wirklich wissen?«, gab Pippin harsch zurück. »Dann sage ich dir, dass ihr mir von jetzt an alle Ehren schuldet, die mir als Königssohn der Langobarden zukommen.«

»Aber selbstverständlich«, sagte Karl sofort. »Ich grüße dich, mein königlicher Sohn, und hoffe, dass es dir in Pavia nicht allzu schwer geworden ist.«

»Wenn du wüsstest...«, seufzte Pippin. »Die Herzöge in Italien sind noch viel zerstrittener als unsere. Aber ich weiß inzwischen eine Menge über die Herzogtümer von Spoleto und Benevent.«

»Hoffentlich weißt du auch, ob uns die Langobarden und ihre Herzöge eine Hilfe gegen die Reiter Mohammeds sein können.«

»König Luitprand ist es auf jeden Fall. Er selbst hat mir das Haupthaar als Zeichen für die Adoption geschoren und schickt dir viele königliche Geschenke.«

»Hört, hört«, rief Karl den anderen zu, die sich inzwischen ebenfalls eingefunden hatten. »Ich wusste doch, dass dieser Langobardenkönig vielleicht kein starker, aber jedenfalls ein kluger Mann ist.«

»Er hat sehr schnell verstanden, dass er zum nächsten Opfer der Muselmanenreiter wird, wenn uns das Rhonetal verloren geht.«

Pippin äußerte den Wunsch, zunächst einmal schwimmen zu gehen. Er und seine Begleiter hatten einen langen Ritt hinter sich. Sie vereinbarten, dass sie sich die Geschenke erst in den nächsten Tagen in aller Ruhe ansehen wollten.

»Es sind sehr viele Goldfibeln aus dem Erbe der Ostgoten dabei«, sagte Pippin, während er bereits sein neues, kostbares Wehrgehänge abnahm und auf den Holztisch unter dem Kastanienbaum legte. »Ich bin noch bis nach Ravenna gekommen und habe mir dort das große Mausoleum vom Ostgotenkönig Theoderich und das von Galla Placidia, der letzten Kaiserin des Imperium Romanum, angesehen...« Er schüttelte den Kopf und lachte leise. »Ihr könnt euch gar nicht vorstellen, wie eigenartig und selbstverständlich dort die alten Römerbauten sind. Bei uns im Frankenreich sind sie Ruinen einer längst besiegten Besatzungsmacht – dort aber geht alles weiter, als hätte sich das Erbe Roms über die Ostgoten einfach auf die Langobarden übertragen.«

»Du wirst noch Zeit haben, uns alles zu berichten«, sagte Karl. Er wirkte so zufrieden wie schon lange nicht mehr.

Nach einem Jahr des Kräftesammelns war die Zeit reif für einen neuen großen Zug gen Süden. Der Aufbruch des Heeres erfolgte ohne große flammende Reden, ohne Streit unter den Herzogen und in völliger Übereinstimmung mit den Gaugrafen und Edlen von den Landgütern.

Sie zogen ohne Hast in mehreren Heeressäulen durch die Champagne bis zur Loire. Dort trafen Hildebrand mit seinen Burgunden, einige Alamannen und Baiern sowie Fußkrieger aus Neustrien mit den Franken aus dem Norden zusammen. Sie lagerten eine Woche vor den Toren von Tours. Jeder Adlige erhielt die Gelegenheit, in der Kirche des heiligen Martin zu beten. Dann zogen sie weiter, am Ort der großen Schlacht gegen die Reiter von Abd-ar-Rahman vorbei, bis nach Bordeaux. Karl wollte bis an den Atlantik ins Gebiet der Vasgonen vorstoßen. Jetzt, da Herzog Eudo nicht mehr lebte, sah er in diesem eigenwilligen Volk eine weitere Gefahr für den gesamten Süden. Bischof Milo von Reims und auch Hildebrand hatten ihn mehrfach gewarnt und gesagt, dass die Vasgonen im Südwesten so widerspenstig waren wie einige Jahre zuvor die Friesen im Norden.

»Sie hatten Verträge mit Herzog Eudo, aber nicht mit seinen Söhnen Hunold und Hatto«, bestätigten auch die anderen Bischöfe.

Dennoch erfuhr Karl, dass Eudos Söhne die Vasgonen wie ihr persönliches Eigentum betrachteten. Sie waren nicht damit einverstanden, dass Karl erneut die Dordogne und die Garonne überquerte. Doch Karl sah keinen Sinn in weiteren Befriedungskämpfen innerhalb des Königreichs.

»Sie haben mir zu gehorchen, und wenn sie das nicht wollen, werden wir ihnen aufs Haupt schlagen«, sagte er, als sie Sanites mit der noch immer zerstörten Kirche und den noch nicht wiederaufgebauten Häusern passierten. Die Spuren muselmanischer Zerstörung wurden um so deutlicher, je weiter sie nach Süden gelangten. Ganze Ortschaften lagen verlassen in Trümmern. Verwilderte Felder, vernachlässigte Weinberge und halb eingestürzte Brunnen mit verfaultem Wasser erinnerten überdeutlich an die Eroberungszüge der Araber.

Bei Blaye am Zusammenfluss von Garonne und Dordogne wurde Karl ein Heer mit mehreren tausend Kriegern samt einigen hundert Berittenen auf schnellen Pferden gemeldet.

»Warum weiß ich nichts davon?«, schnaubte Karl. »Warum hat mir niemand gesagt, dass die Araber erneut aus den Pyrenäen herausgebrochen sind?«

»Es sind keine Araber«, meldeten die Kundschafter, die wie stets dem Hauptheer vorausgeritten waren. »Diesmal sind es die Aquitanier unter Herzog Eudos Söhnen Hunold und Hatto. Sie wollen Bordeaux verteidigen und dich vor ihrer starken Festung Blaye so lange festhalten, bis sie Verstärkung durch die Vasgonen bekommen.«

»Nun gut«, entschied Karl nach kurzer Beratung mit seinen engsten Vasallen. »Es ist zwar nicht unsere Stärke, aber wenn es die aquitanischen Herzogssöhne in ihren Pluderhosen darauf anlegen, dann werden wir ihnen zeigen, dass auch wir wissen, was Rammböcke und Onager, Belagerungstürme und Katapulte sind.«

»Willst du dich tatsächlich auf eine derartig unwürdige Weise mit ihnen einlassen?«, fragte Hildebrand entsetzt. Auch Pippin hielt nichts von einer langen, ermüdenden Belagerung.

»Wir sind nicht dafür geeignet«, sagte er.

»Aber wir könnten sehr großes Blutvergießen vermeiden«, widersprach Karlmann. »Wenn wir verhandeln und um Gottes Hilfe bitten, könnten wir sie zur Aufgabe bewegen.«

»Du wirst mir langsam zu fromm und gottesfürchtig«, knurrte Karl seinen Erstgeborenen an. »Aber gut, ich will es euch beiden recht machen.« Er wandte sich an Pippin: »Du übernimmst die Panzerreiter und besetzt mit ihnen Bordeaux.«

Er drehte sich zu Karlmann um. »Und du, mein Sohn, sollst eine Woche Zeit für Verhandlungen und Gebete haben. Ich gebe dir tausend Mann mit, die die Festung Blaye umstellen sollen. Dazu zweitausend Mann, die Katapulte bauen, Belagerungstürme errichten und Erdwälle vor den Mauern der Festung aufschütten.«

»Das alles wird überhaupt nicht nötig sein«, sagte Karlmann nun schon fast störrisch. Karl zog die Brauen zusammen und blickte ihn verwundert an.

»Was ist mit dir, Karlmann? Gehörst du inzwischen auch schon zu denen, die am liebsten jeden Ungehorsam verzeihen und für jede sträfliche Untat Vergebung verlangen?«

»Ich bin kein Mönch«, antwortete Karlmann kopfschüttelnd.

»Aber du siehst doch selbst, wie verwüstet die ganze Gegend ist. Hier wurde seit Jahren nicht mehr gesät und geerntet. Wo sahen wir Spuren von Viehherden auf den Weiden? Und was zeigen uns die vielen Armen und Unfreien vor den Mauern der Festung?«

»Du magst vielleicht einen scharfen Blick haben«, gab der Majordomus zu. »Ich habe nicht erwartet, dass uns die Aquitanier und die Vasgonen Karren mit Getreidesäcken und bestes Schlachtvieh an den Straßenrand stellen. Doch wenn es stimmt, dass Hunold und Hatto die überflüssigen Esser schon aus Blaye vertrieben haben, dann will ich dir zustimmen, dass Verhandlungen und Gebete schnell zum Erfolg führen können.«

Zum ersten Mal seit langer Zeit erhielt Karlmann wieder ein Lob von seinem Vater. Er neigte den Kopf, als wolle er sich bedanken.

»Aber vergiss eins nicht«, ermahnte ihn sein Vater. »Als Heerführer oder auch als Majordomus darfst du immer nur das androhen, was du im Ernstfall auch gnadenlos durchsetzen willst und kannst. Es gibt für einen Herrscher und Anführer keinen größeren Fehler als die leere und kraftlose Drohung.«

»Ich weiß genau, was du meinst«, antwortete Karlmann. »Ich weiß, dass ich mit den Söhnen von Herzog Eudo verhandeln kann. Aber ich befolge deinen Rat und belagere die Stadt mit allen Männern, die du mir zur Verfügung stellst.«

Karl nickte. »Nutzt die Gelegenheit«, sagte er dann zu allen Versammelten, »und seht zu, dass sich die Männer im Bau von Belagerungsmaschinen üben. Ich will den Klang der Axt in den Wäldern hören. Ich will sehen, wie sämtliche Stricke und Seile von den Fischern an der Garonne und dann an der Gironde bis zum Meer im Westen hierhergeholt werden. Und dann noch etwas: Baut alle Belagerungsmaschinen so, dass wir sie wieder zerlegen können. Denn alles, was wir hier haben, soll in den nächsten Wochen auf Wagen und, so dies möglich ist, auch auf

Kähnen landeinwärts bis nach Toulouse geschafft werden. Wir dürfen uns einfach nicht zu lange hier aufhalten, wenn wir in diesem Jahr noch einen größeren Sieg gegen die Muselmanen erringen wollen.«

Bereits eine Woche später kam Pippin mit den fränkischen Panzerreitern aus Bordeaux zurück. Karl hörte schon von weitem den fröhlichen Klang ihrer Hörner, das Röhren der Tuben und das gellende Schmettern der Trompeten.

»Nach ihrem Lärm zu urteilen, müssen sie mehr als erfolgreich gewesen sein«, meinte Hildebrand. Der Majordomus lachte.

»Hast du etwas anderes von Pippin erwartet?«

»Obwohl er kleiner und jünger als Karlmann ist, scheint er viel von deinen Fähigkeiten geerbt zu haben«, sagte Hildebrand.

»Ich war nie so schroff wie er«, protestierte Karl und lachte noch immer.

»Aber genauso hart und entschlossen, wenn du eine einmal gefasste Entscheidung durchsetzen wolltest.«

»Das ist mein Amt und meine Aufgabe«, stellte Karl fest. »Und jedes Zögern, jedes zaghafte Verharren würde mir auch jetzt noch als Schwäche und Unfähigkeit ausgelegt. Ein Princeps wird nicht zum Ersten unter den Großen, weil er sanftmütig und gütig ist, sondern weil er die Härte beweist, die manchmal sogar grausam erscheint. Du kannst das Amt eines Grafen oder auch eines Herzogs bekommen, weil man dir zutraut, dass du wie ein guter Hausvater für deine Männer handelst. Aber zum Herrscher wirst du nur dadurch, dass du an dich selbst zuerst denkst. Nur dann nämlich trauen dir alle anderen zu, dass du auch sie sicher führen kannst.«

Die Panzerreiter des fränkischen Heeres näherten sich in einer großen Staubwolke. Obwohl es noch nicht richtig Sommer war, wurde das Land bereits trocken, und die Blätter an den Bäumen hatten die Frühlingsfrische verloren.

Die siegreichen Franken brachten den ältesten Sohn von Eudo aus Bordeaux mit. Zusammen mit mehr als hundert weiteren Edlen Aquitaniens überstellte Pippin Herzog Hunold als Gefangenen an seinen Vater.

»Musste das wirklich sein?«, fragte Karl, nachdem Hunold vom Pferd gestiegen war. Er stellte sich vor ihn und schüttelte mehrmals den Kopf. »Wie konntest du nur so dumm sein und zusätzlich zur Gefahr durch die Muselmanen auch noch mich verärgern?«

»Du bist nicht verärgert«, sagte Hunold. »Aber ich gebe zu, dass ich mich zu einem sinnlosen Abenteuer verleiten ließ. Wir hätten wissen müssen, dass wir Aquitanien nicht aus dem fränkischen Reich herauslösen können.«

»Dann nehme ich zu deinen Gunsten an, dass es Streit zwischen dir und deinem Bruder Hatto gab«, sagte Karl. »Ist das so?«

Hunold senkte den Kopf. Er presste die Lippen zusammen, antwortete aber nicht. Im selben Augenblick näherte sich von anderer Seite her ein neues Getöse. Diesmal kamen keine Panzerreiter, sondern nur ein kleiner Trupp Berittener und ein großer Haufen von Fußkriegern. Es waren die Männer, mit denen Karlmann die Festung Blaye belagern sollte.

»Es ging noch schneller, als selbst ich es angenommen hatte«, triumphierte Karlmann. Er ritt neben einem stolzen Aquitanier, der noch immer Pluderhosen trug, aber keine Waffen mehr bei sich hatte. In diesem Moment erkannte Karl, wie Recht er mit der Vermutung gehabt hatte, dass der Widerstand der Aquitanier nichts anderes als ein Bruderzwist gewesen war.

»Verräter!«, schrie der Jüngere dem Älteren vom Pferd herab zu. »Ich wusste gleich, dass du Bordeaux nicht halten, sondern ihnen unterwürfig die Füße küssen würdest.«

»Und du, Hatto? Bist du derjenige, der gegen mich bis zum letzten Mann kämpfen wollte?«, fragte Karl. Der Sohn von Herzog Eudo spuckte aus. Sofort stieß Karlmann ihm die Faust zwischen die Rippen. Hatto heulte auf. Er neigte sich zur Seite, dann rutschte er vom Pferd. Er schlug so hart auf, dass ihm sein Bruder zur Hilfe eilen wollte. Doch weder Pippin, noch die anderen aus seiner Begleitung ließen Hunold durch.

»Lass es!« warnte auch Karl. »Du musst dich jetzt entscheiden, ob ich euch alle als Rebellen und Verräter hinrichten lasse, oder ob ihr fortan in Königstreue und erneuerten Verträgen weiter über Aquitanien herrschen wollt.«

»Niemals!«, schrie Hatto vom Boden aus. Er rappelte sich auf, kam schwankend auf die Beine und wankte dann mit nach vorn geneigtem Oberkörper auf den Majordomus zu. Für einen Augenblick blieb alles still. Hatto umkrallte mit beiden Händen den Verschluss seiner Panzerrüstung über dem Kettenhemd.

»Besinn dich, Hatto!«, rief sein Bruder Hunold. »Wir sind getauft. Und Jesus Christus ist unser Erlöser.«

»Allah bleibt Allah!«, schrie sein Bruder. Mit einem harten Ruck riss er sich die Rüstung von der Brust. Darunter, mehrfach um sein Kettenhemd gewunden, sahen die Franken die grüne Fahne der Muselmanen.

»Allah il Allah!«, rief Herzog Eudos jüngster Sohn noch einmal. »Und Mohammed ist sein Prophet!«

Auch später konnte niemand sagen, woher Hatto plötzlich den Krummdolch hatte. Er stürzte sich auf Karl, hob die Hand mit dem Dolch und sah im selben Augenblick, wie alle anderen ihre Schwerter hervorrissen. Sie kamen nicht mehr dazu, den Majordomus zu verteidigen. Mit einem einzigen harten Schlag streckte Karl den Angreifer zu Boden. Dann stellte er seinen rechten Fuß auf Hattos Schulter und verhinderte so, dass ein Dutzend Schwerterklingen in seinen Körper eindrangen.

Noch auf dem Weg nach Toulouse erhielt Herzog Hildebrand durch mehrere Boten beunruhigende Nachrichten aus den

Gauen von Burgund. Er besprach sich sofort mit Karl. Gemeinsam beschlossen sie, nicht wie vorgesehen Toulouse und Carcassonne zu belagern, sondern direkt zur Mittelmeerküste weiterzuziehen.

Wie gefährlich die Muselmanen inzwischen geworden waren, hatte sich überdeutlich an den beiden Söhnen von Herzog Eudo gezeigt. Karl hatte mit Hunold einen Vertrag geschlossen, der ihm nach wie vor eine vergleichsweise große Selbstständigkeit innerhalb des Frankenreichs zusicherte. Auch sein Herrschaftsbereich als Herzog von Aquitanien blieb ungeschmälert. Als Gegenleistung hatte sich Hunold schriftlich und ohne weitere Bedingung der Herrschaft des Majordomus unterworfen. Hatto hingegen hatte nichts von seiner starren, feindseligen Haltung abgelegt. Wann immer jemand an seine Einsicht appellierte, bekam er nur Schmähungen zu hören: in der alten Sprache Aquitaniens oder in den melodischen, aber bei Hatto stets hasserfüllten Litaneien der Muselmanen. Er wollte kein Kreuz sehen, schrie, wenn die Männer der Kirche ihm mit Weihwasser und Räucherfass zu nahe kamen, und wünschte seinem eigenen Bruder sämtliche Teufel und Dämonen an den Hals.

»Ich will nicht, dass dieser verblendete Narr auch noch zum Märtyrer der Muselmanen wird«, entschied Karl deshalb. »Er soll in einem Kerker festgehalten, aber weder verurteilt, noch hingerichtet werden.«

»Warum vergisst du plötzlich, was du uns stets über die Härte des Herrschers gesagt hast?«, protestierte Pippin.

»Vielleicht, weil ich vergaß, euch darüber zu belehren, dass die letzte Vollkommenheit in der Gnade der Großmut besteht. Du musst hart sein, solange noch irgendjemand an deiner Härte zweifeln könnte. Aber wenn alle lauthals nach Strafe und Rache rufen, den Daumen nach unten senken und ihren Anführer zum Knecht ihres Zorns machen wollen, dann, Karlmann und Pippin, dann müsst ihr wiederum eigennützig handeln und dürft keinem gehorchen – auch nicht der Meinung der Mehrheit.«

Obwohl er schon mehrmals in ähnlicher Weise mit ihnen geredet hatte, blieben sie dennoch tagelang nachdenklich. Ihr Vater führte sie Schritt um Schritt näher an das heran, was sie benötigen würden, wenn er einmal nicht mehr war …

Sie kamen zu spät. Noch ehe Karlmann und Herzog Hunold die Rhone erreichten, ritt ihnen Herzog Hildebrand entgegen und berichtete, dass die Muselmanen Arles nur wenige Tage zuvor fluchtartig verlassen hatten.

Als Karl die Rhone überquerte und zwischen den alten Häusern die schräge Straße zum gewaltigen Oval des vollständig erhaltenen Amphitheaters hinaufritt, wurde ihm sogleich klar, warum die Araber sich gerade in Städten wie Arles festgesetzt hatten. Es waren nicht die Mauern, nicht die Befestigungstürme und nicht die Thermen von Kaiser Konstantin, der auch in Köln eine Brücke errichtet hatte – es war die Arena, wie sie in gleicher Größe nur noch in Nimes stehen sollte. Die Großen und Edlen aus dem Norden des fränkischen Reiches bestaunten die gewaltigen Bogenreihen des über hundert Schritt breiten und fast hundertfünfzig Schritt langen Bauwerks.

»Genau hier drin werden wir uns versammeln und Gericht über alle halten, die um des eigenen Vorteils willen König und Reich und das Christentum verraten haben.«

Allen anderen voran ritt Karl über die breiten Stufen bis zum mittleren Bogendurchgang. Sie konnten zu viert nebeneinander reiten, um ins Innere des riesigen Ovals zu gelangen. Und dann sah Karl, was sein Halbbruder und seine Burgunden zusammen mit den Bewohnern von Arles für ihn vorbereitet hatten. Noch nie zuvor war ein Majordomus der Franken mit derartig triumphalem Jubel empfangen worden wie der Mann, der jahrelang nur als Bastard und Friedelkind gegolten hatte.

Karl richtete sich zu voller Größe auf, hob den Kopf und blickte in das gewaltige Oval. Tausende von Menschen aus der gesamten Umgebung hatten sich auf den schräg ansteigenden Sitzreihen eingefunden. Sie sprangen auf, winkten mit wehenden Tüchern, warfen ihm duftende Lavendelsträußchen zu und erkannten ihn als ihren Befreier und Schutzherrn an. Die Edlen aus Austrien und Neustrien, aus Baiern und Alamannien hatten noch nie zuvor einen solch hitzigen und lauten Empfang erlebt.

Herzog Hildebrand empfing ihn neben einem Podest, auf dem wie ein Thron ein hölzerner Stuhl mit einer hohen, geschnitzten Lehne stand. Und plötzlich wusste Karl, was er die ganze Zeit vermisst hatte.

Er sah keine Priester, keinen Bischof und nicht einen einzigen Mönch! Im selben Augenblick erkannte er, woran weder er noch seine Getreuen auch nur einen Moment gedacht hatten: Nicht nur weltliche Große und Mächtige im südlichen Burgund und in Septimanien hatten mit den Eroberern zusammengearbeitet, sondern auch Männer der Kirche!

Hildebrand kam ihm auf seinem Pferd entgegen. Er nahm seinen Helm ab und neigte das Haupt vor seinem Bruder. Die Menge verstummte. Doch Karl dachte an etwas anderes. Zum ersten Mal wurde ihm bewusst, was sich der Vergangenheit tatsächlich im Süden des Reiches abgespielt haben musste.

Seit vielen Jahren waren die Reiter unter der grünen Fahne des Propheten wieder und wieder in das hitzeflirrende Land zwischen den Meeren eingebrochen. Die Muselmanen hatten Menschen erschlagen und Vieh davongetrieben, Scheunen ausgeraubt und Kirchen geplündert. Aber sie mussten auch Meister der schärfsten Waffe sein, durch die sich erfolgreiche Eroberer auszeichneten: Sie mussten die richtigen Reichen und Edlen verschont haben, um sie zu ihren Dienern und Speichelleckern zu machen. Diese Männer galt es zu finden.

Im selben Augenblick kam eine Abordnung der Stadt und des

Gaus aus dem Inneren des gewaltigen Bauwerks. Sie traten unter den Rängen mit den ersten Sitzstufen aus den inneren Arkaden hervor, in denen noch vor Jahrhunderten wilde Tiere für grausame Wettkämpfe gefangen gehalten worden waren. Jetzt schritten die Edlen von Arles mit entblößten Häuptern auf den Majordomus zu. Sie blieben in mehreren Reihen vor ihm stehen.

»Ich grüße euch, Edle Burgunds, Männer und Frauen von Arles!«, rief Karl mit seiner starken, lauten Stimme. »Ihr habt sehr lange unter dem falschen Zeichen geblutet und gelitten. Aber der Halbmond, der sogar das Kreuz in dieser Stadt verdunkelt hat, ist vor der Stärke unserer Schwerter und vor unserem Glauben an Gott und seinen eingeborenen Sohn gewichen.«

Er machte eine Pause, um das, was er der Bevölkerung von Arles zu sagen hatte, ganz besonders zu betonen.

»Ihr werdet neue Mönche und glaubensfeste Priester bekommen, die ihren Herrn nicht verraten, ehe der Hahn dreimal gekräht hat.«

Hildebrand nickte ihm kaum merklich zu. »Rikulf«, sagte er leise. Auch Karl nickte. Dann rief er: »Sämtliche Adlige und mit Land Begüterten, die euch im Namen der Eroberer ausgepresst und betrogen haben, sollen verlieren, was ihnen Rang und Macht verschafft hat.«

Keiner der vielen tausend Zuschauer wagte schon jetzt zu jubeln. Atemlos verfolgten sie, was kaum noch jemand von ihnen zu hoffen gewagt hatte. Nur einige der Frauen begannen zu weinen. Aber es war kein Zorn, kein Hass und keine Trauer, sondern Erleichterung über die Befreiung von jahrelangem Joch.

»Ich rufe Rikulf, den Reichbegüterten in den Gauen hier zwischen Rhone und Alpen.«

Er wartete. Dann wiederholte er mit Blick auf die vor ihm stehenden Mächtigen und Reichen der Stadt Arles: »Ist jemand unter euch, der Rikulf heißt?«

Mit grimmigem, aber furchtlosem Gesicht trat ein schwerer, gut fünfzig Jahre alter Mann in seidenen Gewändern einen Schritt nach vorn. Sein Kopf saß halslos auf den Schultern. Er war von ondulierten Haar umrahmt, das durch einen kirchlich wirkenden roten Hut mit einer breiten, starren Krempe vor dem Sonnenlicht geschützt wurde.

»Rikulf«, sagte er nur. »Ich bin Rikulf, der Mann, der hier in schwerer Zeit für Ordnung sorgt.«

Karl lächelte kaum merklich. Er bewunderte den Mut des feisten Ausbeuters. Aber dann hob er seine Hand und streckte sie den Menschen auf den Tribünen entgegen.

»Ihr urteilt!«, rief er dann. »Ihr ganz allein!«

Ein furchtbares Geheul, vermischt mit gellendem Geschrei von Wut und Zorn erfüllte die Arena. Genauso ging es mit den nächsten Namen in der Hitze dieses Tages.

»Das waren keine Gottesurteile«, sagte der Majordomus einige Tage später. »Ich habe auch nicht willkürlich die besten Männer der Provence dem Zorn des Pöbels vorgeworfen. All das war vielmehr vorbereitet durch meinen Bruder Hildebrand, von dem ich sehr wohl wusste, wer mit den Muselmanen unter einer Decke steckt und wer gezwungen wurde, ihnen zu gehorchen.«

Sie hatten Arles wieder verlassen und waren die Rhone aufwärts über die alten römischen Flussfestungen Orange und Vienne bis nach Lyon weitergezogen. Noch immer waren Avignon, Narbonne, Nimes, Carcassonne und Toulouse fest in der Hand der Muselmanen. Deshalb nahm Karl an, dass sich aus dieser Stadt am Zusammenfluss der Rhone und der Saone die Angelegenheiten der Provence besser regeln ließen als von Süden her.

»Was du in Arles gemacht hast, hat sich sehr schnell überall herumgesprochen«, meinte Pippin und lachte.

»Ich wollte möglichst vielen Menschen vor Augen führen,

dass es noch Gerechtigkeit unter der Sonne gibt«, entgegnete der Majordomus.

Er wandte sich an Pippin und dessen jungen Stiefbruder Remigius: »Ihr beide werdet Hildebrand von jetzt ab hier im Herzogtum Burgund tatkräftig unterstützen. Aber vergesst nicht, dass wir hier immer noch mächtige, untereinander versippte und verschworene Familien gegen uns haben.«

Einige dieser Edlen und Reichen lehnten nach wie vor jede Zusammenarbeit mit den Franken aus dem Norden und Westen des Königreichs ab. Ihnen wurde genommen, was sie bis zum Schluss hartnäckig und uneinsichtig als ihr väterliches Erbe und göttliches Recht behaupteten. Karl übergab die konfiszierten Güter und Abteien an verschiedene bairische Adlige, die sich in den vergangenen Jahren besonders bewährt hatten. Auch die Grafen von Autun und Vienne, sowie Adelbert von Chalon an der Saone, wurden vom Majordomus ausgezeichnet.

»Seht zu, dass auch die Klöster bei der Neuverteilung des eingezogenen Landes ihren Teil abbekommen«, sagte Karl. »Ich denke ganz besonders an den Abt vom Kloster Flavigny, dem wir Hildebrands Karten von der Rhonemündung verdanken.«

Noch vor dem Aufbruch nach Norden ließ sich Karl im alten Praetorium von Lyon sämtliche Beutestücke und Geschenke zeigen, die er in diesem Jahr für sich und den Kronschatz des Königs errungen hatte. Zusammen mit seinen engsten Beratern schritt er von einem Tisch zum nächsten. Sie nahmen sich einen halben Vormittag Zeit, um sich die Waffen und Schmuckstücke, Kelche und wertvolle Pergamentrollen, alte Parfümkästchen, kostbares Zaumzeug, bestickte Seidengewänder und große Teppiche mit Jagdszenen genau anzusehen. Sie kannten alle die Königsschätze. Dies hier war mehr!

Während sie einen Raum nach dem anderen langsam durchschritten, traf draußen im Hof ein nur wenig kriegerisch wirkender Reiter ein. Sein Pferd war staubig und trug einen Sattel, der geradezu wie ein tragbarer Markt aussah. Überall hingen Töpfe und Pfannen, Kannen und Glöckchen, Taschen und Beutel herab. Karl erkannte den Mann sofort. Es war Elias, der Sohn des Juden Isaak.

»Was gibt es?«, rief er ihm zu. »Was treibt dich zur Eile?«

»Abd-al-Melik ist nicht mehr«, erwiderte der Sohn des Fernhändlers. »Sein Nachfolger Ocba Ben Alhegag wollte schon die Schmach von Arles rächen. Er war bereits mit einem großen Heer aufgebrochen. Aber er musste in Saragossa umkehren.«

»Warum das?«, rief Karl dem Kaufmann zu.

»Weil der Statthalter in Spanien vom Statthalter in Afrika den Befehl erhalten hat, sofort nach Cordoba umzukehren – dort soll ein Aufstand ausgebrochen sein …«

35.

Sarazenenblut

Der Winter war sehr lang, und als die ersten Boten wieder durchkamen, erzählten sie von schlimmen Zuständen überall im Königreich. Karl musste hören, dass er den Widerstand des burgundischen Adels nicht gebrochen hatte. Hier konnte Hildebrand eingreifen. Die Muselmanen waren erneut in Septimanien eingebrochen. Dann trafen Berichte über rebellische Sachsen bei ihm ein und Beschwerden, in denen das harte und unduldsame Vorgehen von Erzbischof Bonifatius und seinen Mönchen beklagt wurde.

In diese angespannte Stimmung brach die Kunde von einem Ereignis, das Karl mehr fürchtete als alles andere.

»Der König ist tot!«, meldete Rotbert, der kurz in einen der Vorräume hinausgegangen war, als dort störende Stimmen laut geworden waren.

»Wer sagt das?«, fragte Karl sofort.

»Die Priester vom Ziegenberg«, antwortete Rotbert. »Theuderich IV. ist bereits vor einer Woche gestorben. Aber der Schnee war so hoch, dass die Kirchenmänner den Felsen über dem Fluss nicht verlassen konnten.«

Karl empfing die Priester im Vorraum und winkte sie herein. Die Männer mit ihren Kapuzen und Umhängen hatten allesamt rote, wenn nicht sogar blau verfrorene Gesichter.

»Ist es wahr?«, fragte der Majordomus. Sie zogen die Schultern zusammen. Dann neigten sie einer nach dem anderen den Kopf.

»Woran starb er?«

»Es muss die Kälte und die zugige Luft auf dem Ziegenberg gewesen sein«, sagte der Sprecher der Priester. »Aber es war auch seine eigene Unvernunft. Denn oftmals hat er sich unseren Bitten verschlossen, doch mehr als ein seidenes Hemd anzuziehen, wenn er von einem Haus in ein anderes ging.«

»Wer weiß außer euch und uns hier noch davon?«

»Nur unsere Brüder auf dem Felsen.«

»Dann soll es im Augenblick auch dabei bleiben«, befahl Karl kurz entschlossen. »Schwört, dass ihr schweigen werdet, bis ich euch die Auflassung gebe.«

»Wir schwören bei Gott dem Allmächtigen«, sagte der Sprecher der Priester sofort.

Karl nickte und entließ ihn mit einer kurzen Bewegung der linken Hand. Auch als sie gegangen waren, sprach keiner der Anwesenden. Vollkommen regungslos saßen sie an dem mit Plänen und Pergamenten, Weinkrügen und Kuchenkörben übersäten Tisch. Rotbert und Folker blickten nach unten. Karlmann beobachtete seinen Vater nur aus den Augenwinkeln, und Karl selbst starrte wortlos geradeaus. Es war, als würde er durch die Mauern hindurch weit nach Westen bis zum Ziegenberg hinauf sehen wollen.

Allen war klar, was jetzt zu geschehen hatte. Der Majordomus musste eine geeignete Grablege für den verblichenen Merowinger bestimmen. Dafür kamen nur Metz oder Sankt Denis in Frage. Anschließend und spätestens zum Märzfeld in drei Wochen musste er den Großen und Mächtigen des Reiches einen Nachfolger für Theuderich IV. vorschlagen.

Die brennenden Holzscheite knisterten im Kamin. Während draußen Schneeflocken über den Rhein trieben, spürte Karl, wie eine eigenartige, wohlige Wärme durch seinen Körper rann. Zuerst wehrte er sich noch gegen den verführerischen Gedanken, aber dann ließ er ihm behutsam mehr und mehr Raum. Was würde geschehen, wenn er einfach darauf verzichtete, sich einen neuen Merowinger, einen neuen König zu suchen? War er nicht längst der Alleinherrscher über das Königreich der Franken? War er nicht von den Großen und Edlen des Reiches zum Ersten unter ihnen gewählt und bestätigt worden? Gewiss – nach Recht und Gesetz wäre es ungeheuerlich, wenn er das Regnum Francorum ohne König ließ. Er selbst war der erste Diener des Souveräns, doch trotz allem nicht der Monarch. Und ohne König konnte er auch nicht sein Majordomus sein. Was aber dann?

Karl biss die Zähne so fest zusammen, dass sie schmerzten. Er musste jetzt und hier entscheiden, wie es weitergehen sollte. Drei Möglichkeiten standen klar und deutlich vor ihm. Die erste bestand darin, nach irgendeinem, im Blut mit den Merowingern verwandten Mann ohne Namen zu suchen, um ihn zum neuen Aushängeschild des Reiches auszurufen. Die zweite Möglichkeit war so gefährlich, dass er auf keinen Fall den Fehler seines Vorfahren Grimoald I. wiederholen wollte. Weder er selbst, noch einer seiner Söhne durfte die Krone der Merowinger tragen. Denn trotz aller Erfolge hätte ihm dies auch der Norden des Reiches kaum verziehen …

Nur der dritte Weg war noch von keinem Majordomus erprobt worden. Er bestand ganz einfach darin, für eine Weile ohne Schattenkönig zu herrschen. Karl verzog seine Mundwinkel zu einem Lächeln, und seine Augen begannen zu leuchten. Er schürzte die Lippen, und der Gedanke erfüllte ihn wie ein süßer Rausch.

Mit dem Oberbefehl über ein Vorauskommando zog Herzog Hildebrand so schnell wie möglich nach Burgund. Vor jedem morgendlichen Aufbruch schickte er Boten mit einem Lagebericht an den Majordomus zurück. Dadurch erfuhr Karl Tag um Tag, wie schnell und wie weit sich die Muselmanen im Rhonetal zurückzogen.

Aber auch Pippin schickte Botschaften. Sie stimmten nicht mit denen Hildebrands überein. Während Karls Stiefbruder behauptete, die meisten der Burgunder seien dem König und dem Majordomus treu ergeben, berichteten Pippins Boten von der Zusammenarbeit der Burgunder mit den Arabern.

»Pippin berichtet von der unteren Rhone«, versuchte Karlmann zu schlichten, »und Hildebrand meint wahrscheinlich die Gegend zwischen Dijon und Lyon.«

»Das ist für mich alles immer noch Burgund«, sagte Karl verärgert. »Wenn mein Bruder von Frieden und mein Sohn von Krieg spricht, muss ich mir eben selbst ein Bild verschaffen.«

Er teilte das Heer in Berittene und Fußkrieger. Zusammen mit seinen Panzerreitern und einer Auswahl der Edlen aus Austrien, Neustrien, Hessen und Thüringen ging er in einen schnelleren Vormarsch über. Auch als sie in das Tal der Saone einritten und schnell in Richtung Lyon vorrückten, kamen ihnen immer neue Abgesandte Pippins mit Hiobsbotschaften entgegen. Jetzt zeigte sich, dass Hildebrand nicht die Wahrheit gesagt hatte.

Karl erfuhr, dass sein Halbbruder Lyon verlassen hatte, während die muselmanischen Eroberer auf ihren schnellen Pferden überall mit Feuer und Schwert wüteten, ehe sie sich zurückzogen. Sie hatten wahllos Klöster entweiht, heilige Stätten zerstört und unzählige Menschen in die Gefangenschaft mitgeschleppt.

»Wir halten uns nicht in Lyon oder an anderen Plätzen an der Rhone auf«, ordnete Karl an, »sondern ziehen direkt und nur mit kurzer Nachtrast gegen Avignon. Ich muss verhindern, dass Pippin und Hildebrand vor Avignon in eine Katastrophe reiten.«

Die Tiere waren nicht für schnelle, eilige Ritte geeignet. Aber sie hielten durch, begnügten sich mit kurzen Pausen am Wasser und einer Nachtrast, bei der ihnen die Futtersäcke unter das Maul gehängt wurden. Viel anstrengender war der fast endlose Ritt für die Männer in ihren schweren Rüstungen, den Helmen und Beinschienen, Kettenhemden und Wehrgehängen. Da sie fast alles, was sie zum Kämpfen brauchten, diesmal am Sattel mitführten, wurde der Vormarsch nach Süden zu einer elenden Schinderei. Zwar hatte Karl von Anfang an Marscherleichterung befohlen, aber ab Lyon galten wieder die Bedingungen des Krieges.

Das Tal der Rhone war feindliches Land. Sie mussten darauf vorbereitet sein, dass zu jeder Zeit unerwartete Angriffe von Felshängen herab oder aus versteckten Seitentälern über sie hereinbrechen konnten. Dann aber wäre keine Zeit mehr, eine schützende Rüstung anzulegen …

Der erste Tag und die erste Nacht südlich von Lyon verlief ohne Zwischenfälle. Auch der zweite Tag blieb wider allen Erwartungen ruhig. Am dritten Tag, als die Berge im Westen und Osten zurückgewichen waren und das Tal verbreitert hatten, erreichten sie den großen Rhonebogen mit seinem Schwemmland und dem Zufluss der Dourance aus den Alpenbergen zwischen dem Herzogtum Burgund und dem Königreich der Langobarden. Schon von weitem erkannten sie die Mauern der Stadt auf der Felsplatte, die zum Fluss hin gut dreißig Schritt hoch war und nach Osten hin sanft abfiel.

»Jetzt bist du wieder dran!«, rief der Majordomus aus dem Sattel heraus seinem Erstgeborenen zu. »Du hast den Aquitanier Hatto aus seiner Festung Blaye geholt, jetzt lass dir etwas einfallen, wie wir die Muselmanen aus Avignon vertreiben können.«

»Sie haben sicherlich genügend Vorräte«, rief Karlmann zurück. »Aber auch wenn sie in den vergangenen Wochen wahllos zerstört, geplündert und Beute gemacht haben, könnten sie gerade hier am Fluss das Wasser nicht bedacht haben! Und dann sitzen sie dort drüben auf dem Felsen in einer schönen Falle.«

»Dein Wort in Gottes Ohr!«, lachte Karl laut. »Aber lass uns zuerst mit Hildebrand und deinem Bruder reden.«

»Ich habe noch nichts von Pippin gesehen«, rief Karlmann.

»Dann mach die Augen auf«, antwortete Karl. »Dort kommen beide. Und jeder von ihnen will offensichtlich als Erster hier sein.«

Die Panzerreiter blickten an den Obstbäumen außerhalb der Stadt entlang. Pippin und seine Begleiter waren bereits so nahe, dass die Männer um Karl ihre Schilde unterscheiden konnten. Aber Hildebrand und sein Gefolge hatten die schnelleren Pferde.

Bereits am ersten Abend der Belagerung von Avignon erfuhr der Majordomus, dass der fast unbekannte Graf Maurontus in dieser Gegend auch mit dem Ehrentitel Dux oder Herzog bezeichnet wurde.

»Wenn er wirklich Herzog wäre, wüssten wir davon«, meinte Karlmann abfällig.

»Ihr solltet nicht unterschätzen, wie frei und selbstständig sich die Edlen in diesen Gebieten fühlen«, mahnte sein Bruder.

»Ich hätte nichts dagegen, wenn wir jetzt langsam zur Sache kämen«, sagte ihr Vater ungeduldig. »Ich weiß bisher nur, dass Hildebrand die Araber aus dem Flachland auf den Stadtfelsen getrieben hat.«

»Das war das Dümmste, was er machen konnte«, meinte Karlmann.

»Vielleicht auch nicht«, überlegte sein Vater. »Denn jetzt schmoren sie in ihrem eigenen Saft. Und damit sich das auch gar nicht erst ändert, beginnen wir noch heute mit der Belagerung und den ersten Angriffen.«

Karls Söhne und die versammelten Heerführer sahen ihn verwundert an.

»Sollten wir nicht zuerst Sturmwerkzeuge bauen, Tauwerk zusammenholen und Leitern zimmern lassen?«

»Habt ihr vergessen, was wir im vergangenem Jahr aus Aquitanien mitgebracht haben?«, fragte Karl. Keiner der anderen hatte daran gedacht. »Die Wagen und Frachtkähne aus Arles müssten schon in den nächsten Stunden eintreffen«, sagte der Majordomus mit einem überlegenen Lächeln.

Er hatte kaum ausgesprochen, als die ersten Boote um die Biegung des Flusses gerudert wurden. Sie hielten sich dicht an die herabhängenden Zweige der Uferbäume. Auf diese Weise konnten die Ruderer auch von den Mauern und Türmen auf dem Felsplateau von Avignon weder gesehen, noch mit Pfeilen beschossen werden.

Genau so, wie es Karl gesagt hatte, trafen in den folgenden Stunden über den Fluss und in einem großen Bogen auch vom Osten her Belagerungsgeräte, Wurfmaschinen und zusammengelegte Teile von beweglichen hölzernen Kampftürmen ein.

»Wir warten nicht, bis alles hier ist«, ordnete Karl an. »Jedes Katapult soll von sich aus mit seinen Angriffen beginnen, sobald seine Mannschaft dazu in der Lage ist. Von diesem Augenblick an sollen ohne Pause die Steinsäcke der Katapulte ihre Geschosse über Mauern und Türme hinweg bis zu den Dächern der Stadt hinaufschleudern. Aus anderen Katapulten will ich Krüge mit brennendem Öl fliegen sehen. Sämtliche Bogenschützen sollen flammende Pfeile in die Stadt schießen. Aber kein Einziger unserer Männer soll ungeschützt so dicht an den Felsen heranrücken, dass er von oben mit kochendem Öl oder durch Pfeile der Eingeschlossenen getroffen werden kann.«

Die flammende Belagerung Avignons traf die muselmanischen Reiter vollkommen unvorbereitet. Sie waren für schnelle Angriffe und wilde Verheerungen geübt, nicht aber für die planvolle Verteidigung einer eingeschlossenen Stadt. Noch in der Nacht sahen die Franken aus dem Norden, wie sich der Feuerschein über den Häusern von Avignon höher und höher in den sternklaren Himmel hob. Die Flammen spiegelten sich im Wasser der Rhone und erhellten sogar noch die gegenüberliegenden Bergwälder. Dennoch blieben die Muselmanen standhaft, wagten aber keinen Ausbruch.

Bei Sonnenaufgang bewegten sich die hohen hölzernen Türme wie in den Zeiten römischer Legionäre Stück um Stück auf Felsen und Mauern zu. Überall knarrte das Tauwerk der Katapulte. Fußkrieger aus dem Norden, die bisher nur Schild und Schwert, Speer oder Wurfaxt gekannt hatten, schleppten zu Dutzenden lange Leitern bis an den Fels. Andere zogen die Boote aus dem Fluss und stapelten sie direkt am Steilufer übereinander. Sie schlangen Seile um Holzbohlen und frisch geschlagenen Baumstämme. Auf diese Weise entstanden Gitterwerke, die wie schräg an den Fels gelegte Brücken aussahen. Und dann kletterten die ersten Angreifer nach oben und begannen mit dem Kampf.

»Lasst die Drometen schmettern!«, befahl Karl, als die Sonne hoch genug über den Alpen im Osten stand. Er scharte die Panzerreiter und sein persönliches Gefolge um sich, dann wandte er sich zu den Osttoren der Stadt.

Auch später wusste niemand zu sagen, wer den Arabern oder den Franken die Tore im Osten geöffnet hatte. Während die einen hinauswollten, drängten die anderen hinein. Auf engstem Raum schlugen Schwerter gegeneinander, auf Männer, Schilde und Pferde. Die schmalen Gassen von Avignon waren weder für die Araberpferde, noch für die Kaltblüter aus dem Norden geeignet. An manchen Stellen passte gerade jeweils ein Pferd von jeder Art nebeneinander zwischen die Häuser mit ihren flachen, römischen Dächern aus halbrunden Ziegeln. Jetzt zeigte sich, dass die Standfestigkeit der fränkischen Wallache der tänzelnden Unruhe der arabischen Stuten eindeutig überlegen war.

Aber auch Karl und seine Söhne mussten gleich den anderen

fränkischen Edlen erfahren, wie schnell und geschickt die Muselmanen mit ihren Krummschwertern waren. Während manch fränkische Spatha an Mauervorsprüngen oder den Balken der Häuser zerbrach, zogen die Muselmanen ihre Damaszenerklingen wie umgekehrte Sicheln durch Körper und Gliedmaßen der Gegner. Während zum Fluss hin Feuer und Rauch die Stadt immer weiter einhüllten, kämpften die Männer im östlichen Teil Avignons so verbissen um jeden Vorteil, dass schon bald Ströme von Blut über die Schrägen der steinernen Straßen bis zu den Stadttoren flossen.

Sie brauchten mehrere Tage, bis sie sich von der Eroberung Avignons so weit erholt hatten, dass sie in Richtung Narbonne weiterziehen konnten. Hunderte von Franken und Arabern waren bei den Kämpfen umgekommen, weit über tausend Sarazenenreiter in Gefangenschaft geraten. Sie wurden entwaffnet und mussten ihre Pferde abgeben. Ohne die Tiere waren sie eher klein und scheu. Karl und die anderen waren an den Gefangenen vorbeigeritten und hatten sich unwillkürlich gefragt, welcher Glaubenseifer so stark sein konnte, dass weder Feuer noch Blut, weder Niederlage noch der Tod sie schreckten.

»Vergesst unsere Mönche aus Irland und England nicht«, lästerte Pippin. »Die haben auch alles verbrannt und zerschlagen, wenn es nur unchristlich genug war.«

»Dabei müssten wir alle Brüder sein und gemeinsam gegen die Heiden kämpfen«, sagte Karlmann. Er ritt auf der rechten Seite seines Vaters, sein Bruder Pippin auf der linken. Sie hatten die Flussarme der Rhone verlassen und folgten jetzt wieder der alten römischen Via Domitia durch Septimanien.

Karl befahl, die gefangenen Sarazenen im großen Amphitheater von Nimes zu bewachen. Die Arena, die noch größer war als die von Arles, war bereits seit einem halben Jahrhundert Gefängnis für das gesamte Herzogtum Burgund.

Das antike Narbo Martius war lange Zeit Hauptstadt jener römischen Provinz gewesen, die nach und nach das gesamte südliche Gallien einnahm. Zum ersten Mal von Clovis I. besiegt, war Narbonne vor einem Vierteljahrhundert im Sturm des islamischen Heiligen Krieges erobert worden und seither das Hauptquartier der muselmanischen Eroberer im Süden Galliens.

Das riesige, inzwischen durch Tausende von Fußkriegern verstärkte Heer des Majordomus lagerte an mehreren Plätzen rund um die ummauerte Stadt. Ursprünglich hatte Narbonne direkt am Mittelmeer gelegen, doch im Lauf der Jahrhunderte waren Häfen und Küstenlinie mehr und mehr versandet. Inzwischen bildeten große Flächen mit Brackwasser, die hier wie in der Camargue verniedlichend Teiche genannt wurden, einen natürlichen Verteidigungsring um die Stadt. Das von Carcassonne kommende Flüsschen Aude selbst zergliederte sich in so viele kleine Nebenarme, dass nicht einmal Ortskundige sagen konnten, welcher Kanal und welche Wasserader dazugehörte.

Noch in derselben Nacht hörte Karl, dass die Besatzer von Narbonne zu spät davon erfahren hatten, was in Avignon geschehen war. Sie sahen sich plötzlich in der gleichen Situation wie die Eingeschlossenen auf dem Felsplateau an der Rhone. Nur an einer einzigen Stelle entdeckten Karls Späher mehrere hundert Berittene, die von Spanien her zur Verstärkung von Avignon ausgeschickt worden, dort aber nicht mehr rechtzeitig eingetroffen waren.

Erst am nächsten Morgen, als die Sonne seit mehr als einer Stunde wie ein glühendes Fanal im dichten Dunst über den feuchten Flussauen stand, befahl Karl einen Überraschungsangriff.

»Du übernimmst, Pippin!«, befahl Karl. Sie hatten noch in der Nacht kleine Brücken und Stege erkundet, über die sie, vom Schilf verborgen, bis an das Lager der Araber heran konnten.

Die Franken schnitten den Muselmanen den Fluchtweg in

ihre Stadt ab. Doch dann erkannte Pippin, dass die Kaltblüter nicht mit der weichen Erde zwischen den Wasserläufen zurechtkamen. Sie sanken tief ein und scheuten vor dem scharfen Schilf und den fremdartigen Dornenbüschen.

»Zurück!«, rief Pippin, so laut er konnte. »Alles zurück!«

Zu spät! Die ersten der muselmanischen Reiter preschten bereits vor und zerstörten die Stege, über die die Franken soeben gekommen waren …

Die Schlacht in den Sümpfen der Aude begann so schlecht geplant wie kaum ein Waffengang zuvor. Die Männer strauchelten und rutschten von ihren Pferden, schlugen mit Spatha und Krummschwert aufeinander ein, kämpften schon ohne Schilde und wurden immer unbeweglicher.

Karl wollte sofort eingreifen, aber er hatte keine Möglichkeit, Pippin zu helfen. Dort, wo sein Sohn die Übergänge über die Wasserläufe gefunden hatte, ragten jetzt nur noch zerborstene Stege zwischen Pferdekadavern an den Böschungen, Leichen im Wasser und schreienden Verwundeten empor.

In ohnmächtigem Zorn musste der Majordomus mit ansehen, wie sich die Sarazenen über die Körper von Franken hinweg auf festeren Boden flüchteten, dann auch die letzten Sperrriegel durchbrachen und sich bis zu den Mauern der Stadt Narbonne durchschlugen. Andere Franken, die von Karls Boten alarmiert von allen Seiten zur Hilfe eilten, prallten direkt vor den Toren der Stadt mit schnellen Berittenen zusammen, die den anderen ihren Fluchtweg freikämpfen wollten. Aber es war und blieb eine vollkommen ungeplante, sinnlose Schlacht, die mehr einem verbissenen Gemetzel, als einem offenen Kampf auf freiem Feld glich.

Erst gegen Mittag drang Karls Befehl zum Abbruch auch bis zu den Letzten vor, die längst auf eigene Faust kämpften und nur noch vergelten wollten, was ihnen die Muselmanen bei ihrem Durchbruch zur Stadt zugefügt hatten.

Tagelang wiederholte sich das unwürdige Schauspiel. Fränkische Fußkrieger griffen über Leitern und Belagerungstürme an, dann öffneten sich die Tore, muselmanische Reiter preschten blitzschnell heraus, schleuderten Krüge mit brennendem Öl gegen die Belagerer und verschwanden wieder, ehe die Kaltblüter der Franken sich auch nur ein paar Schritte bewegt hatten.

Narbonne war anders als Avignon. Hier halfen weder Katapulte mit Steinladungen, noch Feuertöpfe, um die Dächer in Brand zu stecken. Es gab genügend Wasser innerhalb der Stadt, um jedes Feuer sofort zu löschen. Auch an ein Aushungern war nicht zu denken. Karl wusste inzwischen, dass im alten römischen Horreum, dem riesigen unterirdischen Labyrinth aus Speichern und Lagerräumen, genügend Vorräte für viele Monate gehortet wurden. Und genau das wurde zu seinem Problem. In der gesamten Umgebung war so viel zerstört und verwüstet worden, dass das Heer der Franken keine wochenlange Belagerung von Narbonne durchstehen konnte. Selbst wenn sie Tag um Tag nur Meeresfische aßen und sich mit dem Wasser der Aude begnügten, konnten sie die Eingeschlossenen nicht bezwingen.

Karl befahl, sämtliche Boote und Schiffe aus den Wasserläufen der Aude bis in den Hafen von Narbonne zu bringen. Von dort aus ließ er sie in die Haffs und Brackwasserteiche südlich der Stadt rudern. Im Tross mussten Fischnetze geknüpft werden. Und dann kämpften die Männer, die eigentlich das Schwert und die Axt führen sollten, zumeist vergeblich um glitschige, schillernde Beute aus dem Mittelmeer …

Am siebten Tag der Belagerung kamen die Ersten der jungen Kundschafter zurück, die Karl in Richtung Barcelona geschickt hatte. Sie berichteten sofort von einem großen Heer, das der spanische Statthalter Ocba in Bewegung gesetzt hatte.

»Es wird von Omar ibn-Chaled angeführt«, erzählten die Kundschafter. »Sie kommen sehr schnell auf der alten Römerstraße über die letzten Pyrenäenpässe. Ihr schweres Gerät und die Belagerungswaffen haben sie bereits mit Schiffen an der Küste entlang vorausgeschickt.«

Karl wandte sich an Pippin. »Du bleibst mit einem Fünftel des Heeres hier«, sagte er hart. Es war der einzige Tadel, den sein Sohn für seinen misslungenen Angriff auf die versprengten Muselmanen zu hören bekam. Dann drehte er sich zu Karlmann um: »Und du kommst mit.«

Sie brachen noch am selben Tag auf und ritten an der Landseite der Teiche entlang, die teilweise durch die Wasser der Aude gespeist wurden. Auf der anderen Seite der Brackwasserflächen trennten Dünen und kleinere baumlose Berge mit schroffen Felsspitzen das Mittelmeer von den tückischen Flachwassern.

Nach drei Meilen überquerte das Heer unter Karls Führung die einzige Brücke über das Flüsschen Berre an den ausgebrannten Ruinen eines Landgutes. Auch die Siedlungen in der Nähe des Übergangs zwischen den Teichen und dem offenen Meer waren vollkommen verwüstet.

»Wir warten hier auf das neue Reiterheer«, ordnete Karl an. Dann erklärte er von einem Felsvorsprung aus seinen Großen, wie er die Muselmanen zwischen den hügeligen Ausläufern der Pyrenäen und dem salzigen Brackwasser südlich von Narbonne in die Zange nehmen wollte. Gleich darauf ließ er beginnen.

»Fünfhundert Mann in die Boote!«, rief er. Die Männer auf dem Wasser wurden durch Spiegelzeichen näher gerufen. Gleichzeitig verteilte Karl die Fußkrieger hinter mehreren Hügelkuppen, so dass sie von der Straße aus nicht zu sehen waren. Dennoch wurde ihre Geduld auf eine harte Probe gestellt. Und dann, fast wie bei Tours und Poitiers, tauchten die Sarazenen auf ihren schnellen Pferden genau in dem Augenblick auf, in dem die Sonne ihren höchsten Stand erreicht hatte.

Erst als die Feinde in ihrem Rücken und an der gesamten rechten Flanke nur noch salziges, sumpfiges Brackwasser hatten, ließ sich der Majordomus ein großes, gebogenes Kampfhorn geben und blies mit aller Kraft hinein. Der urtümliche Kriegsruf schallte weit über die Sarazenen hinweg. Sie brachen sofort nach allen Seiten hin aus. Von Westen her stürmten ihnen Karls Panzerreiter hangabwärts entgegen. Aus ihrem Rücken versperrten dichte Haufen von schwer bewaffneten fränkischen Kriegern die Flucht zurück.

Der Kampf war so hart und heftig, dass innerhalb weniger Minuten die alte Römerstraße im Blut schwamm, geschlagene Kämpfer über die Ränder der Straße stürzten und an den Hängen bis zu den Ufersümpfen rollten. Zur selben Zeit tauchten auch die Schiffe der Muselmanen auf. Jetzt, als die Berittenen erkannten, dass sie gegen die Panzerreiter der Franken nicht ankamen, wollten sie ebenfalls die Flucht ergreifen. Doch da begann zum ersten Mal in der Geschichte des fränkischen Königreiches eine Schlacht auf dem Wasser. Und anders als bei den Friesen im Norden waren die Franken diesmal auf einen Kampf von Boot zu Boot vorbereitet.

Obwohl sie nur über Fischerboote und flache Lastkähne verfügten, trugen einige von ihnen Katapulte und fest verzurrte Rammböcke am Bug. Die Franken schützten sich mit Dächern aus Schilden. Einige ruderten, andere stakten im seichten Wasser, und wiederum andere hockten hinter ledernen Planen und schossen eine Pfeilsalve nach der anderen auf die Schiffe der Araber ab. Niemand an Bord der muselmanischen Schiffe war auf einen Seekampf vorbereitet. Verwirrt bewegten sich die ausgebrachten Boote zwischen den angreifenden Franken und dem Geschrei und Getöse am Ufer hin und her.

Karl beobachtete eine Weile die Schlacht. Dann sah er, wie sich aus dem Getümmel an der Straße nach Süden eine Gruppe von Vornehmen löste und angriff. Das war der Augenblick, auf den er die ganze Zeit gewartet hatte. Der Anführer des neuen Heeres erkannte auch ihn. Omar ibn-Chaled ritt, prächtig in weiße und grüne Seide gekleidet, mit einem goldgelbem Turban auf dem Kopf, inmitten seiner wild um sich schlagenden Edlen.

Karl sah, wie er ihnen Befehle entgegenschleuderte, sein eigenes Pferd mehrmals nach links und rechts riss und dann wieder nach vorn drängte. Der Majordomus zog die Mundwinkel ein wenig herab. Dann rückte er seinen Helm fester, holte tief durch die Nase Luft, bis sein Brustkorb zu platzen schien, stieß einen röhrenden Schrei aus und gab seinem Gaul die Sporen. Das schwere Kaltblut setzte sich wie ein behäbiges Kampfschiff in Bewegung.

Karl zog sein Langschwert und hielt sich ein Dutzend Angreifer so weit vom Leib, dass ihre Krummschwerter ihn nicht erreichen konnten. Er ritt direkt auf den Befehlshaber des muselmanischen Reiterheeres zu. Omar ibn-Chaled erkannte in ihm den Princeps der Franken. Ganz so, als hätte er nichts anderes als diesen Kampf auf Leben und Tod erwartet, stellte er sich dem Mann, den er im Namen Allahs und des Propheten besiegen und vernichten wollte.

Karl hatte kein Interesse an einem langen Zweikampf. Dennoch reizte es ihn, den anderen als Ersten sein Schwert heben zu lassen. Mit einer Mischung aus eisiger Kälte und flammendem Zorn erwartete er den Streich des Arabers. Er wehrte den geschickten Schlag der Damaszenerklinge so hart ab, dass sie mit ihrem perlenverzierten und smaragdbesetzten Knauf in hohem Bogen bis zu den Felsen flog. Karl musste nur noch den Arm senken.

Mit einer leichten, fast spielerischen Bewegung seines Langschwertes schnitt er dem Anführer der Muselmanen das Leben ab. Der Kopf des Araberfürsten kippte zur Seite. Die eben noch furchtlosen Krieger in seiner Nähe schrien vor Entsetzen auf. Sie flohen zu Fuß und zu Pferd hinab zum Wasser. Dort aber warteten bereits die anderen Franken auf den Booten.

Die schwer geschlagenen Angreifer wurden entwaffnet und von ihren Pferden getrennt. Die Franken machten keinen Unterschied zwischen Berbern und Omaiaden, Sarazenen und Arabern oder den zum Trossdienst im Heer der Muselmanen verpflichteten Goten.

Karl zog sich mit seinen Vasallen bis zur Brücke am Flüsschen Berre zurück. Hier fanden sie klares, frisches Wasser, um ihre Wunden zu waschen und ihre Köpfe zu kühlen. Doch dann, als immer mehr Franken das kühle Wasser aus den Pyrenäen erreichten, wurden es so viele, dass selbst die Pferde nicht mehr aus dem inzwischen braunroten Flüsschen trinken wollten. Pippin hatte einen Pfeil in seine linke Schulter bekommen. Er trug seinen Arm in einer Schlinge aus grüner Fahnenseide. In Karls Brustharnisch klaffte ein langer, schräger Schnitt.

»Sie sind unglaublich scharf und hart, diese verdammten Damaszenerklingen«, presste Pippin hervor. Jeder der Männer aus Karls Gefolge würde noch einige Zeit die Zähne zusammenbeißen müssen, um die Schmerzen durch zerrissene Kettenhemden, flache Schwertschläge oder brennende Schnitte zu ertragen. Sie sprachen nicht darüber, denn all das gehörte nun einmal zu einem Heereszug. Selbst für die Toten wurden nur kurze Gebete gesprochen. Die Zeit der Trauer begann erst dann, wenn die Überlebenden wieder in ihrer Heimat waren und den Zurückgebliebenen berichteten, wer nicht mehr wiederkommen würde …

»Ich hatte eigentlich gehofft, die Muselmanen würden so viel Proviant mitbringen, dass wir uns eine Belagerung von Narbonne leisten können«, meinte Karl sachlich. »Da das aber eine vergebliche Hoffnung war, muss das Heer in seine Herzogtümer und Grafschaften zurückkehren.«

»Direkt oder nach einem Beutezug?«, fragte Pippin sofort. Sein Vater lächelte.

»Nur keine Angst, mein Sohn. Wir werden auf unserem Zug

zurück keinen Platz auslassen, der den Muselmanen als Stützpunkt und Beutelager gedient hat. Du aber sollst Gelegenheit erhalten, dich mit den Wasserläufen und Sümpfen rund um Narbonne vertrauter zu machen.«

»Was heißt das?«, fragte Pippin.

»Ich übergebe dir ein Kontingent von Burgunden, Baiern und Neustriern und meinetwegen auch Aquitaniern, mit denen du die Verteidiger von Narbonne in den nächsten Monaten genau beobachten sollst. Kein Mann, kein Weib, kein Kind darf durch die Tore hinaus oder hinein.«

Er sah, wie seinem Zweitgeborenen das Blut ins Gesicht schoss. Pippin wollte bereits protestieren, aber dann biss er sich auf die Lippen und schwieg. Für den Rest des Tages war kein Wort mehr von ihm zu hören. Aber auch Karlmann war nicht glücklich über die Aufgabe, die ihm sein Vater gleich darauf übertrug.

»Du führst die Gefangenen in das Stadion von Nimes. Von dort aus sollen sie als Unfreie und Sklaven in alle Gaue verteilt werden, und ich will, dass sämtliche erbeuteten Pferde in die Grafschaft Perche südwestlich von Paris gebracht werden. Dort sah ich unsere besten Kaltbluthengste. Sie sollen sich die arabischen Stuten vornehmen, damit wir endlich eine Pferderasse bekommen, die stark und schnell zugleich ist.«

36.
Heimkehr der Sieger

Sie zogen von Narbonne aus über die Steinplatten der Via Domitia in Richtung Beziers. Kurz bevor sie die ummauerte Stadt erreichten, die sich wie eine Akropolis über dem Fluss Orb erhob, schwenkte Karl mit einigen Begleitern zu einem kurzen Abstecher von der Straße ab. Sie ritten einen rund dreihundert Schritt langen Hügel hinauf, auf dessen Kuppel sich einer der geheimnisvollsten Plätze in ganz Septimanien befand.

Während die meisten von Karls Begleitern kaum einen Unterschied zwischen dem alten Siedlungsort und den vielen Ruinenfeldern aus römischer Zeit bemerkten, wurde Karl unwillkürlich an den runden Berg von Urach erinnert. Das Oppidum Enserune musste bereits in grauer Vorzeit eine beherrschende Stellung über die weite, bis nach Narbonne und zum Meer hinausreichende Ebene gehabt haben. Karl blickte durch die flirrende Hitze über kleine, verkrüppelte Eichen und hohes, trockenes Gras in die Runde. Die ganze Gegend musste schon immer ein Schlachtfeld zwischen Eroberern und Verteidigern gewesen sein.

»Wir müssen alle Festungen und Stützpunkte ringsherum zerstören und ausräuchern, damit sich die Eindringlinge aus dem Süden nicht Jahr für Jahr erneut hier festsetzen können«, sagte er. »Ich habe keine Freude mehr an derartigen Begegnungen.«

»Ich denke, dass wir die Sarazenen gerade erst endgültig zurückgeschlagen haben«, meinte Herzog Folker. Anders als bei Karl war sein einst blondes Haar schon fast weißgrau geworden.

»Zurückgeschlagen ist richtig«, antwortete der Majordomus. »Aber ich würde nicht sagen, dass unser Sieg von Dauer ist.«

»Du zweifelst daran?«, fragte Folker.

»Nicht an unserer Überlegenheit. Aber sie nutzt uns nur dann etwas, wenn wir auch tatsächlich hier sind, sobald sie auf ihren schnellen Pferden kommen. Und genau das können wir uns nicht leisten.«

Der getreue Herzog, der Karl nun schon seit vielen Jahren begleitete, musste ihm Recht geben.

»Dann bleibt uns nichts anderes, als bis zur Rhone hin genauso zu wüten, wie es die Sarazenen seit Jahren tun.«

»So ist es«, sagte Karl mit einem tiefen Seufzer. Sie verließen die keltische Hügelsiedlung und ritten der Hauptmacht des Heeres nach. Nur kurze Zeit später erreichten sie die steinerne Bogenbrücke von Beziers über den Orb. Die Bewohner der Bergstadt kamen Karl und seinen Männern entgegen. Sie brachten ihnen schon auf der Brücke symbolisch den Schlüssel zur Stadt.

Trotz der sommerlichen Hitze, in der sich kein Lüftchen bewegte, trugen die Edlen von Beziers größtenteils schwere, kostbare Gewandung. Sie hatten lange mantelartige Umhänge an, von denen viele mit goldenen Stickereien verziert waren. Einige hatten riesige, weiche Barette auf den Köpfen. Andere trugen eine Art Bischofshut mit breiten Krempen. Wiederum andere waren wie römische Senatoren in kostbare seidene Tücher gehüllt.

»Sind noch Muselmanen in der Stadt?«, fragte Herzog Folker anstelle des Majordomus. Niemand von ihnen verstand die Antwort der Männer aus Beziers. Sie sprachen in einem eigentümlichen Singsang, den keiner der Franken beherrschte. Nur mühsam konnten sie sich schließlich auf Latein verständigen.

»Er sagt, es seien keine Araber mehr in der Stadtfestung«, meinte Folker schließlich.

»Dann sehen wir doch einmal nach, ob wir nicht wenigstens ein paar von ihren willigen Helfern finden«, entschied Karl.

Sie ritten über die Brücke und bogen hinter dem Südwesttor nach rechts ab. In steilen Serpentinen führte die enge Zugangsstraße höher. Während rechts und links winzige verwinkelte Gässchen abzweigten, öffnete sich schließlich oben auf dem Plateau des Festungsberges ein langer, schon fast an eine römische Arena erinnernder Platz. An seinem oberen Ende entdeckten die Franken um Karl die Reste einer ausgebrannten Basilika. Folker und einige andere radebrechten so lange in Latein, bis sie die Besonderheiten der Stadt herausgefunden hatten.

»Die Kirche stammt noch aus dem ersten Jahrhundert nach der Kreuzigung Christi«, sagte Folker schließlich. »Sie ist dem Schutzpatron der Stadt geweiht, der hier zum Märtyrer wurde. Der Sarkophag des heiligen Bischofs hat bis vor einigen Jahrzehnten als Taufbecken gedient.«

»Das habe ich auch verstanden«, sagte Karl. »So lange jedenfalls, bis das wundertätige Wasser von den Pferden der Muselmanen gesoffen wurde …«

Kurz darauf befahl Karl, dass sich sämtliche Bewohner der Stadt auf dem großen Platz oben auf dem Hügel versammeln sollten. Karl kümmerte sich nicht mehr um ihre Kleidung, sondern musterte ihre Gesichter.

»Es würde Wochen dauern, bis wir jeden Einzelnen hier auf Kreuz oder Halbmond geprüft hätten«, meinte er schließlich. »Wir werden daher etwas anderes versuchen. Folker, lass übersetzen, dass die Bevölkerung von Beziers die hundert treuesten Christenmenschen aus ihren eigenen Reihen benennen soll.«

Er kehrte den Spieß um. Zu oft in der Vergangenheit hatten Besiegte Unschuldige als Verräter und Parteigänger der vorangegangen Herrscher benannt. Karl wollte keine gegenseitige Denunzierung. Er richtete sich eher nach dem Buch Hiob und dem Versprechen Gottes, dass er die Stadt vor Zerstörung bewahren würde, auch wenn sich nur wenige Gerechte finden ließen. Diejenigen, die von den Bewohnern der Stadt als gute Christen benannt worden waren, befragte er erneut. Jeder von ihnen durfte zehn andere benennen und für sie bürgen. Auf diese Weise lichteten sich die Reihen der nicht Ausgewählten mehr und mehr. Karl ließ sämtliche Kinder unter vierzehn Jahren zur Seite treten, dann auch die Männer, die keine Waffen mehr führen konnten.

»Und nun benennt alle, die euch mit Billigung oder im Auftrag großes Leid an Körper und Seele zugefügt haben«, befahl er dann. »Wenn einer von ihnen nicht frei genug war, um Widerstand zu leisten, soll er zur Seite treten. Wenn einer aber mit Gold und Beute, besonderen Ämtern und anderen Freiheiten belohnt wurde, dann soll er alles verlieren und seine nächsten Jahre als Unfreier zwischen den Furchen der Äcker im Norden verbringen.«

Karl überließ die Durchführung seiner Befehle einigen besonders ausgewählten Männern aus seinem Gefolge. Er achtete darauf, dass keine Burgunden über Burgunden richteten und keine Aquitanier über Männer, die bereits einmal ihre Verbündeten oder Feinde gewesen sein konnten. Mit einem Geflecht von gegenseitiger Kontrolle und Überprüfung schuf er ein System, das sich selbst reinigte und alle Schuldigen gemeinschaftlich ausstieß.

Er blieb zwei Tage und zwei Nächte in der Bergstadt, von deren Mauern er bis zum Meer hin blicken konnte. Dann machte er sich mit seinen Panzerreitern auf, um nach Agde, direkt an der Küste, zu ziehen. Sie folgten dem Lauf des Flusses und zogen südlich an einer großen Salzwasserlagune bis zum Vulkanberg von Agde.

Die kleine Stadt, die von den antiken Griechen Agathe Tyche –

Das Große Glück genannt worden war, empfing ihn eher furchtsam. Im Gegensatz zu den roten Ziegeln in der weiteren Umgebung, trugen die Häuser von Agde Dachplatten aus schwarzem Lavagestein. Sie wirkten dadurch viel düsterer als andere Behausungen, die den Franken im Süden bisher gut gefallen hatten.

Auch hier ließ der Majordomus alle benennen, die zu eng und zu gnadenlos mit den Eroberern zusammengearbeitet hatten. Bereits am nächsten Tag zog er mit seinen Männern auf einer langen Landzunge weiter in Richtung Nimes. Sie ließen sich Zeit und machten auch unterwegs noch Beute.

Am fünften Tag nach dem Aufbruch aus Agde erreichten die Panzerreiter mit ihrem kleinen Tross die Stadt, die einst die Perle des Römischen Reiches genannt worden war. Sie kam ihnen, wie Reims und Paris, einfach zu fremdartig, zu groß und immer noch zu protzig vor. Die Männer ritten eher grimmig am Kapitol, dem früheren Theater, dem Circus und dem Tempel des Apoll vorbei. Karl ritt bis zum rechteckigen Vorbau am nördlichen Haupteingang der großen Arena. Einige der Arkaden waren zugemauert, und an den Seiten ragten Türme empor, die nicht von den Römern stammten. Hier wartete Karlmann bereits auf ihn.

»Verteilt die Gefangenen auf alle Grafschaften des Königreichs«, befahl Karlmann, nachdem sie im Inneren mehrere Treppen hinauf geschritten waren und sich das wilde Gewimmel in dem großen Oval lange angesehen hatten.

Die einzelnen Gruppen und Völkerschaften hielten sich strikt zusammen. Einige hatten sogar Gräben zwischen sich ausgehoben und schützende Mauern aus Steinen errichtet, die sie zuvor aus den Sitzreihen des weiten Runds gebrochen hatten. Karl und sein Gefolge sahen Zelte und hüttenähnliche Verschläge zum Schutz vor der heiß lastenden Luft, dazu Zisternen, Stangen mit geschlachteten Tieren, steinerne Ofenhöhlen zum Backen von

Brot wie im Oppidum von Enserune und sogar Frauen und Mädchen, die ganz offensichtlich freiwillig zu den Gefangenen gegangen waren.

»Sind sie es, die sich um die Versorgung der Männer kümmern?«, fragte Karl. Folker holte sich die Antwort bei einigen der nachgewiesenen Christen, die sie seit ihrer Ankunft an den Stadttoren begleiteten.

»Es heißt, dass die Weiber nicht nur mit Küssen und Umarmungen bezahlt werden«, berichtete Folker dann.

»Also müssen noch genügend Gold, Silber und Edelsteine in der Stadt sein«, stellte Karl fest. »Ich will daher, dass auch die Weiber vor die Wahl gestellt werden, entweder mit den Gefangenen nach Norden zu ziehen oder sich hier bei uns freizukaufen…«

Noch unterwegs entschloss sich Karl, in diesem Herbst nicht an die Maas oder den Rhein zurückzukehren, sondern den Winter in Neustrien zu verbringen. Nach seinem langen Aufenthalt im Süden des Reiches sagten ihm Gefühl und Verstand, dass ein Winter in Austrien keine besonderen Vorteile für ihn brachte. Andererseits durfte er die Gebiete rund um Paris nicht zu lange unbeobachtet lassen. Obwohl es offiziell keinen Mann unter den Edlen Neustriens mehr gab, der offenen Widerstand gegen den Majordomus schüren konnte, hatte er nicht vergessen, was zwischen Swanahild und dem Grafen von Paris entstanden war, ohne dass er irgendetwas davon bemerkt hatte.

Karl dachte jetzt immer häufiger an die Jahre zurück, in denen er mit den Männern in den Wäldern am Feuer gesessen, gerauft und gestritten hatte. Zu weit war diese Zeit inzwischen entfernt und zu groß sein Abstand zu den einfachen Landadligen, den biederen Pfalzgrafen und den Amtsverwaltern in den Gauen. Durch die Ereignisse und ständigen Kämpfe in der Provence und Septimanien, aber auch in Friesland und Aquitanien, hatte er seine beiden ältesten Söhne fast immer bei sich gehabt. Und doch waren beim letzten Zug gegen die Muselmanen einige Dinge geschehen, die Karl nicht entschuldigen und erst recht nicht verzeihen konnte.

Auch wenn ihm der Gedanke nicht gefiel, musste er sich langsam damit abfinden, dass sein Erstgeborener Karlmann nicht über die Härte und den Weitblick verfügte, den er von ihm erwartete. Karlmann war ihm einfach zu nachgiebig, zu unselbstständig und zu sehr auf ein gutes Verhältnis mit den Männern der Kirche bedacht. Pippin hingegen trug seinen großen Namen, auf den ihn Willibrord getauft hatte, mit allzu viel Stolz. Er war schnell und gewandt, tapfer und auch im Kampf geschickt, aber er benutzte seinen Kopf noch immer zu oft als Rammbock. Zu einem besonderen Problem wuchs inzwischen auch Grifo heran. Karl sah ihn manchmal viele Monate lang nicht, und jedes Mal, wenn er ihm dann wieder zugeführt wurde, war der einst so anschmiegsame Junge noch widerspenstiger und streitbarer geworden.

Karl wusste längst, dass Swanahild ihren Sohn zielstrebig an die Seite von Karlmann und Pippin dirigierte. Sie hatte nie einen Zweifel daran gelassen, dass sie für ihn die gleichen Rechte forderte, wie sie Karls Söhne von Chrotrud hatten.

Karl entschied sich, das Weihnachtsfest bei den Mönchen von Sankt Denis zu verbringen. Aber er wollte nicht für längere Zeit im Kloster mit den Gräbern der Merowingerkönige leben. Er hatte kein schlechtes Gewissen, weil er noch immer keinen Nachfolger für Theuderich IV. gefunden hatte. Aber nach all den Wochen und Monaten, in denen er kaum das Wehrgehänge abgelegt hatte, konnten ihm Äbte und Mönche nur eine andere Art von Ritualen und Zeremonien bieten. Er aber wollte ganz einfach ein wenig Stille und angenehme Gefährten um sich haben. Nicht einmal die sonst überall mitlaufenden Paladine und Beamten seines Hofes wollte er in diesen Wintermonaten sehen. Er überlegte ein paar Tage, ob er die Zeit bis zum nächsten Märzfeld lieber in der Pfalz von Quierzy oder auf einem der umliegenden Hofgüter zubringen sollte. Als ihm der Abt von Sankt Denis schließlich das kleine Gut Verimbrea an der Oise in der Nähe von Nyon nahe legte, war er sofort damit einverstanden.

Doch vor dem Umzug in die Stille des Winters trafen vollkommen unerwartet Gesandte des Papstes aus Rom in Sankt Denis ein. Karl kümmerte sich zunächst nicht um die päpstlichen Boten. Erst als der Abt von Sankt Denis und einige der älteren Mönche ihn aufsuchten, begann er zu ahnen, dass seine Siege über die islamischen Krieger noch ganz andere, weit reichende Folgen hatten. Lange Zeit war die Abwehr der Muselmanen für ihn eine zunächst nur lästige, dann aber immer notwendigere Verteidigung der südlichen Regionen seines Reiches gewesen. Dass er dabei Aquitanien und Vasgonien sowie die Bevölkerung von Septimanien und der Provence hart und oft vielleicht auch zu streng behandelt hatte, wurde inzwischen von vielen der Großen und Edlen im Frankenreich als notwendig anerkannt und gebilligt. Und dabei wollte es der Majordomus belassen.

Noch nie zuvor, seit er der Princeps der Franken war, hatte er sich so widerwillig auf ein Gespräch mit einer Gesandtschaft eingelassen. Nur die Abneigung, die er vor vielen Jahren Bonifatius gegenüber empfunden hatte, war vergleichbar mit dem, was er jetzt fühlte. Sogar die Mönche und der Abt von Sankt Denis unterstützten ihn in seiner ablehnenden Haltung. Es war, als ahnten sie, dass der Bischof von Rom Karl in etwas hineinziehen wollte, dessen Folgen noch niemand überblicken konnte.

»Verteidige du unsere Kirche im Königreich der Franken«, flüsterte ihm der Abt von Sankt Denis noch zu, als sie durch die Gänge des Klosters zum Refektorium schritten, in das die Gesandten des Papstes nach mehreren Tagen Wartezeit jetzt endlich geführt worden waren.

»Weiß denn keiner von euch, was sie wirklich wollen?«, fragte Karl unwillig. Seine Berater hatten ihn überredet, noch einmal in diesem Jahr die Rüstung anzulegen, seinen Helm aufzusetzen und sein Schwert umzuhängen. »Ich bin doch kein König, dem man huldigt!«, schimpfte Karl noch immer, als sie bereits an den hohen geschnitzten Türen des Refektoriums ankamen. »Will dieser Papst mir wirklich nur danken oder führt er vielleicht etwas ganz anderes im Schilde?«

»Ein Papst führt niemals etwas im Schilde, weil er den Bischofsstab und keinen Schild trägt«, murmelte Sigbert leise. Karl hatte den Freund früherer Jahre zu seinem heimlichen Beistand bestimmt.

Und dann, nur wenige Augenblicke später, geschah genau das, was Karl gefürchtet hatte. Er war noch nicht ganz in den großen Raum eingetreten, als sie ihn bereits umringten, gemeinsam und in Latein auf ihn einredeten und ihm auf einem violett leuchtenden Kissen golden blinkende Schlüssel überreichen wollten.

Karl hob die Hand und versuchte abzuwehren. Es dauerte mehrere Minuten, bis die Gesandten des Papstes begriffen, dass ihr Gerede den Majordomus immer verschlossener und abweisender machte. Sie verstummten, sahen sich untereinander verwirrt und hilflos an und hielten ihm immer noch das Kissen mit den goldenen Schlüsseln entgegen.

»Schluss jetzt!«, stieß Karl mit rauer Stimme hervor. »Was soll das Ganze? Was wollt ihr von mir?«

Erneut begann der Anführer der Gesandtschaft mit einem schnellen lateinischen Singsang. Erst als Sigbert ein paar Zischlaute ausstieß, verstummte er zum zweiten Mal.

»Ihr müsst schon in der Sprache der Franken reden, wenn ihr von ihrem Majordomus etwas haben wollt«, sagte jetzt auch der Abt von Sankt Denis.

»Es fällt uns schwer, in dieser Sprache zu reden«, meinte ein anderer der päpstlichen Boten. »Aber wir sind hierher zu dir gekommen, weil Papst Gregor III. dich inständig bitten lässt, ihm gegen den wilden Eroberungsdrang der Langobarden zu helfen.«

Karl starrte die Männer aus Rom kopfschüttelnd an.

»Was soll ich tun?«

»Du hast bewiesen, dass du der starke Hammer bist, der selbst den Halbmond zerschlagen kann. Deshalb bittet der Papst dich um den Schutz deiner Panzerreiter, deiner Schwerter und deiner Wurfäxte.«

»Gegen die Langobarden?«, fragte Karl noch einmal.

»Ja«, antwortete der Anführer der Gesandtschaft. »Die Herrscher der Langobarden sind vor nicht einmal einem halben Jahrhundert von ketzerischen Arianern zu gläubigen Katholiken bekehrt worden. Aber sie sind weiterhin eroberungslustig geblieben, haben dem Kaiser in Byzanz das Exarchat von Ravenna genommen und die Stadt erst in diesem Jahr wieder an Konstantinopel verloren. Dafür aber dehnen sie sich weiter hemmungslos nach Süden aus. Schon seit zehn Jahren versucht König Luitprand, die freien Herzogtümer Spoleto und Benevent zu unterwerfen.«

»Das ist ganz allein seine Sache, denke ich«, antwortete Karl. »Was hat der Papst damit zu tun?«

»Der König der Langobarden hat sich ein Beispiel an dir genommen«, erwiderte der Sprecher. »Er sagt, dass er, wie du im Königreich der Franken, von Pavia aus alle angrenzenden Herzogtümer unterwerfen und ein einiges Italien schmieden will.«

»Nicht schlecht«, meinte Karl. »Aber das wusste ich bereits durch meinen Sohn Pippin.«

»Versteh doch, Karl! Es geht nicht nur um die weltlichen Herzogtümer…«

»Sondern um was?«, fragte Karl direkt.

»Er bedroht Rom. Er will den Kirchenstaat wieder zu einem

Bistum und den Papst erneut zu einem Bischof in seinem Königreich Italien machen.«

»Ist denn der Papst etwa kein Bischof?«, fragte Karl, während er gleichzeitig überlegte, wie er das Anliegen der Gesandtschaft möglichst geschickt ablehnen konnte. Noch ehe sie antworteten, fiel ihm selbst die Begründung ein.

»Ich kann den Papst nicht gegen die Langobarden schützen.«

»Weil dein eigener Sohn von ihnen adoptiert wurde?«

»Nein, das ist nicht der Grund«, sagte Karl kalt. »Aber ich brauche König Luitprand und jedes Schwert der Langobarden vielleicht schon im nächsten Jahr, wenn die Wut der Muselmanen über ihre Niederlagen so groß und wild wird, dass sie mit allem, was reiten kann, erneut in unsere südlichen Regionen einbrechen.«

Die Gesandten des Papstes steckten die Köpfe zusammen. Sie sprachen leise, aber sehr schnell auf Lateinisch miteinander.

»Ist das dein letztes Wort?«, fragte der Anführer dann.

»Mein absolut letztes Wort«, sagte Karl. »Und jetzt, ihr Herren, entschuldigt mich bitte. Ich muss mich ein wenig erholen.« Er drehte sich um und ging bis zu den großen Türen des Refektoriums.

»Noch eins«, sagte er dann über die Schulter. »Nehmt doch die Schlüssel vom Grab des heiligen Petrus wieder mit. Wir haben hier keine Verwendung dafür.«

Die Wintermonate an der Oise waren viel angenehmer, als Karl erwartet hatte. Viele der Männer, die schon seit Jahren in seinem Gefolge ritten, waren bis zum Frühjahr in ihre heimatlichen Gaue zurückgekehrt. Manch einer hatte seine Familie und den Ort seiner Herkunft seit Jahren schon nicht mehr gesehen.

Auch Karl wurde in diesen Wochen immer klarer, welche gewaltigen und kräftezehrenden Anstrengungen er und die fränkischen Krieger in den letzten Jahren unternommen hatten, um das Königreich zu einen und Bedrohungen von außen immer wieder abzuwehren.

»Ich bin kein König«, sagte er mehrmals, »und habe keinen König, dem ich in Treue untertan oder gehorsam sein muss.«

»Aber du herrschst und handelst wie ein König«, lächelte Abt Milo, der in dieser Zeit mehrmals von Reims an Laon vorbei bis zur Oise gekommen war.

»Deine Treue gehört voll und ganz dem Frankenreich«, fuhr der Mann fort, der früher einmal der schwarze Abt genannt worden war. Auch sein Haar war längst von grauen Strähnen durchzogen, und sein wilder Blick war sanftmütig geworden.

Sie saßen in der kleinen, heimeligen Halle des Königsgutes an der Oise, tranken heißen, mild gewürzten Honigwein und besprachen all die Dinge, sie ihnen gerade in den Sinn kamen.

Wahrend sich draußen große Schneeflocken lautlos immer höher auf die Zweige legten, die durch die kleinen Fenster an den Stirnseiten der Halle gerade noch zu sehen waren, lachte Bischof Milo plötzlich auf.

»Was gibt es denn?«, fragte Karl. »Lass mich an deiner Freude teilhaben.«

»Ach, es ist nichts«, schmunzelte der Bischof und strich sich über seinen Bart. »Ich dachte eben nur daran, wie oft ich dich in den vergangenen Jahren mit diesem ungeliebten Erzbischof von Thüringen verglichen habe.«

»Mit Bonifatius?«, brauste Karl auf. »Bist du von Sinnen?«

»Gemach, gemach«, antwortete Milo. »Ihr seid nicht so weit auseinander, wie du vielleicht glaubst. Aber was du mit deinen Schwertern und großen Zügen Jahr um Jahr erkämpfen musstet, hat dieser Engländer mit kleinen Äxten und einer Schar von Arbeitsmönchen auf eine Art und Weise durchgestanden, für die ich ihm die gleiche Achtung zollen muss wie dir.«

»Wenn ich nicht wüsste, dass du genau das meinst, was du

jetzt sagt, müsste ich dir alles fortnehmen und dich als einfachen Mönch in irgendeine Zelle stecken lassen.«

»Auch damit könntest du mich nicht mehr treffen«, lächelte Milo. »Ich habe reiche Jahre hinter mir, die ganz bestimmt unblutiger und weniger aufreibend waren als deine. In meiner Welt herrscht Frieden und sogar Zufriedenheit. Mich kümmern keine Sachsen und keine Sarazenen. Ich kann mit Heiden, Hexenbräuchen und dem ganzen Aberglauben bei den Bauern besser leben als der große Majordomus Karl oder dieser Erzbischof, bei dem man sich kaum noch die Namen aller Klöster merken kann, die er in Kitzingen und Ochsenfurt, in Ohrdruf oder sonst wo gründet.«

»Da siehst du selbst, was mich an diesem Mann so oft gestört hat.«

»Wieso gestört?«, fragte der Erzbischof von Reims. »Hast du vergessen, dass du durch einen Irenmönch aus dem Nichts geholt worden bist? Gewiss, sehr viele Bischöfe und Äbte von Sens bis nach Auxerre und von Lyon bis Orleans waren jahrelang nicht gut auf dich zu sprechen. Aber die meisten wissen längst, dass nicht nur Ländereien und Klöster an dich und deine treuesten Gefährten verloren gingen, sondern dass du auch viel gegeben und geschenkt hast.«

»Wer herrschen will, muss zuerst im eigenen Haus aufräumen«, sagte Karl und lächelte. »Ich habe in den ersten Jahren viel zu viel Ehrfurcht vor den frommen Männern überall im Land gehabt. Ich habe meine Grausamkeiten viel zu spät erledigt. Wenn ich einmal die Augen schließe, wird mein Vermächtnis an die Söhne sein, dass sie bereits am ersten Tag das hinter sich zu bringen haben, wofür ich viele Jahre brauchte.«

Der winterliche Frieden und die Abgeschiedenheit des Hofgutes Verimbrea hatten Karl gut getan. Da der Platz an der Oise nicht sehr günstig für eine Heeresschau und die Zusammenkunft der

Großen war, trafen sie sich erneut in Heristal und Jupille. Wie schon so oft in den vergangenen Jahren begleiteten Regen, kalte Winde und der Matsch des gerade erst auftauenden Bodens die Musterung der Männer, Waffen und Pferde. In diesem Jahr hatte sich der Majordomus damit begnügt, dass die Edlen und zum Heribann Verpflichteten nur einen Teil ihrer waffenfähigen Männer und die für sie erforderliche Verpflegung mitbrachten.

Es wurde ein kleines und recht fröhliches Märzfeld. Viele der Männer schwelgten noch immer in den Erinnerungen an die großen Züge nach Süden. Sie sprachen vom köstlichen Wein, von den Tieren der Wälder, den vielfältigen Fischarten des Meeres und dem Spaß, den sie trotz der oft unerträglichen, gleißenden Sonne gehabt hatten.

Karl ließ sie alle gewähren. Gemeinsam mit den Großen und Edlen des Reiches beschloss er, in diesem Jahr keine jungen Adligen, sondern verstärkt Männer der Kirche für Gesandtschaften und als Kundschafter einzusetzen.

»Wer sich Geschenke verdienen will und nach mehr Ländereien für Kirchen und Klöster ruft, der soll darum beten, aber auch etwas zum Wohl des Ganzen und zu meinem Nutzen tun«, beschied Karl die große Gruppe der fränkischen Bischöfe und Äbte, die auch zu diesem Märzfeld an die Ufer der Maas gekommen waren.

»Die meisten von ihnen haben sehr lange Ohren«, sagte Karl am Tag darauf zu Rotbert.

»Deswegen sind Mönche und Beichtväter die idealen Kundschafter«, grinste Rotbert. »Und selbst der letzte Einsiedler im Frankenreich muss inzwischen gehört haben, wie viel Beute wir im vergangenen Jahr aus dem Süden mitgebracht haben.«

»Es geht gar nicht um Krummschwerter mit Damaszenerklingen oder um goldene Schnallen am Zaumzeug für Araberpferde«, meinte Karlmann. »Die Männer der Kirche wollen nur etwas von dem retten, was du den Bischöfen in den Kirchen und Städten des Südens gestohlen hast.«

»Gestohlen?«, wiederholte Karl verständnislos. »Vergreif dich nicht in deinen Worten, Sohn! Wo steht geschrieben, dass ein goldenes Kreuz oder Kelch für das Abendmahl stets im Besitz der Kirche sein muss? Wer will mich daran hindern, mich an schön ausgemalten Pergamenten und Evangelienbüchern zu erfreuen? Und was hindert mich daran, die schweren goldenen Einbände mit ihren Schmucksteinen zu behalten, wenn das Geschriebene wieder an die Klöster geht?«

»Das darfst du auf keinen Fall tun!«, sagte Karlmann erregt. »Wir haben kein Recht, die liturgischen Geräte zu behalten.«

»Und warum nicht?«, fragte Karl eher spöttisch.

»Weil sie der Ehre Gottes und nicht der Größe des Staatsschatzes dienen sollen«, antwortete Karlmann furchtlos.

»Wenn aber aus diesem von dir so verachteten Staatsschatz Jahr für Jahr wertvolle Geschenke und Belohnungen gerade an die Kirchen und Abteien gegeben werden, die sich zum Ruhme Gottes und zum Wohl der Menschen besonders ausgezeichnet haben, geht das dann auch gegen deine christliche Gesinnung?«

Karlmann schob die Lippen vor und schüttelte langsam den Kopf.

»Ich weiß, was du meinst«, sagte er dann. »Aber gestohlenes Gut bleibt gestohlen. Auch wenn es anschließend für Wohltaten verwendet wird.«

37.

Keine Gnade für Rebellen

Die folgenden Tage dienten ohne Hast der Vorbereitung für einen neuen Strafzug gegen die Sachsen. Noch während der ersten Tage des Märzfeldes waren Kundschafter aus dem Gebiet der Lippemündung bis an die Maas gekommen, die von Aufständen und neuen Verwüstungen der heidnischen Sachsen berichteten.

»Hört das denn niemals auf?«, meinte Karl grimmig. »Die einen erschlagen uns, weil wir nicht den Glauben ihres Propheten annehmen, die anderen brennen, weil sie den Erlöser nicht wollen und weiterhin auf dem Zorn ihrer alten und wüsten Götter bestehen.«

»Und zwischen all dem geht es zum Schluss doch nur um Macht und Beute«, meinte der Bischof von Köln mit einem feinen Lächeln. Alduin hatte sich bisher noch nicht besonders hervorgetan. Er war kein freundlicher Genussmensch wie Faramundus und auch kein selbstbewusster Mann wie Milo von Reims. In seinem ganzen Verhalten glich er viel eher jenen Bischöfen von Metz oder Verdun, die von ihrem hohen Amt so erfüllt waren, dass die stete Wiederkehr der Messen und Gebete, der Sonn- und Feiertage sie mit Glück erfüllte.

»Hast du bereits vergessen, dass es ein Mann aus Köln war, der zu den Ersten gehörte, die das Kreuz gegen die Sachsenschwerter und die Götter der Germanen erhoben haben?«

»Ich weiß sehr wohl, was wir Kunibert von Köln verdanken. Aber das alles begann vor mehr als zwei Generationen. Und ebenso wie die beiden Ewalde dient uns Kunibert als Märtyrer und Vorbild. Jetzt aber ist es Bonifatius, der den Sachsen ihren Glauben raubt, wo immer er nur kann.«

»Höre ich etwa daraus, dass du mit der Arbeit unseres Erzbischofs im Osten nicht einverstanden bist?«, fragte Karl.

»Es heißt, dass er und seine Mönche bereits dreihunderttausend Heiden getauft haben«, antwortete Alduin. »Ich kann einfach nicht glauben, dass diese vielen Menschen durch Massentaufen auch zu guten Christen wurden.«

»Das ist nicht mein Problem«, meinte der Majordomus schon fast verzeihend. »Denn wenn du mich direkt fragst, müsste ich jeden Sonntag neu getauft werden, um ein Christenmensch zu werden, der nicht mehr sündigt und so gottesfürchtig lebt, dass ihr Bischöfe auch Freude an mir hättet.«

Noch ehe das Märzfeld zu Ende ging und Karl gegen die Sachsen aufbrach, schickte er mehrere Pferdekundige, aber auch Äbte und Priester aus, die überall in Neustrien und bis nach Aquitanien hinein herausfinden sollten, wie weit die verschiedenen Zuchtversuche gediehen waren. Gerade in diesem Punkt hatte er kein großes Vertrauen in seine Gaugrafen. Es hieß, dass die einen bereits erzielte gute Ergebnisse aus Eigennutz verschwiegen, während es andere mit abenteuerlichen Begründungen ablehnten, ihre zuverlässigen Hengste mit Stuten zu paaren, die zuvor von Muselmanen geritten worden waren.

Die Franken drangen sehr schnell an der Lippe entlang in Richtung Paderborn und Osning vor. Auch diesmal folgten sie Hinweisen, die sie von Kundschaftern und herumwandernden irischen Mönchen erhalten hatten. Das flache, heideartige Land besaß auch weiter im Norden große Waldflächen, die für die Reiter zu nahezu undurchdringlichen Barrieren wurden. Trotzdem ergriffen sie nach und nach immer mehr Männer im Unterholz.

Die Franken fackelten nicht lange. Sie schlugen erst zu, dann fragten sie, wer von den Eingefangenen bereits am Rhein und darüber hinaus in Austrien gewesen war. Die meisten der Bauernkrieger erwiesen sich als starrsinnig und zäh. Selbst wenn das Blut ihnen bereits aus Nasen und Ohren troff, pressten sie weiter die Lippen zusammen und schwiegen. Sie waren die Einzigen, bei denen Karl wieder und wieder Milde walten ließ. Alle anderen, die sich frech und sogar stolz auf das Kreuz und ihre Taufe beriefen, wurden kurzerhand zusammengetrieben, in Beinfesseln gelegt und von den Jüngsten der Frankenreiter nach Köln gebracht.

Tag um Tag kämmte Karl mit seinen Männern weitere Wälder und hügelige Heideflächen durch. Sie suchten so sorgfältig, dass kaum eine Hufe Land bis hin zur Ems und den Bergrücken des Osning unberührt blieb. Wieder und wieder gingen Häuser, Ställe und Vorratsschuppen in Flammen auf. Die Spur der Verheerung hatte nichts mehr mit einem Feldzug oder den üblichen kriegerischen Zusammentreffen zu tun. Sie zeigte vielmehr, dass der Majordomus des fränkischen Königreiches keinerlei christliche Nachsicht mehr gegen die Sachsen übte.

Am Abend des zwanzigsten Tages nach ihrem Übergang über den Rhein beendete Karl den Zug gegen die aufständischen Sachsen. Während der ganzen Tage hatte es an keiner Stelle auch nur einen größeren Kampf gegeben. Sie waren ihm nicht einmal mehr mit ihren legendären Hundertschaften der freien Männer entgegengetreten …

Swanahild hielt sich erneut mehrere Monate lang in Paris auf. Karl unternahm nichts dagegen …

»Ich kann ihr nicht verdenken, dass sie lieber in Köln oder Paris als in einer der kleinen Pfalzen leben will«, sagte er zum Weihnachtsfest, das er diesmal in der Pfalz Quierzy an der Oise verbrachte. Karlmann und Pippin waren gekommen, ebenso alle anderen Kinder. Nur Grifo und seine Mutter blieben fern – angeblich, weil Grifos Gesundheit zu angegriffen für eine beschwerliche Reise durch den Winter war.

»Dabei reist sie ebenso gern wie ich«, sagte Hiltrud. »Aber mich hat bisher niemand gefragt, ob ich nicht auch einmal bei einem Heereszug meines Vaters mitziehen will.«

Karl hatte nur gelacht und ihr gesagt, dass sie zu schön für das heiße Blut der Männer im Süden sei.

»Ich hätte nichts dagegen, einen von denen zu heiraten. Meinetwegen sogar einen Langobarden oder den Aquitanier Hunold.«

»Kommt nicht in Frage!«, entschied Karl sofort. »Du weißt, was mit der Tochter von Herzog Eudo geschehen ist. Und ich kann mir nicht vorstellen, dass ich mich eines Tages von den Muselmanen erpressen lasse, nur weil ich dein Leben zu schützen habe …«

Hiltrud seufzte tief.

»Trotzdem will ich endlich auch einen Ehemann. Ich bin jetzt dreißig Jahre alt und will keine kinderlose Matrone werden.«

Karl sah ein, dass sie Recht hatte. Aber er kannte einfach keinen geeigneten Bewerber um die Hand seiner Tochter. Dabei kam auch zur Sprache, dass er in wenigen Monaten sein fünfzigstes Lebensjahr vollenden würde.

»Wenn dieser Tag kommt, will ich sagen können, dass ich meine wichtigsten Ziele als Majordomus und Herrscher der Franken erfüllt habe«, sagte er ernsthaft. Aber es schien, als wüsste er bereits zu diesem Zeitpunkt, wie schwer das vor ihm stehende Jahr noch sein würde …

Bereits in den nächsten Tagen kamen von verschiedenen Seiten beunruhigende Nachrichten aus Aquitanien und der Provence. Karl hatte eigentlich vorgehabt, mit seinen Kindern und seinem Halbbruder Hildebrand ein wenig mehr für die Familie zu tun. Seit er ohne Merowingerkönig regierte, wurde ihm immer wichtiger, dass für ihn selbst und seine Nachkommen eine gute und große Geschichte über die gemeinsamen Vorfahren und ihre Herkunft geschrieben wurde.

»Ich will keine Heiligenlegenden«, sagte Karl zu Hildebrand, »aber wir müssen etwas Ähnliches finden wie die Merowinger. Mir ist inzwischen sehr deutlich geworden, dass keine bedeutende Familie und erst recht kein Königsgeschlecht ohne eine Chronik auskommt, die bis in die ersten Anfänge zurückreicht.«

»Willst du dich etwa ebenso wie die Merowingerkönige auf Europa und ihren Stier zurückführen?«, fragte Hildebrand belustigt. Doch Karl meinte ernst, was er sagte.

»Du hast dich ebenfalls lange bei den Mönchen aufgehalten«, meinte er, als die Fastenzeit begann und sie mit Muße auf den Beginn des Märzfeldes warten konnten. »Ich will weder Karlmann noch Pippin mit diesen Dingen belasten. Noch mehr widerstrebt mir der fromme Eifer der Mönche, die doch nichts lieber tun, als stets neue Wunder und eigentümliche Begebenheiten für die Vita von Heiligen zu erfinden.«

»Das also ist es nicht, was du willst?«, meinte Hildebrand und nickte. »Und ich dachte schon, du willst dich bei zukünftigen Generationen als Retter des Abendlandes oder als Märtyrer ohne Krone verewigen.«

»Red keinen Unsinn, Hildebrand!«, schnaubte Karl. »Du weißt so gut wie ich, was geschieht, wenn sich Mönche und Referendare über mein Leben und meine Feldzüge hermachen. Sind sie dankbar für meine Geschenke, werden sie alles weglassen, was gegen mich sprechen könnte. Sitzen sie aber mit Grimm an ihrem Werk, werde ich vielleicht noch zum Muselmanenschlächter oder zum Kirchenräuber.«

Hildebrand lachte so schallend, dass Karl ihn verdutzt ansah.

»Was lachst du?«, fragte er. »Habe ich etwas Falsches gesagt?«

»Nein«, antwortete Hildebrand. »Du hast vollkommen Recht. Deshalb sollten wir bei der Beschreibung der vergangenen Jahre nicht ganz so blumig werden wie der verehrte Bischof Gregor von Tours. Er hat eine Fülle von Daten und Ereignissen zusammengetragen, aber leider auch sehr viel hinzugefügt, was nur seiner Phantasie und seinen Träumen entsprang.«

»Dann sieh zu, dass du es besser machst als der verehrte Gregor.«

»Ich werde nichts dergleichen tun«, gab Hildebrand zurück. »Unsere Zeit ist viel zu sehr im Umbruch. Niemand kann jetzt schon beurteilen, wie sich das Königreich der Franken ohne die Merowinger bewähren wird. Weißt du, ob wir nicht doch einen neuen König brauchen? Kannst du voraussehen, ob du das Amt des Majordomus auf deine Söhne vererben wirst? Was ist mit den Langobarden, was mit dem Papst oder dem Kaiser von Ostrom? Nein, Karl! Wir dürfen jetzt noch nichts niederschreiben, was schon in wenigen Jahren ganz anders gesehen und auch beurteilt werden kann. Warte noch zehn, zwanzig Jahre, bis sicher ist, dass unsere Familie und ihre Herrschaft Bestand haben. Warte so lange, bis feststeht, ob sich deine Nachkommen Arnulfinger, Pippine oder gar Karolinger nennen werden.«

»Du magst ja Recht haben«, sagte Karl. »Dennoch weiß ich, dass du mit deinem Sohn Nebelung schon sehr interessante Gedanken durchgespielt hast.«

Hildebrand sah ihn verdutzt an.

»Du meinst doch nicht etwa die Sache mit Troja?«

»Doch«, antwortete Karl, »genau die meine ich. Ich hätte nichts dagegen, wenn sich nachweisen oder zumindest glaubhaft überall erzählen ließe, dass sich die Linie unserer Vater und Vorväter bis zu den griechischen Helden der Antike und vielleicht sogar bis nach Troja zurückverfolgen lässt…«

»Woher wusstest du…?«, fragte Hildebrand noch erstaunter. Karl lächelte nur. Dann sagte er: »Du weißt doch, wie sehr ich Mönche als höchst verschwiegene Kundschafter schätze.«

Obwohl Karl nicht vergaß, wie falsch sein Halbbruder die Lage in Burgund geschildert hatte, schickte er ihn noch während des Märzfeldes in Quierzy mit dreihundert Berittenen und einem eigenen Tross nach Burgund zurück. Und nur, weil er ihm zeigen wollte, dass er Gefallen an den langen winterlichen Gesprächen gefunden hatte, verzieh er ihm noch einmal.

Gleich nachdem Hildebrand abgerückt war, setzte sich Karl erneut mit seinen engsten Vertrauten unter den Vasallen zusammen. »Ich wollte nicht, dass wir in diesem Jahr wieder mit einem großen und alles andere vernachlässigenden Heereszug nach Süden aufbrechen«, erklärte er, als sie unter sich waren. »Es ist nicht gut für das Land, wenn Jahr um Jahr die besten Männern von den Feldern und aus den Wäldern geholt werden und ihr ganzes Denken nur noch auf Beute und nicht mehr auf gute Ernten aus ist.«

»Da steckt doch noch etwas anderes dahinter«, sagte Herzog Rotbert respektlos. Er, der eigentlich die Aufgaben eines Pfalzgrafen in Köln wahrnahm, hatte Karl darum gebeten, dass er in Zukunft wieder mehr in seinem angestammten Haspengau bleiben dürfte. Karl war einverstanden gewesen – allerdings nur unter der Bedingung, dass sich Rotbert auch um die kleine Pfalz von Quierzy kümmerte.

»Natürlich habe ich meinen Halbbruder nicht ganz ohne Absicht ins Rhonetal vorausgeschickt«, sagte Karl nach einer Weile. »Denkt bloß nicht, ihr Herren, dass jedermann im Süden uns Franken aus dem Norden von ganzem Herzen liebt und als Befreier begrüßt. Dass dies nicht so ist, habe ich zu meinem großen Ärger gerade erst erfahren.«

»Was ist passiert?«, fragte Herzog Folker.

»Ihr erinnert euch doch noch, dass ich im letzten Jahr verstärkt Männer der Kirche als Gesandte und Beobachter ausgeschickt habe.«

Die anderen nickten.

»Genau das ist dem Ersten von ihnen jetzt sehr übel bekommen«, fuhr Karl verärgert fort. »Ich hatte Lantfred, den Abt von Sankt Germain von Paris, bereits im vergangenen Jahr mit einem besonderen Auftrag nach Bordeaux geschickt. Er sollte sich zum einen um den Wiederaufbau der Kirchen und der Klöster kümmern und zum anderen die Augen für mich offen halten.«

»Und das hat die treue Seele dann auch fromm getan«, spottete Pippin. Sein Vater ging nicht darauf ein.

»Herzog Hunold hat den Abt von Sankt Germain gefangen gesetzt und eingekerkert«, berichtete er sachlich. »Er hat ihm vorgeworfen, dass er als Kundschafter für eine fremde Macht herumgeschnüffelt habe.«

»Na und?«, warf Karlmann ein. »Jeder, der etwas wissen will, muss sich darum bemühen.«

»Du hast Recht«, sagte sein Vater. »Aber ich fürchte, dass die Verhaftung von Lantfred noch etwas ganz anderes aufdeckt. Die dreiste Tat des Aquitaniers beweist mir nämlich auch, dass er sich sehr sicher fühlen muss. Und das kann er nur, wenn er ganz genau weiß, dass ich ihn im Augenblick nicht bestrafen werde.«

»Und warum kannst du das nicht?«, fragte Pippin.

»Das will ich euch gerade erklären«, sagte Karl geduldig. »Als wir die ersten Male nach Süden ritten und die Muselmanen zurückschlugen, kamen wir als Retter und Befreier. Wir waren das siegreiche Heer des Merowingerkönigs und die Heerscharen der vereinten fränkischen Gaue, Herzogtümer und Provinzen …«

Karl hielt inne und sah sie fragend an.

Und plötzlich begriffen sie! Sie verstanden, was sich geändert hatte.

»Wir haben keine Legitimation durch einen Mann von königlichem Geblüt mehr«, sagte Karlmann leise. »Und nach dem, was vor zwei Jahren und davor auch durch uns im Süden geschehen ist, sehen uns die Menschen dort nicht mehr als Befreier, sondern nur als eine andere Art von Eroberern.«

»Was willst du jetzt tun?«, fragte Rotbert. Im selben Augenblick stand Pippin auf und stemmte seine Fäuste in die Seiten. Dann sagte er mit sichtlichem Stolz: »Vielleicht solltet ihr alle euch daran erinnern, dass ihr mit mir doch einen König oder zumindest einen Königssohn habt. Und ich garantiere euch, dass mein Adoptivvater nicht das geringste Interesse an einem Rhonetal mit Sarazenen, Muselmanen, Berbern und Arabern hat.«

»Muss er sich davor fürchten?«, fragte Karlmann skeptisch. »Zwischen der Rhone und der Tiefebene des Po ragen schließlich noch die Alpen in den Himmel.«

»Und wie lange halten die Befestigungen an der Küste? Wie lange lässt sich der Pass über den Mons Cenis, das Tal von Susa oder das Gebiet von Novalese verteidigen? Ich weiß, was ihr vielleicht nicht wisst: Die ersten Muselmanen haben die Alpenpässe und die Täler dort schon vor Jahren bis nach Turin erkundet.«

»Aber ich denke, dass der Langobardenkönig durch Italien zieht und den Papst bedroht.«

»Wir wissen nicht, wie die Lage in Italien ist«, gab der Majordomus zu. »Aber mit kostbaren und gut ausgewählten Geschenken müsste Pippin eigentlich Erfolg haben.«

»Ich verspreche euch, dass ich mit hervorragenden Langobardenkriegern zurückkomme.«

»Also dann«, sagte Karl. »Wir treffen uns bei Avignon. Und wer von uns der Schnellere ist, treibt Maurontus und die Aufständischen bis zum Meer zurück.«

»Bis in die Sümpfe der Camargue?«, fragte Pippin.

»Und wenn es sein muss, auch darüber hinaus!« versprach sein Vater grimmig.

Die Straßen und Brücken an der Rhone waren Karls Franken inzwischen ebenso geläufig wie die Verbindungswege zwischen Paris und Köln. Sie kamen schnell voran, wussten, wo sie ihr Nachtlager aufschlagen konnten, und fanden sogar Vorräte in versteckten Abteien, die Hildebrand für sie ausgesucht hatte. Dennoch waren die Männer erschrocken und entsetzt über das neuerliche Maß der muselmanischen Verheerung. Kaum eine Ortschaft ohne eingestürzte Dächer und schwarz verbrannte Hauswände. Keine Basilika, kein Kirchlein und keine Kapelle, in der noch ein Altar vorhanden war. Je weiter sie auf Avignon vorrückten, umso verlassener kam ihnen das helle, sonst so liebliche untere Rhonetal vor. Der Frühling war hier bereits in einen satten Sommer übergegangen. Aber überall mischte sich der ekelhafte Geruch von Brand und Verwesung in die Blumendüfte.

Als endlich wieder die schräge Felsenplatte von Avignon sichtbar wurde, erkannten sie, dass auch hier die meisten Häuser keine Dächer trugen. Rauch stieg überall in den klaren blauen Himmel hinauf. Vor den Toren der kleinen Feste am Ufer der Rhone brüllten auf der Flucht zurückgelassene Kühe, die lange nicht gemolken worden waren.

»Sie sind fort«, stellte Karl verärgert fest. »Wie kommt dieser Hildebrand dazu, den Muselmanen einfach nachzusetzen?«

»Vielleicht war die Gelegenheit so günstig, dass Hildebrand sie einfach nutzen musste«, meinte Karlmann entschuldigend.

»Ich bin es, Karlmann! Ich bin es, der den Muselmanen erneut die Franziska und das Langschwert zeigen muss! Das hier ist eine Angelegenheit für einen Majordomus und nicht für einen Herzog der Burgunden.«

»Und wenn er nun diesem Maurontus und den burgundischen Rebellen gefolgt ist?«

»Dann hat mein Bruder noch viel mehr bewiesen, wie wenig er von Politik und Krieg versteht.«

Karl wandte sich um und führte sein Pferd an den zerstörten Stadttoren vorbei ins Innere von Avignon. Wie sie bereits erwartet hatten, befand sich in der fast vollkommen zerstörten Stadt kaum noch jemand, der sich als Anhänger der Muselmanen oder der Rebellen um Maurontus zu erkennen gab. Nur ein paar alte Frauen, weinende Kinder und leise vor sich hin jammernde Greise in ausgebrannten Hauseingängen waren zurückgelassen worden.

»Wasser!«, krächzten die wenigen von ihnen, die überhaupt noch sprechen konnten. »Gnade, ihr Herren!«, flehten sie. Oder auch auf Lateinisch: »Gelobt sei Jesus Christus«, und auf arabisch: »Allah il Allah, und Mohammed ist sein Prophet.«

Karl ritt mit Karlmann, Rotbert und Herzog Folker die enge Gasse hinauf, in der sie schon einmal Klinge an Klinge gegen die muselmanischen Eroberer gestanden hatten.

»Es heißt, dass diese Straße hier bereits *Der Rote Weg* oder auch *Karls Blutgasse* genannt wird«, meinte einer der Männer, die mit der Sprache des Südens vertraut waren.

Karl schnaubte nur. Er litt wie alle anderen unter der drückenden Hitze und dem Gestank zwischen den Ruinen.

»Gibt es noch irgendwelche Brunnen?«, fragte er dann. Die Männer in seiner Begleitung schüttelten den Kopf.

»Dann sollen hundert Mann und die Weiber aus dem Tross zurückbleiben und sich um die Opfer kümmern. Ich selbst will den Muselmanen noch einmal die Hölle heiß machen.«

»Das wird nicht leicht sein«, sagte Karlmann. »Wir müssen damit rechnen, dass sie sich in Nimes und in Arles mit ihrer ganzen Beute und allen Vorräten verschanzt haben, wie sie es schon oft getan haben.«

»Dann machen wir in diesem Jahr endgültig Schluss mit ihnen«, sagte Karl gefährlich leise. »Ich habe keine Lust mehr, mich Jahr für Jahr hier an der Rhone herumzutreiben. Ich bin fast fünfzig Jahre alt und dulde nicht länger, dass Sarazenen, Berber, Muselmanen oder verräterische Rebellen hier weiterhin alles verwüsten, Kirchen berauben und schlimmer als die Vandalen hausen.«

Er gab seinem bewährten Ross die Schenkel und ritt bis zur zerstörten Stadtmauer im Süden.

»Was hast du vor?«, rief ihm sein Erstgeborener nach.

»Seht ihr das nicht?«, rief Karl, ohne sich umzudrehen. »Ich reite ihnen nach. Und wer nicht hören will, der soll mich diesmal eben fühlen.«

Er war noch keine zwanzig Pferdelängen entfernt, als von Osten her lautes Geschrei und Kriegshörner ertönten. Der Majordomus zügelte sein Pferd und hob sich halb aus dem Sattel. Obwohl das flache Land am Ostufer der Rhone bis nach Arles und zur Camargue hin aus sattem Grün bestand, sah er jetzt die große Staubwolke, die sich wie ein tief liegendes Gewitter von Osten her auf den Fluss zubewegte. Ihre Ausläufer reichten bis zu den Alpenbergen. Und dann sah Karl, dass Pippin nicht zu viel versprochen hatte. Mit bunten Wimpeln, Fahnen, blitzenden Rüstungen, Lanzen und Speeren, starker Reiterei und einer großen Zahl von Fußkriegern kamen die Langobarden bis zur Rhone. Karl sah, dass die meisten dieser Männer die Helme abgenommen hatten und an den Waffengürteln trugen. Sie hatten blondes, langes Haar und unterschieden sich durch nichts von seinen eigenen Kriegern aus dem Norden.

»Die Langobarden sind da!«, rief er seinen Edlen zu. »Kommt schnell, ihr Herren! Wir empfangen sie gemeinsam und mit großer Freude.«

Im selben Augenblick erkannte er auch Pippin. Sein Zweitgeborener trug eine goldene Rüstung wie der Anführer des neuen großen Heeres. Für einen Moment hatte Karl das Gefühl, als wenn die beiden prächtigen Berittenen tatsächlich Vater und Sohn wären.

Die beiden Herrscher begrüßten sich so freudig, als wären Franken und Langobarden schon seit Jahrhunderten verbrüdert und nur zufällig durch die Alpengipfel getrennt worden. Karl nahm all seine Kenntnisse der lateinischen Sprache zusammen und entbot Luitprand, dem Herrscher über die Langobarden, seinen Gruß.

»Der Herr sei mit dir und mit deinem Volk«, rief Karl, während von Osten her das große Aufgebot der Langobarden noch immer lärmend nachrückte.

»Die Muselmanen fliehen!«, sagte Luitprand stolz und ohne einleitende Worte. »Ja, sie sind voller Furcht zurückgewichen, als sie von meinem Kommen hörten…«

Karl wollte nicht glauben, was er da aus dem Mund des Langobarden hörte. Er schluckte unwillkürlich über so viel Dreistigkeit. Gleichzeitig erkannte er, dass er durch die Flucht der Muselmanen in eine unerwünschte Verpflichtung bei Luitprand und dem Heer der Langobarden geriet. Aber er wollte und konnte sie nicht einfach so zurückschicken – ohne Ergebnis, ohne Waffengang und ohne den gerechten Lohn für ihre Hilfe.

»Viele von unseren Großen sind unter dem Befehl meines Stiefbruders Hildebrand den Muselmanen auf den Fersen«, sagte er deshalb, obwohl ihm diese Auslegung der Lage ganz besonders schwer fiel. »Falls es weiter im Süden bei Nimes oder Narbonne doch noch zu Kämpfen kommt, gehört der Lohn den Männern, die sich dort bewähren«, sagte er. »Aber ich weiß natürlich, dass ich dir für deine Hilfe und dein Entgegenkommen ebenfalls großen Dank schuldig bin.«

Obwohl der Majordomus und die Edlen hinter ihm keineswegs

erwarteten, dass der Langobardenkönig verzichtete, ging Luitprand sofort über die Brücke, die ihm der Majordomus anbot.

»Nicht du bist es, der uns irgendetwas schuldet«, sagte er, »sondern wir bedanken uns dafür, dass du in all den Jahren die Eroberer daran gehindert hast, sich in Burgund und der Provence als schreckliche Gefahr für alle Herzogtümer und Provinzen von Italien festzusetzen.«

Karl hob die Brauen. Damit hatte er nicht gerechnet. Auch seine Herzöge und die Edlen aus dem Norden glaubten im ersten Moment nicht, was sie da hörten. Doch dann erfuhren sie den zweiten Grund für die schnelle Hilfsbereitschaft der Langobarden.

»Da wir uns also einig sind, dass in diesen schwer geprüften Gauen kein Feind von innen oder außen Unruhe stiften und die Herzen dieser Stämme hier vergiften soll«, sagte König Luitprand feierlich, »und da wir uns hier die Hand zum Freundschaftsbund zwischen Franken und Langobarden reichen, wird auch der Papst in Rom nicht mehr auf Schwerter von abtrünnigen Herzögen in Italien oder andere Mächtige hoffen können.«

Das also war es! Ließ er Luitprand und sein Heer ohne jede weitere Vereinbarung zurückziehen, konnte dies von Äbten, Bischöfen und Mönchen sofort als Sieg des Papstes ausgelegt werden. Traf er aber irgendeine noch so geringe Absprache mit dem Langobarden, machte er sich nicht nur den Papst und die Römer, sondern zugleich auch Bonifatius, Willibrord und alle anderen Christen bis hinauf nach Irland und England zu Feinden.

Er suchte fieberhaft nach einer Lösung. Minutenlang standen sich die Edlen beider Völker auf ihren Pferden in der sommerlichen Hitze der Provence untätig gegenüber.

»Lass dein Heer zurückkehren«, sagte Karl schließlich. »Aber es wäre uns eine sehr große Ehre, wenn du uns zusammen mit deinem Adoptivsohn und ausgesuchten Edlen deiner Langobarden bis zum Mittelmeer begleiten könntest. Du kennst die Küstenberge und könntest mir hier bei der Suche nach den Rebellen manchen Rat geben.«

Karl ließ sein Heer nach allen Seiten ausschwärmen, damit in jedem Landgut, jeder Siedlung und jeder Ansammlung noch nicht zerstörter Häuser kundgetan wurde, dass die Macht des Frankenherrschers endgültig bis zu den Gestaden des Mittelmeers reichte.

Er selbst verfolgte zusammen mit dem Langobardenkönig, einigen seiner Herzöge und Grafen, einem kleinen Kontingent von hundert Bogenschützen zu Pferd und seinen eigenen Panzerreitern die flüchtigen Rebellen um Maurontus. Sie blieben an der Straße nach Marseille. Unterwegs erfuhren sie von jammernden Händlern am Straßenrand, dass die Flüchtigen sich bis in die unzugänglichen Bergnester auf den Kreidefelsen östlich von Marseille retten wollten. Die Hafenstadt zwischen den fast baumlosen, nur durch Buschwerk leicht begrünten Felsen empfing sie mit einer Mischung aus Neugier, Furcht und Hoffnung. Sie hätten Marseille und den Hafen leicht umgehen können, aber Karl wollte, dass sie sich zeigen sollten. So ritten also der Princeps aller Franken und der König der Langobarden nebeneinander mitten durch die Stadt.

Am Abend ihrer Ankunft besuchten sie gemeinsam die Messe in der kleinen Kirche am alten Römerhafen. Sie war nach dem römischen Offizier Viktor benannt, der an derselben Stelle über den Katakomben vor rund fünfhundert Jahren den Märtyrertod gefunden hatte.

Als sie bei Sonnenuntergang zu weißem Wein, frischem Fisch und Meeresfrüchten vor einem Haus am Berghang zusammensaßen, das der weit verzweigten Familie des Fernhändlers Elias gehörte, berichtete Luitprand, was tatsächlich zwischen ihm und dem Papst in Rom stand. Die Männer um Karl verstanden nicht alles. Doch immer dann, wenn es schwierig wurde, konnten Pippin und Karlmann übersetzen.

»Die Ursache für unseren Streit geht eigentlich bis auf das Ende des Imperium Romanum zurück«, meinte Luitprand. »Ihr wisst ja, wie der Westen einige Jahre nach Alarich und dem Hunnenkönig Attila auch noch seinen letzten Kaiser verloren hat, wie später Theoderich mit den Ostgoten dort herrschte und wie wir dann von der Donau nachgekommen sind. Seit fast zweihundert Jahren gehört Rom zum oströmischen Reich. Aber die Bischöfe von Rom haben sich stets als die Nachfolger Petri und damit als die obersten Würdenträger der Kirche gefühlt.«

»Das sehen unsere Bischöfe aber ganz anders«, warf Karl ein und spuckte ein paar Schalen von in Öl und Knoblauch gebratenen Langusten aus. Er sprach fränkisch und ließ übersetzen.

»Natürlich gab es immer wieder Spannungen zwischen dem Patriarchen von Konstantinopel und dem Oberhaupt der abendländischen Kirche. Aber seit der Kaiser in Konstantinopel die Verehrung von Heiligenbildern verboten hat, herrscht Krieg – offener Krieg zwischen Papst und Kaiser.«

»Und die Römer selbst?«, fragte Karl. »Sie sind doch Untertanen des Kaisers in Byzanz.«

»Das ist nicht so einfach«, antwortete Luitprand. »Sowohl die Vornehmen, als auch das Volk von Rom haben geschworen, dass sie niemals zulassen werden, wenn der Papst angegriffen oder gewaltsam weggebracht wird. Die ganze Sache wäre längst zu Ende, wenn das oströmische Reich nicht ständig, so wie wir hier, durch die Muselmanen bedrängt würde. Als einzige Strafe konnte der Kaiser in Konstantinopel dem Papst und Bischof von Rom nur die Patrimonien in Kalabrien und Sizilien wegnehmen.«

»Aber dafür hat sich Papst Gregor III., schon im ersten Jahr seiner Regierung sofort gerächt«, meinte Pippin. Karl sah ihn fragend an.

»Gregor III., will jeden exkommunizieren, der auf Befehl des Kaisers Bilder von Heiligen wegnimmt, zerstört, entweiht oder sich über sie lustig macht.«

»Die Kaiser in Byzanz haben die Drohung ernst genommen«, sagte König Luitprand. »Es waren ja inzwischen zwei Kaiser, seit Leo seinen Sohn Konstantin zum Mitregenten gemacht hatte. Doch leider ist ihr Heer und ihre ganze Flotte, die sie gegen den Papst auslaufen ließen, in einem furchtbaren Sturm in der Adria versunken.«

»Und ihr wollt tatsächlich noch immer Krieg gegen den Papst in Rom führen?«, fragte Karlmann empört.

»Vielleicht noch nicht gleich gegen ihn«, antwortete der König der Langobarden. »Aber Gregor hat ganz eindeutig Partei für zwei Herzöge ergriffen, die sich mit dem Schwert gegen mich als König auflehnen.«

»Ja, das ist richtig«, bestätigte auch Pippin. »Herzog Trasimund von Spoleto und Herzog Godeschalk von Benevent empören sich mit dem Segen des Papstes gegen König Luitprants Oberhoheit.«

»Und falls es ihnen einfallen sollte, sich nach Rom zurückzuziehen, werde ich auch gegen Rom und gegen diesen Papst marschieren.«

Es war, als würde Karl an diesem wunderschönen Sommerabend am alten Hafen von Marseille Stück um Stück erkennen, auf was er sich eingelassen hatte …

Sie blieben nicht mehr lange zusammen, sondern zogen sich zurück. Sogar die Weinbecher wurden nicht mehr ganz geleert. In dieser Nacht entschied sich Karl, schneller nach Neustrien zurückzukehren, als er ursprünglich geplant hatte. Er beschloss, sämtliche Besitzungen der aufständischen Adligen in Burgund und der Provence ohne Nachsicht einzuziehen. Die Ländereien sollten an jene Männer verteilt werden, die sich als zuverlässig erwiesen hatten. Einer von ihnen sollte Abbo sein, der das Kloster Novalese am Fuß des Mons Gems zwischen dem Königreich der Langobarden und dem der Franken gestiftet hatte. Es schien ihm sinnvoll, gerade an diesem Alpenpass einen Mann zu wissen, auf den er sich uneingeschränkt verlassen konnte.

Noch vor Morgengrauen fasste der Majordomus einen weiteren Entschluss. Es brachte nichts, wenn sie Herzog Maurontus und die anderen Aufständischen weiter in dem über hundertfünfzig Schritt hohen Kalkfelsen östlich von Marseille verfolgten. Weder er noch die Langobarden waren auf eine Belagerung vorbereitet.

Er dachte daran, dass er in wenigen Wochen fünfzig Jahre alt sein würde. Die Hitze in der Nacht machte ihm mehr zu schaffen, als er zugeben wollte. Vielleicht waren es auch die vielen Meeresfrüchte und der Wein. Oder die Falle des Langobardenkönigs, in die er um ein Haar getappt wäre. All das gefiel ihm nicht mehr. Und er fragte sich, warum selbst eine große Schlacht, der Siegesjubel vieler Tausende ihm nicht mehr das bedeuteten wie in all den Jahren, in denen er gekämpft, gesiegt und bis zum Herrscher ohne König aufgestiegen war.

38.

Die Königsfrage

Karl kehrte nach Neustrien zurück und wählte erneut das kleine Hofgut Verimbrea für seinen Aufenthalt. Trotz großer Bedenken verzieh er seinem Halbbruder Hildebrand erneut und ließ ihn als seinen Vertreter in Burgund zurück. Er bemerkte sehr wohl, dass viele seiner Vasallen absolut nicht damit einverstanden waren.

Milo besuchte ihn nach der Rückkehr an der Oise. Sie setzten sich an einen Holztisch im Schatten unter den Bäumen und ließen sich gekühlten Wein und süße Kuchen bringen.

»War der Anblick des Langobardenkönigs an der Spitze seines Heeres nicht doch verführerisch für dich?«, fragte Milo mit einem leichten Schmunzeln. Karl schüttelte energisch den Kopf.

»Nein, keineswegs«, sagte er vollkommen ernsthaft. »Bei allem, was mir heilig ist, schwöre ich, dass ich niemals eine Krone tragen werde.«

»Hoffentlich stürzt du nicht über deinen eigenen Stolz«, seufzte der Bischof von Reims und Trier. »Das Frankenreich ist und bleibt ein Königreich. Und ohne einen König kann auch der stärkste Majordomus sich niemals dauerhaft im Sattel halten.«

»Ich weiß«, sagte Karl zustimmend. »Aber diejenigen, die mich gern stürzen würden, müssen sich in Acht nehmen. Ich warte nur darauf, dass sie sich zu erkennen geben.«

»Du reitest auch nach all den Jahren deiner großartigen Erfolge immer noch auf dünnem Eis«, meinte Milo besorgt. »Du kannst nun einmal nicht überall zugleich sein. Was ist mit Baiern? Was mit Aquitanien? Und warum bleibst du taub bei allem, was über dein Weib Swanahild gemunkelt wird?«

»Ich will es nicht mehr wissen«, antwortete Karl mürrisch.

»Dann schick wenigstens eine Aufforderung zu Herzog Hunold, dass er den Abt von Sankt Germain endlich wieder freilässt.«

Karl nickte und verzog plötzlich das Gesicht. Für einen Augenblick blieb er mit zusammengepressten Lippen bewegungslos an dem Tisch sitzen, an dem er und Milo ohne Hast all die Dinge durchsprechen wollten, die sie beide bewegten.

»Was ist mit dir?«, fragte der Bischof von Reims. »Was hast du?«

»Ach nichts«, presste Karl hervor. »Nur eine Art Schwindel, der mich seit ein paar Tagen überfällt. Er kommt und geht vollkommen unregelmäßig.«

»Hast du etwas Falsches gegessen oder zu viel getrunken?«

Karl schüttelte den Kopf.

»Wie lange geht das schon so?«, fragte Milo. »Schon seit Burgund … seit Marseille?«

»Nein«, antwortete Karl, »ich habe weder eine Fischvergiftung, noch dieses Fieber, das in den Sümpfen dort im Süden so verheerend wirken kann.«

»Aber was dann?«, bohrte Milo weiter. »Du siehst tatsächlich nicht gut aus.« Er überlegte eine Weile, dann fragte er: »War irgendjemand hier in den letzten Tagen? Jemand, mit dem du Wein getrunken oder vom gleichen Braten abgeschnitten hast?«

»Gib dir keine Mühe«, antwortete Karl und lachte mühsam. »Meine Söhne sind nicht da, und Swanahild hat mich auch nicht vergiftet, wenn du auf diesen wahnsinnigen Gedanken kommen solltest …«

»Ich behaupte nichts«, schnaufte der Mann, den sie früher den schwarzen Abt genannt hatten. »Aber du bist krank, Karl. Mach dir doch nichts vor! Wenn du in diesem Zustand vor irgendwelche anderen trittst, hast du genau das, was du mit aller Kraft verhindern willst. Ein schwacher Majordomus, ein kranker noch dazu, ist tödlich für das Königreich der Franken.«

»Soll ich denn etwa jetzt schon die Herrschaft meinen Söhnen übergeben und mein Testament machen?«, knurrte Karl unwillig.

»Es wäre nicht die schlechteste Idee, zu deinem fünfzigsten Geburtstag.«

»Ach, hör doch auf damit!« wehrte Karl ab. »Ich bin nun einmal nicht mehr zwanzig und habe mir und meinem Körper in all den Jahren weiß Gott nicht wenig zugemutet.«

»Wohl wahr, wohl wahr«, stimmte Milo zu. »Deshalb verstehe ich auch nicht, warum du ausgerechnet mit Abt Wido auf die Jagd reiten musstest.«

»Warum denn nicht?«, fragte Karl. »Wido ist zwar kein guter Abt, aber immerhin um drei Ecken mit mir und der Familie meines Vaters bei Heristal verwandt.«

Milo antwortete nicht. Er blickte auf das leise am Ufer plätschernde Wasser des Flüsschens Oise und beobachtete, wie große bunte Libellen über den Ufersteinen entlang schnurrten.

»Was ist mit dir?«, fragte der Majordomus, als ihm das Schweigen des Bischofs endlich auffiel.

»Ich habe nichts gesagt«, sagte Milo.

»Dann nenn mir den Inhalt deines Schweigens!«

»Wenn du mich so fragst, sollst du meine Meinung hören«, antwortete Milo. »Ich habe nichts gesagt, als du Wido zum Abt von Sankt Baast bei Arras gemacht hast. Auch nichts, als du ihm zusätzlich die Abtei von Sankt Wandrille übergeben hast, die, wie wir alle wissen, unter deinem ganz besonderen Schutz steht. Aber der so von dir Begünstigte ist nur dem Amte nach ein Geistlicher.«

»Was soll das?«, unterbrach ihn Karl. »Warum hast gerade du etwas gegen die Belohnung guter Männer?«

»Ja, Karl, das habe ich inzwischen«, antwortete Milo ernsthaft. »Denn gerade weil ich selbst ein wilder Mann war, der heute noch nicht richtig eine Messe lesen kann, stört es mich, dass Wido stets mit dem zweischneidigen Schwert gegürtet ist, dass er statt des vorgeschriebenen geistlichen Kleides lieber den Kriegsmantel umhängt und sich dabei weder um die Gesetze unserer Kirche, noch um die geistliche Zucht kümmert.«

»Halt! Halt! Halt!«, fiel ihm Karl ins Wort. »Wirfst du ihm etwa auch noch vor, dass er die Hunde liebt, die ihn zur Jagd begleiten? Und dass er sich im Bogenschießen übt?«

»Ich werfe ihm sogar noch sehr viel mehr vor«, sagte Milo hart. »Wido verwendet täglich nicht mal eine Stunde auf Studien und Gebet. Doch all das würde mich nicht interessieren, denn Sankt Wandrille gehört nicht zur Diözese Reims. Aber auch andere sehen, was dieser Mann sich mit deiner Duldung leistet. Glaubst du denn ernsthaft, dass verborgen bleibt, wenn du schon kurz nach deiner Rückkehr mit einem Mann zur Jagd gehst, der sich schon lange gegen dich verschworen hat?«

Karl starrte den Bischof von Reims ungläubig an.

»Was sagst du da?«, fragte er heiser. »Wer hat sich gegen mich verschworen?«

»Der Mann, von dem wir sprechen«, antwortete Milo knapp.

»Und woher … woher willst du das wissen?«

»Von Heribert«, sagte Milo, »dem Grafen von Laon. Er ist derjenige, der zu mir kam und mir in seiner Seelennot gebeichtet hat.«

»Heribert – der Sohn von Bertrada und Neffe von Plektrud und Adela von Pfalzel?«

»Genau der Heribert«, antwortete Milo. »Er soll, ganz abgesehen von seiner großen Frömmigkeit, eine der schönsten Tochter haben, die es im Königreich der Franken gibt.«

»Ich habe von dem Mädchen schon gehört«, sagte Karl abwesend. »Pippin, mein Sohn, nannte sie einmal ›Bertrada mit den großen Füßen.‹« Er folgte ebenfalls mit seinem Blick dem Flug der schillernden Libellen.

»Was soll ich tun?«, fragte er dann. »Ich schade mir doch selbst, wenn ich Wido jetzt vor Gericht stelle. Lässt sich beweisen, was du sagst, dann wird bekannt, dass es aus meiner eigenen Familie Widerstand und Intrigen gegen mich gibt.«

»Schweigst du jedoch und verschließt vor dem, was Wido insgeheim plant, deine Augen, dann bringen sie dich um, wie es Verwandte von dir früher schon versucht haben.«

»Das waren keine Verwandten!«, antwortete Karl. »Nur Stiefneffen und Enkel einer machthungrigen Matrone.«

»Dann nimm es jetzt als weise Fügung Gottes, dass ich dir heute ausgerechnet von Heribert aus der Familie der Irminen eine Warnung vor der neuerlichen Verschwörung gegen dich überbringe.«

»Und wer soll ihn nach deiner Meinung anhören und verurteilen, wenn ihm nachgewiesen werden kann, was du behauptest?«

»Als Geistlicher gehört auch Wido vor die Synode. Die müsste über ihn das Urteil sprechen.«

»Aber es gibt schon seit Jahrzehnten keine Synoden mehr im Königreich der Franken«, meinte Karl.

»Genau das ist ja das Problem«, sagte der Bischof von Reims und schürzte seine Lippen. »Wenn du mir freie Hand lässt, könnte es sein, dass mir noch eine Lösung einfällt.«

»Du meinst, weil er ein Abt ist?«

»Ich meine, dass du viel zu krank bist, um jetzt darüber zu entscheiden. Ich meine auch, dass du vielleicht erneut mit einem Löffel aus dem Holz des Taxusbaums gegessen hast.«

Karl empfand plötzlich ein sehr warmes Gefühl für den Bischof von Reims. Es war, als würden sie wie damals nebeneinander reiten, in einer Zeit, in der sie beide sich mit Gottes Segen voll und ganz aufeinander verlassen konnten.

Karl fühlte sich noch wochenlang in seiner Gesundheit geschwächt. Hiltrud hatte seine Pflege übernommen. In ihrer stillen Fürsorglichkeit kümmerte sie sich so herzlich um ihn, dass er bedauerte, sich in all den Jahren nicht mehr mit ihr befasst zu haben. Gleichzeitig bewunderte er ihre reife Schönheit, in der er hin und wieder sogar ein Feuer zu erkennen glaubte, wie er es sonst nur bei den Weibern im Süden Galliens gesehen hatte.

Er blieb in Verimbrea und ritt nicht einmal zu den anderen Hofgütern und Pfalzen in der Nähe. Weder Quierzy, noch Soissons oder Compiegne sahen ihn im Sommer des Jahres 739. Obwohl er wusste, wie gefährlich seine Zurückhaltung war, ließ er auch die Besuche der Gesandtschaften auf das geringstmögliche Maß beschränken. Er hatte Pippin zur Regelung verschiedener offener Verwaltungsangelegenheiten nach Köln geschickt. Karlmann sollte sich zugleich bei den Friesen sehen lassen und sich danach bei Wusing berichten lassen, wo neue Unruhen entstehen könnten und wo bewährte Männer Geschenke und Belohnungen verdient hatten.

Jetzt zeigte sich, dass einige der Männer, die ihm bereits seit Jahren treu dienten, sehr gut von ihm ausgewählt worden waren. Während Rotbert nur zweimal aus seinem Haspengau nach Verimbrea kam und Herzog Folker in seinem Auftrag an die Mosel geritten war, bewährte sich in Verimbrea ganz besonders der Mann, den Karl zum Leiter seiner Kanzlei ernannt hatte. Chrodegang von Metz war zusammen mit Alberichs Sohn Gregor, der sich inzwischen zur rechten Hand von Erzbischof Bonifatius in Thüringen und Baiern emporgearbeitet hatte, in Karls Anfangszeit als Majordomus in Köln gewesen. Karl zweifelte keinen Augenblick daran, dass Chrodegang sogar Bischof von Metz werden konnte, sobald er das kanonische Mindestalter von dreißig Jahren erreicht hatte.

»Es sieht nicht gut aus«, sagte Chrodegang, als die ersten Augustgewitter über das Hofgut hinwegzogen. »Besonders in Italien bahnen sich unglaubliche Dinge an. Es heißt, dass der Papst jetzt sogar offen zum Krieg gegen die Langobarden aufgerufen hat.«

»Der Papst will Krieg führen?«, fragte Karl kopfschüttelnd. »Das erinnert mich an unsere Wehrbischöfe Savaricus und Eucherius, die auch nicht recht zwischen Kreuz und Schwert unterscheiden konnten.«

»Der Papst braucht dringend Hilfe«, sagte Chrodegang. »Wir müssen nur aufpassen, dass er sie sich nicht aus Aquitanien oder Baiern holt.«

»In Aquitanien wird er nichts bekommen«, sagte Karl. »Dort müssen wir selbst noch einen unserer Äbte aus dem Kerker holen. Aber mit Baiern könntest du tatsächlich Recht haben. Durch meine dumme Krankheit habe ich die Angelegenheiten in diesem Herzogtum viel zu sehr vernachlässigt.«

»Ich sagte dir aber schon vor einiger Zeit, dass Herzog Hucbert wohl im Sterben liegt«, meinte Chrodegang vorsichtig. Karl sah ihn an und nickte.

»Ja, du hast es gesagt. Aber nur sehr beiläufig, wie ich mich erinnere.«

Chrodegang senkte den Blick. »Es war Gregor«, gab er zu. »Er bat mich, noch ein wenig zu warten, bis er und Bonifatius sich klar darüber sind, mit welchen Bischöfen für Salzburg, Freising, Regensburg und Passau ein neuer Herzog rechnen muss …«

»Moment mal!«, sagte Karl. »Sagst du mir gerade, dass der letzte Agilolfinger tatsächlich tot ist und dass Bonifatius erst die Bischofsfrage regeln will, um mir dann gütig mitzuteilen, wann ich einen neuen Herzog für Baiern ernennen darf?«

Chrodegang hob die Schultern.

»Du musst das vielleicht nicht so streng sehen«, sagte er dann. »Papst Gregor III. hat Bonifatius vorgeschlagen, sich noch in diesem Jahr zu einem Konzil an der Donau zu treffen. Dann soll auch festgelegt werden, was mit Corbinians Erembrecht und anderen ausgezeichneten Gefährten von Bonifatius geschehen soll. Auch der Erzbischof muss manches bedenken. Zum Beispiel, was er mit Bivilo, dem ehemaligen Bischof von Lorch, machen soll.«

»Was ist mit Bivilo?«, fragte Karl interessiert.

»Er konnte keinen Widerstand mehr in der alten Römerfeste Laureacum leisten. Es sind die alten Feinde Baierns im Osten. Die Awaren von der mittleren Donau haben Lorch schon im vorigen Jahr eingenommen.«

»Warum erfahre ich das alles nur noch häppchenweise?«, schnaubte Karl verärgert. »Bin ich ein Greis, dem ihr die Wahrheit nicht mehr zumuten wollt?«

»Nein, keineswegs«, sagte Chrodegang schnell. »Aber als Majordomus können wir dich nicht mit jeder Kleinigkeit behelligen. Es ist zu viel, Karl. Kein Mensch kann Tausende von Namen, Orten und Ereignissen in seinem Kopf behalten.«

Karl starrte den jungen Mann ungläubig an.

»Und wer entscheidet, was mir gesagt oder verschwiegen wird?«, fragte er dann. »Was ist mit Bivilo? Ich will das wissen.«

»Er floh nach Passau. Aber Papst Gregor will ihn nicht. Er hat Erzbischof Bonifatius aufgetragen, dass er Bivilo zunächst belehren und zum Gehorsam gegenüber allen Vorschriften und Regeln der Kirche bringen soll.«

»Das wäre dann der Erste, der sie tatsächlich befolgt«, knurrte Karl. »Jedermann weiß doch, dass es überall Bischöfe und Äbte gibt, die nicht einmal das Evangelium lesen können.«

»Damit wären wir auch bei dem Punkt, der mir heute als besonders heikel und riskant erscheint«, sagte Chrodegang. Karl sah ihn fragend an.

»Es geht … um die Nachfolge von … Wido …«

Karl starrte auf den jungen Priester, der seine letzte Weihe noch nicht erhalten hatte. Über ihnen türmten sich Gewitterwolken immer höher übereinander. Noch regnete es nicht, aber am Horizont zuckte bereits Wetterleuchten über das Land.

»Den *Nachfolger* von Wido?«, wiederholte der Majordomus nur. Chrodegang von Metz presste die Lippen zusammen und nickte.

»Ohne Gerichtsverfahren?«, fragte Karl knapp.

»Es war ein Femegericht, das ihn im Gebiet von Vermandois zum Tode verurteilt, geköpft und sofort begraben hat.«

»Wer sprach das Urteil?«, fragte Karl.

»Getaufte Grafen«, antwortete Chrodegang. »Aber für eine Neumondnacht ließen sie die alte *Lex Salica* wieder so in Kraft treten, wie sie zur Zeit der ersten Merowinger Gesetz gewesen ist.«

»Und das bedeutet?«, fragte Karl.

»Wido wurde der Hexerei angeklagt und überführt.«

»Ich aber als der Majordomus dieses Königreiches erfahre eher zufällig davon«, schnaubte Karl und lachte trocken. Er blickte eine Weile nachdenklich vor sich hin.

»Nun gut«, sagte er schließlich. »Ich sollte es nicht wissen. Vielleicht habt ihr sogar weise und vorausschauend gehandelt. Deshalb lasse ich Gnade vor Recht ergehen. Aber ich will von derartigen schweren Maßnahmen künftig nicht erst erfahren, wenn der Kopf gerollt ist, sondern vorher! Damit die Herren sich das merken, soll keiner der Beteiligten eine Belohnung erhalten: Die Abtei und die Ländereien von Sankt Wandrille fallen an Raganfrid, den Bischof von Rouen. Er heißt ebenso wie der verstorbene Majordomus der Neustrier. Ich weiß, dass er kein guter Mann ist und direkt vom Laien in sein Bischofsamt kam. Aber er war auch Taufzeuge für Pippin III., als ich im Kerker saß. Und für die bairische Frage sollen mir in den nächsten Tagen Vorschläge unterbreitet werden.«

Nur wenige Tage später meldete Chrodegang von Metz eine ganz besondere, hochrangige Gesandtschaft. Hiltrud wollte nicht, dass ihr Vater anstrengende Gespräche führte, dennoch wischte der Majordomus alle Bedenken zur Seite und empfing die Abordnung des Papstes mit allen Ehren und Bequemlichkeiten, die er in der kleinen Pfalz Verimbrea bieten konnte.

Während des Nachmittags, nachdem die Römer sich erfrischt und festliche Gewandung angelegt hatten, tauschten sie nur kurz höfliche Grußworte und Fragen nach dem Befinden aus. Karl erfuhr, dass Bischof Anastasius und der Presbyter Sergius auf dem Seeweg von Rom nach Marseille gereist waren und dann den Weg durch das Rhonetal genommen hatten. Erst später, bei einem kleinen Gelage, brachte der kräftige Bischof sein Ehrengeschenk für den Majordomus zum Vorschein. Es befand sich in einem kunstvoll geschnitzten, mit Gold und Edelsteinen verzierten Kasten. Als Bischof Anastasius ihn öffnete, hielten auch die inzwischen hinzugekommenen Paladine unwillkürlich den Atem an.

»Dies schickt dir der Bischof von Rom, Papst Gregor III., als Zeichen der allergrößten Hochachtung für den Subregulus der Franken.«

»Wieso nennt er mich Unterkönig?«, fragte Karl unwillig. Er fühlte sich an diesem Tag wieder unwohl und ärgerte sich, dass er selbst nicht erkennen konnte, woran er erkrankt war.

»Der Heilige Vater hat diese Bezeichnung gewählt, weil sie dir zukommt, solange die Krone des Reiches nicht auf dem Haupt eines Merowingers zu sehen ist«, antwortete der Bischof.

»Schon wieder diese Petrus-Schlüssel?«, fragte Karl. »Wollen die Großen Roms lieber mir als dem Langobardenkönig ihre Stadt übergeben?«

»Auch wenn du dies scherzhaft gemeint haben solltest, so ist es doch die Wahrheit«, sagte der Bischof feierlich. »Roms Edle bieten dir den Konsulatsrang an. Du sollst ab sofort ihr unbeschränkter Herrscher werden ...«

Für einen endlos langen Augenblick wagte kaum jemand zu atmen. Zu unerwartet und zu großartig klang dieses Angebot der Unterwerfung. Die meisten ahnten nur, was das bedeutete. Einige aber sahen den Majordomus der Franken und der Herzogtümer im Norden bereits in einer weißen Toga mit Purpurstreifen an den Rändern und einem Lorbeerkranz auf kurz geschnittenem Haar.

»Neben den Geschenken für dich und deine Getreuen sowie verschiedenen Reliquien für die Kirchen eurer Bischöfe schickt der Papst dir ganz persönlich diesen Schlüssel, den du vor dir siehst«, fuhr der Bischof endlich fort. »Ich soll dich daran erinnern, dass einige Eisenspäne von den Ketten des Apostels Petrus in diesen goldenen Schlüssel eingearbeitet sind. Und auch daran, dass es der Apostelfürst ist, der über die Schlüsselgewalt zur Himmelspforte verfügt. Papst Gregor III. beschwört dich im Namen Petri, uns und die gute Sache zu unterstützen, damit dieser Schlüssel auch euch die Tore des Himmels öffnet ...«

»Du meinst also einen Tauschhandel«, meinte Karl respektlos.

»Damit König Luitprand nicht durch die Tore Roms eindringt, schickt ihr mir einen symbolischen Schlüssel zum Himmelreich. Ist es das, was ich der Botschaft des Papstes entnehmen soll?«

Die Mundwinkel des Römers zuckten kaum merklich. Ganz offensichtlich hatte er erwartet, dass ihm die Männer des Nordens mit größerem Respekt und mit der Demut der Getauften entgegentreten würden, doch genau das geschah nicht.

»Ich fürchte, ich muss euch enttäuschen«, sagte der Majordomus. »Ich sehe tatsächlich im Augenblick keine Verwendung für einen Schlüssel zum Grabe Petri oder zum Himmelreich.

Nehmt daher dieses wertvolle Geschenk des Papstes wieder zurück nach Rom. Doch damit eure Reise nicht ganz umsonst gewesen ist, verspreche ich heute, dass ich mir in den nächsten Tagen Zeit für euch nehmen werde. Ich bin auch bereit, eine eigene Gesandtschaft zum Papst nach Rom zu schicken, damit diese sich durch eigenen Augenschein davon überzeugt, in welch schwieriger Lage sich der Bischof von Rom befindet.«

Die Franken sahen, dass sich die Gesandten Gregors III. nur mühsam beherrschten. Sie waren so verstört über die freundliche und dennoch frostige Ablehnung, dass sie kaum noch Worte fanden.

»Aber hast du … hast du nicht immer wieder bewiesen, dass du der Verteidiger der Christenheit, Beschützer der Mönche und Äbte und ein großzügig Schenkender für Klöster und Bischöfe bist?«, stieß Bischof Anastasius fast flehentlich aus. »Soll denn auch unser weiter, beschwerlicher Weg zu dir völlig umsonst gewesen sein?«

»Fragt euren Erzbischof Bonifatius, wie sehr ich meine Hand schützend über euer Missionswerk halte«, antwortete Karl.

»Ja, auch der Erzbischof ist gerade in Rom gewesen. Er hat sogar den Mut gehabt, mit dem König der Langobarden zu sprechen. Und er wird, wenn wir ihn bei seiner Rückkehr abfangen können, sicherlich gern auch zu dir kommen, um für den Schutz und die Verteidigung des Heiligen Vaters zu bitten.«

»Ich muss ohnehin mit Bonifatius reden. Doch dabei geht es nicht um den Papst und seinen Krieg mit den Langobarden, sondern allein um die Neuordnung Baierns.«

Sie sahen, wie die Gesandten des Papstes mit grauen Gesichtern in sich zusammensanken. Sie konnten einfach nicht fassen, dass ihre Bitten, die sie schon fast als eine selbstverständliche Forderung vorgebracht hatten, vom Majordomus der Franken vollständig abgelehnt wurden.

Zwei Wochen nachdem die Gesandtschaft des Papstes verärgert, aber mit vielen Geschenken versehen wieder abgereist war, entschloss sich Karl, Verimbrea doch für einige Tage zu verlassen. Hiltrud und Chrodegang von Metz waren strikt dagegen. Sie ließen sogar Ärzte kommen und schickten nach dem Bischof von Reims.

Milo kam schon drei Tage später mit einem Gefolge von heilkundigen Priestern und einigen Großen, die sich in Reims aufgehalten hatten. Alle zusammen versuchten sie vergeblich, Karl von seinem geplanten Ritt nach Sankt Denis abzuhalten. Der Majordomus war der Meinung, dass er lange genug in dem Hofgut an der Oise auf eine Besserung seiner Beschwerden gewartet hatte. Da ihm weder spezielle Speisepläne, noch Kräutersud oder Salben geholfen hatten, wollte er wieder zu seinen eigentlichen Aufgaben zurückkehren. Er ließ nur zu, dass Milo ihn mit einer kleinen Gruppe von Männern in Richtung Paris begleitete.

In Sankt Denis angekommen, musste er die Gespräche bereits am ersten Abend wieder abbrechen. Es dauerte vier Tage, bis er sich wieder stark genug für weitere Unterredungen fühlte. Er wollte gerade eine eigene Gesandtschaft nach Rom schicken, als von den Mönchen die Ankunft von Bonifatius gemeldet wurde.

»Aber er kommt nicht allein, sondern bringt einen Onkel von Swanahild mit.«

»Auch das noch!«, schnaubte Karl verärgert. Er fühlte sich augenblicklich wieder schlechter. Am liebsten hätte er überhaupt nicht mit dem Missionar der Hessen, Thüringer und Baiern und den Männern in seiner Begleitung gesprochen. Aber dann sagte ihm Chrodegang, dass sie Bonifatius sehr gut über die Zustände in Italien und in Rom befragen konnten.

»Bonifatius ist ein Mann des Papstes, aber er kennt die Welt und hat bewiesen, dass er auch in der Finsternis unserer Wälder Klöster und Kirchen bauen kann.«

Karl verstand, was Chrodegang ihm sagen wollte.

»Trotzdem bleibt es dabei«, befahl er. »Ich will, dass Abt Grimo von Corbie und der Mönch Sigbert von Sankt Denis in meinem Auftrag mit guten Grüßen und Geschenken nach Rom gehen. Sie sollen ihre Augen offen halten und so schnell wie möglich über Pavia zurückkommen. Wer weiß, was Bonifatius uns erzählt. Ich brauche einfach auch das Urteil von klugen, weitsichtigen Männern, denen ich vertrauen kann.«

Die beiden nächsten Tage vergingen mit Berichten aus Hessen, Thüringen, Baiern und Italien. Erzbischof Bonifatius fühlte sich verpflichtet, seinem offiziellen Schutzherrn so viel wie möglich über die Missionsarbeit im Osten des Frankenreiches zu erklären. Es störte ihn nicht, dass Karl das meiste überhaupt nicht wissen wollte. Während Gregor, der Sohn von Alberich, den Erzbischof in allem unterstützte und ergänzte, blieben zwei andere Männer aus dem Gefolge von Bonifatius auffällig im Hintergrund. Karl merkte sehr wohl, dass die beiden ihn genau beobachteten. Es war, als warteten sie nur darauf, dass irgendwann in diesen Tagen Karls Interesse sie direkt erfasste.

»Ich habe mit dem Heiligen Vater alles in unserem Sinne besprochen«, fasste Bonifatius schließlich zusammen. »Ich trage Schreiben des römischen Bischofs an die Bischöfe in Baiern und Alamannien bei mir, dass sie die heidnischen Gebräuche und die vom Glauben der römischen Kirche abweichenden Lehren – besonders die einiger Briten und anderer Ketzer – endlich unterdrücken sollen. Außerdem sind wir aufgefordert, ein Konzil an der Donau oder in Augsburg zu halten.«

»Ich habe nichts dagegen«, sagte der Majordomus. »Aber zuvor will ich endlich verstehen, warum der Papst in Rom so flehentlich um meine Hilfe bittet.«

»Nun gut, dann sage ich es ganz direkt«, meinte Bonifatius schließlich mit einem tiefen Seufzer. »Papst Gregor hat sich in die Streitigkeiten der Langobardenherzöge mit ihrem König eingemischt. Das war nicht klug, aber es ziemt sich nicht für mich, dir mehr darüber mitzuteilen.«

»Dann tue ich es!«, wagte sich Gregor vor. Er stand auf, ging um die Tische, an denen sie saßen, herum und stellte sich in die Mitte des klösterlichen Refektoriums von Sankt Denis.

»Wir alle haben selbst gesehen, wie schrecklich die Entwicklung rund um Rom ist«, berichtete er tonlos. »Papst Gregor hat die Aufstände der Herzöge Trasimund von Spoleto und Godeschalk von Benevent gegen König Luitprand und seinen Mitregenten Hildeprant von Anfang an unterstützt. Als dann ein königliches Heer Trasimund aus seinem Herzogtum verjagt hatte, fand der geschlagene Herzog Zuflucht in Rom. So weit wäre alles noch im üblichen Rahmen geblieben. Doch dann forderte König Luitprand aus Spoleto, das er gerade erst erobert hatte, den abtrünnigen Herzog an ihn auszuliefern.«

Karl nickte Gregor freundlich zu. Er kannte ihn bereits so lange, dass er ihm mehr glaubte als dem Erzbischof Bonifatius und den Abgesandten aus Rom.

»Papst Gregor und Stephanus, der einzige Patrizius und Oberbefehlshaber des gesamten römischen Heeres, lehnten ab. Sie stellten sich damit schützend vor den Aufständischen.«

»Und Luitprand? Hat er sich das gefallen lassen?«, fragte Karl sofort.

»Natürlich nicht«, antwortete Gregor. »Er ist nach Rom marschiert, hat alle Straßen abgesperrt und dann – wie der westgotische König Alarich vor über dreihundert Jahren – die Stadt belagert, um sie auszuhungern.«

»Deshalb also musste Bischof Anastasius den Seeweg nach Marseille nehmen«, meinte Karl und nickte. »Aber es heißt, dass König Luitprand die Belagerung längst abgebrochen hat.«

»Das ist wohl wahr«, sagte Gregor bestätigend. »Aber er hat das ganze Land rings um Rom verwüstet, hat viele Vornehme der Römer gefangen, hat sie gezwungen, sich nach der Art seines Volkes zu kleiden und selbst die Haare so zu tragen, wie es bei den Germanen im Norden von Italien üblich ist.«

Karl lachte plötzlich und schüttelte vergnügt den Kopf.

»Lass das nicht Pippin hören«, sagte er. »Er schämt sich heute noch dafür, wie Luitprand ihm das Haar geschnitten hat.«

»Aber die Angelegenheit ist noch lange nicht beendet«, sagte Erzbischof Bonifatius. »Luitprand ist zwar nach Pavia zurückgekehrt, aber er hat mich wissen lassen, dass er die dem Herzogtum von Rom zugehörigen Städte und Orte nicht mehr an Rom zurückgibt. Seine Bewaffneten behalten diese Städte als Pfand und die Bevölkerung als Geiseln.«

»Und ich?«, fragte der Majordomus. »Was soll ich daran ändern? Etwa mit meinen Panzerreitern über die Alpen reiten und Pavia belagern?«

»Nein, aber du könntest beispielsweise deinen Sohn Pippin mit Ermahnungen zu König Luitprand schicken. Desgleichen könntest du ihm anbieten, dass er die Ländereien Baierns in Tirol und vielleicht noch einiges dazu behalten kann.«

»Wer von den Großen und Adligen in Baiern würde dem zustimmen?«

»Vielleicht der neue Herzog, den du ohnehin ernennen müsstest«, sagte Bonifatius. Karl spürte sehr genau, dass ihn die Kirchenmänner bereits in eine Richtung führten, von deren Ziel und Ende er bisher noch nichts wusste.

»Die Baiern wären einverstanden, wenn du einen Mann zu ihrem Herzog erhebst, mit dessen Zustimmung das ganze Land wieder in vier Bistümer gegliedert würde. Diesmal jedoch in vier Diözesen, die mir als ihrem Erzbischof gehorchen müssten.«

»Und für das weltliche Feigenblatt deiner schönen neuen Ordnung habt ihr euch auch schon einen Edlen ausgewählt?«, fragte Karl spöttisch. Er blickte Bonifatius in die Augen. Aber er sah keinen Arg in ihnen.

»Ja«, sagte Bonifatius völlig unbefangen. »Es ist dieser gottesfürchtige und bescheidene Edle hier, der dem alamannischen Zweig der Agilolfinger entstammt und dennoch nie das Schwert gegen das Königreich der Franken erhoben hat.«

»Das wäre ihm auch schlecht bekommen«, knurrte Karl. »Und wenn ich mich nicht täusche, heißt euer Auserwählter Odilo.«

Er wusste nicht erst von Swanahild, wie der Agilolfinger über eine Schwester von Herzog Theodo mit den Alamannen verwandt war, die vor einer Generation Herzog Gotefrid in Cannstatt geheiratet hatte. Sie war ebenso Odilos Großmutter wie die der widerspenstigen Alamannen Landfried und Theudebald. Gleichzeitig sagte Karl sich, dass ihm nichts Besseres passieren konnte. Wenn Bonifatius und die Kirchenmänner zusammen mit dem Papst in Rom und dem bairischen Adel sich auf einen Kandidaten einigen und ihn als ihren Herzog akzeptieren konnten, dann war das mehr wert als der Schlüssel zum Petersgrab in Rom.

Er musterte den etwa dreißig Jahre alten Alamannen. Odilo war weder groß noch kräftig, sondern eher unauffällig. Aber er hatte bis auf die Schultern fallende, weich gewellte braune Haare, ein offenes, ovales Gesicht mit vollen Lippen, einer schön geformten, etwas schiefen Nase und langen Wimpern über sanften braunen Augen.

»Tritt vor!«, sagte der Majordomus. »Und dann berichte uns, woher du kommst und wer du bist.«

39.

Verschmähte Reliquien

Sie sprachen eine Woche lang über alle Fragen, die den Majordomus der Franken und Erzbischof Bonifatius gleichermaßen berührten. Dabei stellte Bonifatius auch den Mann vor, der sich die ganze Zeit sehr still verhalten hatte. Der Edle aus begüterter Familie hieß Sturmi, kam aus Oberbaiern und hatte an der Fulda in Hessen nach langem Suchen eine verfallene Königspfalz gefunden, bei der er jetzt ein Kloster gründen wollte.

»Du möchtest also Abt auf königlichem Land werden«, sagte Karl. »Besitzt du denn die nötige Erfahrung?«

»Ich bin seit sechs Jahren geweihter Priester und war in Fritzlar Küchenmeister«, antwortete Sturmi.

Karl lächelte verhalten. »Hast du schon einen Namen für deine Abtei?«

Ein frohes Lächeln huschte über das Gesicht des Mönchs.

»Ja«, sagte er stolz, »sie soll Fulda heißen … wie der Fluss.«

Ein paar der Umstehenden lachten über so viel Einfallsreichtum.

»Wir reden später noch einmal darüber«, sagte Karl. Dann gab er seine Einwilligung zu den anderen Plänen der Kirchenmänner in Hessen, Thüringen und Baiern. Zum Erstaunen aller Beteiligten waren auch Bischof Milo und andere Große im fränkischen Klerus mit den Ergebnissen der Unterredungen einverstanden.

»Das liegt ganz einfach daran, dass wir hier Ruhe haben, solange sich der Engländer im Osten unseres Reiches mit dem Adel und dem Volk dort reibt«, erklärte Milo eines Abends. Sie saßen diesmal nicht im Speisesaal der Mönche, sondern unter den Walnussbäumen im stillen Klostergarten. Seit Bischof Bonifatius mit seinen Gefährten, dem jungen Odilo und ein paar weiteren Mönchen aus Sankt Denis abgezogen war, fühlte sich Karl wieder etwas besser.

»Ich glaube, ich sollte nicht zurück nach Verimbrea reiten. Mir ist es lieber, wenn wir diesen Winter in der Pfalz Quierzy verbringen.«

»Die beiden Güter unterscheiden sich doch kaum«, meinte Chrodegang verwundert.

»Ja«, stimmte Karl zu, »aber in Verimbrea war ich zu lange krank.«

Sie wollten bereits aufbrechen, als ihnen Kundschafter des Bischofs von Paris die Rückkehr von Karls Boten aus Rom ankündigten. Nur wenige Stunden später trafen Abt Grimo von Corbie und Sigbert von Sankt Denis im Kloster ein. Karl ließ ihnen Zeit, bis sie sich erfrischt und gewaschen hatten. Er empfing sie im Klostergarten und forderte sie auf, ihm zu berichten, was sie in Erfahrung gebracht hatten.

»Wir bringen einen Brief des Papstes mit«, sagte Abt Grimo. »Er ist sehr lang und enthält eine große Klage.«

»Dann sagt mir zunächst, wie es zwischen Rom und Pavia aussieht.«

Abt Grimo setzte sich, nachdem ihn Karl mit einer Handbewegung dazu aufgefordert hatte. Sie warteten, bis andere Mönche Weinkrüge und die Schalen mit kleinen Kuchen vor sie hingestellt hatten.

»Inzwischen muss man sagen, dass es Papst Gregor III.

höchstpersönlich ist, der jetzt als Kriegsherr auftritt. Er hat Herzog Trasimund alle Vollmachten über die Bewaffneten des gesamten Herzogtums von Rom gegeben. So gesehen ist der Papst oberster Feldherr im Kampf Roms gegen die Langobarden.«

»Und warum hat er das getan?«, fragte Karl. »Trasimund will doch nur sein Herzogtum Spoleto wiedergewinnen.«

»Genau das soll er auch«, antwortete Abt Grimo. »Aber als Gegenleistung soll er für den Papst die vier verlorenen Städte von den Langobarden zurückerobern. Die beiden aufständischen und nach Rom geflohenen Herzöge Trasimund und Godeschalk haben geschworen, dass sie alle Anführer der Langobarden töten werden, wenn das Heer der Römer unter ihrem Befehl siegreich ist.«

»Das sieht mir nicht mehr nach reiner Gegenwehr von Bedrängten aus«, meinte Karl nachdenklich.

»Genau das wollten wir dir auch berichten«, sagte Sigbert, der Einsiedler von Sankt Denis. »Wir können nicht beurteilen, wer angefangen hat und auf welcher Seite die Gerechteren zu finden sind. Aber du als Majordomus aller Franken solltest sehr gut überlegen, ehe du dich für die Langobarden oder für den Papst entscheidest.«

»Wie gut, dass Bonifatius bereits abgereist ist«, seufzte in diesem Augenblick Chrodegang von Metz. »Wäre er hier, wäre die Partei des Papstes stärker, als uns lieb sein kann.«

»Jetzt zu dem Brief«, sagte der Majordomus. »Du sagst, dass er sehr lang ist?«

»Der längste Brief, den ich jemals gesehen habe«, antwortete der Abt von Corbie. »Aber der Papst schmeichelt dir nicht nur, indem er dich als Unterkönig bezeichnet, sondern überhäuft die Langobarden auch mit schwersten Vorwürfen. Zusätzlich sollen wir dir die Leiden dieses Papstes ausführlich berichten. Gregor III. will, dass du noch weitere Sendboten nach Italien schickst, die sich von seiner Not und der großen Gefahr für die gesamte Christenheit überzeugen sollen …«

»Genug, genug«, meinte Karl. »Ich höre ständig nur das gleiche Flehen. Wenn es aber nicht anders geht, dann lies jetzt vor, was Gregor schreiben lässt.«

»Meinst du, genau so, wie es in Latein sehr fein und salbungsvoll geschrieben steht?«

»Kannst du es übersetzen?«, fragte Karl.

»Ja«, antwortete Grimo sofort. »Dennoch werden die Worte dieses Papstes auch in unserer Sprache nicht viel leichter verständlich. Er spricht genauso, wie er predigt. Und das ist völlig anders, als wir sprechen.«

»Genug der Vorreden«, befahl Karl. »Lies vor!«

»Wegen des allzu heftigen Schmerzes unserer Herzen und unserer Tränen haben wir es für nötig befunden, wiederholt an Deine Exzellenz zu schreiben«, las Abt Grimo von Corbie.

»Steht das wirklich so da?«, unterbrach Karl.

»Du kannst es überprüfen lassen«, antwortete der Abt. »Ich lese Wort für Wort und Satz für Satz den Brief des Papstes an dich.«

»Nun gut, dann weiter«, sagte Karl. »Aber sieh zu, dass du bis zum Nachtmahl fertig wirst.«

Die anderen um sie herum grinsten verhalten. Abt Grimo holte tief Luft. Dann las er an der Stelle weiter, an der Karl ihn unterbrochen hatte: *»… an Deine Exzellenz zu schreiben, darauf vertrauend, dass Du ein liebender Sohn des Apostelfürsten Petri und unserer selbst seist und dass Du aus Ehrfurcht vor unseren Bitten und Aufträgen gehorchen werdest zur Verteidigung der Kirche Gottes und des ihm eigenen Volkes.«*

»Was schreibt der da?«, unterbrach Karl unwillig. »Wie kommt er darauf, dass ich ihm gehorchen soll?«

»Ich lese nur, was hier steht«, antwortete Grimo. Karl schüttelte den Kopf. Dann nickte er ihm dennoch zu und ließ ihn weiterlesen.

»Denn wir können diese Unterdrückung durch das Langobardenvolk nicht mehr länger ertragen. Alle frommen Geschenke zum Grabe des Apostels, auch die von Euren Vorfahren und die von Euch selbst gestifteten, haben sie geraubt und weggeschleppt. Und weil wir zu Dir unsere Zuflucht genommen haben, gerade deshalb beladen uns die Langobarden mit noch mehr Schimpf und unterdrücken uns. «

»Ein großes Schlitzohr, dieser Papst!«, schnaubte Karl halb verärgert und halb amüsiert. »Er will mich zornig machen, indem er behauptet, dass die Langobarden sogar unsere Geschenke an die Kirche weggenommen haben.«

»Das ist aber nicht der Grund des Krieges«, stellte Bischof Milo sachlich fest. Grimo nickte.

»Das bestreitet ja auch König Luitprand«, sagte er. »Der eigentliche Kriegsgrund war die Weigerung des Papstes, ihm die Rebellen und die verräterischen Herzöge auszuliefern.«

»Aber es geht noch weiter«, meinte Abt Grimo. Karl schüttelte erneut den Kopf, ließ ihn aber dennoch weiterlesen.

»Deshalb ist die Kirche des heiligen Petrus entblößt und in sehr großes Elend gestürzt«, las Grimo. *»Aber im Genaueren haben wir all unsere Schmerzen dem Träger dieses Briefes in den Mund gelegt, Deinem Getreuen, der es Dir zu Ohren bringen wird. Dir aber, o Sohn, soll es hier und im künftigen Leben durch Gott und Sankt Petrus so ergehen, wie Du es verdient haben wirst, wenn Du Dich für seine Kirche und unsere Verteidigung entscheidest und mit Deiner Entschiedenheit kämpfen wirst …«*

»Das ist ja nicht mehr zu ertragen!«, schnaubte Karl. »Hör auf, Grimo, es reicht!«

»… auf dass alle Völker Deine Treue, Reinheit und Liebe erkennen mögen«, fuhr der Abt von Corbie dennoch fort, *»welche Du für den Apostelfürsten, für uns und das uns eigene Volk der Römer hegst. So und in eiserner Verteidigung von Rom wirst Du Dir ein unvergessliches und ewiges Leben erwerben.«*

»Schluss!«, donnerte Karl.

»Unfassbar!«, stieß auch der Bischof von Reims hervor. Selbst die Mönche von Sankt Denis schämten sich für die Übertreibungen des Bischofs vom Rom.

»Ihr habt Gregor gesprochen und gesehen«, sagte Karl zu seinen Gesandten. »Was sagt ihr selbst dazu?«

»Ich habe nie zuvor etwas derartig Unaufrichtiges gehört oder gelesen!«, rief Sigbert entsetzt.

Karl blieb noch zwei weitere Wochen in Sankt Denis. In diesen Tagen sahen ihn der Abt und die Mönche des Klosters großzügig und dankbar. Er bedachte sie mit wertvollen Geschenken und begründete diese damit, dass sie nicht nur seinen Söhnen sehr viel Wissen und eine gute Erziehung mitgegeben, sondern sich von Anfang an auch ihm gegenüber offen und zuverlässig gezeigt hätten.

Wie zufällig ging er mehrmals mit Sigbert in die Kirche zu den Sarkophagen und Grabstätten vergangener Merowingerkönige. Es blieb den Kirchenmännern nicht verborgen, dass er mehrmals an einem Platz auf der linken Seite des Kirchenraumes stehen blieb und sich von dort aus wieder und wieder nach allen Seiten umsah. Sofern die Sonne schien, ging er auch zu verschiedenen Tageszeiten in die Kirche. Und jedes Mal betrachtete er ganz genau das wechselnde Spiel der Farben aus den bunten Kirchenfenstern auf dem Steinfußboden. Niemand von ihnen sprach darüber, doch alle ahnten bereits, was Karl daran so faszinierte …

Erst nach Sankt Martin verlagerte der Majordomus seinen Aufenthalt in das kleine Hofgut Quierzy. Es hatte ihm bereits gefallen, als er noch mit den Neustriern und ihrem Majordomus Raganfrid um die Macht in der Francia kämpfte. Die flachen Berge rechts und links der Oise erinnerten an Heristal und Jupille, nur dass hier, nordwestlich von Paris, der Uferstreifen schmaler und das Buschwerk lichter war als an der Maas. Wenige

Tage nach dem kleinen Fest zu Ehren des heiligen Martin trafen Mönche aus Echternach in Quierzy ein. Karl ließ sie sofort vor.

»Voll Trauer in unseren Herzen müssen wir dir Kunde davon bringen, dass unser verehrter Abt Willibrord, der auch Bischof von Utrecht war, in der Nacht von sechsten zum siebten November im gottgefälligen Alter von einundachtzig Jahren verstorben ist. Sein letzter Wunsch war, dass er nicht dort begraben wird, wo er als Apostel der Friesen wirkte, sondern in der Kirche, die er in Echternach an der Sauer selbst gebaut hat.«

Karl überlegte lange, ob er nicht zur Beerdigung des Mannes reiten sollte, dem er viel mehr verdankte als jeder andere Edle der Franken. Doch dann trat Hiltrud auf ihn zu und überredete ihn, sich zu schonen.

Sie feierten das Weihnachtsfest am 25. Dezember und damit den ersten Tag des Jahres 740 im Kreis der Familie und der Vertrauten. Karlmann und Pippin waren zurückgekehrt, ebenso Hiltrud und Karls andere Söhne. Sogar Swanahild hatte ihren Pariser Aufenthalt beendet und versuchte inzwischen, Frieden mit Karl zu schließen. Karl bewunderte, wie groß Grifo geworden war, der in diesem Jahr vierzehn Jahre alt wurde und damit in den Kreis der Erwachsenen aufgenommen werden sollte. Karl wusste nicht, warum er sich gerade jetzt, mitten im Winter, an die Prüfung erinnerte, die er vor vielen Jahren auf dem Ziegenberg in den Ardennen bei Lüttich für wichtig gehalten hatte. So sehr er Grifo in den ersten Jahren nach seiner Geburt geliebt und gehätschelt hatte, so klar war ihm auch, dass dieser junge Mann nicht zu den Erben des fränkischen Königreiches gehören konnte.

Karl hatte gerade in den vergangenen Wochen sehr oft und lange darüber nachgedacht, ob er schon jetzt festlegen durfte, dass Karlmann und Pippin seine Nachfolger werden sollten. Nur zu gut erinnerte er sich an die katastrophale Lage im Königreich der Franken, als sein eigener Vater gestorben war und keine Söhne aus seiner ersten Ehe mehr lebten. In diesen Tagen und Abenden, die seit einiger Zeit wegen der verschiedenen Kalendereinteilungen die »Tage zwischen den Jahren« genannt wurden, sprach er mehrmals mit seinen Söhnen über diese Fragen.

Auch in den ersten Wochen des neuen Jahres, die nach alter Tradition am Hof der Könige und des Majordomus der Beurteilung des vergangenen Jahres und der Vorbereitung des nächsten Märzfeldes dienten, beriet sich Karl mit seinen Paladinen und Vasallen, die nach und nach aus ihren heimatlichen Grafschaften zurückkehrten. Unter den Vertrauten erreichte auch eine erneute Gesandtschaft des Papstes in Rom die Pfalz von Quierzy.

Karl hatte keine Lust, sich erneut die Klagen des Papstes anzuhören. Und nur, weil ihn alle anderen dazu drängten, erwies er den Abgesandten die nötige Ehre und bot ihnen seine Gastfreundschaft an. Trotzdem mussten sie drei Tage warten, bis sie zunächst von Chrodegang gehört wurden. Der Vorsteher der Kanzlei berichtete anschließend, was in den vergangenen Wochen in Italien geschehen war.

»Gegen Ende des Jahres ist Herzog Trasimund von Rom aus tatsächlich mit einem voll ausgerüsteten Heer der Römer nach Spoleto gezogen. Er hat seine ehemalige Hauptstadt zurückerobert und eigenhändig Herzog Hildeprant getötet, den König Luitprand an seiner Stelle eingesetzt hatte.«

»Hildeprant?«, fragte Karl und hob die Brauen.

»Nein, keine Sorge«, lachte Chrodegang. »Kein Merowinger und auch nicht verwandt mit dir.«

Karl brummte nur und trank einen kleinen Schluck warmen Honigwein.

»Wie hat König Luitprand darauf reagiert?«

»Wie zu erwarten«, antwortete Chrodegang. »Er hat getobt und geschäumt und sofort zu einem neuen Feldzug gegen die Verschwörer, gegen Rom und gleich auch noch gegen die Byzantiner gerüstet. Der Papst weiß, dass er sich jetzt nach der Decke strecken muss. Er hat sogar die Bischöfe der Langobarden beschworen, sie sollten ihren König von einem so gottlosen Vorhaben abhalten. Und der Brief, den er dir jetzt geschrieben hat, strotzt nur so von Unverschämtheiten und frechen Forderungen.«

»Muss ich mir das antun?«, fragte Karl. Chrodegang hob die Schultern.

»Auch wenn es dir nicht gefallen wird«, sagte er dann, »als Majordomus der Franken kannst du den Brief eines Papstes nicht einfach ungelesen lassen.«

»Also gut«, sagte Karl zustimmend. »Sie sollen kommen.«

Chrodegang teilte den Gesandten des Papstes mit, dass Karl jetzt Zeit für sie hätte. Kurz darauf begannen im großen Raum der Pfalz die üblichen Grußworte und Beteuerungen. Mindestens dreißig Männer hatten sich in dem viel zu engen Raum versammelt. Sie alle wollten miterleben, wie der Erste unter den Edlen im Frankenreich die Bitten und Forderungen des Papstes behandelte.

»Fangt an und lest vor«, sagte Karl schließlich. Er lehnte sich zurück und wirkte plötzlich sehr aufmerksam und gefasst.

»Tag und Nacht weinen wir«, begann der Anführer der päpstlichen Gesandtschaft. *»Wir sehen, wie täglich und überall die Kirche im Stich gelassen wird von ihren Söhnen, von denen sie die Rache erwarten durfte. Das Geringe, was im Vorjahr übrig geblieben ist, war für die Unterstützung und Nahrung der Armen Christi gedacht. Doch auch dies wird mit Feuer und Schwert von den Königen der Langobarden vernichtet. Sie haben das übrig gebliebene Vieh davongetrieben und die Gehöfte zerstört, von denen die Diener des heiligen Petrus in Rom mit Nahrung versorgt wurden.«*

»Also nichts Neues«, sagte Karl. Er blickte die Abgesandten des Papstes sehr lange und nachdenklich an.

»Und selbst wenn ihr mich zum Patrizius der Römer erhebt –

ich kann und will auf keinen Fall für den Papst gegen die Langobarden kämpfen.«

Bis zum Märzfeld beherrschte das Thema »Der Papst und die Langobarden« fast alle Gespräche in der Pfalz von Quierzy.

Jeder, der ankam, musste seine Angelegenheiten, Fragen und Beschwerden oder auch Klagen und Streitigkeiten zurückstellen. Grafen und Herzöge, Gutsbesitzer und freie Bauern aus allen Gauen hockten überall tagelang zusammen und sprachen selbst an den Lagerfeuern nur noch über den Kaiser von Byzanz, den König der Langobarden, rebellische Herzöge in Italien und über den Papst und die Römer.

Vergessen die Aquitanier, die aufständischen Burgunden und die schrecklichen Sturmritte der Muselmanen auf ihren schnellen Pferden. Männer, die bereits in Friesland und gegen die Sachsen, in Baiern und gegen die Alamannen gekämpft hatten, fragten sich, wie die Römer wohl kämpfen würden, ob sie noch immer so aussahen wie auf den steinernen Reliefs in den zerfallenen Städten, ob sie noch Senatoren in langen Togen hatten und ob sie Gefangene nach einem Kriegszug noch immer gegen Gladiatoren und wilde Tiere kämpfen ließen. Jeder wusste irgendetwas zu berichten. Und in der Phantasie der Männer schien das Imperium Romanum aus dem Dunkel der Vergangenheit neu zu entstehen.

Karl selbst sah sich schließlich gezwungen, ein Machtwort zu sprechen. Er ließ die Großen und Edlen des Reiches zusammenrufen und versammelte sie am Ufer der Oise. Weit mehr als hundert Berittene kamen zusammen, als er auf einem neuen, in der Grafschaft Perche gezüchteten Pferd zu ihnen kam. Es war das erste Ergebnis der langen Zuchtversuche, mit dem nicht nur Karl, sondern auch alle anderen zufrieden sein konnten – eine sehr starke und doch elegante schwarze Stute mit langer, buschiger Mähne und einem glänzenden Schweif, der viel länger war als bei den Kaltblütern des Nordens. Das kräftige Tier hatte einen etwas zu groß geratenen Kopf, aber es stand bei aller Kraft so anmutig, dass es alle, die es jetzt sahen, bewunderten.

»Ich grüße euch alle, ihr Herren!«, rief Karl seinen Edlen zu. »Wie ihr wisst, habe ich euch die Gelegenheit gegeben, all das zu vernehmen, was sich inzwischen ereignet hat. Aber ich merke, dass viele wilde und ausgeschmückte Geschichten die Runde machen. Deswegen hört mich an, damit ihr wisst, worüber ihr mit mir gemeinsam entscheiden sollt.«

Er ritt ein Stück vor den Reihen der Männer auf und ab. Flussaufwärts hinter den letzten Häusern der Pfalz hatten sich dicht an dicht die Panzerreiter versammelt. Flussabwärts standen freie Bauern, die sich zwanglos einem der Grafen oder großen Gutsbesitzer angeschlossen hatten. Die Fußkrieger und das Gefolge der Edlen wollten ebenfalls sehen, was sich rund um den Majordomus ereignete. Sie konnten nur wenig von dem verstehen, was er sagte. Aber sie beugten sich allesamt weit vor, um wenigstens etwas von Karls Ansprache zu hören.

Seine Söhne sowie die wichtigsten seiner Grafen saßen hinter ihm auf ihren Pferden. Sie wussten, was er den Edlen sagen wollte, aber sie kannten die Entscheidung am Ende dieser Versammlung nicht. Karl wollte nicht mehr und nicht weniger als eine Antwort auf die Frage, ob er den König der Langobarden voll und ganz unterstützen sollte oder ob sich die Franken auf die Seite des Papstes und der Römer stellten.

»Ich werde euch fragen, was ich tun soll und was ihr mir ratet. Aber hört zunächst, wie die tatsächliche Lage ist. Dazu müsst ihr wissen, dass der Papst und die Römer noch immer Untertanen des griechischen Kaisers in Konstantinopel sind. Byzanz ist Ostrom, und die Langobarden sind zwar ein freies Königreich, doch Kaiser Leo in Konstantinopel kann und will dem Papst und den Römern nicht beistehen. Er hat selbst genug mit den Muselmanen zu tun. Außerdem liegt er im Streit mit dem Papst über die Frage, ob Heiligenbilder angebetet werden dürfen oder nicht.«

Die Männer begannen untereinander zu tuscheln, doch Karl hob die Hand und gebot Ruhe.

»Jetzt aber ist der Streit zwischen den Langobarden und dem Papst in Rom so heftig geworden, dass aus der Fehde ein Krieg entstanden ist. In dieser Situation hat mich der Papst mehrfach und schriftlich um Hilfe und Unterstützung gebeten. Aber er geht noch weiter, viel weiter sogar, ihr Herren! Der Papst ist bereit, das Herzogtum aus den achtzehn Exarchaten des byzantinischen Kaisers herauszubrechen und mir ganz persönlich als dem Majordomus des Frankenreichs zu unterstellen. Damit ihr ganz genau versteht, was das heißt, sage ich es noch einmal: Der Papst und die Römer bieten mir die gleichen Rechte an, die der Kaiser von Ostrom oder Byzanz bisher in Italien hatte.«

Für einen Augenblick herrschte ungläubiges Schweigen am Ufer des kleinen Flusses, doch dann brach ein riesiger Jubel unter den Edlen des Reiches aus. Die Männer auf der anderen Seite der Oise hatten nicht verstanden, worum es ging, aber auch sie fielen mit lautem Geschrei in den Jubel und die Hochrufe auf Majordomus Karl ein. Nie zuvor harte Karl so viel Freude und Genugtuung in den Gesichtern der Männer bei einem Märzfeld gesehen …

Gleichzeitig erkannte er, welchen Fehler er gemacht hatte. Er hätte zuerst die Bedingungen und dann die Gegenleistungen im Angebot des Papstes nennen sollen. So aber würde er viele Tage, wenn nicht sogar Wochen brauchen, bis auch der Letzte verstand, wie die Kehrseite dieses verlockenden Angebots aussah. Bisher hatten die Männer nur den leuchtenden Apfel für den Sündenfall gesehen, nicht aber die Schlange im Vatikan, die nur darauf wartete, dass sich die Franken blenden ließen, um gegen den König in Pavia und den Kaiser in Konstantinopel zu kämpfen.

Karl wusste nur zu gut, dass er, obwohl er immer noch ohne König regierte, so große Dinge nicht allein entscheiden konnte. Er hatte bewiesen, dass er mit ganzem Herzen zur Verteidigung des christlichen Glaubens bereit war. Groß war auch die Verlockung, ein neuer Caesar und Imperator und zugleich Herr über das Königreich der Franken und Rom zu werden. Aber das alles war nichts anderes als die klingenden Schellen und tönernen Füße, vor denen bereits die Evangelisten im Neuen Testament gesprochen hatten.

»Bevor ihr entscheidet …«, rief er deshalb, als wieder einigermaßen Ruhe eingekehrt war, »bevor ihr entscheidet, ihr Herren, denkt auch daran, dass Herzog Hunold noch immer den Abt von Sankt Germain gefangen hält. Denkt daran, dass die Provence jederzeit wieder abtrünnig werden kann. Und denkt daran, wie leicht die mühsam errungene Ordnung hier im Norden des Königreichs wieder brüchig werden kann, wenn unsere Heere bis nach Italien oder noch weiter nach Osten ziehen. Bei allem Jubel, den ich hier hörte, müsst ihr bedenken, was unsere eigenen Bischöfe sagen, wenn wir uns wie Bonifatius oder der leider verstorbene Willibrord allzu eng mit einem Papst verbünden, der nicht aufrichtiger ist als diejenigen, über die er wieder und wieder Klage führt.«

40.

Das letzte Licht

Nach vielen schwierigen Gesprächen in kleinen Gruppen löste sich die Versammlung der Franken nach und nach auf. Aber nicht nur Paladine und Vasallen und die Männer aus der Kanzlei des Majordomus hatten ihren Anteil daran, dass dem anfänglichen Jubel Ernüchterung und Einsicht folgte. Auch die Bischöfe und viele Äbte, Beichtväter und sogar verschiedene Fernhändler, die sonst nichts mit den Entscheidungen am Hof des Majordomus zu tun hatten, bemühten sich um die Begrenzung der ersten fehlgeleiteten Begeisterung.

Überall wurde bestätigt, dass der Majordomus nach wie vor den Ehrentitel »Patrizius der Römer« behalten konnte. Allen Getauften konnte Karl versichern, dass er auch weiterhin Schirmherr und Bewahrer der Kirche war. Als dann im August unvermittelt Herzog Odilo von Baiern in Quierzy auftauchte, konnte Karl beweisen, dass er es auch damit immer noch sehr ernst meinte.

Odilo, Swanahilds Verwandter, sah nicht besonders glücklich aus, als er in Quierzy einritt. Er kam mit einem lächerlich kleinen, ärmlichen Gefolge von knapp dreißig Mann zu Pferd und einem Tross, der nicht einmal den Namen wert war.

»Was ist passiert?«, fragte Karl, der, wie häufig in diesem

Sommer, im Schatten alter Bäume am Flussufer saß und dabei so selten wie möglich gestört werden wollte. Nach außen hin hatte er die lange Zeit seiner Krankheit überwunden. Aber er brauchte länger, um sich zu entscheiden. Er lachte kaum noch und fand keinen Gefallen mehr an Schmausereien oder Trinkgelagen. Für manche innerhalb der Pfalz sah es schon fast so aus, als würde er sich auf das Dasein eines Eremiten irgendwo in einer Klosterzelle vorbereiten.

Die Einzigen, die jederzeit noch Zutritt zu ihm hatten, waren Sigbert von Sankt Denis, Chrodegang von Metz und seine Tochter Hiltrud. Sie sahen, dass der Majordomus verschlossener geworden war. Manchmal vermuteten sie, dass er vielleicht doch dem ausgeschlagenen Angebot von Papst Gregor III. nachtrauerte. Aber die Boten mit dem klaren Nein des Majordomus waren längst wieder zurückgekehrt. Nur ein paar Eingeweihte kannten den gesamten Wortlaut der Botschaft, auf die der Papst endlich nichts mehr erwidert hatte …

»Und du kommst also zum Äpfelpflücken hierher«, sagte der Majordomus sarkastisch zu dem sanften Adligen, der nicht einmal ein Jahr lang als Herzog der Baiern durchgehalten hatte. Schon als er angeritten kam, wusste Karl, dass Odilo vertrieben worden war.

»Ich brauche keine Einzelheiten«, wehrte er sofort ab, noch ehe Odilo irgendetwas sagen konnte. »Aber du kannst bis zum nächsten Märzfeld hier bleiben, damit du lernst, wie sich ein Herzog in Friedenszeiten zu verhalten hat. Es war ein Fehler von mir, dass ich dich ohne jede Ausbildung bei uns den Edlen Baierns zum schnellen Fraß vorgeworfen habe.«

Odilo errötete. Dann stieg er ab und übergab sein Pferd den Bediensteten. Er ging auf Hiltrud zu und verneigte sich kurz und höflich vor ihr.

»Auch das wird dir nichts nützen«, brummte Karl. Seit er sie in der Kirche von Sankt Denis hinter dem Altar gesehen hatte, ahnte er, dass es nur eine Frage der Zeit war, bis Hiltrud oder Odilo vor ihn treten würden.

Doch das geschah weder in den nächsten Wochen, noch in den Monaten bis Weihnachten. In der Zwischenzeit sorgte Karl dafür, dass Pippin Odilo bei der Einrichtung eines neuen Herzogsklosters in Niederalteich unterstützte.

»Wenn er zurückgeht, braucht er im Erzbistum von Bonifatius ein Eigenkloster mit Mönchen, auf die er sich verlassen kann. Sie müssen Alamannen sein und frei von jedem Bischofseinfluss.«

»Dann kommen nur die Mönche von der Reichenau in Frage«, sagte Pippin. »Viele von ihnen kommen aus angesehenen alamannischen und bairischen Familien.«

Karl nickte und ließ Pippin freie Hand. »Besprecht das alles untereinander. Und sag ihm, dass ich ihm die Mittel gebe, damit er dieses Kloster nach seiner Rückkehr gründen kann.«

Irgendwie musste Odilo Karls Zusage doch weitgehender gedeutet haben. Denn als das neue Jahr begann, erkannte jedermann, dass Hiltrud schwanger war. Als Karl durch Chrodegang von Metz die Bestätigung dafür erhielt, dass Odilo der Vater war, ließ er die beiden zu sich kommen.

»Du hättest mich ganz einfach bitten können, dass ich dich ihm zum Weib gebe«, sagte er zu Hiltrud, ohne Odilo auch nur eines Blickes zu würdigen. »Nur ein ganz kleines Wort, meine Tochter. Es hätte dir und mir großen Kummer und sehr viel üble Nachrede erspart.«

Odilo trat mutig einen Schritt nach vorn.

»Ich bin bereit, für alle Folgen …«

»Du bist bereit für gar nichts«, unterbrach ihn Karl. »Du bist vor deinen eigenen Großen im Herzogtum der Baiern weggelaufen und hast dabei weniger Mut bewiesen als jeder kleine Mönch von Bonifatius. Ich weiß nicht, was dich bis hierher getrieben hat. Ich weiß auch nicht, warum du nicht einmal den

Erzbischof, Gregor oder diesen bairischen Abt Sturmi aufgesucht hast. Du bist hierher gekommen wie ein schlechter Jagdhund, der schon beim ersten Schnauben eines Keilers winselnd zu seinem Herrn zurückrennt. Und dann verführst du auch noch meine Tochter!«

»Er hat mich nicht …«

»Du schweigst!«, sagte Karl hart. »Aber du musst ihn nehmen. Auch wenn er sich in meinen Augen wie der Geringste unter den Vasallen aufgeführt hat.« Er wandte sich erneut an Odilo: »Du wirst jetzt Tag für Tag durch Chrodegang von Metz so ausgebildet, wie ich es befehle. Gleich nach dem Märzfeld gehst du zurück nach Baiern. Hiltrud bleibt hier, und auch dein Kind wird hier geboren.«

»Willst du tatsächlich, dass wir ungetraut …«

»Ihr heiratet beim Märzfeld«, bestimmte Karl. »Wir werden sagen, dass wir absichtlich gewartet haben, damit möglichst viele Große und Edle aus allen Teilen unseres Königreiches gemeinsam mit euch feiern können.«

Karl sprach den ganzen Winter über mit den verschiedenen Großen und Edlen des Reiches. Ganz so, als wolle er sich nicht mehr über Papst und Langobarden, Aquitanier oder Baiern ärgern, beschäftigte ihn immer mehr die Frage seiner Nachfolge. Er wusste sehr gut, dass er nicht mehr stark genug für weitere Kämpfe und Auseinandersetzungen war, aber er wollte nicht so enden wie sein Vater oder gar sein Vorfahr Grimoald.

Sein zweites Eheweib hatte sich jahrelang zurückgehalten. Sie war geschickt genug gewesen, ihre heimlichen und verbotenen Verbindungen niemals öffentlich zu machen. Spät, viel zu spät hatte auch Karl die Augen nicht mehr vor dem verschlossen, was andere über Swanahild munkelten.

Es wurde viel geredet und verdächtigt, gelogen und vermutet. Schon deshalb hatte Karl sich niemals auf gehässige Gerüchte verlassen. Doch wenn er ehrlich vor sich selbst war, musste er zugeben, dass er stets von Swanahilds immer noch bestehenden Beziehungen nach Regensburg und Freising, zu Kirchenmännern Baierns und zu der alamannischen Linie der Agilolfinger geahnt hatte. Aber er hatte es einfach nicht wissen wollen oder vielleicht sogar gebilligt, dass sie sich in den Wochen, in denen er auf Heerzügen unterwegs war, auf ihre Art mit den Menschen beschäftigte, die sie seit vielen Jahren kannte. Doch jetzt, als er sah, dass er sich niemals mehr so stark und mächtig fühlen würde wie vor der heimtückischen Krankheit, ließen auch andere immer häufiger Kritik an Swanahild hören. Sie war nicht laut und führte nicht zu offen ausgesprochenen Vorwürfen. Aber Karl hatte inzwischen ein feines Ohr für Bemerkungen entwickelt, die versteckt gegen ihn, seine Söhne, seine Tochter Hiltrud oder Swanahild gerichtet waren.

Er war von Anfang an darauf vorbereitet, dass ihn selbst wegen des Fehltritts seiner Tochter Vorwürfe trafen. Er wusste nur zu gut, dass gerade diejenigen, die selbst nicht besser waren, sich das Maul zerreißen würden, wenn es um die Tochter des Majordomus ging. Selbst Bischöfe und Äbte, die ohne große Scheu zu ihren Nachtgefährtinnen gingen, empörten sich bereits in ihren Sonntagspredigten über das unkeusche und lasterhafte Leben in den Königspfalzen und auf den Gutshöfen des Landes.

Karl war erbost und enttäuscht darüber, was ihm jetzt alles angelastet wurde. Im Gegensatz zu den Jahrhunderten der Merowinger war sein eigener Hofstaat in all den Jahren eher streng, gesittet und ganz und gar nicht ausschweifend gewesen. Nicht dass sie keine Freude an Gelagen oder Saufereien gehabt hätten! Daran hatte es selbst in den Jahren der Unwetter und Seuchen nicht gemangelt. Aber die Arbeit am Zusammenschmieden eines bereits auseinander brechenden Reiches hatte von Karl und seinen engsten Gefährten Jahr um Jahr ganze Kraft gefordert.

Karl wusste längst, dass er das Alter seines Vaters oder gar eines Willibrord niemals erreichen würde. Aber noch zögerte er und wollte nicht bekannt geben, wie das Frankenreich nach seinem Tod in seinem Sinne verwaltet werden sollte. Er war sich noch nicht sicher, wie die Franken sich zu seinen Nachkommen verhalten würden, wenn er eines Tages nicht mehr war. Er wusste nicht, ob sie sich wieder einen König wählen würden, ob einer seiner Söhne stark genug für das hohe Amt des Majordomus war oder ob er vorsorglich das Reich auf sie aufteilen sollte. Es wäre alles wesentlich einfacher für ihn gewesen, wenn nicht sein Vater an genau derselben Frage nach seiner großen Amtszeit schließlich doch gescheitert wäre.

»Und was passiert, wenn meine Erstgeborenen noch vor mir sterben?«, fragte er immer wieder, als Rotbert, Folker und auch andere Bewährte in den Tagen vor dem Märzfeld eintrafen.

»Es ist verständlich, dass du jetzt noch nichts entscheiden willst«, sagte Rotbert drei Tage vor dem offiziellen Beginn der großen Heerschau. »Aber es wird auf jeden Fall noch sehr viel schlechter für uns alle, wenn diese Fragen erst am Grab eines Herrschers aufkommen …«

»Was redet ihr eigentlich von Gräbern?«, fragte Herzog Hildebrand, als er mit Verspätung am letzten Tag im Februar in Quierzy eintraf. »Ich denke, dass wir hier eine Hochzeit feiern wollen. Extra zu diesem Zweck habe ich mit meinem Sohn Nebelung eine ganz neue Herkunftsgeschichte unserer Familie ausgearbeitet.«

»Mit dir selbst als Odysseus und deinem Sohn als tapferem Achill?«, fragte Karl spöttisch. Obwohl ihm überhaupt nicht danach zumute war, belustigte ihn Hildebrands Begeisterung. »Wie ich dich kenne, kannst du inzwischen nachweisen, dass wir im Grunde Nachkommen der Trojaner sind.«

»Wolltest du das denn nicht?«, fragte Hildebrand erstaunt.

»Ich kann nicht einmal mehr darüber lachen«, sagte Karl und zuckte mit den Schultern.

»Dann steht es wirklich schlimm um dich«, seufzte sein Halbbruder theatralisch. Er merkte nicht einmal, dass die anderen um sie herum plötzlich schweigsam wurden.

Obwohl die Braut nicht tanzte, wurde es die größte und schönste Hochzeit, die seit Jahrzehnten im Königreich der Franken gefeiert worden war. Auch wenn der Brautvater die Schlüssel zum Grabe des Apostel Petrus zurückgeschickt hatte, zeigte sich der nämliche Apostel Petrus einsichtig und ließ ein Wetter aufziehen, wie es die Franken um diese Jahreszeit so schön noch nie nördlich von Paris und Reims, Compiegne und Soissons erlebt hatten.

Herzöge und Grafen, Landadlige, Bischöfe und Äbte vergaßen, was sie irgendwann abfällig über die wunderschöne hochschwangere Braut gesagt hatten. Hiltrud trug ein griechisch anmutendes langes Kleid aus weißer Seide mit einer goldenen Kordel zwischen der Brust und dem schon stolz gewölbten Leib. Sowohl die Bändchen an den Ärmeln und am Kragen, als auch der Ausschnitt waren mit breiten goldenen Stickereien eingefasst. In winzigen zierlichen Stichen hatten die Weiber in den Spinnstuben der Pfalz außerdem feine Ornamente in die Seide gestickt, wie sie in gleicher Art von den Merowingerköniginnen stets geschätzt worden waren. Die Braut trug ein Diadem aus dem Königsschatz, dazu Perlenketten und einen himmelblauen Umhang, der an den Schultern mit Fibeln aus schierem Gold in Form von Bienen gerafft und festgehalten wurde. Hiltruds weizenblondes Haar fiel in Kringellocken bis auf ihre Schultern. Nur über den Ohren war es zu einem Kranz geflochten.

Neben ihr und dem Majordomus selbst, der ebenfalls Schmuck aus dem Königsschatz und sein langobardisches Wehrgehänge angelegt hatte, saß Herzog Odilo von Baiern. Der sanfte Alamanne wirkte wesentlich reifer als noch vor einigen Wochen. Sein Blick war offen, und er mühte sich, sein kostbares, aus einem Römergrab stammendes Glas jedes Mal anzuheben, wenn wieder einmal ein Trinkspruch auf den Majordomus, die schöne Braut und den herzöglichen Bräutigam ausgebracht wurde.

Zum zweiten Mal innerhalb weniger Jahre verband sich der oberste der Franken mit dem Herzogtum zwischen dem großen Donaubogen nach Norden und den Alpen. Karl hatte einige wichtige und große Adlige der Baiern nach Quierzy eingeladen. Sie saßen in seiner Nähe und unterschieden sich nur dadurch von den Franken, dass die meisten von ihnen knorrigere Gesichter und dazu dunklere Haare hatten.

Die Adligen aus Regensburg und Freising, Passau und Salzburg trugen eine eigenartige Gewandung, in der sich fränkische Hosen mit böhmischen Verzierungen und römische Legionärsmäntel mit keltischen Amuletten mischten. Aber sie hielten von Anfang an viel besser mit als die Alamannen vom Neckar und vom Bodensee, die sich auffällig zurückhaltend und still benahmen. Auch die Burgunder an den vielen langen Tischen feierten nicht ganz so ausgelassen, wie Karl es erwartet hatte.

Herzog Hunold und die Edlen aus der Gegend von Bordeaux und Vasgonien waren nicht erschienen, dafür aber Friesen, Hessen, Thüringer und ohne Ausnahme die Austrier und Neustrier. Kein Herzog und kein Gaugraf, kein Pfalzverwalter und kein mit Land Begüterter zwischen der Rheinmündung und dem Zentralmassiv hatte sich ausgeschlossen. Mehrere tausend Männer und viele, viele Weiber lagerten auf beiden Seiten der Oise bis zu den Hügeln hinauf. Ständig brachten Gesinde und Unfreie Nachschub an Fleisch und Brot, Kuchen, Wein und Obst aus Compiegne und Laon, Sankt Quentin und Soissons. Nie zuvor waren derartige Mengen in so kurzer Zeit vertilgt worden. Selbst wenn sie nichts mehr essen konnten, kauten die Franken dennoch weiterhin kleine Stücke des beliebten Specks.

Karl hatte die gesamte Feier in die Hände von Chrodegang gelegt. Für die Messen und Gebete, den Gesang zwischen den Tänzen und die feierlichen kirchlichen Handlungen waren Bischof Milo von Reims, der Abt von Sankt Denis und ein paar Dutzend weitere Kirchenmänner zuständig.

Vom späten Nachmittag an bis zur Abendmesse tanzten und sangen die Gäste die alten Lieder, die noch aus der Zeit der Germanengötter stammten. Als dann die Priester ihre Liturgien ertönen ließen, schwiegen die Franken. Die meisten konnten kein Latein, aber sie fanden es sehr schön, wenn die Mönche sangen …

Später, als Odilo und Hiltrud nicht mehr mit nach draußen kamen, gingen die Edlen zu den Dingen über, die für die Gaue, für die Pfalzen, die Städte und die Märkte wichtig waren. Karl stimmte zu, dass bei Sankt Denis ein neuer Markt mit Vergünstigungen bei den Abgaben eingerichtet werden sollte. Da auch die Frage seiner Nachfolge längst mit den Großen des Frankenreichs besprochen worden war, musste er jetzt nur noch einige Ämter und Grafschaften neu besetzen. Als er am vierten Tag des Märzfeldes vor den erschöpften und nicht sehr aufmerksamen Adligen verkündete, dass er das Königreich der Merowinger vorsorglich und zur Sicherung des Friedens auf seine Söhne übertragen wollte, widersprach niemand mehr.

»Dann lasse ich jetzt aufschreiben und als mein Testament bestätigen, dass mein erstgeborener Sohn Karlmann alle östlichen, vollkommen germanischen Länder erhalten soll, wenn ich einmal nicht mehr bin. Dazu gehören Austrien, über den Rhein hinweg Thüringen und Alamannien. Das Herzogtum Baiern wird von dieser Regelung zunächst ausgenommen.«

Er trank anstelle von Wein oder Met seit zwei Tagen einen leichten Kräutersud, den ihm die Ärzte empfohlen hatten.

»Mein zweiter Sohn aus meiner ersten Ehe bekommt die Teile unseres Königreiches, die nicht sehr einfach zu regieren sind«, fuhr Karl mit klarer Stimme fort. »Ich will daher, dass Pippin III. die ehemaligen römischen Teile Neustriens, dazu Burgund und das Herzogtum an der Mosel mit Metz und Trier bekommt. Auch hier bleibt eins der Herzogtümer ausgenommen. Erst wenn wir Herzog Hunold von Aquitanien gezüchtigt und gestraft haben, wollen wir darüber noch einmal reden …«

Die Edlen der Versammlung schlugen mit den flachen Händen gegen ihre Wehrgehänge. Der Lärm der Zustimmung war so eindeutig und klar, dass Karl für einen Augenblick erneut die Kraft und Stärke in sich fühlte, mit der er diese Männer jahrzehntelang geführt hatte.

Das Osterfest wurde sehr schön. Dennoch dauerte es noch lange, bis sich die beim Märzfeld zertretenen und verwüsteten Uferwiesen und die wie in Räude gefallenen Büsche an den Berghängen wieder erholt hatten. Auch der Hofstaat des Majordomus war wieder kleiner geworden. In Zeiten ohne langwierige Gerichtsverfahren, Übergriffe an den Grenzen oder Heereszüge wurden weniger Schreiber und Referendare, Notare oder andere Kundige benötigt.

Das Leben in der kleinen Pfalz an der Oise unterschied sich kaum von dem auf vielen anderen Gutshöfen im Norden des Königreiches. Die Menschen gingen ohne Hast ihren Beschäftigungen nach. Sie zupften Unkraut in den Gärten, fegten die Wege, hackten Holz und reparierten Häuser und Stallungen. Wie jeden Morgen begann der Tag in der Pfalz mit dem krächzenden Geschrei kleiner Zwerghähne, die ihre Köpfe mutig in den Tag streckten und so viel Lärm machten, dass schnell alle wach wurden.

Als Nächstes mussten die Kühe auf den Weiden gemolken werden. Dann wurden Pferde, Schweine und Geflügel gefüttert.

Einige der Unfreien gingen mit dem Fischmeister zu den Flussreusen und zum Reinigen der Teiche. Andere zogen mit Brot und Speck und Tonkrügen voll Essigwasser auf die Felder hinter den Uferhügeln. Wie jeden Tag wurde Brot gebacken und in großen Kesseln Fleisch und Gemüsesuppe gekocht. Irgendwo lärmten immer Kinder, und manchmal quiekten die Schweine, ehe eins von ihnen in den Schlachtraum getrieben wurde.

Der Majordomus bewegte sich vollkommen selbstverständlich unter den vielen Menschen, die auf der Pfalz wohnten, lebten und arbeiteten. Zumeist ging er bereits nach dem Frühstück, das aus etwas trockenem Brot, Speck und verdünntem Wein oder auch nur einer Schale halbwarmer Gerstengrütze bestand, zu den Panzerreitern oben am Fluss. Er ließ sich zeigen, wie gut sie ihre Übungen beherrschten, und freute sich, wenn sie auf neuen Pferden aus der Zucht von Perche wendiger und schneller waren als auf den Kaltblütern, die sie bisher geritten hatten.

Hiltruds Niederkunft fand zwanzig Tage nach Ostern statt. Karl sah nicht viel von seinem in Windeln gewickelten Enkel, aber die Ammen versicherten ihm wortreich, dass er gesund, kräftig und ihm wie aus dem Gesicht geschnitten aussah.

Kurz vor Pfingsten ließ Karl Bischof Milo aus Reims kommen.

Da der ehemalige schwarze Abt noch immer Schwierigkeiten mit der Liturgie hatte, ließ Karl zusätzlich den Eremiten von Sankt Denis in die Pfalz holen. Odilo war kurz zuvor aus Baiern angekommen. Auch einige ausgewählte Pfalzgrafen aus der Umgebung von Laon bis Soissons und Compiegne wurden mit ihren Familien eingeladen. So konnte Karls Enkel zu Pfingsten nach seinen Agilolfinger-Ahnen auf den Namen Tassilo III. getauft werden.

»Nicht dass du denkst, dass du dir damit Sonderrechte erworben hast«, sagte der Majordomus beim anschließenden Festmahl zu seinem Schwiegersohn. »Du wirst schon morgen in dein Herzogtum zurückkehren und gemeinsam mit Bonifatius die Vereinbarungen durchsetzen, die in Sankt Denis besprochen wurden.«

Odilo wollte protestieren, aber ein einziger Blick von Karl ließ ihn wieder verstummen.

»Du hast gehört, was ich gerade gesagt habe«, stellte Karl schon fast unversöhnlich fest. »Hiltrud ist meine Tochter und Tassilo mein erster Enkel. Die beiden bleiben hier, solange bei den Baiern noch nicht alles geregelt ist. Aber du kannst beruhigt sein – während deiner Abwesenheit wird Pippin vormundschaftlich die Rechte deines Sohnes wahrnehmen und vertreten.«

Odilo warf einen Hilfe suchenden Blick zu Hiltrud, aber Karls Tochter nickte ihm nur zu. Mit einem zweiten Blick suchte der Agilolfinger nach Swanahild. Aber die tat so, als wolle sie sich nicht einmischen. Erst nach dem Festmahl, als die Männer sich die Füße an Flussufer vertraten, konnte Odilo kurz mit Swanahild sprechen. Karl sah es aus einem gewissen Abstand, aber er tat so, als würde er nichts von der Vertrautheit zwischen den beiden bemerken …

Auch in den folgenden Tagen und Wochen blieb das Leben in der Pfalz ungewöhnlich friedlich. Gelegentlich kamen Händler, die sich über Behinderungen durch Gaugrafen oder Bischöfe in den Städten beschweren wollten. Dann wieder trafen Kundschafter ein, die Karl berichteten, was sie in den Gauen und von den Völkern außerhalb des Königreichs gehört hatten.

Erst im Hochsommer nahmen die Dinge einen etwas anderen Lauf. Es begann mit Hinweisen auf Widerstände in Burgund. Karls Halbbruder Hildebrand schickte mehrere Botschaften über Schwierigkeiten mit gewissen Adligen an der Rhone, die immer noch Anhänger des noch nicht gefassten Aufständischen

Maurontus waren. Es hieß, dass gerade diese Männer die Aufteilung des Reiches auf die beiden ältesten Söhne des Majordomus nicht ohne Widerspruch hinnehmen wollten. Einige sagten auch, dass er kein Recht habe, das Reich der Franken wie ein König aufzuteilen.

»Was ich geeint habe, kann ich auch wieder teilen«, sagte Karl nur. Doch dann, als wieder einmal eine warnende Botschaft aus Burgund kam, rief Karl seinen Zweitgeborenen zu sich. Pippin war nicht sehr begeistert, als er erfuhr, dass er erneut in den Südwesten des Reiches reiten sollte.

»Ich komme gerade aus Laon«, sagte er.

»Ich habe davon gehört«, knurrte Karl unwillig. »Es passt mir nicht, dass du mit diesem Mädchen, dieser Bertrada mit den großen Füßen turtelst! Hast du bereits vergessen, dass sie die Enkelin einer Schwester der Matrone Plektrud ist?«

»Ich mag sie gern«, antwortete Pippin kurz.

»Dann ist es umso dringender, dass du ein wenig Abstand gewinnst!«, sagte Karl unbeeindruckt. »Wir müssen neuen Aufständen vorbeugen. Und da ich selbst nicht mehr gegen Herzöge und Grafen reiten will, musst du in deinem Erbteil Flagge zeigen. Stell dir ein kleines, gutes Heer aus Panzerreitern und jungen Adligen zusammen. Ich selbst werde meinen Halbbruder anweisen, dass er dir von Lyon aus mit einem großen Hofstaat, zuverlässigen Vasallen und zahlreicher Dienerschaft entgegenzieht. Die Burgunder dort sollen deutlich sehen, dass ihr zukünftiger Herzog über mehr verfügen kann als die Rebellen unter ihrem Grafen.«

Der August verging ohne schlechte Nachrichten. Doch dann, gerade als Karl gehört hatte, wie leicht es Pippin gelungen war, ohne einen Schwertstreich sein zugedachtes Erbe zu besetzen, meldete ihm Chrodegang von Metz, dass der Eremit von Sankt Denis in die Pfalz gekommen war und um eine sehr vertrauliche

Unterredung bat. Karl wusste nicht, was Sigbert von ihm wollte. Aber er sagte sofort zu. Noch am selben Tag setzte er sich mit ihm und Chrodegang ein wenig abseits von der Pfalz in den Schatten der Bäume am Flussufer.

Sie sprachen eine Weile über den neuen Markt von Sankt Denis, über den Erfolg von Pippin in Burgund und über das Missionswerk, an dem Bonifatius jetzt zusammen mit Swanahilds Verwandten im Herzogtum der Baiern arbeitete.

Karl kannte den grau und faltig gewordenen Mönch von Sankt Denis viel zu gut, um nicht sofort zu merken, dass das Gespräch nicht zufällig auf Odilo und Swanahild kam.

»Ich nehme an, du willst mir über irgendetwas die Augen öffnen, aber so, dass du dich nicht als Zuträger und Denunziant fühlen müsstest…«

»Wo denkst du hin?«, protestierte Sigbert. »Es steht mir überhaupt nicht zu, über Swanabild und Odilo zu richten. Sie ist dein zweites Eheweib und er dein Schwiegersohn.«

»Und dennoch haben sie etwas mit deinem Besuch zu tun.«

»Nur ganz entfernt«, wehrte Sigbert sofort ab. »Wir sind in Sankt Denis schon längst nicht mehr verärgert über die Art, wie uns der Gaugraf von Paris jahrelang behandelt hat.«

»… nicht mehr verärgert«, wiederholte Karl.

»Nein, überhaupt nicht mehr«, bestätigte der Mönch. Sie schwiegen eine Weile. Dann griff Chrodegang von Metz ein.

»Aber es war doch ziemlich viel, was ihr durch Gaerefrid verloren habt«, sagte er. »Viele Geschenke und Abgaben, die eigentlich dem Kloster zugedacht waren, sollen dem Vernehmen nach überhaupt nicht bei euch angekommen sein.«

Sigbert hob die Schultern und zeigte seine leeren Hände.

»Das ist doch alles längst vergessen«, sagte er scheinbar nachsichtig. »Natürlich hat es uns geschmerzt, wenn wir erfuhren, dass Graf Gaerefrid Händler auspresste und Geschenke für uns abfing.

Aber er brauchte schließlich große Summen, um sich das Schweigen mancher anderer zu kaufen.«

»Ich sehe, dass ihr beide viel vom Papst gelernt habt«, meinte Karl nachdenklich. Er hatte sehr genau zugehört und sofort verstanden, was sie ihm andeuten wollen. »Aber ihr irrt euch, wenn ihr glaubt, dass ich Swanahild und Gaerefrid noch irgendetwas nachtrage. Ich liebe Grifo viel zu sehr, um ihn durch eine Strafe für seine Mutter oder irgendeinen anderen zu verletzen.«

»Ist das der Grund, warum du niemals eingegriffen hast?«

»Manchmal sind Kinder stärker als das beste Bollwerk«, antwortete Karl nur. »Und ihr als Prediger sagt doch ebenfalls, dass alles Tand wäre, hätten wir Liebe und Vergebung nicht.«

Keiner der beiden Männer hatte den Majordomus jemals so reden hören.

»Ich respektiere und bewundere deine großherzige Einstellung«, sagte der Eremit von Sankt Denis nachdenklich. »Aber aus den Verschworenen jener wilden Tage zwischen Swanahild und Gaerefrid ist inzwischen eine sehr große Gefahr entstanden. Lass mich ganz offen sein, Karl. Gaerefrid hat Freunde überall in Neustrien. Und Swanahild spinnt nach wie vor ihre Fäden bis nach Alamannien und ins Herzogtum der Baiern.«

»Selbst wenn ihr beweisen könntet, was ihr hier behauptet, würde mich beides nicht mehr kümmern«, sagte der Majordomus. »Ich habe nicht umsonst meine Herrschaft über das Königreich der Franken beim letzten Märzfeld offiziell auf meine beiden Erstgeborenen übertragen. Ihr wart dabei, als alle Großen zustimmten.«

»Das war vor einem halben Jahr«, beharrte Sigbert auf seiner Meinung. »Inzwischen regt sich überall Protest.«

»Nun gut, dann sagt mir, was die Anhänger von Gaerefrid und die bairische Partei um Swanahild und Odilo verlangen. Was wollen sie? Was soll ich meinen Söhnen Karlmann und Pippin wieder wegnehmen und auf Grifo übertragen?«

Sigbert drehte seinen Kopf ganz langsam von einer Seite zur anderen.

»Das alles hier«, sagte er dann. »Dazu die angrenzenden Gebiete von Aquitanien, Neustrien und Burgund.«

Karl schwieg sehr lange, während ein Lächeln um seine Mundwinkel spielte.

»Das Herz des Königreichs also«, sagte er dann mit einem tiefen Seufzer. Er blickte Chrodegang von Metz an. »Du setzt ein neues Testament auf. Und zwar genau so, wie es Sigbert gesagt hat. Wenn das den Frieden sichert, sollst du die Urkunde ausstellen. Und lass all jene als Zeugen unterzeichnen, die zu den Anführern des Widerstandes zählen.«

Er wandte sich an Sigbert. »Und dir gebührt als Dank für deine mutige, geschickte Warnung ein Ausgleich der Verluste, die ihr durch Gaerefrid und Swanahild bisher erlitten habt. Ich schenke hiermit deinem Kloster Sankt Denis das schöne Gut Clippiacum, auch Clichy genannt, mitten im Parisgau, und zwar mit allem Zubehör und allen Rechten. Und ich will, dass auf der Schenkungsurkunde auch Swanahild und Grifo unterzeichnen. Mit ihrer Unterschrift sollen sie bestätigen, dass dieses heimliche Refugium sowohl für Gaerefrid, als auch für sie verloren ist.«

Die Schenkungsurkunde für das Landgut Clichy mit allem Zubehör, einschließlich der Bewohner und der Weinberge der Umgebung, wurde am 17. September im fünften Jahr nach dem Tod von König Theuderich IV. genau so unterschrieben, wie es Karl angeordnet hatte. Als Strafe bei Zuwiderhandlung wurden zwölf Pfund Gold und zwanzig Pfund Silber festgesetzt.

Beinahe beiläufig erwähnte er vor den schweigend Zürnenden, dass er inzwischen auch einer Neuverteilung des Reiches zustimmte. Es war sein Triumph, mit dem er Grifo und dem Anhang seiner Mutter genau die Gebiete zusprach, von denen sie geglaubt hatten, dass nur Verschwörer von ihnen wussten.

Er entließ sämtliche Edlen, die an dem Vorgang beteiligt waren, mit einer einzigen kurzen Handbewegung.

»Kehrt zurück«, sagte er nur, »und lasst mich in Ruhe.« In den nächsten Tagen blieb er sehr nah bei der Wiege, in der der kleine Tassilo III. juchzend dem Spiel des Herbstlaubs an den Büschen über sich zusah. Es waren Haselnussbüsche, denn im gesamten Hofgut von Quierzy und auch in Verimbrea, Heristal und Jupille gab es nicht einen einzigen Taxusstrauch mehr.

Noch vor der Geburt von Tassilo hatte Karl alle Eibengewächse in diesen Pfalzen ausgraben und verbrennen lassen. Nur ein einziges Mal hatte sein Blick dabei den von Swanahild gestreift. Es lag keine Frage und auch keine Antwort in diesen Blicken. Dennoch kamen in den nächsten Tagen Karlmann und Pippin, Hildebrand und sogar der alte Wusing aus Friesland in die Pfalz von Quierzy. Rotbert ritt heran, Folker musste bereits gefahren werden. Thüringer kamen, Mönche aus Echternach, dann die Bischöfe von Orleans und Rouen, Metz und Verdun.

Als hätte Karls Körper, nach einem Vierteljahrhundert und ungezählten Meilen kreuz und quer durch das Königreich der Franken und darüber hinaus müde geworden, nur darauf gewartet, dass die Vertrauten noch einmal vollzählig versammelt waren, wurde der Majordomus über Nacht von einem heftigen Fieber befallen.

Er blieb bis zum letzten Augenblick wach. Und dann starb er, als die Sonne ihren höchsten Stand erreichte, so geradlinig wie er gelebt, gekämpft und stets gehandelt hatte. Nur einmal noch hatte er kurz gesagt, dass er wenigstens so lange leben wollte, bis er hörte, dass sich die Mönche von Sankt Denis über sein letztes Geschenk gefreut hatten. Doch dieser letzte bescheidene Handel mit dem Tod fand keine Zeugen mehr …

Der Majordomus des fränkischen Königreichs verschied am 15. Oktober des Jahres 741. Als er ging, glaubte er, dass er alles getan hatte, um das durch ihn wieder groß gewordene Reich der Franken in sichere Hände zu legen.

»Er hat den schieren Eigennutz der Adligen und die Tyrannis besiegt, die nach dem Tod seines Vaters überall im Frankenreich die Herrschaft an sich reißen wollten«, sagte der Mann, der schon als schwarzer Abt an seiner Seite gestanden hatte.

»Wir brauchen keine großen Worte mehr an seinem Grab«, sagte auch Sigbert. »Es ist sein Leben, das ihn lobt.«

Karls Leichnam wurde nach einer Woche der Trauer in einem langen, stillen Zug auf einem reich geschmückten, von vier starken Perche-Pferden gezogenen Wagen nach Sankt Denis gebracht. Sie warteten nicht, bis sein Sarkophag fertig war.

»Er hat das bunte Sonnenlicht so gern gemocht, das durch die Kirchenfenster fällt«, sagte der Eremit von Sankt Denis. An einem strahlend schönen Herbstmorgen, dem Namenstag des Schutzpatrons der Franken, wurde der tote Herrscher auf der linken Seite des Chores beigesetzt – als erster Karolinger neben den Ruhestätten der Merowingerkönige.

Epilog

Hätten Karls Erstgeborene die letzten Verfügungen ihres Vaters gehorsam hingenommen, wäre das Reich der Franken gemeinsam mit Karl Martell gestorben.

Unmittelbar nach Karls Beisetzung versammelte Swanahild neustrische Adlige um sich, die sie von ihren Aufenthalten in Clichy kannte. Sie wurden sich sehr schnell einig, denn wenn sie die Gunst der Stunde nutzen wollen, mussten sie schnell und entschieden handeln. Unter beinahe vollständiger Geheimhaltung stellten sie und die aufständischen Adligen ein kleines, starkes Heer gegen die Stiefbrüder Karlmann und Pippin auf. Bereits im folgenden Frühjahr eroberte Grifo mit diesen adligen Rebellen Stadt und Pfalz von Laon. Ob Pfalzgraf Heribert, der Sohn von Bertrada und Neffe von Plektrud, hierbei Tore geöffnet oder sich nur zu zögerlich verteidigt hatte, blieb auch später unbeantwortet. Grifo erklärte beiden Stiefbrüdern zugleich den Krieg.

Ohne zu zögern, verständigten sich die älteren Söhne des verstorbenen Majordomus. Sie belagerten die Stadt auf dem Berghügel nordwestlich von Reims und schlossen sie so unnachgiebig ein, wie sie es in Bourges und Blaye, Narbonne und Avignon gelernt hatten.

Grifo und die verräterischen Adeligen mussten bereits nach wenigen Tagen aufgeben. Karlmann und Pippin III, ritten im

Triumph auf ihren Pferden aus der Grafschaft Perche die engen Gassen bis zur Pfalz hinauf. Unmittelbar vor der Pfalzkirche ergaben sich Grifo und seine Mitverschwörer. Einige hörten Swanahild fluchen, andere beschworen später, dass sie nur auf bairisch gebetet habe.

In diesen Standen sah Pippin III. auch das Mädchen wieder, das ihm schon früher so gefallen hatte. Obwohl sie immer noch sehr große Füße hatte, war sie auf eine herbe Art schöner geworden. Und Pippin, der inzwischen auch schon achtundzwanzig Lenze zählte, erfuhr von Bertrada der Jüngeren, dass er der Vater jenes Kindes war, das sie unter ihrem Herzen trug. Sie sprachen mehrmals darüber, aber dann sagte er ihr, dass er sie auf keinen Fall zum Eheweib nehmen konnte.

»Niemand aus dem Geschlecht der Irminen an der Mosel und an der Prüm würde einer Ehe mit einem Sohn von Karl Martell zustimmen«, erklärte er ihr. »Zu groß ist noch der Hass deiner Großmutter und der anderen Schwestern von Plektrud auf uns.«

Sie sah ein, dass er Recht hatte. Aber sie sagte ihm auch, dass sie ihm nicht im Weg stehen wolle, wenn er sich als Majordomus oder gar als neuer König in allen Grafschaften und Herzogtümern durchsetzen müsse.

Grifo wurde gezwungen, auf alle Erbteile aus dem letzten Testament seines Vaters zu verzichten. Karlmann und Pippin verzichteten auf ein Gerichtsverfahren. Swanahild ging auf Anraten von Milo als Äbtissin ins Nonnenkloster Chelles zwischen Reims und Paris.

Karlmann und Pippin III. übernahmen ihr Erbe und wurden Majordomus in ihren Teilreichen. Hiltrud zog mit ihrem Sohn Tassilo III. nach Baiern, und Bertrada gebar einen Sohn, dessen Namen sie lange Zeit verschwieg. Sicherheitshalber beschlossen beide Brüder, doch wieder einen Merowinger als König einzusetzen. Sie wählten einen Mann aus, der als Childerich II. formal den Frankenthron bestieg.

Sturmi wurde kurz darauf Abt von Fulda, Chrodegang Bischof von Metz und Remigius einige Jahre später Erzbischof von Rouen.

Nur Gregor wurde nicht der Nachfolger von Bonifatius.

Sechs Jahre nach Karls Tod erkannte Karlmann, dass er mit seines Bruders Stärke nicht mehr mithalten konnte. Obwohl er der Erstgeborene und Stammhalter von Karl Martell war, verzichtete er zu Gunsten von Pippin dem Kurzen auf alle weltlichen Pflichten und Aufgaben, entschied sich für ein beschaulicheres, gottgefälliges Leben und wurde 747 Mönch im Kloster auf dem Mons Cassino in Italien.

Erst jetzt hatte Pippin III., erreicht, was er schon immer angestrebt hatte: Wie seine Vorfahren war er Alleinherrscher der Franken. Und erst jetzt konnte er Bertrada mit den großen Füßen heiraten und seinen Sohn, den sie Karl nannten, öffentlich zeigen.

Zehn Jahre nach dem Tode Karls waren die Beziehungen zum neuen Papst so weit gediehen, dass Pippin III. ihm – gegen die Bestätigung einer angeblich schon auf Kaiser Konstantin zurückgehenden Schenkung über den Vatikanstaat – eine der berühmtesten Fragen der europäischen Geschichte stellen konnte. Sollte denn, so ließ er den Papst entscheiden, sollte denn derjenige der wahre König im Reich der Franken sein, der tatsächlich die Macht ausübte, oder ein Merowingerkönig, der nur dem Namen nach noch Herrscher war?

Der Papst entschied gegen Recht und Gesetz, Tradition und heiliges Blut. Er fand es nützlicher, dass Pippin III. die Krone tragen sollte – die gleiche, die dann auch Karl der Große, sein Sohn und der Enkel Karl Martells, einige Jahre später übernahm.

ANHANG

NACHWORT

Im Februar 1992 fand in Bad Homburg ein internationales Historikerkolloquium über *Karl Martell und seine Zeit* statt – gut 1300 Jahre nach seiner Geburt und 150 Jahre nachdem der Schweizer Historiker Jacob Burckhardt seine Doktorarbeit über den ersten Karolinger vorgelegt hat. In der Zwischenzeit wurde Karl Martell nicht nur jahrhundertelang diffamiert, sondern stand auch fast vollständig im Schatten seines kaiserlichen und zum Heiligen erhobenen Enkels Karl, genannt »der Große«.

Es gab bisher keinen Roman über ihn, keine ihm gewidmete Biographie – bis auf die Beschreibung seiner Regierungszeit in den Fränkischen Jahrbüchern und dem Werk über die Franken von Felix Dahn. Zwar gilt der erste Karolinger als Sieger über die seit 711 durch Europa vorstürmenden Araber, vielleicht auch als »Erfinder« des Lehnswesens und des Rittertums – aber auch als rücksichtsloser Räuber von Kirchengut.

Die Verlegenheit, mit der die Teilnehmer am verspäteten Homburger Kolloquium eingestanden, Karls 1300. Geburtstag sozusagen vergessen zu haben, wird wieder gutgemacht durch die hervorragenden Beiträge und Belege dafür, dass Karl Martell nach den neuesten Studien tatsächlich einer der bedeutendsten Männer des frühen Mittelalters war. Ohne sein Wirken wären der Aufstieg des karolingischen Hauses zur Herrschaft über weite Teile des heutigen Europa nicht möglich gewesen, und ohne seine Siege über die Muselmanen ab 732 hätte das christliche Abendland keinen Bestand gehabt. Auch die blutigen Auseinandersetzungen, die Karl der Große mit Sachsen, Baiern und

Langobarden führte, begannen bei seinem Großvater Karl Martell und zum Teil bereits noch eine oder zwei Generationen vorher. Genau besehen waren es Pippin der Mittlere, Karl Martell und Pippin der Jüngere, genannt »der Kurze«, die für Karl den Großen jenes Europa vorbereiteten, das der Kaiser selbst trotz seiner stets gerühmten Größe mit seinen eigenen Nachkommen untergehen ließ.

In diesem Jahr, 1999, wird in Paderborn der 1200. Jahrestag jener Verhandlungen zwischen Karl dem Großen und dem korrupten Papst Leo III. gefeiert, die ein Jahr später zur berühmt gewordenen Kaiserkrönung in Rom führten.

Vielleicht sollte gerade deshalb erwähnt werden, dass der Mann, der als erster Karolinger den Namen »Kerl« trug, jeglicher Bestechung mit heiligen Reliquien oder Ehrentiteln widerstand und nicht einmal für einen zugesicherten Platz im Paradies bereit war, Krieg für den Papst zuführen. Als Preis für diese klare Haltung blieb der erste Karolinger ein Herrscher ohne Krone.

Thomas R. P. Melke
Berlin im Sommer 1999

ERLÄUTERUNGEN

ABTEI: Im 7. Jh. das Amt eines Abbas oder einer Abbatissa, d. h. des Vorstehers eines Klosters oder einer Basilika, seit Karl Martell die Pfründe (das Abtsgut) und erst seit dem 11. Jh. ein Kloster mit Mönchen und/oder Nonnen. Äbte und Äbtissinnen waren von adeliger Herkunft. Die Herrscher setzten Äbte und Äbtissinnen ein, die ihnen durch Verwandtschaft oder Treueverhältnis verbunden waren.

ADEL: Der Adel als Stand begann nach der Völkerwanderung als militante und intrigante Vertretung von Familieninteressen. Nur wer die größere Zahl an Getreuen hatte, konnte sich gegen Mitbewerber durchsetzen. Die bedingungslose Treuepflicht gegenüber dem Lehnsherrn galt als Adelstugend schlechthin. Der Herr hatte Verpflichtungen gegenüber seiner Gefolgschaft, von untreuen Gefolgsleuten hieß es, dass sie »nach Sklavenart« handelten. Die Adeligen hatten keinerlei Bewusstsein für das öffentliche Wohl, ihnen ging es ausschließlich um die Interessen ihrer Familie, die Vermehrung ihrer Ämter und Besitztümer. Die fränkischen Adels-Familien bekämpften sich am Hof und im gesamten Königreich.

BENEFICIUM: In der Merowingerzeit jede Leihe, die durch den damit verbundenen Vorteil eine »Wohltat« für den Beliehenen darstellte, z. B. Landschenkung zu beschränktem Eigentum auf Lebenszeit.

Berufe: Handwerker waren keine Spezialisten mehr wie in den römischen Städten, sondern Unfreie, die in den Villae so gut wie alle Arbeiten verrichten mussten. Handwerker wurden gering geachtet, weil das Handwerk nicht zum kriegerischen Lebensstil passte.

Bewaffnung *Sax* = einschneidiges Hiebschwert; *Spatha* = zweischneidiges Schwert, Länge 0,9–1 m; *Kurzschwert (Semi-Spatha)*, am Gürtel getragen für Reiter; *Lanze* aus Eschenholz, 2 m mit stählerner Spitze; *Franziska:* halbrunde Wurfaxt; *Rüstung:* Lederhemd mit Metallschuppen besetzt, konischer Helm und lederbespannter Schild aus Holz oder Weidengeflecht.

Bischöfe: Die fränkischen Könige hatten seit Chlodwig das Recht, Bischöfe einzusetzen. Selbst wenn ein Graf seinen Amtssitz in der Stadt hatte, war der Bischof der eigentliche Stadtherr. Das Bischofsamt war ein *honor* wie das Grafenamt und konnte bei Treuebruch wieder genommen werden. Zur Zeit Karl Martells veränderte sich das Amt des Bischöfe vollkommen. Obwohl ihnen durch kanonisches Recht verboten war, Blut zu vergießen, nahmen sie – durch Pflicht oder Neigung – an Kriegszügen teil.

Dörfer: Sie bestanden aus großen Bauernhöfen mit mehreren Gebäuden aus Holz, Flechtwerk und Lehm. Das große Wohnstallhaus für die Familie und das Vieh konnte 30 m Länge und mehr haben. Daneben gab es Grubenhäuser von 2x3 oder 3x4 m Größe, die als Weber-, Back-, Schmiede- oder Werkstatthäuser dienten. Dazu kamen noch Getreidespeicher. Mehrere dieser großen Anwesen bildeten eine dörfliche Siedlung.

Ehe: Nach germanisch-römischer Tradition war die Ehe eine Privatsache zwischen Familien. Sie bestand aus dem Eheversprechen, der Hochzeitszeremonie mit einem feierlichen Mahl und der Morgengabe am nächsten Tag. Der Segen durch einen Priester war keine Bedingung. Erst nach Karls Martells Tod wurde im Jahr 755 auf der Synode von Ver beschlossen, dass Hochzeiten öffentlich gefeiert werden sollten. Bei den Merowingern gab es Polygamie, ebenso bei den Priestern und Adligen. Anders als die *Uxor*, die wie Karls Mutter Alphaid als (Zweit-) Ehefrau galt, lebten Konkubinen in anerkannter Munt- oder Friedelehe (von *fridila*, Herzallerliebste).

Geld: Vor Karls Geburt war die Grundeinheit des Währungssystems der spätrömische Goldsolidus von 4,55 g Gewicht. Nach der *Lex Ripuaria* galten dabei folgende Preise: eine Kuh 2 Solidi, Helm 5 Solidi, Schwert mit Scheide 7 Solidi, gutes Reitpferd 10 Solidi (alle Preise für fürstliche Ausführungen, einfache Waffen waren preiswerter). Die Merowingerkönige hatten das Münzmonopol längst eingebüßt. Um 670 hörte die Goldprägung im Frankenreich auf. Jeder Bischof, Abt oder Graf ließ seine eigenen Silber-Denare schlagen. Im Norden waren friesische Sceattas in großer Menge im Umlauf.

Domänen: Die zumeist von Sklaven bewirtschafteten Domänen der Großgrundbesitzer stellten die Quelle ihres Reichtums dar. Eigentlich hätten die Erträge ausreichen können, um alle davon Abhängigen zu versorgen, aber es wurde viel vergeudet und unterschlagen, und die Eigentümer konnten sich oft nur mühsam Gehorsam verschaffen, besonders wegen ihrer oft lang andauernden Abwesenheit.

Gewürze: Da das Mittelmeer arabisch beherrscht war, ist in den Schriftquellen nach 716 von importierten Pflanzenprodukten nicht mehr die Rede. Exotische Gewürze waren nördlich der Alpen so rar geworden, dass sie als kostbares Geschenk galten.

GRÄBER: Die Germanen begruben ihre Toten mit Beigaben, Tracht und Körperschmuck, die Franken begannen mit der Waffenbeigabe. Die Grabbeigaben waren Ausdruck der offenen Ranggesellschaft des Merowingerreiches. An ihrem Ende standen Grabplünderung und Unfreiheit. Die Franken begruben ihre Toten außerhalb der Siedlungen. Mit zunehmender Christianisierung folgten die Kirchen den Gräberfeldern, um den Toten statt weltlicher Gaben die heilbringende Kraft des Glaubens mitzugeben. Die Franken holten sich ihre Rohstoffe, aber auch Glasgefäße und Keramik aus den Gräbern und handelten damit. Besonders die Adligen werden in den Quellen als skrupellose Grabräuber genannt.

GRAFEN: *Comites*, *grafio* waren Männer königlichen Vertrauens, die als Verwalter von königlichen/staatlichen Grundeinheiten (Grafschaften) als Träger von Königsrechten, Inhaber der militärischen Befehlsgewalt und der Gerichtshoheit eingesetzt wurden. Das Amtsgut *(fiscus comitialis)* als Machtbasis wurde erst im 7. Jh. erblich. Die Grafschaften im westlichen Franken waren auf *civitates* aufgebaut, die schon in römischer Zeit Verwaltungseinheiten waren.

HEER: Die Franken zogen bis zu Karl Martell überwiegend zu Fuß in den Kampf, bewaffnet mit Wurfaxt, Lanze, zweischneidigem Langschwert und Kurzschwert. Ein berittenes Heer war ihnen unbekannt. Erst als Karl Martell damit begann, eine stehende Reiterschaft aufzubauen, musste manch einer Acker und Sklaven verkaufen, um Pferd und Schwert erwerben zu können.

HERIBANN: Im Netzwerk gegenseitiger Verpflichtungen und Abhängigkeiten hatten sich Adlige und Freie jedes Jahr vollbewaffnet zum Heeresdienst zu melden. Je nach Größe des Besitzes musste eine entsprechende Anzahl von Kriegern mitgebracht werden. Weiterhin waren erforderlich: Reittiere und Ausstattung der Begleiter sowie Verpflegung für drei Monate Kriegsdienst.

HERZÖGE: *Dux*, *duces*, von dem Merowinger-Königen geschaffene Zwischengewalt als Amtsherzöge über den Grafen, im wesentlichen aber Oberbefehlshaber eines Heereskontingents. Das rechtliche Verhältnis zwischen *duces* und *comites* war nicht einheitlich.

IMMUNITÄT: Privileg durch Erlass staatlicher Abgaben für Kirche, Adel und königliche Domänen (die dann auch nicht dem Grafschaftsverbund unterstanden).

IRISCHE MÖNCHE: Im Gegensatz zum kontinentalen Ideal der Ortsgebundenheit folgten viele irische und englische Mönche dem asketischen Ideal der Heimatlosigkeit, dem Wandern um der Liebe Christi willen. Als einer der Ersten kam Columban mit zwölf weiteren Mönchen ins Frankenreich, wo er sofort mit den Merowingern und dem fränkischen Adel in Verbindung trat. Ähnliches wiederholte sich durch Willibrord und Bonifatius.

KIRCHE: *Die* fränkische Kirche gab es nicht. Die religiöse Landschaft setzte sich aus mehreren Kirchen zusammen, an deren Spitze jeweils ein Bischof stand. Die Kirchen verfügten auch über bewegliche Habe, die den Kirchenschatz bildete. Dieser wurde aus Zins- und Zehnterträgen, Geldbußen und Opfergaben der Gläubigen zusammengebracht.

KLÖSTER: Klosteranlagen waren keine Erfindungen von Mönchen, sondern führten das Siedlungskonzept einer römischen Landgutes (*villa*) fort: ein im Viereck angelegtes, einen inneren Hof oder Garten umschließendes Wohngebäude mit einem den

Hofraum unmittelbar umgebenden bedeckten Säulengang *(perystilum)*, der in den Klöstern Kreuzgang genannt wurde. Der römische Speisesaal wurde zum Refektorium, Atrium und *vestibulum zu* Empfangs- und Sprechzimmer. Die jeweilige Kirche bildete eine Seite des Hofes. Große Abteien besaßen zwischen 3000 und 8000 Hufen Land.

KLOSTERREGELN: Das Mönchtum entwickelte bis zur Zeit Karls rund 30 sehr unterschiedliche Regelwerke für das klösterliche Leben. Für die englischen und irischen Mönche im Frankenreich galten die Regeln des Benedikt von Nursia, der als Abt vom Mons Cassino um 547 starb.

KÖNIGE: Die Macht eines König beruhte auf den drei Säulen Abstammung, Charisma und Erfolg. Die germanischen Könige waren zumeist Anführer von Räuberbanden. Die Heerhaufen bestanden nicht nur aus Angehörigen des eigenen Stamms, sondern auch aus Männern, die gegen Beute und Bezahlung Heeresdienst leisteten.

KRIEGER: Mit der frühen Karolingerzeit setzte ein Wandel von der offenen Ranggesellschaft zur straff nach Ständen geordneten Hierarchie des Lehensstaates ein. Die Zahl der Waffentragenden freien Bauern als Fußtruppe nahm ab, der Stand des Geburtsadels entwickelte sich. Mit einem Lehensgut war der Vasall in der Lage, ein Pferd für den Einsatz im Krieg auszurüsten. Karl konnte daher mit der Aufstellung einer Reitertruppe beginnen, die es bei den Merowingern nicht gegeben hatte. Wenn ein Jüngling mit 14 Jahren, manchmal auch früher, waffenfähig wurde, erhielt er von seinem Vater sein Schwert und gehörte damit zur Welt der Erwachsenen. Kriegern wurden ihre Waffen mit ins Grab gegeben.

Laien: In der vom Klerus beherrschten Gesellschaftsordnung sahen sich die Laien oft als minderwertig an. Sie zweifelten daran, dass ihr ewiges Seelenheil garantiert war, und hatten das Bedürfnis nach festen Lebensregeln, die den Weg ins Paradies weisen konnten.

Lehen: Durch den Niedergang der Städte im 7 Jh. im Verlauf der Bürgerkriege zwischen den Merowingerkönigen stellten sich immer mehr Menschen unter den Schutz von Grundherren, die zumeist das Privileg der Steuerfreiheit besaßen. Auch freie Bauern traten in den Schutz der großen Grundherren. Um die Vasallen zu belohnen und anzuspornen, schenkten die Adligen ihnen Beuteanteile und Geld und verliehen ihnen auch Landbesitz. Karl Martell reduzierte Schenkungen, um nicht eines Tages wie die letzten der Merowingerkönige ohne Grundbesitz zu sein. Stattdessen *verlieh* er zuvor konfisziertes Kirchenland auf Zeit. Auf diese Weise kam er zu vielen Gefolgsleuten – ohne eigenes Vermögen oder das der Karolinger anzugreifen. Aus diesem Nutzungsrecht entstand der Begriff »Lehen«.

Leibeigene: Der Landbauer, der mit seinem Ochsen lebenslänglich an Ackerpflug, Scholle und gestrengen Herrn gebunden war, lebte in heidnischen Gewohnheiten weiter, opferte dem germanischen Odin (Wodan), dem Vollmond oder Göttern der Nacht.

Lex Ripuaria: Das Gesetz der rechtsrheinischen Franken in der Fassung des 7. Jh. bestimmte fast unbezahlbare Strafen, z. B. 60 Solidi für die Plünderung eines Toten, sofern dieser noch nicht begraben war, oder 200 Solidi für Grabraub. Dennoch wurde dieses Gesetz ebenso häufig übertreten wie die *Lex Salica* und die *Lex Bavariorum*.

Märzfeld: An der jährlichen Heerschau und Volksversammlung konnte jeder freie Franke teilnehmen, um den beschlossenen Gesetzen zuzustimmen. Wegen der beschwerlichen Anreisen und der hohen Kosten konnten sich praktisch aber nur die *potentes* eine Teilnahme leisten. Durch Pippin III. in den Monat Mai verlegt.

Majordomus: Im 6. Jh. war der *maior palatii* (Palastdirektor, Hausmeier) König oder Königin persönlich unterstellt. Er kontrollierte die Verwalter der königlichen Landgüter, kümmerte sich um die Belange der Königin und die Erziehung der Königskinder. Ursprünglich bot dieses Amt wenig Aufstiegsmöglichkeiten. Das Amt wurde aber bald das begehrteste Sprungbrett zur Macht für einflussreiche Adelsfamilien. Schließlich konnte der Majordomus sogar Bischöfe und Äbte einsetzen oder abberufen.

Masse und Gewichte: Im Frankenreich gab es keine einheitlichen Maße und Gewichte. Einige der überkommenen römischen Maße werden aber bevorzugt verwendet, z. B. der altrömische Fuß (0,296 m) und die römische Meile (von 1,5 bis 1,8 km). Die Hufe als Maßeinheit für bäuerlichen Grundbesitz bezeichnet nicht die Landgröße, sondern den Ernte- und Weideertrag, von dem eine Familie sich ernähren konnte (je nach Bodenqualität zwischen 7 und 15 Hektar oder 30–60 Morgen).

Merowinger: Merowingische Könige waren alle untereinander verwandt und zumeist verfeindet. Um Anhänger und Gefolge zu gewinnen, verteilten sie immer mehr von ihren Krondomänen (*fiscus*). Das führte dazu, dass ihnen schließlich verfügbare Vermögenswerte fehlten und sie sich keine weitere Klientel mehr verpflichten konnten.

Pfalzen: Ähnlich wie die Klöster beherbergten die königlichen Residenzen in unterschiedlich großen Gebäuden Bauern, Handwerker, Geistliche und Amtsleute. Einige Residenzen lagen in Städten, aber die Mehrzahl war als Mittelpunkt von Gutskomplexen angelegt. In der Pfalz lebte der Beauftragte des Königs und/oder Majordomus. Er beaufsichtigte die Bauern und Handwerker und die Bewirtschaftung der Güter. Die Pfalz nahm den König auf seinem Weg durch das Reich einige Wochen oder Monate auf, diente als Aufenthaltsort während der Reichsversammlungen oder zur Vorbereitung eines Kriegszuges.

Pferde: Die meisten Pferde waren Wallache (im 2. Jahr kastriert). Kein Wohlhabender ritt einen Hengst oder eine Stute. Zugpferde gingen hintereinander statt nebeneinander, das Halsjoch wurde allmählich durch das Schulterjoch ersetzt. Nach Karl Martells Sieg bei Tours und Poitiers wurden Araberpferde für eine neue Zucht ins heutige Gebiet La Perche gebracht.

Precarie: Die Präkarie war die von einer kirchlichen Institution »in beneficio« verliehene Schenkung. Bei der »pecartia data« wurde aus dem grundherrlichen Besitz Land zur Leihe gegeben, bei der »pacaria ablata« bekam der Freie sein dem Grundherrn übertragenes Land als Leihland zur Nutzung zurück. Bei der »pecaria remunaratoria« erhielt der Freie mehr Land zur Leihe, als er selbst dem Grundherrn übertragen hatte.

Religion: Da das Christentum als Religion der Edlen und Vornehmen begann, glaubte der Leibeigene mehr dem, was ihm Zauberer und weissagende Weiber erzählten. Selbst im Klerus gab es Anhänger animistischer und magischer Praktiken. Heilige Bezirke, Bäume, Felsen und Quellen waren Gegenstand der Verehrung, Könige und Missionare gaben sich Mühe, sie zu zerstören. So lebte das alte Heidentum auf den unbewohnbaren

Heiden (wovon es seinen Namen trägt), in den Gebirgsschluchten der Ardennen, aber auch in den östlich des Rheins gelegenen Missionsgebieten weiter.

SCHATZ: Ein Königs- oder Kirchenschatz enthielt alles, was wertvoll genug war, um damit Gefolgsleute zu kaufen: Münzgeld und Gold, Edelmetall in jeder Form, als Schmuck, Gefäße oder liturgische Geräte, aber auch kostbare Stoffe, Gewänder, Möbel, kirchliches Gerät, Reliquiare und Bücher, Armringe, Waffen, Zaumzeug usw.

SCHIFFE: Es gab selbst im Mittelmeer keine großen Schiffe wie in der Römerzeit mehr. Im Norden fehlten Segelschiffe, die Boote wurden von Ruderern vorangetrieben. Hochbordige Segelschiffe mit Segelmast wurden erst dreihundert Jahre nach Karl Martells Zeit üblich.

SCHRIFT: Um 670 wurde die aus Nordfrankreich stammende »Minuskelschrift« als Ablösung der römischen Majuskel- und Kursivschrift im Kloster Luxeuil fixiert. Damit war der Weg frei für die bereits im 4. und 5 Jh. entwickelten Unzialen und Halbunzialen mit Groß- und Kleinbuchstaben.

SPRACHEN: Bis zur Zeit Karl Martells verständigten sich die germanischen Volker überwiegend mündlich. Ihre Stammesdialekte waren einander so ähnlich, dass sich benachbarte Völker problemlos verstanden. Niederfränkisch (Flämisch, Brabantisch, Limburgisch) spricht man noch heute in den Niederlanden, Mittelfränkisch (Ripuarisch) zwischen Köln und Aachen, Moselfränkisch in Eifel und Luxemburg, Rheinfränkisch bis um Mainz. Im Westen (vom Hennegau an) hat sich das schon damals regional unterschiedlich gesprochene Latein der Römer bis zum heutigen Pikardisch (Wallonisch), Lothringisch und zu den Dialekten der Champagne weiterentwickelt. Die Schrift- und Rechtssprache von Klerus und Adel war aber nach wie vor Latein.

STÄDTE: Nach der Teilung des fränkischen Merowingerreiches gab es für die vier Könige auch vier Hauptstädte: Paris, Soissons, Reims und Orleans. Das Reich befand sich immer dort, wo sich König, Palast, Schatz und Gefolge befanden. Wurde eines davon abtransportiert, änderte sich auch das Reich (z. B. für Sigibert in Köln). Da die Germanen nicht gern in ummauerten Städten lebten, befanden sich bei den Franken innerhalb der alten Stadtmauern auch landwirtschaftlich genutzte Flächen, die oft auswärtigen geistigen und weltlichen Herren gehörten. Zu den verschiedenen Städteformen im Frankenland gehörten:
– die *colonia*, einst von römischen Bürgern erbaut und bewohnt,
– das *municipium* aus einheimischen Wurzeln,
– der *vicus* als Marktsiedlung an verkehrsgünstigen Plätzen und
– die *villa rustica* als Gutshof.

URKUNDEN: Urkunden oder Diplome sind schriftliche Erklärungen. Von Karl Martell sind keine Originalurkunden überliefert – nur sechs als echt bezeichnete Abschriften sowie neun Deperdita. Die Urkunde zugunsten der Reichenau (724) ist wahrscheinlich eine nachträgliche Fälschung.

VASALLEN: Sie waren bei den Merowingerkönigen noch arme Teufel, meist unfrei. Wer sich an einen Herrn übergab, wurde dafür dessen Mann. In einem Privatvertrag schlossen Herr und Hilfesuchender (Vasall) ein lebenslanges Treueverhältnis. Der Schutzbefohlene zahlte als Gegenleistung für Nahrung, Unterkunft und Schutz mit Gefolgschaft im Kriege. Seit Beginn des 8. Jh. war die Schutzverpflichtung der Herren und Hilfeleistung der Vasallen in erster Linie Kriegsdienst.

Wirtschaft: Die Rezession in der Endzeit der Merowingerkönige traf vor allem Neustrien, wo die alten Handelsstädte lagen. Dadurch konnte das ländlich geprägte Austrien immer mehr aufholen. Grundbesitz wurde verstärkt zur Lebensgrundlage.

Zeit: Das Kirchenjahr begann am 25. Dezember, das Ackerjahr im Frühling. Die Kirche schaffte es nicht, die antike Form der Zeitrechnung zu verdrängen. Die zwölf Monate behielten ihre heidnischen Namen bei. Der lichte Tag hatte immer zwölf Stunden, die im Winter kürzer waren als im Sommer. Mönche wurden alle drei Stunden zum Gebet gerufen.

PERSONEN (QUELLENGETREUE AUSWAHL)

Abbo: Gründer der Klosters Novalese, Bischof von Verdun, um 739 Anhänger Karl Martells, der ihm konfiszierten Besitz überlässt.

Abd-al-Melik: Ab 732 arabischer Statthalter von Spanien.

Abd-ar-Rahman: Ibn Abdallah al-Gafiki, 731 von Kalif Hicham als Nachfolger von Haitham zum Statthalter in Spanien ernannt.

Adela: * um 660, Tochter von Irmina von Oeren, der Gründerin von Echternach, Schwester von Regentrud und Plektrud, Mutter von Alberich, Gründerin eines Nonnenklosters in Pfalzel bei Trier. † 732/733.

Adelbert: Schwärmerischer, betrügerischer Prediger, von Karl geduldet.

Alberich: Ältester Sohn von Adela von Pfalzel, der Schwester von Plektrud, bis zu seinem Tod vor 716/18 Gefolgsmann von Karl, Vater von Gregor, dem Gefolgsmann von Bonifatius.

Aldgisl I.: Friesenfürst, Vorgänger von Radbod.

Aldgisl II.: 719 Friesenfürst, Nachfolger von Radbod.

Alduin: ca. 725 – ca.737 Bischof in Köln.

Alphaid: Chalpaida, einer zu dieser Zeit noch gebräuchlichen Praxis folgend zweite Ehefrau (Uxor) von Pippin II.; stammte aus dem Raum Lüttich; Mutter von Karl Martell. † ca. 690.

Anastasius: Bischof, 739 zusammen mit Sergius Geheimkurier von Papst Gregor II. an Karl.

Arnold: *697 3. Sohn von Herzog Drogo, Enkel von Pippin II. und Plektrud, Stiefneffe von Karl.

Arnulf: *694, 1. Sohn von Herzog Drogo, Enkel von Pippin II. und Plektrud, Stiefneffe von Karl.

Aarnulf von Metz: 614–629 Bischof von Metz, aus fränkischem Adel, wurde von einem Majordomus aus der Familie Gregors von Tours für den königlichen Dienst angeworben, Vater von Ansegisel, der mit Begga, der Tochter von Pippin I., zum Ahnherrn der Karolinger wurde. † 640.

Bechthold: Alamannischer Herzog, tritt mit Herzog Rebi 724 zu Karl in freundliche Beziehung.

Begga: Tochter von Pippin d. Ä. und Itta (Iduberga), Schwester von Grimoald d. Ä. und Gertrud von Nivelles, heiratet Ansegisel, Sohn von Arnulf von Metz, Ahnfrau der Karolinger.

Benigus: Würdiger Geistlicher, 710–724 Abt von Sankt Wandrille.

Bernhard: Unehelicher Sohn Karls mit Ruodheid (nach ihm wurde später der Alpenpass über den Mons Jovis benannt).

Berthar: Neustrischer Majordomus, verliert 687 die Entscheidungschlacht gegen Pippin II. bei Tertry an der Somme.

Bertrada I.: Berta »die Ältere«, fränkische Edle von der Burg Mürlenbach, Mutter von Heribert, dem Grafen von Laon und Vater von Bertrada II., der Mutter Karls des Großen.

Bertrada II.: Berta »die Jüngere« (mit den großen Füßen) (726 bis 783), von Karls 2. Sohn Pippin als Fünfzehnjährige während der Erbstreit-Belagerung Grifos bei Laon geschwängert (Sohn: Karl der Große). Erst später Ehefrau von Pippin III.

Bonifatius: Wynfrith, Engländer, mit Schutzbrief von Karl Missionar und später Erzbischof für Hessen, Thüringen, Baiern, erleidet 755 in Dokkum/Friesland den Märtyrertod.

Brunichilde: Merowinger-Königin, Westgotin, verheiratet mit Sigibert I. (sein Bruder Chilperich war verheiratet mit Fredegunde). Der Kampf der Königinnen lieferte Stoff für das Nibelungenlied.

Childebert: 656–662 König von Metz, »der Adoptierte«, Sohn von Grimoald I., Enkel von Pippin I.

Childebert III.: 694–711 Merowingerkönig in Austrien, Neustrien und Burgund (sein Majordomus: Pippin II.)

Childerich I.: 460–482 römischer General, erster Merowingerkönig, aus Tournai stammend, verbrachte acht Jahre im Exil beim thüringischen König Bisin, wegen seines ausschweifenden Lebenswandels vorübergehend entthront.

Childerich II.: 656–675 Merowingerkönig von Metz, 670 Gesamtkönig.

Childerich III.: 743–751 Merowingerkönig, gesamt (sein Majordomus: Pippin III.)

Chilperich II.: 715–721 (Mönch Daniel) Merowingerkönig der Neustrier, nach der Schlacht von Vincy von Karl aus dem Land getrieben.

Chlodwig I.: Clovis, Chlodowech, Sohn von Childerich I., 466, wird als Sechzehnjähriger erster Gesamtkönig der Franken, untergräbt das angestammte Volksrecht. Das Gebiet des Römers Syagrius wird Kernland des Frankenreiches, Paris fränkischer Königssitz. Er erobert 494 das Burgunderreich, 508 Toulouse und den westgotischen Königsschatz, lässt sich 497 nach seinem Sieg über die Alamannen bei Zülpich mit ca. 3000 Mann taufen. Sein größter Fehler ist die Aufteilung des Frankenreichs auf seine Söhne Theuderich (Reims), Chlodomer (Orleans), Childebert (Paris) und Chlothar (Soissons).

Chlodwig II.: 639–657 Merowingerkönig von Paris, 656 Gesamtkönig.

Chlodwig III.: 690–694 Merowingerkönig, gesamt (Majordomus: Pippin II.)

Chlodwig IV.: 690/91–694/95 Merowingerkönig von Austrien, Neustrien und Burgund (Majordomus: Pippin II.)

Chlothar I.: 511–560 Merowingerkönig von Soissons, 558 Gesamtkönig.

Chlothar II.: 584–629 Merowingerkönig von Soissons, 613 Gesamtkönig.

Chlothar III.: 657–673 Merowingerkönig von Orleans und Chalon.

Chlothar IV.: 682–719 Merowingerkönig in Austrien, vermutlich Sohn von Theuderich III., von Karl Martell eingesetzt.

Chrodegang von Metz: *vor 712, † 766, aus einer der vornehmsten Familien des fränkischen Reiches, zusammen mit Gregor von Karl persönlich am Hof ausgebildet, Karls Geheimschreiber, 742 von Pippin III. zum Bischof von Metz erhoben.

Chrotrud: Erste Ehefrau von Karl Martell, Kinder: Karlmann (geht ins Kloster), Pippin III. (Vater von Karl dem Großen), Hiltrud (heiratet Odilo von Baiern).

Clemens: Schottischer Mönch, Gegner der römisch-katholischen Kirche, von Karl geduldet.

Corbinian: Bischof von Freising, baut auf einem nahen Hügel Sankt Stephan (Weihenstephan), opponiert gegen die zweite Ehe von Pilitrud, flieht 724 vor den von ihr gedungenen Mördern zu den Langobarden.

Dagobert I.: 613–639 Merowingerkönig von Metz und Austrien, wurde von Arnuf von Metz erzogen und 623 (noch unmündig) zum Thronfolger bestimmt. Er war der letzte regierende Gesamtkönig des Merowingerreiches (Majordomus: Pippin I.). Nach seinem Tod setzte der Niedergang des merowingischen Königtums ein.

Dagobert III.: * 699, 711–715 Merowingerkönig in Austrien, Neustrien und Burgund (Majordomus: Pippin II.).

Dodo: Domesticus (Verwalter) der Königsgüter im Umkreis von Lüttich, Bruder von Alphaid, erschlägt 703 Bischof Lambert von Lüttich wegen der Behauptung, Karls Mutter sei nur eine Geliebte von Pippin II.

Drogo I.: † 708 an Fieber, Halbbruder von Karl, Herzog der Champagne, 1. Sohn von Pippin II. mit Plektrud, vier Söhne: Arnulf, Hugo, Arnold, Drogo II.

Drogo II.: * 699, 4. Sohn von Drogo I., Enkel von Pippin II. und Plektrud, Herzogtum der Champagne (und Boden Herzogtum von Burgund), 732 in Fesseln gelegt.

Emmeram: Bischof in Regensburg, stirbt 715 durch Lantpert, den Sohn von Herzog Theodo.

Erembrecht: Mönch, Corbinians Bruder, von Bonifatius 739 als Bischof von Freising eingesetzt.

Eucherius: Neffe des Savaricus, 717 von Karl als Bischof von Orleans eingesetzt, wird zu mächtig und muss 733/34 in die Verbannung nach Köln, † 738.

Eudo: Herzog in Aquitanien, von Chilperich II. und Raganfrid 719 um Unterstützung gegen Karl gebeten, unterliegt mit seinem baskischen Heer, liefert Chilperich II. aus, schließt 730 ein Bündnis mit der arabischem Grenzarmee im Süden Galliens.

Ewald: der schwarze und der weiße, zwei Märtyrer, bezahlen

693 ihre Missionsversuche in Sachsen mit dem Leben und wurden in Kölns St. Clemens (St. Kunibert) beigesetzt.

Faramundus: 711/16– ca. 723 Bischof in Köln.

Florbert: 727 Bischof in Maastricht, Sohn von Hugbert.

Folker: Graf/Herzog in Austrien, Gefolgsmann Karls, unterzeichnet Zülpicher Diplom vom 9. Juli 726.

Fredegar: Verfasser des Werks *Die Taten der Frankenkönige*, 7. Jh., einer Hauptquellen über die Zeit.

Fredegunde: Merowingerkönigin, Vorbild für Nibelungenlied.

Gaerefrid Gaugraf von Paris, Vertrauter/Geliebter von Swanahild, betrügerisch, intrigiert gegen Karl.

Gotefrid: Herzog der Alamannen, heiratet in das Geschlecht der Agilolfinger ein, Söhne: Hunsching, Landfried, Theudebald und Karls Schwiegerson Odilo, † 709.

Gregor: Bischof von Tours, † 541, Verfasser einer großen Frankengeschichte.

Gregor: * 706/7 Enkel von Adela und ältester Sohn von Alberich, Stellvertreter von Bonifatius, vom Papst als dessen Nachfolger vorgesehen, infolge der Erbstreitigkeiten nach Karl Martells Tod aber nicht berücksichtigt.

Gregor II.: Papst 715–731, Römer, Streit um das Bilderverbot von Kaiser Leo III., bittet Karl Martell vergeblich um Hilfe gegen die Langobarden.

Gregor III.: Papst 731–741, Syrer, exkommuniziert Bilderstürmer, gerät in Krieg mit den Langobarden und sucht vergeblich Hilfe bei Karl Martell.

Grifo: * 727, Sohn von Karl Martell und Swanahild, von Karl sehr geliebt, oft krank, kämpft bei Laon gegen Karlmann und Pippin um das Erbe und verliert.

Grimo: Abt von Corbie, Gesandter Karls zum Papst.

Grimoald: Sohn von Theodo II., Herzog von Baiern (Freising), heiratet nach dem Tod seiner ersten Gemahlin Pilitrud, die Witwe seines Bruders Theudoald. Corbinian protestiert und muss deswegen fliehen. Mysteriöser Tod 725/728.

Grimoald I.: »der Ältere«, 615–662, Sohn und Nachfolger als Majordomus von Pippin d.Ä. und Itta (Iduberga), Gründer der Abtei Stavlot-Malmedy, stirbt nach missglücktem Staatsstreich 662 im Kerker zu Paris.

Grimoald II.: »der Jüngere«, Halbbruder von Karl, Sohn von Pippin d. M. und Plektrud, Majordomus in Neustrien und Burgund, kinderlos verheiratet mit Theutsinda, der Tochter von Friesenfürst Radbod, mit einer Konkubine Vater von Theudoald, † 714.

Hainmar: Nachfolger des militanten Bischofs Savaricus, weder ordiniert noch geweiht, wurde durch einen Anhänger Karls ersetzt, musste fliehen und stieg später zum Märtyrer auf.

Haitham: 729 von Kalif Hicham nach Spanien gesandt.

Hatto: Sohn von Eudo, Herzog in Aquitanien, erhebt sich 736

mit seinem Bruder Hunold gegen Karls Besetzung Vasgoniens, wird gefangen und eingekerkert.

Hedan II.: (704–717), Herzog von Thüringen, früher Gefolgsmann Karls, Vater von Thuring.

Heribert: Graf von Laon, entfernt mit den Merowingern verwandt, Besitzungen zwischen Maas und Mosel. Sohn von Bertrada der Älteren, Vater von Bertrada mit den großen Füßen, der Mutter Karls des Großen.

Hicham: Yemenitischer Kalif, tritt 720 zu Caisiten über.

Hieronymus: Unehelicher Sohn Karls mit Ruodheid.

Hilarius: Bischof von Poitiers, Araber verbrennen bei ihrem Vorstoß ins nördliche Frankenreich 732 seine Kirche.

Hildebrand: Stiefbruder Karls, Graf in Burgund, Sohn einer Konkubine von Pippin II., 737/738 Herzog gegen die Sarazenen, Vater von Nebelung, Geschichtsschreiber Karl Martells.

Hildeprant: 736–744 Mitregent der Langobarden.

Hiltrud: * ca. 709, Tochter von Karl und Chrotrud, heiratet 741 den Baiernherzog Odilo.

Hugbert: Enkel von Baiernherzog Theodo, Sohn von Herzog Theodebert, gegen ihn steht Grimoald auf.

Hugbert: 703/05 Nachfolger Lamberts als Bischof von Tongern-Maastricht, Vater von Florbert, der 727 sein Nachfolger wird.

Hugo: * ca. 695, 2. Sohn von Herzog Drogo, Enkel von Pippin II. und Plektrud, würdiger Geistlicher, erhält von Karl ungewöhnlich viele Bistümer und Abteien.

Hunold: Chunold, Sohn von Herzog Eudo, erhebt sich 736 zusammen mit seinem Bruder Hatto gegen Karls Besetzung Vasgoniens, wird besiegt und erhält einen Vertrag, nimmt aber Karls Gesandten, Abt Lantfred von St. Germain, gefangen.

Hunsching: Sohn von Alamannenherzog Gotefrid.

Irmina: Möglicherweise Tochter Dagoberts II. Mutter von Adela, Bertrada d. Ä. und Plektrud, Vorsteherin des 675 von ihr gegründeten Jungfrauenklosters Irminen oder Oeren, in einem früheren römischen Staatsgebäude, »ad horrea« bei Trier.

Itta/Iduberga: 592–652, Herzogs-Tochter aus Aquitanien, Ehefrau von Pippin I., Mutter von Grimoald d. Ä., Geretrud und Begga, der Ahnfrau der Karolinger, Gründerin des Doppelklosters Nivelles.

Jussuf Ibn-Abdemaran: Mohammedanischer Statthalter in Spanien nach Ocba ben-Alhegag um 736.

Karl Martell: ca. 689–21. 10. 741, Sohn von Pippin II. und seiner Zweitfrau Alphaid, nach dem Tod seines Vaters 714 vom Erbe ausgeschlossen und von seiner Stiefmutter Plektrud eingekerkert, bricht aus, besiegt die westlichen Franken, wird Princeps der gesamten Francia, kämpft 25 Jahre lang gegen Friesen, Sachsen, Baiern, Alamannen, Aquitanier und Araber und ist über seinen zweitgeborenen Sohn Pippin III. Großvater des späteren Kaisers Karl des Großen. Karl »der Streithammer« gilt als

Retter des Abendlandes vor dem Islam, aber auch als Kirchenguträuber und Ahnherr des Rittertums.

KARLMANN: * 706, 1. Sohn von Karl Martell, erzogen in Echternach, geht 747 ins Kloster, † 754.

KUNIBERT: Bischof, Nachfolger von Arnulf am Königshof, gründet das Stift Sankt Clemens (seine spätere Grabeskirche) außerhalb von Köln.

LAMBERT: Bischof von Maastricht. Vom Domesticus Dodo, dem Bruder von Karls Mutter Alphaid, 703/05 in Lüttich wegen Beleidigung erschlagen.

LAMPIEGA: Tochter von Herzog Eudo, Ehefrau von Munousa.

LANDFRIED: Lantfrid, Sohn von Gotefried, Herzog der Alamannen, † 730.

LANTFRED: Abt von Sankt Germain, wird 738 als Gesandter Karls von Hunold für dreieinhalb Jahre gefangen gesetzt.

LANTPERT: Sohn von Baiernherzog Theodo, tötet Missionar Emmeram, der sich an seiner Schwester Uta vergangen hat.

LEO: Isaurier, Kaiser von Byzanz, schlägt die Angriffe des Islam auf Byzanz unter Einsatz des »griechischen Feuers« zurück. 725/726 erstes Edikt gegen die Bilderverehrung. Papst Gregor II. spricht daraufhin gegen ihn den Bann aus. Leo verbündet sich mit den Langobarden. Der Papst fleht daraufhin vergeblich bei Karl um Hilfe.

Luitprand: 713–744 König der Langobarden, adoptiert Karls Sohn Pippin III.

Martin: Der Frankenheilige, 316 im heutigen Ungarn geboren, kommt als römischer Legionär nach Amiens, wo der Legende nach die Teilung seines Mantel geschieht. Der Mantelteil, die *capa*, wird die wichtigste Reliquie der fränkischen Könige und in der jeweiligen Kapelle (daher der Name) verehrt.

Maurontus: Herzog, schließt mit dem arabischen Wali von Narbonne einen Vertrag über die Besetzung von Arles und Avignon. Karl besiegt die Kollaborateure gemeinsam mit dem Langobardenkönig Luitprand, aber Maurontus kann in eine Bergfeste bei Marseille entkommen.

Merowech: Legendärer Namensgeber der Merowingerkönige.

Milo: »Der schwarze Abt«, kriegerischer Gefolgsmann Karls, Bischof von Trier, zusätzlich Bischof von Reims, † 757 im Meulenwald unterhalb von Trier durch einen Keiler.

Munousa: Einer der vier Berberführer Tanks, Statthalter von Asturien, mohammedanischer Oberbefehlshaber an der spanisch-fränkischen Grenze. Schwiegersohn von Herzog Eudo von Aquitanien.

Nebelung: Nibelung, Sohn von Karls illegitimem Halbbruder Hildebrand, Graf, führt ab 751 die von seinem Vater begonnene Umschreibung der Fredegar-Chronik als Chronik der Karolinger fort.

Obaida: 725 von Kalif Hicham ernannter caisitischer Statthalter von Afrika, grausam gegen die Berber Munousas.

Ocba Ben Alhegag: Mohammedanischer Statthalter in Spanien ab 736.

Odilo: Onkel von Swanahild, 739 von Karl als Herzog von Baiern eingesetzt, zeitweise von rivalisierenden Adelsfamilien aus Baiern vertrieben, heiratet Karls Tochter Hiltrud, war nach Karls Tod Mittelpunkt der Aufstände gegen die Macht der Söhne Karlmann und Pippin III., † 754.

Omar ibn-Chaled: Mohammedanischer Heerführer um 736.

Pilitrud: Fränkin, Gemahlin von Baiernherzog Theodebert, dann von Baiernherzog Grimoald; wegen Mordauftrags gegen Bischof Corbinian von Karl verhaftet.

Pippin der Ältere: Später »Pippin von Landen« genannt, ruft 613 zusammen mit Bischof Arnulf von Metz Chlothar II. in das Königreich Austrien, fällt bei Dagobert I. in Ungnade. Verheiratet mit Itta (Iduberga), drei Kinder: Grimoald, Geretrud und Begga. † 640.

Pippin der Mittlere: Später »P. von Heristal« genannt, Sohn von Begga und Ansegisel, nach dem Sieg von Tertry 687 lange Zeit starker Majordomus der Franken. Will nach dem Tod seiner beiden Erstgeborenen seine unmündigen Enkel aus der Hauptehe mit Plektrud vor Karls Erbansprüchen schützen. † 16. 12. 714.

Pippin der Jüngere: »Der Kurze«, 714–768, 2. Sohn von Karl Martell, getauft von Bischof Willibrord, teilweise erzogen in Sankt Denis, wird 751 erster gekrönter Karolinger, Vater von Karl dem Großen.

Pirmin: Wanderbischof, wahrscheinlich aus dem gotischen Spanien, stiftet um 724 das Kloster Reichenau. Aus Schwaben vertrieben, übernimmt er 727 das Kloster Murbach in der Pfalz.

Plektrud: Tochter von Hucbert und Irmina, reich begütert in der Gegend von Köln und Trier, 1. Frau von Pippin d. M., lässt nach dem Tod ihrer eigenen Söhne ihren Stiefsohn Karl Martell einkerkern und wird von ihm nach seinem Ausbruch in der Stiftanlage des römischen Kapitols arrestiert. In der Kölner Kirche »Maria im Kapitol« über dem Mittelfundament des römischen Tempels begraben.

Radbod: Herzog der Friesen (nach ältesten Quellen kein Friese, sondern dänischer Besatzer). Obwohl schon fast von Willibrord getauft und mit Pippin II. verschwägert, blieb Radbod mit den Franken verfeindet. † 719 östlich von Marsum an der Bordena (Middelzee).

Raganfrid: Neustrischer Majordomus, Gegner Karls, nördlich von Paris begütert.

Rebi: 720–724 Herzog der Alamannen, Sohn Hunschings.

Reginfred: 737–743 Bischof von Köln.

Remigius: Bischof von Reims aus vornehmer gallo-romanischer Familie der Gegend um Laon, tauft nach dem Sieg von Zülpich am Weihnachtstag 498 Merowingerkönig Chlodwig und mindestens 3000 fränkische Krieger aus dessen Gefolge. † 530/533 in Reims.

Rigobert: Bischof von Reims, Nachfolger von Bischof Remigius, Taufvater (Pate) Karls, Anhänger Raganfrids, weigert sich, Karl die Tore der Stadt zu öffnen. Nach der Schlacht von Vincy gibt Karl Rigoberts Land als Lehen an Getreue.

Rikulf: Kollaborateur mit den Sarazenen an der Rhone, von Karl enteignet.

Rotbert: Graf/Herzog im Haspengau, früher Vertrauter von Karl mit Herrensitz in Donk in der Nähe des toxandrischen Missionsgebietes, nimmt Bischof Eucherius von Orleans unter Arrest.

Ruodheit: Geliebte Karls und Mutter seiner Söhne Bernhard, Hieronymus und Remigius.

Savaricus: 710 Bischof von Auxerre, bildet 715 ein eigenes Eroberungsheer, wird vom Blitz erschlagen.

Sergius: Bischof, 739 zusammen mit Anasthasius Geheimkurier von Papst Gregor II. an Karl.

Sigbert: Mönch aus dem Kloster Sankt Denis; geht mit Grimo als Gesandter Karls nach Rom zum Papst.

Sigibald: 716–741 Bischof von Metz.

Sigibert:»der Lahme«, König von Köln. † 508.

Sigibert I.: 561–575 Merowingerkönig von Reims (Paris).

Sigibert III.: 633–656 Merowingerkönig von Metz.

Suidbert: 692/93 zum Bischof geweiht, missioniert im Gebiet

der Brukterer südlich der Lippe, 695 von den Sachsen vertrieben, † 713.

Swanahild: Baiernprinzessin, Nichte von Pilitrud und Odilo, zweite Ehefrau von Karl, Sohn Grifo, von der späteren karolingischen Geschichtsschreibung als Konkubine Karls diffamiert.

Tarik: Heerführer aus dem Geschlecht der Omaiaden, überquert 711/12 die Meerenge zwischen Afrika und Spanien (Gibraltar wird nach ihm als Djebel el Tarik = Fels des Tarik benannt).

Tassilo III.: Baiernherzog, Sohn des Alamannen Odilo mit Karls Tochter Hiltrud.

Theodebert: † vor 720, 1. Sohn von Theodo, Baiernherzog in Salzburg. Vater von Hucbert.

Theodo: 680–717 Herzog von Baiern, erkannte vor den Karolingern den Vorteil guter Beziehungen zum Papsttum, obwohl der vor Bonifatius 715/16 in Rom entwickelte Plan einer Aufgliederung Baierns unter einem Erzbischof zunächst nicht realisiert wurde. Teilt seine Erbe auf Theodebert (Salzburg) und Theudoald (Regensburg) auf. Nach ihrem Tod geraten Grimoald (Freising) und Theodos Enkel Hucbert (Salzburg) so in Streit, dass Karl eingreift.

Theudebald: Herzog der Alamannen, büßt Feindseligkeiten gegen Karls Schützling Pirmin 732 mit der Vertreibung.

Theuderich III.: 657–690 Merowinger-König von Paris, 670–675 abgesetzt, 675 Gesamtkönig.

Theuderich IV.: 721–737, Karl Martells zweiter Merowinger-König von Austrien, Neustrien und Burgund.

Theudoald: Theudewald, * ca. 708, unehelicher Sohn Grimoalds II., Enkel von Pippin II. und Plektrud, Stiefneffe von Karl, 714–715 kindlicher Majordomus.

Theudsinda: Ehefrau von Grimoald d. J., Tochter des Friesenfürsten Radbod, Kinder nicht bekannt.

Thiatgrim: Jüngster Sohn von Wusing, kämpft mit Radbod.

Thuring: Sohn von Thüringer-Herzog Hedan II., † 717 in der Schlacht von Vincy, früher Gefolgsmann Karls.

Wido: 738 Abt von Fontanelle, Bischof, kann nicht lesen oder schreiben, 739 geköpft.

Willibrord: * 659 in Northumbria, Angelsachse, Missionar. 695 die Weihe zum Erzbischof Clemens durch Papst Sergius, erhält die Wiltaburg, seitdem Utrecht genannt (Trajectum ad Rhenum = Ultrajectum) zur Errichtung einer Metropolkirche. 698 von Trier aus Gründung von Echternach. Schwenkt zu Karl um. † 7. November 739.

Wusing: Angesehener Friese, flieht vor Radbod und findet bei Pippin I. Sohn Grimoald Schutz, Gefolgsmann Karls.

Wynfrith: siehe Bonifatius.

Yahya: Ab 725 yemenitischer Statthalter in Spanien.

VÖLKER, STÄMME UND FAMILIEN

Agilolfinger: Ab dem 6. Jh. herrschendes fränkisches Herzogsgeschlecht in Baiern, allerdings stark bavarisiert, mit familiären Verbindungen zu den Langobarden. Über Swanahild, Odilo und Karls Tochter Hiltrud wieder so eng an die Franken gebunden, dass die Baiern zur Zeit Karls des Großen vollständig in dessen Reich gehörten und nach Tassilo III. ihre Eigenständigkeit verloren.

Alamannen: Im 6. Jh. durch die Merowinger unterworfen, konnten die alamannischen Adelsfamilien autonom bleiben, bis sie zu großen Widerstand gegen Pippin II. und Karl Martell leisteten. Das auch mit den Baiern verwandte Herzogsgeschlecht, dem auch Karls Schwiegersohn Odilo entstammt, starb um 739 aus.

Aquitanier: Bewohner des Landes zwischen Garonne und Pyrenäen. Zuvor unter römischer, dann westgotischer Herrschaft wurden sie Anfang des 6. Jh. dem fränkischen Reich eingegliedert, blieben aber lange Unruheherd.

Araber: In den Quellen bis heute wechselweise Sarazenen, Muselmanen, Ismaeliten oder Mohammedaner genannt. Die erbitterten Kämpfe, die unter den Mohammedanern zwischen den Nachkommen der ersten Anhänger Mohammeds und dem alten mekkanischen Adel und den Emiren der syrischen Stämme in Arabien ausgebrochen waren, beeinflussten auch die Verhältnisse auf der spanischen Halbinsel. Zur Zeit Karl Martells sind zumeist die zuvor ebenfalls unterworfenen und islamisierten Berberstämme Nordafrikas (Mauren) gemeint, die unter dem Kommando der Omaiaden 711 das spanische Westgotenreich überrannten und das ehemalige südliche Gallien verwüsteten und besetzten.

Austrier: Bewohner des östlichen fränkischen Reiches, bestehend aus dem Mosel- und Maasgebiet, Ardennerwald im Raum Lüttich und ripuarischen (rechtsrheinischen) Besitzungen, eher anti-römisch und anti-neustrisch.

Baiern: Baiuwaren oder auch Boier, vermutlich aus Böhmen. Ihr agilolfingisches Herzogtum konnte als autonom betrachtet werden und blieb bis zur Zeit Karls des Großen ein ständiger Unruheherd.

Brukterer: Rechtsrheinische Franken im Bergischen Land, von Suidbert missioniert, bis die Sachsen erneut vordrangen.

Burgunden: Germanischer Volksstamm aus dem Weichselgebiet, breitete sich nach der von Rom befohlenen Umsiedlung von Worms nach Südwesten und Norden aus, 534 von den Franken bekriegt und ins Merowingerreich eingegliedert.

Byzanz: Um 660 v. Chr. von Griechen am Bosporus gegründete Handelsniederlassung. 196 n. Chr. von den Römern zerstört, 330 von Konstantin dem Großen in Konstantinopel umbenannt, auch nach dem Fall Westroms weiterhin kaiserliche Hauptstadt des oströmischen Reiches. Von Arabern bedrängt, mit den Päpsten in Rom wegen des Verbots der Bilderverehrung zerstritten.

Dänen: Normannen, Nordmänner, seit 6. Jh. auf friesischem Boden, die aber erst nach Karl dem Großen zur Bedrohung wurden.

Engländer/Iren: Zur Zeit der Pippine im 6. Jh. in 7 Königreiche der Jüten, Angeln und Sachsen gegliedert. Hier lebten kaum 400 000 Menschen. England und Irland wurden Keimzellen für romtreue Missionsmönche wie Willibrord und Bonifatius.

Franken: Germanische Stämme der Istwäonen, Salfranken (Meeresfranken), ripuarische Franken (Rheinuferfranken). Das Frankenreich entstand in den Wirren der germanischen Völkerwanderung aus den *austrischen* Stammlanden zwischen Maas und Metz und dem *neustrischen* Reichsteil Nordgallien (Soissons, Orleans, Paris). Mit dem Sieg über den letzten römischen Feldherrn Syagrius war dieses Gebiet an Chlodwig aus dem Haus der Merowinger gefallen, der ab 482 der erste große König der Franken wurde. Alamannien, Burgund, Baiern, Thüringen und Teile des tolosanischen Westgotenreiches kamen erst in den folgenden 200 Jahren vor Karl Martell durch Kriege und Verträge hinzu.

Friesen: Teil der Stammesgruppe der germanischen Ingwäonen, verwandt mit den Chauken und Sachsen. Die Friesen gehörten zu den wenigen Germanen, die ihre ursprünglichen Siedlungsgebiete (seit dem 2. Jh. v. Chr.) an der Nordsee nicht verließen. Sie galten in merowingischer Zeit als unabhängige Fischer, Viehzüchter und die ersten germanischen Kaufleute mit eigenem Herzogsgeschlecht.

Langobarden: Die Langobarden bildeten ein weiteres Germanenreich in Italien; sie hatten in Norditalien die Nachfolge der Ostgoten angetreten und Pavia zu ihrer Hauptstadt gewählt. Herzöge und Grafen übten unabhängig von den Königen große Macht aus. Obwohl katholisch, bestand Feindschaft mit dem Papst.

Merowinger: Ursprünglich zwischen Maas und Scheide (oder in den Ardennen) beheimatetes Fürstengeschlecht der salischen Franken. Sie dehnten sich unter Childerich I. weit nach Süden aus und stiegen unter seinem Sohn Chlodwig I. zur führenden Macht Europas auf. Die ganze Familie kämpfte erbittert untereinander; kaum ein Merowinger starb einen friedlichen Tod. Da schließlich kaum noch erwachsene Thronfolger vorhanden waren, begann die große Zeit der Hausmeier und königlichen Erzieher/Verwalter (Majordomus).

Neustrier: Bewohner im Teilgebiet des fränkischen Reiches, das den romanischen und westgotischen Eroberungsbereich der Franken im Westen mit der Hauptstadt Paris bzw. Soissons umfasst. Bis auf einen zum Tode verurteilten endeten fast alle Hausmeier Neustriens durch Mord.

Ostgoten: Teilstamm der ostgermanischen Goten. Unter König Theoderich dem Großen eroberten sie 493 Italien und Rom und beendeten das tausendjährige Weströmische Reich. 555 durch den byzantinischen Feldherrn Narses mit Hilfe der Langobarden vernichtet, die in Oberitalien ihr eigenes Reich errichteten, bis sie dem Frankenreich Karls des Großen beitreten mussten.

Sachsen: Königlose Germanenstämme, die bis zur Zeit Karls des Großen heidnisch blieben; siedelten seit dem 1. Jh. an der Elbmündung und breiteten sich bis nach Ost- und Westfalen aus. Sie bildeten einen lockeren Stammesverband mit mehreren regionalen Gruppierungen (z. B. Engern).

Thüringer: Nach dem Abzug der Hunnen im Jahre 453 dehnten die Thüringer Herrscher ihr Reich vom Nordharz südwärts bis über den Main hinweg aus. Die westliche Grenze lag an der

Werra, die östliche an der Elbe. Nach der Schlacht bei Burgscheidungen gegen die Franken im Jahr 533 wurde Thüringen Teil des ostfränkischen Reiches. Die merowingischen Könige ließen Thüringen zunächst von Würzburg aus verwalten.

Ubier: Germanischer, ursprünglich an der unteren Lahn und im Taunus sesshafter Volksstamm; im letzten Jh. v. Chr. von den römischen Eroberern als Lohn für Kollaboration im Gebiet der vernichteten Euburonen am linken Rheinufer um Köln angesiedelt.

Vasgonen: Baskonen, iberische und gallische Stämme von den westlichen Pyrenäen bis Bordeaux; Verbündete der Araber und der aquitanischen Herzöge.

Westgoten: Teilstamm der ostgermanischen Goten, die um Christi Geburt an der Weichsel ansässig wurden; durchquerten auf der Suche nach einer neuen Heimat den gesamten Balkan, eroberten 410 Rom und gründeten 418 das tolosanische Königreich mit der Hauptstadt Tolosa (Tolouse). Durch die Franken vertrieben, unterwarfen sie die Sueben in Nordspanien. 711 durch den Einfall der Araber nach Spanien untergegangen.

FAMILIENBANDE
Arnulfinger – Pippiniden – Karolinger – Irminen – Agilolfinger – Alamannen

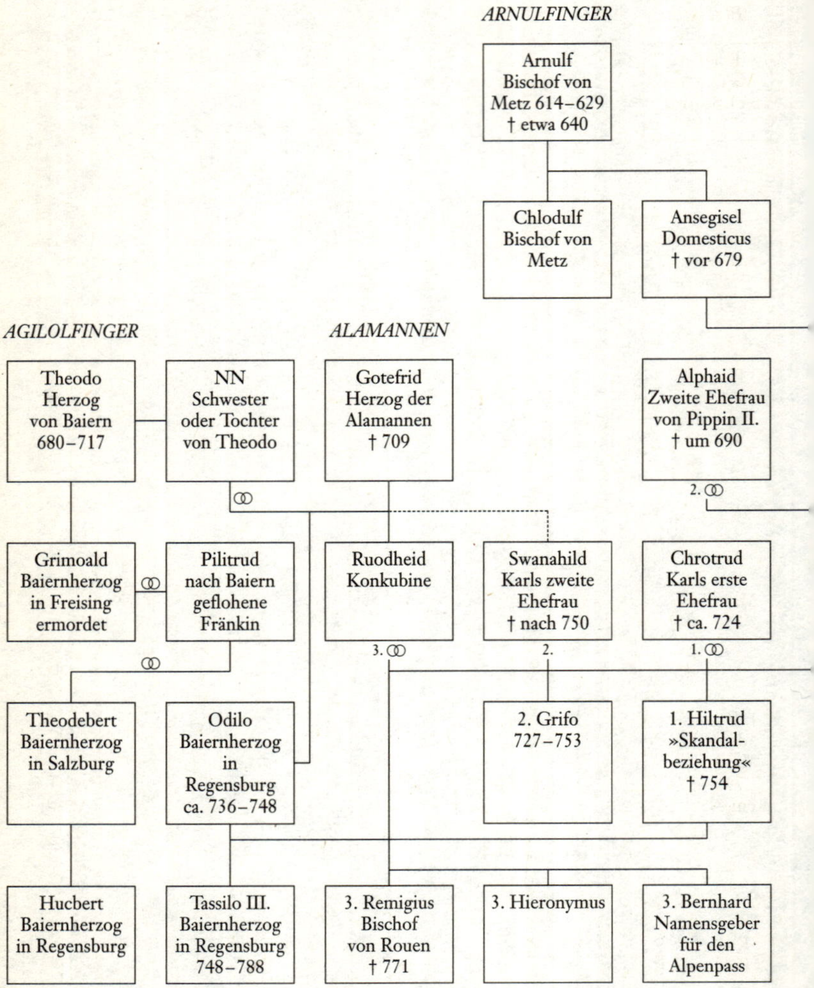

—— direkte Blutslinie, ------ Verwandtschaft

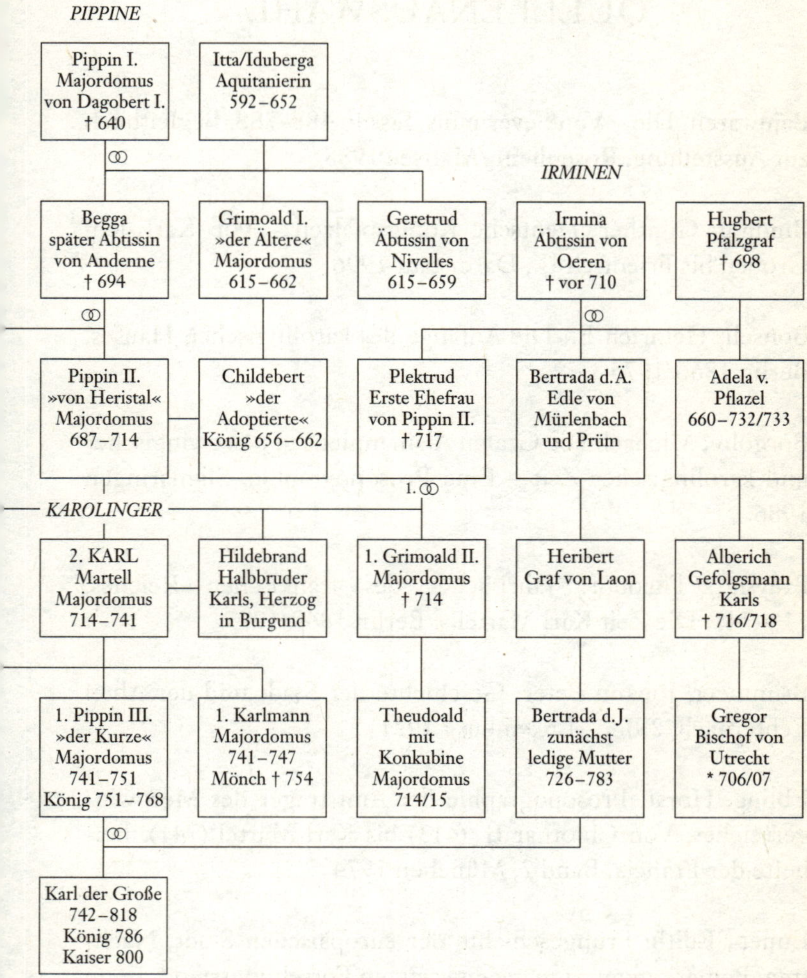
PIPPINE
Pippin I. Majordomus von Dagobert I. † 640
Itta/Iduberga Aquitanierin 592–652
IRMINEN
Begga später Äbtissin von Andenne † 694
Grimoald I. »der Ältere« Majordomus 615–662
Geretrud Äbtissin von Nivelles 615–659
Irmina Äbtissin von Oeren † vor 710
Hugbert Pfalzgraf † 698
Pippin II. »von Heristal« Majordomus 687–714
Childebert »der Adoptierte« König 656–662
Plektrud Erste Ehefrau von Pippin II. † 717
Bertrada d.Ä. Edle von Mürlenbach und Prüm
Adela v. Pflazel 660–732/733
1.
KAROLINGER
2. KARL Martell Majordomus 714–741
Hildebrand Halbbruder Karls, Herzog in Burgund
1. Grimoald II. Majordomus † 714
Heribert Graf von Laon
Alberich Gefolgsmann Karls † 716/718
1. Pippin III. »der Kurze« Majordomus 741–751 König 751–768
1. Karlmann Majordomus 741–747 Mönch † 754
Theudoald mit Konkubine Majordomus 714/15
Bertrada d.J. zunächst ledige Mutter 726–783
Gregor Bischof von Utrecht * 706/07
Karl der Große 742–818 König 786 Kaiser 800

QUELLENAUSWAHL

Bajuwaren, Die – Von Severin bis Tassilo 488–788, Begleitbuch zur Ausstellung, Rosenheim/Mattsee 1988

Binding, Günther: Deutsche Königspfalzen – Von Karl dem Großen bis Friedrich II., Darmstadt 1996

Bonsell, Heinrich E.: Die Anfänge des karolingischen Hauses, Berlin 1866/1975

Borgolte, Michael: Die Grafen Alamanniens in merowingischer und karolingischer Zeit – Eine Prosopographie, Sigmaringen 1986

Breysig, Theodor: Jahrbücher des fränkischen Reiches, 714–741: Die Zeit Karl Martells, Berlin 1869/1975

Brimmeyr, Johann Peter: Geschichte der Stadt und der Abtei Echternach, 2 Bde., Luxemburg 1921

Ebling, Horst: Prosopographie der Amtsträger des Merowingerreiches: Von Chlothar II. (613) bis Karl Martel (741), Beihefte der Francia, Band 2, München 1974

Ennen, Edith: Frühgeschichte der europäischen Stadt, Nachtrag: Bemerkungen zum gegenwärtigen Forschungsstand, Bonn 1981

Ewing, Eugen: Die Merowinger und das Frankenreich, Stuttgart 1988

Franken, Die – Wegbereiter Europas, Katalog-Handbuch zur Ausstellung Mannheim-Berlin-Paris, Mainz 1996

Fuchs, Peter (Hrsg.): Chronik zur Geschichte der Stadt Köln, Bd. 1, Köln 1990

Geary, Patrick J.: Die Merowinger, München 1996

Heidrich, Ingrid: Titulatur und Urkunden der arnulfingischen Hausmeier, in: Archiv für Diplomatik 11/12 (1965/66)

Heine, Alexander (Hrsg.): Die Chronik Fredegars und der Frankenkönige / und die Lebensbeschreibungen des Abtes Columban, der Bischöfe Arnulf ff., Essen 1968

Jarnut, J., Norm, U., Richter, M. (Hrsg.): Karl Martell in seiner Zeit, Beihefte der Francia, Bd. 38, Sigmaringen 1994

Mohammed und Karl der Große – Die Geburt des Abendlandes, mit Beiträgen von Francesco Gabrieli, André Guillou, Bryce Lyon, Jaques Henri Pirenne, Heiko Steuer, Stuttgart und Zürich, 1987

Riché, Pierre: Die Karolinger – Eine Familie formt Europa, München 1991

Riché, Pierre: Die Welt der Karolinger, Stuttgart 1984

Schieffer, Rudolf: Die Karolinger, Stuttgart 1992

Sierck, Michael: Festtag und Politik – Studien zur Tagewahl karolingischer Herrscher / Beihefte zum Archiv für Kulturgeschichte, Heft 38, Köln; Weimar; Wien 1995

Stachnik, Richard: Die Bildung des Weltklerus im Frankenreich von Karl Martell bis Ludwig dem Frommen, Freiburg 1924

Stern, Leo / Bartmuß, Hans-Joachim: Deutschland in der Feudalepoche von der Wende des 5./6. Jh. bis zur Mitte des 11. Jh., Berlin 1963

Weidemann, Margarete: Kulturgeschichte der Merowingerzeit nach den Werken Gregor von Tours, 2 Bde., Mainz 1982

Werner, Karl Ferdinand: Adelsfamilien im Umkreis der frühen Karolinger, Sigmaringen 1982

Werner, Matthias: Der Lütticher Raum in frühkarolingischer Zeit / Veröffentlichungen des Max-Planck-Instituts für Geschichte 62, Göttingen 1980

Mitarbeit und nützliche Hinweise: Dr. Ulrike Strerath-Bolz (Lektorat), Anja Bartsch, Claudia Mielke (Recherchen), Ann Jabusch, Marcus Olaf Mielke (Manuskript).